Aspekte der österreichischen Migrationsgeschichte

Herausgegeben von der Wiener Bildungsakademie,
Senol Grasl-Akkilic, Marcus Schober, Regina Wonisch

In Kooperation mit dem Karl-Renner-Institut

6 **Vorwort**_Michael Ludwig, Bürgermeister der Stadt Wien, und Petra Bayr, Präsidentin der Wiener Bildungsakademie

8 **Einführung**_Senol Grasl-Akkilic

18 **Geschichte und Gedächtnis von Migration in Österreich**_Dirk Rupnow

60 **Zur Migration nach Wien in der Habsburgermonarchie. Nostalgie und Realität**_Michael John

98 **Identitätsmanagement von südslavischen Migrant/innen aus Österreich-Ungarn in den USA, ca. 1890–1940**_Wladimir Fischer

127 **Flucht vor dem NS-Regime – österreichisches Exil in Kolumbien**_Gregor Breier

152 **Nichts als unbequeme Requisiten:** Die Rolle der Volksgruppen in der Sprachenpolitik der Republik Österreich seit 1945_Eva Wohlfarter

171 *Beyond Belonging?* **Prozesse translokaler Beziehungen und nationaler Politik**_Sabine Strasser

188 **Macondo oder die Arche Noah. Erinnerungen an transkulturelles Zusammenleben in Simmering**_Julia Schranz

215 **Ursachen und Aspekte der Migration aus Jugoslawien**_Ljubomir Bratić

227 **Von „etwas deutschsprachig, aber nicht Bedingung" zu „Sprache als Schlüssel zur Integration".** Von Geschichte und Gegenwart des Bildes der ‚passiven Migrantin'_Franziska Strasser

248 **Am Anfang war das Interesse**_Evrim Erşan Akkılıç

270 **Von den kurdischen Bergen in die Alpen – Vom Tigris an die Donau. Kurdinnen und Kurden als Teil der Migrationsgeschichte und Diversität Österreichs**_Thomas Schmidinger

INHALT

284 Die Multi-Identität einer „ethnisierten Glaubensgemeinschaft" und ihr Widerstand gegen die Eingliederung in neue–alte Dominanzverhältnisse_Zeynep Arslan

326 Das Islamgesetz: Entstehung und Erneuerung_Christine Grüner

347 Der Nexus Klima-Umwelt-Migration. Zur sachlichen Entwirrung eines politisierten Gordischen Knotens_Michael Zinkanell

361 Globalisierung der Migrationsbewegungen. Warum kommen vermehrt Afrikaner/innen nach Europa?_Stella Asiimwe

391 Die Außensicht und Selbstwahrnehmung von syrischen Geflüchteten aus der Perspektive eines Betroffenen_Ara Badrtarkhanian

414 Zu Besuch bei arabischen Frisören in Wien – Verhandlung von Geschlechterrollen in Migrationsgesellschaften_Donata Kremsner

431 Entwicklung der Migrations- und Flüchtlingspolitik in Österreich seit 1918_Regina Wonisch

471 Zukunft der europäischen Flüchtlings- und Migrationspolitik_Anna-Valentina Walden

491 Die Beiträger/innen

495 Bildnachweise

496 Danksagung & Impressum

Vorwort

Liebe Leser/innen!

Die Wiener Bildungsakademie (WBA) wurde 2015 als die politische Akademie der SPÖ Wien gegründet. Ihre Aufgabe besteht darin, staatbürgerliche Bildung für alle Wiener/innen anzubieten.

Thematisch stellt die WBA sich den gesellschaftspolitischen Herausforderungen der Gegenwart und Zukunft, ohne auf die Vergangenheit zu vergessen. Gerade in der Frage der Migration und dem Umgang der nationalistischen Kräfte mit diesem Thema europaweit, sehen wir ein Feld, auf dem sehr viele historische Parallelen existieren. Um sich dieser Entwicklung zu stellen und für die Zukunft realisierbare Lösungsstrategien zu entwerfen, die ein gutes Leben für alle Wiener/innen ermöglichen, führte die WBA in 2017/2018 den Lehrgang „Migration & Zusammenleben" mit Schwerpunkt österreichische Migrationsgeschichte durch. Aus diesem Lehrgang heraus hat sich nun der Sammelband „Aspekte der österreichischen Migrationsgeschichte" entwickelt.

Die mangelnde historische Aufarbeitung der Migrationsgeschichte ist ein wesentlicher Faktor dafür, dass unsere Gesellschaft keine gemeinsame Erinnerungskultur entwickeln konnte. Ein tieferes Verständnis dafür, wie und warum Ein- und Ausschlussmechanismen erfolgen, ist jedoch eine wesentliche Voraussetzung, um sich vorurteilsfrei auf ein gemeinsames Miteinander einlassen zu können. Unsere Gesellschaft, die weiterhin von Migrationsbewegungen bestimmt sein wird, braucht daher die Lehren aus der Vergangenheit, um die Zukunft aktiv gestalten zu können.

Historisch betrachtet ist Migration der Normalfall. Daher soll der Blick auch in die Vergangenheit gerichtet werden. Insbesondere die Erfahrungen des Zusammenlebens im Vielvölkerstaat der Habsburgermonarchie können für vergleichende Analysen gewinnbringend sein. Viele Phänomene lassen sich auch nur vor dem Hintergrund der Neuordnung Europas in Nationalstaaten und dem Aufstieg nationaler Ideologien im Nationalsozialismus verstehen.

Foto: PID David Bohmann

Foto: Petra Spiola

Die Anwerbung von neuen Arbeitskräften aus der Türkei und Jugoslawien auf der Grundlage des Raab-Olah-Abkommens in den 1960er-Jahren stellt ebenso eine wichtige Quelle für Informationen zu unserem Zusammenleben anhand des Themas Migration dar wie die aktuellen Fluchtbewegungen. Daher spannt dieses Buch einen Bogen von der k.u.k-Zeit bis heute.

Als Bürgermeister der Stadt Wien und Präsidentin der WBA gratulieren wir dem Team der Wiener Bildungsakademie zu diesem gelungenen Projekt und bedanken uns bei allen Teilnehmer/innen des Lehrgangs und den Autor/innen des Sammelbands sowie den wissenschaftlichen Berater/innen für ihr Werk und wünschen allen Leser/innen spannende und informative Lesestunden.

Michael Ludwig
Bürgermeister der Stadt Wien

Petra Bayr
Präsidentin der
Wiener Bildungsakademie

Einführung: Aspekte der österreichischen Migrationsgeschichte

Senol Grasl-Akkilic

„Die Frage, wie ein Land mit seiner Geschichte oder mit einzelnen Phasen und Ereignissen seiner Geschichte umgeht, sagt sehr viel über die Befindlichkeit dieses Landes aus." (Fischer 2018: 7)

Europa steht seit dem Ende des Zweiten Weltkrieges nach 74 Jahren wieder vor einer großen Gefahr, die von wachsendem Nationalismus ausgeht. Er gefährdet sämtliche Errungenschaften der Nachkriegszeit, die durch den Aufbau des Friedensprojekts EU nach intensiven Verhandlungen erzielt worden sind. Er bedient Ressentiments und setzt sowohl auf einen kulturellen und verstärkt wieder auf den biologischen Rassismus. Viele rechtsextreme Parteien, die eine nationalistische Politik verfolgen, verschleiern soziale Konflikte, indem sie Flucht und Migration für viele Missstände verantwortlich machen. Anstatt sich mit den Ursachen und der historischen Entwicklung von Migration und Flucht auseinanderzusetzen, missbrauchen sie die Themen, um Ängste in der Bevölkerung zu schüren. Dem entgegenzutreten, ist sehr wichtig und verlangt eine tiefgehende Analyse der historischen Entwicklungen von Migrationsbewegungen. Zudem sei darauf hingewiesen, dass es sich beim Phänomen Migration um eine sogenannte „anthropologische Konstante" handelt, d.h. seitdem es Menschen gibt, begeben sich diese auf die Suche nach besseren Lebensbedingungen.

Zu- und Abwanderung prägte immer schon die österreichische Geschichte. Österreich war und ist ökonomisch, politisch, sozial und kulturell durch Zu- und Abwanderung gekennzeichnet. Zuwander/innen haben sich durch ihr Schaffen in vielerlei Hinsicht in das gesellschaftliche Leben eingeschrieben. Kein Berufsfeld kommt heute ohne Migration aus, mehr noch: Migration schafft neue Berufsfelder. Das Thema Migration ist ein fixer Bestandteil gesellschaftlicher Debatten und wissenschaftlicher Auseinandersetzung geworden, die nach Verstetigung in eigenen Universitätslehrgängen, Forschungseinrichtungen etc. suchen. Flucht und Migration transformieren nicht nur die Gesellschaft, sondern auch Nationalstaaten und Staatengemeinschaften wie die Europäische Union. Als transnationales Phänomen erfordern Flucht- und Migrationsbewegungen immer mehr internationale Zusammenarbeit und Abkommen. Migration ist, wie Sabine Strasser und Julia Schranz in ihren Beiträgen erläutern, ein globales Phänomen, das den Nationalstaat herausfordert, neue transnationale Lebensräume und Verbindungen schafft und somit die Wissenschaft und Politik ständig vor neue Fragen stellt. Allein durch seine mediale Existenz prägt sich das Thema Migration in die Köpfe der Menschen ein und verursacht Veränderungen, die tiefgreifende Folgen für unser Zusammenleben haben.

Der gesellschaftspolitische Umgang mit dem Thema Migration verlief in Österreich über weite Strecken hindurch nicht friktionsfrei. Er war stets gegenüber Minderheiten exkludierend und zugleich von der „deutschen Sprachgemeinschaft" dominiert. Die gesellschaftliche Hegemonie negierte und negiert die soziale und kulturelle Pluralität Österreichs in mehreren Bereichen des Lebens und anerkennt unzureichend den Beitrag der Migrant/innen, den sie für das Land geleistet haben. Die Geschichte der Zugewanderten auszublenden, bedeutet, sie nicht als Subjekte wahrzunehmen und erzeugt auf diese Weise neues Konfliktpotenzial.

In diesem Buch beschäftigen wir uns mit den Ursachen und Folgen der Migration nach Österreich und analysieren die Zusammenhänge und Parallelen zwischen der Migrations-, Flüchtlings- und Minderheitenpolitik des Landes von der Habsburgermonarchie bis in die Gegenwart. Darüber hinaus versuchen wir die Gründe für die Unterscheidung zwischen alten und neuen Österreicher/innen, zwischen anerkannten und nicht anerkannten Minderheiten, zwischen willkommenen und unwillkommenen Zugewanderten bzw. in oder außerhalb Österreichs Geborenen nachzugehen und hinterfragen die Machtverhältnisse, die sich daraus ergeben. Dabei richten wir den Blick darauf, dass die Zugewanderten ganz unterschiedliche persönliche Geschichten mitbringen. Der Migrationsprozess transformiert jedoch nicht nur die Menschen, die migrieren, sondern auch die ansässige Bevölkerung. Leider fand diese Transformation Österreichs zu einer Migrationsgesellschaft im hegemonialen Narrativ des Landes keinen entsprechenden Platz. Selbst bei den offiziellen Feierlichkeiten zu 100 Jahren Republik kam es den politisch Verantwortlichen der amtierenden Bundesregierung nicht in den Sinn, den Beitrag der Migrant/innen und ihre dazugehörigen Geschichten zu erwähnen. Auf diese Weise zeichnet die hegemoniale Geschichtsschreibung ein Geschichtsbild, das nicht den realen gesellschaftlichen Verhältnissen entspricht. Mehr noch: sie untergräbt die Bewusstseinsbildung in der Bevölkerung, in einer Migrationsgesellschaft zu leben. Schaffen wir es nicht, das hegemoniale Geschichtsverständnis zu dekonstruieren, um es zu einem kollektiven Gedächtnis zu verweben, setzen wir die Fehler der Vergangenheit fort und beeinträchtigen somit das gedeihliche Zusammenleben in Österreich.

Der Historiker Dirk Rupnow geht in seinem Beitrag auf die Ursachen dieses Umstandes, warum die Migrationsgeschichte in der hegemonialen Geschichtserzählung in Österreich bisher keinen entsprechenden Platz eingenommen hat, ein und ortet hier eine zu schließende Lücke. Die Auseinandersetzung mit Globalisierung und Migration führt – nach Rupnow – die immer schon existierende Heterogenität innerhalb der Nationalstaaten vor Augen, auch wenn diese klare Grenzen nach außen zogen, um ein vermeintlich homogenes Bild von Volk, Kultur und Territorium zu erzeugen.

Die Wiener Bildungsakademie (WBA) greift diese These Rupnows auf und setzt sich inhaltlich intensiv mit der Migrationsgeschichte des Landes auseinander, um daraus Lehren für Gegenwart und Zukunft zu ziehen. Im Zentrum steht dabei die Zukunft unseres Zusammenlebens, fern von nationalistischen Strömungen in Solidarität, Zusammenhalt und Frieden. Den Zusammenhalt innerhalb der österreichischen Bevölkerung zu stärken, setzt voraus, dass wir uns mit den Entwicklungen in unserer Gesellschaft permanent beschäftigen.

Viele Probleme, aber auch Chancen, die das Zusammenleben von unterschiedlichsten Menschen in Wien bzw. Österreich bestimmen, sind schließlich keine unergründlichen Phänomene, sie haben ihre Ursprünge in sozialen, ökonomischen und kulturellen Faktoren, auf die die Politik, aber auch die Zivilgesellschaft Einfluss nehmen kann. Die Auseinandersetzung mit den vielen ineinandergreifenden Aspekten bedurfte nicht nur der Aufmerksamkeit für das Thema Migration, sondern auch der notwendigen Ressourcen, die von der Wiener Bildungsakademie bereitgestellt wurden. Ganz im Sinne ihres gesetzlichen Auftrages, der staatsbürgerlichen Bildung, rief die WBA den Lehrgang „Migration & Zusammenleben" (2017/2018) mit dem Schwerpunkt „Österreichische Migrationsgeschichte" ins Leben. Somit hat die WBA als erste parteipolitische Akademie in Wien sich des Themas der „Migrationsgeschichte" angenommen. Dafür bedanke ich mich bei Petra Bayr, Nationalratsabgeordnete und Präsidentin der WBA, bei Marcus Schober, Gemeinderat und Direktor der WBA und bei meinen Teamkolleg/innen.

Der Lehrgang zielte darauf ab, einen kritischen Blick auf das hegemoniale Geschichtsverständnis in Österreich zu werfen und unterschiedliche Aspekte der Migrationsgeschichte zu erarbeiten, um das Wissen über die Entwicklung der Migrationsgesellschaft zu erhöhen bzw. eine Diskussion jenseits populistischer Meinungsmache darüber anzuregen. Am Ende des Lehrgangs sollte jede/r Teilnehmer/in eine Abschlussarbeit über einen Aspekt österreichischer Migrationsgeschichte mit Wienbezug fertigstellen, die nunmehr in diesem Sammelband vorliegen.

Das Interesse am Thema bildete den gemeinsamen Nenner der Teilnehmer/innen. Sie haben unterschiedliche Bildungs- und soziale Hintergründe, sind Angestellte, Arbeiter/innen, Studierende, hier aufgewachsen und geflüchtete

Einführung

Menschen usw., sodass wir letztendlich eine durchmischte Gruppe waren. Ich freue mich, berichten zu dürfen, dass 16 Personen den Lehrgang abgeschlossen und neun von ihnen eine Arbeit für die Publikation geschrieben haben. Die Wiener Bildungsakademie bedankt sich dafür bei *Stella Asiimwe, Ara Badrtarkhanian, Fahim Baraki, Marlene Breier, Alin Calin Florian, Christine Grüner, Donata Kremsner, Nikolaus Lindenberger, Thomas Mittelberger, Gregor Neupert, Erhema Nyherovwo, Alicides Benavente Ponces, Manuela Scheffel, Julia Schranz, Franziska Strasser, Anna-Valentina Walden, Eva Wohlfarter und Michael Zinkanell*.

Die Inhalte der Publikation, somit auch die Themen des Lehrgangs, wurden in einem partizipativen Prozess mit den Teilnehmer/innen festgelegt. Jede/r Teilnehmer/in entschied es für sich, zu welchem Thema sie oder er forschen und schreiben wollte. Beratend begleitet wurde die Publikation von Michael John, Oliver Rathkolb, Dirk Rupnow, Sabine Strasser und Regina Wonisch, ihnen sei an dieser Stelle für ihre ehrenamtlich erbrachte Leistung gedankt.

Regina Wonisch, Leiterin des Forschungszentrums für historische Minderheiten, begleitete den Lehrgang in allen Phasen wissenschaftlich und trug zum Erscheinen dieses Buches wesentlich bei, ihr gilt unser besonderer Dank. Parallel zum Lehrgang wurden auch Gesprächsrunden und Podiumsdiskussionen organisiert, ebenso wie der Besuch der Ausstellung im Wien Museum „Geteilte Geschichten", die das Thema Migration thematisierte.

Die Idee, uns mit der Migrationsgeschichte in einem Lehrgang zu befassen und aus dem Lehrgang heraus ein Buch zu veröffentlichen, ist nicht von heute auf morgen entstanden, sie stützte sich auf die bisherigen Arbeiten und Erfahrungen zahlreicher Wissenschafter/innen sowie vieler NGOs. Das Buch sollte auch eine Verbindung zwischen namhaften Wissenschafter/innen, die bereits zum Thema mehrfach geforscht und geschrieben hatten, und den Lehrgangsteilnehmer/innen herstellen – als eine Art Brückenfunktion.

Bereits zu Beginn unserer Überlegungen stellten wir uns die Frage nach der zeitlichen Abgrenzung des Vorhabens. Wo sollte die Geschichte beginnen und wann sollte sie enden? Zunächst versuchten wir den Zeitrahmen der Handlung durch das sogenannte Raab-Olah-Abkommen, das im Jahre 1961 zwischen der Wirtschaftskammer und dem Österreichischen Gewerkschaftsbund vereinbart wurde, abzustecken. Das sogenannte ‚Gastarbeiterregime', das damals auf der Grundlage dieses Abkommens eingerichtet wurde, sollte unsere ‚Demarkationslinie' werden. Bald stellte sich heraus, dass eine Migrationsgeschichte Österreichs nur vor dem Hintergrund weiter zurückliegender Entwicklungen verständlich wird. Andernfalls wären die Kontinuitäten,

Parallelen und Brüche, die wir in diesem Buch bezüglich der Migrationsgeschichte aufgreifen, verloren gegangen. Um Bezüge zur Gegenwart herzustellen, griffen wir auf Arbeiten von Michael John und Wladimir Fischer zurück, die sich in ihren Texten mit dem Thema der Migration zur Zeit der Habsburgermonarchie beschäftigen. Während John sich in seiner Arbeit hauptsächlich mit der Heterogenität der Migration befasst, setzt sich Fischer in seiner Arbeit mit dem Identitätsmanagement von südslavischen Migrant/innen aus Österreich-Ungarn in den USA auseinander.

Unsere Bemühungen um die österreichische Migrationsgeschichte ist Ausdruck des Kampfes nach Gerechtigkeit und Gleichheit. Sie baut auf die Leistungen und Erfahrungen vieler Initiativen und Projekte auf, die durch ihr Wirken ein Teil dieser Geschichte wurden und sind. Migrant/innen haben im Bestreben um Anerkennung eigene Strukturen in Vereinsform im Sport, Kultur und Politikbereich errichtet und boten zusätzlich dazu Beratung und ein Auffangnetz für Menschen, die neu nach Österreich gekommen waren, an. (vgl. Waldrauch/Sohler 2004: 37 ff) Die ersten spürbaren strukturellen Änderungen vom ‚Gastarbeiterregime' hin zur Integrationspolitik seitens der öffentlichen Hand, wie z.B. die Einrichtung der ersten Ausländer/innenberatungsstelle im WUK 1983 in Wien, aber auch in Tirol im Jahre 1985, wurden durch den damaligen Sozialminister Alfred Dallinger gesetzt.

Legislative und strukturelle Veränderung waren in der österreichischen Geschichte immer Gegenstand von politischen Entscheidungen und öffentlichen Debatten, wie Regina Wonisch in einem historischen Abriss zu zeigen versucht.

Viele Migrantenorganisationen und Vereine trugen zwar wesentlich zur Historisierung ihrer Migrationsgeschichten bei, doch es fehlte deren Einbettung in einen größeren Rahmen und vor allem die Sichtbarmachung in einer breiteren Öffentlichkeit. Mittlerweile hatte sich zwar eine ausdifferenzierte akademische Migrationsforschung etabliert, aber es fehlte eine breitenwirksame öffentliche Debatte. Die Migrationsgeschichte war nicht in einer dafür vorgesehenen Struktur eingebettet und dokumentiert. Nach einer Idee von Cemalettin Efe, der aus Vorarlberg nach Wien gezogen war, und Andrea Jatschko organisierte die NGO Initiative Minderheiten die Ausstellung „Gastarbajteri" im Wien Museum (vgl. Gürses et al. 2004: 12ff).

Ausgehend von der „Gastarbajteri"-Ausstellung im Wien Museum entwickelte sich die Idee eines Archivs der Migration, die zur Gründung des Arbeitskreises „Archiv der Migration" führte. Durch die Ausstellung im Wien Museum war ein wichtiger Schritt, die Migrationsgeschichte in die bestehenden Institutionen zu transferieren, getan. Sowohl die „Gastarbajteri"-

Ausstellung als auch die Idee des Archivs zielten darauf ab, die Geschichte der Migration zu dokumentieren und zu etablieren, um sie einer breiten Öffentlichkeit zugänglich zu machen. Schließlich griff die Stadt Wien das Thema im Jahr 2014 auf und förderte das Projekt „Migration Sammeln für das Wien Museum", das einen beträchtlichen Objektbestand zur Migrationsgeschichte im Gedächtnis der Stadt verankerte. Sowohl die Gastarbajteri-Ausstellung als auch das Projekt „Migration sammeln für das Wien Museum" setzten sich schwerpunktmäßig mit der Geschichte der Arbeitsmigration ab den 1960er-Jahren auseinander (vgl. Akkılıç et al. 2016: 19 ff).

Die politische Aufwertung der Migrationsgeschichte erfolgte vor allem auf Betreiben zahlreicher wissenschaftlicher und zivilgesellschaftlicher Initiativen, auch in den anderen Bundesländern. Die Landesmuseen Vorarlberg und Tirol, die Stadt Salzburg wie auch St. Pölten öffneten sich ebenso dem Thema und ermöglichten Ausstellungen und Projekte. In der politischen Auseinandersetzung um die Deutungshoheit und Geschichtsschreibung waren somit wichtige Schritte gesetzt worden. Einige Museen und die Politik hatten den Blick für die Notwendigkeit der Erforschung, Verschriftlichung, Visualisierung und Musealisierung der Migrationsgeschichte entdeckt. Nach diesem „Hype" scheint jedoch das Interesse um die Fortführung und Entfaltung dieser Geschichte abzuflauen. Das Jubiläum „100 Jahre Republik" war für uns der Anknüpfungspunkt, das Thema Migration erneut in den Fokus zu rücken.

Wir führen die Auseinandersetzung mit der hegemonialen Geschichte hier fort und arbeiten Bereiche heraus, die im Lehrgang behandelt und besprochen wurden. Durch die Entstehung des Nationalstaates Österreich nach dem Ersten Weltkrieg wurden neue, den nationalstaatlichen Prinzipien entsprechende offizielle Regelungen im Umgang mit der Bevölkerungsvielfalt in Österreich entwickelt. So wurde die deutsche Sprache im Jahre 1920 zur alleinigen Staatssprache erklärt. (Entner 2017: 294). Die Tschech/innen und Slowen/innen wurden auf Druck der Alliierten im Vertrag von St. Germain als Minderheiten anerkannt. Während der Jahre des Austrofaschismus, des sogenannten „Ständestaats", wurden die Institutionen der anerkannten Minderheiten sukzessive geschlossen. Im Nationalsozialismus wurde die „Homogenisierung der Bevölkerung" durch die Vertreibung und Vernichtung von Jüdinnen und Juden, Sinti und Roma etc. weiter vorangetrieben.

In der Zweiten Republik wurden die Sprachgruppen der Slowen/innen und Kroat/innen erneut durch Druck der Siegermächte mit Artikel 7 des Staatsvertrags (1955) als österreichische Volksgruppen anerkannt. Im Verlauf der Zweiten Republik wurden ferner Tschech/innen, Ungar/innen, Slowak/innen und Roma als Volksgruppen anerkannt. Lehrgangsteilnehmerin Eva Wohlfarter greift die Entwicklungen der Minderheitenpolitik nach dem

Zweiten Weltkrieg in Österreich auf und zeigt, dass der Umgang mit den Volksgruppen selten reibungslos war. Daraus resultiert die Debatte, wie weit Österreich aus dem Umgang mit den anerkannten Minderheiten gelernt hat, um Erfahrungen für den Umgang mit den neuen Minderheiten, wie eingebürgerten Migrant/innen bzw. Drittstaatsangehörigen oder geflüchteten Menschen, abzuleiten.

Einige Zeit nach dem Zweiten Weltkrieg leitete Österreich in einer Zeit der globalen Wirtschaftskonjunktur die Phase der Anwerbung von Arbeiter/innen aus dem Ausland nunmehr ebenfalls ein. Der Begriff des Arbeitskräfteanwerbens ist allerdings nicht neu, er tauchte erstmals in der NS-Zeit auf, als Arbeiter/innen aus Italien angeworben wurden.[1] Diese wurden jedoch binnen kurzer Zeit zu Zwangsarbeiter/innen erklärt. Damals wurden weiters „die Gesetze zum Schutz der inländischen Arbeitnehmer" (1925) (vgl. John 1993: 267) durch die „Deutsche Reichsverordnung über ausländische Arbeitskräfte" abgelöst, die bis zum Jahre 1976 in Österreich galt.

Die Zweite Republik brachte eine Annäherung zwischen dem sozialdemokratischen und bürgerlichen Lager, die sich in der Sozialpartnerschaft ausdrückte. Einer der wesentlichen Eckpunkte der Sozialpartnerschaft gipfelte darin, den Bedürfnissen der aufstrebenden Wirtschaft in Österreich zu entsprechen. Gesucht wurden nicht nur zusätzliche, sondern auch billige Arbeitskräfte. Das Raab-Olah-Abkommen zwischen dem Präsidenten der Bundeswirtschaftskammer, Julius Raab und dem Präsidenten des ÖGB, Franz Olah, zur Anwerbung von Arbeitskräften aus dem Ausland ging über die Bedürfnisse des Arbeitsmarktes hinaus und leitete einen historisch wichtigen Schritt in der österreichischen Geschichte ein, der sich in allen Bereichen des Lebens widerspiegelte, nämlich das ‚Gastarbeiterregime', das auf dem sogenannten „Rotationsprinzip" fußte. Im Laufe der Zeit musste man jedoch davon Abstand nehmen, weil Menschen, die gekommen waren, in vielen Fällen und aus unterschiedlichen Gründen nicht zurückkehrten. Dass die Arbeitsmigrant/innen Österreich nicht verließen, hatte vor allem mit der ökonomischen und politischen Situation in ihren Herkunftsländern zu tun.

Die Herkunftsländer der damaligen Arbeitsmigration waren von Beginn an in die österreichische Migrationspolitik und somit auch in die Migrationsgeschichte eingebunden. Um die notwendigen Anwerbestellen zu realisieren, wurden nicht nur Anwerbabkommen geschlossen, sondern auch eine offizielle Ebene transnationaler Politiken installiert.

---

1 vgl. Sala Roberto: Vom „Fremdarbeiter" zum „Gastarbeiter". Die Anwerbung italienischer Arbeitskräfte für die deutsche Wirtschaft (1938–1973). https://www.ifz-muenchen.de/heftarchiv/2007_1_4_sala.pdf

Die Herkunftsstaaten verbesserten mit ihrer Sendepolitik nicht nur ihre Arbeitslosenstatistiken, sondern institutionalisierten mit der Zeit ihren Einfluss auf die entsandte Bevölkerung in Österreich. Ljubomir Bratić beschäftigt sich in seiner Arbeit zu diesem Buch mit den Arbeitskräften, die aus Jugoslawien angeworben wurden, und bringt eine neue Perspektive in die Migrationsforschung ein. In seinem Beitrag werden die Folgen bzw. die historischen Entwicklungen, die später zum Zerfall Jugoslawiens beigetragen haben, mit Blick auf den Arbeitskräfteexport erläutert. Auch Evrim Erşan Akkılıç geht in ihrem Beitrag auf die Situation der Entsendeländer ein und erklärt diese am Beispiel der Türkei.

Basierend auf der Vorstellung, dass die Arbeitsmigrant/innen wieder in ihre Herkunftsländer zurückkehren würden (Rotationsprinzip), wurde der sozialen, politischen, religiösen Diversität innerhalb der immigrierten Bevölkerung wenig Beachtung geschenkt. Dabei wurden viele Unterschiede bzw. Konflikte, z.B. zwischen den unterschiedlichen Ethnien und Religionen, die aus demselben Land kamen, nicht berücksichtigt. Diese undifferenzierte Herangehensweise wird heute im Umgang mit geflüchteten Menschen fortgesetzt. Es ist jedoch wichtig, diese Differenzierung vorzunehmen, weil sich daraus andere Politiken im Umgang mit Vielfalt ergeben. Um diese Vielfältigkeit der Migration aufzuzeigen, haben wir die Geschichte der Alevit/innen und der Kurd/innen in das Buch aufgenommen. Die Geschichte der Alevit/innen zeigt, dass nicht alle Menschen, die aus der Türkei stammen, dem sunnitischen Islam angehören. Dieser Umstand der Diversität beeinflusst das Bewusstsein von Politiker/innen und der Behörden und führt sowohl zu inhaltlichen wie strukturellen Änderungen im Umgang mit Migration. So wurde ein Teil der Alevit/innen als islamische alevitische Religionsgesellschaft anerkannt. Ein anderer Teil der Alevit/innen kämpft wiederum nach wie vor um Anerkennung als eine eigenständige Glaubensgemeinschaft. Während Zeynep Aslan in ihrem Beitrag sich mit der Geschichte der Alevit/innen in Österreich befasst, erklärt Christine Grüner die Veränderungen im Islamgesetz in Österreich, die sich aufgrund von demographischen und transnationalen Entwicklungen ergaben.

Wie im Falle der Alevit/innen werden ähnliche Implikationen für Österreich in dem Artikel von Thomas Schmidinger über die Migrationsgeschichte der Kurd/innen sichtbar. Wurden die Kurden/innen zunächst in der Zensuspolitik als „Syrer", „Perser", oder „Türken" angeführt, bekamen später die Möglichkeit, ihre eigenen Institutionen zu errichten, und die kurdische Sprache wurde für den muttersprachlichen Unterricht an den Wiener Schulen zugelassen. Nachdem im öffentlichen wie im wissenschaftlichen Diskurs das Narrativ der männlichen Migration vorherrschte, wurde der weibliche Anteil der Migration nicht entsprechend berücksichtigt. So war z.B. die Migration von philippinischen Pflegekräften nach Tirol Anfang der 1970er-Jahre ausschließlich weiblich (vgl. Hetfleisch 2017: 59). Franziska Strasser, die ebenso am Lehrgang teilnahm, analysiert in ihrem Textbeitrag die Situation der Arbeitsmigrantinnen aus Jugoslawien. Durch die fehlende bzw. unzureichende Auseinandersetzung mit der weiblichen Zuwanderung wurde nicht nur die Rolle der Frauen in der Migration geschmälert, sondern auch den Zugewanderten ein sehr traditionelles Geschlechterverhältnis unterstellt.

In der öffentlichen Debatte wird das Bild der männlich dominierten Migrantenszene zudem vielfach für politische Zwecke missbraucht. Nicht von ungefähr spricht man in Boulevardmedien und in rechtsnationalistischen Kreisen in diesem Zusammenhang von jungen und unverheirateten Männern, die eine Gefahr für die Frauen in Österreich bedeuten.

Auch das Thema Flucht wird in der hegemonialen Geschichtsschreibung oft verkürzt dargestellt. In Österreich wird gerne auf die Aufnahmebereitschaft in Zusammenhang mit den ungarischen und tschechischen sowie zuletzt bosnischen Flüchtlingen verwiesen. Mittlerweile gewinnen in Österreich und in vielen europäischen Ländern gesellschaftliche Kräfte die Oberhand, die keine weiteren Flüchtlinge aufnehmen wollen. Sie stellen die Genfer Flüchtlingskonvention, die Europäische Menschenrechtskonvention (EMRK) und die Charta der Grundrechte der EU infrage und blenden aus, dass auch aus Österreich Menschen, vor allem Jüdinnen und Juden, fliehen mussten und in anderen Ländern nicht wohlwollend aufgenommen wurden. Die Argumente jener Länder, die die jüdischen Flüchtlinge damals abgewiesen haben, ähneln dem heutigen öffentlichen Diskurs zur Flüchtlingsfrage. Wer die gefahrenvolle Flucht überstand, den erwartete damals im Zielland in vielen Fällen auch keine Willkommenskultur.

In der aktuellen Diskussion um Flüchtlinge und Migrant/innen werden auch ihre transnationalen Aktivitäten und ihr Interesse an ihren Herkunftsländern als ein die Integration behinderndes Problem betrachtet. Transnationale Aktivitäten sind kein heutiges Phänomen, weist Gregor Breier in seinem Beitrag über vor dem NS-Regime geflüchtete Jüdinnen und Juden in Kolumbien nach: Diese pflegten österreichische bzw. europäische kulturelle Traditionen, gründeten eigene Exilorganisationen und betrieben im Exil Politik für das Herkunftsland Österreich. Der derzeitige Diskurs über die Flüchtlinge, die aus Syrien nach Österreich gekommen sind, ist das Thema der Arbeiten von Ara Badrtarkhanian und Donata Kremsner. Während Badrtarkhanian sich mit der Wahrnehmung der Flüchtlinge in Österreich beschäftigt, schildert Donata Kremsner anhand der Friseurläden die wirtschaftlichen und sozialen Aktivitäten von Personen, die aus Syrien nach Österreich geflüchtet sind. Die globale Dimension von Migration und Flucht ist Thema der Arbeiten von Michael Zinkanell und Stella Asiimwe. Zinkanell setzt sich mit dem Einfluss des Klimawandels auf Wanderungsbewegungen auseinander. Asiimwe erklärt in Zusammenhang mit der aktuellen Globalisierung die Ursachen von Flucht und Migration aus Afrika, sie gibt einen Überblick über die Geschichte der Auswanderung aus diesem Kontinent und hinterfragt die Rolle Europas. Einen Ausblick in die Zukunft riskiert der Beitrag von Anna-Valentina Walden, die ebenso wie die beiden davor genannten Autor/innen unseren Lehrgang besuchte. Sie geht auf die mögliche Zukunft der europäischen Migrations- und Flüchtlingspolitik ein und setzt sich mit unterschiedlichen Szenarien auseinander. Abschließend unterstreichen wir, dass unser Buch einige Aspekte der österreichischen Migrationsgeschichte abbildet und keinen Anspruch auf eine vollständige Geschichtsdarstellung stellt.

Literatur

Akkılıç, Arif; Bakondy, Vida; Bratic, Ljubomir; Wonisch, Regina (Hg.) (2016): Schere – Topf – Papier. Objekte zur Migrationsgeschichte. Wien: Mandelbaum.

Entner, Brigitte (2018): Ungeliebte, unsichtbare Minderheit. Zur Geschichte der Kärntner Slowenen bis in die Gegenwart. In: Heinz Fischer, Andreas Huber, Stephan Neuhäuser (Hg.): 100 Jahre Republik. Meilensteine und Wendepunkte in Österreich 1918–2018. Wien: Czernin, S. 292–305.

Fischer, Heinz; Huber, Andreas; Neuhäuser, Stephan (Hg.) (2018): 100 Jahre Republik. Meilensteine und Wendepunkte in Österreich 1918–2018. Wien: Czernin.

Gürses, Hakan; Kogoj, Cornelia; Mattl, Sylvia (Hg.) (2004): Gastarbajteri. 40 Jahre Arbeitsmigration. Wien: Mandelbaum.

Hetfleisch, Gerhard (2017): „Zuwanderung aus den Philipinnen". In: Tiroler Landes Museum, Zemit – Zentrum für MigrantInnen in Tirol et al. (Hg.): Hier Zuhause. Migrationsgeschichten aus Tirol. Innsbruck: Tiroler Landesmuseen-Betriebsgesellschaft, S. 59–67.

John, Michael; Lichtblau, Albert (1993): Schmelztiegel Wien – einst und jetzt: zur Geschichte und Gegenwart von Zuwanderung und Minderheiten. Wien: Böhlau.

Sala, Roberto: Vom „Fremdarbeiter" zum „Gastarbeiter". Die Anwerbung italienischer Arbeitskräfte für die deutsche Wirtschaft (1938–1973). Online verfügbar: https://www.ifz-muenchen.de/heftarchiv/2007_1_4_sala.pdf, zuletzt geprüft am 7.12.2018.

Waldrauch, Harald; Sohler, Karin (2004): Migrantenorganisationen in der Großstadt. Entstehung, Strukturen und Aktivitäten am Beispiel Wien. Frankfurt a. M.: Campus.

GESCHICHTE UND GEDÄCHTNIS VON MIGRATION IN ÖSTERREICH[1]

Dirk Rupnow

Migration gehört fraglos zu den wichtigsten Themen der Gegenwart und der Zukunft. Mit der alles überschattenden Forderung nach Integration gegenüber Migrant/innen, worunter wohl im Allgemeinen deren vollständige Assimilation an eine als statisch und homogen angenommene, vermeintlich eindeutig abgrenzbare ‚einheimische' Kultur verstanden wird, wird es allerdings fatalerweise auch rein gegenwärtig wahrgenommen, geradezu ahistorisch, als hätte Migration keine Geschichte und Migrant/innen keine Geschichten, als hätte Migration nicht immer schon Gesellschaft und Kultur verändert. Dies wird derzeit nur noch verstärkt durch den als krisenhaft wahrgenommenen Anstieg der Zahl von Migrant/innen, die auf dem Weg nach Europa sind.

Allein der Begriff der ‚Flüchtlingskrise' für die Vorgänge seit dem Sommer 2015 macht deutlich, wie europäisch verzerrt und auf die Gegenwart beschränkt die Wahrnehmung in Österreich und in vielen anderen europäischen Ländern ist: Das soll freilich nicht heißen, dass es kein Problem und keine Herausforderungen gäbe, aber wir haben sie erst als ‚Krise' wahrgenommen, als eine große Zahl von Flüchtlingen in der EU angekommen bzw. auf unseren Straßen gestorben ist (wie Ende August 2015, als 71 Flüchtlinge, darunter vier Kinder, erstickt in einem Lastwagen auf der österreichischen Autobahn nahe der ungarischen Grenze gefunden wurden), aber nicht, solange die Mehrzahl im Mittelmeer ums Leben kam bzw. die Türkei mehr als drei Millionen syrischer Flüchtlinge aufgenommen hat.

I

Der österreichische Emigrant und Soziologe Alfred Schütz (1899–1959) hat 1944 den Fremden – "the stranger" (immigrant, newcomer) – als einen „Mann ohne Geschichte" definiert, dem Exotik zugestanden wird, aber nicht

---

[1] Der vorliegende Aufsatz entstand als Teil des FWF-Projekts P 24468-G18 „Deprovincializing Contemporary Austrian History. Migration und die transnationalen Herausforderungen an nationale Historiographien (ca. 1960-heute)", das am Institut für Zeitgeschichte der Universität Innsbruck angesiedelt war (11/2012–10/2017) und von Dirk Rupnow geleitet wurde.

mehr: "Seen from the point of view of the approached group, he [the stranger] is a man without history" (Schütz 1964: 97). Und so lange „er" – „sie" bleibt hier scheinbar ganz selbstverständlich außer Betracht – von der Mehrheitsgesellschaft ("approached group") keine eigene Geschichte zugestanden bekommt, so wird man Schütz wohl weiterführen können, wird der "stranger" auch fremd bleiben.

Gegenwärtig wird von Migrant/innen häufig nicht nur das Erlernen der Mehrheitssprache und eines angeblich allgemein anerkannten Wertekanons, sondern auch eine Kenntnis der Geschichte der Mehrheitsgesellschaft als Zeichen für ihre Integrationsbereitschaft gefordert.[2] Die Staatsbürgerschaftstests in Österreich und Deutschland reflektieren dies sehr deutlich: Neben der demokratischen Grundordnung geht es vor allem um historische Daten und Fakten.[3] Eine Beschäftigung der Mehrheitsgesellschaft mit der Geschichte der Zuwanderer/innen, ihren historischen Erfahrungen und Erinnerungen, bleibt währenddessen vollständig aus. Wie problematisch eine paternalistische Haltung gegenüber Migrant/innen ist, die von ihnen eine Beschäftigung mit ‚unserer' Geschichte verlangt, während ihre eigene Geschichte, einschließlich die Geschichte ihrer Migration, fast vollständig unsichtbar und ausgeblendet bleibt, ist offensichtlich. Die Geschichte von Migration und Migrant/innen ist eine Leerstelle im hegemonialen Gedächtnis – und das gilt in unterschiedlichen Abstufungen für alle europäischen Einwanderungsländer.

Erst in der zweiten Hälfte des 20. Jahrhunderts wurde Österreich zu einem Einwanderungsland: Natürlich gab es auch zuvor Einwanderung und vor allem Binnenwanderung und damit Migrationserfahrungen, aber die Zahl der Auswanderer überwog die der Einwanderer. Die neue Realität wurde bekanntermaßen lange Zeit nicht anerkannt und ist in Österreich in der politischen Arena immer noch umstritten. Dabei muss als offensichtlich gelten, dass der wirtschaftliche Aufstieg der Zweiten Republik ohne Zuwan-

---

2 Zum Nexus von Sprache und Identität sowie der exkludierenden Agenda dahinter und dem Anspruch des Monolingualismus in den aktuellen Debatten, aber auch in historischer Perspektive vgl. Heinrich C. Seeba (2004): The Rhetoric of Origin. Language and Exclusion in Historical Perspective. In: Transit 1 (1). http://escholarship.org/uc/item/0357t86n, zuletzt geprüft am 22.6.2012.
3 Für den österreichischen Test vgl. http://www.staatsbuergerschaft.gv.at bzw. http://www.einbuergerungstest.at, beide zuletzt geprüft am 24.10.2016; für den deutschen Test vgl. http://www.bundesauslaenderbeauftragte.de/einbuergerungstest.html bzw. http://www.einbuergerungstest-online.eu/fragen/, zuletzt geprüft am 24.10.2016.

derung unmöglich gewesen wäre. Die strukturierte Arbeitsmigration wurde in Österreich später eingeleitet als etwa in Deutschland: 1961 mit dem Raab-Olah-Abkommen sowie in der Folge mit Anwerbeabkommen mit Spanien (1962), der Türkei (1964) und Jugoslawien (1966).[4] Die europäischen Flüchtlingsbewegungen nach dem Zweiten Weltkrieg bzw. im Kalten Krieg spielten in diesem Zusammenhang auch eine wichtige Rolle: die Vertreibung der Volksdeutschen 1945, Ungarn 1956, Tschechoslowakei 1968, Polen in den 1980er-Jahren, Jugoslawien in den 1990er-Jahren. Während der Zweiten Republik wanderten 4,5 Millionen Menschen zu, von denen 1,3 Millionen im Land blieben.[5] Gegenwärtig haben mehr als 20 Prozent der Wohnbevölkerung einen sogenannten Migrationshintergrund (1,8 Mio. von 8,4 Mio.), in Wien sind es sogar über 40 Prozent.[6] Die größte Gruppe darunter sind Menschen aus dem ehemaligen Jugoslawien (fast eine halbe Million) und aus der Türkei (mehr als eine Viertelmillion). Am 1. Januar 2016 lebten knapp 15 Prozent der Bevölkerung mit einer nicht-österreichischen Staatsbürgerschaft im Lande, in Wien sind es fast 30 Prozent.[7] Die größte Gruppe sind dabei wiederum Menschen aus dem ehemaligen Jugoslawien, gefolgt von Deutschen und Türk/innen. Österreich ist damit europa- und weltweit an der Spitze angekommen. Das österreichische Nachrichtenmagazin „profil" hat dementsprechend schon formuliert: „Österreich ist geworden, was es nie sein wollte: eines der führenden Einwanderungsländer der Welt" (Neuhold 2016: 14–21). (Die größte ethnische Gruppe unter

---

4 Zum 50-jährigen Jubiläum vgl. 50 Jahre Gastarbeiter in Österreich. Von Anwerbeabkommen und Integration. http://www.orf.at/stories/2090725/2090744, zuletzt geprüft am 27.12.2011.
5 Andreas Weigl (2009): Migration und Integration. Eine widersprüchliche Geschichte (Österreich – Zweite Republik 20). Innsbruck-Wien-Bozen: StudienVerlag, vor allem S. 14–15; Heinz Faßmann, Rainer Münz (1995): Einwanderungsland Österreich? Historische Migrationsmuster, aktuelle Trends und politische Maßnahmen. Wien: Jugend & Volk; vgl. dazu auch Statistik Austria: http://www.statistik-austria.at; European Migration Network: http://emn.intrasoft-intl.com; focus Migration: http://www.focus-migration.hwwi.de, alle zuletzt geprüft am 22.6.2012.
6 Statistik Austria, Bevölkerung mit Migrationshintergrund nach Bundesländern (Jahresdurchschnitt 2015): http://www.statistik.at/web_de/statistiken/menschen_und_gesellschaft/bevoelkerung/bevoelkerungsstruktur/bevoelkerung_nach_migrationshintergrund/index.html, zuletzt geprüft am 25.10.2016.
7 Statistik Austria, Bevölkerung am 1.1.2016 nach detaillierter Staatsbürgerschaft und Bundesland: http://www.statistik.at/web_de/statistiken/menschen_und_gesellschaft/bevoelkerung/bevoelkerungsstruktur/bevoelkerung_nach_staatsangehoerigkeit_geburtsland/index.html, zuletzt geprüft am 25.10.2016.

den Ausländer/innen, die Deutschen, genießen naturgemäß einen speziellen Status in Österreich und werden dementsprechend bei den Diskussionen über Migration und Integration normalerweise außen vorgelassen, obwohl das Verhältnis alles andere als friktionsfrei ist.)

Vor allem im Zusammenhang mit Migration und Diversität sind Statistiken mit ihren vermeintlich klaren und eindeutigen Kategorisierungen oft eher verwirrend als erhellend. Nicht nur, dass sie die Komplexität und Vielfältigkeit der Realität notwendigerweise reduzieren, sondern auch was sie zählen und die Definitionen hinter den Zahlen sind einem ständigen Wandel unterworfen.[8] Sie scheinen dennoch weiterhin gebraucht zu werden, um sichtbar zu machen, was mittlerweile außer Diskussion stehen sollte: dass Österreich längst zu einer Migrationsgesellschaft geworden ist. Die Flüchtlingsbewegungen nach Österreich während des Kalten Kriegs (Ungarn 1956, Tschechoslowakei 1968, Polen 1980), die durchaus ihren festen Platz im kollektiven Gedächtnis des Landes haben und als Beleg für die Offenheit und Solidarität der österreichischen Bevölkerung gelten, waren jedoch demographisch weniger einschneidend: Österreich fungierte in diesen Fällen weit mehr als Transit-, denn als Einwanderungsland.[9] Die anfängliche Aufnahme- und Hilfsbereitschaft erschöpften sich außerdem in allen diesen Fällen sehr schnell, was in den dominierenden Erzählungen gerne vergessen wird.

---

8 Vgl. etwa die unterschiedlichen Definitionen von „Migrationshintergrund" der Statistik Austria (beide Elternteile im Ausland geboren, in weiterer Folge untergliedert in Migrantinnen und Migranten der ersten Generation, die selbst im Ausland geboren wurden, und Zuwanderern der zweiten Generation, Kindern von zugewanderten Personen, die aber selbst im Inland zur Welt gekommen sind), der Statistik des Wiener Magistrats (Personen, die entweder nicht die österreichische Staatsbürgerschaft besitzen oder außerhalb Österreichs geboren wurden) und des deutschen Statistischen Bundesamts (selbst oder mindestens ein Elternteil nicht mit deutscher Staatsangehörigkeit geboren): http://www.statistik.at/web_de/statistiken/menschen_und_gesellschaft/bevoelkerung/bevoelkerungsstruktur/bevoelkerung_nach_migrationshintergrund/index.html; https://www.wien.gv.at/statistik/bevoelkerung/bevoelkerungsstand/definitionen.html; https://www.destatis.de/DE/ZahlenFakten/GesellschaftStaat/Bevoelkerung/MigrationIntegration/Glossar/Migrationshintergrund.html, alle zuletzt geprüft am 25.10.2016.
9 Oliver Rathkolb (2005): Die paradoxe Republik. Österreich 1945 bis 2005. Wien: Zsolnay, S. 49–52; vgl. dazu auch Gernot Heiss; Oliver Rathkolb (Hg.) (1995): Asylland wider Willen. Flüchtlinge in Österreich im europäischen Kontext seit 1914 (= Veröffentlichungen des Ludwig Boltzmann-Instituts für Geschichte und Gesellschaft 25). Wien: J&V.

Während im Jahr 1961 der Anteil der Menschen mit ausländischer Staatsangehörigkeit in Österreich bei 1,4 Prozent lag, kam es in den 1960er- und 1970er-Jahren durch die Anwerbung sogenannter ‚Gastarbeiter' aus Jugoslawien und der Türkei zu einem Anstieg auf einen vorläufigen Höchstwert von 4,1 Prozent im Jahr 1974 (über 310.000 Personen von einer Gesamtbevölkerung von etwa 7,6 Millionen). Erst die Jugoslawienkriege in den 1990er-Jahren führten dann zu einem neuerlichen signifikanten Ansteigen auf über 8 Prozent im Jahr 1993. Seit der Jahrtausendwende kam es erneut zu einem markanten Anstieg, 2008 wurde erstmals die 10 Prozent-Marke überschritten (etwa 845.000 Personen bei einer Gesamtbevölkerung von ungefähr 8,3 Millionen).[10] Im Jahr 2015 nun wurden über 88.000 Asylanträge gestellt, vor allem von Menschen aus Afghanistan, Syrien und dem Irak (in EU-Ländern insgesamt über 1,3 Millionen).[11] Österreich hat damit die zweithöchste Pro-Kopf-Quote von Asylbewerbern in Europa (10 Asylbewerber / 1.000 Einwohner), nach Schweden (17 / 1.000).

Bisher sind die Geschichte(n) der Migration und die Erfahrungen der Migrant/innen nicht integriert worden in die hegemoniale Version der österreichischen Nachkriegsgeschichte: von Ausnahmen abgesehen sind sie weder in Schulbüchern noch in den gängigen Darstellungen der Geschichte der Zweiten Republik sichtbar, weder in Museen noch im öffentlichen Raum, z.B. durch Denk-/Mahnmäler oder Straßennamen. In den derzeitigen hitzigen Debatten über Migration, Flüchtlinge und Integration wird immer noch das Offensichtliche geleugnet: dass Österreich schon längst ein Einwanderungsland geworden ist (und nicht erst jetzt dazu wird), das seit Langem divers und plural ist (wie es schon immer gewesen ist) und das längst von Migration und Migrant/innen tiefgreifend verändert worden ist. In der öffentlichen Diskussion scheint es vollkommen vergessen zu sein, dass die Präsenz von Menschen mit einem sogenannten ‚Migrationshintergrund' bereits eine fünfzigjährige Geschichte in Österreich hat – mit spezifischen Akteur/innen, mit ihren jeweiligen spezifischen Interessen, und einem konkreten Regelwerk sowie einem dazugehörigen politischen und sozialen Rahmen. Trotz der einigermaßen intensiven Forschungen zu den Migrationsbewegungen im späten Habsburgerreich sowie zu den Fluchtbewegungen nach Österreich während

---

10 ÖIF (2016): Fact Sheet 24. Staatsbürgerschaft und Einbürgerung (Oktober). http://www.integrationsfonds.at/themen/publikationen/oeif-fact-sheets/, zuletzt geprüft am 25.10.2016.
11 BMEIA (2016): Integrationsbericht 2016. https://www.bmeia.gv.at/integration/integrationsbericht/, zuletzt geprüft am 25.10.2016.

des Kalten Kriegs wird immer wieder der falsche Eindruck erzeugt, dass es nie eine staatlich gelenkte Einwanderung ins Nachkriegsösterreich gegeben habe und keine entsprechenden Interessen und Intentionen der österreichischen Gesellschaft, Wirtschaft und Politik. Dabei kann als offensichtlich gelten, dass der wirtschaftliche Aufstieg der Zweiten Republik ohne Zuwanderung unmöglich gewesen wäre. Im Gegensatz zum ursprünglichen ‚Gastarbeiter'-Konzept der 1950er- und 1960er-Jahre, das von einer zeitlich begrenzten, bedarfsabhängigen Einwanderung, verbunden mit dem regelmäßigen Austausch der ausländischen Arbeitskräfte, ausging, was sich letztlich als unökonomisch erwies, ließen sich Menschen nieder und veränderten nachhaltig die österreichische Gesellschaft.

Hör- und Sichtbarkeit in der Geschichte sind bisher nicht für alle in unserer Gesellschaft gleichermaßen gegeben. Dabei handelt es sich keineswegs nur um ein rein akademisches Problem, sondern vielmehr um eine grundlegende Bedingung für Zugehörigkeit, Anerkennung und Gleichheit in der Gesellschaft.[12] Die werdenden Nationalstaaten haben sich im Laufe des 19. Jahrhunderts durch homogene Vorstellungen von Volk, Territorium und Geschichte legitimiert und abgesichert. Geschichtsschreibung war ein wichtiges Instrument in diesem Prozess, Archive und Museen waren entscheidende Institutionen. In der Geschichtsschreibung wurden eine nationale Vergangenheit und eine gemeinsame Kultur überhaupt erst erzeugt, in Museen wurden sie visualisiert. Dabei wurden nicht nur klare Grenzen nach außen gezogen, sondern auch ein homogenes Inneres produziert: Bevölkerung, Kultur und Territorium als quasi natürlich zusammengehörig miteinander kurzgeschlossen. Was als ‚anders' galt, wurde an den Rand gedrängt, aus der Geschichte herausgeschrieben, unsichtbar gemacht – so auch in der Gesellschaft: Die Gewaltexzesse des 20. Jahrhunderts sind nicht zuletzt Folgen dieser Homogenisierungsbestrebungen. Zwischen Nation und Volk wurde dabei keinesfalls unterschieden, die Vorstellungen von Nation immer wieder ethnisch kontaminiert. Dies erschwert noch heute, ethnische und kulturelle Vielfalt sowie unterschiedliche historische Bezüge innerhalb von Nationen zu denken.

Die klassischen nationalen Gedächtnisse, die freilich schon immer zerklüfteter und heterogener waren, als die omnipräsenten Begrifflichkeiten vom ‚kollektiven Gedächtnis' dies nahelegen, werden derzeit massiv durch Migration verändert, die uns die Globalisierung gewissermaßen in die Nach-

---

12 Vgl. u.a. Paul Mecheril (2003): Prekäre Verhältnisse. Über natio-ethno-kulturelle (Mehrfach-) Zugehörigkeit. Münster: Waxmann, vor allem S. 28.

barschaft bringt und vor Ort zum Alltag werden lässt.[13] Für Migrant/innen ist häufig weder die Vergangenheit der Mehrheitsbevölkerung anschlussfähig noch sind es die von dieser eingeübten Formen des Umgangs mit ihr: Sie haben eine andere, für die Mehrheitsgesellschaft ungewohnte Perspektive auf eine durchaus geteilte Vergangenheit oder aber gar keinen Bezug zur Vergangenheit der Mehrheitsgesellschaft. Währenddessen bringen sie andere historische Erfahrungen und Erinnerungen mit, die der Mehrheitsbevölkerung bis dahin fremd waren.[14] Nicht zuletzt die Erinnerung an die nazistischen Massenverbrechen hat in den primären Täterländern wie Deutschland und Österreich derzeit einen eher trennenden denn integrierenden Effekt. Sie ist aus einer marginalisierten Position heraus mittlerweile zu einer staatstragenden, gouvernemental durchgesetzten und instrumentalisierten Dominanzerinnerung geworden, der nun ihrerseits zugeschrieben wird, andere Erinnerungen zu überdecken und verdrängen.[15] Erinnerung muss und sollte jedoch kein ‚Nullsummenspiel' sein, als das es uns in den geschichtspolitischen Debatten fatalerweise immer wieder dargestellt wird.

---

13 Georg Simmel (1923): Soziologie. Untersuchungen über die Formen der Vergesellschaftung. München–Leipzig: Duncker & Humblot, S. 509–512; Erol Yildiz (2013): Die weltoffene Stadt. Wie Migration Globalisierung zum urbanen Alltag macht. Bielefeld: Transcript.
14 Viola B. Georgi (2003): Entliehene Erinnerung. Geschichtsbilder junger Migranten in Deutschland. Hamburg: Hamburger Ed.; Viola B. Georgi, Rainer Ohliger (Hg.) (2009): Crossover Geschichte. Historisches Bewusstsein Jugendlicher in der Einwanderungsgesellschaft. Hamburg: Ed. Körber-Stiftung; Astrid Messerschmidt (2009): Weltbilder und Selbstbilder. Bildungsprozesse im Umgang mit Globalisierung, Migration und Zeitgeschichte (= wissen und praxis 151). Frankfurt a. M.: Brandes & Apsel; vgl. dazu auch das von mir und dem Wiener Forschungs- und Vermittlungsbüro trafo.K. 2009 bis 2011 gemeinsam durchgeführte Projekt „Und was hat das mit mir zu tun?' Transnationale Geschichtsbilder zur NS-Vergangenheit" im Rahmen des vom BMWF geförderten „Sparkling Science"-Programms: http://www.sparklingscience.at/de/projekte/312-transnationale-geschichtsbilder, zuletzt geprüft am 19.10.2011, sowie Nora Sternfeld (2012): Kontaktzonen der Geschichtsvermittlung. Transnationales Lernen über den Holocaust in der postnazistischen Migrationsgesellschaft. Diss. phil. Wien.
15 Dirk Moses (2010): Der nichtdeutsche Deutsche und der deutsche Deutsche. Stigma und Opfer-Erlösung in der Berliner Republik. In: Daniel Fulda, Dagmar Herzog, Stefan-Ludwig Hoffmann, Till van Rahden (Hg.): Demokratie im Schatten der Gewalt. Geschichten des Privaten im deutschen Nachkrieg. Göttingen: Wallstein, S. 353–378; Jan Löfström (2011): Historical apologies as acts of symbolic inclusion – and exclusion? Reflections on institutional apologies as politics of cultural citizenship. In: Citizenship Studies (1), 15, S. 93–108.

Der amerikanische Literaturwissenschaftler Michael Rothberg hat dies in seinem 2009 erschienenen Buch „Multidirectional Memory. Remembering the Holocaust in the Age of Decolonization" sichtbar zu machen versucht, indem er historischen Bezügen zwischen antikolonialen und antinazistischen Positionen nachspürte.[16]

Die Realität der Migrationsgesellschaft ist in vielen Ländern mittlerweile alltäglich sichtbar und kann gar nicht mehr geleugnet werden. Eine plurale Gesellschaft erfordert aber eine vielstimmige und multiperspektivische Geschichte, um sich über sich selbst, ihre Entwicklung in der Vergangenheit, aber auch ihre Zukunft verständigen zu können. Migration als ein genuin transnationales – ständig Grenzen überschreitendes und unterwanderndes oder perforierendes Phänomen – stellt allerdings das hegemoniale Format von Geschichte, die immer noch vorrangig national gerahmt wird, grundsätzlich und nachhaltig in Frage. Migration irritiert die Vorstellungen von eindeutigen Zugehörigkeiten und homogenen, auf klarer Abgrenzung basierenden Identitätskonstruktionen, von festen, unüberschreitbaren Grenzen und ebenso unveränderlichen, klar eingrenzbaren Kulturen. Migration und Migrant/innen in die nationale Geschichte einzuschreiben, stellt daher eine große Herausforderung dar.

Die Dringlichkeit, sich dieser Herausforderung zu stellen, machen auch verschiedene Studien deutlich: türkische und ex-jugoslawische Migrant/innen fühlen sich in Österreich weitaus weniger zugehörig als etwa in Deutschland, ‚Bindestrichidentitäten', wie sie im Nachbarland mittlerweile selbstverständlich reklamiert werden, werden hierzulande praktisch nicht formuliert, weil der heimische Diskurs immer noch stark ausschließend und rassistisch ist. Auch wenn sie die österreichische Staatsbürgerschaft besitzen, wird Migrant/innen der zweiten Generation immer wieder abgesprochen, ‚richtige Österreicher/innen' zu sein.[17]

---

16 Michael Rothberg (2009): Multidirectional Memory. Remembering the Holocaust in the Age of Decolonization (Cultural Memory in the Present). Stanford: UP; vgl. in diesem Zusammenhang auch Michael Rothbergs neues Projekt (gemeinsam mit Yasemin Yildiz und Andrés Nader) über Holocaust-Erinnerung und Migration in Deutschland: Michael Rothberg, Yasemin Yildiz (2011): Memory Citizenship: Migrant Archives of Holocaust Remembrance in Contemporary Germany. In: Parallax (4), 17, S. 32–48.

17 Delna Antia (2016): Eins, zwei, keins oder beides. Warum Migranten der zweiten Generation eine hybride Identität wählen – wenn sie dürften. Ein empirischer Vergleich nationaler Selbstpositionierung in Deutschland und Österreich. M.E.S. ➤

II

Einiges hat sich getan in den vergangenen Jahren. Eine neue Umfrage zeigt, dass mittlerweile drei Viertel der Österreicher/innen ihr Land als Einwanderungsland sehen: 33 Prozent sagen, das träfe „ganz sicher" zu, 43 Prozent sehen das zumindest „eher" so, während für nur 8 Prozent Österreich „ganz sicher kein" bzw. für 14 Prozent „eher nicht" ein Einwanderungsland ist.[18]

Die Fixierung von Medien und Öffentlichkeit auf historische Jahrestage und Jubiläen ist Fluch und Segen zugleich: Sie läuft der Logik und wissenschaftlicher Forschung zuwider, bietet aber jeweils die Chance, bestimmte Themen der Vergessenheit zu entreißen und breit zu diskutieren. Doch nicht immer wird diese Chance wahrgenommen. So verstrich im Jahr 2012 der 50. Jahrestag der Unterzeichnung des ersten österreichischen Anwerbeabkommens mit Spanien im Jahr 1962 ebenso wie zuvor schon der des Raab-Olah-Abkommens, ohne dass dem in Österreich große öffentliche oder mediale Aufmerksamkeit gewidmet worden wäre.[19] Tatsächlich kamen auch nur wenige spa-

---

thesis Universität Wien; Delna Antia (2016): „Dann bin ich eben nicht Österreicher!" In: Biber (11), S. 19–25; Maurice Crul, Jens Schneider, Frans Lelie (2012): The European Second Generation Compared. Does the Integration Context Matter? (TIES-Projekt). Amsterdam: UP.
18 Unique Research (2016): Wien 2016 (500 Befragte). In: profil (44): http://www.profil.at/oesterreich/umfrage-oesterreich-einwanderungsland-7663079, zuletzt geprüft am 31.10.2016. Im FPÖ-Parteiprogramm „Österreich zuerst" von 2011 wird währenddessen weiterhin darauf beharrt: „Österreich ist kein Einwanderungsland": https://www.fpoe.at/fileadmin/user_upload/www.fpoe.at/dokumente/2015/2011_graz_parteiprogramm_web.pdf, zuletzt geprüft am 2.11.2016. Die ÖVP bekennt sich währenddessen in ihrem Programm aus dem Jahr 2015 zur qualifizierten Zuwanderung und einer Leitkultur: https://www.oevp.at/die-partei/Die-OeVP.psp, zuletzt geprüft am 2.11.2016. Im SPÖ-Parteiprogramm aus dem Jahr 1998 wird gegen Fremdenfeindlichkeit, Rassismus und Antisemitismus und für ein solidarisches Miteinander Position bezogen: https://spoe.at/sites/default/files/das_spoe_parteiprogramm.pdf, zuletzt geprüft am 2.11.2016. Allein das Parteiprogramm der Grünen von 2001 hielt bereits fest: „Trotz der Anwerbung von ausländischen Arbeitskräften ab Anfang der Sechzigerjahre fehlt bis heute das Bekenntnis, dass Österreich ein Einwanderungsland ist. Ganz im Gegenteil hat Österreich bis heute die Tatsache, dass ImmigrantInnen ein Teil der Gesellschaft geworden sind und langfristig hier bleiben werden, einfach ignoriert und die Betroffenen jahrzehntelang als ‚GastarbeiterInnen' behandelt." https://www.gruene.at/partei/programm/parteiprogramm, zuletzt geprüft am 2.11.2016.
19 Vgl. 50 Jahre Gastarbeiter in Österreich. Von Anwerbeabkommen und Integration. http://www.orf.at/stories/2090725/2090744, zuletzt geprüft am 2.9.2014.

nische ‚Gastarbeiter' ins Land, weil Österreich für sie weniger attraktiv war als Frankreich oder Deutschland, aber immerhin ermöglichte die (geheime) Vereinbarung zwischen Wirtschaftskammer und ÖGB im Dezember 1961 durch den Ausgleich der Interessen von Arbeitgebern und Arbeitnehmern überhaupt erst die strukturierte Anwerbung von ausländischen Arbeitskräften (und stellt darüber hinaus den Grundstein für die Institutionalisierung der Sozialpartnerschaft dar).

Im Jubiläumsjahr 2014 wurde dann allerdings gleich von verschiedenen Seiten der Unterzeichnung des Anwerbeabkommens zwischen Österreich und der Türkei 1964 gedacht: Das Bundesministerium für Europa, Integration und Äußeres veranstaltete im Mai ein wissenschaftliches Symposium „50 Jahre türkische Migration nach Österreich – Gestern, heute und in der Zukunft" an der österreichischen Botschaft in Ankara sowie ein weiteres im Juni in Wien an der Diplomatischen Akademie. Um das Unterzeichnungsdatum im Mai herum kam es außerdem zu einer dichten Medienberichterstattung.[20] Die Stadt Wien lud im September 1.000 ehemalige türkische und jugoslawische ‚Gastarbeiter/innen' unter dem Motto „Gerufen und gekommen" zu einem Festakt ins Rathaus, wo ihnen Bundespräsident Fischer, Bürgermeister Häupl und Integrationsstadträtin Frauenberger Anerkennung und Dank aussprachen. Ein bundesweiter symbolischer Akt blieb jedoch signifikanterweise aus.[21] Hinzu kamen allerdings eine ganze Reihe von lokalen Projekten, hauptsächlich Ausstellungen (etwa in St. Pölten, Salzburg, Hall in Tirol, Telfs sowie zwei Wanderausstellungen), aber auch Performances und sonstige Veranstaltungen, die aus sehr unterschiedlichen Kontexten hervorgingen (von Universitäten und Forschungseinrichtungen über NGOs und Vereinen bis hin zu Lokalmuseen), aber allesamt nicht an große Kulturinstitutionen angebunden waren.[22]

---

20 Vgl. etwa die zahlreichen Beiträge in: Die Presse, 11.5.2014, sowie in: Der Standard, 15.5.2014.
21 Als Auftragsforschung im Rahmen der Wiener Tagung des BMEIA vgl. Sylvia Hahn, Georg Stöger (2014): 50 Jahre österreichisch-türkisches Anwerbeabkommen. Salzburg.
22 Stadtmuseum St. Pölten, Zentrum für Migrationsforschung am Institut für die Geschichte des ländlichen Raumes und NÖ Landesarchiv, Bernhard Gamsjäger, Österreichisch-Türkischer Freundschaftsverein, Betriebsseelsorge Traisental: „Angeworben! Hiergeblieben! 50 Jahre ‚Gastarbeit' in der Region St. Pölten"; Stadtarchiv Salzburg/Universität Salzburg: „Kommen – Gehen – Bleiben. Migrationsstadt Salzburg 1960-1990"; Institut für Zeitgeschichte der Universität Innsbruck/Stadtmuseum und -archiv Hall i.T.: „Hall in Bewegung. Spuren der Migration in Tirol"; ▶

Im Jubiläumsjahr 2016 wurden von offizieller politischer Seite keine Veranstaltungen, Festakte oder Projekte an die Öffentlichkeit getragen. In Wien erinnerte eine Tagung des Innsbrucker Instituts für Zeitgeschichte in Kooperation mit der Initiative Minderheiten, dem Arbeitskreis „Archiv der Migration" und der ÖBB, flankiert von einer Ausstellung über die jugoslawische Vereinsszene in Österreich in den 1980er-Jahren und Videointerventionen am Haupt- und Westbahnhof, an das Inkrafttreten des Anwerbeabkommens 1966. Das Bundesministerium für Europa, Integration und Äußeres und der Österreichischen Integrationsfonds unterstützten währenddessen eine Kunstausstellung zum Thema „Gastarbeit in Österreich" im Museumsquartier in Wien („Ajnhajtclub"), die von dem in Belgrad geborenen und in Amsterdam arbeitenden Künstler und Kurator Bogomir Doringer konzipiert wurde. Der Grazer Verein Jukus trat erneut mit einer Ausstellung hervor, die zunächst im Wiener Volkskundemuseum präsentiert wurde („Unter fremdem Himmel. Aus dem Leben jugoslawischer GastarbeiterInnen"). Die Fragmentierung der Community seit dem Zerfall Jugoslawiens und den Kriegen in den 1990er-Jahren scheint den Umgang mit dem Jubiläum in jedem Fall beeinflusst zu haben.

Nun wäre es tatsächlich falsch, den Anwerbeabkommen zu viel Bedeutung zuzumessen und sie als Beginn der (Arbeits-)Migration nach Österreich darzustellen. Sie sollten nur regulieren, was längst begonnen hatte. Dennoch erinnern sie daran, dass Österreich in der zweiten Hälfte des 20. Jahrhunderts zu einem Einwanderungsland wurde – und es im österreichischen Interesse lag, ausländische Arbeitskräfte ins Land zu holen, die wesentlich dazu beitrugen, Wohlstand zu schaffen und abzusichern.[23]

Integrationsbeauftrage der Marktgemeinde Telfs; Migrationsarchiv Telfs: „Alte Neue TelferInnen"; Verein Jukus zur Förderung von Jugend, Kultur und Sport:„Avusturya! Österreich – 50 Jahre türkische Gastarbeit in Österreich"; migrare/Volkshilfe/Universität Linz: „Gekommen und geblieben. 50 Jahre Arbeitsmigration"; Wiener Institut für internationalen Dialog/Wienwoche: „Gaygusuz gegen Österreich oder von der Nützlichkeit der „Gast"-arbeiter_innen. Eine weitere wissenschaftliche Konferenz wurde von Christiane Hintermann und vom Autor, gemeinsam mit dem Karl-Renner-Institut, der Grünen Bildungswerkstatt und der Initiative Minderheiten veranstaltet: „Orte, Räume und das Gedächtnis der Migration".
23 Darauf haben von Seiten der Historiker schon früh Gernot Heiss, Oliver Rathkolb (1995): Vorwort der Herausgeber. In: dies. (Hg.): Asylland wider Willen. Flüchtlinge in Österreich im europäischen Kontext seit 1914 (= Veröffentlichungen des Ludwig-Boltzmann-Institutes für Geschichte und Gesellschaft 25). Wien: J&V, S. 7–17, hier S. 13, in ihrem wichtigen Sammelband hingewiesen. Vgl. in diesem ▶

Freilich scheiterten das staatliche Regelwerk und die involvierten Institutionen auch immer wieder dabei, Migration vollständig kontrollieren und steuern zu wollen.[24] Die schnelle Abfolge von Jubiläen der Anwerbeabkommen rückt aber nicht nur die Geschichte der sogenannten ‚Gastarbeitermigration' ins Licht, sondern vor allem die gegenwärtige Pluralität der österreichischen Gesellschaft, die unleugbar Realität und Alltag ist. In der politischen Arena ist dies bekanntermaßen immer noch nicht allseits anerkannt und unumstritten, vielfach wird immer noch eine – freilich nie dagewesene – homogene Nation imaginiert oder sogar gewalthaft zu realisieren gefordert.

Mehrfach wurde bereits festgestellt, dass die Geschichte der Arbeitsmigration noch nicht im kollektiven Gedächtnis der Österreicher/innen angekommen ist.[25] Die Leerstelle ist offensichtlich. Der lange Zeit verwendete, übrigens (entgegen landläufiger Annahmen) aus der NS-Zeit (und nicht aus der Nachkriegszeit, in Abgrenzung zur NS-Terminologie) herrührende Begriff des ‚Gastarbeiters', der das Land wieder zu verlassen hat, sobald seine Arbeitskraft nicht mehr benötigt wird, ist Ausdruck dieser Tatsache wie auch Mitursache für die gegenwärtige Situation.[26] Von einigen (allerdings bemer-

---

Zusammenhang auch Andreas Weigl (2009): Migration und Integration. Eine widersprüchliche Geschichte (Österreich – Zweite Republik 20). Innsbruck-Wien-Bozen: StudienVerlag, vor allem S. 14f.; Heinz Faßmann, Rainer Münz (1995): Einwanderungsland Österreich? Historische Migrationsmuster, aktuelle Trends und politische Maßnahmen. Wien: Jugend & Volk. Zu den Anwerbeabkommen allgemein vgl. Christoph Rass (2010): Institutionalisierungsprozesse auf einem internationalen Arbeitsmarkt. Bilaterale Wanderungsverträge in Europa zwischen 1919 und 1974 (= Studien zur historischen Migrationsforschung 19). Paderborn-München-Wien-Zürich, S. 121–128, S. 380–383 (zu Österreich).
24 Vgl. in diesem Zusammenhang das Konzept der „Autonomie der Migration", das sich in der sogenannten kritischen Migrationsforschung etabliert hat: Manuela Bojadžijev, Serhat Karakayalı (2007): Autonomie der Migration. 10 Thesen zu einer Methode. In: Transit Migration Forschungsgruppe (Hg.): Turbulente Ränder. Neue Perspektiven auf Migration an den Grenzen Europas. Bielefeld: Transcript, S. 203–209.
25 Christiane Hintermann (2013): Gedächtnislücke Migration? Betrachtungen über eine nationale Amnesie. In: Zeitgeschichte 3 (40), S. 149–165; Dirk Rupnow (2013): Deprovincializing Contemporary Austrian History. Plädoyer für eine transnationale Geschichte Österreichs als Migrationsgesellschaft. In: Zeitgeschichte 1 (40), S. 5–21.
26 Thomas Schiller (1997): NS-Propaganda für den Arbeitseinsatz. Hamburg: LIT Verlag, S. 6.

kenswerten) Ausnahmen abgesehen ist die Geschichte der Arbeitsmigration auch noch nicht geschrieben worden.

Tatsächlich hat sich die institutionalisierte österreichische Zeitgeschichte bisher kaum des Themas angenommen.[27] Einzig Oliver Rathkolb schenkte unter den Zeithistorikern ihm breite Aufmerksamkeit, so etwa in seiner Geschichte der „paradoxen" Zweiten Republik.[28] Folgerichtig etablierte Rathkolb am 2005 von ihm gegründeten und aufgebauten, 2013 leider geschlossenen Ludwig-Boltzmann-Institut für europäische Geschichte und Öffentlichkeit einen Arbeitsbereich zu Migration und Gedächtnis, der von der Geografin und Migrationsforscherin Christiane Hintermann betreut wurde.[29]

Die Vernachlässigung der Geschichte Österreichs als Migrationsgesellschaft erklärt sich wohl zu einem großen Teil aus der generellen Scheu der österreichischen Zeitgeschichte, vor allem Wiener Prägung, vor der Geschichte der Zweiten Republik seit den 1960er-Jahren.[30] Thomas Angerer, Mitar-

---

27 Vgl. etwa die kurzen Erwähnungen in: Karl Vocelka (^{3}2004): Geschichte Österreichs. Kultur – Gesellschaft – Politik. München: Heyne, S. 345ff., sowie Peter Berger (^{2}2008): Kurze Geschichte Österreichs im 20. Jahrhundert. Wien: WUV, S. 294, 347. Ernst Hanisch (1994): Der lange Schatten des Staates. Österreichische Gesellschaftsgeschichte im 20. Jahrhundert. Wien: Ueberreuter, S. 448, kommt ausschließlich auf Flüchtlingsmigration am Beispiel Ungarns zu sprechen.
28 Rathkolb (2005), Die paradoxe Republik, S. 40f., 44, 49–52, 207, 415–416.
29 Vgl. die daraus hervorgegangenen Sammelbände: Stefanie Mayer, Mikael Spång (Hg.) (2009): Debating Migration. Political Discourses on Labor Immigration in Historical Perspective (= Studies in European History and Public Spheres 1). Innsbruck-Wien-Bozen: StudienVerlag; Christiane Hintermann, Christina Johansson (Hg.) (2010): Migration and Memory. Representations of Migration in Europe since 1960 (= Studies in European History and Public Spheres 3). Innsbruck-Wien-Bozen: StudienVerlag.
30 Ernst Hanisch (2004): Die Dominanz des Staates. Österreichische Zeitgeschichte im Drehkreuz von Politik und Wissenschaft. In: Alexander Nützenadel, Wolfgang Schieder (Hg.): Zeitgeschichte als Problem. Nationale Traditionen und Perspektiven der Forschung in Europa (= Geschichte und Gesellschaft, Sonderheft 20). Göttingen: V&R, S. 54–77, hier S. 70. Gleichzeitig wird eine Öffnung der Zeitgeschichte nach hinten, zum langen 19. Jahrhundert, betrieben, um vor diesem Hintergrund die Konflikte des kurzen 20. Jahrhunderts zu analysieren. Vgl. Oliver Rathkolb (2009): Zeitgeschichte im Krebsgang ins 19. Jahrhundert zurückschreiben. Am Beispiel der Demokratie-Diktatur-Debatte. In: die universitaet-online, 28.1.2009. http://stream.univie.ac.at/media/geschichte/2008WS/vranitzky/070113_090113?res=320, zuletzt geprüft am 3.9.2014.

beiter am Institut für Geschichte der Universität Wien, hatte bereits Mitte der 1990er-Jahre im Zuge seiner Kritik an der zeitlichen und thematischen Beschränktheit der österreichischen Zeitgeschichtsforschung und mit Blick auf die seinerzeitigen Debatten über Einwanderung, vor allem das sogenannte Anti-Ausländer-Volksbegehren „Österreich zuerst" der Haider-FPÖ 1992/93, das in der Verfassung festzuschreiben forderte, dass Österreich kein Einwanderungsland sei, schon auf das „historiographic vacuum" hingewiesen: das Fehlen einer „recent history of Austrian immigration – from the call for foreign man power in the 1960s to the actual quasi-closing of the borders" (Angerer 1995, S. 227).[31]

Der öffentliche Diskurs wird angesichts dieses weiterhin bestehenden „historiographischen Vakuums" – neben Polemiken und Rassismen – weiterhin bestimmt von sozialwissenschaftlichen Analysen, weitaus weniger aber von historischem Wissen und Geschichte(n) und dies nicht zuletzt deshalb, weil eben die Grundlagen dafür weitgehend fehlen. In Österreich wächst die Forschungslandschaft zum Thema Migration zwar derzeit äußerst rasch und differenziert sich immer stärker aus, das Thema wird jedoch weiterhin hauptsächlich den Geograf/innen und Demograf/innen, Soziolog/innen und Politolog/innen überlassen.[32] Dementsprechend stehen sozialwissenschaftliche und quantifizierende Zugänge im Vordergrund. Der Schwerpunkt liegt auf den Migrationsbewegungen und deren legistischen Rahmenbedingungen. Die Absicht des Großteils dieser Forschung ist, Wissen bereitzustellen, dass politikberatend und sozialtechnisch eingesetzt werden kann. Ökonomische Aspekte und die/der Migrant/in als Arbeitskraft stehen häufig im Vordergrund. Wie in den medialen Diskursen wird hierbei häufig, wenn auch nur implizit, Migration in Zusammenhang mit ‚Problemen' bzw. als ‚Problem' zum Thema (‚Gastarbeiter-', ‚Ausländerproblem'), voller problematischer Kategorisierungen und Zuschreibungen sowie Verkürzungen der Realität.[33]

---

31 Dazu auch Thomas Angerer (1998): „Gegenwartsgeschichte"? Für eine Zeitgeschichte ohne Ausflüchte. In: Gertraud Diendorfer, Gerhard Jagschitz, Oliver Rathkolb (Hg.): Zeitgeschichte im Wandel. 3. österreichische Zeitgeschichtetage 1997. Innsbruck-Wien: StudienVerlag, S. 46–53.
32 Vgl. etwa aus der neueren Literatur: Mayer/Spång (2009); Ferdinand Karlhofer, Günther Pallaver (Hg.) (2011): Politik in Tirol. Jahrbuch 2011. Zuwanderung – Herausforderung für Gesellschaft und Politik. Innsbruck-Wien-Bozen: StudienVerlag sowie Julia Dahlvik, Heinz Faßmann, Wiebke Sievers (Hg.) (2012): Migration und Integration. Wissenschaftliche Perspektiven aus Österreich (= Jahrbuch 1/2011; Migrations- und Integrationsforschung 2). Wien-Göttingen: VUP.
33 Vgl. etwa Peter Zuser (1996): Die Konstruktion der Ausländerfrage in Öster-

Individuelle Erfahrungen werden meistens ausgeblendet, alltagsgeschichtliche Fragestellungen setzen sich erst langsam durch.[34] Demgegenüber stehen Minderheitengeschichten, auch aus aktivistischer Perspektive, die wichtige Grundlagen und Anknüpfungspunkte bieten.[35] Oft bleiben sie allerdings sehr kleinteilig, sodass eine Kontextualisierung und Integration in die allgemeine Politik-, Sozial- und Kulturgeschichte eine Herausforderung darstellt.[36]

Allerdings deutet sich in den vergangenen Jahren, angetrieben von den Jubiläen, nun ein verstärkter Trend zur Historisierung der ‚Gastarbeitermigration' an. Allein schon die Medienberichte im Mai 2014 wiesen in diese Richtung. Auch die meisten der bereits genannten Ausstellungsaktivitäten und Veranstaltungen haben angesichts des Jahrestages einen historischen Zugang in den Mittelpunkt gestellt. Vor allem aber wird dies auch am Trend zur Archivierung der Migration sichtbar.

---

reich. Eine Analyse des öffentlichen Diskurses 1990 (= Reihe Politikwissenschaft 35). Wien: Institut für Höhere Studien.
34 Vgl. etwa Peter Payer (2004): „Gehen Sie an die Arbeit". Zur Geschichte der „Gastarbeiter" in Wien 1964–1989. In: Wiener Geschichtsblätter (59), 1, S. 1–19.
35 Vgl. etwa die wichtigen Arbeiten von Ljubomir Bratić (2000): Soziopolitische Organisationen der MigrantInnen in Österreich. In: Kurswechsel (1), S. 6–20; ders. (2003): Soziopolitische Netzwerke der MigrantInnen aus der ehemaligen Sozialistischen Föderativen Republik Jugoslawien (SFRJ) in Österreich. In: Heinz Faßmann, Irene Stacher (Hg.): Österreichischer Migrations- und Integrationsbericht. Demographische Entwicklungen – sozioökonomische Strukturen – rechtliche Rahmenbedingungen. Klagenfurt-Celovec: Drava, S. 395–409.
36 Zum Stand der österreichischen Migrationsforschung vgl. Bernhard Perchninig (2002): Migration Studies in Austria – Research at the Margins? (= KMI Working Paper 4). Wien.
Heinz Faßmann (2009): Migrations- und Integrationsforschung in Österreich. Institutionelle Verankerung, Fragestellungen und Finanzierungen (= KMI Working Paper 15). Wien: KMI; Sabine Strasser (2010): Migrationsforschung in Österreich, ein [KriMi]? Kommentar zur Kritischen Migrationsforschung. In: Stimme (75), Sommer, S. 22–23. Der Wiener Sozialhistoriker Josef Ehmer konstatierte kürzlich erneut eine Fokussierung der etablierten Zeitgeschichte auf die NS-Zeit und ihre Folgen sowie gleichzeitig eine Vernachlässigung anderer rezenterer Themen und Aspekte, die den Sozialwissenschaften überlassen bleiben: Josef Ehmer (2011): Sozialwissenschaftler/innen oder Zeithistoriker/innen: Wer schreibt die Geschichte des 20. Jahrhunderts? In: Heinrich Berger, Melanie Dejnega, Regina Fritz, Alexander Prenninger (Hg.): Politische Gewalt und Machtausübung im 20. Jahrhundert. Zeitgeschichte, Zeitgeschehen und Kontroversen. Festschrift für Gerhard Botz. Wien-Köln-Weimar: Böhlau, S. 59–71, vor allem S. 64.

III

Bisher sind die Geschichten der Migration und der Migrant/innen in den etablierten Archiven nur unzureichend präsent. Systematisch ist zu dem Thema praktisch nicht gesammelt worden, wichtige Bestände sind verstreut und auch weitgehend unbekannt oder – absichtlich oder nicht – bereits vernichtet worden, historisches Erfahrungswissen und private Überlieferungen drohen durch den generationellen Wandel verloren zu gehen. Für einen neuen historischen Zugang ist es tatsächlich eine wichtige und grundlegende Voraussetzung, dass Geschichten und Erfahrungen der Migration erst einmal im Archiv ankommen, der grundlegendsten Infrastruktur des „kollektiven Gedächtnisses". Es darf schließlich nicht übersehen werden, dass die staatlichen Archive die Hegemonialstrukturen in der Gesellschaft nur abbilden bzw. sie selbst mit herstellen und absichern: Sie sammeln nicht einfach, sondern sind Machtmaschinen des Staates, die Wissen produzieren und Spuren verwischen. Diese Einsicht, die die amerikanische Anthropologin und Historikerin Laura Ann Stoler im Zuge ihrer Beschäftigung mit den kolonialen Archiven formulierte, hat auch hier ihre Gültigkeit.[37]

Bereits im September 2012, bezugnehmend auf die Unterzeichnung des Anwerbeabkommens mit Spanien, wurde daher im Rahmen der „Wienwoche" eine von Arif Akkılıç und Ljubomir Bratić konzipierte Plakatkampagne durchgeführt, die drei zentrale Forderungen in den öffentlichen Raum trug: „50 Jahre Arbeitsmigration – Geschichtsschreibung jetzt / Gleichheit jetzt / Archiv jetzt".[38] Der Arbeitskreis „Archiv der Migration", der sich daraufhin gegründet hat, erarbeitete ein Konzeptpapier für ein Migrationsarchiv in Österreich.[39] Erneuert wurde die Forderung nach Historisierung und ei-

---

37 Laura Ann Stoler (2002): Colonial Archives and the Arts of Governance. In: Archival Science (2), S. 87–109.
38 Vgl. Wienwoche 2012: www.wienwoche.org, zuletzt geprüft am 10.04.2013 sowie Arbeitskreis „Archiv der Migration": www.archivdermigration.at, zuletzt geprüft am 8.9.2014. Die Plakate wurden gestaltet von Toledo i Dertschei (Eva Dertschei, Carlos Toledo), Wien. Dazu auch Arif Akkılıç und Ljubomir Bratić (2012): Aufruf für ein Archiv der Migration. In: Stimme (84), S. 27, sowie Wladimir Fischer (2012): Warum Österreich endlich ein Archiv der Migration braucht. In: Die Presse, 2.10.2012; Monika Mokre (2012): Was nicht in den Akten ist, ist nicht in der Welt. Zum Projekt eines Archivs der Migration. In: Kulturrisse. Zeitschrift für radikaldemokratische Kulturpolitik (3); Dirk Rupnow (2012): Wiener Zeitung, 3.10.2012; ORF (2012): Die verdrängte Migration. Experten wollen Archiv der Migration. www.orf.at, zuletzt geprüft am 23.9.2012.
39 Der Arbeitskreis besteht aus Arif Akkılıç, Vida Bakondy, Ljubomir Bratić, Wla-

nem Archiv der Migration mit einer Plakataktion des Arbeitskreises im Mai 2014, die unter dem Titel „50 Jahre Anwerbeabkommen Österreich-Türkei, 15. Mai 1964–15. Mai 2014" gemeinsam mit der Initiative Minderheiten durchgeführt wurde: Mit historischen Zitaten wurden einige zentrale Aspekte der Anwerbung von sogenannten ‚Gastarbeitern' (Österreichs ursprüngliche geringe Attraktivität für ausländische Arbeitskräfte im Vergleich zu anderen Anwerbeländern wie Deutschland und der Schweiz, vor allem wegen schlechter Lohnverhältnisse; die Lebensbedingungen von Migrant/innen der ersten Generation; die Interessen der österreichischen Unternehmen) zu thematisieren versucht. Den logischen Schlusspunkt bildete ein Plakat mit einem Zitat aus einem Interview (2012) mit einem Migranten, der 1967 als ‚Gastarbeiter' nach Österreich kam: „Ob Türken oder Jugoslawen, die Gastarbeiter haben das Land aufgebaut. Das muss man feiern! Das ist ja die Geschichte von Österreich."[40]

Ebenfalls im Jahr 2012 wurde in St. Pölten ein Zentrum für Migrationsforschung am Institut für die Geschichte des ländlichen Raumes am niederösterreichischen Landesarchiv eingerichtet, das seit 2015 als eigenständiger Verein agiert.[41] Es begann seine Arbeit mit einer Ausstellung über deutschsprachige Vertriebene aus der Tschechoslowakei in Niederösterreich, widmet sich aber mittlerweile sehr breit und allgemein der Migrationsgeschichte. Im Juli 2013 gründete sich dann eine entsprechende regionale Initiative in Vorarlberg: das „Vielfaltenarchiv – Dokumentationsstelle zur Migrationsgeschichte Vorarlbergs" mit Sitz in Dornbirn, aufbauend auf die

---

dimir Fischer, Li Gerhalter, Dirk Rupnow. Eine Zeit lang gehörte ihm auch Belinda Kazeem an. Vgl. www.archivdermigration.at; Vgl. dazu auch die Beiträge von Natalie Bayer, Ljubomir Bratić, Li Gerhalter, Zara Pfeiffer und Hannes Sulzenbacher sowie das Interview von Gerd Valchars mit Arif Akkılıç, Vida Bakondy, Ljubomir Bratić und Dirk Rupnow (2013): „¡Archiv der Migration, jetzt!". In: Kulturrisse. Zeitschrift für radikaldemokratische Kulturpolitik (4) sowie Dirk Rupnow (2013): Beschäftigung mit Geschichte ist kein Luxus. Wieso Österreich ein „Archiv der Migration" braucht. In: Stimme. Zeitschrift der Initiative Minderheiten (89/Winter), S. 8f. (sowie die weiteren Beiträge ebd. von Vida Bakondy, Wladimir Fischer, Vladimir Ivanović, Dirk Rupnow, Verena Sauermann/Veronika Settele, Theresa Weitzhofer-Yurtişik) und „… Prozesse und Logiken, die vor allem die privilegierte Mehrheit verlernen muss." Gespräch mit Marissa Lôbo und Dirk Rupnow (2014): In: Bildpunkt. Zeitschrift der IG Bildende Kunst, Frühling, S.10ff.
40 Die Plakate wurden gestaltet von Beatrix Bakondy, Wien. Abgedruckt finden sie sich in: Der Standard, 15.5.2014.
41 Vgl. www.migrationsforschung.at, zuletzt geprüft am 8.9.2014.

bereits laufenden Sammlungs- und Ausstellungsaktivitäten der Bodensee Amateur Fotografen BAF.[42] Von einer Gruppe post-migrantischer Vorarlberger aus türkischen Familien initiiert und betrieben, ist sein Ziel „die Dokumentation, Erforschung und Vermittlung der Migrationsgeschichte Österreichs, insbesondere Vorarlbergs, mit einem besonderen Fokus auf die Arbeitsmigration seit der Industrialisierung." Durch die Zusammenarbeit mit Kommunalarchiven, Bildungsinstitutionen und Kultureinrichtungen soll „ein wesentlicher Teil der österreichischen, insbesondere der Vorarlberger Geschichte, dokumentiert und vermittelt werden". Eine besondere Bedeutung kommt dabei der engen Kooperation mit dem vorarlberg museum zu.

Auch die Stadt Salzburg kündigte im Jubiläumsjahr 2014 an, im Stadtarchiv in Zusammenarbeit mit der Universität Salzburg Materialien, Fotos und Dokumente von Migrant/innen sammeln und eine Interviewsammlung anlegen zu wollen.[43] Neben der Arbeitsmigration nach Salzburg soll es dabei um die Binnenwanderung innerhalb Salzburgs, Österreichs und Europas, aber auch Auswanderung aus Salzburg gehen. Schließlich schrieb im September 2014 auch die Magistratsabteilung 17 für Integration und Diversität der Stadt Wien gemeinsam mit dem Wien Museum ein Projekt „Migration sammeln" aus. Mit ihm wurden, allerdings nur temporär bis Sommer 2016, Objekte zur Geschichte der sogenannten ‚Gastarbeitermigration' gesichert, die schließlich in die Sammlungen des Wien Museums eingegangen sind.[44] In Tirol gelang es im Rahmen der Vorbereitungen für die Ausstellung „Hier Zuhause. Migrationsgeschichte aus Tirol" (2017) am Tiroler Volkskunstmuseum in Innsbruck ein Dokumentationsarchiv Migration Tirol (DAM) am Zentrum für MigrantInnen in Tirol (ZeMiT) zu etablieren, als Kooperationsprojekt von NGO/Beratungsstelle, Tiroler Landesmuseen und Uni-

---

42 Vgl. www.vielfaltenarchiv.at und www.bafart.com, beide zuletzt geprüft am 8.9.2014 sowie die Ausstellung „Arbeyter. Bodensee Amateur Fotografen, Fotografien", Emsiana 2013, Hohenems. Vgl. dazu auch Fatih Özcelik, Dirk Rupnow (2014): Migration – Geschichte – Archiv. Aktuelle Herausforderungen und Projekte aus Anlass von 50 Jahren Anwerbeabkommen Österreich – Türkei 1964. In: Brigitte Truschnegg (Hg.): museums verein jahrbuch. Jahrbuch des Vorarlberger Landesmuseumsvereins 2014. Bregenz, S. 148–169.
43 Aussendung der Stadt Salzburg (2014): Kommen – Gehen – Bleiben. Migrationsstadt Salzburg 1960-1990. Pressegespräch Stadt & Uni zur Ausstellung am Makartsteg vom 23. Mai bis 6. Juli., Aussendung 22.5.2014
44 Arif Akkılıç, Vida Bakondy, Ljubomir Bratić, Regina Wonisch (Hg.) (2016): Schere Topf Papier. Objekte zur Migrationsgeschichte. Wien: Mandelbaum.

versität Innsbruck. Im wissenschaftlichen Beirat sind zudem die regionalen Archive eingebunden.[45]

Ob es einer bundesweiten Einrichtung bedarf oder weiterer regionaler, bleibt mithin zunächst noch eine offene Frage. Entscheidend ist jedenfalls, nicht aus dem Blick zu verlieren, dass es sich um eine Aufgabe handelt, die keinesfalls nur die Bundeshauptstadt Wien, sondern alle Bundesländer gleichermaßen betrifft. Zudem bedarf es wohl – wie in der gesamten Gesellschaft – eines generellen Bewusstseinswandels und Umdenkens in den bestehenden Institutionen (Archiven, Museen usw.) auf allen Ebenen und einer kritischen Evaluation und gegebenenfalls Erweiterung bzw. Veränderung bisheriger Sammlungspraxen und -bestände.

Das neue Vorarlberger Landesmuseum – vorarlberg museum – hat bereits einen wichtigen Schritt in diese Richtung gesetzt: In den anlässlich seiner Neueröffnung 2013 neu eingerichteten Ausstellungen „buchstäblich vorarlberg", „vorarlberg. ein making-of" und „Sein&Mein. Ein Land als akustische Passage", die sich der Landesgeschichte auf sehr unterschiedliche Art und Weise annähern und dabei auch verstärkt die jüngste Vergangenheit in den Blick nehmen, sind Erfahrungen und Geschichten der Migration jeweils ein integraler Bestandteil der Erzählung. Damit gibt es einen neuen Standard, den andere Häuser im Land in Zukunft zu berücksichtigen haben werden. Erschwerend kommt freilich hinzu, dass die Zeitgeschichte in den österreichischen Landesmuseen generell stark unterrepräsentiert ist.

Vorbildhaft und maßstabsetzend ist immer noch die von der Initiative Minderheiten konzipierte und 2004 im Wien Museum gezeigte Ausstellung „Gastarbajteri. 40 Jahre Arbeitsmigration". Sie hatte es sich – angesichts des 40. Jahrestags der Unterzeichnung des Anwerbeabkommens mit der Türkei – zur Aufgabe gemacht, „das Leben der Einwanderer und Einwanderinnen, die seit den 60er- und 70er-Jahren zunehmend einen relevanten Teil der Bevölkerung in diesem Land bilden, ebenso als einen wichtigen Teil der sozialen Geschichte dieses Landes zu betrachten."[46] Mit „Gastarbajteri" war

---

45 Vgl. https://www.zemit.at/de/dam.html und https://hier-zuhause.at/, zuletzt geprüft am 24.9.2018 sowie Hier zuhause. Migrationsgeschichten aus Tirol (2017). Innsbruck: Tiroler Landesmuseen, Kat. Tiroler Volkskunstmuseum.
46 Vgl. Hakan Gürses, Cornelia Kogoj, Sylvia Mattl (Hg.) (2004): Gastarbajteri. 40 Jahre Arbeitsmigration. Wien: Mandelbaum, S. 23. Vgl. auch die online-Version: http://www.gastarbajteri.at, zuletzt geprüft am 22.06.2012.

in Österreich bereits ein erster Anlauf zur Sammlung und Darstellung der Geschichte der Arbeitsmigration gemacht worden. Nicht zuletzt als Bottom-Up-Initiative der Initiative Minderheiten, in die auch migrantische Akteur/innen eingebunden waren, war sie wegweisend, aber leider nicht nachhaltig, da es nicht gelang, die zusammengetragenen Bestände langfristig an einem Ort zu bewahren und zugänglich zu machen.

Der neue Trend zur Historisierung der Migration ist jedenfalls offensichtlich, wenn auch nicht immer Historiker/innen und/oder wissenschaftliche Einrichtungen daran beteiligt sind, sondern häufig NGOs, Vereine und Aktivist/innen.⁴⁷ Auch der Antrag der grünen Nationalratsabgeordneten Alev Korun im Jahr 2013, ein Migrationsmuseum einzurichten, weist in diese Richtung. Korun argumentierte unter anderem damit, dass „[e]in Migrationsmuseum mit einer ständigen Ausstellung und wechselnden Ausstellungen […] viel […] zur gesellschaftlichen Aufklärung über nationale und europäische Migrationsgeschichte, Mobilität im Zeitalter der Globalisierung, aber auch zu Entstehung und Wandlung von Identitäten, Ein- und Ausschlüssen [beitragen kann]." Sie verweist auch darauf, dass die Etablierung eines „kritische[n] Migrationsmuseum[s] […] auch eine Auseinandersetzung mit den Leerstellen im Gedächtnis von Gesellschaften und der offiziellen Geschichtsschreibung [ermöglicht]."⁴⁸ Reaktionen darauf blieben jedoch weitgehend aus. Inwieweit das – nach einer langen und äußerst komplexen Vorgeschichte – im April 2016 vom Nationalrat beschlossene und nunmehr in Gründung befindliche „Haus der Geschichte Österreich" diese Funktion mitübernehmen wird, bleibt freilich abzuwarten. In den Vorschlägen des international besetzten wissenschaftlichen Beirates wird Migration explizit als Querschnittsthema genannt, das sich durch alle inhaltlichen Bereiche zieht.⁴⁹

---

47 Ljubomir Bratić (2010): Politischer Antirassismus. Selbstorganisation, Historisierung als Strategie und diskursive Interventionen. Wien: Löcker, vor allem: S. 137–139.
48 Parlament (2013): 2244/A(E) XXIV. GP – Entschließungsantrag, 21.3.2013.
49 Oliver Rathkolb (Hg.) (2015): Umsetzungsstrategie für das Haus der Geschichte Österreich. Ideen und Entwürfe des Internationalen Wissenschaftlichen Beirates. Stand: 4. September 2015. http://www.hdgoe.at/wp-content/uploads/2015/11/HGOE_Strategie_Download.pdf, zuletzt geprüft am 25.5.2016. Im Rahmen des Internationalen Wissenschaftlichen Beirats des HGÖ wurde eine Arbeitsgruppe Migration etabliert, die aus Dirk Rupnow, Maria Stassinopoulou (Institut für Byzantinistik und Neogräzistik/Universität Wien) und Werner Hanak-Lettner (Jüdisches Museum Wien) besteht. Zur Vorgeschichte des HGÖ vgl. Dirk Rupnow (2011): Nation ohne Museum? Diskussionen, Konzepte und Projekte. In: Dirk ▶

Für die Zeitgeschichte öffnet sich damit ein Arbeitsfeld, das dem gegenwärtigen Bedarf nach transnationalen europäischen und globalen Geschichten, in denen das Regionale und Lokale sichtbar bleiben, entgegenkommt.[50] Angeschlossen werden kann dabei an eine ganze Reihe von Traditionen und Diskussionen, etwa über Gesellschaftsgeschichte von den Rändern her, die von Minoritäten und Marginalisierten ausgeht.[51] Die Erschließung neuer Quellen – schon immer eine Kernaufgabe der Zeitgeschichte[52] – ist in jedem Fall von zentraler Bedeutung für eine Bearbeitung des Themas. Nicht nur in den bestehenden Archiven wird relevantes Material geborgen werden müssen, sondern vor allem jenseits davon gilt es, mögliche Überlieferungen zu suchen und zu sichern (etwa von Beratungsorganisationen, migrantischen Vereinen usw.).[53] Darüber hinaus wird es notwendig sein, Interviews mit Zeitzeugen zu generieren, um deren Erfahrungen und Erinnerungen zu bewahren. Ohne sie wird ein neuer, multiperspektivischer Blick auf die österreichische Geschichte nicht möglich sein.

Mit der Archivierung ist es freilich nicht getan. Das Sammeln und Bewahren ist jedoch ein erster entscheidender und grundlegender Schritt, eine Voraussetzung für alles weitere: ohne Archiv keine Geschichtsschreibung. Letztlich geht es aber natürlich darum, die Geschichte der Migration zu schreiben – oder besser: Migration und Migrant/innen in die Geschichte einzuschreiben. Letztlich geht es um eine Veränderung der allgemeinen Wahrnehmung: Migration und Migrant/innen als ein selbstverständlicher, sicht- und hörbarer Teil der Gegenwart und Geschichte.

Rupnow, Heidemarie Uhl (Hg.): Zeitgeschichte ausstellen in Österreich. Museen – Gedenkstätten – Ausstellungen. Wien-Köln-Weimar: Böhlau, S. 417–463.
50 Vgl. Michael Gehler (2001): Zeitgeschichte im dynamischen Mehrebenensystem. Zwischen Regionalisierung, Nationalstaat, Europäisierung, internationaler Arena und Globalisierung (= Herausforderungen 12). Bochum: Winkler, sowie Hanisch, Dominanz des Staates, 76.
51 Ingrid Bauer (1996): Von den Autobahnen der Erkenntnis – und versäumten Ausfahrten. In: L'Homme (7), S. 206–211.
52 Vgl. den Stellenwert der Quellenerschließung bei Hans Rothfels (1953): Zeitgeschichte als Aufgabe. In: Vierteljahrshefte für Zeitgeschichte 1 (1), S. 1–8, hier S. 3f., sowie vorher schon bei Justus Hashagen (1915): Das Studium der Zeitgeschichte. Bonn: Cohen, S. 25–32.
53 Problematisch ist in diesem Zusammenhang die Tatsache, dass zentrale Akteure der „Gastarbeiterbeschäftigung" in Österreich – Wirtschaftskammer und Gewerkschaftsbund – als Vereine keiner Aufbewahrungspflicht unterliegen. Gerade in diesem Bereich ist bereits viel wichtiges Material vernichtet worden bzw. nur schwer zugänglich.

IV

Damit werden eine Reihe von Fragen aufgeworfen, die für jede Beschäftigung mit Geschichte grundlegend sind, aber häufig nicht explizit thematisiert werden: Wessen Geschichte(n) wird/werden erzählt? Wer erzählt Geschichte(n)? Wer darf Geschichte(n) erzählen? Wessen Geschichte(n) werden gehört? Migration muss als gelebte Realität, nicht nur als Ausnahme und Problem erzählt werden, das Marginalisierte in die Mitte rücken. Migrant/innen selbst müssen diese Geschichte erzählen und (mit)schreiben können. Letztlich geht es aber nicht um eine segregierte (Ghetto-)Geschichte der Migration und der Migrant/innen, sondern um eine inklusive Geschichte, die der alltäglichen Pluralität und dem Wandel des gegenwärtigen Österreichs gerecht wird. Eine Geschichte der Migration und der Migrant/innen ist allerdings eine unverzichtbare Voraussetzung dafür. Der Begriff der Migrationsgeschichte kann gleichzeitig nur ein Behelfsausdruck sein, denn es geht um wesentlich mehr als um den Vorgang der Migration im engeren Sinne, sondern um die Abbildung von Pluralität und Gesellschaftswandel. Dies geht einher mit den Debatten über eine ‚Entmigrantisierung' der Migrationsforschung und gleichzeitige ‚Migrantisierung' der Gesellschaftsforschung, die derzeit in der sozialwissenschaftlichen Migrationsforschung geführt wird.[54] Wie immer sind dabei die Begriffe, mit denen wir unseren Forschungsgegenstand beschreiben, von zentraler Bedeutung und keineswegs nur peripher relevant. Entscheidend wird es sein, keine neuen Unsichtbarkeiten zu erzeugen, aber auch nicht die Konstruktion eines ‚Anderen' im Zuge einer ‚Migrantologie' zu befördern.[55]

Die herkömmliche, implizit ethnisch formatierte Nationalgeschichte der Zweiten Republik mit ihren etablierten Narrativen von Wohlstand und Sozialstaat oder Neutralität und dem Weg in die EU, aber auch vom ‚ersten Opfer' oder (Mit-)Schuldigen an den Verbrechen des ‚Dritten Reiches' und den daraus resultierenden erinnerungskulturellen bzw. geschichtspolitischen

---

54 Manuela Bojadžijev, Regina Römhild (2014): Was kommt nach dem „transnational turn"? Perspektiven für eine kritische Migrationsforschung. In: Labor Migration (Hg.): Vom Rand ins Zentrum. Perspektiven einer kritischen Migrationsforschung (= Berliner Blätter 65), Berlin: Panama, S. 10–24.
55 Vgl. in diesem Zusammenhang auch Stephan Lanz (2007): Berlin aufgemischt: Abendländisch – multikulturell – kosmopolitisch? Die politische Konstruktion einer Einwanderungsstadt. Bielefeld: Transcript, S. 86–96, und seine Beschreibung und Kritik einer „Ausländerforschung".

Verwerfungen kann dies jedenfalls nicht mehr leisten.[56] Dies heißt natürlich nicht, dass diese Kernerzählungen ihre Bedeutung verloren hätten. Sie werden jedoch nicht nur ergänzt, sondern vor allem transformiert durch den Blick auf Migration und die Perspektiven von Migrant/innen.

Darüber hinaus ist natürlich der weitere historische Kontext zu beachten. Migration ist natürlich keinesfalls ein neues Phänomen der Zweiten Republik. Vor allem aber ist es nicht möglich, über Fremdsein und Konstruktionen von Fremdheit in der zweiten Hälfte des 20. Jahrhunderts in Österreich wie auch in Deutschland zu sprechen, ohne dabei zu berücksichtigen, dass es sich um Länder mit einer katastrophischen Geschichte von Rassismus, Verfolgung, Vertreibung und Genozid handelt. Darin sind auch noch die kolonialen Erfahrungen von Rassismus und Gewalt eingeschlossen. Wir sehen dies etwa daran, dass in den 1970er-Jahren ‚Ausländer-‘ und ‚Fremdenfeindlichkeit‘ als Ersatzbegriffe gebildet wurden, weil nach dem Holocaust (struktureller) Rassismus in unserer Gesellschaft gar nicht als solcher wahrgenommen bzw. systematisch ausgeblendet wird.[57] Auch mit dem üblichen Verweis auf „Vorurteile" wird Rassismus wie auch Antisemitismus zu einem individuellen Irrtum heruntergespielt und zugleich verschleiert, dass es sich nicht um ein Ausnahmephänomen handelt, sondern um die dominanten Vorstellungen der Gesellschaftsmitglieder über ihre Gesellschaft, einen Komplex „rassistischen Wissens".[58]

---

56 Vgl. Verena Sauermann (2011): ‚doing difference'. Zur Repräsentation von Migration und Migrant_innen in historischen Gesamtdarstellungen, Museen und Ausstellungen. Diplomarbeit Universität Innsbruck.

57 Dazu Mark Terkessidis (1998): Psychologie des Rassismus. Opladen-Wiesbaden: Westdeutsche Verlag; ders. (2004): Die Banalität des Rassismus. Migranten zweiter Generation entwickeln eine neue Perspektive (Kultur und soziale Praxis). Bielefeld: Transcript. Vgl. in diesem Zusammenhang auch David Theo Goldberg (1993): Racist Culture. Philosophy and the Politics of Meaning. Cambridge/Mass.: Blackwell; ders. (2002): The Racial State. Oxford: Blackwell. Die Unfähigkeit der postnazistischen deutschen Gesellschaft, ihren eigenen Rassismus als solchen wahrzunehmen, wird auch durch die Vorgänge um die Morde einer Neonazi-Terrorzelle an Migranten deutlich: Diese wurden lange Zeit als Verbrechen innerhalb eines „kriminellen Ausländermilieus" gedeutet, eine rassistische Motivation wurde – willentlich oder nicht – vollständig ausgeblendet, vgl. etwa Michael Rothberg (2011): Neo-Nazi terror and Germany's racism problem. In: openDemocracy, 16.12.: http://www.opendemocracy.net/michael-rothberg/neo-nazi-terror-and-germany%E2%80%99s-racism-problem, zuletzt geprüft am 22.6.2012.

58 Vgl. Mark Terkessidis (1997): Woven into the texture of things. Rassismus als praktische Einheit von Wissen und Institution. In: Andreas Disselnkötter, Siegfried ▶

Auch kann nicht über ‚Gastarbeiter' gesprochen werden, ohne die Geschichte von Zwangs- und Fremdarbeiter/innen während des Zweiten Weltkriegs im Blick zu behalten. Und neben dieser von Österreich und Deutschland geteilten Geschichte gilt es natürlich die spezifisch österreichische Vorgeschichte der habsburgischen Binnenwanderung vor allem aus Böhmen, Mähren, Schlesien und Galizien in die Metropole Wien nicht zu vergessen, in der 1840 über 40 Prozent ‚Fremde' lebten und arbeiteten und ‚koloniale Attitüden' gegenüber den aus der Provinz Zugewanderten omnipräsent waren, wie Moritz Csáky kürzlich festgestellt hat.[59]

Migration ist ein originär transnationales Phänomen. Der traditionelle Rahmen des Nationalstaats bleibt dabei erhalten, nicht zuletzt aufgrund der Bedeutung der unterschiedlichen nationalen Rechtslagen, aber er wird gleichzeitig immer wieder durchschlagen und unterwandert. Transnationalität muss daher als eine Forschungsperspektive begriffen werden, in der die Nation als Bezugsrahmen bedeutsam bleibt, zugleich aber die etablierte Logik des Nationalen immer wieder grundlegend herausgefordert wird. Transnationale und nationale Entwicklungen stehen in einem komplexen Wechselverhältnis zueinander, wie auch unterschiedliche transnationale Prozesse, die etwa als Europäisierung oder Globalisierung bezeichnet werden, aufeinander einwirken, sich überlagern und miteinander konkurrieren. Der nationale Rahmen wird nicht einfach aufgelöst, aber sehr wohl beeinflusst, überlagert und durchkreuzt von transnationalen Strömungen. Globales und Lokales/Regionales vermischt sich dabei – ein Prozess der Hybridisierung, der als „Glokalisierung" bezeichnet wurde.[60]

Migration stellt das Format der nationalen Geschichte und die etablierten Großnarrative radikal und nachhaltig in Frage. Sie als solche klar zu benennen und zu fokussieren hat daher eine strategische Funktion. Es handelt sich um eine transnationale Geschichte par excellence: Globalisierung fin-

---

Jäger, Helmut Kellershohn, Susanne Slobodzian (Hg.): Evidenzen im Fluß. Demokratieverlust in Deutschland – Modell D – Geschlechter – Rassismus – PC. Duisburg: DISS, S. 172–187.
59 Moritz Csáky (2010): Das Gedächtnis der Städte. Kulturelle Verflechtungen – Wien und die urbanen Milieus in Zentraleuropa. Wien-Köln-Weimar: Böhlau, S. 222–230, 345–356. Csáky spricht in diesem Zusammenhang auch von „innerer Kolonisierung".
60 Roland Robertson (1998): Glokalisierung. Homogenität und Heterogenität in Raum und Zeit. In: Ulrich Beck (Hg.): Perspektiven der Weltgesellschaft. Frankfurt a. M.: Suhrkamp, S. 192–220.

det alltäglich vor Ort statt, das Überschreiten oder Unterlaufen von Grenzen wird ständig praktiziert.[61] Andere Ebenen – das Lokale und Regionale, direkt mit dem Globalen verknüpft – werden aufgewertet, hier wird die neue Gesellschaft täglich praktiziert. Migrationssysteme und migrantische Lebensläufe und Netzwerke binden gleichzeitig Räume an die österreichische Geschichte an, die ihr klassisch nicht zugehören: vor allem ihre Herkunftsorte, -regionen und -länder mit ihren jeweiligen Geschichten, die sie zum Auswandern gezwungen haben, ebenso wie die Orte, an die sie – selbst transformiert – eventuell weiter- oder zurückwandern.[62] Migration eröffnet nicht nur komplexe(re) Räume, sondern auch durch vielfältige Erinnerungsbezüge komplexe(re) zeitliche Zusammenhänge. Es handelt sich im besten Sinne um eine „geteilte Geschichte" im Sinne von „divided" und „shared" zugleich, um eine „entangled history" und „histoire croisée", wie es eigentlich jede Geschichte schon immer ist – mit all den Ambivalenzen, die Austausch und Interaktion mit sich bringen, einschließlich der immer wieder hergestellten Ab- und Ausgrenzungen.[63] Geschichte ist dementsprechend nur noch transnational zu verstehen: im Sinne des Wortes, die Grenzen unterminierend und durchlöchernd, ohne sie freilich vollständig aufzulösen.[64]

---

61 Yildiz (2013): Die weltoffene Stadt; Römhild (2004): Global Heimat Germany.
62 Vgl. Regina Römhild (2004): Global Heimat Germany. Migration and the Transnationalization of the Nation-State. In: Transit (1), 1: http://escholarship.org/uc/item/57z2470p, zuletzt geprüft am 22. 6. 2012. Zum Paradigma des Transnationalismus vgl. Strasser, Über Grenzen verbinden, S. 41–51; Maria do Mar Castro Varela, Paul Mecheril (2010): „Migration". In: Manfred Oberlechner (Hg.): Integration, Rassismen und Weltwirtschaftskrise. Wien: Braumüller, S. 385–412, vor allem S. 394–396.
63 Shalini Randeria (1999): Geteilte Geschichte und verwobene Moderne. In: Jörn Rüsen, Hanna Leitgeb, Norbert Jegelka (Hg.): Zukunftsentwürfe. Ideen für eine Kultur der Veränderung. Frankfurt a.M.-New York: Campus, S. 87–96; Sebastian Conrad, Shalini Randeria (2002): Einleitung: Geteilte Geschichten – Europa in einer postkolonialen Welt. In: dies. (Hg.): Jenseits des Eurozentrismus. Postkoloniale Perspektiven in den Geschichte- und Kulturwissenschaften. Frankfurt a. M.-New York: Campus, S. 9–49, hier S. 17.
64 Aus der Fülle der Literatur vgl. – mit durchaus unterschiedlichen Positionen und Akzentuierungen – beispielhaft Nina Glick Schiller, Linda Basch, Cristina Blanc Szanton, (1995): From Immigrant to Transmigrant. Theorizing Transnational Migration. In: Anthropological Quaterly 68 (1), S. 48–63; Ludger Pries (2001): Migration und Integration in Zeiten der Transnationalisierung – oder: Warum braucht Deutschland eine ‚Kulturrevolution'? In: iza. Zeitschrift für Migration und soziale Arbeit (1), S. 14–19; Andreas Wimmer, Nina Glick Schiller (2003): Methodological Nationalism, the Social Sciences, and the Study of Migration. An Essay

Der nicht nur methodische Nationalismus der Geschichtswissenschaften verhindert aber immer noch weitgehend, dass dies entsprechend wahrgenommen wird.

Wie eigentlich jede, wird auch diese (neue) Geschichte nie vollständig zu erzählen sein, sondern höchstens in Ausschnitten und Fragmente. Die meisten historischen Darstellungen verschweigen dies freilich gern und versuchen den Eindruck einer abgerundeten und abgeschlossenen „Geschichte" zu erwecken. Vor allem die ‚Nation' bot dafür Rahmen und Bezugsgröße, aber auch Legitimation. Was sich nicht problemlos und sauber einfügte, wurde und wird gerne ausgeblendet und geradezu ‚herausgeschrieben' (dethematisiert). In der Realität jenseits der Geschichtsschreibung wurde diese Abgeschlossen- und Reinheit nicht selten auch gewalthaft zu realisieren versucht – dort ebenfalls unter Beteiligung von Historiker/innen und häufig mit Geschichte als Argument.

Mit dem Blick auf Migration sollte endlich Abschied genommen werden von der irrigen Vorstellung einer vollständigen und geschlossenen Geschichte. Eine fragmentierte wäre wohl auch eine ehrlichere Geschichte, die keinesfalls nur an den Rändern zerfasert, sondern immer schon auf allen Ebenen. Sie wäre vielleicht auch gefeit davor, zur Legitimationsgeschichte für immer neue, immer wieder exkludierende Projekte zu werden, ob auf der nationalen oder – wie neuerdings häufiger – auf der internationalen Ebene. Ein Verständnis von Geschichte bleibt allerdings ebenfalls strategisch bedeutsam. Aus dem Blick auf die Vergangenheit können Vorstellung vom Möglichen und von Veränderung entwickelt werden. Ein kritisches Erinnern ist ein notwendiges Instrument, um verhärtete Perspektiven zu verschieben und zu „verlernen".[65] Gefordert ist freilich eine Geschichte, die ihr Potential zur In-

---

in Historical Epistemology. In: International Migration Review 37 (3), S. 576–610; Michael Bommes (2003): Der Mythos des transnationalen Raumes. Oder: Worin besteht die Herausforderung des Transnationalismus für die Migrationsforschung. In: Dietrich Thränhardt, Uwe Hunger (Hg.): Migration im Spannungsfeld von Globalisierung und Nationalstaat (Leviathan, Sonderheft 22). Wiesbaden: Westdeutscher Verlag, S. 90–116; Michael Bommes (2005): Transnationalism or Assimilation. In: Journal of Social Science Education 4 (1), S. 14–30.

65 María do Mar Castro Varela (2007): Interkulturelle Kompetenz, Integration und Ausgrenzung. In: Matthias Otten, Alexander Scheitza, Andrea Cnyrim (Hg.): Interkulturelle Kompetenz im Wandel, Bd. 1: Grundlegungen, Konzepte und Diskurse (SIETAR Deutschland – Beiträge zur interkulturellen Zusammenarbeit 1). Frankfurt a. M.: IKO, S. 167.

klusion zur Geltung bringt und diese nicht gleichzeitig wieder mit neuen Ausgrenzungen erkauft.

Das Fach Zeitgeschichte ist heute – wie schon immer, aber vielleicht in erhöhtem Maße – mit einer ganzen Reihe von Herausforderungen konfrontiert: immer unklarer wird die zeitliche Abgrenzung ihres Zuständigkeitsbereichs; eine Vielzahl von Erzähler/innen und Akteur/innen, nicht zuletzt Zeitzeug/innen, steht in der Öffentlichkeit in Konkurrenz zu professionellen Historiker/innen; gleichzeitig konkurrenzieren sich vermehrt unterschiedliche Medien und Genres bei der Darstellung der jüngsten Vergangenheit, bis hin zu fiktionalen Annäherungen an die Geschichte; sie ist Teil der Erinnerungskultur wie auch ihr kritisches Gegenüber und damit in einer komplexen Verstrickung gefangen, die es immer wieder zu reflektieren gilt.[66] Hinzu kommt, dass die Realität der Migrationsgesellschaft nicht nur Gegenstand der Zeitgeschichte sein muss, sondern bereits ihre Bedingung und Rahmen ist. Dieser Tatsache mit allen ihren Konsequenzen muss sie sich aber erst noch bewusst stellen, in Deutschland wie in Österreich. Damit wird auch noch einmal das normativ-homogene Konzept eines „kollektiven Gedächtnisses" infrage gestellt. An die Stelle von „collective memories" müssen wohl plurale und heterogene „collected memories" gestellt werden, die es auszutauschen, zu teilen und anzuerkennen gilt.[67]

V

In Deutschland hat sich die Zeitgeschichte des Themas bereits angenommen, wenn auch vielleicht noch nicht in dem Ausmaß, das ihm zu wünschen wäre.[68] Das Einwanderungsland Deutschland ist allerdings auch im Fokus

---

66 Vgl. Martin Sabrow (2014): Zeitgeschichte schreiben. Von der Verständigung über die Vergangenheit in der Gegenwart. Göttingen: Wallstein, vor allem S. 133–146.
67 Michele Barricelli (2013): Collected Memories statt kollektives Gedächtnis. Zeitgeschichte in der Migrationsgesellschaft. In: Markus Furrer, Kurt Messmer (Hg.): Handbuch Zeitgeschichte im Geschichtsunterricht. Schwalbach/Ts.: Wochenschau, S. 89–118.
68 Vgl. etwa Ulrich Herbert (1986): Geschichte der Ausländerbeschäftigung in Deutschland 1880 bis 1980. Saisonarbeiter, Zwangsarbeiter, Gastarbeiter. Berlin-Bonn: Dietz; ders. (2001): Geschichte der Ausländerpolitik in Deutschland. Saisonarbeiter, Zwangsarbeiter, Gastarbeiter, Flüchtlinge. München: Beck; Karin Hunn (2005): „Nächstes Jahr kehren wir zurück…". Die Geschichte der türkischen „Gastarbeiter" in der Bundesrepublik (Moderne Zeit 11). Göttingen: Wallstein; Karen Schönwälder (2001): Einwanderung und ethnische Pluralität. Politische Entscheidungen und öffentliche Debatten in Großbritannien und der Bundesrepu- ▶

einer ganzen Reihe neuerer englischsprachiger Arbeiten. Von Interesse sind dabei nicht zuletzt Kontinuitäten zwischen Rassismus in der Nazizeit und im Nachkriegsdeutschland bzw. zwischen dem Umgang mit ‚Fremd-' und Zwangsarbeiter/innen in der NS-Zeit und ‚Fremd-' und ‚Gastarbeitern' in der Bundesrepublik.[69] Das Feld boomt ganz offensichtlich und differenziert sich immer mehr, nicht zuletzt durch vielfältige kulturwissenschaftliche Fragestellungen und Zugänge. Historiker/innen scheinen dabei jedoch eher eine Nebenrolle zu spielen, selbst wenn historische Perspektiven immer öfter zu beobachten sind.[70]

---

blik von den 1950er bis zu den 1970er Jahren. Essen: Klartext; Manuela Bojadžijev, Massimo Perinelli (2010): Die Herausforderung der Migration. Migrantische Lebenswelten in der Bundesrepublik in den siebziger Jahren. In: Sven Reichardt, Detlef Siegfried (Hg.): Das Alternative Milieu. Antibürgerlicher Lebensstil und linke Politik in der Bundesrepublik Deutschland und Europa 1968–1983 (Hamburger Beiträge zur Sozial- und Zeitgeschichte 47). Göttingen: Wallstein, S. 131–145; Oliver Janz, Roberto Sala (Hg.) (2011): Dolce Vita? Das Bild der italienischen Migranten in Deutschland. Frankfurt a. M.-New York: Campus. Vgl. auch grundlegend die Arbeiten des Osnabrücker Historikers und Migrationsforschers Klaus J. Bade (1987): Population, Labour and Migration in 19th- and 20th-Century Germany (German Historical Perspectives). Leamington Spa-Hamburg-New York: Berg; ders. (2000): Europa in Bewegung. Migration vom späten 18. Jahrhundert bis zur Gegenwart (Europa bauen). München: Beck; ders. (2004): Sozialhistorische Migrationsforschung (Studien zur Historischen Migrationsforschung 13). Göttingen: V&R unipress; Klaus J. Bade, Pieter C. Emmer, Leo Lucassen, Jochen Oltmer (Hg.) (2007): Enzyklopädie Migration in Europa. Vom 17. Jahrhundert bis zur Gegenwart. Paderborn-München-Wien-Zürich: Schöningh.
69 Vgl. Etwa Rita Chin (2007): The Guest Worker Question in Postwar Germany. Cambridge-New York: Cambridge UP; Rita Chin, Heide Fehrenbach, Geoff Eley, Atina Grossmann (2009): After the Nazi Racial State. Difference and Democracy in Germany and Europe. Ann Arbor: University of Michigan Press; Ruth Mandel (2008): Cosmopolitan Anxieties, Turkish Challenges to Citizenship and Belonging in Germany. Durham-London: Duke UP; sowie den sehr hilfreichen Reader: Deniz Göktürk, David Gramling, Anton Kaes (Hg.) (2007): Germany in Transit. Nation and Migration 1955–2005 (Weimar and Now: German Cultural Criticism). Berkeley-Los Angeles-London: University of California Press. An der University of California, Berkeley, wurde 2004 auch die Konferenz „Good-bye Germany? Migration, Culture, and the Nation-State" veranstaltet. Einige der dort präsentierten Beiträge wurden veröffentlicht in: Transit 1 (1) (2004). Online verfügbar unter http://www.escholarship.org/uc/item/4pf6t335?display=all, zuletzt geprüft am 22.6.2012. Vgl. daraus etwa: Werner Sollors (2004): Good-bye Germany. In: Transit 1 (1): http://escholarship.org/uc/item/7nm7g8vt, zuletzt geprüft am 22.6.2012.
70 Vgl. etwa die Beiträge in: Şeyda Ozil, Michael Hofmann, Yasemin Dayıoğlu-

In Deutschland wird allerdings seit Jahren auch eine öffentliche Diskussion über eine notwendige Musealisierung der Geschichte der Migrant/innen geführt.[71] Bereits 1990 wurde „DOMiT – Dokumentationszentrum und Museum über die Migration aus der Türkei e.V." als Selbstorganisation türkischer Migrant/innen gegründet, um das historische Erbe der Einwanderer für zukünftige Generationen zu bewahren. Mit zahlreichen Ausstellungen und Internetprojekten trat die Initiative an die Öffentlichkeit, unter anderem 1998 mit der Ausstellung „Fremde Heimat. Eine Geschichte der Einwanderung aus der Türkei" im Ruhrlandmuseum Essen. 2005/06 folgte an verschiedenen Standorten in Köln eine große sozialgeschichtliche und künstlerische Ausstellung „Projekt Migration" in Kooperation mit dem Kölnischen Kunstverein, dem Institut für Kulturanthropologie und Europäische Ethnologie der Universität Frankfurt a. M. und dem Institut für Theorie der Gestaltung und Kunst an der Hochschule für Gestaltung und Kunst Zürich, die von der Bundeskulturstiftung gefördert wurde. Die sozial- und kulturgeschichtliche Sammlung des Vereins wurde im Zuge dessen um Materialien zur Migration aus Italien, Griechenland, Spanien, Portugal, Marokko, Tunesien, Ex-Jugoslawien, Südkorea, Vietnam, Mosambik und Angola erweitert, was 2005 zu einer Namensänderung in „DOMiD – Dokumentationszentrum und Museum über die Migration in Deutschland e.V." führte.[72] 2007 fusionierte es mit dem Verein „Migrationsmuseum in Deutschland e.V.", der nun Migrant/innen unterschiedlicher Herkunft, aber auch Deutsche ohne Migrationshintergrund zusammenführt.

Die Forderung nach einem eigenständigen Museum ist in Deutschland jedoch keinesfalls verstummt: Aytaç Eryılmaz, bis 2012 Geschäftsführer von DOMiD – Dokumentationszentrum und Museum über die Migrati-

---

Yücel (Hg.) (2011): 50 Jahre türkische Arbeitsmigration in Deutschland (Türkisch-deutsche Studien – Jahrbuch 2011). Göttingen: V&R.
71 Vgl. Jan Motte, Rainer Ohliger (Hg.) (2004): Geschichte und Gedächtnis in der Einwanderungsgesellschaft. Essen: Klartext. Dazu auch Hintermann, Johansson (2010): Migration and Memory.
72 Vgl. Dokumentationszentrum und Museum über die Migration in Deutschland e.V.: http://www.domid.org, sowie Aytaç Eryılmaz, Mathilde Jamin (Hg.) (1998): Fremde Heimat. Eine Geschichte der Einwanderung aus der Türkei / Yaban, Sılan olur. Türkiye'den Almanya'ya Göçün Tarihi, Kat. Essen: Klartext; Kölnischer Kunstverein, DOMiT, Institut für Kulturanthropologie und Europäische Ethnologie der Johann Wolfgang Goethe Universität Frankfurt a. M., Institut für Theorie der Gestaltung und Kunst der HGK Zürich (Hg.) (2005): Projekt Migration, Kat. Köln.

on in Deutschland e.V. in Köln, forderte beständig ein „Migrationsmuseum als Zentrum für Geschichte, Kunst und Kultur der Migration" und als „Schlüssel zu einer umfassenderen Gesellschaftsgeschichte", „ein Ort, an dem Deutschland sich als Einwanderungsland entdecken und verstehen lernen kann" (Eryılmaz 2012: 47f). Im Jahr 2015 hat DOMiD, mittlerweile unter neuer Leitung und mit der früheren Bundestagspräsidentin Rita Süßmuth als Schirmherrin für das Projekt, einen neuen Anlauf zur Realisierung eines zentralen Migrationsmuseums in Deutschland unternommen.

Auch im nationalen deutschen Integrationsplan „Neue Wege – Neue Chancen" wurde 2007 dem Bereich „Kultur und Integration" ein eigenes Kapitel gewidmet: Festgestellt wird dort etwa, dass „Zuwanderung und Integration […] Teil unserer Geschichte" seien. Dem kulturellen Schaffen von Migrant/innen soll zwar mehr Raum gegeben werden, ebenso wie die Geschichte der Migration sichtbarer gemacht werden soll, aber vor allem sollen „erfolgreiche historische Integrationsprozesse als Teil unseres eigenen kulturellen Erbes" fokussiert werden: Nicht Migration, sondern „Integration sollte Querschnittsthema für kulturelle Einrichtungen sein".[73] Daneben geht es recht pragmatisch darum, Migrant/innen als Zielgruppe für Kulturinstitutionen zu gewinnen. Leitend bleiben dabei bedauerlicherweise herkömmliche Vorstellungen von Integration (vor allem durch Leistung bzw. Leistungen, die von Migrant/innen zu erbringen sind), von ‚uns' und den ‚anderen', Kultur und Werten etc.

Der Deutsche Museumsbund hat 2015 im Anschluss daran eine „Handreichung für die Museumsarbeit" zum Thema „Museen, Migration und kulturelle Vielfalt" veröffentlicht.[74]

Dort werden Vorschläge für alle Ebenen musealer Arbeit gemacht: Sammlung (vorhandene Sammlung neu befragen, neue Strategien des Sammelns, bisher übersehene Sammlungsgegenstände), Ausstellung (Migration soll in angemessener Form als Querschnittsthema in Dauerausstellungen berücksichtigt werden, in Wechselausstellungen sollen zunehmend interkulturelle Perspektiven implementiert werden) und Vermittlung (mit dem Ziel, die Unterscheidung

---

73 Presse- und Informationsamt der Bundesregierung, Die Beauftragte der Bundesregierung für Migration (Hg.) (2007): Der nationale Integrationsplan. Neue Wege – Neue Chance. S. 127–136.
74 Deutscher Museumsbund (Hg.) (2015): Museen, Migration und kulturelle Vielfalt. Handreichungen für die Museumsarbeit. Berlin.

von Menschen „mit und ohne Migrationshintergrund" zu überwinden), bis hin zu der Forderung, langfristig den Anteil an Beschäftigten „mit Migrationshintergrund" in allen Bereichen von Museen zu erhöhen. Partizipation wird dabei zum Schlüssel für die Bewahrung und Sichtbarmachung von Migrationsgeschichte: „Museen sind bei der Dokumentation und Präsentation der Migrationsgeschichte auf Einzelpersonen, Vereine und Organisationen als Ratgeber und Mitwirkende angewiesen. Ohne die Menschen und ihre Erfahrungen können weder mögliche neue Fragen an vorhandene Sammlungen gestellt noch neue Perspektiven entwickelt werden" (Museumsbund 2015: 29).

International ist die Diskussion um Migration und Museen inzwischen weit fortgeschritten. In den klassischen Einwanderungsländern widmet sich schon seit Langem eine Reihe von speziellen Einrichtungen dem Thema: so etwa das Ellis Island Immigration Museum in New York (seit 1990), das Immigration Museum in Melbourne (seit 1998) oder das Canadian Museum of Immigration at Pier 21 in Halifax (seit 1999). Seit 2007 hat auch Frankreich mit der Cité nationale de l'histoire de l'immigration in Paris ein Einwanderungsmuseum, signifikanterweise untergebracht in jenem Palais, das für die Pariser Kolonialausstellung 1931 errichtet wurde.[75]

Internationale Beispiele für Migrationsarchive sind währenddessen nicht besonders zahlreich, aber vorhanden. Eine Vorreiterrolle spielen hier z.B. die Immigration History Research Center Archives an der University of Minnesota auf universitärer Ebene und die französische Nichtregierungsorganisation Génériques, die seit 1992 im Rahmen einer Partnerschaft mit den Archives de France an der Sammlung, Dokumentation und Bewahrung von relevanten Materialien zur Migrationsgeschichte arbeiten.[76] Der Bestand von DoMiD in Köln umfasst über 100.000 Bücher, Graue Literatur, Zeitungen, Zeitschriften, Originaldokumente, Fotografien, Filme, Tondokumente, Flugblätter, Plakate sowie dreidimensionale Objekte.[77]

---

[75] Zu deren (kontroversiellen) Entstehungsgeschichten, Sammlungspraxen sowie Darstellungsansätzen und -formen gibt es zwischenzeitlich eine Reihe an Analysen und Studien und eine relativ umfangreiche Literatur: Joachim Baur (2009): Die Musealisierung der Migration. Einwanderungsmuseen und die Inszenierung der multikulturellen Nation. Bielefeld: Transcript; Laurence Gouriévidis (Hg.) (2014): Museums and Migration. History, Memory and Politics. Oxford: Routledge; Regina Wonisch, Thomas Hübel (2012): Museum und Migration. Konzepte – Kontexte – Kontroversen. Bielefeld: Transcript.

[76] http://cla.umn.edu/ihrc; www.generiques.org, zuletzt geprüft am 1.11.2016.

[77] http://www.domid.org, zuletzt geprüft am 1.11.2016.

VI

Migration und Migrant/innen zum integralen Teil österreichischer Geschichte zu machen und diese als plural und transnational zu begreifen und neu zu erzählen ist keinesfalls eine einfache Aufgabe, wenn Rassismus im Wachsen begriffen ist und angeblich klare Unterscheidungen zwischen verschiedenen Kulturen als unhinterfragbar gelten.

Die gegenwärtige Situation in Österreich ist äußerst komplex und widersprüchlich: Zum einen ist in den vergangenen drei bis fünf Jahren das Interesse an der Migrationsgeschichte der Zweiten Republik erwacht, mit einem Fokus auf die sogenannte ‚Gastarbeitermigration' in den 1960er- und 1970er-Jahren. Gleichzeitig absorbiert die derzeitig als ‚Flüchtlingskrise' wahrgenommene Entwicklung alle Aufmerksamkeit und delegitimiert geradezu jeglichen Blick in die Geschichte, wenn es um Migration geht. Im Mittelpunkt stehen die Notwendigkeiten der Gegenwart und Pläne für die Zukunft. Auch der Blick auf die strukturierte Arbeitsmigration scheint irrelevant, wenn es um Flucht geht.

Tatsächlich ist die jüngste Beschäftigung mit der Geschichte der Arbeitsmigration nach Österreich mehr als verständlich: aufgrund der vergangenen Jahrestage und der Aufmerksamkeit, die diese auf sich gezogen haben, aber auch mit Blick auf den generationellen Wechsel. Dementsprechend gibt es eine unmittelbare Notwendigkeit der systematischen Sicherung von Informationen und Überlieferungen, die mit dem Abtreten der ersten Generation der ‚Gastarbeiter' verloren zu gehen drohen.

Darüber hinaus ist auch im Angesicht der aktuellen Situation ein vertiefter Blick in die Geschichte der Arbeitsmigration sinnvoll: Die Unterschiede zwischen Flucht- und Arbeitsmigration scheinen offensichtlich zu sein, werden aber wohl überschätzt. Beide Phänomene sind oft miteinander verschränkt und nicht leicht voneinander zu trennen. Die Fluchtbewegungen ins Nachkriegsösterreich – allen voran die ungarischen Flüchtlinge des Jahres 1956 – sind fester Bestandteil des etablierten historischen Narrativs der Zweiten Republik, eine nachhaltige Herausforderung und Transformation Österreichs brachten sie allerdings nicht mit sich: Der Großteil der Flüchtlinge verließ das Land bald wieder und nutzte es nur als Durchgangsstation. Dementsprechend hatten sie nur einen sehr kleinen Effekt auf die Demographie, konnten aber umso leichter zu einem Symbol für Offenheit und Solidarität werden.

Wenn es allerdings darum geht, die Pluralität und Diversität des gegenwärtigen Österreich zu verstehen, dann dürfte die Geschichte der Arbeitsmigration in den 1960er- und 1970er-Jahren einen sinnvollen Anfangspunkt in der österreichischen Nachkriegsgeschichte darstellen. Dass dies nur der Beginn eines völlig neuen Blicks auf die jüngere österreichische Geschichte als eine inklusive Geschichte mit vielfältigen transnationalen Bezügen sein kann, ist ebenfalls offensichtlich. Wie sehr ein solcher Blick auf Österreich fehlt, wurde nicht zuletzt im Angesicht der sogenannten ‚Flüchtlingskrise‘ deutlich. Das Potential der Geschichte für Akzeptanz und Inklusion zur Geltung zu bringen, ohne neue Ausschlüsse und Marginalisierungen zu produzieren, bleibt wohl die größte Herausforderung für Historiker/innen.

Literatur

„… **Prozesse** und Logiken, die vor allem die privilegierte Mehrheit verlernen muss." Gespräch mit Marissa Lôbo und Dirk Rupnow (2014). In: Bildpunkt. Zeitschrift der IG Bildende Kunst, Frühling.

Akkılıç, Arif; Bratić, Ljubomir (2012): Aufruf für ein Archiv der Migration. In: Stimme (84).

Akkılıç, Arif; Bakondy, Vida; Bratić, Ljubomir; Wonisch, Regina (Hg.) (2016): Schere Topf Papier. Objekte zur Migrationsgeschichte. Wien: Mandelbaum.

Angerer, Thomas (1995): An Imcomplete Discipline: Austrian Zeitgeschichte and Recent History. In: Günter Bischof, Anton Pelinka, Rolf Steininger (Hg.): Austria in the Nineteen Fifties (= Contemporary Austrian Studies 3). New Brunswick-London, S. 207–251.

Angerer, Thomas (1998): „Gegenwartsgeschichte"? Für eine Zeitgeschichte ohne Ausflüchte. In: Gertraud Diendorfer, Gerhard Jagschitz, Oliver Rathkolb (Hg.): Zeitgeschichte im Wandel. 3. österreichische Zeitgeschichtetage 1997. Innsbruck-Wien: StudienVerlag, S. 46–53.

Antia, Delna (2016): Eins, zwei, keins oder beides. Warum Migranten der zweiten Generation eine hybride Identität wählen – wenn sie dürften. Ein empirischer Vergleich nationaler Selbstpositionierung in Deutschland und Österreich. M.E.S. thesis Universität Wien.

Antia, Delna (2016): „Dann bin ich eben nicht Österreicher!". In: Biber (11), S. 19–25.

Archiv der Migration. Online verfügbar unter www.archivdermigration.at, zuletzt geprüft am 8.9.2014.

Bade, Klaus J. (1987): Population, Labour and Migration in 19th- and 20th-Century Germany (German Historical Perspectives). Leamington Spa-Hamburg-New York: Berg.

Bade, Klaus J. (2000): Europa in Bewegung. Migration vom späten 18. Jahrhundert bis zur Gegenwart (= Europa bauen). München: Beck.

Bade, Klaus (2004): Sozialhistorische Migrationsforschung (= Studien zur Historischen Migrationsforschung 13). Göttingen: V&R unipress.

Bade, Klaus; Emmer, Pieter C.; Lucassen, Leo; Oltmer, Jochen (Hg.) (2007): Enzyklopädie Migration in Europa. Vom 17. Jahrhundert bis zur Gegenwart. Paderborn-München-Wien-Zürich: Schöningh.

Barricelli, Michele (2013): Collected Memories statt kollektives Gedächtnis. Zeitgeschichte in der Migrationsgesellschaft. In: Markus Furrer/Kurt Messmer (Hg.): Handbuch Zeitgeschichte im Geschichtsunterricht. Schwalbach/Ts.: Wochenschau, S. 89–118.

Bauer, Ingrid (1996): Von den Autobahnen der Erkenntnis – und versäumten Ausfahrten. In: L'Homme (7), S. 206–211.

Baur, Joachim (2009): Die Musealisierung der Migration. Einwanderungsmuseen und die Inszenierung der multikulturellen Nation. Bielefeld: Transcript.

Berger, Peter (^{2}2008): Kurze Geschichte Österreichs im 20. Jahrhundert. Wien: WUV.

BMEIA (2016): Integrationsbericht 2016. Online verfügbar unter https://www.bmeia.gv.at/integration/integrationsbericht/, zuletzt geprüft am 25.10.2016.

Bojadžijev, Manuela; Karakayalı, Serhat (2007): Autonomie der Migration. 10 Thesen zu einer Methode. In: Transit Migration Forschungsgruppe (Hg.): Turbulente Ränder. Neue Perspektiven auf Migration an den Grenzen Europas. Bielefeld: Transcript, S. 203–209.

Bojadžijev, Manuela; Perinelli, Massimo (2010): Die Herausforderung der Migration. Migrantische Lebenswelten in der Bundesrepublik in den siebziger Jahren. In: Sven Reichardt, Detlef Siegfried (Hg.): Das Alternative Milieu. Antibürgerlicher Lebensstil und linke Politik in der Bundesrepublik Deutschland und Europa 1968–1983 (= Hamburger Beiträge zur Sozial- und Zeitgeschichte 47). Göttingen: Wallstein, S. 131–145.

Bojadžijev, Manuela; Römhild, Regina (2014): Was kommt nach dem „transnational turn"? Perspektiven für eine kritische Migrationsforschung. In: Labor Migration (Hg.): Vom Rand ins Zentrum. Perspektiven einer kritischen Migrationsforschung (= Berliner Blätter 65), Berlin: Panama, S. 10–24.

Bommes, Michael (2003): Der Mythos des transnationalen Raumes. Oder: Worin besteht die Herausforderung des Transnationalismus für die Migrationsforschung. In: Dietrich Thränhardt, Uwe Hunger (Hg.): Migration im Spannungsfeld von Globalisierung und Nationalstaat (Leviathan, Sonderheft 22). Wiesbaden: Westdeutscher Verlag, S. 90–116.

Bommes, Michael (2005): Transnationalism or Assimilation. In: Journal of Social Science Education 4 (1), S. 14–30.

Bratić, Ljubomir (2000): Soziopolitische Organisationen der MigrantInnen in Österreich. In: Kurswechsel (1), S. 6–20.

Bratić, Ljubomir (2003): Soziopolitische Netzwerke der MigrantInnen aus der ehemaligen Sozialistischen Föderativen Republik Jugoslawien (SFRJ) in Österreich. In: Heinz Faßmann, Irene Stacher (Hg.): Österreichischer Migrations- und Integrationsbericht. Demographische Entwicklungen – sozioökonomische Strukturen – rechtliche Rahmenbedingungen. Klagenfurt-Celovec: Drava, S. 395–409.

Bratić, Ljubomir (2010): Politischer Antirassismus. Selbstorganisation, Historisierung als Strategie und diskursive Interventionen. Wien: Löcker.

do Mar Castro Varela, María (2007): Interkulturelle Kompetenz, Integration und Ausgrenzung. In: Matthias Otten, Alexander Scheitza, Andrea Cnyrim (Hg.): Interkulturelle Kompetenz im Wandel (1): Grundlegungen, Konzepte und Diskurse (= SIETAR Deutschland – Beiträge zur interkulturellen Zusammenarbeit 1). Frankfurt a. M.: IKO, S. 155–169.

do Mar Castro Varela, Maria; Mecheril, Paul (2010): „Migration". In: Manfred Oberlechner (Hg.): Integration, Rassismen und Weltwirtschaftskrise. Wien: Braumüller, S. 385–412.

Chin, Rita (2007): The Guest Worker Question in Postwar Germany. Cambridge-New York: Cambridge UP.

Chin, Rita; Fehrenbach, Heide; Eley, Geoff; Grossmann, Atina (2009): After the Nazi Racial State. Difference and Democracy in Germany and Europe. Ann Arbor: University of Michigan Press.

Conrad, Sebastian; Randeria, Shalini (2002): Einleitung: Geteilte Geschichten – Europa in einer postkolonialen Welt. In: dies. (Hg.): Jenseits des Eurozentrismus. Postkoloniale Perspektiven in den Geschichte- und Kulturwissenschaften. Frankfurt a. M.-New York: Campus, S. 9–49.

Crul, Maurice; Schneider, Jens; Lelie, Frans (2012): The European Second Generation Compared. Does the Integration Context Matter? (TIES-Projekt). Amsterdam: UP.

Csáky, Moritz (2010): Das Gedächtnis der Städte. Kulturelle Verflechtungen – Wien und die urbanen Milieus in Zentraleuropa. Wien-Köln-Weimar: Böhlau.

Dahlvik, Julia; Faßmann, Heinz; Sievers, Wiebke (Hg.) (2012): Migration und Integration. Wissenschaftliche Perspektiven aus Österreich (= Migrations- und Integrationsforschung 2). Wien-Göttingen: VUP.

Deutscher Museumsbund (Hg.) (2015): Museen, Migration und kulturelle Vielfalt. Handreichungen für die Museumsarbeit. Berlin.

Dokumentationszentrum und Museum über die Migration in Deutschland e.V. Online verfügbar unter http://www.domid.org., zuletzt geprüft am 1.11.2016

Ehmer, Josef (2011): Sozialwissenschaftler/innen oder Zeithistoriker/innen: Wer schreibt die Geschichte des 20. Jahrhunderts? In: Heinrich Berger, Melanie Dejnega, Regina Fritz, Alexander Prenninger (Hg.): Politische Gewalt und Machtausübung im 20. Jahrhundert. Zeitgeschichte, Zeitgeschehen und Kontroversen. Festschrift für Gerhard Botz. Wien-Köln-Weimar: Böhlau, S. 59–71.

Eryılmaz, Aytaç; Jamin, Mathilde (Hg.) (1998): Fremde Heimat. Eine Geschichte der Einwanderung aus der Türkei / Yaban, Sılan olur. Türkiye'den Almanya'ya Göçün Tarihi, Kat. Essen: Klartext.

Eryılmaz, Aytaç (2012): Migrationsgeschichte und die nationalstaatliche Perspektive in Archiven und Museen. In: Regina Wonisch, Thomas Hübel (Hg.): Museum und Migration. Konzepte – Kontexte – Kontroversen. Bielefeld: Transcript, S. 33–48.

European Migration Network. Online verfügbar unter http://emn.intrasoft-intl.com, zuletzt geprüft am 22.6.2012.

Faßmann, Heinz; Münz, Rainer (1995): Einwanderungsland Österreich? Historische Migrationsmuster, aktuelle Trends und politische Maßnahmen. Wien: Jugend & Volk.

Faßmann, Heinz (2009): Migrations- und Integrationsforschung in Österreich. Institutionelle Verankerung, Fragestellungen und Finanzierungen (= KMI Working Paper 15). Wien: KMI.

Fischer, Wladimir (2012): Warum Österreich endlich ein Archiv der Migration braucht. In: Die Presse, 2.10.2012.

FPÖ (2011): Parteiprogramm „Österreich zuerst". Online verfügbar unter https://www.fpoe.at/fileadmin/user_upload/www.fpoe.at/dokumente/2015/2011_graz_parteiprogramm_web.pdf, zuletzt geprüft am 2.11.2016.

focus Migration. Online verfügbar unter http://www.focus-migration.hwwi.de, zuletzt geprüft am 22.6.2012.

Gehler, Michael (2001): Zeitgeschichte im dynamischen Mehrebenensystem. Zwischen Regionalisierung, Nationalstaat, Europäisierung, internationaler Arena und Globalisierung (= Herausforderungen 12). Bochum: Winkler.

Georgi, Viola B. (2003): Entliehene Erinnerung. Geschichtsbilder junger Migranten in Deutschland. Hamburg: Hamburger Ed.

Georgi, Viola B.; Ohliger, Rainer (Hg.) (2009): Crossover Geschichte. Historisches Bewusstsein Jugendlicher in der Einwanderungsgesellschaft. Hamburg: Ed. Körber-Stiftung.

Glick Schiller, Nina; Basch, Linda; Blanc Szanton, Cristina (1995): From Immigrant to Transmigrant. Theorizing Transnational Migration. In: Anthropological Quaterly 68 (1), S. 48–63.

Göktürk, Deniz; Gramling, David; Kaes, Anton (Hg.) (2007): Germany in Transit. Nation and Migration 1955-2005 (Weimar and Now: German Cultural Criticism). Berkeley-Los Angeles-London: University of California Press.

Goldberg, David Theo (1993): Racist Culture. Philosophy and the Politics of Meaning. Cambridge/Mass.: Blackwell.

Goldberg, David Theo (2002): The Racial State. Oxford: Blackwell.

Gouriévidis, Laurence (Hg.) (2014): Museums and Migration. History, Memory and Politics. Oxford: Routledge.

Grüne (2001): Parteiprogramm. Online verfügbar unter https://www.gruene.at/partei/programm/parteiprogramm, zuletzt geprüft am 2.11.2016.

Gürses, Hakan; Kogoj, Cornelia; Mattl, Sylvia (Hg.) (2004): Gastarbajteri. 40 Jahre Arbeitsmigration. Wien: Mandelbaum.

Hahn, Sylvia; Stöger, Georg (2014): 50 Jahre österreichisch-türkisches Anwerbeabkommen, Salzburg.

Hanisch, Ernst (1994): Der lange Schatten des Staates. Österreichische Gesellschaftsgeschichte im 20. Jahrhundert. Wien: Ueberreuter.

Hanisch, Ernst (2004): Die Dominanz des Staates. Österreichische Zeitgeschichte im Drehkreuz von Politik und Wissenschaft. In: Alexander Nützenadel, Wolfgang Schieder (Hg.): Zeitgeschichte als Problem. Nationale Traditionen und Perspektiven der Forschung in Europa (= Geschichte und Gesellschaft, Sonderheft 20). Göttingen: V&R, S. 54–77.

Hashagen, Justus (1915): Das Studium der Zeitgeschichte. Bonn: Cohen.

Heiss, Gernot; Rathkolb, Oliver (1995): Vorwort der Herausgeber. In: dies. (Hg.): Asylland wider Willen. Flüchtlinge in Österreich im europäischen Kontext seit 1914 (= Veröffentlichungen des Ludwig-Boltzmann-Institutes für Geschichte und Gesellschaft 25). Wien: J&V, S. 7–17.

Heiss, Gernot; Rathkolb, Oliver (Hg.) (1995): Asylland wider Willen. Flüchtlinge in Österreich im europäischen Kontext seit 1914 (= Veröffentlichungen des Ludwig Boltzmann-Instituts für Geschichte und Gesellschaft 25). Wien: J&V.

Herbert, Ulrich (1986): Geschichte der Ausländerbeschäftigung in Deutschland 1880 bis 1980. Saisonarbeiter, Zwangsarbeiter, Gastarbeiter. Berlin-Bonn: Dietz.

Herbert, Ulrich (2001): Geschichte der Ausländerpolitik in Deutschland. Saisonarbeiter, Zwangsarbeiter, Gastarbeiter, Flüchtlinge. München: Beck.

Hier zuhause. Migrationsgeschichten aus Tirol (2017). Innsbruck: Tiroler Landesmuseen.

Hintermann, Christiane (2013): Gedächtnislücke Migration? Betrachtungen über eine nationale Amnesie. In: Zeitgeschichte 3 (40), S. 149–165.

Hintermann, Christiane; Johansson, Christina (Hg.) (2010): Migration and Memory. Representations of Migration in Europe since 1960 (Studies in European History and Public Spheres 3). Innsbruck-Wien-Bozen: StudienVerlag.

Hunn, Karin (2005): „Nächstes Jahr kehren wir zurück…". Die Geschichte der türkischen „Gastarbeiter" in der Bundesrepublik (= Moderne Zeit 11). Göttingen: Wallstein.

Janz, Oliver; Sala, Roberto (Hg.) (2011): Dolce Vita? Das Bild der italienischen Migranten in Deutschland. Frankfurt a. M.-New York: Campus.

Karlhofer, Ferdinand; Pallaver, Günther (Hg.) (2011): Politik in Tirol. Jahrbuch 2011. Zuwanderung – Herausforderung für Gesellschaft und Politik. Innsbruck-Wien-Bozen: StudienVerlag.

Kölnischer Kunstverein; DOMiT; Institut für Kulturanthropologie und Europäische Ethnologie der Johann Wolfgang Goethe Universität Frankfurt a. M.; Institut für Theorie der Gestaltung und Kunst der HGK Zürich (Hg.) (2005): Projekt Migration. Kat. Köln.

Kulturrisse. Zeitschrift für radikaldemokratische Kulturpolitik (2013): „¡Archiv der Migration, jetzt!" (4).

Lanz, Stephan (2007): Berlin aufgemischt: Abendländisch – multikulturell – kosmopolitisch? Die politische Konstruktion einer Einwanderungsstadt. Bielefeld: Transcript.

Löfström, Jan (2011): Historical apologies as acts of symbolic inclusion – and exclusion? Reflections on institutional apologies as politics of cultural citizenship. In: Citizenship Studies 1 (15), S. 93–108.

Mandel, Ruth (2008): Cosmopolitan Anxieties, Turkish Challenges to Citizenship and Belonging in Germany. Durham-London: Duke UP.

Mayer, Stefanie; Spång, Mikael (Hg.) (2009): Debating Migration. Political Discourses on Labor Immigration in Historical Perspective (= Studies in European History and Public Spheres 1). Innsbruck-Wien-Bozen: StudienVerlag.

Mecheril, Paul (2003): Prekäre Verhältnisse. Über natio-ethno-kulturelle (Mehrfach-) Zugehörigkeit. Münster: Waxmann.

Messerschmidt, Astrid (2009): Weltbilder und Selbstbilder. Bildungsprozesse im Umgang mit Globalisierung, Migration und Zeitgeschichte (= wissen und praxis 151). Frankfurt a. M.: Brandes & Apsel.

Mokre, Monika (2012): Was nicht in den Akten ist, ist nicht in der Welt. Zum Projekt eines Archivs der Migration. In: Kulturrisse Zeitschrift für radikaldemokratische Kulturpolitik (3).

Moses, Dirk (2010): Der nichtdeutsche Deutsche und der deutsche Deutsche. Stigma und Opfer-Erlösung in der Berliner Republik. In: Daniel Fulda, Dagmar Herzog, Stefan-Ludwig Hoffmann, Till van Rahden (Hg.): Demokratie im Schatten der Gewalt. Geschichten des Privaten im deutschen Nachkrieg. Göttingen: Wallstein, S. 353–378.

Motte, Jan; Ohliger, Rainer (Hg.) (2004): Geschichte und Gedächtnis in der Einwanderungsgesellschaft. Essen: Klartext.

Neuhold, Clemens (2016): Lebenslüge der Nation. In: profil (44), S. 14–21.

Özcelik, Fatih; Rupnow, Dirk (2014): Migration – Geschichte – Archiv. Aktuelle Herausforderungen und Projekte aus Anlass von 50 Jahren Anwerbeabkommen

Österreich – Türkei 1964. In: Brigitte Truschnegg (Hg.): museums verein jahrbuch. Jahrbuch des Vorarlberger Landesmuseumsvereins 2014. Bregenz, S. 148–169.

ÖIF (2016): Fact Sheet 24. Staatsbürgerschaft und Einbürgerung (Oktober). Online verfügbar unter http://www.integrationsfonds.at/themen/publikationen/oeif-fact-sheets/, zuletzt geprüft am 25.10.2016.

ÖVP (2015): Parteiprogramm. Online verfügbar unter https://www.oevp.at/die-partei/Die-OeVP.psp, zuletzt geprüft am 2.11.2016.

ORF (2011): Von Anwerbeabkommen und Integration. Online verfügbar unter http://www.orf.at/stories/2090725/2090744, zuletzt geprüft am 27.12.2011.

ORF (2012): Die verdrängte Migration. Experten wollen Archiv der Migration. Online verfügbar unter www.orf.at, zuletzt geprüft am 23.9.2012.

Ozil, Şeyda; Hofmann, Michael; Dayıoğlu-Yücel, Yasemin (Hg.) (2011): 50 Jahre türkische Arbeitsmigration in Deutschland (Türkisch-deutsche Studien. Jahrbuch 2011). Göttingen: V&R.

Parlament (2013): 2244/A(E) XXIV. GP – Entschließungsantrag, 21.03.2013.

Payer, Peter (2004): „Gehen Sie an die Arbeit". Zur Geschichte der „Gastarbeiter" in Wien 1964-1989. In: Wiener Geschichtsblätter 59 (1), S. 1–19.

Perchninig, Bernhard (2002): Migration Studies in Austria – Research at the Margins? (= KMI Working Paper 4). Wien.

Presse- und Informationsamt der Bundesregierung/Die Beauftragte der Bundesregierung für Migration (Hg.) (2007): Der nationale Integrationsplan. Neue Wege – Neue Chance. S. 127–136.

Pries, Ludger (2001): Migration und Integration in Zeiten der Transnationalisierung – oder: Warum braucht Deutschland eine ‚Kulturrevolution'? In: iza. Zeitschrift für Migration und soziale Arbeit (1), S. 14–19.

Randeria, Shalini (1999): Geteilte Geschichte und verwobene Moderne. In: Jörn Rüsen, Hanna Leitgeb, Norbert Jegelka (Hg.): Zukunftsentwürfe. Ideen für eine Kultur der Veränderung. Frankfurt a. M.-New York: Campus, S. 87–96.

Rass, Christoph (2010): Institutionalisierungsprozesse auf einem internationalen Arbeitsmarkt. Bilaterale Wanderungsverträge in Europa zwischen 1919 und 1974 (= Studien zur historischen Migrationsforschung 19). Paderborn-München-Wien-Zürich: Schöningh

Rathkolb, Oliver (2005): Die paradoxe Republik. Österreich 1945 bis 2005. Wien: Zsolnay.

Rathkolb, Oliver (2009): Zeitgeschichte im Krebsgang ins 19. Jahrhundert zurückschreiben. Am Beispiel der Demokratie-Diktatur-Debatte. In: die universitaet-online, 28.1.2009. Online verfügbar unter http://stream.univie.ac.at/media/geschichte/2008WS/vranitzky/070113_090113?res=320, zuletzt geprüft am 3.9.2014.

Rathkolb, Oliver (Hg.) (2015): Umsetzungsstrategie für das Haus der Geschichte Österreich. Ideen und Entwürfe des Internationalen Wissenschaftlichen

Beirates. Stand: 4. September 2015. Online verfügbar unter http://www.hdgoe.at/wp-content/uploads/2015/11/HGOE_Strategie_Download.pdf, zuletzt geprüft am 25.5.2016.

Robertson, Roland (1998): Glokalisierung. Homogenität und Heterogenität in Raum und Zeit. In: Ulrich Beck (Hg.): Perspektiven der Weltgesellschaft. Frankfurt a. M.: Suhrkamp, S. 192–220.

Römhild, Regina (2004): Global Heimat Germany. Migration and the Transnationalization of the Nation-State. In: Transit 1 (1). Online verfügbar unter http://escholarship.org/uc/item/57z2470p, zuletzt geprüft am 22.6.2012.

Rothberg, Michael (2009): Multidirectional Memory. Remembering the Holocaust in the Age of Decolonization (Cultural Memory in the Present). Stanford: UP.

Rothberg, Michael; Yildiz, Yasemin (2011): Memory Citizenship: Migrant Archives of Holocaust Remembrance in Contemporary Germany. In: Parallax 4 (17), S. 32–48.

Rothberg, Michael (2011): Neo-Nazi terror and Germany's racism problem. In: openDemocracy, 16. 12. Online verfügbar unter http://www.opendemocracy.net/michael-rothberg/neo-nazi-terror-and-germany%E2%80%99s-racism-problem, zuletzt geprüft am 22.6.2012.

Rothfels, Hans (1953): Zeitgeschichte als Aufgabe. In: Vierteljahrshefte für Zeitgeschichte 1 (1), S. 1–8.

Rupnow, Dirk et al.: „„Und was hat das mit mir zu tun?' Transnationale Geschichtsbilder zur NS-Vergangenheit" im Rahmen des BMWF/„Sparkling Science"-Programms. Online verfügbar unter http://www.sparklingscience.at/de/projekte/312-transnationale-geschichtsbilder, zuletzt geprüft am 19.10.2011.

Rupnow, Dirk (2011): Nation ohne Museum? Diskussionen, Konzepte und Projekte. In: Dirk Rupnow/Heidemarie Uhl (Hg.): Zeitgeschichte ausstellen in Österreich. Museen – Gedenkstätten – Ausstellungen. Wien-Köln-Weimar: Böhlau, S. 417–463.

Rupnow, Dirk (2012): Wiener Zeitung, 3.10.2012.

Rupnow, Dirk (2013): Deprovincializing Contemporary Austrian History. Plädoyer für eine transnationale Geschichte Österreichs als Migrationsgesellschaft. In: Zeitgeschichte 1 (40), S. 5–21.

Rupnow, Dirk (2013): Beschäftigung mit Geschichte ist kein Luxus. Wieso Österreich ein „Archiv der Migration" braucht. In: Stimme. Zeitschrift der Initiative Minderheiten 89/Winter.

Sabrow, Martin (2014): Zeitgeschichte schreiben. Von der Verständigung über die Vergangenheit in der Gegenwart. Göttingen: Wallstein.

Sauermann, Verena (2011): ‚doing difference'. Zur Repräsentation von Migration und Migrant_innen in historischen Gesamtdarstellungen, Museen und Ausstellungen. Diplomarbeit Universität Innsbruck.

Seeba, Heinrich C. (2004): The Rhetoric of Origin. Language and Exclusion in Historical Perspective. In: Transit 1 (1). Online verfügbar unter http://escholarship.org/uc/item/0357t86n, zuletzt geprüft am 22.6.2012.

Schiller, Thomas (1997): NS-Propaganda für den Arbeitseinsatz. Hamburg: LIT Verlag.

Schönwälder, Karen (2001): Einwanderung und ethnische Pluralität. Politische Entscheidungen und öffentliche Debatten in Großbritannien und der Bundesrepublik von den 1950er bis zu den 1970er Jahren. Essen: Klartext.

Schütz, Alfred (1964): The Stranger. In: Arvid Brodersen (Hg.): Alfred Schütz, Collected Papers II: Studies in Social Theory. The Hague: Nijhoff, S. 91–105.

Simmel, Georg (1923): Soziologie. Untersuchungen über die Formen der Vergesellschaftung. München-Leipzig: Duncker & Humblot.

Sollors, Werner (2004): Good-bye Germany. In: Transit 1 (1). Online verfügbar unter http://escholarship.org/uc/item/7nm7g8vt, zuletzt geprüft am 22.6.2012.

SPÖ (1998): Parteiprogramm. Online verfügbar unter https://spoe.at/sites/default/files/das_spoe_parteiprogramm.pdf, zuletzt geprüft am 2.11.2016.

Stadt Salzburg (2014): Kommen – Gehen – Bleiben. Migrationsstadt Salzburg 1960-1990. Pressegespräch Stadt & Uni zur Ausstellung am Makartsteg vom 23. Mai bis 6. Juli, Aussendung 22.5.2014

Statistik Austria: Online verfügbar unter http://www.statistik-austria.at, zuletzt geprüft am 22.6.2012.

Statistik Austria: Bevölkerung mit Migrationshintergrund nach Bundesländern (Jahresdurchschnitt 2015). Online verfügbar unter http://www.statistik.at/web_de/statistiken/menschen_und_gesellschaft/bevoelkerung/bevoelkerungsstruktur/bevoelkerung_nach_migrationshintergrund/index.html, zuletzt geprüft am 25.10.2016.

Statistik Austria: Bevölkerung am 1.1.2016 nach detaillierter Staatsbürgerschaft und Bundesland. Online verfügbar unter http://www.statistik.at/web_de/statistiken/menschen_und_gesellschaft/bevoelkerung/bevoelkerungsstruktur/bevoelkerung_nach_staatsangehoerigkeit_geburtsland/index.html, zuletzt geprüft am 25.10.2016.

Statistik Austria: Online verfügbar unter http://www.statistik.at/web_de/statistiken/menschen_und_gesellschaft/bevoelkerung/bevoelkerungsstruktur/bevoelkerung_nach_migrationshintergrund/index.html, zuletzt geprüft am 25.10.2016.

Statistisches Bundesamt: Online verfügbar unter https://www.destatis.de/DE/ZahlenFakten/GesellschaftStaat/Bevoelkerung/MigrationIntegration/Glossar/Migrationshintergrund.html, zuletzt geprüft am 25.10.2016.

Sternfeld, Nora (2012): Kontaktzonen der Geschichtsvermittlung. Transnationales Lernen über den Holocaust in der postnazistischen Migrationsgesellschaft. Diss. phil. Wien.

Stoler, Laura Ann (2002): Colonial Archives and the Arts of Governance. In: Archival Science (2), S. 87–109.

Strasser, Sabine (2010): Migrationsforschung in Österreich, ein [KriMi]? Kommentar zur Kritischen Migrationsforschung. In: Stimme (75), Sommer, S. 22–23.

Terkessidis, Mark (1997): Woven into the texture of things. Rassismus als praktische Einheit von Wissen und Institution. In: Andreas Disselnkötter; Siegfried Jäger; Helmut Kellershohn; Susanne Slobodzian (Hg.): Evidenzen im Fluß. Demokratieverlust in Deutschland – Modell D – Geschlechter – Rassismus – PC. Duisburg: DISS, S. 172–187.

Terkessidis, Mark (1998): Psychologie des Rassismus. Opladen-Wiesbaden: Westdeutscher Verlag.

Terkessidis, Mark (2004): Die Banalität des Rassismus. Migranten zweiter Generation entwickeln eine neue Perspektive (Kultur und soziale Praxis). Bielefeld: Transcript.

Transit 1 (2004). Online verfügbar unter http://www.escholarship.org/uc/item/4pf6t335?display=all, zuletzt geprüft am 22.6.2012.

Unique Research (2016): Wien 2016 (500 Befragte). In: profil (44). Online verfügbar unter http://www.profil.at/oesterreich/umfrage0oesterreich-einwanderungsland-7663079, zuletzt geprüft am 31.10.2016.

Vocelka, Karl (³2004): Geschichte Österreichs. Kultur – Gesellschaft – Politik. München: Heyne.

Weigl, Andreas (2009): Migration und Integration. Eine widersprüchliche Geschichte (= Österreich – Zweite Republik 20). Innsbruck-Wien-Bozen: Studienverlag.

Wiener Magistrat: Online verfügbar unter https://www.wien.gv.at/statistik/bevoelkerung/bevoelkerungsstand/definitionen.html, zuletzt geprüft am 25.10.2016.

Wienwoche (2012). Online verfügbar unter http://www.wienwoche.org, zuletzt geprüft am 10.4.2013.

Wimmer, Andreas; Glick Schiller, Nina (2003): Methodological Nationalism, the Social Sciences, and the Study of Migration. An Essay in Historical Epistemology. In: International Migration Review 37 (3), S. 576–610.

Wonisch, Regina; Hübel, Thomas (Hg.) (2012): Museum und Migration. Konzepte – Kontexte – Kontroversen. Bielefeld: Transcript.

Yildiz, Erol (2013): Die weltoffene Stadt. Wie Migration Globalisierung zum urbanen Alltag macht. Bielefeld: Transcript.

Zuser, Peter (1996): Die Konstruktion der Ausländerfrage in Österreich. Eine Analyse des öffentlichen Diskurses 1990 (= Reihe Politikwissenschaft 35). Wien: Institut für Höhere Studien.

Zur Migration nach Wien in der Habsburgermonarchie. Nostalgie und Realität

Michael John

Eine starke Zuwanderung in die Residenzstadt Wien setzte bereits früh ein. Sylvia Hahns Feststellung, „dass die regionalen Arbeitsmärkte bereits seit dem 17., 18. und 19. Jahrhundert" auch von „der überregionalen Rekrutierung von Arbeitskräften" geprägt seien, traf auf die Metropole des Habsburgerreichs jedenfalls zu.[1] Man könnte hier ebenso das Hochmittelalter hinzufügen. Die Herkunft der Migrant/innen stand im Zusammenhang mit dem Arbeitsmarkt, aber auch mit dem Alter, mit vorhandenen Netzwerken und der ökonomischen und gesellschaftlichen Situation in den Herkunftsregionen. Migration ist ein komplexer Vorgang. Heterogenität kennzeichnete die Zuwanderungsbevölkerung sowohl im Hinblick auf die Herkunft als auch in sozialer Hinsicht. Eine starke soziale und sozialräumliche Segregation war für die Stadt ebenso charakteristisch wie die teils multiethnische Zusammensetzung der Bevölkerung. Im Mittelpunkt dieses Beitrags stehen die Jahre von 1890 bis zum Ende der Habsburgermonarchie.[2]

1. Multiethnische Zuwanderung 1867 bis 1914: Tschechen, Juden, Ungarn, Slowaken, Italiener ...

Vor mehr als 25 Jahren verfasste der Autor zusammen mit Albert Lichtblau ein Werk, das sich mit der Geschichte der Zuwanderung nach Wien auseinandersetzte: „Schmelztiegel Wien – einst und jetzt".[3] Unter anderem war es Andreas Weigl, der sich erst kürzlich mit dem „Schmelztiegel"-Topos kritisch auseinandergesetzt hat.[4] Einen nostalgischen Blick auf die Kaiserzeit wie

---

1 Sylvia Hahn (2008): Migration – Arbeit – Geschlecht. Arbeitsmigration in Mitteleuropa vom 17. bis zum Beginn des 20. Jahrhunderts (= Transkulturelle Perspektiven 5). Göttingen: V&R unipress, S. 83.
2 Dieser Artikel stellt im Wesentlichen eine gekürzte und veränderte Fassung der Arbeit Michael John (2016): Vielfalt und Heterogenität: Zur Migration nach Wien um 1900. In: Elisabeth Röhrlich (Hg.): Wien um 1900: Migration und Innovation in Wissenschaft und Kultur. Wien-Köln-Weimar: Böhlau, S. 23–64 dar.
3 Michael John, Albert Lichtblau (1993): Schmelztiegel Wien – einst und jetzt. Zur Geschichte und Gegenwart von Zuwanderung und Minderheiten. Wien-Köln: Böhlau.
4 Andreas Weigl: Wien um 1900 – ein Sonderfall in der Wiener Migrationsgeschichte? Der „Schmelztiegel" in der kollektiven Erinnerung. In: Röhrlich (Hg.), ▶

ihn Stefan Zweig – aus zwar nachvollziehbaren Gründen – in seiner „Welt von Gestern" präsentierte[5], gilt es zu vermeiden ebenso wie eventuelle Multi-Kulti-Stilisierungen. Ein Faktum ist allerdings: Wien war eine Stadt, die um 1900 von multiethnischer Zuwanderung geprägt war.

Die Agglomeration Wien (Innere Stadt, Vorstädte, Vororte) vergrößerte ihre Bevölkerungszahl von rund 240.000 im Jahre 1810 auf 2,05 Millionen im Jahre 1910 und geschätzte 2,15 Millionen bei Ausbruch des Ersten Weltkriegs. Neben den zeitweise hohen Geburtenraten hatte das Bevölkerungswachstum im deutschsprachigen Raum der Monarchie durch die Zuwanderung in den Großraum Wien eine enorme Dynamik erhalten. Heinz Faßmann bezeichnete das Wien der Jahrhundertwende als „Magneten", der Wanderungen innerhalb der österreichischen Reichshälfte anzog.[6] Demgegenüber verzeichneten die Kronländer Galizien, Bukowina, Dalmatien, Schlesien, Mähren, Böhmen und Krain in Altösterreich die größten Wanderungsverluste.[7] In dem Sammelband „Wien als Magnet?", der schriftstellerische Arbeiten aus Ost-, Ostmittel- und Südeuropa über die Donaumetropole enthält, wird die etwas mechanisch wirkende Metapher ebenfalls verwendet. Dahinter steht die große Attraktivität der Stadt für Zuwander/innen.[8]

Es steht außer Frage, dass auf gesamtgesellschaftlicher Ebene das sogenannte „Migrationsregime" der Hochgründer- und Spätgründerzeit – ungeachtet der bestehenden Heimatgesetzgebung – als vergleichsweise liberal angesehen werden muss, insbesondere als die wesentlichen Zuwanderungsbewegungen als Binnenmigration anzusehen waren. Die Zeit war durch weitgehende Migrationsfreiheit geprägt.[9] Um 1900 war Wien eine Zuwanderungsstadt, die

---

Wien um 1900, S. 503–524.
5 Vgl. Stefan Zweig (1988): Die Welt von Gestern. Erinnerungen eines Europäers. Frankfurt a. M.: Fischer
6 Heinz Faßmann (2010): Die Bevölkerungsentwicklung 1850–1910. In: Helmut Rumpler, Peter Urbanitsch (Hg.): Die Habsburgermonarchie 1848–1918, Band IX/1, Lebens- und Arbeitswelten in der industriellen Revolution. Wien: VÖAW, S. 173.
7 Ebd., S. 563.
8 Vgl. Gertraud Marinelli-König, Nina Pavlova (1996) (Hg.): Wien als Magnet? Schriftsteller aus Ost-, Ostmittel- und Südosteuropa über die Stadt. Wien: Verl. d. österr. Akad. d. Wiss.
9 Dirk Hoerder, Jan Lucassen, Leo Lucassen (2007): Terminologie und Konzepte in der Migrationsforschung. In: Klaus J. Bade, Pieter Emmer, Leo Lucassen, Jochen Oltmer (Hg.): Enzyklopädie Migration in Europa. Vom 17. Jahrhundert bis zur Gegenwart. München: Fink, S. 43.

zuwandernde Bevölkerung kam aus zahlreichen ost- und mitteleuropäischen Regionen. Die Stadt war in der Hoch- und Spätgründerzeit durch von Multiethnizität und Diversität gekennzeichnete Migrationen geprägt, die sich auf Gesellschaft, Politik, Kultur und Wirtschaft auswirkten. Andererseits hatten sich Kräfte entfaltet, die der Diversität in der Reichshauptstadt massiv entgegenzuwirken trachteten.[10] Die Österreichisch-Ungarische Monarchie war ein multiethnischer Territorialstaat mit einer Reihe anerkannter Religionsgemeinschaften und Sprachen. Ungeachtet der Dominanz der deutschsprachigen Eliten gab es in der österreichischen Reichshälfte keine per definitionem festgelegte Staatssprache. Nach 1867 sollte sich das Gewicht dynastischer Überlegungen und supranationaler Schwerpunktsetzung sukzessive verringern. Aufgrund der massiven Zuwanderung stellte sich die nationale Frage ab den 1880er-Jahren nachhaltig. Aus allen Teilen der Monarchie strömten Zuwander/innen in die Reichshauptstadt. Ein desintegrativ wirkendes Heimatrecht komplizierte die Situation, denn Geburtsbevölkerung und heimatberechtigte Bevölkerung differierten deutlich. Hunderttausende Arbeitsmigrant/innen aus der Monarchie wurden so zu „Fremden im eigenen Land" und trugen auf diese Weise zur Heterogenität der Bevölkerung bei.[11] Bis zur Heimatrechtsreform um die Jahrhundertwende gab es keinen Anspruch auf eine Ersitzung des Heimatrechts, im Falle der Verarmung oder bei Kleinkriminalität konnte der Fremde, gleichgültig ob er aus Rovereto, Lemberg oder Ragusa, aus Hohenau, Mistelbach oder Steyr stammte, in die Heimatgemeinde abgeschoben werden. Das Heimatrecht ging vom Mann auf Frau und Kinder über. 1863 war das Heimatrecht enorm verschärft worden und blieb in dieser Form bis zum Ende des 19. Jahrhunderts in Kraft.[12]

---

10 Die folgenden Ausführungen basieren zum Teil auf Michael John (1999): „We do Not Posses Our Selves": On Identity and Ethnicity in Austria, 1880–1937. In: Austrian History Yearbook (30), S. 57–64; Michael John (2003): National Movements and Imperial Ethnic Hegemonies in Austria 1867–1918. In: Dirk Hoerder, Christiane Harzig, Adrian Shubert (Hg.): The Historical Practice of Diversity: Transcultural Interactions from the Early Modern Mediterranean to the Postcolonial World. New York-Oxford: Berghahn, S. 87–108; Michael John (2008): „Schmelztiegel" – „Mosaik" – „regionales Zentrum" 1880–1914. Stadttypus im Vergleich (Migration, Integration und Ethnizität). In: Lukas Fasora, Jiří Hanuš, Jiří Malíř (Hg.): Brünn – Wien, Wien – Brünn. Landesmetropolen und Zentren des Reiches im 19. Jahrhundert. Brno: Matice Moravská pro Výzkumné Středisko pro Dějiny Střední Evropy, S. 221–242.
11 Vgl. Sylvia Hahn: Österreich. In: Bade, Emmer, Lucassen, Oltmer, Enzyklopädie Migration, S. 177–179.
12 Vgl. Sylvia Hahn (2005): Fremd im eigenen Land. Zuwanderung und Heimat- ➤

Eine wichtige Quelle, die Indikatoren zur Herkunft der zuwandernden Bevölkerung enthält, sind die Volkszählungen. Die altösterreichische Sprachstatistik gibt allerdings keine klaren Hinweise auf die Herkunft der Zugewanderten. Die Volkszählungen, bei denen in Österreich ab 1880 unter einem gewissen Druck nach nur einer – unklar definierten – Umgangssprache gefragt wurde, spiegelten die multiethnische Zusammensetzung der Wiener Bevölkerung nur undeutlich wider. 1900 wurden beispielsweise 92 Prozent der Bevölkerung als deutschsprachig klassifiziert, 8 Prozent sprachen eine andere Sprache (tschechisch, sonstige).[13] Von 1890 bis 1910 wurde im Abgeordnetenhaus des Reichsrates in mehr als zwanzig Interpellationen und Anträgen die Ersetzung der Fragestellung bei der Volkszählung nach der „Umgangssprache" durch die Begriffe „Nationalität" oder „Muttersprache" gefordert. Sämtliche Initiativen wurden abgelehnt oder sie blieben ohne Ergebnis. Da die Volkszählungen jeweils am 31. Dezember des Stichjahres abgehalten wurden, befanden sich viele Zuwander/innen zudem nicht am Arbeitsort und damit nicht am potenziellen Zählort, sodass auch hinsichtlich des Zeitpunktes der Volkszählungen eine Reform gefordert wurde.[14]

Abgesehen von den Erhebungskriterien der Volkszählung[15] wurde in den letzten drei Jahrzehnten des Bestandes der Donaumonarchie zudem spürbarer Druck seitens der Behörden der jeweiligen Mehrheitsbevölkerung ausgeübt, um „ihre" Minderheiten in möglichst geringem Umfang zu erheben. Dies war der Fall in Laibach/Ljubljana, Prag/Praha, Krakau/Krakow und

---

berechtigung im 19. Jahrhundert. In: Pro Civitate Austriae. Information zur Stadtgeschichtsforschung in Österreich (NF 10), S. 26–29.
13 Jahrbuch der Stadt Wien für das Jahr 1901. Wien 1903, S. 59.
14 Vgl. Emil Brix (1979): Die nationale Frage anhand der Umgangsspracherhebung in den zisleithanischen Volkszählungen 1880 bis 1910. Phil. Diss. Universität Wien, S. 719–723.
15 Die ungarischen Sprachzählungen, bei denen im Gegensatz zur österreichischen Reichshälfte auch die Sprachkenntnisse der Einwohner erhoben wurden, zeigen das Bild einer mehrheitlich gemischtsprachigen Bevölkerung: In Budapest waren zur Jahrhundertwende 55 Prozent der Bevölkerung doppel- oder dreisprachig (40,7 Prozent zweisprachig, 14,4 Prozent drei- oder mehrsprachig). Budapest Szekesfövaros Statisztikai es Közigazgatasi Evkönyve, IV. Evfolyam 1899–1901/Statistisch-Administratives Jahrbuch der Haupt- und Residenzstadt Budapest, IV. Jahrgang 1899–1901, Budapest 1904, S. 38. Die ungarische Statistik war nicht frei von nationalem Kalkül, es wurden allerdings mehrere Kategorien aufgenommen: Umgangssprachen (Sprachkenntnisse), Muttersprache, Nationalität.

vielen anderen Städten bzw. Gemeinden, so auch in Wien.[16] Nach einem nicht veröffentlichten Bericht des Wiener Magistrats aus dem Jahre 1911 an die Niederösterreichische Statthalterei sind die Ergebnisse der Sprachzählung von 1900 als wertlos bezeichnet worden, und zur Volkszählung 1910 hieß es:

> „[Es] muss auch von der diesjährigen Volkszählung erklärt werden, dass die gewonnenen Ziffern hinsichtlich der Umgangssprache wegen der noch immer bestandenen (sic!) ungleichmäßigen Auffassung des Begriffes ‚Umgangssprache' keinen entscheidenden Wert haben und ein Schluss daraus auf die Zahl der Mitbewohner anderer Nationalität nicht zutreffend erscheint."[17]

Auf Basis der Wiener Spracherhebungen galt Wien den politischen Eliten allerdings als „deutsch": Nicht nur die Deutschnationalen, nicht nur der christlich-soziale Bürgermeister Karl Lueger, sondern auch die sozialdemokratischen Politiker Victor Adler, Otto Bauer und Karl Renner, die ebenfalls von einer Überlegenheit der deutschen Kultur ausgingen, sahen Wien als „deutsche Stadt".[18]

Auf der Basis weiterer Erhebungen der Volkszählungen, nämlich der Herkunft – d.h. der Heimatberechtigung und der Geburtsorte der Wiener Wohnbevölkerung –, lässt sich aber ein anderes Bild entwerfen: Die Zuwanderung aus dem Gebiet der heutigen Bundesländer, sieht man von der Nahzuwanderung aus niederösterreichischen Gemeinden und dem späteren Burgenland ab, war nur von mäßiger Bedeutung. Eine multiethnische Zusammensetzung der Wohnbevölkerung war um 1900 jedenfalls gegeben – damals stammten von den rund 1,6 Millionen Einwohner/innen 410.000 Personen aus Böhmen/Mähren, davon etwa 300.000 aus mehrheitlich tschechisch-sprachigen Bezirken, 140.000 stammten aus Ländern der ungarischen Krone, die als „Ausland" gezählt wurden, 37.000 aus Galizien, ebenfalls 37.000 aus dem Süden der Monarchie – so weit die amtliche Statistik, die in den Volkszählungsjahren den Geburtsort der in Wien lebenden Einwohner wiedergab.

---

16 Vgl. dazu auch Michael John (1979): Ethnizität und Ambivalenz. Krisen um Mehrfachidentitäten im Wien der Jahrhundertwende. In: Traude Horvath (Hg.): Die Maschekseite. Doppel- und Mehrfachidentitäten von ÖsterreicherInnen. St. Margareten: Kanica Verlag, S. 40–42.
17 Bericht des Wiener Magistrats an die Niederösterreichische Statthalterei, 1.6.1911, Zl. XXI/238, Durchführung der Volkszählung 1910. ÖStA, AVA, Innenministerium, Fasz. 2094, Akt 20.768/1911.
18 Vgl. Hans Mommsen (1979): Arbeiterbewegung und Nationale Frage. Göttingen: Vandenhoeck & Ruprecht 1979, S. 210–215.

Zur Migration nach Wien in der Habsburgermonarchie

Tabelle 1: Geburtsländer der Bevölkerung Wiens 1880–1910

	1880	%	1900	%	1910	%
Wien	271.429	38,5	777.105	46,4	991.157	48,8
Bundesländer**	131.694	18,7	250.857	15,0	301.275	14,8
Böhmen/Mähren	188.379	26,7	411.037	24,5	467.158	23,0
Galizien/Bukow.	13.577	1,9	36.763	2,2	47.115	2,3
sonst. Zisleith.	16.746	2,4	36.616	2,2	41.955	2,1
Ungarn**	54.128	7,7	140.280		155.519	
Deutschland**	20.142	2,9	21.733		22.930	
andere Staaten**	8.661	1,2	13.422		18.469	
Wohnbevölkerung	704.756		1.674.957		2.031.421	

* Gebiet der Bundesländer des heutigen Österreich, ohne Burgenland.
**1900 und 1910 wurde das Geburtsland nicht nach Staaten spezifiziert; die Zahlen geben die jeweiligen Staatsangehörigen an.

Quelle: Michael John, Albert Lichtblau (1990): Schmelztiegel Wien – einst und jetzt. Zur Geschichte und Gegenwart von Zuwanderung und Minderheiten. Aufsätze, Quellen und Kommentare. Wien-Köln: Böhlau, S. 14–15.

Eine große, in sich wiederum heterogene Zuwanderergruppe waren primär deutschsprachige Zuwanderer aus den österreichischen Alpenvorländern und den Alpenregionen sowie viele Nahzuwanderer aus Niederösterreich und Deutsch-Westungarn, welches das spätere österreichische Bundesland Burgenland mit einschloss. Ferner sind Oberösterreich und die Steiermark in diesem Zusammenhang als Einzugsgebiete zu nennen. Um 1900 stammten rund 250.000 Zuwander/innen aus dem Gebiet der heutigen Republik Österreich (ohne Wien und Burgenland). Mehr als 100.000 deutschsprachige Migrant/innen kamen aus Böhmen und Mähren, meist aus den südlichen Regionen. Der Großteil dieser Zuwanderer stammte aus ländlichen Gebieten, war meist katholisch geprägt, mit Netzwerken, die in Wien weiter existierten. Der Politiker Karl Renner (1870–1950), geboren in einem deutschmährischen Dorf nahe der niederösterreichischen Grenze, schrieb dazu in seiner Autobiografie:

„So versammelte sich in einer Weinwirtschaft vor der Alser Linie eine ansehnliche Anzahl von Landsleuten, eine Zusammenkunft, die man als ‚Unter-Tannowitz in Wien' oder ‚das Dorf in der Großstadt' bezeichnen konnte. [...] Ich war nach Wien gekommen, um die Großstadt kennenzulernen, um sie gleichsam zu entdecken, und sah hier einen Ausschnitt ihrer Bevölkerung, die gewissermaßen einen Übergang vom Land in die Stadt darstellte, ich fragte mich, wie stark denn [...] dieses ‚Dorf in der Großstadt' sein mochte."[19]

Auch der spätere Gewerkschaftspräsident Johann Böhm (1886–1959), der im niederösterreichischen Markl lebte, erhielt zusammen mit seinem Vater – die beiden verdingten sich als Bauarbeiter – über einen Kollegen aus demselben Ort eine Unterkunft in Wien-Favoriten.[20] Einen anderen Typus des Zuwanderers repräsentierte der in Linz geborene Sohn eines Juristen, Hermann Bahr (1863–1934). Die Aufenthaltsorte des späteren Schriftstellers waren vorerst die oberösterreichische und die salzburgische Landeshauptstadt, ehe er zum Studium nach Wien übersiedelte.[21]

Die größte Gruppe der nicht aus primär deutschsprachigen Gebieten kommenden Zuwander/innen waren die Tschech/innen. Selbst nach der amtlichen Statistik, gerechnet nach der Umgangssprache, war Wien mit 102.974 Personen im Jahre 1900 die zweitgrößte tschechische Stadt Europas.[22] Mehr als hundert Vereine sorgten für das ethnische und kulturelle Netzwerk der Wiener Tschech/innen. Eine große Gruppe, abweichend von der Mehrheitsbevölkerung, stellten Jüdinnen und Juden dar; sie können aus der obigen Statistik nicht abgeleitet werden. In weiterer Folge lebten auch mehr als 40.000 Slowak/innen in Wien, teilweise in ethnisch relativ geschlossenen Ansiedlungen, die mitunter undifferenziert als „Krowotendörfl" bezeichnet wurden. Slowaken waren hier in erster Linie in den Berufsgruppen Ziegelarbeiter, Straßenarbeiter, Kohlenhändler, Dienstmägde und Hausierer zu finden. 1901 wurde in Wien ein slowakischer Arbeiterverein gegründet, der Bildungsverein Slovenská vzdelávacia beseda, der sich in der Folge zu einem Zentrum der slowakischen Arbeiterkultur entwickelte. Diese Gründung war Ausdruck des wachsenden slowakischen Nationalgefühls.[23] Die Slowak/in-

---

19 Karl Renner (1946): An der Wende zweier Zeiten. Lebenserinnerungen. Wien: Braumüller, S. 587.
20 Johann Böhm (1964): Erinnerungen aus meinem Leben. Wien-Köln-Stuttgart-Zürich: Europa Verlag, S. 22–24.
21 Vgl. ÖBL (Österreichisches Bibliographisches Lexikon) 1815–1950 (Bd. 1). Wien 1954, S. 44–45.
22 Jahrbuch 1901, S. 59.
23 Pavel Hapák (1990): Die slowakische Arbeiterkultur und das Kulturleben der ➤

nen zählten großteils zur Gruppe der ungarischen Staatsangehörigen. Soweit aus dieser großen Gruppe Erhebungen zur Muttersprache vorlagen, zeigte sich, dass 54.958 dieser Migrant/innen aus mehrheitlich ungarischsprachigen Komitaten, 42.896 aus mehrheitlich slowakischsprachigen, 15.770 aus mehrheitlich deutschsprachigen, 5.376 aus mehrheitlich rumänischsprachigen, 3.237 aus mehrheitlich serbischsprachigen und 3.089 aus mehrheitlich kroatischsprachigen Komitaten stammten.[24]

Dazu kamen Tausende aus kleineren Minderheiten, wie Pol/innen, Kroat/innen, Slow/eninnen, Serb/innen, Bosnier/innen und die sogenannten „Ruthen/innen", bei denen es sich um ukrainische Zuwander/innen handelte. Zur Jahrhundertwende waren in Wien zwei ruthenische Arbeitervereine aktiv. Von 1432 Personen, die Ruthenisch als Umgangssprache angaben, wurden 1041 in Galizien, 326 in der Bukowina geboren.[25] Ferner sind im Stadtbild präsente Hausierer- und Händlerminderheiten mit einer spezifischen Kultur und spezifischen Traditionen zu nennen, z.b. die Gottscheer aus der Krain (heute Kočevje, Slowenien), Griechen oder Türken. Eine bulgarische Migration nach Wien war ebenfalls ein Faktum. Bekannt geworden sind die bulgarischen Gärtner, die über besonderes Know-how verfügten und sich in Kaiserebersdorf und Simmering ansiedelten sowie ihrerseits bulgarische Saisonarbeiter beschäftigten.[26] Eine andere Gruppe stellten Personen aus jüdisch-sephardischen Familien dar, die aus Bulgarien stammten, darunter der Schriftsteller Elias Canetti und der Geiger Felix Galimir. Zur Zeit der Jahrhundertwende war Wien ein kleines, aber wichtiges Zentrum sephardischer Kultur. Die Universität Wien zog Sephardim aus Belgrad, aus Bulgarien, Rumänien und anderen Ländern an.[27] Mit Sicherheit lebten schließlich 10.000 bis 20.000 Italiener/innen, nach manchen Angaben bis zu 30.0000, als Arbeitsmigrant/innen in der Stadt, sie waren jedoch in der amtlichen Statistik nicht erkennbar.[28] Erdarbeiter, Straßenarbeiter, Ziegelarbeiter, Taglöhner,

---

slowakischen Arbeiterschaft bis zum Jahre 1918. In: Studia Historica Slovaca 17 (Culture and Education in Slovakia), S. 216.
24 Zit. nach John, Lichtblau, Schmelztiegel Wien, S. 50.
25 Statistische Monatsschrift (NF 18), 1913, S. 348.
26 Vgl. John, Lichtblau, Schmelztiegel Wien, S. 64–65.
27 Esther Sarah Rosenkranz (2008): Die soziolinguistische Entwicklung des Sephardischen in der Diaspora – unter besonderer Berücksichtigung Israels. Diplomarbeit Universität Wien, S. 40.
28 Es wurde zu einem Zeitpunkt gezählt, als viele Migrantinnen und Migranten nicht in Wien anwesend waren, nämlich am 31. Dezember. Österreichische Statistik 63 (Heft 2), Wien 1903, S. 58–19. Zudem gaben nicht alle österreichischen

Scherenschleifer, Rauchfangkehrer zählten zu jenen Berufsgruppen, in denen italienische Zuwander/innen, sei es aus den italienischsprachigen Teilen der Monarchie oder aus dem Königreich Italien, in Wien am stärksten vertreten waren. Zu einem erheblichen Teil handelte es sich dabei um temporäre Migration. Italiener etablierten sich auch als Selbstständige.[29]

Ferner ist noch die zweite Generation ehemaliger Zuwander/innen zu nennen, deren Angehörige – obzwar in Wien geboren – oft ebenfalls Sprach- und Kulturkenntnisse aus dem Heimatland ihrer Eltern besaßen. Mehr als 500.000 Wiener/innen, bis zu einem Drittel der Einwohnerschaft, stammten demnach aus nicht-deutschsprachigen Regionen der Monarchie. Die Sprachwirklichkeit vieler Zuwander/innen wurde durch die österreichischen Umgangssprachenerhebungen der Kaiserzeit, wie bereits erwähnt, nur unzulänglich wiedergegeben. Die Existenz nationaler „Zwischenmilieus" wurde somit jedenfalls negiert. Es ist von einem erheblichen Bevölkerungsanteil auszugehen, der mehr als eine Verkehrssprache verwenden konnte. Schließlich ist auch das Militär zu nennen, bei dem es sich mehrheitlich um Personen mit vorübergehendem Aufenthalt handelte. Da sich Multikulturalität auch optisch und sinnlich vermittelt, stand das Militär durchaus oftmals im Fokus der Betrachtungen. Es sorgte in Wien mit seinen ungarischen Honvéd und den bosnischen Elitetruppen (Bosniaken) für entsprechende Akzente; überdies wurde es von Seiten der Deutschnationalen regelmäßig in Konflikte verwickelt.[30]

2. Mobilität – Nicht alle, die kamen, blieben

In Hinblick auf die Migrationsströme war während der gesamten franziskojosephinischen Epoche eine enorme Mobilität und Fluktuation festzustellen. Die Mobilität erreichte in der Spätgründerzeit, als die Eisenbahnlinien bereits gut ausgebaut waren, einen Höhepunkt. Die Volkszählung des Jahres 1910

Italienerinnen und Italiener Italienisch als Umgangssprache an.
29 Zur italienischen Zuwanderung vgl. Ferdinand Opll (1987): Italiener in Wien. In: Wiener Geschichtsblätter 42 (Beiheft 3), S. 5–12; Michaela Thalhammer (2008): Italienische Rauchfangkehrer in Wien im 18. und 19. Jahrhundert, Diplomarbeit Universität Wien; Josef Ehmer, Karl Ille (Hg.) (2009): Italienische Anteile am multikulturellen Wien. Innsbruck-Wien-Bozen: StudienVerlag
30 Vgl. beispielsweise Illustriertes Wiener Extrablatt, 18.9.1911, S. 5–3; Neue Zeitung, 18.9.1911, S. 5–3; Friedrich Torberg (1982): „Kaffeehaus war überall." Briefwechsel mit Käuzen und Originalen. Wien: Langen Müller, S. 42.

erlaubte eine ziemlich exakte Berechnung der Bevölkerung nach bleibenden Migrant/innen und zurückkehrenden, die – unter Ausschluss der typischen Saisonwanderer – etwa im Verhältnis 15.000 zu 65.000 lagen, also pro bleibendem Zuwander/innen fünf fluktuierende.[31] Und mit dieser auf einer Berechnung basierenden Schätzung wird das reale Ausmaß der Mobilität mit Sicherheit noch ganz deutlich unterschätzt. Die damaligen Messinstrumente waren zu grob, um den tatsächlichen Umfang der Mobilität darstellen zu können.

Auf die Probleme der Erfassung italienischer Zuwander/innen, der italienischen Wanderarbeiter/innen, die sich zum Volkszählungszeitpunkt nicht in Wien befanden, ist bereits hingewiesen worden. In der Dekade zwischen den Volkszählungen 1900 und 1910 hat dies wohl insgesamt Hunderttausende Dienstboten, Bau- und Erdarbeiter, Ziegelarbeiter, Hilfsarbeiter und Taglöhner betroffen. Der spätere österreichische Sozialminister Viktor Mataja hat diese mobilen Schichten als das „flottante Element" der Arbeiterschaft bezeichnet.[32] Dies betraf nicht nur italienische Zuwanderer, sondern umfasste ein breiteres Umfeld, wie es etwa Franz Nader, gelernter Maurer aus dem Waldviertel, zeitgenössischer Sozialdemokrat und Gewerkschafter, am Beispiel der Bauarbeiter beschrieb:

„Aus dem südlichen Böhmen und Mähren, aus dem Waldviertel und aus dem westlichen Ungarn ziehen Jahr für Jahr in den Monaten Februar bis April viele Tausende Bauarbeiter nach Wien und dessen Umgebung. Die Ungarn aus den Eisenberger und Oedenburger Komitaten besetzen zum Teil Wien und die ganze Südbahnstrecke bis nach Graz, wo vom Süden die Wenden und Slowenen dazu stoßen. Aus den Tälern Welschtirols kommen gleichfalls viele Tausende hervor

---

31 Der durchschnittliche Wanderungszuwachs betrug im Jahrzehnt 1900–1910 15.170 Personen. Statistisches Handbuch 1983, S. 18. Nach den Volkszählungserhebungen des Jahres 1910 befanden sich 127.770 Personen seit weniger als einem Jahr in Wien, bei Abzug von 46.128 Neugeborenen des Jahres 1910. Vgl. Felix Olegnik (1956): Historisch-Statistische Übersichten von Wien, Teil 1. Wien, S. 92. Es verblieben rund 80.000 Personen, die sich rein rechnerisch in die Grobgruppen 15.000 (Bleibende) und 65.000 (Fluktuierende) teilen. Statistisches Jahrbuch 1912. Wien 1913, S. 911.
32 Victor Mataja (1898): Die Arbeitsvermittlung in Österreich, verfasst und herausgegeben vom Statistischen Department im k.k. Handelsministerium. Wien, S. 283; vgl. dazu ferner Eugene Sensenig-Dabbous (1998): Von Metternich bis EU-Beitritt. Reichsfremde, Staatsfremde und Drittausländer. Immigration und Einwanderungspolitik in Österreich. Salzburg, S. 98–102. http://www.ndu.edu.lb/lerc/publications/Von_Metternich_bis_EU_Beitritt.pdf, zuletzt geprüft am 15.12.2013.

[...] Die Italiener sind, wie die Südböhmen, in fast allen Teilen Oesterreichs und Deutschlandes zu finden. Sie werden, wie die Reichsitaliener, mit Vorliebe zu Straßen- und Eisenbahnbauten, wo viel Erd- und Steinarbeit ist, verwendet [...] Interessant ist die Beobachtung, dass das Gebiet, welches Wien mit Bauarbeitern versorgt, stetig an Ausdehnung gewinnt."[33]

Viele Dienstmädchen, Köchinnen, Kellnerinnen, Blumenverkäuferinnen oder -macherinnen, Federnschmückerinnen waren ebenfalls hochmobil und blieben nur vorübergehend in Wien; sie kamen häufig aus nördlich von Wien gelegenen Kronländern. So hieß es in der Enquete über Lohnarbeiterinnen über diese Gruppe im Jahre 1897:

„Es sind meistens Landmädchen. Überhaupt herrscht da ein direkter Mädchenschacher. In der stillen Saison gehen die Mädchen meistens in ihre Heimat zurück und bringen von dort wieder noch einige mit. Meistentheils aus Böhmen, und zwar sind das Tschechinnen."[34]

Ebenfalls nicht aus der Herkunftsstatistik ableitbar waren andere, noch nicht benannte mobile Personen, Wandergesellen, auf Arbeitssuche Befindliche sowie von den Behörden teilweise als „Vazierende" benannte Personen. Sigrid Wadauer hat diese Gruppe untersucht. Demnach meldete Niederösterreich im Jahre 1895 in den Verpflegungsstationen insgesamt 326.493 zu- bzw. durchgereiste Personen. Ein einziges Gewerbe, nämlich jenes der Buchdrucker, führte eine durchgängige Statistik der Besucher der Buchdruckerherberge. 1910 bis 1914 wurden Spitzenwerte von 1.000 bis 1.400 Besuchern angegeben.[35] Zehntausende Personen aus der angesprochenen Gruppe mit einer unterschiedlichen Lebensweise und mit von der Mehrheitsbevölkerung differenten Perspektiven trugen jedenfalls ebenfalls zur Heterogenität der in Wien befindlichen Bevölkerung bei. Die Mobilität der Saison- und Wanderarbeiter, der Vazierenden, ebenso wie jener Personen, die bewusst und häufig

---

33 Franz Nader (1908): Wandlungen im Wandern der Bauarbeiter. In: Der Kampf (1), S. 282.
34 Die Arbeits- und Lebensverhältnisse der Wiener Lohnarbeiterinnen. Ergebnisse und stenographisches Protokoll der Enquête über Frauenarbeit abgehalten in Wien vom 1. März bis 21. April 1896. Wien 1897, S. 59.
35 Sigrid Wadauer (2008): Vazierende Gesellen und wandernde Arbeitslose (Österreich, ca. 1880–1938). In: Annemarie Steidl, Thomas Buchner, Werner Lausecker, Alexander Pinwinkler, Sigrid Wadauer, Hermann Zeitlhofer (Hg.): Übergänge und Schnittmengen. Arbeit und Migration, Bevölkerung und Wissenschaftsgeschichte in Diskussion. Wien-Köln-Weimar: Böhlau, S. 112–114.

den Aufenthaltsort wechselten, wie etwa der zeitweilig sich in Wien aufhaltende tschechische Tischlergeselle Gustav Hab(e)rman (1864–1932), ist teilweise durchaus als Resilienz gegen widrige Lebensbedingungen zu bewerten. Das „Leben an mehr als einem Ort" kann als rein erzwungene Strategie gesehen werden, aber auch als Möglichkeit, den Bedrohungen einer unsozialen Klassengesellschaft, der Abschiebung und Diskriminierung immer wieder zu entgehen.[36]

3. Zur Heterogenität der Konfessionen

In vielen österreichischen Städten bildete die regionale Zuwanderung den wesentlichen Bestandteil des Bevölkerungswachstums. Innsbruck, Salzburg, Linz und Klagenfurt entwickelten sich gegen Ende des 19. Jahrhunderts zu Städten mittlerer Größe, zu Landeshauptstädten im wahrsten Sinn des Wortes: Die Zuwander/innen kamen aus der näheren Umgebung, zumindest aber mehrheitlich aus dem jeweiligen Kronland. In Linz ist daher auch ein einziges Religionsbekenntnis, und zwar römisch-katholisch, als sehr dominant zu bezeichnen. Die jüdische Zuwanderung, die über Kronlandgrenzen hinweg verlief, war demgegenüber gering. Graz präsentiert sich in der statistischen Wahrnehmung ähnlich wie Linz als „regionales Zentrum", ist aber gegenüber den eben erwähnten Mittelstädten doch ein Sonderfall. Graz, die alte Haupt- und Residenzstadt Innerösterreichs war nicht nur wesentlich größer, sondern hatte auch – als Tor zum Süden und Südosten der Monarchie – andere Standortqualitäten. Es lebten in Linz zur Jahrhundertwende keine „Muhamadaner", in Graz waren es 358, in Linz waren 39 christlich-orthodoxe Religionsangehörige gemeldet, in Graz 774 Orthodoxe sowie 1620 Juden.[37] Darüber hinaus war Graz auch eine jahrhundertealte Universitätsstadt, dies hatte zur Zuwanderung von Eliten und karrierewilligen Menschen beigetragen. As-

---

36 Vgl. dazu grundsätzlich Cédric Duchêne-Lacroix, Pascal Maeder (Hg.) (2013): Hier und Dort. Ressourcen und Verwundbarkeiten in multilokalen Lebenswelten. Basel: Schwabe, insbesondere S. 115–186 (Abschnitt Multilokalität als Resilienz); Gustav Haberman: Arbeiter und politischer Aktivist, lebte in Wien, Paris, New York, Chicago, danach wieder in Böhmen und Mähren. Er wurde im November 1918 Bildungsminister des neuen tschechoslowakischen Staates. In seiner Biografie hatte er seine Mobilität selbst stets als Selbstbehauptung interpretiert. Vgl. Gustav Habermann (1919): Aus meinem Leben. Wien.
37 Österreichische Statistik 63 (1). Wien 1902. S. 52–53, 58–59. Zur jüdischen Zuwanderung nach Graz vgl. generell Gerald Lamprecht (2007): Fremd in der eigenen Stadt. Die moderne jüdische Gemeinde von Graz vor dem Ersten Weltkrieg. Graz: StudienVerlag.

similationsdruck, Assimilation, unscharfe Erhebungsmodalitäten führten dazu, dass sich die Zuwanderung zehntausender Migrant/innen aus nichtdeutschsprachigen oder gemischtsprachigen Gebieten in der Statistik nicht abbildete.[38]

Hinsichtlich des Religionsbekenntnisses ist festzuhalten, dass Wien zwar ein pluraleres Profil aufwies als die Provinzstädte Linz, Salzburg oder Innsbruck, die beiden evangelischen Bekenntnisse A.B. und H.B. zusammen aber nicht mehr als 3,2 Prozent erreichten und die jüdische Konfession 8,8 Prozent; mehr als 87 Prozent der Bevölkerung waren katholisch. Das Profil der Stadt war im Hinblick auf die Konfessionen wesentlich weniger von Diversität geprägt als etwa in der Gegenwart. Die Religionsstatistik wies um 1900 zwar insgesamt 17 Kategorien aus, neben römisch-katholisch, „israelitisch" und evangelisch waren die Zahlen der jeweiligen Religionsanhänger jedoch relativ gering. So zählte man etwa 3.674 Personen mit „griechisch-orientalischem" (griechisch-orthodoxem) Bekenntnis und 889 „Muhamadaner".

---

38 1900 lebten in Graz laut Volkszählung 1.430 Personen mit slowenischer Umgangssprache. Hingegen stammten zur Jahrhundertwende 29.795 Personen oder 21,6 % aus doppelsprachigem und slowenischsprachigem Gebiet und zwar 8.041 aus Kärnten, 3.960 aus Krain, 1.713 aus Marburg/Pettau/Cilli und 16.081 aus den zu mehr als 50 % slowenischsprachigen Regionen der Untersteiermark. Es ist aus der Heimatberechtigungsstatistik zu schließen, dass in Graz mit Sicherheit ein durchaus erheblicher Prozentsatz ursprünglich slowenisch- oder zumindest doppelsprachiger Migranten lebte, der schließlich unter Assimilationsdruck bei der Volkszählung Deutsch als Umgangssprache angegeben hat. Neben den Slowenen sind als zweitstärkste Gruppe mit 10.652 Personen (= 7,7 %) die Zuwanderer aus den Ländern der ungarischen Krone sowie in weiterer Folge mit 10.535 Personen (= 7,6 %) die Migranten aus Böhmen und Mähren zu nennen. Österreichische Statistik 64 (Heft 1). Wien 1902, S. 4–23; Heft 2. Wien 1905, 2–3. Zu Graz vgl. die schon ältere Studie: William Hubbard (1985): Auf dem Weg zur Großstadt: Eine Sozialgeschichte der Stadt Graz, 1850–1914. Wien: Verlag f. Geschichte u. Politik. Hubbard hinterfragt und diskutiert allerdings die Angaben der zeitgenössischen Statistik zu Zuwanderung und Ethnizität nicht. Vgl. ferner Klaus-Jürgen Hermanik (2009): The Hidden Slovene Minority in Styria. In: Christian Promitzer, Klaus-Jürgen Hermanik, Eduard Staudinger (Hg.): (Hidden) Minorities. Language and Ethnic Identity between Central Europe and the Balkans. Wien-Münster: LIT Verlag, S. 109–128; Christian Promitzer: Small is Beautiful. The Issue of Hidden Minorities in Central Europe and the Balkans (2009). In: Promitzer, Hermanik, Staudinger, (Hidden) Minorities, S. 75–99.

Tabelle 2: Religionsbekenntnisse in Wien, Originalbezeichnungen, 1900

Wohnbevölkerung	1.674.957		Herrenhuter	5
Römisch-Katholisch	1.461.891	(87,3 %)	Anglikanisch	490
Israeliten	146.926	(8,8 %)	Mennoniten	7
Evangelisch A.B.	48.213		Unitarier	65
Evangelisch H.B.	6151		Lippowaner	6
Evangelisch ges.	54.364	(3,2 %)	Muhamadaner	889
Griechisch uniert	2521		Armenisch uniert	85
Griechisch orientalisch	3674		Armenisch orient.	98
Altkatholisch	975		Andere Confess.	189
Confessionslos	2772			

Quelle: Österreichische Statistik 63 (Heft 1), Wien 1902, S. 48–49.

Pluraler und weniger dominant katholisch wird das Bild im Hinblick auf die Religionsverhältnisse in Wien dann, wenn man die Zahlen der 177.675 „Staatsfremden" genauer ansieht. In erster Linie betraf dies Personen aus der ungarischen Reichshälfte, sodann Deutsche, Italiener/innen, Bulgar/innen und Sonstige. Auf jeden Fall handelte es sich hier ausschließlich um Personen mit migrantischem Hintergrund. In Summe waren 99.521 Staatsfremde katholisch (56 Prozent), 50.394 jüdisch (28,4 Prozent), 23.164 evangelisch (13 Prozent), 3.076 griechisch-orthodox (1,7 Prozent) und 1520 sonstiger Konfession (0,9 Prozent).[39] Neben römisch-katholisch stellte die „israelitische Konfession" das zweitstärkste Religionsbekenntnis.

Tausende Jüdinnen und Juden wanderten bereits nach der Revolution von 1848 aus ihren Heimatregionen ab, in den 1850er-Jahren existierten hinsichtlich der jüdischen Zuwanderung aber nach wie vor Restriktionen. Erst ab 1867/68, als ihnen volle und gleiche Bürgerrechte verliehen worden waren, folgten Zehntausende aus dem Norden und Osten der Monarchie in Richtung Wien und Budapest. Die jüdische Bevölkerung war in der zweiten Hälfte des 19. Jahrhunderts eindeutig als „Zuwanderungsminderheit" zu bezeichnen. Man konnte daher zu Recht von einer „Metropolisierung" des (ost-)mitteleuropäischen Judentums sprechen. Wien war zur Jahrhundertwende mit rund 147.000 Jüdinnen und Juden nach Warschau und Budapest die drittgrößte jüdische Stadt Europas (1910: 175.000).

---

39 Österreichische Statistik 63 (3). Wien 1903, S. 175–176.

Tab. 3: „Israelitisches" (Jüdisches) Glaubensbekenntnis, Wien 1857–1934

Jahr	Personen	in % der Gesamtbev.	Jahr	Personen	in % der Gesamtbev.
1857	15.116	3,2 %	1900	146.926	8,8 %
1869	40.230	6,6 %	1910	175.318	8,6 %
1880	72.588	5,3 %	1923	201.513	10,8 %
1890	118.495	5,3 %	1934	176.034	9,4 %

Quelle: Michael John, Albert Lichtblau (1990): Schmelztiegel Wien – einst und jetzt. Zur Geschichte und Gegenwart von Zuwanderung und Minderheiten. Aufsätze, Quellen und Kommentare. Wien-Köln: Böhlau, S. 36.

Die Volkszählung des Jahres 1880 gab Aufschluss über die Herkunft der in Wien lebenden Jüdinnen und Juden. Rund 30 Prozent der jüdischen Bevölkerung waren bereits in Wien geboren, 28 Prozent stammten aus der ungarischen Reichshälfte, vor allem aus der Slowakei, 13 Prozent aus Mähren, 11 Prozent aus Galizien und der Bukowina, 10 Prozent aus Böhmen, 4 Prozent aus dem Ausland, der Rest aus dem übrigen Reichsgebiet.[40] Ab den 1880er-Jahren wuchs die Abwanderung aus dem Osten stark an: Zum einen waren die Bahnverbindungen durch den Ausbau lokaler Linien in kleinere Orte verbessert worden, zum anderen führten die Pogrome im zaristischen Russland (1881) insbesondere in grenznahen Regionen zur Verunsicherung Hunderttausender Jüdinnen und Juden in (Ost-)Galizien. Der Anteil der „Galizianer" an den Jüdinnen und Juden Wiens stieg von rund 11 Prozent im Jahre 1880 bis zum Ausbruch des Ersten Weltkriegs auf etwa 20 Prozent an. 1910 waren 42.695 Personen aus der Wiener Wohnbevölkerung in Galizien geboren; es dominierten dabei der Bezirk Lemberg-Stadt sowie östliche Landesteile wie Brody, Tarnopol und Stanislau.[41]

Ungeachtet dessen wies die amtliche Statistik ein unterschiedliches Bild aus, das einerseits aus erhebungstechnischen Details resultiert, andererseits aus der

---

[40] Stephan Sedlaczek (1885): Die k. k. Reichshaupt- und Residenzstadt Wien. Ergebnisse der Volkszählung vom 31. December 1880 (Bd. 2). Wien: Verlag d. Wiener Magistrats, S. 16–17.

[41] Vgl. Michael John (2011): Galician Jews in Austria the 18th to the Early 20th Century. In: Klaus J. Bade, Pieter Emmer, Leo Lucassen, Jochen Oltmer (Hg.): The Encyclopedia of Migration and Minorities in Europe. From the 17th Century to the Present. Cambridge: Cambridge Univ. Press, S. 400.

Orientierung des Großteils der jüdischen Bevölkerung an der deutschsprachigen Kultur in Wien ableitbar ist: Von 146.926 in der Statistik der Volkszählung von 1900 gezählten Jüdinnen und Juden hatten 95.286 Deutsch als Umgangssprache angegeben, 625 Böhmisch/Mährisch/Slowakisch und 621 eine andere Umgangssprache. Jiddisch, das viele Jüdinnen und Juden sprachen, war nicht als eigene Kategorie geführt worden. Weiters waren 50.394 Jüdinnen und Juden als Staatsfremde geführt worden, zum Großteil handelte es sich dabei um ungarische Staatsangehörige.[42] Bei den Staatsfremden wurde die Umgangssprache nicht angegeben, aus der ungarischen Statistik wissen wir allerdings, dass um 1900 ein hoher Prozentsatz der jüdischen Bevölkerung – bis zu 70 Prozent – zwei, drei oder mehrere Sprachen angegeben hatte, mithin als mehrsprachig anzusehen war.[43]

Über den Gegensatz Ost und West im Zusammenhang mit der jüdischen Zuwanderung nach Wien ist bereits viel publiziert worden, in erster Linie wurden differente Religionstraditionen und unterschiedliche kulturelle Milieus angesprochen.[44] Dabei spielte das Herkunftsgebiet auf jeden Fall eine bedeutende Rolle. Die Linien verliefen hier entlang der Regionen Wien, Mähren, Böhmen versus Galizien, Bukowina, Russland und schließlich Ungarn, das auch Oberungarn, die heutige Slowakei, mit einschloss. Im Mittelpunkt der innerjüdischen Gegensätze standen jedoch in erster Linie die aus dem Osten Galiziens stammenden Zuwander/innen.[45] Dies ging bis in angesehene Kreise, so machte etwa der Wiener Gemeinderabbiner David 1906 abschätzige Bemerkungen über „Ostjuden" ebenso wie der bekannte jüdische Intellektuelle Theodor Gomperz, der sich mit galizischen Zuwander/innen in keiner Weise verbunden sah.[46]

---

42 Österreichische Statistik 63 (3). Wien 1903, S. 575.
43 Budapest Szekes Fövaros Statisztikai Evkönyve, 4. Evfolyam 1899–1901/Statistisches Jahrbuch der Stadt Budapest, 4. Jg. 1899–1901, Budapest 1904, S. 38.
44 Vgl. beispielsweise Albert Lichtblau (2006): Juden in Österreich – Integration, Vernichtungsversuch und Neubeginn. Österreichisch-jüdische Geschichte 1848 bis zur Gegenwart. In: Evelyn Brugger, Martha Keil, Albert Lichtblau, Christoph Lind, Barbara Staudinger (Hg.): Geschichte der Juden in Österreich. Wien: Uebereuter, S. 476–478.
45 Vgl. Klaus Hödl (2016): Galizische Juden und Jüdinnen in Wien. Einige Gründe für deren Stereotypisierung. In: Elisabeth Röhrlich (Hg.): Migration und Innovation um 1900. Perspektiven auf das Wien der Jahrhundertwende. Wien: Böhlau, S. 221–242.
46 Vgl. Walter R. Weitzmann (2002): Die Politik der jüdischen Gemeinde Wiens zwischen 1890 und 1914. In: Gerhard Botz, Ivar Oxaal, Michael Pollak, Nina ➤

Die Zuwanderung aus Galizien und Bukowina war selbst ebenfalls von Heterogenität geprägt, man verhielt sich auch je nach Generation unterschiedlich. Die traditionsgebundenen „Galizianer" wohnten im Gegensatz zu anderen Wiener Jüdinnen und Juden häufiger in den Bezirken Leopoldstadt (2. Bezirk) und Brigittenau (20. Bezirk). So lebten 57 Prozent aller aus Galizien stammenden Jüdinnen und Juden, die zwischen 1870 und 1910 die Ehe schlossen, in einem dieser beiden Bezirke. Besonders prägnant war das Phänomen der Konzentration im 20. Bezirk Brigittenau, der in der sozialen Hierarchie am unteren Ende der Wiener Bezirke zu finden war: Dort lebten 10 Prozent der galizischen Jüdinnen und Juden, ein Prozent stammte aus Ungarn, ein Prozent aus Böhmen und drei Prozent waren in Wien geboren worden. Unter ihnen fanden sich Millionäre, ein Mittelstand, aber auch Bettler, Hausierer, Möbelpacker sowie Hilfs- und Facharbeiter.[47]

Ab der Jahrhundertwende kamen etwa 4.000 russische Jüdinnen und Juden, die im Zuge der Flucht vor Pogromen das Zarenreich verlassen hatten, nach Wien.[48] Im Dezember 1905 nützte dies der christlichsoziale Bürgermeister Karl Lueger für einen populistischen Angriff auf die Juden. Lueger warnte, dass das Schicksal, das über ihre Glaubensgenossen in Russland hereingebrochen war, auch die in Wien lebenden Jüdinnen und Juden erwarten könne, sollten sie in Wien weiter die Sozialdemokratie unterstützen. Proteste zeigten keine Wirkung, Lueger rief sogar zum Boykott jüdischer Geschäfte auf.[49] Noch zu Zeiten der Monarchie, während des Ersten Weltkriegs, sollte die Einwohnerzahl der jüdischen Bevölkerung erneut ansteigen, diesmal durch eine viel größere Flüchtlingspopulation. Im Mai 1917 befanden sich 40.637 jüdische Kriegsflüchtlinge, großteils aus Galizien und der Bukowina, in Wien. Von 1917 bis 1920 sollten diese hier anlässlich erheblicher antisemitischer Agitationen im Mittelpunkt vieler Debatten stehen. Der jüdischen Gemeinde verhalfen sie gleichzeitig zu einer quantitativen Zunahme, die unter anderem auch ein großes intellektuelles Potenzial in die Stadt brachte und mit Namen wie Billy Wilder, Manès Sperber, Prive Friedjung und Minna Lachs verbunden ist.[50]

Scholz (Hg.): Eine zerstörte Kultur. Jüdisches Leben, Antisemitismus in Wien seit dem 19. Jahrhundert. Wien: Czernin, S. 201, 411 (Fußnote).
47 John, Galician Jews, S. 401.
48 Statistisches Jahrbuch der Stadt Wien für das Jahr 1912. Wien 1914, S. 902.
49 Weitzmann, Jüdische Gemeinde Wiens, S. 211–212.
50 Rund 25.000 der galizischen und bukowinischen jüdischen Flüchtlinge blieben nach 1918 längerfristig in Wien. Zum Thema vgl. Lichtblau, Juden in Österreich, S. 497–501; Andreas Hutter, Klaus Kamolz (1998): Billie Wilder. Eine europäische ▶

4. Reichshauptstadt und nationale Auseinandersetzungen in Altösterreich

Die franzisko-josephinische Ära war von Ambivalenz und einem Doppelcharakter der Gesellschaft geprägt. Mehrsprachigkeit und Überregionalität, aber auch Bemühungen hinsichtlich eines Ausgleichs oder einer Autonomie, wie etwa in Galizien, Mähren, in der Bukowina und in Böhmen (1914: deutsch-tschechischer Ausgleich in Budweis/České Budějovice), standen Nationalismus, Ausgrenzung und Assimilationsdruck gegenüber.[51] Die Idee ethnisch-sprachlich homogener Nationalstaaten, die zentrale, attraktiv erscheinende Idee des 19. Jahrhunderts, stand im Widerspruch zum Gedanken der Dynastie, zur kaiserlich-dynastischen Konzeption. Der Erfolg der ungarischen Nationalbewegung, der sich im österreichisch-ungarischen Ausgleich von 1867 manifestierte, schlug die entscheidende Bresche in die Auffassung einer multiethnischen (wenngleich deutschsprachig dominierten) Gesamtmonarchie. Es war in der Folge vor allem die „tschechische Frage", die insbesondere ab den 1880er-Jahren zu einem Problem außerordentlicher Größenordnung wurde.

1897 versuchte der österreichische Ministerpräsident Graf Badeni den deutsch-tschechischen Konflikt durch Sprachenverordnungen zu entschärfen. Dies führte zum heftigen Widerspruch der Deutschnationalen und Liberalen, die die deutsche Vormachtstellung bedroht sahen, aber auch zur Opposition der Sozialdemokraten. Die Situation kulminierte in Gewalttätigkeiten im Parlament und in einem Duell des aus Galizien stammenden österreichischen Ministerpräsidenten Graf Kasimir Badeni mit einem deutschnationalen Kontrahenten, der das Vorgehen der Regierung als „polnische Schufterei" bezeichnet hatte.[52] Der verblüffte Journalist Mark Twain berichtete über diese Vorgänge in seinem in den USA Aufsehen erregenden Essay „Stirring Times in Austria".[53] Die Auseinandersetzungen griffen auf die Straßen von Wien und Graz sowie nach Prag und in andere Städte Böhmens über.

Karriere. Wien-Köln-Weimar: Böhlau, S. 13–23.
51 Vgl. Emil Brix (1982): Der Böhmische Ausgleich in Budweis. In: Österreichische Osthefte (24), S. 225–248.
52 Vgl. Hannelore Burger, Helmut Wohnout (1995): Eine „polnische Schufterei"? Die badenischen Sprachverordnungen für Böhmen und Mähren 1897. In: Michael Gehler, Hubert Sickinger (Hg.): Politische Affären und Skandale in Österreich. Von Mayerling bis Waldheim. Thaur-Wien-München: StudienVerlag, S. 79–98.
53 Vgl. Mark Twain (1898): Stirring Times in Austria. In: Harper's Monthly Magazine 96 (March), S. 530–540; Alexander Gerschenkron (1977): An Economic Spurt that Failed. Four Lectures in Austrian History. Princeton, NJ: Princeton Univ. Press, S. 56–19.

In Wien wurden in Gaststätten Tafeln angebracht, die „Tschechen, Juden und Hunden" den Eintritt untersagten. Ein Viertel gespritzter Wein, der sogenannte „G'spritzte", wurde als „Viertel Badeni" bestellt. Eine breite Bewegung formierte sich gegen „polnische" und „tschechische Umtriebe". Schließlich musste der Ministerpräsident zurücktreten, die folgenden Kabinette zogen die Verordnungen zurück.[54] Letztlich verhinderte deutschnationaler Radikalismus nicht nur die ausgleichenden Badeni-Sprachverordnungen, sondern setzte auch ein Signal gegen die slowenischen bzw. italienischen Emanzipationsbestrebungen. Rückständigkeit und Unterentwicklung sowie Unterlegenheit waren zentrale Termini von deutschnationaler Seite gegenüber der „slawischen" Bevölkerung und deren Kultur.[55] So verglich der deutschnationale Abgeordnete Karl Hermann Wolf im Reichsrat die tschechische Kultur mit jener der „Eskimos und Zulus" und beschwor damit einen Riesentumult im Parlament und auf den Wiener Straßen herauf. Auch in Kunstkritiken wurde etwa hinsichtlich einer tschechischen Oper formuliert, dass diese für das Wiener Publikum so überraschend „wie ein indisches Flötenkonzert" sei.[56]

Traditionell war Politik damals ausschließlich männlich dominiert, Frauen besaßen kein Wahlrecht. Ab den 1880er-Jahren wurde in Zisleithanien versucht, mit spezifischen Argumenten auch Frauen für die nationale Anliegen zu mobilisieren. So hieß es in einer deutschnationalen Agitationsschrift: „Fragen der Freiheit kämpfen Männer alleine aus; sie liegen dem Weibe zu fern. Wenn aber der Gegner die höchsten nationalen Güter bedroht, wenn er das heilige Vermächtniß der Ahnen, die Muttersprache antastet, dann ist auch das Mutterherz getroffen."[57] Diese Aufforderung zur nationalpolitischen Aktivität schrieb dem, wie Pieter Judson schreibt, „gefährdeten Objekt, der ‚Muttersprache', eine spezifisch weibliche Identität zu".[58] Die politische Mo-

---

54 Vgl. Burger, Wohnout, Eine „polnische Schufterei"?, S. 90–95, sowie Paul Molisch (1923): Zur Geschichte der Badenischen Sprachverordnungen vom 5. und 22. April 1897. Wien: Schöler.
55 Vgl. dazu Christian Promitzer (2004): The South Slavs in the Austrian Imagination. In: Nancy M. Wingfield (Hg.): Creating the Other. Ethnic Conflict and Nationalism in Habsburg Central Europe. New York-Oxford: Berghahn, S. 583–215.
56 Vgl. Vlasta Reittererova, Hubert Reitterer (2004): Vier Dutzend rothe Strümpfe ... Zur Rezeptionsgeschichte der verkauften Braut. Wien: VÖAW, S. 59–60.
57 Deutscher Schulvereinskalender für 1884. Wien 1883, S. 6–7.
58 Pieter Judson (1994): Deutschnationale Politik und Geschlecht in Österreich 1880–1900. In: David Good, Margarete Grandner, Mary Jo Maynes (Hg.): Frauen in Österreich. Beiträge zu ihrer Situation im 20. Jahrhundert. Wien-Köln-Weimar: Böhlau, S. 38.

bilisierung von Frauen, in einem anderen Kontext damals sicher nicht als gesellschaftlich akzeptiert angesehen, wurde damit in diesem Fall gerechtfertigt. Die Argumente, die dabei vorgebracht wurden, gingen bis ans Absurde. So wurden „deutsche" Mütter vor „tschechischen" Ammen gewarnt, da das Kind „mit der Milch einer tschechischen Amme auch deren Sprache aufnehmen" würde.[59]

Bereits 1887 hatten Georg von Schönerer und seine deutschnationalen Gesinnungsgenossen im österreichischen Reichsrat für Aufsehen gesorgt, als sie Jüdinnen und Juden – gemeint waren galizische, russische, ungarische Jüdinnen und Juden – in ihrer Fremdheit mit „Chinesen" verglichen: Schönerer ließ sich dabei vom US-amerikanischen Chinese Exclusion Act inspirieren. Er forderte in seinem Antrag die Regierung auf,

> „nach dem Vorbilde der in den Jahren 1882 und 1884 in den Vereinigten Staaten von Nordamerika gegen die Einwanderung der Chinesen gesetzlich beschlossenen Anti-Chinesen-Bill, dem Abgeordnetenhause ein Antisemitengesetz mit strengen Bestimmungen gegen die Einwanderung und Niederlassung ausländischer Juden in Österreich zur verfassungsmäßigen Genehmigung vorzulegen."[60]

Ein anderes Mal forderte Schönerer ein Gesetz zur Abwehr des jüdischen Zuzugs aus Russland und eine Beschränkung aller Jüdinnen und Juden in Österreich auf bestimmte Aufenthaltsorte; er schloss seinen Antrag mit den Worten: „Im Kampf gegen das alles zersetzende Judentum muss auch die Kampfgenossenschaft der Slawen und Romanen jederzeit willkommen sein."[61] Das Illustrierte Wiener Extrablatt verglich bereits zu Beginn der 1880er-Jahre italienische Bau- und Erdarbeiter mit chinesischen Arbeitskräften in den Vereinigten Staaten: „Die Italiener als Arbeiter sind in unserem Österreich im Kleinen das, was die Chinesen im großen Stile in Nordamerika bedeuten, wo sie in Massen einwandern und durch ihre Billigkeit alle Arbeiten an sich reißen."[62]

---

59 Julius Lippert (1882): Die Erziehung auf nationaler Grundlage. Prag: Dt. Verein zur Verbreitung gemeinnütziger Kenntnisse, zit. nach Judson, Deutschnationale Politik, S. 43.
60 Antrag des Abgeordneten Georg Ritter von Schönerer und Genossen betreffend die Erlassung eines Antisemitengesetzes vom 27. Mai 1887. In: Eva Philippoff (Hg.) (2002): Die Doppelmonarchie Österreich-Ungarn. Ein politisches Lesebuch (1867–1918). Villeneuve d'Ascq: Presses Univ. du Septentrion S. 562.
61 Die stenografischen Protokolle des österreichischen Reichsrats, Haus der Abgeordneten, 10. Session, 3. Sitzung, 1887, 5202.
62 Illustriertes Wiener Extrablatt, 23.3.1881, S. 5.

Zeitgleich mit der Agitation gegen eine heterogene Bevölkerungsstruktur und gegen spezifische Zuwanderergruppen hatten populistische Parteien Migrationsskepsis und Anpassungsdruck verbreitet. 1892 wurde ein Gemeinderatsantrag gestellt, der zum Inhalt hatte, „die Schar der Hungernden und Arbeitslosen", unter denen sich „mindestens 70 Prozent aus Böhmen und Mähren" befinden, nicht durch weitere Zuwander/innen zu vergrößern.[63]

5. Zur sozialen *und* ethnischen Heterogenität

Im Zuge einer Abhandlung über die Heterogenität der Zuwanderung nach Wien sollte auch die soziale Heterogenität angesprochen werden. Im Verlaufe der rasanten Stadtentwicklung während der Industrialisierung entstand in der Stadt Wien eine großflächige Segregation. Langfristiges Ergebnis der innerstädtischen Mobilität sowie der Zuwanderung war eine ausgeprägte räumliche Distanzierung der sozialen Kernschichten Bürgertum und Industriearbeiterschaft. Am Ende der Spätgründerzeit konnte man eine Citybildung in der Inneren Stadt registrieren, die Wohnbevölkerung des vierten, sechsten, siebten und achten Bezirks waren in der Hauptsache ebenfalls von Personen aus der Mittel- und Oberschicht bevölkert. In der Leopoldstadt, Landstraße, am Alsergrund (2., 3., 9. Bezirk), Bezirken des alten Stadtgebiets, lebte neben Ober- und Mittelschicht eine große Unterschichtpopulation, ebenso wie in Margareten (5. Bezirk). Ein enormes Wachstum war für den zehnten Bezirk – Favoriten – zu beobachten ebenso wie für die Zone der ehemaligen Vororte (11. bis 19. Bezirk), die hauptsächlich von unteren Schichten bewohnt wurden (Ausnahmen: 13., 18. und 19. Bezirk). Die Stadt hatte sich nach einem zonalen Bauprinzip in peripherer Richtung erweitert.[64]

1910 wiesen die proletarischen Außenbezirke von Favoriten bis Brigittenau und Floridsdorf einen prozentuellen Anteil der Arbeiter/innen, Taglöhner/innen und Lehrlinge an der erwerbstätigen Bevölkerung zwischen 62 und

---

63 Monika Glettler (2004): Das tschechische Wien historisch. In: Christa Rothmeier (Hg.): Entzauberte Idylle. 160 Jahre Wien in der tschechischen Literatur. Wien-München: Oldenbourg, S. 89.
64 Vgl. dazu Renate Banik-Schweitzer (1983): Zur Bestimmung der Rolle Wiens als Industriestadt für die wirtschaftliche Entwicklung der Habsburgermonarchie. In: Renate Banik-Schweitzer, Gerhard Meißl (Hg.): Industriestadt Wien. Die Durchsetzung der industriellen Marktproduktion in der Habsburgerresidenz. Wien: Deuticke, S. 39–47.

76 Prozent auf.⁶⁵ In den Unterschichtquartieren jenseits der „Linien", in der sogenannten „Vorstadt", lebte eine von der Herkunft heterogene Arbeiterbevölkerung (bis hin zu subproletarischen Schichten) mit kleinen Angestellten und Kleingewerbetreibenden, Meistern mit eigenem Verkauf, geringem Umsatz mit einkommensschwachen Kunden zusammen. Über die Lebensverhältnisse der Schuster- und Schneidermeister geben zwei Studien aus den Jahren 1901 und 1906 Aufschluss: So verdienten 32,5 Prozent der Schneider nicht mehr als 1.000 Kronen (ein auch für Arbeiter unterdurchschnittliches Einkommen), bei den Schustermeistern waren es 70,8 Prozent. Daraus resultierten kleine Wohnungsgrößen, eine ungünstige Miete-Einkommensrelation und ein hoher Anteil an Wohnungen mit Untermietern und Bettgehern. Überdies waren Arbeits-, Wohn- und Schlafraum häufig identisch.⁶⁶

Roman Sandgruber hat jüngst eine Studie vorgelegt, die zeigt, dass das Wien der Spätgründerzeit von einer enormen Einkommensungleichheit geprägt war. Die Steuerquote auf Einkommen war damals sehr niedrig. Konkret entfielen nach seinen Berechnungen in Wien auf 0,01 Prozent der Bevölkerung 6,4 Prozent des Gesamteinkommens, auf 0,5 Prozent rund 19,2 Prozent des Einkommens und auf 1 Prozent rund 26,9 Prozent. Da Wien eingangs mit Linz, Brno/Brünn und Cernowitz verglichen wurde, seien die Vergleichszahlen für die Ein-Prozent-Gruppe genannt: 9,8 Prozent für Oberösterreich, 13,4 Prozent für Mähren und 12,9 Prozent für die Bukowina.⁶⁷ Aus diesen Zahlen ist eine große Ungleichheit ableitbar, die in Wien am stärksten ausgeprägt war. Sandgruber hatte im Zuge seiner Forschungen eine Namens- und Datenliste jener 929 Bezieher der höchsten Einkommen in Wien und Niederösterreich im Jahr 1910 (mit Einkommensdaten von 1909 und 1910) zur Verfügung, die ein Jahreseinkommen von 100.000 Kronen und darüber versteuerten. Die Liste weist einen hohen Anteil nicht in Wien geborener Personen sowie einen ausgeprägten Anteil von Personen jüdischer Herkunft aus.

---

65 Statistisches Jahrbuch der Stadt Wien für das Jahr 1913. Wien 1916, S. 910–911.
66 Die Wohnungs- und Gesundheitsverhältnisse der Heimarbeiter in der Kleider- und Wäscheconfektion. Wien 1901, S. 26–27, 62; Die Wohnungs- und Gesundheitsverhältnisse der Schuhmacher. Wien 1906, S. 31, 43, 69.
67 Vgl. Roman Sandgruber (2013): Die 1000 reichsten Österreicher im Jahr 1910. Verteilungsstatistische und kollektivbiographische Auswertungen (Manuskript, Kopie im Besitz des Verfassers); zur Thematik vgl. umfassend Roman Sandgruber (2013): Traumzeit für Millionäre. Die 929 reichsten Wienerinnen und Wiener im Jahr 1910. Wien-Graz-Klagenfurt: Styria.

Tabelle 4: Geburtsorte einkommensstarker Personen*, Wien, 1910

Geburtsorte in	Insgesamt	%	davon jüdisch	%
Wien	282	36,3	141	30,4
Niederösterreich	36	4,6	8	1,7
sonstiges Österreich	21	2,7	4	0,9
Böhmen/Mähren	196	25,2	140	30,2
Slowakei	25	3,2	22	4,7
Ungarn	66	8,5	60	12,9
Galizien	19	2,4	19	4,1
sonstige Monarchie	10	1,3	4	0,9
Deutschland	85	10,9	44	9,5
sonstiges Ausland	37	4,8	22	4,7

* Jahreseinkommen über 100.000 Kronen, 1910; wohnhaft in Wien (Niederösterreich)
Quelle: Roman Sandgruber (2013): Traumzeit für Millionäre. Die 929 reichsten Wienerinnen und Wiener im Jahr 1910. Wien-Graz-Klagenfurt: Styria, S. 227.

In Zusammenhang mit der genannten Liste wäre beispielsweise der Bankier Theodor Ritter von Taussig (1849–1909), zeitweilig Vorstandsmitglied der Israelitischen Kultusgemeinde, zu nennen, der in Prag geboren wurde und später nach Wien übersiedelte.[68] Auch andere Erhebungen weisen auf einen hohen jüdischen Anteil bei den Superreichen hin. Eine Untersuchung der Verlassenschaften des Jahres 1906 beinhalteten 15 Millionäre, Personen, die ein Vermögen in der Höhe von mindestens einer Million Kronen hinterlassen hatten. Acht von ihnen waren mosaischer Konfession, sechs katholischen Glaubens, der Maschinenfabrikant Jean Roth möglicherweise Konvertit. Die Mehrheit der Millionäre waren Zuwander/innen: 33 Millionen vererbte der aus Galizien stammende Bankier Sigmund Reitzes (1835–1906), ebenfalls ein großes Vermögen der aus Bonyhád in Ungarn stammende Textilfabrikant Ludwig Zwieback.[69] Während der aus Lemberg zugewanderte Reitzes wegen seiner Geschäftsmethoden und seiner jüdisch-galizischen Herkunft heftig angegriffen wurde, ist ein anderer

---

68 Österreichische Nationalbibliothek (Hg.) (2002): Handbuch österreichischer Autorinnen und Autoren jüdischer Herkunft. 18. bis 20. Jahrhundert, Bd. 3, München: Saur, S. 5370.
69 Vgl. Vera Maria Streller (1988): „Verschwender und Geizkrägen". Eine strukturelle Untersuchung des Wirtschaftsbürgertums um 1900 auf Grund von Verlassenschaftsakten. Diplomarbeit Universität Wien, S. 59.

aus dem Kreis der superreichen Wiener, der aus dem slowakischen, damals ungarischen Sillein/Žilina stammende Bankier Sigmund Rosenfeld, von der Arbeiter-Zeitung ausdrücklich wegen seiner seriösen Praktiken und sozialen Einstellung gewürdigt worden.[70]

Der Anteil jener vermögenden Personen, die nicht in Wien (und Niederösterreich) geboren wurden, lag in jedem Fall deutlich über dem Durchschnitt der Wiener Bevölkerung; Mobilität war also ein Faktor, der einem hohen Einkommen in keiner Weise entgegenwirkte, im Gegenteil. Geschlecht war hingegen schon ein bedeutsamerer Faktor, die meisten Reichen, nahezu 90 Prozent derjenigen mit einem Jahreseinkommen von mindestens 100.000 Kronen, waren männlich.[71] Oft wurde dieser Reichtum aber durch das Einbringen einer Mitgift, eines sogenannten Heiratsguts, ermöglicht oder befördert, wie etwa im Fall der aus Budapest stammenden Serena Lederer, geborene Sidonie Pulitzer. Die spätere Förderin des Malers Gustav Klimt heiratete den aus Böhmisch Leipa stammenden Unternehmer August Lederer, einen ähnlichen Fall stellte die Heirat Bertha Wittgensteins, die ebenfalls jüdischer Herkunft war, mit dem Gutsbesitzer Karl Kupelwieser dar.[72]

Während der sogenannten Gründerzeit ist die Zuwanderung in Wien als ein zentraler gesellschaftlicher Faktor zu begreifen, auf den wir in der Oberschicht, in den Mittelschichten sowie in hohem Ausmaß auch in den Unterschichten in deren Wohnquartieren stoßen. Im Bezirk Brigittenau (Wien XX) hatte der Anteil der nicht in Wien Heimatberechtigten um 1900 76 Prozent betragen, davon 33,4 Prozent in Böhmen und Mähren heimatberechtigt, 11,8 Prozent hatten Tschechisch als Umgangssprache angegeben; im zehnten Bezirk Favoriten waren 73,5 Prozent der Bevölkerung nicht heimatberechtigt, mit einem Anteil von 45,7 Prozent aus Böhmen und Mähren, 20 Prozent hatten Tschechisch als Umgangssprache vermerkt, in Ottakring (16. Bezirk) waren rund 70 Prozent der Bevölkerung nicht heimatberechtigt, 34 Prozent waren in Böhmen und Mähren heimatberechtigt und 8 Prozent

---

70 Wolfgang Maderthaner, Lutz Musner (2000): Anarchie der Vorstadt. Das andere Wien um 1900. Frankfurt-New York: Campus, S. 566–175; Nachruf Sigmund Rosenfeld. In: Arbeiter Zeitung, 3.6.1900, S. 6.
71 Vgl. Sandgruber, Traumzeit, S. 544.
72 Vgl. dazu generell Sonja Niederacher (2012): Eigentum und Geschlecht. Jüdische Unternehmerfamilien in Wien (1900–1960). Wien-Köln-Weimar: Böhlau, S. 80–90; ferner Sophie Lillie (2003): Was einmal war. Handbuch der enteigneten Kunstsammlungen Wiens. Wien: Czernin, S. 657; Sandgruber, Traumzeit, S. 382, 386.

hatten Tschechisch als Umgangssprache angegeben.[73] Ein teilweise ethnisch segmentierter Arbeitsmarkt wird etwa dadurch belegt, dass 87 Prozent der Dienstboten zugewandert waren, davon stammten mehr als 50 Prozent aus Böhmen und Mähren.[74] Bei Ziegelarbeitern, Schustern, Schneidern, Bauarbeitern, Taglöhnern war der Anteil der Migrant/innen aus Böhmen und Mähren ebenfalls hoch. Die Tatsache, dass 16 Prozent der Polnisch-, Italienisch- oder Rumänischsprachigen (sogenannte „andere Sprachen") als Bettgeher lebten und 11 Prozent der Tschechischsprachigen, hingegen nur 3 Prozent der Deutschsprachigen, weist ebenfalls in diese Richtung.[75] Bettgeher stellten die unterste Bewohnerkategorie in einem Haushalt dar. Ein sozialer Aufstieg war – sowohl in Wien als auch im österreichischen Alpen- und Alpenvorland – fast ausschließlich an den Gebrauch der deutschen Sprache gebunden.[76] Dass man in Wien von „marginalisierten", großteils zugewanderten Massen, die in erster Linie in den sogenannten „Außenbezirken" lebten, sprechen kann, ist mittlerweile in einer Reihe von Arbeiten thematisiert worden. Von einer integrierten Gesellschaft konnte nicht die Rede sein.[77]

6. „Tumulte und Exzesse" – Auseinandersetzungen auf den Straßen

Die Verschränkung ethnischer und sozialer Heterogenität resultierte mitunter in gewalttätigem Protest. Dabei spielten die Unterschichten und insbesondere das „flottante Element", hochmobile Zuwanderer, wie etwa Bau- und Erdarbeiter, aber auch Ziegelarbeiter eine zentrale Rolle. Die hier angesprochene Form des Protests stand stets mit den konkreten Lebensver-

---

73 Vgl. John, Lichtblau, Schmelztiegel Wien, S. 554.
74 Marina Tichy (1984): Alltag und Traum. Leben und Lektüre der Dienstmädchen im Wien der Jahrhundertwende. Wien-Köln-Graz: Böhlau, S. 25.
75 Österreichische Statistik 63 (3). Wien 1903, S. 2.
76 Vgl. Monika Glettler (1972): Die Wiener Tschechen um 1900. Die Strukturanalyse einer nationalen Minderheit in der Großstadt. München-Wien: Oldenburg, S. 51–60.
77 Vgl. Maderthaner, Musner, Anarchie, 2000; Wolfgang Hösl, Gottfried Pirhofer (1988): Wohnen in Wien 1848 bis 1938. Studien zur Konstitution des Massenwohnens. Wien: Deuticke; Michael John (1996): „Straßenkrawalle und Exzesse". Formen des sozialen Protests der Unterschichten in Wien 1880–1918. In: Gerhard Melinz, Susan Zimmermann (Hg.): Wien – Prag – Budapest: Blütezeit der Habsburgermetropolen; Urbanisierung, Kommunalpolitik, gesellschaftliche Konflikte (1867–1918). Wien: Promedia, S. 230–244; Michael Garstenauer (2007): Marginalisierung in der „Vorstadt" – sozioökonomische Entwicklung Wiens und Madrids im 19. Jahrhundert. Diplomarbeit Universität Wien.

hältnissen der Betroffenen im Zusammenhang. Bis in die Neunzigerjahre des 19. Jahrhunderts hinein war die Wohnsituation der Ziegelarbeiter mit dem Begriff „ausgeprägte Unterversorgung" zu charakterisieren, in diesem Zusammenhang kann man auch 1895 von einer Revolte der Ziegelarbeiter im Süden Wiens sprechen.[78]

Mehr als zehn Jahre später sollten erneut die Lebensbedingungen vornehmlich zugewanderter Arbeiterschichten zu Konflikten führen. Die Urbanisierungsforscherin Banik-Schweitzer hält fest, dass junge, unqualifizierte Zuwanderer aus ländlichen Regionen in der Großstadt ihre Arbeitskraft sofort verwerten mussten, zum Erwerb höherer Qualifikation fehlten meist Zeit und Geld.[79] Genau diese Gruppe kann als ein wesentlicher Träger massiver sozialer Proteste im Wien der Spätgründerzeit ausgemacht werden. Bereits ab 1907 nahmen in der österreichischen Gesellschaft die sozialen und politischen Spannungen zu. Nach dem Wahlerfolg der Sozialdemokratie bei der ersten Wahl nach Einführung des allgemeinen, gleichen Männerwahlrechts hatte sich das gesellschaftliche Klima verschärft: Nun kooperierten die bürgerlichen Parteien enger miteinander, Arbeitgeberorganisationen und Industriellenklubs wurden offensiver.

1910 begannen sich die Lebensbedingungen der einkommensschwächeren Bevölkerung zu verschlechtern, eine Lebensmittelverteuerung und Fleischknappheit setzte ein. Dazu kam die in Wien schwierige Situation auf dem Wohnungsmarkt: Zwar waren die Wohnverhältnisse besser als in vielen anderen Industriestädten und als im ländlichen Raum. Preis und Beschaffung stellten allerdings enorme Probleme dar.[80] Von Dutzenden Ereignissen wurde in den Jahren 1910 und 1911 in den Zeitungen berichtet, die als unkonventioneller Protest gegen die starke Marginalisierung der Lebenswelten von Unterschichten gedeutet werden können. Charakteristisch für diesen Protest der Unterschichten waren mitunter auch Elemente der Fremdenfeindlichkeit. Bei einer Reihe von Mieter- oder Teuerungsprotesten wurden traditionelle Vorurteile und Klischees gegen „reiche", „wuchernde" Juden wirksam:

---

78 Vgl. dazu auch Ilse Reiter (2008): Gustav Harpner (1864–1924). Vom Anarchistenverteidiger zum Anwalt der Republik. Wien-Köln-Weimar: Böhlau, S. 72–76.
79 Renate Banik-Schweitzer, Der Prozess der Urbanisierung. In: Rumpler, Urbanitsch, Habsburgermonarchie, Band IX/1, S. 222.
80 Vgl. z.B. Hösl, Pirhofer, Wohnen, 54–81; Albert Lichtblau (1984): Wiener Wohnungspolitik 1892–1919, Wien.

„Haut's dem Juden alles z'samm'", war ein Ruf, der gehört wurde.[81] Antislawische Ressentiments rückten meist dann in den Vordergrund, wenn es sich um Auseinandersetzungen innerhalb der Arbeiterschaft handelte, etwa bei Streikbruch oder vermeintlichen Streikbrechern, wobei es oft um Konflikte zwischen „alteingesessenen", teilweise assimilierten Zuwander/innen und neu Zugewanderten ging.[82]

Auf dem Simmeringer Lebensmittelmarkt konnte 1911 der Geschäftsverkehr nur noch unter dem Schutz eines Polizeiaufgebots abgewickelt werden. Bäckermeister und ihre Geschäfte waren mehrmals das Ziel von Steinwürfen, Sachbeschädigungen und Raufhändeln. Obdachlosenasyle wurden von wütenden Obdachlosen gestürmt, die Polizei mit Steinen beworfen. Bei einem tagelang andauernden Mieterkrawall in Meidling ereigneten sich am 9. September 1911 besondere Ausschreitungen: Demonstranten bewarfen die Polizei mit Steinen, zerstörten Fensterscheiben und Straßenlaternen, aus den Nachbarhäusern flogen Steine, Biergläser und heiße Bügeleisen.[83] Nach Vorlage des Berichts über diese Demonstration setzte der Kaiser persönlich die Notiz: „Es wäre an der Zeit diesen wiederholten Straßenkrawallen energisch ein Ende zu setzen" in den Tagesrapport.[84]

Die Sozialdemokratische Partei organisierte im Laufe des Jahres 1911 eine Reihe von Teuerungsversammlungen. Von kleinen Zwischenfällen abgesehen, verliefen die Versammlungen und Umzüge ruhig. Am 17. September 1911 wurde eine Großdemonstration gegen die Teuerung mit mehr als 100.000 Teilnehmer/innen abgehalten. Maderthaner und Musner kommentieren die Ereignisse dieses Tages: „[Es] erhob sich das Proletarierviertel Ottakring in einer Hungerrevolte. Dabei ging es nicht nur um Auszehrung und Nahrungsmangel, vielmehr artikulierte sich ein erstes, breites Aufbegehren marginalisierter vorstädtischer Massen. Diese setzten sich nicht nur aus ange-

---

81 Zu Elementen des Antisemitismus vgl. John, „Straßenkrawalle", S. 230–240; Maderthaner, Musner, Anarchie, S. 176–208.
82 Das Zerbrechen der „Kleinen Internationalen" innerhalb der österreichischen Arbeiterbewegung verschärfte die Heterogenität in der Gesellschaft zusätzlich. Vgl. Raimund Löw (1984): Der Zerfall der „Kleinen Internationale". Nationalitätenkonflikte in der Arbeiterbewegung des alten Österreich 1889–1914. Wien: Europa Verlag, S. 532–177; Michael John (1990): Die österreichische Arbeiterbewegung und der soziale Protest der Unterschichten 1867–1914. In: Archiv 1990. Jahrbuch des Vereins für Geschichte der Arbeiterbewegung. Wien, S. 6–27.
83 Vgl. John, „Straßenkrawalle", S. 234.
84 Tagesrapport 9.9.1911, Zl. 9251 ex 1911, AVA, MdI, 22 in gen., Ktn. 2089.

stammten Unterschichten zusammen, es war vor allem die große Zahl jüngst zugewanderter Migranten, deren Sehnsüchte nach einem besseren Leben zu zerbrechen drohten."[85]

Die Großdemonstration des 17. September, von der Sozialdemokratischen Arbeiterpartei organisiert, war in der Innenstadt in Ruhe beendet worden, als Steine gegen das Rathaus geworfen und Geschäfte und Restaurants geplündert wurden. Besonders gewalttätig verlief der Sonntagnachmittag im Bezirk Ottakring. Schließlich wurden im Zuge der Ausschreitungen Elitetruppen des Militärs eingesetzt, die Schießbefehl erhielten. Es handelte sich dabei um ungarische Honvéd-Soldaten und bosnische Kavalleristen. Nach Zeitungsberichten reagierten die Demonstranten darauf mit den Rufen: „Jetzt lässt man den Ungar auf den Wiener los!", „Die Bosniaken haben hier nichts zu suchen!"[86] 126 Personen wurden zum Teil schwer verletzt, vier Tote waren zu beklagen. Die multiethnische Soldatentruppe feuerte – gegen den Befehl – eine Salve über die Aufrührer hinweg, sonst hätte es mehr Tote gegeben. Am 18. September drohte die Regierung mit dem Standrecht und verhängte über den 16. Bezirk den Ausnahmezustand. Polizei und Militär arretierten in diesen Tagen 488 Personen, die in Schnellverfahren drakonisch bestraft wurden. Nach den vorhandenen Angaben zur Heimatberechtigung waren mehr als zwei Drittel der Festgenommenen „fremd".[87] Das Innenministerium notierte 1910 und 1911 insgesamt Hunderte Teuerungs- oder Mieterdemonstrationen, -streiks oder -krawalle in den Wiener Zinshausquartieren.[88] Auch 1912 gab es noch eine Reihe einschlägiger Krawalle und lokaler Tumulte, insgesamt kann man 1910 bis 1912 wohl als „bewegte Jahre" charakterisieren.

7. Ausblick und Vergleich

Hundert Jahre danach, im September 2011, wurde in einer Wiener Tageszeitung, nachdem sich in London und Paris heftige soziale Unruhen ereignet hatten, folgende Parallele gezogen: „Im September 1911 kam es in Wien zu einer blutigen ‚Teuerungsrevolte', die mit den Unruhen in London vergleich-

---

85 Maderthaner, Musner, Anarchie, S. 54–15.
86 Vgl. dazu die Zeitungsberichte in Illustriertes Wiener Extrablatt, 18.9.1911, S. 5–7; Neue Zeitung, 18.9.1911, S. 5–6.
87 Vgl. John, „Straßenkrawalle", S. 235.
88 Statistisches Jahrbuch Wien 1912, S. 314–334.

bar ist."[89] Die Hintergründe des historischen Aufstands wirken angesichts der Jugendkrawalle in London, Paris und anderen Städten auf den ersten Blick sehr aktuell.[90] In der Gegenwart werden die Proteste in erster Linie von Jugendlichen getragen, auch sie wehren sich vor allem gegen steigende Mietpreise und hohe Lebensmittelkosten. Doch sind die Vorgänge insgesamt schwer zu vergleichen: Um 1910 gab es in Österreich-Ungarn keinen funktionierenden Sozialstaat, große Teile der Unterschichten befanden sich in sehr schwierigen Lebenslagen, in der die Deckung elementarer Bedürfnisse infrage gestellt war.

Die Protestformen um 1910 waren schließlich andere als um 2010. Manche Ausschreitungen jüngeren Datums in London oder Paris wurden mit dem Begriff „Rassenkrawalle" versehen, wobei die Proteste vor allem von Jugendlichen arabischer, muslimischer, afrikanischer, karibischer Herkunft getragen wurden. Zur Zeit der Jahrhundertwende kann man schwer von „Rassenkrawallen" oder ethnisch geprägten Revolten sprechen, obgleich der ethnisch-religiöse Faktor auch bei den Ausschreitungen in Wien eine Rolle spielte. Die historische Protestforschung kann jedenfalls anhand der Untersuchung konkreter Konflikte auch einen Beitrag zur Beschaffenheit von Gesellschaften leisten: Heterogenität lässt sich auch auf diese Weise darstellen.[91] Die neurotisierenden Konflikte und Spannungen zwischen den Ethnien in den letzten Jahrzehnten der Habsburgermonarchie und die „Judenfrage" bildeten sich auch in den historischen Protesten in Wien um 1910 ab. Der Versuch eines Vergleichs 1911–2011, dem Datum der letzten Volkszählung, zeigt aber auch die Schwierigkeiten auf, die Heterogenität der Gesellschaft im Wien der

---

89 Georg Markus (2011): Der Aufstand der „kleinen Leute". In: Kurier, 4.9.2011, S. 22.
90 In der Tageszeitung *Der Standard* erschienen die Zeilen: „Am 17. September trugen sich in diesem Teil der Stadt Szenen zu, die man eins zu eins ins London oder ins Paris des 21. Jahrhunderts transformieren könnte." http://derStandard.at/1315006409807/17-September-1911-Wohnungselend-und-Hungerrevolte-Als-in-Ottakring-die-Steine-flogen, zuletzt geprüft am 20.1.2012; vgl. dazu ferner Wohnungselend und Hungerrevolte: http://news.orf.at/stories/2079392/2079359, zuletzt geprüft am 28.11.2011.
91 Vgl. dazu Thomas Lindenberger (1995): Die Moabiter Unruhen 1910: Straßenpolitik und Klassenkonflikt im spätwilheminischen Berlin. In: Jahrbuch des Landesarchives Berlin 1995, S. 531–148; Manfred Gailus (2004): Contentious food politics: sozialer Protest, Märkte und Zivilgesellschaft (18.-20. Jahrhundert). Veröffentlichung der Arbeitsgruppe „Zivilgesellschaft: historisch-sozialwissenschaftliche Perspektiven" des Wissenschaftszentrums Berlin für Sozialforschung, Discussion Paper, No. SP IV.

Kaiserzeit mit jener der Gegenwart in Beziehung zu setzen. Diese Schwierigkeiten werden größer, wenn man verschiedene Sozialräume (Wien – London – Paris etc.) miteinander zu vergleichen sucht.

London, Paris oder New York sind Städte, auf die der Begriff „Global Cities" bereits angewendet worden ist, auch im Wien der Gegenwart lebt teilweise eine Gesellschaft weltweiter Herkunft. Die Bevölkerung mit nichtösterreichischem Migrationshintergrund wurde 2011 von der Magistratsabteilung 17 mit 44 Prozent angegeben, im 15. Bezirk waren es 50,8 Prozent.[92] Der Einzugsbereich der Zuwanderung nach Wien hat sich im Zuge der Globalisierung enorm erweitert, die Herkunftsgebiete der Zuwander/innen sowie deren kultureller Background haben sich verändert. Bei der Volkszählung 2001 gaben 25 Prozent der Wohnbevölkerung eine nichtdeutsche Umgangssprache an, davon 58,9 Prozent Sprachen aus dem ehemaligen Jugoslawien, 18,5 Prozent Türkisch, 6,9 Prozent Englisch, 4 Prozent Ungarisch, nahezu 3 Prozent Arabisch.[93] Der Spitzenreiter unter den nichtdeutschen Sprachen der Jahrhundertwende – Tschechisch – spielte als Umgangssprache nur eine geringe Rolle, lag hinter Albanisch und in etwa gleichauf mit Persisch und Chinesisch.[94]

Waren die Tschechen der Jahrhundertwende die ‚Tschuschen', die ‚Gastarbeiter' der jüngeren Vergangenheit?[95] Der Wiener Tscheche Hans Maršálek (1914–2011) legt dies nahe, wenn er im Hinblick auf seine Eltern, die in der Kaiserzeit zugewandert waren und im Hinblick auf die 1920er-Jahre feststellt: „Ein Tscheche in den zwanziger, dreißiger Jahren musste akzeptieren, dass er ein Tschusch' im heutigen Sinne war. Verfolgung, Herabsetzung und Diskriminierung habe ich als selbstverständlich hingenommen. Als Kinder, wenn wir in der Straßenbahn gefahren sind und tschechisch gesprochen haben, da hat's Beleidigungen gegeben: ‚Ihr Gfrasts', ‚böhmische Bagage' usw. Wenn wir mehrere Kinder waren, dann haben wir laut gesprochen, dann

---

92 Daten & Fakten – Wiener Bevölkerung nach Migrationshintergrund: http://www.wien.gv.at/menschen/ integration/grundlagen/daten.html, zuletzt geprüft am 20.1.2012.
93 Statistik Austria (2003): Volkszählung 2001. Hauptergebnisse I – Wien, S. 18–19.
94 Ebd., S. 502.
95 Wladimir Fischer (2008): „I haaß Vocelka – du haaßt Vocelka". Der Diskurs über die „Gastarbeiter" in den 1960er bis 1980er Jahren und der unhistorische Vergleich mit der Wiener Arbeitsmigration um 1900. In: Martin Scheutz, Vlasta Valeš (Hg.): Wien und seine WienerInnen. Ein historischer Streifzug durch Wien über die Jahrhunderte. Wien-Köln-Weimar: Böhlau, S. 327–353.

haben wir gewusst, es gibt … einen Wirbel. Dagegen, wenn man allein war oder wenn wenige waren, dann hat man lieber nicht so laut gesprochen, um nicht beschimpft zu werden. Oft hat's Schläge gegeben. Wie oft hat's da Schläge gegeben von den anderen Buben, also von den deutschsprachigen Wienern! Die Österreicher haben damals die Tschechen als Verräter aus dem Ersten Weltkrieg betrachtet. Bei einer Rauferei hab' ich mir eine Verletzung geholt. Die Narbe sieht man heute noch."[96]

Um die Vergleichsüberlegungen weiterzuführen: Wer waren die Tschetschenen, die Afrikaner von 1900, welche Gruppe lässt sich mit den ‚islamischen' Zuwander/innen und den diesen gegenüber getroffenen Zuschreibungen gleichsetzen? Was bedeuteten Fremdheit und Heterogenität um 1900 in einer nicht derart mobilen und vernetzten Gesellschaft wie der zeitgenössischen, und lässt sich deren Wahrnehmung von ‚fremd' und ‚anders' mit jener der Gegenwart vergleichen?[97] Andreas Weigl hat in diesem Zusammenhang interessante Parallelen gezogen: „Vereinfacht formuliert übernehmen die Rolle der deutschsprachigen Böhmen, Mährer und Schlesier nunmehr die in Wien lebenden EU-Bürger und -Bürgerinnen, die der Tschechen um 1900 südosteuropäische Migranten und Migrantinnen und die der galizischen Juden vor allem die türkische und türkischstämmige Minorität. Damit einher geht eine Exotisierung der ‚Fremden'."[98] Letzteres stellt allerdings keine neue Entwicklung dar, sieht man sich die Zuwanderungsdiskurse um 1900 an.

---

[96] Hans Maršálek (1914–2011) wird hier zitiert, weil er die Situation aus eigenem Erleben und aus den Erzählungen seiner Eltern kennt, ihm aber auch die Entwicklung seit den 1960er-Jahren bis in die Gegenwart bekannt ist. Vgl. Interview mit Hans Maršálek vom 11.2.1987, Interviewer Michael John zit. nach Erika Thurner (1989/1990): Hans Maršálek – der Weg eines Wiener Tschechen ins KZ. In: Zeitgeschichte 17 (2), S. S. 93. Zu den Eckdaten vgl. Mauthausen Komitee Österreich, Biografie Hans Maršálek: https://www.mkoe.at/sites/default/files/files/ueber-uns/Marsalek-Hans-Biografie-und-wissenschaftliche-Bedeutung.pdf, zuletzt geprüft am 10.4.2018.
[97] Zu dieser Problemstellung vgl. auch Michael John (2014): Migration in Austria, an Overview: 1920s to 2000s. In: Gary Cohen, Johannes Feichtinger (Hg.): Understanding Multiculturalism and the Habsburg Central European Experience. New York-Oxford: Berghahn, S. 145–149.
[98] Vgl. Weigl, Wien um 1900, S. 524.

Literatur

Antrag des Abgeordneten Georg Ritter von Schönerer und Genossen betreffend die Erlassung eines Antisemitengesetzes vom 27. Mai 1887. In: Eva Philippoff (Hg.): Die Doppelmonarchie Österreich-Ungarn. Ein politisches Lesebuch (1867–1918). Villeneuve d'Ascq: Presses Univ. du Septentrion, S. 162.

Banik-Schweitzer, Renate (1983): Zur Bestimmung der Rolle Wiens als Industriestadt für die wirtschaftliche Entwicklung der Habsburgermonarchie. In: Renate Banik-Schweitzer, Gerhard Meißl (Hg.): Industriestadt Wien. Die Durchsetzung der industriellen Marktproduktion in der Habsburgerresidenz (= Forschungen und Beiträge zur Wiener Stadtgeschichte 11). Wien: Deuticke, S. 5–97.

Banik-Schweitzer, Renate (2010): Der Prozess der Urbanisierung. In: Helmut Rumpler, Peter Urbanitsch (Hg.): Die Habsburgermonarchie 1848–1918, Band IX/1, Lebens- und Arbeitswelten in der industriellen Revolution. Wien: Verlag der Österreichischen Akademie der Wissenschaften, S. 185–232.

Bericht des Wiener Magistrats an die Niederösterreichische Statthalterei, 1.6.1911, Zl. XXI/238, Durchführung der Volkszählung 1910. ÖStA, AVA, Innenministerium, Fasz. 2094, Akt 20.768/1911.

Böhm, Johann (1964): Erinnerungen aus meinem Leben. Wien-Köln-Stuttgart-Zürich: Europa Verlag.

Brix, Emil (1979): Die nationale Frage anhand der Umgangsspracherhebung in den zisleithanischen Volkszählungen 1880 bis 1910. Phil. Diss. Universität Wien.

Brix, Emil (1982): Der Böhmische Ausgleich in Budweis. In: Österreichische Osthefte (24), S. 225–248.

Burger, Hannelore; Wohnout, Helmut (1995): Eine „polnische Schufterei"? Die badenischen Sprachverordnungen für Böhmen und Mähren 1897. In: Michael Gehler, Hubert Sickinger (Hg.): Politische Affären und Skandale in Österreich. Von Mayerling bis Waldheim. Thaur-Wien-München: StudienVerlag, S. 79–98.

Daten & Fakten – Wiener Bevölkerung nach Migrationshintergrund. Online verfügbar unter http://www.wien.gv.at/menschen/ integration/grundlagen/daten.html, zuletzt geprüft am 20.1.2012.

Deutscher Schulvereinskalender für 1884. Wien 1883, S. 6–7.

Die Arbeits- und Lebensverhältnisse der Wiener Lohnarbeiterinnen. Ergebnisse und stenographisches Protokoll der Enquête über Frauenarbeit abgehalten in Wien vom 1. März bis 21. April 1896 (1897). Wien: Wiener Volksbuchhandlung.

Duchêne-Lacroix, Cédric; Maeder, Pascal (Hg.) (2013): Hier und Dort. Ressourcen und Verwundbarkeiten in multilokalen Lebenswelten. Basel: Schwabe.

Ehmer, Josef; Ille, Karl (Hg.) (2009): Italienische Anteile am multikulturellen Wien (= Querschnitte 27). Innsbruck-Wien-Bozen: StudienVerlag.

Faßmann, Heinz (2010): Die Bevölkerungsentwicklung 1850–1910. In: Helmut Rumpler, Peter Urbanitsch (Hg.): Die Habsburgermonarchie 1848–1918, Band IX/1, Lebens- und Arbeitswelten in der industriellen Revolution. Wien: VÖAW, S. 159–184.

Fischer, Wladimir (2008): „I haaß Vocelka – du haaßt Vocelka." Der Diskurs über die „Gastarbeiter" in den 1960er bis 1980er Jahren und der unhistorische Vergleich mit der Wiener Arbeitsmigration um 1900. In: Martin Scheutz, Vlasta Valeš (Hg.): Wien und seine WienerInnen. Ein historischer Streifzug durch Wien über die Jahrhunderte. Wien-Köln-Weimar: Böhlau, S. 327–353.

Gailus, Manfred (2004): Contentious food politics: sozialer Protest, Märkte und Zivilgesellschaft (18.-20. Jahrhundert). (Discussion Papers / Wissenschaftszentrum Berlin für Sozialforschung, Forschungsschwerpunkt Zivilgesellschaft, Konflikte und Demokratie, Arbeitsgruppe Zivilgesellschaft: historisch-sozialwissenschaftliche Perspektiven, 2004-504) Online verfügbar unter https://www.ssoar.info/ssoar/bitstream/handle/document/11831/ssoar-2004-gailus-contentious_food_politics.pdf?sequence=1, zuletzt geprüft am 26.11.2018.

Garstenauer, Michael (2007): Marginalisierung in der „Vorstadt" – sozioökonomische Entwicklung Wiens und Madrids im 19. Jahrhundert. Diplomarbeit Universität Wien

Gerschenkron, Alexander (1977): An Economic Spurt that Failed. Four Lectures in Austrian History. Princeton, NJ: Princeton Univ. Press

Glettler, Monika (1972): Die Wiener Tschechen um 1900. Die Strukturanalyse einer nationalen Minderheit in der Großstadt. München-Wien: Oldenbourg Verlag.

Glettler, Monika (2004): Das tschechische Wien historisch. In: Christa Rothmeier (Hg.): Entzauberte Idylle. 160 Jahre Wien in der tschechischen Literatur. Wien: VÖAW, S. 77–108.

Habermann, Gustav (1919): Aus meinem Leben. Wien: Tempsky.

Hahn, Sylvia (2005): Fremd im eigenen Land. Zuwanderung und Heimatberechtigung im 19. Jahrhundert. In: Pro Civitate Austriae. Information zur Stadtgeschichtsforschung in Österreich (NF 10), S. 23–44.

Hahn, Sylvia (2007): Österreich. In: Klaus J. Bade, Pieter Emmer, Leo Lucassen, Jochen Oltmer (Hg.): Enzyklopädie Migration. Vom 17. Jahrhundert bis zur Gegenwart. München: Fink, S. 171–188.

Hahn, Sylvia (2008): Migration – Arbeit – Geschlecht. Arbeitsmigration in Mitteleuropa vom 17. bis zum Beginn des 20. Jahrhunderts (= Transkulturelle Perspektiven 5). Göttingen: V&R unipress.

Hapák, Pavel (1990): Die slowakische Arbeiterkultur und das Kulturleben der slowakischen Arbeiterschaft bis zum Jahre 1918. In: Studia Historica Slovaca (17), S. 195–226.

Hermanik, Klaus-Jürgen (2009): The Hidden Slovene Minority in Styria. In: Christian Promitzer, Klaus-Jürgen Hermanik, Eduard Staudinger (Hg.): (Hidden) Minorities. Language and Ethnic Identity between Central Europe and the Balkans. Wien u.a.: LIT Verlag, S. 109–128.

Hoerder, Dirk; Lucassen, Jan; Lucassen, Leo (2007): Terminologie und Konzepte in der Migrationsforschung. In: Klaus J. Bade, Pieter Emmer, Leo Lucassen, Jochen Oltmer (Hg.): Enzyklopädie Migration in Europa. Vom 17. Jahrhundert bis zur Gegenwart, München: Fink, S. 28–52.

Hösl, Wolfgang; Pirhofer, Gottfried (1988): Wohnen in Wien 1848 bis 1938. Studien zur Konstitution des Massenwohnens. Wien: Deuticke.

Hubbard, William H. (1984): Auf dem Weg zur Großstadt: Eine Sozialgeschichte der Stadt Graz, 1850–1914. Wien u.a.: Verlag f. Geschichte u. Politik.

Hungerrevolte 1911. Online verfügbar unter: http://derStandard.at/1315006409807/17-September-1911-Wohnungselend-und-Hungerrevolte-Als-in-Ottakring-die-Steine-flogen, zuletzt geprüft am 20.1.2012.

Hungerrevolte 1911. Online verfügbar unter: http://news.orf.at/stories/2079392/2079359, zuletzt geprüft am 28.11.2011.

Hutter, Andreas; Kamolz, Klaus(1998): Billie Wilder. Eine europäische Karriere, Wien-Köln-Weimar: Böhlau.

John, Michael (2003): National Movements and Imperial Ethnic Hegemonies in Austria 1867–1918. In: Dirk Hoerder, Christiane Harzig, Adrian Shubert (Hg.): The Historical Practice of Diversity: Transcultural Interactions from the Early Modern Mediterranean to the Postcolonial World. New York-Oxford: Berghahn, S. 87–108.

John, Michael (1990): Die österreichische Arbeiterbewegung und der soziale Protest der Unterschichten 1867–1914. In: Archiv 1990. Jahrbuch des Vereins für Geschichte der Arbeiterbewegung. Wien: Verein für Geschichte der Arbeiterbewegung, S. 6–27.

John, Michael (1996): „Straßenkrawalle und Exzesse". Formen des sozialen Protests der Unterschichten in Wien 1880–1918. In: Gerhard Melinz, Susan Zimmermann (Hg.): Wien – Prag – Budapest: Blütezeit der Habsburgermetropolen. Urbanisierung, Kommunalpolitik, gesellschaftliche Konflikte (1867–1918). Wien: Promedia, S. 230–244.

John, Michael (1997): Ethnizität und Ambivalenz. Krisen um Mehrfachidentitäten im Wien der Jahrhundertwende. In: Traude Horvath (Hg.): Die Maschekseite. Doppel- und Mehrfachidentitäten von ÖsterreicherInnen. St. Margareten: Kanica Verlag, S. 40–42.

John, Michael (1999): „We do Not Posses Our Selves": On Identity and Ethnicity in Austria, 1880–1937. In: Austrian History Yearbook (30), S. 17–64.

John, Michael (2008): „Schmelztiegel" – „Mosaik" – „regionales Zentrum" 1880–1914. Stadttypus im Vergleich (Migration, Integration und Ethnizität). In:

Lukas Fasora, Jiři Hanuš, Jiři Malíř (Hg.): Brünn – Wien, Wien – Brünn. Landesmetropolen und Zentren des Reiches im 19. Jahrhundert. Brno: Matice Moravská pro Výzkumné Středisko pro Dějiny Střední Evropy, S. 221–242.

John, Michael (2011): Galician Jews in Austria the 18th to the Early 20th Century. In: Klaus J. Bade, Pieter Emmer, Leo Lucassen, Jochen Oltmer (Hg.): The Encyclopedia of Migration and Minorities in Europe. From the 17th Century to the Present. Cambridge: Cambridge Univ. Press, S. 400–402.

John, Michael (2014): Migration in Austria, an Overview: 1920s to 2000s. In: Gary Cohen, Johannes Feichtinger (Hg.): Understanding Multiculturalism and the Habsburg Central European Experience. New York-Oxford: Berghahn, S. 122–157.

John, Michael (2016): Vielfalt und Heterogenität: Zur Migration nach Wien um 1900. In: Elisabeth Röhrlich (Hg.): Wien um 1900: Migration und Innovation in Wissenschaft und Kultur. Wien-Köln-Weimar: Böhlau, S. 23–64.

John, Michael; Lichtblau, Albert (1993): Schmelztiegel Wien – einst und jetzt. Zur Geschichte und Gegenwart von Zuwanderung und Minderheiten. Wien-Köln: Böhlau.

Judson, Pieter (1994): Deutschnationale Politik und Geschlecht in Österreich 1880–1900. In: David Good, Margarete Grandner, Mary Jo Maynes (Hg.): Frauen in Österreich. Beiträge zu ihrer Situation im 20. Jahrhundert. Wien-Köln-Weimar: Böhlau, S. 32–47.

K.K. Arbeitsstatistisches Amt im Handelsministerium (Hg.) (1901): Die Wohnungs- und Gesundheitsverhältnisse der Heimarbeiter in der Kleider- und Wäschekonfektion. Wien: Hölder.

K.K. Arbeitsstatistisches Amt im Handelsministerium (Hg.) (1906): Die Wohnungs- und Gesundheitsverhältnisse der Schuhmacher. Wien: Hölder.

Lamprecht, Gerald (2007): Fremd in der eigenen Stadt. Die moderne jüdische Gemeinde von Graz vor dem Ersten Weltkrieg. (= Schriften des Centrums für Jüdische Studien 8). Innsbruck-Wien-Bozen: StudienVerlag.

Lichtblau, Albert (2006): Juden in Österreich – Integration, Vernichtungsversuch und Neubeginn. Österreichisch-jüdische Geschichte 1848 bis zur Gegenwart. In: Evelyn Brugger, Martha Keil, Albert Lichtblau, Christoph Lind, Barbara Staudinger (Hg.): Geschichte der Juden in Österreich. Wien: Ueberreuter, S. 447–565.

Lillie, Sophie (2003): Was einmal war. Handbuch der enteigneten Kunstsammlungen Wiens. Wien: Czernin Verlag.

Lindenberger, Thomas (1995): Die Moabiter Unruhen 1910: Straßenpolitik und Klassenkonflikt im spätwilheminischen Berlin. In: Jahrbuch des Landesarchivs Berlin 1995, S. 131–148.

Lippert, Julius (1882): Die Erziehung auf nationaler Grundlage. Prag: Dt. Verein zur Verbreitung gemeinnütziger Kenntnisse.

Löw, Raimund (1984): Der Zerfall der „Kleinen Internationale". Nationalitätenkonflikte in der Arbeiterbewegung des alten Österreich 1889–1914. Wien: Europa Verlag, S. 132–177.

Maderthaner, Wolfgang; Musner, Lutz (2000): Anarchie der Vorstadt. Das andere Wien um 1900. Frankfurt-New York: Campus.

Marinelli-König, Gertraud; Pavlova, Nina (Hg.) (1996): Wien als Magnet? Schriftsteller aus Ost-, Ostmittel- und Südosteuropa über die Stadt. Wien: Verl. d. Österr. Akad. d. Wiss.

Markus, Georg (2011): Der Aufstand der „kleinen Leute". In: Kurier, 4.9.2011, S. 22.

Mataja, Victor (1898): Die Arbeitsvermittlung in Österreich hg.v. Statistischen Department im k.k. Handelsministerium. Wien: Hölder.

Mauthausen Komitee Österreich: Biografie Hans Maršálek. Online verfügbar unter https://www.mkoe.at/sites/default/files/files/ueber-uns/Marsalek-Hans-Biografie-und-wissenschaftliche-Bedeutung.pdf, zuletzt geprüft am 10.4.2018.

Molisch, Paul (1923): Zur Geschichte der Badenischen Sprachverordnungen vom 5. und 22. April 1897. Wien: Schöler.

Mommsen, Hans (1979): Arbeiterbewegung und Nationale Frage (= Kritische Studien zur Geschichtswissenschaft 34). Göttingen: V&R, S. 210–215.

Nachruf Sigmund Rosenfeld. In: Arbeiter Zeitung, 3.6.1900, S. 6.

Nader, Franz (1908): Wandlungen im Wandern der Bauarbeiter. In: Der Kampf (1), S. 282–284.

Niederacher, Sonja (2012): Eigentum und Geschlecht. Jüdische Unternehmerfamilien in Wien (1900–1960). Wien-Köln-Weimar: Böhlau, S. 80–90.

Olegnik, Felix (1956): Historisch-Statistische Übersichten von Wien (Teil 1), Wien, 92.

Opll, Ferdinand (1987): Italiener in Wien. In: Wiener Geschichtsblätter 42 (3), S. 1–12.

Österreichische Nationalbibliothek (Hg.) (2002): Handbuch österreichischer Autorinnen und Autoren jüdischer Herkunft. 18. bis 20. Jahrhundert (Bd. 3). München: Saur.

Promitzer, Christian (2004): The South Slavs in the Austrian Imagination. In: Nancy M. Wingfield: Creating the Other. Ethnic Conflict and Nationalism in Habsburg Central Europe. New York-Oxford: Berghahn, S. 183–215.

Promitzer, Christian (2009): Small is Beautiful. The Issue of Hidden Minorities in Central Europe and the Balkans. In: Christian Promitzer, Klaus-Jürgen Hermanik, Eduard Staudinger (Hg.): (Hidden) Minorities. Language and Ethnic Identity between Central Europe and the Balkans. Wien u.a.: LIT Verlag, S. 75–99.

Reiter, Ilse (2008): Gustav Harpner (1864–1924). Vom Anarchistenverteidiger zum Anwalt der Republik. Wien-Köln-Weimar: Böhlau, S. 72–76.

Reittererova, Vlasta; Reitterer, Hubert (2004): Vier Dutzend rothe Strümpfe... Zur Rezeptionsgeschichte der verkauften Braut (= Theatergeschichte Österreichs 3/4). Wien: VÖAW, S. 59–60.

Renner, Karl (1946): An der Wende zweier Zeiten. Lebenserinnerungen. Wien: Braumüller.

Rosenkranz, Esther Sarah (2008): Die soziolinguistische Entwicklung des Sephardischen in der Diaspora – unter besonderer Berücksichtigung Israels. Diplomarbeit Universität Wien.

Sandgruber, Roman (2013): Die 1000 reichsten Österreicher im Jahr 1910. Verteilungsstatistische und kollektivbiographische Auswertungen (Manuskript, Kopie im Besitz des Verfassers).

Sandgruber, Roman (2013): Traumzeit für Millionäre. Die 929 reichsten Wienerinnen und Wiener im Jahr 1910. Wien-Graz-Klagenfurt: Styria.

Sedlaczek, Stephan (1885): Die k. k. Reichshaupt- und Residenzstadt Wien. Ergebnisse der Volkszählung vom 31. December 1880 (Bd. 2). Wien: Verlag d. Wiener Magistrats, S. 16–17.

Sensenig-Dabbous, Eugene (1998): Von Metternich bis EU-Beitritt. Reichsfremde, Staatsfremde und Drittausländer. Immigration und Einwanderungspolitik in Österreich. Salzburg, S. 98–102. Online verfügbar unter http://www.ndu.edu. lb/lerc/publications/Von_Metternich_bis_EU_Beitritt.pdf, zuletzt geprüft am 15.12.2013.

Stenographische Protokolle über die Sitzungen des Hauses der Abgeordneten des Österreichischen Reichsrats, 10. Session, 3. Sitzung (1887). Wien: K. k. Hof- und Staatsdruckerei, S. 5202.

Streller, Vera Maria (1988): „Verschwender und Geizkrägen". Eine strukturelle Untersuchung des Wirtschaftsbürgertums um 1900 auf Grund von Verlassenschaftsakten. Diplomarbeit Universität Wien.

Thalhammer, Michaela (2008): Italienische Rauchfangkehrer in Wien im 18. und 19. Jahrhundert. Diplomarbeit Universität Wien.

Thurner, Erika (1989/1990): Hans Maršálek – der Weg eines Wiener Tschechen ins KZ. In: Zeitgeschichte 17 (2), S. 90–112.

Tichy, Marina (1984): Alltag und Traum. Leben und Lektüre der Dienstmädchen im Wien der Jahrhundertwende. Wien-Köln-Graz: Böhlau.

Torberg, Friedrich (1982): „Kaffeehaus war überall." Briefwechsel mit Käuzen und Originalen. Wien-München: Langen Müller.

Twain, Mark (1898): Stirring Times in Austria. In: Harper's Monthly Magazine 96 (March), S. 530–540.

Wadauer, Sigrid (2008): Vazierende Gesellen und wandernde Arbeitslose (Österreich, ca. 1880–1938). In: Annemarie Steidl, Thomas Buchner, Werner Lausecker, Alexander Pinwinkler, Sigrid Wadauer, Hermann Zeitlhofer (Hg.):

Übergänge und Schnittmengen. Arbeit und Migration, Bevölkerung und Wissenschaftsgeschichte in Diskussion. Wien-Köln-Weimar: Böhlau, S. 101–131.

Weigl, Andreas (2016): Wien um 1900 – ein Sonderfall in der Wiener Migrationsgeschichte? Der „Schmelztiegel" in der kollektiven Erinnerung. In: Elisabeth Röhrlich (Hg.): Migration und Innovation um 1900. Perspektiven auf das Wien der Jahrhundertwende. Wien-Köln-Weimar: Böhlau, S. 503–524.

Weitzmann, Walter R. (^{2}2002): Die Politik der jüdischen Gemeinde Wiens zwischen 1890 und 1914. In: Gerhard Botz, Ivar Oxaal, Michael Pollak, Nina Scholz (Hg.): Eine zerstörte Kultur. Jüdisches Leben und Antisemitismus in Wien seit dem 19. Jahrhundert. Wien: Czernin, S. 197–224.

Zweig, Stefan (1987): Die Welt von Gestern. Erinnerungen eines Europäers. Frankfurt a. M.: Fischer

Identitätsmanagement von südslavischen Migrant/innen aus Österreich-Ungarn in den USA, ca. 1890–1940

Wladimir Fischer-Nebmaier

Wie organisierten sich transatlantische Migrant/innen aus Österreich-Ungarn in den USA? Welche Spuren haben sie hinterlassen? Was sagen quantitative Quellen über die Migrant/innen aus? Kann man rekonstruieren, wie sie sich identifizierten? Wenn ja, wie? Und wenn nein, was können wir dann über Identifikationsprozesse der Vergangenheit sagen? Dieser Aufsatz beruht auf Forschungen für das Projekt „Understanding the Migration Experience: The Austrian-American Connection, 1870–1914" (vgl. Steidl et al. 2017). Im Folgenden möchte ich einige strategische Entscheidungen des Projektteams darlegen, die methodische Herangehensweise des Projektes erklären, um dann die südslavisch-sprachige migrantische Öffentlichkeit in den USA vorzustellen und schließlich anhand eines bestimmten Bereiches (Heiratsmanagement) zu zeigen, wie diese Öffentlichkeit funktionierte und weshalb sie nur mit der gleichzeitigen Anwendung quantifizierender und klassischer historiografischer Methoden in Kombination mit Diskursanalyse hinreichend beschrieben werden kann.

1 Entstehung des Projektes

Das Projekt wurde initiiert von Annemarie Steidl, Universität Wien, und Gary Cohen, damals Leiter des Center for Austrian Studies in Minneapolis, Minnesota. Es wurde finanziert von der Dietrich W. Botstiber Foundation. Das Forschungsteam bestand aus Annemarie Steidl, James Oberly, University of Wisconsin, Eau Claire, und dem Autor dieser Zeilen. Die Forschungen starteten im Januar 2010 und wurden am Immigration History Research Center und am Minnesota Population Center an der Universität Minnesota durchgeführt. Dabei haben sich die Ressourcen dieser beiden Institutionen gut ergänzt: hier die große Sammlung aller US-Volkszählungen, gespeichert als digitale Datenbank von Ein-Prozent-Samples, dort das umfassende Archiv von Nachlässen, Korrespondenzen und Publikationen von US-Einwanderer/innen und von deren Organisationen. Am Minnesota Population Center arbeiteten Annemarie Steidl und James Oberly auf Einladung von Steve Ruggles. Am Immigration History Research Center befand sich mein Arbeitsplatz, der von Donna Gabaccia zur Verfügung gestellt wurde. Zusätzlich nutzten wir das Archiv der Minnesota

Historical Society in St. Paul, wo sich reichhaltige Akten eines Buchprojekts zur Immigration nach Minnesota befinden (Drenning Holmquist 1981).[1]

Außerdem besuchte ich das Archiv der Erzdiözese Pittsburgh (welches allerdings nicht sehr freigiebig mit seinen Beständen verfuhr), das Archiv der Universität Pittsburgh, wo sich unter anderem die Matrikenbücher von Migranten-Kirchen befinden, sowie die Carnegie Library und das Senator John Heinz Pittsburgh Regional History Center, die sich auch beide in Pittsburgh, Pennsylvania, befinden und unter anderem amateurhistorische Nachlässe und das öffentliche Heiratsregister beherbergen. James Oberly hat zudem die Matriken von ungarischen und kroatischen Kirchen im Diözesanarchiv Chicago, das derartige Materialien frei zugänglich gemacht hat, bearbeitet.

Es ging dem Projektteam darum, die Erfahrungen und Lebensbedingungen von Migrant/innen aus Österreich-Ungarn in den USA zu beschreiben und zwar jener Generation, die in den Jahrzehnten vor dem Ersten Weltkrieg migrierte und deren Nachkommen bis in die Mitte des 20. Jahrhunderts lebten. Die Wanderungen in die Vereinigten Staaten werden üblicherweise grob in zwei Phasen eingeteilt. Die sogenannte erste Welle wird Mitte des 19. Jahrhunderts angesetzt. Migrationsziel war hier vor allem die Ansiedlung auf einem Stück Land in den USA. Österreichisch-ungarische Migrant/innen waren in dieser Zeit nur wenige unter vielen. Sie stammten vornehmlich aus den deutsch- und tschechischsprachigen Gebieten der Monarchie, also aus dem ehemaligen Vorderösterreich, Innerösterreich, Böhmen und Mähren. Die sogenannte zweite Welle setzte um 1890 herum ein. Sie unterschied sich wesentlich von der ersten Welle, auch im Fall der österreichisch-ungarischen Migrant/innen. Es handelte sich nicht mehr um Siedler und Bauern, sondern um Menschen (überwiegend Männer), die alleine kamen, um sich die finanziellen Voraussetzungen für ein bestimmtes ökonomisches Projekt daheim zu schaffen und dann zurückzukehren. Oft handelte es sich um Brüder, die sich in Amerika abwechselten und für ein Familienprojekt arbeiteten.[2] Die ethnische Zusammensetzung und die Herkunftsregionen der Migrant/innen der zweiten Welle waren ebenfalls andere als vor dem späten 19. Jahrhundert. Die sogenannten „new immigrants" kamen vornehmlich aus Südeuropa und Osteuropa. Das Reich der Romanov (Russland) und das (neu entstandene) Königreich Italien gehörten im Jahrzehnt vor 1900 zu den wichtigsten Herkunftsstaaten. Im Jahrzehnt vor 1910 jedoch bildeten österreichisch-ungari-

---

1 Project Records 1969–1982. Minnesota Historical Society St. Paul/MN, Minnesota Ethnic History Project (1): http://www.mnhs.org/library/findaids/00260.xml
2 Ein gutes Beispiel für Kettenremigration von Brüdern findet sich in Fischer (2012: 187–201).

sche Migrant/innen die größte Gruppe an Einwanderern (Steidl et al. 2007, 2017: 114–116). Migrant/innen aus Österreich-Ungarn sind heute aus dem Blickfeld der Erinnerungspolitik verschwunden. Dabei wurden sie um 1900 als Kollektiv in den USA sehr wohl wahrgenommen. Denn insgesamt gesehen waren sie damals eine von den fünf großen sogenannten Einwanderergruppen in die Vereinigten Staaten. Nach Großbritannien, Deutschland und Italien lag Österreich-Ungarn gleichauf mit Russland (Steidl et al. 2017). Eine solche Reihung setzt voraus, dass man die Migrant/innen gemäß ihrer Zugehörigkeit zu damals existierenden Staaten oder Staatenbünden betrachtet.[3] Genau das wird aber im Falle von Migrant/innen aus Österreich-Ungarn nicht mehr getan. Der Grund dürfte darin liegen, dass anders als bei den anderen genannten Staaten kein einheitlicher Nachfolgestaat an die Stelle der Monarchie getreten ist, sondern mehrere Einzelstaaten. Dementsprechend liegt seitdem der traditionelle Fokus der Erinnerungspolitik wie auch der Forschung auf ethnischen oder nationalen Gruppen. Man hat also etwa polnische Migration, ungarische Migration oder kroatische Migration etc. behandelt, aber keine österreichisch-ungarische (traditionsbildend Blegen 1931; Puskás 2000; Prpić 1978). Dabei wurden häufig ethnische Gruppen über die Grenzen zwischen den Reichen der Romanov und der Habsburger hinweg definiert (vgl. Mc Caa et al. 2006). Manche Autor/innen beschrieben auch transnationale Gruppen, die eher durch die US-Wahrnehmung und die soziale Lage definiert waren (vgl. Morawska 1985). All das geschah nicht ohne gute Gründe. Doch die Geschichtsschreibung über die Migrant/innen aus Österreich-Ungarn hat dadurch einige anachronistische Züge angenommen – genau genommen gibt es sie als solche bisher kaum.

An diesem Punkt hat das Projekt „Understanding the Migration Experience" methodisch anders angesetzt. Wir beschlossen, die historische Realität Österreich-Ungarn als Herkunftsland zum Rahmen der Untersuchung zu machen. Einige weniger allgemein bekannte Tatsachen sind dadurch stärker in den Fokus gerückt: Die Hauptherkunftsregionen aus Österreich-Ungarn waren um 1900 das damalige Galizien, die heutige Slovakei sowie die Adriaküste bis ins heutige Montenegro. Es handelte sich also nicht um das heutige Österreich und auch eher nicht um das heutige Ungarn. Die Sprachen der Migrant/innen waren vor allem slavische Sprachen (Polnisch, Russisch, Ukra-

---

3 Freilich ist auch diese Betrachtungsweise nicht unproblematisch. So haben das Deutsche Reich und das Königreich Italien in der ersten Hälfte des 19. Jahrhunderts noch nicht existiert. Die deutschen Gebiete waren noch ein Staatenbund, dem auch habsburgische Gebiete angehörten. Teile des späteren Italien befanden sich innerhalb Österreich-Ungarns.

inisch, Slovakisch, Serbokroatisch, Tschechisch), sowie Jiddisch, Italienisch, Ungarisch, Rumänisch und auch Deutsch. Nur wenige von ihnen waren gut ausgebildete Personen, die in Amerika Karriere machten. In den meisten Fällen handelte es sich um Menschen aus ländlichen Gebieten, die Arbeit in den Gruben, den Wäldern und den Fabriken des Mittleren Westens und der Ostküste suchten. Sie wurden in den USA als proletarisch wahrgenommen, als kulturell fremd, gar als sozial und kulturell minderwertig.[4] Vor diesem Hintergrund richtete sich das besondere Interesse des Forschungsprojektes auf zwei thematische Bereiche: zum einen auf die Integration der Migrant/innen aus Österreich-Ungarn als *Arbeiter/innen* und zum andern auf ihre eigenen sozialen (politischen, ökonomischen, kulturellen) Artikulationen der ethnischen *Vielfalt* (wobei mein Thema und dieser Aufsatz dem ersteren Bereich angehören). Um beide Bereiche adäquat beschreiben zu können, mussten wir einige methodische Entscheidungen treffen.

Warum Infrastrukturen, warum Identitätsmanagement?

Forschungsziel und Methoden des Projektes waren von Anfang an aufeinander abgestimmt. Das Projekt sollte Aufschluss über ethnische Hintergründe und soziales Verhalten und deren Zusammenhänge geben und diese aufgrund von verschiedenen Materialarten belegen: Um US-amerikanische Volkszählungen und Schiffslisten kümmerten sich Annemarie Steidl und James Oberly. Um migrantische Nachlässe und Druckerzeugnisse in historischen Archiven kümmerte sich in erster Linie der Autor dieser Zeilen. Das Forschungsprojekt trat mit dem Anspruch an, quantitatives Material und „qualitatives" Material im sozialwissenschaftlichen Sinne des Wortes, zusammenzubringen, um die Vor- und Nachteile beider Quellenarten auszugleichen und sich gewissermaßen gegenseitig inspirieren zu lassen.

Nun wäre eine klassische Herangehensweise an solch eine Quellenkombination zweierlei gewesen. Erstens können mit Hilfe von Archivquellen und Publikationen Blindstellen und Fehlerquellen in den quantitativen Quellen erkannt und korrigiert werden (und umgekehrt). Diese Methode verwendeten wir in manchen Fällen durchaus. Beispielsweise wussten wir aus den schriftlichen Quellen, dass die Angaben über die Anzahl von serbischen Migrant/innen in den USA weit zu tief gegriffen waren. Die zweite traditionelle Herange-

---

[4] Diese Ergebnisse werden in Steidl et al. (2017) präsentiert. Viele dieser Tatsachen sind bereits länger bekannt. Siehe etwa Benko-Grado (1930), Kraljic (1978), Glettler (2001), Teitelbaum (2006) und Gabaccia (2002). Sie wurden nur nicht im Rahmen des Themas Österreich-Ungarn diskutiert.

hensweise wäre, aus dem quantitativen Material Thesen zu entwickeln, sie zu belegen und diese dann mit Hilfe von individuellen Fällen aus den qualitativen Quellen zu illustrieren. Auch dieses Verfahren haben wir uns zunutze gemacht, indem Annemarie Steidl zum Beispiel den Fall eines böhmischen Farmers in Owatonna, Minnesota verwendete, um das Funktionieren des transatlantischen Heiratsmarktes zu illustrieren (Steidl et al. 2017: 203 ff). Aber dies war nicht der hauptsächliche Verwendungszweck von Archivmaterial.

Wir haben uns im Großen und Ganzen für eine andere Verwendung des sogenannten qualitativen Materials entschieden. Dafür hatten wir zwei Gründe: Erstens schien uns eine Beschränkung auf die vorgenannten Herangehensweisen allzu sehr geeignet, den Quellen aus Archiven und Druckschriften verminderte Aussagekraft zuzuschreiben und sie somit den quantitativen Quellen heuristisch unterzuordnen. Wir hatten den Eindruck, dass wir uns so kaum vom Stand der historisch-methodologischen Debatte der 1980er-Jahre lösen würden.[5] Zweitens war uns vor allem klar, dass die quantitativen Quellen einen entscheidenden Nachteil hätten, wenn wir die quantitative Argumentation nicht durch eine weitere flankieren würden. Es handelte sich um das bekannte Phänomen, dass diese Quellen nicht von den Akteur/innen produziert worden waren, über die wir eigentlich schreiben wollten: die Migrantinnen und Migranten (Desrosières 1998). Es ging also darum, die eingeschränkte Aussagekraft quantitativer Quellen zu ‚entfesseln'. Die Volkszählungen und Schiffslisten, welche die wichtigsten quantitativen Datenquellen für unsere Forschung darstellten, bergen gewisse Probleme. Diese rühren aus der Beschaffenheit der Quellen her. Die Daten des US-Zensus sind ab 1860 in Form von Samples von einem Prozent des gesamten Zensus verfügbar (die Daten von 1870 werden gerade aufbereitet, der Zensus von 1890 ist verloren) und können als Datensätze der Datenbank Integrated Public Use Microdata Series (IPUMS) abgerufen werden.[6] Folgende Informationen sind in diesen Datensätzen vor 1900 unter anderem enthalten: Wohnort, Geschlecht, Alter, Geburtsstaat, ab 1900 auch "state of father's birth", "state of mother's birth", ab 1900 auch Jahr der Einwanderung und Beherrschung des Englischen, Verwandtschaftsverhältnisse, "color or race", Ausbildung, Beruf, ab 1910 auch die Sprache, aber nicht die Religion. Da die Informationen nicht in jedem Zensusjahr gleich sind und weil die Fragestellung von IPUMS eine andere ist als die der Volkszähler war, wurden diese Informationen für IPUMS in Variablen codiert, z.B. die Variable STEPMOM, die angibt, ob die Mutter ei-

---

5 Siehe zu dieser Debatte z.B. die Einleitung in Foner (1980).
6 Steven Ruggles et al. (2010): Integrated Public Use Microdata Series: Version 5.0: https://usa.ipums.org/usa/intro.shtml#sources, zuletzt geprüft am 14.5.2018.

ner Person aller Wahrscheinlichkeit nach ihre Stief- oder Adoptivmutter war. Einige Informationen wurden auch nachträglich als Variable aus dem Material erschlossen, vor allem spanische Familiennamen rückwirkend bis 1850. Die Daten in IPUMS sind anonymisiert, wobei die Zählbögen sehr wohl genaue Adressen und Namen enthalten. Andere quantitative Quellen sind die Passagierlisten, das sind Samples aus digitalisierten Listen von Schiffen, die 1910 in die USA fuhren, 20 von Bremerhaven, zwei von Hamburg aus. Die Samples enthalten 5966 Personen, was 5 Prozent der gesamten Migration aus Österreich-Ungarn in die USA im Jahr 1910 gleichkommt. Die Informationen umfassen Namen, Ankunftsdatum, mitgereiste Familienmitglieder, Geschlecht, Alter, Familienstand, Ausbildung und Geburtsort, letzten Wohnort und die Anschrift der nächsten Verwandten in Europa (Steidl et al. 2007). Diese Daten aus quantitativen Quellen erlauben es, vielfältige soziale Kategorien, Beziehungen und Transformationen darzustellen.

Was aber die Frage von Identitätsprozessen anbelangt, birgt dieses Material auch Probleme. Dabei ist die Tatsache, dass der Hafen Triest nicht berücksichtigt wurde, über den viele der südslavisch sprechenden Migrant/innen in die USA gelangten, nicht der schwerwiegendste. Dieses Manko kann relativ leicht durch eine Auswertung der Listen von Schiffen beseitigt werden. Das Hauptproblem besteht in den ethnischen Kategorien Sprache und Nationalität, die sowohl in den Zähl- als auch in den Schiffslisten aufgeführt wurden. Denn diese Kategorien sind nicht so sehr von den Migrant/innen definiert worden, sondern vom Zensus bzw. von den Schifffahrtsgesellschaften und vor allem den Einwanderungsbehörden. Hierbei wurden offensichtlich systematisch Angaben über das Herkunftsland mit der Nationalität gleichgesetzt. Nur so sind die hohe Anzahl von „Dalmatinern" und die geringe Anzahl von „Serben" in den Schiffslisten und die hohe Anzahl von Sprecher/innen des „Kroatischen" im Gegensatz zum „Serbischen" im Zensus zu erklären (die meisten der serbischen Migrant/innen aus Österreich-Ungarn stammten aus Dalmatien, Ungarn und Kroatien).[7] Wie können wir auf solche Herausforderungen durch die Quellenlage antworten?

Zwei Arten von Identitätsmanagement berücksichtigen!

Die erste Antwort besteht darin, die Rolle des Zensus und der Einwanderungsbehörden als ‚Identitätsmanager' klar zu benennen. ‚Identitätsma-

---

7 Wahrscheinlich befanden sich unter den Ungar/innen in Zensus und Passagierlisten auch viele, die bei anderer Befragung Serbisch als ihre Sprache angegeben hätten, wie ein näherer Blick auf die Namen in den Passagierlisten zeigt.

nagement' bedeutet, Menschen in der Öffentlichkeit und auch in nicht-öffentlichen Netzwerken als Angehörige bestimmter Kategorien darzustellen.⁸ Zum Beispiel betreibt ein politischer Führer einer ethnischen Minderheit in einem Land Identitätsmanagement, wenn er darüber spricht, dass nicht nur Menschen, welche die Minderheitssprache sprechen, zu seiner Gruppe gehören, sondern auch solche, die von Sprecher/innen der Minderheitssprache abstammen, die Minderheitssprache selbst aber nicht sprechen. Dabei werden die Betroffenen meist nicht nach ihrer Zustimmung gefragt. Solche Fälle sind es, die meistens mit dem Begriff des Identitätsmanagement in Verbindung gebracht werden. Der Zensus wird gewöhnlich nicht als Identitätsmanagement gesehen, obwohl er im Grunde auch nichts anderes tut, als Menschen gewissen Gruppen, wie z.B. Generationen, Ethnien, Minderheiten, Berufen oder Geschlechtern zuzuordnen, ohne sie um ihr Einverständnis zu bitten. Dieses Identitätsmanagement des Zensus sollte in der Regel auf unparteiische und objektive Weise geschehen.⁹ Doch zeigte sich bei unseren Recherchen wenig überraschend, dass auch und gerade im US-Zensus Eingriffe stattfanden, die mit den Selbstbildern der Befragten wohl wenig zu tun gehabt haben dürften. Dies wird beispielsweise dadurch sichtbar, dass die Zensusnehmer alle zehn Jahre mit neuen Instruktionen die ethnolinguistischen Zugehörigkeiten der Befragten betreffend von Tür zu Tür gingen. Besonders zeigt sich dies in den Kategorien, die der Zensus in den Publikationen der Volkszählungsergebnisse auf die „nations" anwendete. Die Definition nationaler bzw. ethnischer Zugehörigkeit im Zensus war von US-Interessen geleitet; die Definitionen entsprachen mehr oder weniger den Einteilungen, welche das Foreign Office in seiner inneren Struktur anwendete. Diese außenpolitische Beeinflussung der Zensusdaten wird eklatant im Jahre 1910, in dem Österreich-Ungarn intervenierte, um die Kategorie „Bohemian" aus dem Antwortkatalog nehmen zu lassen und ausnahmslos entweder „Austrian" oder „Hungarian" als Antwort von Staatsbürgern der Doppelmonarchie zu akzeptieren.

Dies war eindeutig eine Anwendung österreichisch-ungarischer Definitionen auf den US-Zensus. Als Folge dieser Politik gab es eine Debatte im Repräsentantenhaus, während derer die Identitätsbedürfnisse der Tschechen und Slowaken in den USA zur Sprache kamen. Als Folge dieser Debatte wurde buchstäblich in letzter Minute zum ersten Mal für die gesamten Vereinigten

---

8 Der Begriff Identitätsmanagement wurde noch nicht systematisch eingeführt, wird aber implizit schon lange gebraucht. Siehe etwa Goffman (1963), Giordano (1997), Brubaker (2004).
9 Zum US-Zensus als Quelle der Migrationsgeschichte siehe Harzig (1985).

Staaten die Zensusfrage nach der Muttersprache eingeführt. Sie musste händisch in die Zählbögen eingetragen werden (Phelps 2013).

Volkszählungen und die Publikation ihrer Ergebnisse sind also als klare Beispiele von staatlichem Identitätsmanagement zu sehen, wobei es mitunter auch zu Interventionen von anderen Identitätsmanagern, wie etwa fremden Staaten oder Minderheitengruppen, kommen kann. Eine korrekte Interpretation der vom Zensus generierten Daten muss also diese Tatsache mit in Erwägung ziehen. Dies war die erste Antwort auf die Herausforderungen des Materials.

Die zweite Antwort bestand darin, das Gewicht des staatlichen Massendaten-Identitätsmanagements etwas auszugleichen, indem wir eine weitere Art von Quellen hinzuzogen, welche das Identitätsmanagement der anderen genannten Akteure zeigten. Dazu zählen das Identitätsmanagement staatlicher und kirchlicher Stellen in den Herkunftsstaaten, aber vor allem eines oft übergangenen Akteurs: migrantische Identitätsmanager. Das sind Menschen, welche die betreffenden Migrant/innen aufgrund verschiedener identitärer Kriterien zu kollektiven Subjekten sammeln wollen. Anstatt uns also auf die Definition der Migrant/innen aus dem Zensus allein zu verlassen, bezogen wir zusätzlich die Standpunkte migrantischer Eliten mit ein.

Warum aber beschrieben wir migrantische Eliten und nicht die ‚einfachen' Migrant/innen? Die Antwort liegt erstens darin begründet, dass gerade das Beschreiben dieser ‚einfachen' Migrant/innen einen Akt des Identitätsmanagements durch uns selbst dargestellt hätte. Würden wir die Massendaten verwenden, um zu sagen, ‚wer sie wirklich waren' oder ‚was sie wirklich wollten' bzw. ‚was ihre eigentlichen Interessen waren', würden wir selbst einen Akt des Identitätsmanagement setzen, d.h. wir würden als Forscher/innen diese Menschen in einer Weise gruppieren und definieren, wie sie selbst es nicht unbedingt getan hätten. Zweitens gibt es offenbar keine direkte Möglichkeit, die Lage und die Interessen von Menschen in Vergangenheit und Gegenwart zu beschreiben, als jenen Akteuren zu folgen, welche versuchen, bestimmte Menschen nach Gruppen zu definieren – eben in unserem Falle Identitätsmanagern.[10] Sie sind es, die Ethnizität öffentlich zu definieren versuchen. Etwas ‚Authentischeres' als diese Praxis steht nicht zur Verfügung.[11]

---

10 Dieses Argument wird ausführlich dargelegt von Latour (2005).
11 Bestenfalls können wir individuelle Praktiken von Migrant/innen aus persönlichen Aufzeichnungen heranziehen, die uns aber wiederum nur zeigen, wie der oder die Einzelne mit dem Identitätsmanagement anderer umging und sozusagen ein individuelles Management dieser Art betrieb (vgl. Goffman 1963).

Identitätsmanagement analysieren

Der Methodenmix im Projekt bestand also aus historisch-quantifizierenden Methoden ebenso wie aus klassischer geschichtswissenschaftlicher Archivarbeit. Hierbei war es wichtig, einzelne Akteure zu identifizieren, ihre verschiedenen Funktionen und Verbindungen, ihre Infrastruktur und ihre Aktionen nachzuvollziehen. Zu den Aktionen zählen auch diskursive Akte, besonders Äußerungen in Medien. Diese lassen sich am besten durch die dritte Methode, nämlich durch Diskursanalysen einzelner migrantischer Medien nachvollziehen, in denen migrantische Eliten ihre Ziele und Forderungen an ihr jeweiliges Identitätsprojekt formulierten (Steidl et al. 2017).

Um die Materialfülle bewältigen zu können, konzentrierte sich die Fallstudie auf das Identitätsmanagement von Migrant/innen südslavischer Sprachen. Der Schwerpunkt lag auf der Zeit ab den 1890er-Jahren, weil damals die meisten Menschen den Atlantik von oder nach Österreich-Ungarn überquerten.[12] Der Zug der neuen Massenmigration in die Bergbau- und Industriezentren Nordamerikas brachte auch die vermehrte Organisation in bruderschaftlichen Vereinigungen (fraternities) mit sich. Solche Organisationen hatten sich schon früher gebildet, wahrscheinlich in einer Kombination mitgebrachter Vereinigungsformen mit den Praktiken, die sich in den USA bereits unter anderen Migrant/innen von den britischen Inseln oder aus den deutschen Ländern entwickelt hatten. Doch die 1890er- bis 1910er-Jahre waren sicher die Zeit der Hochblüte dieser Organisationsform.

Typisch war, dass diese Vereinigungen keine ausgefeilte Hierarchie hatten, sondern dass dort einfache Mitglieder die Führungsfunktion übernahmen. Ihre Ausrichtung war stark funktional geprägt, meist ging es um gegenseitige Unterstützung und Versicherung für den Verletzungs- oder Todesfall (Soyer 2006). Deshalb haben einige dieser Organisationen auch als Versicherungen überlebt, wie etwa die „American Fraternal Union", welche auf die „South Slavic Catholic Union" von 1898 zurückgeht (Friš 1994). Zwar waren diese Bruderschaften durch ihre Mitgliedschaft proletarisch geprägt und vertraten

---

12 Chronologisch gesehen, geht das Identitätsmanagement aber schon auf die „48er" zurück, also auf politische Flüchtlinge im Gefolge der Niederschlagung der Revolutionen von 1848/1849. Später kamen einzelne Geistliche, die oft von den Kirchen, vor allem der katholischen, in Österreich-Ungarn geschickt wurden. Manchmal wurden sie auch von einer ethnisch orientierten Institution daheim entsandt, z.B. ein slovenischer Bischof aus Krain, der im Norden Minnesotas in den 1880er-Jahren dafür sorgte, dass dort auch in slovenischer Sprache missioniert wurde: Neyer (1996), Drenning Holmquist et al. (1981), Godišnje izvješće (1941).

Arbeiterinteressen und darüber hinaus oft auch Standpunkte, die denen von Gewerkschaften und Sozialisten ähnelten – sie hatten aber keine ausgeprägte Ideologie. Religiosität und Klassenstandpunkt waren oft koexistent, es gab viele Priester in ihren Reihen und je nach Situation parallele Organisation oder auch Überlappungen (Schneirov 1986). Aber auch politische Organisationen gab es, die diese Migrant/innen organisieren wollten, vor allem sozialistische, wie etwa die „Yugoslav Socialist Party". Alle diese Organisationen wurden von migrantischen Identitätsmanagern aufrechterhalten.

Die Identitätsmanager waren oft gleichzeitig Herausgeber von Zeitungen, welche die Kommunikation unter und mit den Mitgliedern sowie das Anwerben von neuen und das Halten bereits vorhandener Mitglieder sicherstellen sollten, mitunter, wie zu zeigen sein wird, über Generationen. Manche Zeitungsherausgeber waren aber nicht als Manager in solchen ethnischen oder ethnopolitischen Organisationen tätig, sondern spielten eher eine Zwischenrolle zwischen "ethnic entrepreneur" und Identitätsmanager (Brubaker 2004). Solche Identitätsmanager verdienten ihr Geld mit dem Verkauf von Tickets, dem Betreiben von Banken, Werbung, Gastronomie, alles um die Migrant/innen herum. Ein gutes Beispiel dafür ist das Unternehmen des Frank Zotti (1872–1947), der in New York nahe der Anlegestelle für Schiffe aus Übersee ein Lokal betrieb, welches alle diese Funktionen zusammenführte – und auch noch eine kroatische Wochenzeitung herausgab.[13] Wie dieses Beispiel zeigt, war das Ergebnis dieses "ethnic entrepreneurship" aber oft gleichzeitig auch Identitätsmanagement. Identitätsmanagement und "ethnic entrepreneurship" waren personell und strukturell eng verflochten.

Wie wird Identitätsmanagement von migrantischen Eliten manifest? Neben der diskursiven Ausformulierung in Medientexten (siehe unten) ist Identitätsmanagement vor allem über die Infrastruktur des Identitätsmanagements nachvollziehbar. Dazu gehören vor allem Ticketbüros, Verlagshäuser und Banken, wie jene des Frank Zotti. Diese darf man sich jedoch nicht als große, im Stadtraum gut sichtbare Institutionen vorstellen, sondern meist als mobile, hybride Unternehmen. Oft befanden sie sich im Hinterzimmer eines „saloon" oder es stellte eben ein bestimmtes Haus mit „saloon" gleichzeitig den Ort für die Infrastrukturen Ticketbüro, Bank und Verlagshaus dar. Häufig kam es vor, dass derartige Büros umzogen. „Fraternal homes", also die Räumlichkeiten, in denen sich bruderschaftliche Organisationen trafen und ihr Material lagerten, waren formalere Orte, oft im translokalen Netzwerk einer solchen Bruderschaft, wie etwa der „Croatian Fraternal Union"

---

13 Siehe dazu die von Zotti herausgegebene Zeitung „Narodni List", sowie Prpić (1971) und Kraljic Curran (1989).

(CFU). Sie stellten Treffpunkte zur Verfügung, manchmal auch Leseräume mit Zeitungen und Büchern, Platz für Veranstaltungen und Geselligkeit, inklusive Alkoholkonsum, und sie hatten manchmal ebenfalls eine Verlagsinfrastruktur. Kirchen und angegliederte Örtlichkeiten wie die „church homes" waren ebenfalls Orte, an denen sich Identitätsmanagement räumlich kristallisierte, wie etwa in den Sitzungen des Gemeinderates der kroatischen katholischen Kirchengemeinde St. Mary in Rankin, Pennsylvania, die in ihren Protokollen und Jahresberichten dokumentiert sind.[14] Die mehrfach erwähnte publizistische Infrastruktur überschnitt sich mit den Gemeindestrukturen der Migrant/innen, aber es gab auch eigenständige Verlagshäuser, wie jenes des John Palandech (1874–1959) in Chicago, der mit seinen publizistischen Tätigkeiten eigene kommerzielle Ziele verfolgte – und dies nicht ohne Erfolg, wie seine Präsidentschaft der „Foreign Language Press Association of Chicago" belegt.[15] Solche Infrastrukturen waren anfangs jeweils auf einen Ort konzentriert, in den 1920er- und 1930er-Jahren entstand dann eine translokal vernetzte Produktion von Bildern und Texten, wie etwa die Tätigkeit des Druckers Milan Vaskov belegt, der das Rastern der Illustrationen für eine weit entfernt gelegene sozialistische US-jugoslavische Zeitung besorgte.[16] Um solche Translokalität zu erreichen, nutzten derartige Akteure die bestehende allgemeine Infrastruktur zur Kommunikation und Distribution, also die US-Post. Dachorganisationen wie die „Croatian Fraternal Union" sorgten dafür, dass Menschen wie Vaskov von einer Rolle als Distributor profitieren konnten. Diese Beispiele sind Spuren von Identitätsmanagement, wie sie in Archiven zu finden sind, nicht aber im Zensus. Ein weiterer Vorteil der elitenorientierten Vorgehensweise ist also, dass über den Weg der Identitätsmanager Ethnizität von einem Begriff zu einer historisch nachweisbaren Praxis wird, die etwa in der Infrastruktur sichtbar wird.

---

14 Diese Infrastrukturen sind einerseits in den Zeitungen der Organisationen nachvollziehbar, z.B. „Zajedničar", „Napredak", „Narodni List", „Amerikanski Slovenec", „Amerikanski Srbobran". Die als Beispiel genannten Protokolle befinden sich in: The Yugoslav National Home, Ely, MN Records; Immigration History Research Center, University of Minnesota, Minneapolis, MN; Slovene American Collection, The St. Mary's Roman Catholic Church (Rankin, PA) Records; Immigration History Research Center, University of Minnesota. Minneapolis, MN; Croatian American Collection: http://ihrc.umn.edu/research/vitrage/all/ so/ihrc2509.html.
15 The Palandech, John R. Papers. Immigration History Research Center, University of Minnesota. Minneapolis, MN, Serbian American Collection. (vgl. Vidaković-Petrov 2006: 5)
16 The Vaskov, Milan Papers. Immigration History Research Center, University of Minnesota. Serbian American Collection.

Es mag vielleicht etwas ernüchternd wirken, den Massendaten nicht ‚Ethnizität' selbst oder ‚die Migrant/innen selbst' gegenüberzustellen, sondern nur die Spuren derjenigen zu untersuchen, die versuchten, Ethnizität zu definieren und zu produzieren. Doch wenn schon die Lage und Umstände der Migrant/innen nur vermittelt durch staatliche und andere hegemoniale Akteure gezeigt werden können, dann ist es das Mindeste, auch die Interventionen der migrantischen Identitätsmanager zu zeigen und den dominanten US-Akteuren zuzugesellen. Der Vorteil bei dieser bescheideneren Herangehensweise ist aber, dass sie historisch nachweisbare Ergebnisse erbringt und damit wissenschaftlich ist. Und nur so ist es möglich, der Stimme von Migrant/innen in der Geschichtsschreibung mehr Gewicht zu verleihen und einer ausgeglichenen Darstellung näher zu kommen.

3 Die migrantische öffentliche Kultur als alternative Hegemonie

Ergebnis der Archivforschung ist eine Beschreibung der südslavisch-sprachigen migrantischen öffentlichen Kultur in den USA als alternative Hegemonie. Dieser Begriff mag sich nicht primär aufdrängen, wenn es um die öffentliche Kultur von Minderheiten geht. Von Hegemonie zu sprechen, hat aber den Vorteil, dass dadurch die Transformation der südslavischen migrantischen Öffentlichkeit gut beschreibbar wird: als Entwicklung von einer alternativen Hegemonie ab den 1890er-Jahren zu einer Nischenkultur ab den 1960er-Jahren.

Was genau ist nun mit alternativer Hegemonie gemeint? Was für andere Migrant/innen in den USA galt, galt auch für jene aus Österreich-Ungarn: Sie entwickelten voll funktionsfähige Öffentlichkeiten in ihren eigenen Sprachen, die über einen gewissen Zeitraum funktionierten. Das bedeutet zum einen, dass es eine große Vielfalt an Zeitungen in allen Sprachen der österreichisch-ungarischen Monarchie gab (mit Ausnahme von Romani, der Sprache oder den Sprachen der Roma). Die Sprachen, in denen von und für österreichisch-ungarische Migrant/innen in den USA publiziert wurde, umfassten etwa zehn größere linguistische Domänen. Das waren im Einzelnen das Deutsche, Tschechische, Ungarische, Slowakische, Jiddische, Serbokroatische, Polnische, Rumänische, Slowenische, Ukrainische und Russische. Unter den meisten Publikationen in diesen Sprachen gab es jeweils verschiedene politische Ausrichtungen. So erschienen nicht nur ungarische Zeitungen, sondern katholische ungarische Zeitungen, sozialistische ungarische Zeitungen, unabhängige ungarische Zeitungen etc. In manchen Sprachen gab es auch regionale Zeitungen, d.h. nicht nur eine ungarische Zeitung, sondern eine ungarische Zeitung für Detroit und Umgebung, eine ungarische Zeitung für Chicago, für New York etc. Im hier besprochenen Fall waren es die slowenischen Zeitungen, die besonders diversifiziert waren, sowohl politisch als auch regional, während kroatische und serbische Publikationen sich eher unabhängig gaben und nur in bestimmten Städten erschienen und von dort verschickt wurden.[17] Es existierten also in den USA von der Mitte des 19. bis zur Mitte des 20. Jahrhunderts fremdsprachige Öffentlichkeiten in beträchtlichem Ausmaß. Migrant/innen aus Österreich-Ungarn hatten einen erheblichen Anteil daran und trugen wesentlich zu ihrer Vielfalt bei.

Diese Zeitungen waren keine Werbeblätter im Dienste eines subventionierenden Akteurs, sondern dienten entweder der Information von Angehörigen einer Gemeinde oder eines Vereines, wie den Bruderschaften. Oder sie verfolgten kommerzielle Ziele. Sie veröffentlichten oft auch Werbung, um sich zu finanzieren. Sie hatten eine breite Auswahl an Sparten und waren nicht monothematisch. Außerdem hatten diese Zeitungen den Anspruch, im jeweiligen Medium prinzipiell eine Version der ganzen Welt darstellen zu wollen, nicht nur den Mikrokosmos einer Nischenkultur.[18] Dies lässt sich ganz konkret an den Sparten und Themen der Zeitungsausgaben nachvollziehen. Diese Zeitungen berichteten nicht nur über die engeren Belange der eigenen Klientel, sondern, wie in unserem Fall, über USA-weite Nachrichten allgemein, natürlich besonders wenn die Leser/innenschaft selbst betroffen war, aber eben nicht nur in diesem Fall. Es ging um umfassende Information darüber, was als gemeinsame Welt verstanden wurde. Und diese Welt war in den untersuchten Zeitungen klar in den USA zentriert. So berichteten kroatische und slowenische Blätter in den 1890er-Jahren zum Beispiel über den spanisch-amerikanischen Krieg und über Ereignisse in der amerikanischen High Society. Teilweise hatten sie sogar einen weiteren Horizont als eingesessene US-Zeitungen, weil ihre Berichterstattung auch Europa abdeckte. Fremdsprachige US-Zeitungen gelten deshalb als Pioniere der internationalen Berichterstattung unter den US-Medien. Die fremdsprachigen Blätter übersetzten für die Migrant/innen den US-Diskurs im kulturellen ebenso wie im linguistischen Sinne des Wortes „Übersetzen" (Rhodes 2010; Zubrzycki 1958). Diese Öffentlichkeiten hatten mit anderen Worten einen hegemonialen Charakter. Dabei ist mit Hegemonie nicht „Dominanz" gemeint,

---

17 Es gab unter den slowenischen Medien langlebige Titel wie „Ameriška Domovina" in Cleveland oder „Delavec" in Detroit, und kurz- und mittelfristige Projekte wie „Clevelandska Amerika" in Cleveland, „Edinost" in Chicago, „Glas Naroda" in New York, „Glas Svobode" in Pueblo, Colorado, „Slovenija" in Milwaukee u.v.a.m.
18 Eine entsprechende Begriffsdefinition findet sich bei Link (1982, 1986), Link und Parr (2005).

sondern das, was wir weiter oben „voll funktionsfähig" genannt haben in Verbindung mit einem Anspruch, eine ganze Weltsicht zu repräsentieren.

Die Begriffe Hegemonie und das Adjektiv hegemonial verweisen freilich auf die Theorien von Antonio Gramsci, in denen es darum geht, wie es herrschenden Klassen in der Moderne gelingt, den herrschenden politischen Zustand als natürlich und unveränderbar erscheinen zu lassen, und wie es den aufbegehrenden Klassen gelingen kann, dieser kulturellen Hegemonie eine eigene, eine Gegenhegemonie entgegenzusetzen.[19] Auch wenn sich das gegenständliche Forschungsprojekt nicht mit solchen Fragen des Klassenkampfes befasst, so ist doch der zentrale Aspekt der politischen Subjektwerdung durch massenhafte Kommunikation über eine als gemeinsam dargestellte Welt und Wirklichkeit gegeben, geht es doch gerade darum, wie migrantische Eliten ihre ethnischen Subjekte kollektiv zu schaffen in der Lage waren. Wenn eine Medienlandschaft dazu geeignet war, handelte es sich um eine hegemoniale, wenn nicht, dann bezog sich der politische Wille der Akteure offenbar eher auf einen Teilbereich, eine Nische. Gramsci sprach, wenn auch nicht wörtlich, so doch implizit von Gegenhegemonie. Wir haben es aber bei den migrantischen Öffentlichkeiten in den USA weniger mit einer oppositionellen Hegemonie zu tun, sondern eher einem hegemonialen Diskurs, der als Alternative zum englischsprachigen Diskurs in den USA verstanden werden kann: die Mediennutzer/innen konnten, so sie des Englischen mächtig waren, an beiden gleichzeitig teilnehmen, ohne sich Gedanken über ihre Loyalität im politischen oder kulturellen Sinne machen zu müssen.

Die Medien der österreichisch-ungarischen Migrant/innen interagierten intensiv mit anderssprachigen Diskursen in den USA. So ist der US-Mainstream-Diskurs in den Texten dieser Zeitungen stets präsent. Das ging so weit, dass sich Texte in nicht-englischsprachigen Medien immer wieder auch an die US-Mehrheitsbevölkerung richteten, auch wenn sie in diesen Fällen oft nicht Englisch geschrieben waren, sondern in der Sprache des jeweiligen Mediums. Dieses Sprechen hatte eine symbolische Funktion, aber es zeigt, dass die eingewanderten Akteure sich grundsätzlich in einem Kommunikationszusammenhang mit dem englischsprachigen Diskurs sahen. In manchen Fällen erschienen sogar englischsprachige Appelle an die Mehrheit in südslavischen Zeitungen.[20] Die Zeitungskommunikation war damals ebenso wenig

---

19 Gramscis Theorien sind wegen seiner Gefangenschaft nur verstreut und kryptisch überliefert, aber nachvollziehbar in: Candeias et al. (2013). Entwicklungen dieser Theorien im hier verwendeten Sinne sind: Mouffe (1979), Bobbio (1988).
20 Siehe etwa Artikel, in denen die ethnische Zugehörigkeit der Kroaten in den USA auf Englisch erklärt wurde. We are no Hungarians. In: Napredak, 27.1.1898, ➤

auf ethnische Nischen beschränkt, wenn es um andere migrantische Ethnien ging. Erstens gab es eine rege *Koop/era/tion* und zweitens schauten sich Identitätsmanager vor allem neuerer Gruppen viel von den anderen ab. Mit Koop/era/tion ist gemeint, dass mehrere ethnische Identitätsprojekte miteinander kooperierten und teilweise auch kooptiert waren (in der Bedeutung, dass eine Gruppe Teile der anderen Gruppen inkludieren konnte). Dies traf besonders vor dem Ersten Weltkrieg zu. So machten kroatische und tschechische Vereine füreinander in ihren Zeitungen mit Anzeigen Werbung und kroatische und polnische Vereine tauschten ihre Druckausrüstung inklusive Sujets auf Druckplatten aus, eine Form der infrastrukturellen Kooperation. Doch es gibt auch Beispiele, die über innerslavische Kooperation hinausgingen, etwa wenn kroatische Vereine die Schiller-Halle der deutschen Vereine in Chicago mitbenutzten. Dies waren schon Formen der Kooption, besonders dann, wenn es Mehrfachmitgliedschaften gab, die über strenge ethnische Definitionen hinweggingen. Außerdem gab es Know-how-Transfer zwischen verschiedenen ethnischen Gruppen, selbst wenn dies nur passiv durch Nachahmung oder Lernen aus Fehlern geschah. So übernahmen Identitätsmanager aus Österreich-Ungarn Organisationsformen und Praktiken des Migrationsmanagements von englisch- oder deutschsprachigen Gruppen, deren Medien ja zumindest viele Identitätsmanager zu lesen in der Lage waren. Die Erfahrungen der zuerst Gekommenen wurden übernommen, es wurde verglichen und es wurden Parallelen gezogen. So verglichen etwa, als der ehemalige britische Premierminister William Gladstone (1809–1898), Befürworter des „Home Rule Act" zur Etablierung einer Autonomie in Irland, verstarb, kroatische Nationalisten die Situation ihres Identitätsprojektes in der Habsburgermonarchie mit der Lage des irischen Identitätsprojektes im Britischen Reich.[21] Ethnische Medienpolitik der "new immigrants" bedeutete in den USA zwischen 1890 und 1945 nicht Abschottung, sondern Teilnahme am Gesamtdiskurs in der eigenen Sprache in Form einer alternativen Hegemonie.

Doch gab es auch wichtige Unterschiede zu den englischsprachigen Zeitungen. Da war zunächst einmal die andere, den meisten Menschen in den USA unverständliche Sprache. Hinzu kam der andersartige soziale Standpunkt, von dem aus die Migrantenzeitungen sprechen konnten. Es war klar, dass sie Zeitungen von Minderheiten waren und es wird aus den Inhalten auch immer deutlich, dass es sich um ein proletarisches oder proletarisiertes

---

S. 3; Exclusively Croatians. In: Napredak, 27.7.1898, S. 1.
21 William E. Gladstone čiju smrt smo navjestili u našem zadnjem broju. Ovdje prinašamo njegovu sliku uzetu zadnji put kada je bio ministrom. In: Narodni list, 4.6.1898.

Publikum handelte, etwa wenn wie so oft die schlechte Behandlung durch US-Arbeitgeber beklagt wird.[22] Trotz aller Unterschiede zum englischsprachigen Diskurs ist klar, dass es sich hier nicht um eine *Gegen*hegemonie handelt, nimmt man einmal die nicht unwichtigen Medien der Sozialisten aus Österreich-Ungarn, wie etwa den slovenischen „Proletarec", aus (Hoerder/Harzig 1987; Klemenčič 1985). Denn es war nicht das Ziel dieser Medien, die Medien der englischsprachigen Mehrheit zu ersetzen (was auch unrealistisch gewesen wäre). Vielmehr nahmen migrantische Medien aus Österreich-Ungarn die Haltung von eigenständigen Öffentlichkeiten in den USA ein, die auf ihre Weise am amerikanischen Diskurs teilnehmen wollten. Es war ein US-amerikanischer Diskurs, aber ein anderer als der Mainstream, eben eine alternative Hegemonie.

Das soll nicht bedeuten, dass die „foreign language press" mitsamt den Medien der Migrant/innen aus Österreich-Ungarn in den USA nicht als fremd eingestuft worden wäre. So sah etwa der Begründer der soziologischen Chicago School, Robert E. Park, die fremdsprachige Presse in den USA als eine Anomalie der US-amerikanischen Gesellschaft an, die bald verschwinden werde. Park war auch Initiator einer groß angelegten Untersuchung aller betreffenden Zeitungen in Chicago und Autor einer klassischen Studie.[23] Gerade diese Studie zeigt, wie sehr die fremdsprachige Presse ein Bestandteil der US-Presselandschaft war. Und Robert Park unterschätzte die Langlebigkeit dieses Phänomens bei Weitem. Tatsächlich hielt sich gerade die italienische und südslavische Presse teilweise bis in die 1950er-Jahre. Freilich blieb sie in diesen Jahrzehnten nicht unverändert, sondern machte eine Transformation durch. Heute schreiben kroatische, serbische und slovenische Zeitungen nur mehr auf Englisch und behandeln ausschließlich Detailfragen der jeweiligen ethnischen Gemeinschaft und Entwicklungen in der sogenannten Alten Heimat, also im hier behandelten Fall in Ostmittel- und Südosteuropa. Im Grunde führte die Entwicklung dieser migrantischen Medien von einer alternativen Hegemonie zur heutigen Nischenkultur. Dies war allerdings ein langsamer Prozess, der bis in die 1970er-Jahre währte.

Aufstieg und Niedergang der südslavischen öffentlichen Kultur spielten sich über einen Zeitraum von etwa sechzig bis siebzig Jahren ab. Sie lassen sich in groben Zügen als drei Phasen skizzieren, die ungefähr durch die zwei Welt-

---

22 Da li smo kitajci? In: Narodni list, 22.7.1899, S. 1, Što nam fali u Americi? In: Narodni list, 10.6.1899, S. 3.
23 Chicago Public Library Omnibus Project. The Chicago Foreign Language Press Survey. Chicago, IL 1942; Park (1922).

kriege geschieden werden können.²⁴ Es begann in den beiden Jahrzehnten vor dem Ersten Weltkrieg, gewissermaßen der Pionierzeit der südslavischen Presse in den Vereinigten Staaten, also einer Zeit, in der sich Medien in anderen Migranten-Sprachen längst etabliert hatten bzw. schon wieder im Zurückgehen oder in der Anglifizierung begriffen waren (Carnevale 2009; Kazal 2004; Conolly-Smith 2010). Diese Zeit war von schnelllebigen Medien geprägt. Sowohl Produzent/innen als auch Konsument/innen der migrantischen Medien waren ja auf temporären Aufenthalt eingestellt. Das bedeutete einerseits, dass es vorkam, dass ein Redakteur etwa nur ein paar Jahre in den Vereinigten Staaten weilte, um dann wieder nach Österreich-Ungarn zurückzukehren. Das machte freilich auch die Qualität dieser Medien aus, denn dadurch waren es mitunter auch profilierte Schreiber, die auf ihrem Karriereweg Station bei einer US-amerikanischen Zeitung in ihrer Sprache machten. Andererseits bedeutete dies, dass die Inhalte der Zeitungen auf temporäre Migrant/innen ausgerichtet waren. Ein großer Teil der Informationen bezog sich auf das Kommen und Gehen und das Schicken von Geld in die Heimat, das schnelle Finden kurzzeitiger Anstellungen, von Unterkunft, Verpflegung und Ausrüstung sowie Kontakte und Fragen des Arbeitslebens.²⁵ Die Bedingungen für migrantische Identitätspolitik wandelten sich im frühen 20. Jahrhundert stark. Die Jahre vor dem Ersten Weltkrieg waren, bezogen auf die identitätspolitische Agenda der migrantischen Medien, eine Zeit als das Ethnonationale als eine innovative und legitime Art der Selbstorganisation in den USA erschien. Die Texte in diesen Zeitungen formulierten selbstbewusst ethnolinguistische Identitätsprojekte. Die Anwesenheit als distinkte Gruppe erschien als Selbstverständlichkeit. Identitäre Probleme wurden meist dann angesprochen, wenn man sich von ‚den Amerikanern' falsch zugeordnet fühlte, etwa in den bereits zitierten Artikeln „We Are No Hungarians" und „Exclusively Croatians", die in der kroatischen Zeitung „Napredak" (Fortschritt) erschienen.²⁶ Es gab also in den Jahrzehnten vor dem Ersten Weltkrieg in kroatischer, serbischer und vor allem slovenischer Sprache viele schnelllebige, aber selbstbewusste Zeitungen in den USA. Das sollte sich langsam, aber sicher ändern. Im Ersten Weltkrieg, in den USA also ab 1916, entstand ein großer Druck auf die Migrant/innen aus

---

24 Zur Entwicklung der serbischen Presse siehe Vidaković-Petrov (2007). Es gibt dort eine englische Zusammenfassung auf S. 415–419.
25 Aus der Fülle an Beispielen seien herausgegriffen: The Max Schamberg & Co. AMERICAN CROATIAN BANK. In: Napredak, 29.12.1898, S. 3.
26 Exclusively Croatians. In: Napredak, 27.7.1898; We are no Hungarians. In: Napredak, 27.1.1898. Problematisch erschien vielmehr die soziale Zugehörigkeit, wenn es darum ging, in Amerika angemessen behandelt zu werden.

Österreich-Ungarn, sich zu den USA zu bekennen, denn schließlich gehörten die „immigrants" einer feindlichen Krieg führenden Macht an. Es gab stärkere Kontrollen, wie etwa das systematische Erheben der Angehörigen fremder Staaten und regelmäßige Hausbesuche und Befragungen bei ihnen oder von Geheimagenten am Arbeitsplatz. Es gab Repressalien, wie zum Beispiel die Inhaftierung von Ausländern, die nicht in der US-Armee dienen wollten, Amtsenthebungen von offen deutschnationalen Bürgermeistern oder inoffizielle Pogrome gegen Ausländer, die keine Kriegsanleihen zeichnen wollten (Preston 1994; Chrislock 1991). Auch Serben und Kroaten, obwohl von ihnen angenommen werden konnte, dass sie den Kriegszielen der Achsenmächte kritisch gegenübergestanden haben dürften, wurden als Österreicher und Ungarn generalverdächtigt. Die Betätigung von Migrant/innen in Arbeitskämpfen galt nun als Sabotage, und österreichisch-ungarische Migrant/innen, die spätestens seit dem Homestead-Streik von 1892 notorisch waren, waren ausgerechnet auch in einen Streik in den kriegswichtigen größten Eisenerzfördergebieten in Nord-Minnesota verwickelt, der 1916 mit Gewalt niedergeschlagen wurde (Chrislock 1991; Betten 1968; Eleff 1988).[27] 1919 bis1921 richtete sich das als „first red scare" bekannte Dispositiv aus anti-sozialistischem kriminalisierendem Diskurs und Repressalien gegen Radikale insbesondere gegen Süd- und Osteuropäer in den USA (Preston 1994; Bührmann und Schneider 2008; zum Begriff Dispositiv Deleuze 1991). Im kulturellen Bereich entstand ein neuer Assimilationsdruck. Der Weg nach Europa blieb mit der Seeblockade allerdings versperrt. Nach Ende des Krieges war die Rückkehr möglich, aber die meisten blieben. Umgekehrt erwies sich die Einreise aus Mittel- und Osteuropa nun als fast unmöglich. Die Anti-Immigrationsgesetzgebung von 1921 und 1924 setzte strenge Quoten fest (Lee 2006). Die Migrant/innen waren nach dem Ersten Weltkrieg nolens volens zum langfristigen Aufenthalt in einem ihnen misstrauisch gegenüberstehenden Staat übergegangen. Dennoch oder als Reaktion darauf, war die Loyalität in den südslavischen Medien zu den USA groß. Nach Kriegsende gerierten sich besonders die serbischen Identitätsprojekte euphorisch sowohl als Teil der Siegermacht USA und der Siegermacht Serbien bzw. der SHS-Monarchie (Königreich der Serben, Kroaten und Slovenen, das spätere Jugoslavien). Das Kriegsende brachte aber vor allem eine Neuorientierung mit sich. Realisierend, dass sie in den USA bleiben würden, verlegten Identitätsprojekte und -manager den Fokus ihrer Politik

---

27 Women's Councils and Committees (Mrs. Winter). Minnesota Historical Society St. Paul/ MN, Minnesota Commission of Public Safety. Main files, 1917–1919. Box 3; Minnesota Commission of Public Safety. Agents' Reports to T.G. Winter, 1917–1919. St. Paul/MN.

von der selbstbewussten Selbstdarstellung auf das Werben um Anerkennung im politischen System der Vereinigten Staaten (Klemenčič 2001). Verstärkt diskutiert wurde die Lage der Migrant/innen in den USA, und die südslavischen Zeitungen brachten nun auch englischsprachige Artikel. Dies hatte auch mit der zurückgehenden Sprachkompetenz der zweiten Generation zu tun – es blieb hier aber bis in die 1950er-Jahre bei englischsprachigen Jugendseiten. Hauptsprachen der südslavischen migrantischen Zeitungen waren noch immer Slovenisch, Kroatisch oder Serbisch.[28] Die weitere Entwicklung kann nur in Gestalt der ethnopolitischen Rahmenbedingungen hypothesenartig skizziert werden. In der Zeit der Großen Depression und des New Deal interagierten gerade diejenigen migrantischen Identitätsprojekte mit diesen dominanten Entwicklungen in den USA, die nicht nur ethnische, sondern auch klassenbezogene Politik machten, allen voran die CFU (Rachleff 1989).

Die südslavischen Identitätsprojekte und ihre Presse unterschieden sich von anderen dadurch, dass sie relativ lange ihre ethnolinguistische Differenz aufrechterhielten. Insofern waren sie den Italienischen ähnlich. In den 1940er-Jahren bewirkte die Einbeziehung breiter Bevölkerungsschichten in die Kriegsanstrengungen der USA scheinbar eine späte Anerkennung auch dieser Gruppen (Gleason 1992: 153–230). Dies dürfte ein wichtiges Argument für ihre späte Assimilation im kulturellen Sinne gewesen sein, die sich in dieser Zeit langsam abzeichnete, aber auch für ein neues Selbstverständnis. Entscheidend war nach dem Zweiten Weltkrieg das Ende der Generation der um 1900 Gekommenen. Eine Veränderung der politischen Ausrichtung der Medien bewirkte nun die politische antikommunistische Emigration aus Europa in die USA nach dem Zweiten Weltkrieg. Die gewerkschaftliche und eher linke Orientierung vieler Medien ließ nach, spätestens während des zweiten "red scare" 1947 bis 1952. In den 1960er-Jahren antworteten südslavische Identitätspolitiker so wie andere sogenannte "white ethnics" auf die Erfolge der afro-amerikanischen Bürgerrechtsbewegung der 1950er- und 1960er-Jahre mit einer Orientierung auf ein "ethnic revival" (Halter 2006). In den 1970er-Jahren reagierten auch die Nachkommen der Migrant/innen aus Österreich-Ungarn vielfach positiv auf die Avancen von Richard Nixon nicht nur in Richtung auf die ethnischen Gruppen, sondern auch in Richtung auf Arbeiter/innen und Gewerkschaften. Die integrative Erfahrung des Zweiten Weltkriegs dürfte sie außerdem gegenüber der Antikriegsbewegung kritisch gestimmt haben (Schulman/ Zelizer 2008; Sugrue/Skrentny 2008: ix, 173; Zake 2010).

---

28 Siehe die Ausgaben von Zeitungen wie „Srbadija", „Zajedničar", „Amerikanski Slovenec", „Amerikanski Srbobran" in dieser Periode.

All dies verlieh den südslavischen Identitätsprojekten in den USA, gemeinsam mit den übrigen Entwicklungen, ein verändertes Gepräge (Čizmić 1994). Klar ist, auch ohne weitere Forschung, das Ergebnis in den migrantischen Medien am Ende der 1970er: Die alternative Hegemonie wich jetzt schließlich doch den Nischenkulturen, das Slowenische, Kroatische und Serbische dem Englischen (vgl. Pavlenko 2002; Fishman 1966). Vierzig Jahre später als Robert E. Park es prognostiziert hatte, schrumpfte die Medienlandschaft der südslavischen Migrant/innen sowohl quantitativ als auch funktional. Die Migrant/innen aus Österreich-Ungarn und ihre Nachkommen wechselten vermehrt auf rechte Positionen im politischen Spektrum. Weniger marginalisiert und proletarisch wurden sie nur insofern, als sich die ökonomische Lage der Arbeiter in den USA insgesamt stabilisierte (Steidl et al. 2017).

Zusammenfassend lässt sich sagen, dass Migrant/innen aus Österreich-Ungarn mit südslavischer Muttersprache in den USA eine bemerkenswerte Vielfalt an periodischen Printmedien unterhielten. Diese stellten einen eigenständigen Beitrag zum US-Diskurs dar, denn auch wenn sie nicht auf Englisch erschienen, so behandelten sie doch US-Themen, speziell zugeschnitten auf ihre migrantische Leser/innenschaft, und kombinierten dies mit den transnationalen Leseinteressen ihrer Kundschaft. Sie erhielten also trotz massiven Drucks im Ersten Weltkrieg und danach ihre öffentliche Kultur in den eigenen Sprachen aufrecht. Auf eine Pionierphase vor dem Krieg folgte in den 1920er-Jahren eine Hochphase, in der es auch zum Sinn und Zweck dieser Medien wurde, in die US-Politik einzugreifen. Die südslavischen Migrant/innen aus Österreich-Ungarn erhielten sich in den USA relativ lange, weit über den Zweiten Weltkrieg hinaus, eine Öffentlichkeit, die proletarisch geprägt war, aber politisch mehrheitlich von links nach rechts der Mitte wanderte und ab den 1970er-Jahren an Bedeutung verlor.

4 Migrantische Heiratspolitik als Beispiel von migrantischem Identitätsmanagement

Zum Schluss möge ein bestimmter Diskursstrang in den südslavischen Medien als kurzes Beispiel dienen, um zu illustrieren, wie sich die migrantischen Medien der Südslav/innen in der Zwischenkriegszeit bzw. am Beginn der Großen Depression veränderten und wie genau diese Transformationen sowohl mit den Wanderungsmöglichkeiten und -bedingungen als auch mit den Handlungsspielräumen der Migrant/innen zusammenhingen, und damit, wie sehr sie sich für deren Erweiterung einsetzten. Der Ausdruck „Heiratspolitik" lässt unwillkürlich an die dynastische Machtpolitik von Adelsfamilien wie den Habsburgern im 17. und 18. Jahrhundert denken. Gemeint ist hier aber vielmehr ein Diskurs, der versucht, auf die Partnerwahl der Mitglieder eines Identitätsprojektes, oder genauer gesagt, von dessen potenziellen oder angenommenen Mitgliedern, Einfluss zu nehmen. Es ging darum, deren Familienleben in eine Richtung zu lenken, die dem jeweiligen Interesse des Identitätsmanagements entsprach, in diesem Falle der Erhaltung und Vermehrung des ethnischen Identitätsprojektes und seiner Werte, Praktiken und Texte. In diesem Sinne überschneidet sich der Diskursbereich damit, was auch als Reproduktionspolitik bezeichnet wurde, zielt aber auf spezielle Themen, nämlich Ehe, Geschlechterrollen und Familie (Mesner 2003).

Ich habe diesen Diskursstrang als Beispiel gewählt, weil es sich um einen Bereich des vorgestellten Forschungsprojektes handelt, in dem der quantitative Ansatz besonders gut mit dem diskursgeschichtlichen Ansatz harmonierte. Außerdem ist die Ehe eine wichtige Frage von ethnischer Identitätspolitik, weil sie die Reproduktion des ethnischen Identitätsprojektes direkt betrifft. In der Logik der ethnischen Identitätsmanager ‚verschwinden' diejenigen Personen, die exogam heiraten, während endogames Heiraten die Gruppe stabilisiert oder gar vergrößert, wenn die Kinder im selben ethnischen Sinne erzogen werden. Insofern belangt die Frage, wer wen heiratet, immer auch die Größe und Sichtbarkeit des Projektes.

Auch im Bereich der Partner/innenwahl und der migrantischen Heiratspolitik brachte der Erste Weltkrieg einen grundsätzlichen Wandel. Vor dem Ersten Weltkrieg hatte es einen transatlantischen Heiratsmarkt gegeben. Wer also keine Partnerin oder Partner aus der eigenen ethnischen Gruppe fand, und das aber wollte, konnte sich einen Mann oder eine Frau aus der alten Heimat holen oder nachholen. In der Praxis waren es vor allem Männer, die sich Frauen aus Österreich-Ungarn holten, denn unter den mitteleuropäischen Einwander/innen des späten 19. und frühen 20. Jahrhunderts gab es einen hohen Männeranteil. Dies hatte aber auch zur Folge, dass Frauen just mit dem Plan in die USA migrierten, dort einen Ehepartner zu finden. Der Zeitpunkt der Eheschließungen spricht hier eine deutliche Sprache. Überproportional viele Paare heirateten kurz vor oder nach der Ankunft in den USA, besonders Frauen (Sinke und Gross 1992; Steidl und Fischer 2014; Steidl et al. 2017). Die Ehe war also ein wichtiger Aspekt der Planung und Organisierung von Migration. Das typische zentraleuropäische migrantische Projekt vor dem Ersten Weltkrieg sah also vor, temporär in den USA zu arbeiten und dort eventuell als Familie zu agieren oder sich etwas aufzubauen. Die Identitätsmanager gingen eher von einer mittelfristigen Rückkehr der Familien aus, die einfachen Migrant/innen selbst blieben auch sehr oft bei diesem Plan. Ethnische Infrastrukturen waren vor dem Großen Krieg eher ein Hilfsmittel zum Migrationszweck.

Im und nach dem Ersten Weltkrieg jedoch hatten Seeblockade und restriktive Einwanderungsgesetze auch hier eine einschneidende Wirkung: die Schließung des transatlantischen Heiratsmarktes. Außer aus Südamerika oder Kanada war es zusätzlichen potenziellen Ehepartner/innen nur noch sehr schwer möglich, in die USA zu gelangen (Steidl/Fischer 2014). Heiratswillige waren also gezwungen, in den USA und Kanada oder den restlichen Amerikas nach Partner/innen Ausschau zu halten und folglich wurde es auch attraktiver als vorher, jemanden zu wählen, der oder die nicht die eigene Sprache sprach oder derselben Religion oder Ethnie angehörte. Die Südslaven waren eine jener Gruppen gewesen, die einerseits einen besonders hohen Männeranteil in den USA hatten, und andererseits besonders selten Menschen mit anderer Muttersprache ehelichten. Es war klar, dass eine Veränderung dieses Sachverhaltes ins Haus stand (Steidl/Fischer 2014).[29]

Die Identitätsmanager der ethnischen Organisationen standen also vor einer Herausforderung. Sie mussten das Heiratsverhalten nunmehr als eine Frage des Weiterbestehens als Gruppe ansehen. Die Partnerwahl der Mitglieder war zum Politikum ersten Ranges für die ethnischen Funktionäre geworden. Es gab aber noch eine zweite, bereits erwähnte Herausforderung für die ethnischen Organisationen. Sie waren ja nunmehr dabei, sich angesichts der faktisch geschlossenen Grenzen, von Organisatoren großteils temporären Aufenthalts zu einer permanenten Interessenvertretung ethnischer Minderheiten in den Vereinigten Staaten zu wandeln. Das bedeutete auch, dass die ethnischen Strukturen, die bisher eher der Selbsthilfe, der Selbstversicherung und der Selbstidentifikation gedient hatten, nunmehr auch zu einer politischen Organisationsform für die kollektive Teilnahme und Beteiligung an US-Strukturen wurden.

So stellte es sich zumindest aus Sicht der Identitätsmanager dar, nicht unbedingt aber aus Sicht der Migrant/innen. Den Organisatoren stellte sich die Frage, wie sie diese Sicht popularisieren konnten. Der Diskurs in den Zeitungen in südslavischen Sprachen von Migrant/innen aus Österreich-Ungarn in den USA reagierte ziemlich zeitgleich auf die neuen Herausforderungen. Dies geschah in den 1920er- und 1930er-Jahren, die wie erwähnt eine Hochphase der südslavischen Organisationen in den USA waren. Zwar wurde nicht gleich unmittelbar Heiratspolitik gemacht. Aber die Themen Ehe, Familie und Geschlecht waren nach dem Ersten Weltkrieg im Gegen-

---

29 Übersehen wird oft, dass hier nach wie vor exogames Heiraten vorliegen konnte, denn Sprecher/innen des Serbokroatischen konnten entweder katholisch oder orthodox sein, was aber aufgrund der oben erwähnten Besonderheiten des US-Zensus nicht historisch-statistisch nachvollzogen werden kann.

satz zu der Zeit davor stark präsent. Es begann damit, dass Frauen nunmehr als denkende und handelnde Subjekte in den Schlagzeilen erschienen. Dies geschah vor allem im Zusammenhang mit Themen der Frauenemanzipation, wie der Einführung des Frauenwahlrechtes, von weiblichen Polizeibeamten etc.[30] Fast zeitgleich tauchten Berichte zum Thema Ehe, Generationen und Heiraten an sich auf. Es wurden verstärkt Heiraten unter Mitgliedern der Migrantenorganisationen angezeigt, während zuvor nur über Heiraten von internationalen Prominenten berichtet worden war. Aber auch Probleme und Konflikte wurden behandelt, Gewalt in der Ehe, Scheidung und Unterhalt, nicht selten dann, wenn die sogenannten traditionellen Rollen vertauscht waren.[31] Somit war das Thema zunächst einmal in der öffentlichen Kultur der Migrant/innen angekommen. Behandelt wurde es mit einer konservativen Perspektive: Die Neuerungen bei den Frauenrechten wurden konstatiert, vermeintliche Auswirkungen auf das Ehe- und Familienleben kritisch beobachtet, das interethnische Heiraten in der eigenen Gruppe wurde gefeiert.

Im Laufe der 1920er-Jahre wurde dieser Diskurs noch ausgebaut. Eine wesentliche Neuerung war die Einführung von eigenen Seiten für Frauen und Kinder oder sogar entsprechenden Sektionen mit mehreren Seiten in einer Zeitung. Zunächst erschienen eigene Frauenteile.[32] Sie behandelten Fragen der Gesundheit, der Mode, der Kindererziehung und des Ehelebens. Der Ton war auch hier konservativ, traditionelle Familienwerte wurden betont, die Verantwortung für ein harmonisches Eheleben und die Kindererziehung wurde den Frauen nahegelegt und sie sollten dabei nicht zuletzt durch beratende Aufsätze psychologisch unterstützt werden.

Die Behandlung dieser Themen in einem eigenen, genderkonnotierten Teil des Mediums bewirkte, dass sie als vom restlichen Teil des Blattes getrennte Themen abgehandelt wurden, während sie in der Zeit unmittelbar nach dem Krieg als Fragen erschienen, die alle betrafen, oft auf Seite eins der jeweiligen Zeitung. Jedoch machten sie nun einen regelmäßigen kons-

---

30 Žene dižu glavu. In: Srbadija, 21.5.1925, S. 2; Ženska policija u Engleskoj. In: Amerikanski Srbobran, 22.3.1930, S. 1; Turkinje imaju pravo glasa. In: Amerikanski Srbobran, 23.3.1930, S. 1.
31 Srpski Svatovi. In: Amerikanski Srbobran, 9.8.1906, S. 2; Srpska svadba. In: Amerikanski Srbobran, 16.5.1907, S. 3; Razvod braka u sjedinjenim državama. In: Amerikanski Srbobran, 19.7.1921, S. 4; Imaju pravo glasa. In: Amerikanski Srbobran, 23.3.1930, S. 1; Srpski Svatovi: Amerikanski Srbobran, 7.9.1921, S. 1; Ništenje neplodnih brakova. In: Amerikanski Srbobran, 4.2.1925, S. 7.
32 Siehe z. B. Ženski zabavnik. In: Srbadija, 3.3.1922, S. 3.

titutiven Bestandteil der Medien aus. Und vor allem waren nun Frauen als Leserinnen ganz explizit Teil des Mediendiskurses geworden, wenn auch nicht als Autorinnen. Dies zeigt sich besonders in den Illustrationen, in denen erstmals Gesichter von individuellen Frauen regelmäßig abgebildet wurden.[33] Dies zeigt, dass die migrantischen Eliten eine neue Diskurstaktik eingeschlagen hatten, die Spiegelung: Leserinnen konnten bzw. sollten sich als familienfreundliche Menschen in den Bildern und Geschichten der Zeitungen wiedererkennen. Dies erscheint als geeignete Taktik, um Frauen ihrer Bedeutung und nicht zuletzt ihrer Wichtigkeit für die migrantischen Organisationen zu versichern, sie dazu zu verpflichten, in diesem Sinne zu handeln, also endogam zu heiraten und traditionelle Familienwerte aufrechtzuerhalten und die männlichen Leser an diese Tatsachen ebenso zu erinnern.

Ähnlich verhielt es sich in den neu geschaffenen Jugendseiten. Auch hier wurde auf Leser/innen eingegangen, die nun gesondert angesprochen und für die Werte und den Fortbestand der Organisationen gewonnen bzw. verpflichtet werden sollten. Diese Seiten waren oft in englischer Sprache oder gemischtsprachig abgefasst, um dem Sprachverlust in der zweiten Generation Rechnung zu tragen und ihm entgegenzuwirken. Es gab Cartoons und Nachrichten von jugendlichen Mitgliedern der Organisationen. Die Nachwuchspolitik wurde hier explizit angesprochen, die Bedeutung der „jungen Generation" für den Fortbestand hervorgehoben.[34] Besonders augenfällig wird dies auch hier in der Abbildung der erhofften jungen Generation als ethnisch bewusste Mitglieder der „fraternities", beispielsweise in einer Geschichte, bebildert mit Porträts junger serbisch-amerikanischer Frauen unter der Überschrift: „Im Nachwuchs erblühen uns Rosen".[35] Hier verbinden sich die Diskurse über Ehe, Geschlecht und Nachwuchs in einem einzigen Satz. Eine wesentliche Strategie der Identitätsmanager angesichts von neuen Herausforderungen als ethnische Organisationen in einem geschlossenen Staat, bestand also darin, das Heiratsverhalten der Mitglieder und das Verhalten von deren Kindern dadurch beeinflussen zu wollen, dass man monoethnische Ehen favorisierte und der jungen Generation ebenso wie Frauen Identifikationsangebote in den ethnischen Organisationen und in deren Publikationen machte.

---

33 [Illustrationen]. In: Srbadija, 30.4.1925, S. 3.
34 Just Kids: Guilty or not Guilty? In: Amerikanski Slovenec, 12.6.1925, S. 4; SNS i pomladak. In: Amerikanski Srbobran, 9.8.1930, S. 1.
35 U pomlatku nam cvete ruže. In: Amerikanski Srbobran, 23.3.1930, S. 1.

5 Fazit

Wir können zwar nicht zur authentischen ‚Stimme' der Migrant/innen vordringen. Aber wir können sehen, dass kollektive migrantische Akteure politisch wirkten und damit eine relativ lange Zeit relativ erfolgreich waren, wenn wir uns auf das Studium der Diskurse und Infrastrukturen migrantischer Eliten einlassen, aber auch die Analyse der Statistiken des Zensus nicht vernachlässigen. So kann das ‚Heiratsverhalten' der Migrant/innen einerseits aus dem Zensus herausgelesen, aber auch als Objekt migrantischer Interessenpolitik und teilweise als ihr Produkt verstanden werden. Mit der Begrifflichkeit der Hegemonie wird die Logik der Transformation der öffentlichen Kultur von Minderheiten beschreibbar. Mit der Terminologie des Identitätsmanagements und der Identitätsprojekte wird eine flexible Darstellung möglich; z.B. wird dadurch sichtbar, dass die US-Behörden ebenso am Management der ethnischen Identifikationen beteiligt waren wie ethnische Identitätsmanager an der Gestaltung von US-Selbstidentifikationen, und das schon vor dem Ersten Weltkrieg. Methodische Voraussetzung für derartige Erkenntnisse ist das Verbinden quantitativer Herangehensweisen mit Archivrecherche und Diskursanalyse.

© Springer Fachmedien Wiesbaden GmbH 2018
J. Oltmer (Hg.), *Migrationsregime vor Ort und lokales Aushandeln von Migration,* Migrationsgesellschaften, https://doi.org/10.1007/978-3-658-18945-7_8

Literatur

Benko-Grado, Artur (1930): Migraciona enciklopedija. Zagreb.
Betten, Neil (1968): Riot, Revolution, Repression in the Iron Range Strike of 1916. Minnesota History 41 (2), S. 82–95.
Blegen, Theodore Christian (1931): Norwegian Migration to America. Northfield, MN: Norwegian-American Historical Association.
Bobbio, Norberto (1988): Gramsci and the Concept of Civil Society. In: John Keane (Hg.): Civil Society and the State: New European Perspectives, London: Verso Books, S. 73–99.
Brubaker, Rogers (2004): Ethnicity Without Groups. Cambridge, MA: Harvard University Press.

Bührmann, Andrea; Schneider, Werner (2008): Vom Diskurs zum Dispositiv. Eine Einführung in die Dispositivanalyse. Bielefeld: Transcript.
Candeias, Mario et.al. (2013): Gramsci lesen. Einstiege in die Gefängnishefte. Hamburg: Argument Hamburg.
Carnevale, Nancy C. (2009): A New Language, A New World. Italian Immigrants in the United States, 1890–1945. Urbana: University of Illinois Press.
Chrislock, Carl H. (1991): Watchdog of Loyalty. The Minnesota Commission of Public Safety During World War I. St. Paul: Minnesota Historical Society Press.
Čizmić, Ivan (1994): History of the Croatian Fraternal Union of America. Zagreb: Golden Marketing.
Conolly-Smith, Peter (2010): Translating America: An Immigrant Press Visualizes American Popular Culture, 1895–1918. Washington, DC: Smithsonian Books.
Deleuze, Gilles (1991): Was ist ein Dispositiv? In: François Ewald und Bernhard Waldenfels (Hg.): Spiele der Wahrheit. Michel Foucaults Denken. Frankfurt a. M.: Suhrkamp, S. 153–162.
Desrosières, Alain (1998): The Politics of Large Numbers: A History of Statistical Reasoning. Cambridge, MA: Harvard University Press.
Drenning Holmquist, June (Hg.) (1981): They Chose Minnesota. A Survey of the State's Ethnic Groups. St. Paul: Minnesota Historical Society Press.
Drenning Holmquist, June; Stipanovich, Joseph; Moss, Kenneth B. (1981): The South Slavs. Bulgarians, Croatians, Montenegrins, Serbs and Slovenes. In: June Drenning Holmquist (Hg.): They Chose Minnesota. A Survey of the State's Ethnic Groups. St. Paul: Minnesota Historical Society Press, S. 381–404.
Eleff, Robert M. (1988): The 1916 Minnesota Miners' Strike Against U.S. Steel. Minnesota History 51 (2), S. 63–74.
Fischer, Wladimir (2012): A Worker Writes His Life: Narrative Strategies of an Austro- Hungarian Migrant to the United States. In: Renée Schröder Ruth Wodak (Hg.): Migrations: Interdisciplinary Perspectives. Wien: Springer, S. 187–201.
Fishman, Joshua A. (1966) (Hg.): Language Loyalty in the United States. Den Haag: Mouton.
Foner, Eric (1980): Politics and Ideology in the Age of the Civil War. New York: Oxford University Press.
Friš, Darko (1994): Jugoslovanska Katoliška Jednota (1898–1920). In: Dve domovini / Two Homelands 4, S. 37–62.
Gabaccia, Donna R. (2002): Immigration and American Diversity: A Social and Cultural History (= Problems in American History 7). Malden, MA: Blackwell Publishers.
Giordano, Christian (1997): Ethnizität: Prozesse und Diskurse im internationalen Vergleich. In: Robert Hettlage et al. (Hg.): Kollektive Identität in Krisen. Ethnizität in Region, Nation, Europa. Opladen: Springer, S. 56–72.

Glettler, Monika (2001): Zur Problematik der Rückwanderung aus den USA nach Südosteuropa vor dem Ersten Weltkrieg. In: Peter Heumos (Hg.): Emigration und Rückwanderung, Vertreibung und Integration in der Geschichte der Tschechoslowakei. München: Oldenbourg, S. 85–98.

Godišnje izvješće Hrvatske katoličke župe Marije pomoćnice (1941). Rankin, PA.

Goffman, Erving (1963): Stigma. Notes on the Management of Spoiled Identity. Englewood Cliffs, NJ: Prentice Hall.

Gleason, Philip (1992): Speaking of Diversity: Language and Ethnicity in Twentieth-Century America. Baltimore: Johns Hopkins University Press.

Halter, Marilyn (2006): Ethnic and Racial Identity. In: Reed Ueda (Hg.): A Companion to American Immigration. Malden, MA: Blackwell, S. 161–176.

Harzig, Christiane (1985): The U.S. Government Census as Source in Immigration Research. In: Christiane Harzig, Dirk Hoerder (Hg.): The Press of Labor Migrants in Europe and North America 1880s to 1930s. Bremen: Publications of the Labor Newspaper Preservation Project, S. 25–37.

Hoerder, Dirk; Harzig, Christiane (Hg.) (1987): The Immigrant Labor Press in North America, 1840s–1970s: An Annotated Bibliography (2): Migrants from Eastern and Southeastern Europe. New York: Greenwood Publishing Group.

Kazal, Russell A. (2004): Becoming Old Stock. The Paradox of German-American Identity. Princeton, NJ: Princeton University Press.

Klemenčič, Matjaž (1985): Proletarec and the Acculturation of Slovene Workers in the United States. In: Christiane Harzig, Dirk Hoerder (Hg.): The Press of Labor Migrants in Europe and North America 1880s to 1930s. Bremen: Publications of the Labor Newspaper Preservation Project, S. 475–486.

Klemenčič, Matjaž (2001): Prispevek k raziskovanju politične participacije med Slovenskimi Američani v dvajsetem stoletju – primer Slovencev v Clevelandu, Leadvillu in Rock Springsu. In: Vincenc Rajšp (Hg.): Melikov zbornik: Slovenci v zgodovini in njihovi srednjeevropski sosedje. Ljubljana, S. 993–1006.

Kraljic, Frances (1978): Croatian Migration to and from the United States, 1900–1914. Palo Alto, CA: Ragusan Press.

Kraljic Curran, Frances (1989): Ethnic Entrepreneur: Frank Zotti (1872–1947): A Croatian Immigrant Success Story. In: Migracijske teme 5 (1), S. 59–66.

Latour, Bruno (2005): Reassembling the Social. An Introduction to Actor-Network-Theory. Oxford: Oxford University Press.

Lee, Erica (2006): A Nation of Immigrants and a Gatekeeping Nation. American Immigration Law and Policy. In: Reed Ueda (Hg.): A Companion to American Immigration, Malden, MA: Blackwell, S. 5–35.

Link, Jürgen (1982): Kollektivsymbolik und Mediendiskurse. In: kultuRRevolution (1), S. 6–21.

Link, Jürgen (1986): Noch einmal: Diskurs. Interdiskurs. Macht. In: kultuRRevolution (11), S. 4–7.

Link, Jürgen; Parr, Rolf (2005): Semiotik und Interdiskursanalyse. In: Klaus Michael Bogdal (Hg.): Neue Literaturtheorien. Eine Einführung. Göttingen: Vandenhoeck & Ruprecht, S. 108–133.

Mc Caa, Robert; Esteve, Albert; Cortina, Clara (2006): Marriage Patterns in Historical Perspective. Gender and Ethnicity. In: Reed Ueda (Hg.): A Companion to American Immigration. Malden, MA: Blackwell, S. 359–370.

Mesner, Maria (2003): Geburten/Kontrolle: Reproduktionspolitiken in Österreich und in den USA im 20. Jahrhundert. Habilitationsschrift Universität Wien.

Morawska, Ewa T. (1985): For Bread With Butter. The Life-Worlds of East Central Europeans in Johnstown, Pennsylvania, 1890–1940. New York: Cambridge University Press.

Mouffe, Chantal (1979): Gramsci and Marxist Theory. London: Routledge.

Neyer, Gerda (1996): Auswanderung aus Österreich. Ein Streifzug durch die ‚andere' Seite der österreichischen Migrationsgeschichte. In: Traude Horvath (Hg.): Auswanderungen aus Österreich von der Mitte des 19. Jahrhunderts bis zur Gegenwart. Wien: Böhlau, S. 11–34.

Park, Robert Ezra (1922): The Immigrant Press and Its Control. New York-London: Harper & Brothers.

Pavlenko, Aneta (2002): ‚We Have Room For But One Language Here': Language and National Identity in the US at the Turn of the 20th Century. In: Multilingua (21), S. 163–196.

Phelps, Nicole (2013): U.S.-Habsburg Relations from 1815 to the Paris Peace Conference: Sovereignty Transformed. Cambridge: Cambridge University Press.

Preston, William (1994) Aliens and Dissenters. Federal Suppression of Radicals, 1903–1933. 2. Auflage. Urbana: University of Illinois Press.

Prpić, George J. (1971): The Croatian Immigrants. In: America. New York: Philosophical Library.

Prpić, George J. (1978): South Slavic Immigration. in America. Boston: Twayne Publishers.

Puskás, Julianna (2000): Ties That Bind, Ties That Divide: 100 Years of Hungarian Experience in the United States. New York: Holmes & Meier Publishers.

Rachleff, Peter (1989): Class, Ethnicity, and the New Deal: The Croatian Fraternal Union in the 1930s. In: Peter Kivisto (Hg.): The Ethnic Enigma: The Salience of Ethnicity for European-Origin Groups. Philadelphia: Balch Institute Press, S. 89–113.

Rhodes, Leara (2010): The Ethnic Press: Shaping the American Dream. New York: Peter Lang.

Schneirov, Richard (1986): Free Thought and Socialism in the Czech Community in Chicago, 1875–1887. In: Dirk Hoerder (Hg.): ‚Struggle a Hard Battle.'

Essays on Working-Class Immigrants. DeKalb, IL: Northern Illinois University Press, S. 121–142.

Schulman, Bruce J.; Zelizer, Julian E. (2008): Rightward Bound: Making America Conservative in the 1970s. Cambridge, MA: Harvard University Press.

Sinke, Suzanne M.; Gross, Stephen (1992): The International Marriage Market and the Sphere of Social Reproduction: A German Case Study. In: Donna R. Gabaccia (Hg.): Seeking Common Ground: Multidisciplinary Studies of Immigrant Women in the United States. Westport, CT: Greenwood, S. 67–99.

Soyer, Daniel (2006): Mutual Aid Societies and Fraternal Orders. In: Reed Ueda (Hg.): A Companion to American Immigration. Malden, MA: Blackwell, S. 528–546.

Steidl, Annemarie; Fischer, Wladimir (2014): Transatlantischer Heiratsmarkt und Heiratspolitik von Migrant/innen aus Österreich-Ungarn in den USA, 1870–1930. In: L'Homme. Zeitschrift für feministische Geschichtswissenschaft 25 (1), S. 51–68.

Steidl, Annemarie; Stockhammer, Engelbert; Zeitlhofer, Hermann (2007): Relations among Internal, Continental, and Transatlantic Migration in Late Imperial Austria. Social Science History 31 (1): 61–92.

Steidl, Annemarie; Fischer, Wladimir; Oberly, James (2017): From a Multi-ethnic Empire to a Nation of Nations. Austro-Hungarian Migrants in the USA, 1870–1940 (= Transatlantica 10). Innsbruck: StudienVerlag.

Sugrue, Thomas J.; Skrentny, John D. (2008): The White Ethnic Strategy. In: Bruce J. Schulman; Zelizer, Julian E. (Hg.): Rightward Bound: Making America Conservative in the 1970s. Cambridge, MA: Harvard University Press, S. 171–192.

Teitelbaum, Michael S. (2006): Demography and American Immigration. In: Reed Ueda (Hg.): A Companion to American Immigration. Malden, MA: Blackwell, S. 161–176.

Vidaković-Petrov, Krinka (2006): An Outline of the Cultural History of the Serbian Community in Chicago. In: Serbian Studies: Journal of the North American Society for Serbian Studies 20 (1), S. 33–55.

Vidaković-Petrov, Krinka (2007): Srbi u Americi i njihova periodika. Belgrad: Institut za književnost i umetnost Beograd.

Zake, Ieva (2010): Nixon vs. the G.O.P: Republican Ethnic Politics, 1968–1972. In: Polish American Studies 67 (2), S. 53–74.

Zubrzycki, Jerzy (1958): The Rôle of the Foreign-Language Press in Migrant Integration. In: Population Studies. A Journal of Demography 12 (1), S. 73–82.

Flucht vor dem NS-Regime – österreichisches Exil in Kolumbien

Gregor Breier

Gegenstand des Beitrags ist die Vertreibung von Österreicher/innen als Folge der Machtübernahme der Nationalsozialisten sowie deren Emigration nach Kolumbien. Der Fokus richtet sich somit auf Österreicher/innen, die zwischen 1933 und 1945 Österreich bzw. nach dem Anschluss 1938 das Deutsche Reich in Richtung Kolumbien verließen.

Das Thema Exil und Emigration in den 1930er- und 1940er-Jahren wurde nach dem Ende der NS-Herrschaft und des Zweiten Weltkrieges für lange Zeit tabuisiert. Die Exilforschung begann in Österreich erst in den 1970er-Jahren, als generell die Auseinandersetzung mit dem Nationalsozialismus einsetzte. In den 1980er-Jahren entstanden schließlich größere Projekte zur Exilforschung und zahlreiche wissenschaftliche Publikationen. Das Dokumentationsarchiv des Österreichischen Widerstandes initiierte eine Dokumentationsreihe zum Themenschwerpunkt „Exil". Die Österreichische Gesellschaft für Exilforschung wurde allerdings erst 2002 gegründet (BMUKK 2012: 6f).

Bedeutende Werke der Exilforschung erwähnen österreichische Emigrant/innen in Lateinamerika bzw. in Kolumbien jedoch oft nur am Rande. In dem dreibändigen Werk „Vertriebene Vernunft I, II (Teilband 1 und 2) – Emigration und Exil österreichischer Wissenschaft" beschäftigten sich Friedrich Stadler und zahlreiche andere Autoren Ende der 1980er-Jahre mit der Abwanderung und Vertreibung österreichischer Intellektueller und Akademiker/innen in der NS-Zeit. In den 2004 neuaufgelegten Ausgaben würdigt Stadler die „Weiterentwicklung der Erforschung des lange Zeit vernachlässigten Bereiches des Exils, der Emigration und Remigration im allgemeinen und der intellektuellen Emigration und Remigration im Besonderen im internationalen Zusammenhang" (Stadler 2004, 13). Die Emigration von Österreicher/innen nach Kolumbien wird darin jedoch kaum näher behandelt.

In der Publikation von Alisa Douer und Ursula Seeber „Wie weit ist Wien – Lateinamerika als Exil für österreichische Schriftsteller und Künstler" werden unterschiedliche lateinamerikanische Länder als Zufluchtsort für österreichische Flüchtlinge vor dem NS-Regime behandelt. Darunter befindet sich eine sehr interessante Arbeit von Siglinde Bolbecher zu Kolumbien, in der sie das Schicksal einiger Österreicher/innen in den Blick nimmt. Sie beschreibt ihre ersten Eindrücken von Kolumbien, ihre Probleme bei der Arbeitssuche und die vielfältigen kulturellen Aktivitäten. Im Anhang an ihren

Beitrag findet sich eine Kurzbeschreibung der Werdegänge von rund zwanzig Österreicher/innen.

Unter dem Regisseur Niklaus Braunshör entstand 2011 ein TV-Beitrag mit dem Titel „526 – österreichisch-jüdische Flüchtlinge in Kolumbien", der auf die Anzahl der von einer jüdischen Hilfsorganisation erfassten Emigrant/innen aus Österreich anspielt. In der Dokumentation werden einzelne Personen zu den Umständen ihrer Flucht aus Österreich sowie ihrer Ankunft und ihrem weiteren Lebensverlauf in Kolumbien interviewt. Der biografische Ansatz wurde in der Masterarbeit des Autors ebenfalls verfolgt.[1]

Aber auch aus der Sicht Lateinamerikas entstanden Arbeiten zur Immigration aus Europa. Das historische, sehr interessante Sammelwerk von Adelaida Sourdis Nájera und Alfonso Velasco Rojas mit dem Titel „Los judíos en Colombia" erschien erstmals 2011 und stellt die Geschichte der jüdischen Einwanderung in Kolumbien seit dem 16. Jahrhundert dar. Es behandelt zwar nicht explizit die Flucht von österreichischen Juden, widmet aber mehrere Beiträge wie beispielsweise jene von José Ángel Hernández „La emigración judía. ¿Colombia, país de asilo? años 20, 30, 40" und Lina María Leal Villamizar „Colombia frente a la cuestión judía, 1935-1939" dem Zeitraum der 1930er- und 1940er-Jahre.

Einen weniger bekannten Aspekt verfolgte Max Paul Friedman in seiner Publikation „Nazis & Good Neighbours – The United States Campaign against the Germans of Latin America in World War II". Darin beschreibt er die Außenpolitik der Vereinigten Staaten während des Zweiten Weltkrieges und durch welche Maßnahmen sie gezielt Druck auf lateinamerikanische Regierungen – auch auf Kolumbien – ausübten, um in Lateinamerika ansässige deutsche Firmen oder Bürger/innen zu isolieren bzw. ihnen wirtschaftlichen Schaden zuzufügen.

Es gibt mittlerweile einiges an Literatur zur deutschsprachigen oder jüdischen Emigration nach Lateinamerika, wobei Kolumbien allerdings weitgehend unterbelichtet bleibt. Denn Kolumbien war sowohl in den 1930er- und 1940er-Jahren als auch in der Zeit davor im Vergleich zu anderen lateinamerikanischen Ländern wie Argentinien, Brasilien, Uruguay oder Venezuela kein bedeutendes Migrationsziel. (Bibliowicz 2001: 1; Hernández 2009: 709). Im Zeitraum 1934 bis 1942 erreichten Aufzeichnungen einer jüdischen Hilfsorganisation zufolge lediglich 526 Österreicher – im Vergleich dazu 2.347 Deutsche – den Seehafen von Barranquilla, Puerto Colombia. Es gab aber auch Personen, die nicht über diesen Hafen nach Kolumbien einreisten und

---

[1] Gregor Breier (2014): Flucht vor dem NS-Regime – österreichisches Exil in Kolumbien. Masterarbeit, Bogotá-Wien.

somit von dieser Statistik nicht erfasst wurden. Ungeklärt ist allerdings, wie viele dieser 526 Personen Kolumbien nur als Zwischenstation nutzten, um in andere Länder zu gelangen.

Maßnahmen der Nazis zur Vertreibung der jüdischen Bevölkerung

Bereits vor der Machtergreifung in Deutschland kam in der Programmatik der Nationalsozialistischen Deutschen Arbeiterpartei (NSDAP) die Verachtung, die die Nationalsozialisten gegenüber Jüdinnen und Juden empfanden, deutlich zum Ausdruck. Beispielsweise heißt es im Parteiprogramm der NSDAP von 1920: „Staatsbürger kann nur sein, wer Volksgenosse ist. Volksgenosse kann nur sein, wer deutschen Blutes ist ohne Rücksichtnahme auf Konfession. Kein Jude kann daher Volksgenosse sein."[2] Auch in einer Gesetzesinitiative aus dem Jahr 1930 manifestiert sich die Rassenideologie der NSDAP:

„§ 5: [...] wer durch Vermischung mit Angehörigen der jüdischen Blutsgemeinschaft oder farbigen Rassen zur rassischen Verschlechterung und Verletzung des deutschen Volkes beiträgt oder beizutragen droht, wird wegen „Rassenverrats mit Zuchthaus bestraft.

§ 7: [...] in besonders schweren Fällen (kann) an Stelle von Zuchthaus (§§ 4 bis 6) auf Todesstrafe erkannt werden."[3]

Anfänglich favorisierten Adolf Hitler und die NSDAP die Vertreibung der jüdischen Bevölkerung aus dem Deutschen Reich. In den 1920er- und 1930er-Jahren hatten sie diesbezüglich noch Madagaskar im Sinn (Diner 2006: 23)[4], später in erster Linie Palästina. Die NSDAP war der Ansicht, dass die Auswanderung bzw. Vertreibung die einzig mögliche „Lösung der Judenfrage" bedeutete.[5] Nach der Machtübernahme 1933 versuchte das NS-Regime durch verschiedene gesellschaftliche, rechtliche und wirtschaftliche Maßnahmen den Jüdinnen und Juden die Existenzgrundlage zu entziehen,

---

2 Parteiprogramm der NSDAP, 24.2.1920 (Walk 2013: 3)
3 Gesetzesinitiative der NSDAP Reichstagsfraktion vom 13.3.1930 (Walk 2013: 3)
4 Auch noch bei einem Gespräch zwischen Adolf Hitler und Benito Mussolini am 2.6.1941 nannte Hitler Madagaskar als konkrete Option (Friedländer 2013: 229). Ähnliche Ideen hatten Polen und Franzosen schon in den 1930er-Jahren diskutiert (Mazower 2011: 116).
5 Vgl. eine im Mai 1934 an Reinhard Heydrich, Chef der Sicherheitspolizei und des Sicherheitsdienstes, gerichtete Denkschrift des SD mit der Formulierung „Das Ziel der Judenpolitik muß die restlose Auswanderung der Juden sein [...] Gegen Ratten kämpft man nicht mit dem Revolver, sondern mit Gift und Gas" (Friedländer 2013: 92).

um den Druck zur „Auswanderung" auf sie zu erhöhen (Paul 1998: 53f). Von den 650 wichtigsten Bestimmungen, die das NS-Regime zur Diskriminierung und Vertreibung der jüdischen Bevölkerung in Kraft setzte, waren nur 72 formale Gesetze. Der Rest waren – oftmals geheime – Erlässe und Weisungen im Namen „des Führers" (Mazower 2011: 212).

Bis 1939 versuchte das Regime die „freiwillige Auswanderung" zu forcieren. Umgekehrt hemmten Vermögenskonfiskationen und hohe Abgaben – auf diese Weise nahm das Deutsche Reich 900 Millionen Reichsmark ein (Leal Villamizar 2011: 46) – die Auswanderungsmöglichkeiten.[6] Seit 1937 galt in Deutschland die Bestimmung, dass es Jüdinnen und Juden im Falle ihrer Ausreise verboten war, mehr als zehn Deutsche Reichsmark bzw. Gold mit sich zu nehmen. Jene, die sich dennoch für eine Ausreise entschieden, verließen das Land quasi mittellos (Lohfeld/Hochstadt o. J.: 7). Da in der Regel kein Aufnahmeland an mittellosen Immigrant/innen interessiert ist, hofften die Nationalsozialisten, durch die Vertreibung von verarmten Juden den Antisemitismus in andere Länder „exportieren" zu können. Denn es war anzunehmen, dass die mittellosen Neuankömmlinge zu sozialen Problemfällen in den Aufnahmeländern werden würden (Benz 1998: 11f). Nur im Falle der Emigration nach Palästina gab es aufgrund des Ha'avara-Abkommens vom 27. August 1933 die Möglichkeit des Kapitaltransfers aus NS-Deutschland. Das Abkommen ermöglichte jüdischen Emigrant/innen den indirekten Transfer eines Teils ihres Vermögens und erleichterte auch den Export von Waren aus dem Deutschen Reich nach Palästina (Friedländer 2013: 46). Jüdische Auswander/innen zahlten Geld (der Mindestbetrag lag bei 1000 Pfund Sterling) auf ein deutsches Konto ein. Mit diesem Geld wurden deutsche Waren für den Export nach Palästina bezahlt, während der Importeur den Gegenwert auf ein Konto in Palästina einzahlte. Bei der Ankunft in Palästina erhielten die Emigrant/innen aus diesem Konto die Summe in palästinensischen Pfund erstattet.

Nach dem Einmarsch der Deutschen Wehrmacht in Österreich am 12. März 1938 traten auch für Österreich die wesentlich schärferen deutschen Regelungen für das Pass-, Ausländerpolizei- und Meldewesen in Kraft (Viehauser 1999: 10). Beispielsweise wurden die „Nürnberger Rassegesetze" von 1935 mit einem Schlag wirksam und führten dazu, dass ca. 225.000 Österreicher/innen jüdischer Herkunft plötzlich rechtlos waren (Bolbecher/Kaiser 2000: 11). Um die Vertreibung der jüdischen Bevölkerung zu be-

---

6 Schon in den Jahren 1933 bis 1938 hatte man durch die konsequent durchgeführten Arisierungsmaßnahmen das jüdische Vermögen von geschätzten zwölf Milliarden Reichsmark auf etwa die Hälfte reduziert (Friedländer 2013: 121).

schleunigen, wurde ab 26. August 1938 die SS-Dienststelle „Zentralstelle für jüdische Auswanderung in Wien" von Adolf Eichmann aufgebaut (Klee 2013: 129), die auf eine Art und Weise operierte, die in Deutschland erst ab dem 9. November 1938 möglich wurde. Die antijüdische Politik in Österreich infolge des Anschlusses an Deutschland war viel radikaler als im „Altreich" (Eppel 2004: 69; Diner 2006: 22). Eine Flucht auf dem Weg einer offiziellen Ausreise bedeutete unzählige Behördenwege sowie die Beachtung einer kaum übersehbaren Zahl von Vorschriften und Auflagen. Da diese Vorbereitungen viel Zeit erforderten, überlegte die Kultusgemeinde im Sommer 1938, eine zentrale Anlaufstelle für Fluchtwillige zu schaffen und ihnen auf diese Weise die Ausreise zu erleichtern.[7] Diese Initiative machte sich Adolf Eichmann zu eigen. Er erprobte hier Methoden, mit denen später die Vertreibung der europäischen Juden erfolgte. Er konzentrierte die österreichischen Juden in Wien, setzte Auswanderungsquoten fest und machte die jüdische Gemeinde für die Erfüllung verantwortlich, räumte bürokratische Hindernisse beiseite und ließ die wohlhabenderen Juden bezahlen. Innerhalb von acht Monaten organisierte er die Auswanderung von ungefähr 45.000 österreichischen Juden.[8]

Nachdem das NS-Regime schließlich 1940 – nach seiner Diktion – die „Auswanderung" von Juden als Ziel definiert hatte, wurden etliche Richtlinien und Bestimmungen erlassen:

„1. Die jüdische Auswanderung aus dem Reichsgebiet ist verstärkt zu betreiben. Jedoch ist die Auswanderung von wehr- und arbeitseinsatzfähigen Juden in das europäische Ausland und insbesondere in Feindstaaten verboten.
2. Ausweitung der Palästina-Wanderung unerwünscht, für die bestehende Auswanderung strenge Bedingungen und Überwachung.
3. Keine Auswanderung von polnischen (oder ehemals polnischen) Juden, die sich im Konzentrationslager befinden.
4. Kein Abschub von Juden in das Generalgouvernement, ihre freiwillige Auswanderung dorthin ist verboten."[9]

---

[7] Matthias Kamleitner: Die Zentralstelle für jüdische Auswanderung. http://www.juedischewieden.at/die-zentralstelle-fuer-juedische-auswanderung/, zuletzt geprüft 1.12.2018.
[8] Reichszentrale für jüdische Auswanderung. http://www.ghetto-theresienstadt.info/pages/r/reichszentraleja.htm, zuletzt geprüft 1.12.2018.
[9] Richtlinien für die Judenauswanderung vom 24. April 1940 (Walk 2013: 320).

Neben den unterschiedlichen Maßnahmen zur Vertreibung der jüdischen Bevölkerung wandte das NS-Regime ein weiteres Verfahren an, um eine gänzliche Ausschließung „von rassisch gefährlichen Gruppen aus der Volksgemeinschaft" zu erreichen – die Sterilisierung (Friedländer 2013: 93).

Zu einem Verbot der Auswanderung für Juden aus dem Deutschen Reich kam es schließlich im Oktober 1941 (Eppel 2004: 69). Durch eine Verordnung von November 1941 wurden außerdem alle Juden pauschal aus dem Deutschen Reich ausgebürgert, wodurch Flüchtlinge zu Staatenlosen wurden (Benz 1998: 13). Ab 1941 war schließlich die Konzentrierung und Vernichtung der jüdischen Bevölkerung – die „Endlösung der Judenfrage" das erklärte Ziel (Paul 1998: 53f). Auf der von Adolf Eichmann organisierten Konferenz von Wannsee zur Endlösung der Judenfrage am 21. Jänner 1942 (Klee 2013: 129) wurde die Deportation der gesamten jüdischen Bevölkerung Europas zur Vernichtung in den Osten beschlossen. Der „Endlösung" sollten schließlich rund 270.000 Juden in Ungarn, 350.000 in Rumänien, 1.000.000 in der Sowjetunion und 3.000.000 in Polen zum Opfer fallen. In Österreich waren es ca. 65.000 Menschen mit jüdischem Hintergrund, denen die Vernichtungspolitik der Nationalsozialisten zum Verhängnis wurde (Friedländer 2013: 18).

Die jüdische Emigration zwischen 1933 und 1945

Nach der Machtergreifung der Nationalsozialisten im Jahre 1933 verschlechterte sich die Lage der jüdischen Bevölkerung – im Deutschen Reich, aber auch bald in Österreich – sukzessive. Die erste mit dem NS-Regime in Zusammenhang stehende Emigrationswelle gab es bereits 1933 – kurz nach der Ernennung von Adolf Hitler zum Reichskanzler (Friedländer 2013: 23 bzw. 56) – und wurde durch die Bekämpfung innenpolitischer Kontrahenten sowie durch die ersten antisemitischen Gesetze ausgelöst. Die Verlautbarung der Nürnberger Rassegesetze 1935[10], durch die Juden quasi zu Bürgern zweiter Klasse degradiert wurden, hatte den nächsten Emigrationsschub zur Folge. Schließlich veranlasste die offene Gewalt gegen die jüdische Bevölkerung wäh-

---

10 Während des Nürnberger Parteitages, der vom 10.9.–16.9.1935 abgehalten wurde, verabschiedete der Reichstag folgende drei Gesetze: das Reichsflaggengesetz, das Reichsbürgergesetz und das Gesetz zum Schutze des deutschen Blutes und der deutschen Ehre (Friedländer 2013: 65). Ergänzt wurden diese Gesetze durch das am 18.10.1935 erlassene Gesetz zum Schutze der Erbgesundheit des deutschen Volkes und durch die am 14.11.1935 erlassene erste Verordnung zum Gesetz zum Schutze des deutschen Blutes und der deutschen Ehre (Friedländer 2013: 71f).

rend der „Reichskristallnacht" (Novemberpogrome von 1938) – es kam zu ca. 20.000 Verhaftungen und einigen Dutzend Toten (Biermann Stolle 2001: 43) – viele, das Land zu verlassen (Oltmer 2010: 42). Andere Quellen sprechen von ca. 100 ermordeten und 30.000 in Konzentrationslager verschleppten Juden (Barkai 2006: 17; Friedländer 2013: 136f). Aus den Lagern freikommen konnte nur, wer nachweislich in der Lage war, Deutschland sofort zu verlassen (Kaplan 2006: 32).

Von den insgesamt rund 500.000 deutschsprachigen Emigrant/innen in Europa waren 450.000 jüdische Flüchtlinge, den Rest bildeten aktive Regimegegner/innen (Ganglmair 2004: 1044). Andere Quellen sprechen von insgesamt 600.000 jüdischen (nicht nur deutschsprachigen) Flüchtlingen in ganz Mitteleuropa (Oltmer 2010: 42–44). Die Anzahl der von 1933 bis 1938 aus Österreich emigrierten Personen ist nicht genau bekannt. 1938 lebten in Österreich ungefähr 220.000 Juden. Davon waren im Frühjahr 1945 noch 5.816 Personen übrig. Allein aus (dem ehemaligen) Österreich vertrieb das NS-Regime ca. 128.500 Juden bis zum Jahr 1941, also bis zur hermetischen Schließung der Grenzen des Deutschen Reiches. Von diesen waren 55.505 in europäische Länder (allein nach Großbritannien 30.850), 28.700 nach Nordamerika, 28.172 nach Asien und den Nahen Osten, 11.580 nach Mittel- und Südamerika, 1.880 nach Australien und Neuseeland und 644 nach Afrika geflohen (Stadler 2004: 14 bzw. 17; Eppel 2004: 69f).

Zu den wichtigsten Zielländern der europäischen Flüchtlinge zählten die Vereinigten Staaten mit rund 100.000, Argentinien mit rund 55.000 und Großbritannien mit rund 40.000 aufgenommenen Flüchtlingen. Im Laufe des Krieges sollte vor allem in den USA die Zahl an hilfesuchenden Menschen noch steigen (Oltmer 2010: 43). Manche der lateinamerikanischen Länder waren nur „Transit-Land" – wie Kuba und die Dominikanische Republik für Menschen auf dem Weg in die Vereinigten Staaten oder Bolivien und Paraguay auf dem Weg nach Argentinien oder Brasilien. Die Binnenwanderung innerhalb Lateinamerikas führte zwangsläufig zu einigen Doppelzählungen von Emigrant/innen (Zur Mühle 1988: 46).

Mit Beginn des Zweiten Weltkrieges verringerten sich die Fluchtmöglichkeiten, bis schließlich ab Oktober 1941 generell ein Abwanderungsverbot für Juden erlassen wurde (Oltmer 2010: 42; Eppel 2004: 69). Jene, denen noch davor die Ausreise gelungen war, verließen Europa zunächst über Häfen wie beispielsweise Amsterdam, Genua, Hamburg, Le Havre, Lissabon oder auch Marseille. Aber auch die Route über Sibirien und Wladiwostok in die Vereinigten Staaten oder nach Lateinamerika wurde von zahlreichen Menschen gewählt (Zur Mühlen 1995: 3). Die Ausreise nach Asien, z.B. Shanghai, war für viele Personen noch befremdlicher als jene nach Südamerika. Dennoch schlugen aus Mangel an Alternativen auch Tausende Flüchtlinge diese Route ein. Anfangs konnte man nach Shanghai noch ohne Vorlage eines Visums einreisen und musste nicht nachweisen, über ein bestimmtes Vermögen zu verfügen oder einer bestimmten Berufsgruppe anzugehören. Der Umstand, dass Japan noch am 6. Dezember 1938 auf der in Tokio stattgefundenen Fünf-Minister-Konferenz eine pro-jüdische Position einnahm – was sich im Laufe des folgenden Jahres ändern sollte – ermöglichte damals vielen Juden die Flucht ins unbekannte Shanghai (Lohfeld/Hochstadt o. J.: 8).

Vom 6. Juli 1938 bis 15. Juli 1938 fand im französischen Évian-les-Bains am Genfersee eine Flüchtlingskonferenz statt, um zu klären, was Europa und die Welt angesichts der zahlreichen vor dem NS-Regime Flüchtenden unternehmen sollten. Abgesehen vom kolumbianischen Delegierten äußerte sich kein einziger Teilnehmer zu dem NS-Terrorregime gegenüber Jüdinnen und Juden sowie anderen verfolgten Personen. Fast alle der 32 teilnehmenden Länder lehnten die Aufnahme jüdischer Flüchtlinge ab. Die Konferenz scheiterte kläglich, was in weiterer Folge eine Verschärfung der Asylpolitik seitens vieler Aufnahmeländer zur Folge hatte (Bolbecher/Kaiser 2000: 14).[11] Lediglich der Präsident der Dominikanischen Republik – Rafael Trujillo – erklärte sich bereit, eine größere Anzahl Personen (100.000) aufzunehmen. Dahinter stand jedoch ein rassistisches Motiv: er wollte die Bevölkerung seines Landes damit „aufhellen" (Kreickenbaum 2003; Müller 2013: 13 bzw. 36).

Es waren unterschiedliche Gründe, die auch andere Länder motivierten, Emigrant/innen Asyl zu gewähren. Nach einem Erdbeben im Jänner 1939 ließ Chile eine bestimmte Anzahl von Emigrant/innen einwandern, um die im Süden zerstörten Landstriche zu besiedeln. Ecuador oder Bolivien nahmen Flüchtlinge auf, weil Arbeitskräfte in der Landwirtschaft benötigt wurden (Zur Mühlen 1988: 45). Auch in Kolumbien bezweckten Präsident Eduardo Santos und sein Vorgänger Alfonso López mit ihrer Asylpolitik, möglichst viele gut ausgebildete Kräfte für die Landwirtschaft und Industrie einzubürgern (Sedlak 2009: 250).

Am 11. März 1938 erschien in der „Pariser Tageszeitung" ein Bericht über 50 Siedler (darunter 27 Männer, elf Frauen und zwölf Kinder), denen das Internationale Christliche Komitee für deutsche Flüchtlinge mit Sitz in

---

11 Es gab aber auch Fälle charakterstarker Persönlichkeiten. Beispielsweise erteilten der portugiesische Generalkonsul Aristides de Sousa Mendes sowie der japanische Konsul Chiune Sugihara Juden und Jüdinnen Visa trotz gegensätzlicher Anweisungen – zum Teil unterzeichnete Chiune Sugihara Visa selbst noch aus dem Fenster eines bereits anrollenden Zuges heraus (Friedländer 2013: 251f).

London nicht nur die Überfahrt nach Kolumbien bezahlt, sondern auch finanzielle Mittel für den Ankauf von Boden und Vieh, den Hausbau und die Lebenshaltungskosten im ersten Jahr zur Verfügung gestellt hatte. Allerdings war mit der Aufbringung der Geldmittel eine gründliche und sorgfältige Auswahl der Siedler verbunden. Dies blieb laut „Pariser Tageszeitung" jedoch auch für Kolumbien „eine seltene Ausnahme" (Kießling 1984: 421). Der Versuch, jüdische Immigrant/innen im Bereich der Landwirtschaft einzusetzen, schlug vielfach fehl. Von 200 Personen, die sich 1938/1939 in Kolumbien als Landwirte versuchten, waren 1942 nur mehr 46 übrig. Im Bereich der Kleinindustrie sowie der gewerblichen Entwicklung des Landes spielten sie aber eine wichtige Rolle (Palomino 2008). In den lateinamerikanischen Ländern wurden die Emigrant/innen in der Regel nicht als politische Flüchtlinge, sondern als Aus- und Einwander/innen, die sie sich nach den jeweiligen Interessen aussuchen wollten, betrachtet (Zur Mühlen 1988: 43).

Die Vertreibung der jüdischen Bevölkerung und von Regimegegner/innen hatte einen enormen „Export an Kultur, wissenschaftlichen Kenntnissen, Sachverstand und künstlerischer Qualität" zur Folge. So wurden alle österreichischen Nobelpreisträger, die 1938 an einer österreichischen Universität tätig waren, entlassen und damit zur Ausreise gedrängt (Eppel 2004: 69). Zahlreiche Literaten, Architekten, Philosophen und andere Wissenschaftler/innen verließen zwischen 1933 und 1938 Deutschland und Österreich (Stephan 1998: 31), ein Phänomen, das heute meist mit dem Begriff „brain drain" umrissen wird.

Das Aufnahmeland Kolumbien in den 1930er- und 1940er-Jahren

Die Wirtschafts- und Handelsbeziehungen zwischen Kolumbien und dem Deutschen Reich reichten viele Jahre zurück. Als Gründe für die „allgemein geachtete Stellung der Deutschen in Kolumbien" wurden im „Handwörterbuch des Grenz- und Auslanddeutschtums" unter anderem die seit dem 18. Jahrhundert erbrachten deutschen Forschungsleistungen – wie geologische, geografische, botanische und zoologische Studien – für die Entwicklung Kolumbiens angeführt (Petersen/Ruth/Scheel/Schwalm 1933: 312).

Dennoch wusste in den 1920er-Jahren das „alte Europa" noch kaum etwas über Kolumbien. Zu dieser Zeit wanderte unter anderem eine kleine Gemeinschaft von Ashkenazi-Juden[12] nach Kolumbien aus. Es handelte sich damals vor allem um Tschechen, Polen, Litauer und Deutsche (Hernández

---

12 Im Judentum werden mittel-, nord- und osteuropäische Juden als Ashkenazi-Juden bezeichnet.

2012: 177 bzw. 180). Man konnte in dieser Zeit durchaus von einem offenen und gastfreundlichen Kolumbien sprechen. Die Kolumbianer waren mehr an der beruflichen Qualifikation der ins Land kommenden Personen interessiert als an ihren Fluchtgründen. Allerdings wurden bereits in den 1920er-Jahren Gesetze erlassen, wonach die Immigration nach rassistischen Kriterien beschränkt wurde. Ein Grund dafür war der Schutz der heimischen Industrie (Biermann Stolle 2001: 112–114).

In der Zeit von 1933 bis 1945 kamen etwa 6.000 Juden unterschiedlichster Nationalitäten, die vor rassistischer und politischer Verfolgung fliehen mussten, nach Kolumbien – eine geringe Zahl, verglichen mit Argentinien (45.000) und Brasilien (25.000). Sie ließen sich vor allem in den großen Städten wie Barranquilla, Bogotá, Cali, Medellín und Popayan nieder (Kleiner 1985: 8). Im Laufe der 1930er-Jahre gab man diesen Juden, die sich in den städtischen Gebieten als Händler und Verkäufer etabliert hatten, den Spitznamen *los polacos*, was aber nicht unbedingt mit ihrer Herkunft zu tun hatte. Es mögen sich jüdische Einwander/innen aus Polen darunter befunden haben, aber nicht alle polacos hatten polnische Wurzeln. In den ländlichen Regionen nannte man die wirtschaftlich aktiven Ausländer oftmals *los turcos*, bei denen es sich wiederum nicht unbedingt um Türken, sondern oftmals um Syrer oder Libanesen handelte. Die neue Handelsform, die die jüdischen Zuwanderer einführten, war der „Tür-zu-Tür-Verkauf" (sie selbst nannten sich deswegen auch *los klapers*) und die Möglichkeit der Ratenzahlung. Dadurch waren auch ärmere Bevölkerungsschichten in der Lage, sich ein besseres Gewand oder Schuhe zu leisten, was bis dahin meist nur der Oberschicht vorbehalten war (Hernández 2012: 188–191; Leal Villamizar 2012: 225; Hernández 2009: 714 bzw. 717).

Bereits Mitte der 1930er-Jahre wurden – unter anderem auf Betreiben des damaligen Kanzlers González Piedrahita – mit dem Dekret 1194 vom 28. Mai 1936 die Einreisebestimmungen für Juden und andere Nationalitäten verschärft (Hernández 2009: 705). Diese Haltung wurde auch von Teilen der kolumbianischen Presse (Leal Villamizar 2011: 78–84) und auch der Bevölkerung unterstützt. So fand am 2. September 1936 eine antisemitische Demonstration im Zentrum von Bogotá statt (Leal Villamizar 2012: 231).

Trotz antisemitischer Tendenzen war Kolumbien bis Mitte 1938 ein relativ leicht zu erreichendes Fluchtziel, dann verschärfte sich die Situation zunehmend. Das Dekret 1752 vom 23. September 1938 sah beispielsweise Restriktionen für Personen vor, die ihre Nationalität verloren hatten oder deren zivile oder politische Rechte eingeschränkt waren. Viele von den Nationalsozialisten vertriebene Personen wurden aus diesem Grund von Kolumbien abgewiesen (Leal Villamizar 2012: 234). Auch die kolumbianische Handelskammer beteiligte sich damals an der anti-jüdischen Kampagne (Hernández 2009: 705). Eine weitere Verordnung, das Dekret 1723 vom 23. September 1938, diente vor allem der Abwehr von Personen ohne Vermögen und von ‚zweifelhaftem' Ruf, von „presuntos comerciantes de dudosa moralidad y sin fortuna [...] la invasion de esa clase de elementos" (Biermann Stolle 2001: 114f). 1938 wurde ein Gesetzesvorschlag, der diskriminierende Maßnahmen gegenüber Ägyptern, Bulgaren, Chinesen, aber auch Juden vorsah, ausgearbeitet, aber dann doch nicht umgesetzt (Biermann Stolle 2001: 122f).

Schließlich teilte der damalige Außenminister Luis López de Mesa in einem Rundschreiben vom 30. Jänner 1939 an die Konsulate in Polen und Deutschland mit, dass mit der Zahl von 5.000 jüdischen Einwander/innen ein Prozentsatz erreicht wäre, der nicht überschritten werden kann, und daher keine Pässe mehr an Juden ausgestellt würden. In seiner Beschreibung zur jüdischen Einwanderung kamen abwertende Formulierungen wie folgende vor: „elementos menos aptos / weniger passende Elemente", „una orientación parasitaria de la vida / parasitäre Ausrichtung des Lebens" oder „con sutiles artes de penetración y competencia / subtile Formen des Eindringens und des Wettbewerbs" (Leal Villamizar 2012: 236f; Biermann Stolle 2001: 123). Allerdings vertrat damals in Kolumbien nicht nur López de Mesa diese rassistischen Theorien, sie wurden auch von Wissenschaftlern und Teilen der Bevölkerung geteilt (Hernández 2009: 706). Der Außenminister hatte jedenfalls einen großen Einfluss auf die damalige kolumbianische Regierung und deren judenfeindliche Politik, was ein Konflikt mit dem kolumbianischen Bildungsminister Germán Arciniegas zeigte. Dieser versuchte nämlich den nach Brasilien emigrierten österreichischen Schriftsteller Stefan Zweig nach Kolumbien zu holen. Das Außenministerium unter López de Mesa vereitelte dieses Vorhaben allerdings mit Erfolg. Schließlich beging Zweig 1942 Selbstmord, weil „sein altes Europa" für ihn unrettbar verloren und für ihn eine Rückkehr undenkbar war (Hernández 2009: 706f; Mazower 2011: 111).

Mit dem Dekret 1205 vom 25. Juni 1940 wurden unter anderem die Möglichkeiten zur Ausweisung von Ausländern neu geregelt bzw. erweitert. Dies geschah noch bevor die Vereinigten Staaten die „listas negras" (die einen Wirtschaftskrieg gegen alle mit den Achsenmächten sympathisierenden Personen und Firmen vorsahen) veröffentlichten und noch bevor die kolumbianische Regierung die diplomatischen Beziehungen zum Deutschen Reich Ende des Jahres 1941 gänzlich abbrach (Biermann Stolle 2001: 118).

Lina María Leal Villamizar beschreibt den Antisemitismus in Kolumbien als eine Folge der heftigen Debatten in intellektuellen, politischen und wirtschaftlichen Kreisen der 1930er-Jahre (Leal Villamizar 2012: 240). Die Beschränkungen der jüdischen Einwanderung stellt sie unter anderem als eine Art

Selbstschutz der Kolumbianer vor der ökonomischen Kompetenz jüdischer Einwanderer dar. Die Ausländerfeindlichkeit von Teilen der Elite, seien es Intellektuelle oder Wirtschaftstreibende, sollte vor einer zunehmenden Zahl an „Fremden" schützen, die einschneidende wirtschaftliche und soziale Transformationen für die kolumbianische Gesellschaft bedeutet hätten (Leal Villamizar 2011: 65).

All diese Entwicklungen und Strömungen machten laut Hernández aus Kolumbien damals schließlich ein sehr restriktives Land in Bezug auf die Immigration von Ausländern (Hernández 2009: 718).

Emigration aus der Sicht der Vertriebenen

Die Menschen konnten sich das Land, in das sie flohen, oftmals nicht aussuchen. Der Beginn einer Flucht war meist geprägt vom Kampf um Besucher-, Einwanderungs- oder Transitvisa, Arbeitserlaubnis, Schiffskarten und gültige Personal- oder Reisedokumente. Für Personen mit österreichischen Papieren war dies ein besonderes Problem, da sie infolge des Anschlusses Österreichs an das Deutsche Reich seit März 1938 Bürger/innen eines nicht mehr existenten Staates (Mazower 2011: 56) waren.[13] Umgekehrt führte der Besitz eines deutschen Reisepasses, der oftmals bereits Verwendung finden musste, in manchen Ländern dazu, als Bürger/innen des Deutschen Reiches feindlich behandelt zu werden (Eppel 2004: 70; Aspöck 2004: 999f). Es bedurfte meist der Unterstützung von Freunden, Angehörigen oder Hilfsorganisationen.

Die am 26. Juni 1934 in Wien geborene Susie Steckerl verließ im Juni 1938 in einem größeren Familienverband Österreich in Richtung Kolumbien, ein für sie völlig fremdes Land. Die Männer emigrierten über die Schweiz und trafen dann die Frauen in Paris bzw. Le Havre. Von dort ging es mit dem Schiff weiter bis Puerto Colombia/Barranquilla. Warum die Familie gerade Kolumbien als Fluchtland wählte, erklärte Susie im Interview damit, dass es damals so gut wie das einzige Land war, das noch Visa vergab.[14]

Katherine Husserl, die Tochter eines 1938 nach Kolumbien geflohenen Österreichers und einer bereits im Jahr 1933 ebenfalls dorthin geflohenen Deutschen, erzählte die Fluchtgeschichte ihres Vaters. Im Juni 1938 fehlte ihm noch ein Jahr für den Abschluss seiner technischen Ausbildung in Wien,

---

13 Von den Nationalsozialisten wurde Österreich zunächst als „Ostmark", ab 1942 als „Alpen- und Donaugaue" bezeichnet (Bolbecher/Kaiser 2000: 10).
14 Großbritannien beendete die massenhafte Einwanderung von Juden und Jüdinnen nach Palästina Anfang 1939, weil es die arabische Welt nicht in die Arme der Achsenmächte treiben wollte. Brasilien und Chile schlossen ihre Grenzen erst 1940 (Friedländer 2013: 205); vgl. Interview mit Susie Steckerl, 1.5.2014, Barranquilla.

aber als Jude wurde es ihm verwehrt, die Schule zu beenden. Ein Verwandter bot an, ihm zur Flucht nach Kolumbien zu verhelfen. Dieser besaß eine internationale Speditionsfirma, die – wahrscheinlich weil er zum Protestantismus übergetreten war – nicht enteignet und arisiert worden war. Aufgrund von geschäftlichen Beziehungen war es der Spedition möglich, dem Vater von Katherine Husserl und dessen Bruder Visa für Kolumbien zu besorgen. Die beiden hatten zwar keine Ahnung, wo Kolumbien lag, aber sie nahmen das Angebot an. Die gesamte Überfahrt und Reise bis Bogotá wurde von der Spedition organisiert. Es war also reiner Zufall, dass die beiden Brüder Kolumbien als Fluchtland ansteuern sollten. Das Schiff verließ am 27. August 1938 Hamburg mit dem Ziel Puerto Colombia, dem Seehafen von Barranquilla. An Bord des Schiffes wurden sie allerdings von einem Österreicher, der behauptete, schon länger in Kolumbien zu leben und ihnen bei diversen behördlichen Wegen und der Erlangung von Papieren behilflich sein zu können, um ihr gesamtes Geld betrogen. Daher erreichten sie Kolumbien völlig mittellos.[15]

Die Inhaberin der Buchhandlung Librería Central in Bogotá – Lilly Ungar – wurde am 30. August 1921 in Wien geboren, wo sie bis zu ihrer Ausreise lebte. Lilly Ungar (geb. Bleyer) verdankte ihre Ausreise nach Kolumbien dem glücklichen Umstand, dass ihr Bruder einen Freund in diesem Land hatte und bereits im Juni 1938 mit dessen Hilfe nach Kolumbien gereist war. Überrascht von den Entwicklungen in Österreich beschloss er, sich entgegen seiner ursprünglichen Pläne auf einen längeren Aufenthalt einzustellen. Von Kolumbien aus besorgte er seinem Vater und seinen Zwillingsschwestern Visa und ermöglichte ihnen so die Einreise nach Kolumbien im Juni 1939. Die Familie hatte in Österreich eine Textilfabrik besessen, die sie aber aufgeben musste. Sie gelangten mit einem holländischen Schiff nach Puerto Colombia und setzten ihre Reise mit einem kleinen Dampfer bis zu dem am Rio Magdalena gelegenen Flusshafen von Puerto Berrío in der Nähe von Medellín fort. Erst ein Jahr später übersiedelten sie nach Bogotá.[16]

In Kolumbien lernte Lilly Bleyer ihren späteren Ehemann Hans Ungar kennen, der kurz nach Ende des Zweiten Weltkrieges, im Jahr 1946, die vom Österreicher Paul Wolf 1926 gegründete Buchhandlung Librería Central zunächst als Geschäftsführer und später als Eigentümer übernahm (Wirtschaftsuniversität Wien o.J.). Nach der Heirat begann Lilly, Hans Ungar bei seiner Tätigkeit zu unterstützen. Nach dem Ableben ihres Gatten im Jahr 2004 führt sie die Buchhandlung alleine – selbst bereits 84-jährig – weiter. Fritz und Lore Friedmann, Franz Lichtenberg, Paul Engel, Erich Arendt,

---

15 vgl. Interview mit Katherine Husserl, 25.4.2014, Bogotá.
16 vgl. Interview mit Lilly Ungar, 22.4.2014, Bogotá.

Margot Neumann, Trude Krakauer, um nur einige der Exilant/innen aus Österreich zu nennen, zählten zum Freundeskreis der Familie Ungar.

Nicht übersehen werden darf auch, dass Flucht und Vertreibung für die meisten Menschen nicht nur Existenzsorgen mit sich brachten, sondern auch eine enorme emotionale und psychische Belastung darstellten. Für zahlreiche Personen wurden bestimmte Gegenstände oder Bilder mit Österreichbezug zu wichtigen Symbolen und Erinnerungsstücken. Die Wienerin Gitta Deutsch beispielsweise schilderte, dass sie am 27. November 1938, dem letzten Abend vor ihrem Abschied aus Wien, aus einem Sitz im Burgtheater noch einen roten Plüschfaden entfernt hatte, den sie fortan in einem Glasmedaillon mit sich trug. In ihrer Geldbörse hatte sie ein kleines, abgebröckeltes Mauerstück des Stephansdoms bei sich, um auf diese Weise weiterhin mit Österreich verbunden zu bleiben (Prutsch 2006: 91).

Für viele österreichische Emigrant/innen – unabhängig davon, in welche Länder sie geflüchtet waren – waren vor allem musikalische Veranstaltungen von besonderer Bedeutung. „Musik bietet den Vorteil, Sprachbarrieren zu überwinden" (Prutsch 2006: 98), und nachdem ab dem Ende der Romantik Wien als internationale Hauptstadt der Musik galt, waren Heimatabende, Kabarettauftritte, Gesangs- und Tanzveranstaltungen beliebte Praktiken, persönliche und kollektive Erinnerungen zu stiften, aber auch öffentliche Images über das Herkunftsland im Aufnahmeland herzustellen (Prutsch 2006: 95). Bei den musikalischen Veranstaltungen griff man meist auf bekannte österreichische Musiktraditionen zurück, wobei in der Regel auch eine Verbindung zu Wien hergestellt wurde. Gerade in Ländern wie Argentinien, aber auch Kolumbien fielen diese kulturellen Aktivitäten auf fruchtbaren Boden, denn in Bezug auf Musik war für die Mittel- und Oberschichten Lateinamerikas damals – wie heute – Europa eine wichtige Referenzkultur.

Fotos, Gegenstände oder kulturelle Veranstaltungen mit Österreichbezug waren für viele Exilant/innen identitätsstiftende Faktoren, die ihnen das Gefühl vermittelten, den Kontakt zur Heimat nicht völlig verloren zu haben. Die Emigrant/innen stellten somit einen „Speicher von kulturellem und kollektivem Gedächtnis durch ein ‚gemeinsames Symbolsystem' dar" (Prutsch 2006: 100). Der Umstand, dass es ihnen so wichtig war, auch in der Ferne vertraute kulturelle Praktiken weiterhin zu pflegen, verdeutlicht die belastende emotionale und psychische Situation der Vertreibung.

Vertrieben von den Nazis … geflohen nach Kolumbien

Nachdem Kolumbien auch vor dem Zweiten Weltkrieg prinzipiell nicht zu den traditionellen Auswanderungsländern wie Argentinien, Brasilien, Chile, Uruguay oder Venezuela zählte, war die Anzahl der z.B. aus beruflichen Gründen schon vor dem Zweiten Weltkrieg in Kolumbien lebenden Österreicher/innen gering. Dennoch spielten sie für die später nachkommenden Personen teilweise eine wichtige Rolle in Bezug auf die Beschaffung von Visa, Arbeitsbewilligungen und Ausstellung von Einladungen. Bereits 1925 nach Kolumbien gingen beispielsweise der Jurist Bernhard Mendel, 1933 der diplomatische Vertreter Karl-Heinrich Brunner-Lehenstein oder 1936 bzw. 1937 Fritz und Lore Friedmann (Bolbecher 1995: 173 bzw. 183).

Viele Österreicher/innen erreichten damals Kolumbien über den Seehafen von Barranquilla, Puerto Colombia, wo sie meistens zum ersten Mal tropischem Klima ausgesetzt waren. Die überwiegende Zahl der Neuankömmlinge nahm den beschwerlichen Weg nach Bogotá auf sich, der im Normalfall mit einem Schiff über den Rio Magdalena zurückgelegt werden musste. Einige Glückliche, die schon bessere Kontakte zu Personen vor Ort hatten, konnten ein Flugzeug direkt von der Küste in die Hauptstadt nehmen. Aufzeichnungen zufolge erreichten von 1934 bis 1942 insgesamt 526 Österreicher das südamerikanische Land über Puerto Colombia (Biermann Stolle 2001: 72). Die Zahl entstammt einer im Jahre 1943 veröffentlichten Statistik über die von jüdischen Hilfskomitees erfassten Personen. Im selben Zeitraum wanderten dieser Statistik zufolge 2.347 Deutsche nach Kolumbien ein (Kießling 1984: 422).[17]

Anzahl der zwischen 1934 und 1942 nach Kolumbien eingewanderten Österreicher:

1934	5
1935	6
1936	18
1937	38
1938	275
1939	163
1940	5
1941	14
1942	2
Summe	**526**

---

17 Im Laufe eines Interviews mit dem Österreichischen Honorargeneralkonsul Hans Widhalm am 21.4.2014 in Bogotá gab dieser an, dass auch die kolumbianische Einwanderungsbehörde 526 zu jener Zeit in Puerto Colombia eingereiste Österreicher registriert hatte.

Bis Herbst 1938 waren die kolumbianischen Behörden und Konsulate bei der Vergabe von Visa weniger restriktiv als in der Zeit danach. In Kolumbien war bis Mitte 1938 und erneut von 1942 bis 1945 der liberale Präsident Alfonso López an der Macht. Ab 1938 übernahm zwischenzeitig der konservative Kandidat Eduardo Santos das Amt, unter dem die Visavergabe restriktiver gehandhabt wurde. Unter Santos gewannen politisch rechts orientierte Gruppierungen an Einfluss (Bolbecher 1995: 175; Kießling 1984: 419).

Eine Einladung oder ein Arbeitsvertrag genügte oftmals schon, und so konnten damals noch einige Österreicher von diesen weniger strengen Einreisebestimmungen profitieren. Fritz Friedmann konnte nach dem Einmarsch der Deutschen Wehrmacht in Österreich insgesamt 29 Personen über zum Teil fingierte Arbeitsvisa aus Österreich retten. Im Hinblick auf die Konzentration auf die Familie und den Bekanntenkreis zeigt dieses Beispiel eine durchaus typische Emigrationsform (Bolbecher 2002: 2).

Mit Hilfe einer Einladung des Bürgermeisters von Bogotá konnten der Kabarettist und Komponist Hugo Wiener, der Schauspieler Eugen Strehn, die Tänzerin und Choreografin Gertrud Bodenwieser und noch weitere Künstler/innen wie Cissy Kraner, die Ehefrau von Hugo Wiener, nach Kolumbien gelangen. Die Tanzgruppe rund um Gertrud Bodenwieser trat in der Folge auch in Kolumbien auf, unter anderem beim Präsidentenball anlässlich der Amtsübernahme von Eduardo Santos. Sie war aber auch gemeinsam mit indianischen und schwarzen Tänzern in der 30.000 Zuseher fassenden Stierkampfarena von Bogotá zu sehen. In den 10 Monaten „Tanz in Kolumbien" trug Gertrud Bodenwieser sicher sehr viel dazu bei, dass Österreich und die Stadt Wien überhaupt bekannt wurden und die Menschen in Kolumbien eine mit diesen Orten verbundene Vorstellung von einer sehr spezifischen Musik und tänzerischen Ausdrucksformen bekamen. Nicht alle blieben jedoch in Kolumbien. Hugo Wiener und Cissy Kraner gingen nach Venezuela, und Bodenwieser – die erst 1938 mit dem Schiff S.S. Costa Rica in Kolumbien angekommen war (Dunlop MacTavish 1987: 53; Aspöck 1986: 222) – setzte ihren Weg wenig später nach Neuseeland fort. Andere richteten sich wiederum für längere Zeit in Kolumbien ein, wie z.B. Magda Brunner, die Tochter des Konsuls Brunner-Lehnstein, die eine Ballettschule in Bogotá eröffnete und erst nach Ende des Zweiten Weltkriegs das Land Richtung Österreich verließ.

Ab Ende 1938 wurden die Einreisebestimmungen – auch für Österreicher/innen – strenger. Die später nach Kolumbien gelangten Personen hatten ihre Einreise in erster Linie bereits vor Ort lebenden Freunden oder Verwandten, aber auch Hilfsorganisationen zu verdanken (Bolbecher 1995: 173–175). Bei der Flucht wurden die Menschen von unterschiedlichen –

meist jüdischen – Hilfsorganisationen unterstützt. Erwähnt seien hier die 1936 in Bogotá gegründete erste lokale Hilfsorganisation Sociedad Hebrea de Socorro und später das Comité de Protección a los Inmigrantes Israelitas, in dem alle jüdischen Gruppen vertreten waren. Unterstützung in finanzieller und organisatorischer Hinsicht erhielt die Flüchtlingshilfe auch von der United Hebrew Sheltering Immigrants Aid Society (HIAS), der 1927 gegründeten jüdischen Auswanderungshilfsorganisation HICEM[18] und ab dem Jahr 1940 auch von American Jewish Joint Distribution Committee, auch AJDC oder JOINT genannt (Bolbecher 1995: 175). Im Gegensatz dazu war nach Patrik von zur Mühlen die „Hilfstätigkeit einzelner Staaten, zwischenstaatlicher und internationaler Einrichtungen wie dem Völkerbund erbärmlich gering" (Zur Mühlen 1995: 3).

Die soziale Situation der Flüchtlinge

Die ersten Jahre in Kolumbien waren für viele Immigrant/innen eine harte Zeit. Die soziale Situation war für die 1938 und 1939 eintreffenden, politisch und als Juden verfolgten Flüchtlinge zweifellos äußerst schwierig. Sie hatten ihre Bürgerrechte, ihr Vermögen und ihre Erwerbsmöglichkeiten verloren, waren oftmals nur knapp dem Konzentrationslager entkommen.[19] Man musste sich auf die neue Kultur, auf eine neue Gesellschaft mit völlig anderer Mentalität und einer fremden Sprache, teilweise auf tropisches Klima und auch auf einen Arbeitsmarkt mit anderen Anforderungen einstellen. Sich finanziell in Kolumbien über Wasser zu halten war daher für einen Großteil der Eingewanderten zunächst nicht leicht. Die wenigsten hatten zum Zeitpunkt der Einreise schon einen Arbeitsvertrag. In dieser Hinsicht waren Margarete Neu und ihr Mann privilegiert. Margarete Neu wurde am 20. September 1917 als Mitglied der Familie Kronfeld in Wien geboren. Sie wuchs in Wien auf und lebte auch bis zu ihrer Ausreise dort. Der Umstand, dass sie und ihr Mann Kolumbien als Zufluchtsort wählten, verdankten sie dem Geschäftsmann Dr. Bernhard Mendel, der schon seit 1925 in Kolumbien lebte. Als sich die politische Lage in Österreich zuspitzte, begann Mendel qualifizierte Arbeitskräfte in seiner Heimat für Kolumbien zu rekrutieren. So offerierte er auch dem Gatten von Margarete Neu, der den Meistertitel für Feinmechanik bzw. Schreibmaschinentechnik besaß, einen Job. Obwohl das Schiff erst am 3. März 1939 von Holland nach Kolumbien auslief, war das

---

18 Sie war durch den Zusammenschluss unterschiedlicher lateinamerikanischer Hilfsorganisationen entstanden.
19 Siglinde Bolbecher: https://www.sbg.ac.at/exil/lecturepage5040_3.html

Ehepaar Neu bereits Ende Februar 1939 angereist. Die Holländer boten damals allen Flüchtlingen, die über eine Schiffskarte verfügten, an, sieben Tage vor ihrer Ausreise auf Kosten des Landes in Amsterdam zu verbringen. Unterstützt wurde diese Aktion von einer jüdischen Hilfsorganisation, von der sie für diese wenigen Tage Taschengeld erhielten. Die etwa dreiwöchige Reise über den Atlantik endete für Margarete Neu und ihren Mann in Puerto Colombia, nahe Barranquilla. Im Unterschied zur Mehrzahl der Einwanderer, die keine Vorstellung von den Lebensumständen und Arbeitsmöglichkeiten in Kolumbien hatte, wurden sie von einem Mitarbeiter von Bernhard Mendel am Hafen abgeholt und in Barranquilla im Hotel Prado untergebracht. Der Luxus dieses Hotels war für sie – „ein bescheidenes Mädchen aus Wien" – ein unvergessliches Erlebnis.[20] Danach flogen sie nach Bogotá, wo sie am Flughafen persönlich von Bernhard Mendel empfangen wurden. Für Margarete Neu war dieser Flug, der erste in ihrem Leben, ein besonderes Ereignis.[21]

Viele Ärzte, Architekten, Juristen und auch andere Akademiker hingegen begannen oftmals, durch Straßenverkauf verschiedenster Waren ihren Lebensunterhalt zu verdienen. Der Chemiker Hans Friedmann versuchte anfangs vergeblich, mit der Herstellung von kosmetischen Produkten zu Geld zu kommen. Der Wiener Mediziner Paul Engel schlug sich als Arzneimittelvertreter durch. Zwar wurde er 1938 vom damaligen Rektor der Universidad Libre – Jorge Eliécer Gaitán[22] – zum außerordentlichen Professor für Endokrinologie bestellt, allerdings erhielt er für seine Tätigkeit kein Honorar. Zur damaligen Zeit gab es in Kolumbien schon den Achtstundentag (48 Stunden pro Woche), aber keine allgemeine Krankenversicherung. Kinderarbeit war erlaubt, und es gab keine Schulpflicht (Bolbecher 1995: 176; Friedmann 2004: 484).

Rückblickend betrachtet schafften es aber doch verhältnismäßig viele Österreicher/innen, bis in die wohlhabende Mittel- bzw. Oberschicht aufzusteigen. Patrik von zur Mühlen ist der Meinung, dass der Grund für diese gelungene soziale Integration in einem „beruflichen und allgemeinen Bildungsvorsprung" gegenüber den kolumbianischen Arbeitskräften lag. Zudem trug der interne Zusammenhalt zwischen den Geflohenen in Form von Vereinigungen oder Clubs seinen Teil dazu bei (Zur Mühlen 1995: 4). Ein wichtiges Zentrum der Exilkultur war die Buchhandlung Librería Central, die 1926

---

20 Interview mit Margarete Neu, 8.5.2014, Bogotá, TC 16:51.
21 vgl. Interview mit Margarete Neu, 8.5.2014, Bogotá.
22 1948 war Jorge Eliécer Gaitán Präsidentschaftskandidat. Seine Ermordung am 9. April 1948 führte zu einem Volksaufstand in Bogotá und schließlich zu einem neunjährigen Bürgerkrieg, bekannt als die Zeit der „Violencia" (Kießling 1984: 435f; Hörtner 2013: 254).

von dem Österreicher Pablo Wolf eröffnet worden war. In ihr waren sämtliche Exilpublikationen erhältlich. Herr Ungar übernahm von Pablo Wolff die Buchhandlung 1946 als Geschäftsführer und später auch als Eigentümer. Herr Ungar eröffnete dann in den 1950ern zudem eine Kunstgalerie. Sie entwickelte sich zu einem angesehenen und beliebten Treffpunkt für kolumbianische Kulturschaffende und zu einer Vermittlungsstelle zur europäischen Kultur.

Exilorganisationen

Politische Flüchtlinge versuchten häufig, im Ausland Exilorganisationen zu gründen. Sie hatten allerdings in der Regel mit Geldmangel zu kämpfen und waren mit Misstrauen oder Gleichgültigkeit seitens der einheimischen Bevölkerung konfrontiert (Eppel 2004: 70f). Anfangs engagierten sich die österreichischen Exilant/innen oftmals in den vielen deutschen Exilvereinigungen, die während des Zweiten Weltkriegs in fast ganz Lateinamerika gegründet worden waren. Eigene österreichische poltische Vereine entstanden erst später, obwohl schon seit den 1920er-Jahren vereinzelt, vor allem aber seit Anfang der 1930er-Jahre österreichische Emigrant/innen nach Kolumbien gekommen waren. Erst nach dem Angriff des NS-Regimes auf die Sowjetunion am 22. Juni 1941 schlossen sie sich zusammen. Ein Grund für den nur sehr losen Zusammenhalt dürfte gewesen sein, dass sie sich an unterschiedlichsten Orten in Kolumbien niedergelassen hatten wie Barranquilla, Bogotá, Bucaramanga, Cali, Manizales, Medellín und teilweise auch in ländlichen Gebieten lebten (Zur Mühlen 1988: 272).

Zudem war es für die österreichischen Exilgruppen zunächst sehr schwierig, eine offizielle internationale Unterstützung zu erhalten, da die deutsche Besetzung Österreichs im März 1938 anfangs durch die Alliierten[23] nicht anerkannt wurde (Steiner 1977: 8). Nach dem Anschluss Österreichs an Nazi-Deutschland wurde das österreichische Konsulat in Bogotá auf Wunsch des kolumbianischen Außenministers zwar geschlossen, Konsul Karl-Heinrich Brunner-Lehenstein stellte aber weiterhin amtliche Bestätigungen aus, die auch de facto anerkannt wurden (Bolbecher 1995: 177).

Die österreichischen Exilorganisationen in Lateinamerika können – wie auch in den anderen Asylländern – grob in drei Lager unterteilt werden: in die kommunistischen Gruppierungen, die bürgerlich-ständestaatlichen und legitimistischen Zirkel und in die sozialistischen Organisationen, die mit den

---

23 Die Eingliederung Österreichs in das Deutsche Reich war von allen Staaten – mit Ausnahme von Mexiko – ohne nachhaltigen Protest akzeptiert worden (Bolbecher/Kaiser 2000: 14).

beiden anderen nicht kooperieren wollten (Röder 1998: 21f). Das Comité de los Austríacos Libres en Colombia (CAL) wurde als überparteiliche österreichische Vereinigung Anfang 1941 gegründet. Präsident der Vereinigung war Koloman Brunner-Lehenstein, der Sohn des Konsuls Karl-Heinrich Brunner-Lehenstein. Im Laufe der Zeit wurde es sowohl von den kolumbianischen Behörden als auch von den Alliierten anerkannt, so dass z.B. abgelaufene österreichische Reisepässe weiterhin ihre Gültigkeit behielten. Österreicher/innen, die nur über einen deutschen Pass verfügten, wurden trotzdem nicht als Deutsche behandelt (Bolbecher 1995: 177). Dies ist insofern als Verbesserung der Lage der österreichischen Exilant/innen zu werten, als die kolumbianische Regierung ohne Unterschied zunächst alle Deutschen als „feindliche Ausländer" behandelte; ihre Bewegungsfreiheit einschränkte und ihr Vermögen beschlagnahmte. Zudem führte der Umstand, dass Kolumbien am 18. Dezember 1941 – als erstes Land Südamerikas (Kießling 1984: 427) – die diplomatischen Beziehungen zu den Achsenmächten abbrach, zu einer Verbesserung der Lage der österreichischen Einwanderer (Aspöck 1986: 118).

Dies änderte sich mit der Moskauer Erklärung von 1943, in der Österreich von den Alliierten als ein von der Deutschen Wehrmacht überfallenes Land anerkannt wurde. Darin wurde auch festgehalten, dass der eigenständige Beitrag Österreichs zu seiner Befreiung eine entscheidende Rolle spielt. Zu dieser Zeit entstanden in verschiedenen lateinamerikanischen Staaten „Austria Libre-Gruppen", die sich vor allem durch kulturelle Aktivitäten, insbesondere musikalische Veranstaltungen auszeichneten. Diese Vereine und Organisationen traten für die Wiederherstellung eines freien und unabhängigen Österreich ein (Aspöck 2004: 998f). Sie waren Treffpunkte für Personen unterschiedlichster politischer Orientierung und bildeten den institutionellen Rahmen für die politische Meinungsbildung und die Austragung von Interessenskonflikte innerhalb der österreichischen Exilanten-Community. Sie erfüllten zudem repräsentative Funktionen nach außen, um die für die Arbeit so wichtigen politischen Kontakte zu offiziellen und inoffiziellen Stellen in den Exilländern zu knüpfen.

Das Zentralkomitee der Österreicher in Lateinamerika (Comité Central Austriaco de América Latina) wurde im Oktober 1943 in Anwesenheit von Delegationen aller amerikanischen Staaten, in denen österreichische Gruppen aktiv waren, gegründet und hatte seinen Sitz in Montevideo. Sekretär des Zentralkomitees wurde Karl Stephan Grünberg, der in Uruguay der Präsident der dortigen „Austria Libre"-Vereinigung war (Aspöck 2004: 999). Im Oktober 1943 schloss sich die Vereinigung der Austriacos Libres, ein Zentrum der Kommunikation, des kulturellen Austausches und sozialer Aktivitäten in Bogotá, dem Zentralkomitee für Lateinamerika (Comité Central Austriaco de América Latina) an (Bolbecher 1995: 177).

Die vermutlich bedeutendste und „am stärksten beachtete kulturelle Aktivität" von allen war die Aufführung der Operette „El Murcielago" („Die Fledermaus") von Johann Strauss am 7. November 1942 im Teatro Colón, die auch der damalige kolumbianische Präsident unterstützte. Die Einnahmen aus diesem Kulturereignis kamen dem Roten Kreuz zugute (Bolbecher 1995: 178). Franz Lichtenberg hielt zudem am 26. Jahrestag der Ausrufung der Ersten Republik – am 12. November 1944 – eine Festrede, die auch im kolumbianischen Radio übertragen wurde. Das Comité de los Austriacos setzte auch noch nach Kriegsende seine Aktivitäten und Hilfsaktionen fort. Einige der österreichischen Flüchtlinge kehrten nach Österreich zurück, andere blieben in Kolumbien, in ihrer mittlerweile neuen Heimat (Bolbecher 1995: 178).

Remigration

Für die meisten Exilant/innen, die zurück nach Österreich wollten, gestaltete sich die Rückkehr als ebenso schwierig wie die Emigration. Bereits 1944 bemühte sich die Comisión de los Austriacos in Bogotá um eine Zusammenarbeit mit der United Nations Relief and Rehabilitation Administration (UNRRA), um nicht nur Spenden, sondern auch Rücktransporte für die Zeit nach dem Krieg zu organisieren. Denn die Aufgabe der UNRRA bestand nicht nur in der Unterstützung wirtschaftlich notleidender Länder, sondern auch in der die Betreuung und Rückführung von Displaced Persons nach dem Krieg. Eduardo Santos, Vizepräsident der UNRRA, unterstützte die Österreicher/innen zwar dabei, allerdings ohne Erfolg. So wurden die Rückkehrer/innen gleichsam wie Ausländer/innen behandelt, die jedoch im Unterschied zu diesen keine offizielle Vertretung hatten. Um ein Permit nach Wien zu bekommen, musste der Wohnsitz, der in den meisten Fällen arisiert worden war, und der Bezirk angeben werden, damit die zuständige Alliierten Behörde ihre Einreisebewilligung gab.[24]

Hinsichtlich der Remigration gibt es unterschiedliche Einschätzungen. So sprechen manche Quellen davon, dass jeder fünfte Emigrant in seine Heimat zurückkehrte, in erster Linie Juristen, Publizisten, Politiker und Beamte (Stadler 2004: 19), nach anderen Angaben waren es gar nur 5 Prozent (Bolbecher/Kaiser 2000: 19). Gründe für die niedrige Remigrationsrate gab es viele. Unmittelbar nach 1945 war Österreich ein zerstörtes Land, es fehlte an Wohnungen, Nahrungsmitteln und Transportmöglichkeiten. Zudem war die Rückkehr mit vielen bürokratischen Hürden seitens der Siegermächte, aber auch seitens der österreichischen Regierung verbunden (Bolbecher/Kaiser

---

24 Siglinde Bolbecher: http://www.literaturepochen.at/exil/lecture_5040_13.html

2000: 19). Dass nach 1945 keine offizielle Einladung an die Emigrant/innen erging, kann als latenter Antisemitismus gewertet werden. (Stadler 2004: 20). Umgekehrt war vielen Emigrant/innen in ihrer neuen Heimat bereits ein gesellschaftlicher und beruflicher Aufstieg gelungen, manche hatten bereits persönliche Freundschaften geknüpft oder wollten die im Exil geborenen Kinder nicht wieder „entwurzeln" oder empfanden Dankbarkeit gegenüber dem Aufnahmeland. Zudem spielte der Umstand, dass Österreich in den Nachkriegsjahren ein zerstörtes und armes Land war, vermutlich eine Rolle. Manche der Emigrant/innen wollten auch wegen des erlittenen Unrechts und Leids schlicht und einfach nicht mehr in Österreich leben (Eppel 2004: 77).

Literatur

Aspöck, Ruth (1986): Exil in Lateinamerika. Wien-Havanna.

Aspöck, Ruth (2004): Österreichische antifaschistische Gruppen in Lateinamerika. In: Friedrich Stadler (Hg.): Vertriebene Vernunft II – Emigration und Exil österreichischer Wissenschaft 1930–1940, Teilband 2. Münster: LIT Verlag, S. 998–1003.

Barkai, Avraham (2006): Die Heimat vertreibt ihre Kinder. Die nationalsozialistische Verfolgungspolitik 1933 bis 1941. In: Stiftung jüdisches Museum Berlin; Stiftung Haus der Geschichte Bundesrepublik Deutschland (Hg.): Heimat und Exil – Emigration der Deutschen Juden nach 1933. Frankfurt a. M.: Jüdischer Verl. im Suhrkamp Verlag, S. 15–21.

Benz, Wolfgang (1998): Die jüdische Emigration. In: Claus-Dieter Krohn, Patrik von zur Mühlen, Gerhard Paul, Lutz Winckler (Hg.): Handbuch der deutschsprachigen Emigration 1933–1945. Darmstadt: Primus, S. 5–16.

Bibliowicz, Azriel (2001): Intermitencia, ambivalencia y discrepancia: historia de la presencia judía en Colombia. In: Les Cahiers Amérique Latine Histoire et Mémoire (ALHIM) 3: Migrations en Colombie. Online verfügbar unter alhim.revues.org/535, zuletzt geprüft am 31.8.2014.

Biermann Stolle, Enrique (2001): Distantes y distintos. Los Emigrantes alemanes en Colombia 1939–1945. Bogotá: Universidad Nacional de Colombia.

BMUKK Bundesministerium für Unterricht, Kunst und Kultur (2012): Medienbegleitheft zum Thema Emigration und Exil. Online verfügbar unter www.bmbf.gv.at/schulen/service/mes/emigrationexil_23181.pdf?4f2jk2, zuletzt geprüft am 31.8.2014.

Diner, Dan (2006): Vom „Anschluss" zur „Kristallnacht" – das Krisenjahr 1938. In: Stiftung jüdisches Museum Berlin; Stiftung Haus der Geschichte Bundesrepublik Deutschland (Hg.): Heimat und Exil – Emigration der Deutschen Juden nach 1933. Frankfurt a. M: Jüdischer Verlag im Suhrkamp Verlag, S. 22–30.

Dunlop Mactavish, Shona (1987): An Ecstasy of Purpose – The Life and Art of Gertrud Bodenwieser. Dunedin (New Zealand).

Eppel, Peter (2004): Österreicher in der Emigration und im Exil 1938 bis 1945. In: Friedrich Stadler (Hg): Vertriebene Vernunft II – Emigration und Exil österreichischer Wissenschaft 1930–1940, Teilband 1. Münster: LIT Verlag, S. 69–81.

Friedländer, Saul (2013): Das Dritte Reich und die Juden 1933–1945 (Jubiläumsedition). München: Beck.

Friedmann, Hans (2004): Emigrant in Kolumbien 1938 bis 1947. In: Friedrich Stadler (Hg.): Vertriebene Vernunft I – Emigration und Exil österreichischer Wissenschaft 1930–1940. Münster: LIT Verlag, S. 478–486.

Ganglmair, Siegwald (2004): Biografisches Handbuch der deutschsprachigen Emigration nach 1933. In: Friedrich Stadler (Hg.): Vertriebene Vernunft II – Emigration und Exil österreichischer Wissenschaft 1930–1940, Teilband 2. Münster: LIT Verlag, S. 1043–1045.

Hernández, José Ángel (2009): Judíos en Colombia: Entre el antisemetismo, y el triunfo comercial. In: Orbis Incognitus. Avisos y Legajos del Nuevo Mundo. Bogotá, S. 703–718. Online verfügbar unter http://www.americanistas.es/biblo/textos/c12/c12-088.pdf, zuletzt geprüft am 31.8.2014.

Hernández, José Ángel (2012): La emigración judía ¿Colombia, país de asilo?, años 20, 30, 40. In: Adelaida Sourdis Nájera Alfonso Velasco Rojas (Hg.): Los judíos en Colombia, reimpresión. Bogotá, S. 175–195.

Hörtner, Werner (2013): Kolumbien am Scheideweg – Ein Land zwischen Krieg und Frieden. Zürich: Rotpunktverlag.

Kaplan, Marion A. (2006): Gehen oder bleiben? In: Stiftung jüdisches Museum Berlin; Stiftung Haus der Geschichte Bundesrepublik Deutschland (Hg.): Heimat und Exil – Emigration der Deutschen Juden nach 1933. Frankfurt a. M., S. 31–40.

Kießling, Wolfgang (1984): Exil in Lateinamerika – Kunst und Literatur im antifaschistischen Exil 1933–1945 in sieben Bänden (Bd. 4). Leipzig: Reclam.

Klee, Ernst (2013): Das Personenlexikon zum Dritten Reich – Wer war was vor und nach 1945. Frankfurt a. M.: Fischer

Kleiner, Alberto (1985): Inmigración judía a Colombia. Informe presentado en Argentina por la Sociedad de Socorro a los Judíos de habla Alemana, 1943. Buenos Aires: Instituto Hebreo de Ciencias.

Kreickenbaum, Martin (2003): Évian und die Flüchtlingskonferenz von 1938. In: World Socialist Web Site. Online verfügbar unter www.wsws.org/de/articles/2003/06/flc-j05.html?view=print, zuletzt geprüft am 31.8.2014.

Leal Villamizar, Lina María (2011): Colombia frente al antisemitismo y la inmigración de judíos polacos y alemanes 1933–1948. Bogotá.

Leal Villamizar, Lina María (2012): Colombia frente a la cuestión judía. 1935–1939. In: Sourdis Nájera, Adelaida; Velasco Rojas, Alfonso (Hg.): Los judíos en Colombia, reimpresión. Bogotá, S. 221–242.

Lohfeld, Wiebke; Hochstadt, Steve (o.J.): Die Emigration jüdischer Deutscher und Österreicher nach Shanghai als Verfolgte im Nationalsozialismus. Online verfügbar unter http://www.exil-archiv.de/grafik/themen/exilstationen/shanghai.pdf, zuletzt geprüft am 31.8.2014.

Martinez Ruiz, Enrique (2010): Haciendo comunidad, haciendo ciudad – Los judíos y la conformación del espacio urbano en Bogotá. Bogotá.

Mazower, Mark (2011): Hitlers Imperium – Europa unter der Herrschaft des Nationalsozialismus. München: Beck.

Müller, Wolfgang (2013): Dominikanische Republik als Immigrationsland in der Ära Trujillo 1930 bis 1961. Masterarbeit Santo Domingo-Wien.

Oltmer, Jochen (2010). Migration im 19. und 20. Jahrhundert. München: Oldenbourg.

Palomino, Michael (2008): Juden in Kolumbien. Online verfügbar unter http://www.am-sur.com/amsur/kolumbien/EncJud_juden-in-Kolumbien-D.html, zuletzt geprüft am 31.8.2014.

Paul, Gerhard (1998): Nationalsozialismus und Emigration. In: Claus-Dieter Krohn, Patrik von zur Mühlen, Gerhard Paul, Lutz Winckler (Hg.): Handbuch der deutschsprachigen Emigration 1933–1945. Darmstadt: Primus, S. 46–61.

Petersen, Carl; Ruth, Paul Hermann; Scheel, Otto; Schwalm, Hans (1933): Handwörterbuch des Grenz- und Auslanddeutschtums (Bd. 1). Breslau: Hirt.

Prutsch, Ursula (1996): Das Geschäft mit der Hoffnung. Österreichische Auswanderung nach Brasilien 1918–1938. Wien-Köln-Weimar: Böhlau.

Prutsch, Ursula (2006): Inszenierung aus der Ferne: Bilder und Vorstellungen von Wien in der Emigration. In: Monika Sommer, Markus Gräser, Ursula Prutsch (Hg.): Imaging Vienna – Innensichten, Außensichten, Stadterzählungen. Wien: Turia & Kant, S. 87–105.

Röder, Werner (1998): Die politische Emigration. In: Claus-Dieter Krohn, Patrik von zur Mühlen, Gerhard Paul, Lutz Winckler (Hg.): Handbuch der deutschsprachigen Emigration 1933–1945. Darmstadt: Primus, S. 16–30.

Schwarz, Peter (1998): Österreichische politische Exilorganisationen. In: Claus-Dieter Krohn, Patrik von zur Mühlen, Gerhard Paul, Lutz Winckler (Hg.): Handbuch der deutschsprachigen Emigration 1933–1945. Darmstadt: Primus, S. 519–543.

Sedlak, Karin (2009): „Heiterkeit auf Lebenszeit" … ? Hugo Wiener und seine Wirkungsstätten. Ein Beitrag zur Kabarett- und Exilforschung. Diss. Universität Wien.

Silva Orlate, Renán (2013): Política cultural e inmigración docente en el marco de la República Liberal. In: Historia y Sociedad (24), S. 19–51. Online verfügbar unter http://www.scielo.org.co/pdf/hiso/n24/n24a01.pdf, zuletzt geprüft am 31.8.2014.

Stadler, Friedrich (2004): Emigration der Wissenschaft – Wissenschaft von der Emigration. Ein ungeschriebenes Kapitel österreichischer Zeitgeschichte. In: Friedrich Stadler (Hg.): Vertriebene Vernunft I – Emigration und Exil österreichischer Wissenschaft 1930–1940. Münster: LIT Verlag, S. 9–43.

Stadler, Friedrich (2004): Vorwort. In: Friedrich Stadler (Hg.): Vertriebene Vernunft II – Emigration und Exil österreichischer Wissenschaft 1930–1940, Teilband 1. Münster: LIT Verlag, S. 13–14.

Steiner, Herbert (1977): Probleme des österreichischen politischen Exils von 1934 bis 1945. In: Helene Maimann, Dokumentationsarchiv des österreichischen Widerstandes und Dokumentationsstelle für neuere österreichische Literatur (Hg.): Österreicher im Exil 1934 bis 1945. Protokoll des internationalen Symposiums zur Erforschung des österreichischen Exils von 1934 bis 1945. Wien: Österr. Bundesverlag, S. 4–10.

Stephan, Alexander (1998): Die intellektuelle, literarische und künstlerische Emigration. In: Claus-Dieter Krohn, Patrik von Zur Mühlen, Gerhard Paul, Lutz Winckler (Hg.): Handbuch der deutschsprachigen Emigration 1933–1945. Darmstadt: Primus, S. 30–46.

Universität Salzburg (2002): Österreichische Literatur im Exil. Lexikon. Artikelsammlung. Online verfügbar unter http://www.literaturepochen.at/exil/articles.pdf, zuletzt geprüft am 31.8.2014.

Viehauser, Alexander (1999): Wie fremd geworden ist mir die Heimat. Rechtliche Grundlagen des Asyl- und Fremdenrechtes in Österreich zwischen 1933 und 1938. In: Theodor Kramer Gesellschaft: Mit der Ziehharmonika – Zeitschrift für Literatur des Exils und des Widerstands 10 (2), S. 5–10.

Zur Mühlen, Patrik von (1988): Fluchtziel Lateinamerika – Die deutsche Emigration 1933–1945: politische Aktivitäten und soziokulturelle Integration. Bonn: Verl. Neue Ges.

Nichts als unbequeme Requisiten: Die Rolle der Volksgruppen in der Sprachenpolitik der Republik Österreich seit 1945

Eva Wohlfarter

1 Vom Großen im Kleinen

Wenn auf der politischen Bühne ein Stück über Österreich aufgeführt wird, stehen sie unbemerkt im Hintergrund – oder sie werden zur öffentlichen Zurschaustellung vor den Vorhang gezerrt. Der Umgang mit sprachlichen Minderheiten in der Zweiten Republik ist wahrlich kein Meisterwerk. Dennoch spielen sie eine entscheidende Rolle: Ohne sie würden dem Theaterstück sicherlich einige der schönsten Szenen fehlen – was allerdings nur einem besonders aufmerksamen Publikum auffallen würde. Sie lassen sich in folgende drei Gruppen einteilen:

Volksgruppen: Zu den österreichischen Volksgruppen zählen die Slowen/innen, die Kroat/innen, die Ungar/innen, die Slowak/innen, die Tschech/innen sowie die Roma und Sinti. Diese sechs sogenannten autochthonen sprachlichen Minderheiten blicken großteils auf eine jahrhundertelange Geschichte im Gebiet des heutigen Österreichs zurück; die Umsetzung ihrer Rechte ist zumeist auf bestimmte Regionen begrenzt (Baumgartner 1995).

Gehörlose und Schwerhörige: Während Hörbeeinträchtigungen in der österreichischen Bevölkerung durchaus weit verbreitet sind, verwendet nur eine sehr geringe Anzahl an Menschen die Österreichische Gebärdensprache bzw. einen ihrer zahlreichen Dialekte als Erstsprache. Zum Teil sind aber auch Familienangehörige und Freund/innen sowie natürlich Dolmetscher/innen gebärdensprachkompetent (Krausneker 2003: 103).

Zuwanderer/innen: Die mit Abstand zahlenmäßig größte Gruppe bilden die Zuwanderer/innen der letzten Jahrzehnte, die aus unterschiedlichen Ländern nach Österreich gekommen sind und eine entsprechende Vielfalt an Sprachen sprechen. Viele von ihnen haben längst die österreichische Staatsbürgerschaft erworben. Dazu zählen u.a. die Arbeitsmigrant/innen der 1960er- und 1970er-Jahre aus dem ehemaligen Jugoslawien und der Türkei, geflüchtete Personen und EU-Binnenmigrant/innen.

Am Beispiel der Volksgruppen, um die es hier hauptsächlich gehen soll, lässt sich erahnen, welche sprachliche und auch kulturelle Vielfalt in Österreich gelebt wird – und das schon seit Jahrhunderten: Beispielsweise kann das Slowenische, wie es in Kärnten gesprochen wird, gleich in vier unterschiedliche

Dialektgruppen eingeteilt werden (Toporišič 2000: 780f); im Burgenland gibt es drei benachbarte ungarischsprachige Dörfer, die drei verschiedenen Glaubensgemeinschaften angehören (Baumgartner 1995: 91); das Liedgut der Kroat/innen im Burgenland diente angeblich als Inspiration für Joseph Haydns Kaiserhymne „Gott erhalte", deren Melodie heute der deutschen Nationalhymne zugrunde liegt (Baumgartner 1995: 58); und in der Sprache der Roma und Sinti spiegelt sich ihre jahrhundertelange Wanderung vom indischen Subkontinent bis in die österreichischen Städte und Dörfer (Halwachs 1999: 126). Bei der letzten Volkszählung, bei der die Umgangssprache abgefragt wurde, machten die bekennenden Sprecher/innen der sechs Volksgruppensprachen zusammen genommen weniger als 1,1 Prozent der österreichischen Staatsbürger/innen aus (Statistik Austria 2001). Ein besorgniserregender Rückgang: Stellten die Slowen/innen beispielsweise noch in der zweiten Hälfte des 19. Jahrhunderts ein Drittel der Kärntner Bevölkerung, so handelt es sich mittlerweile um einen Anteil unter drei Prozent (Inzko 1988: 36; Statistik Austria 2003: 63). Das Theaterstück über die Geschichte Österreichs zeigt also vor allem eines: Die Republik hat bis heute keine adäquate Strategie zum Schutz ihrer Volksgruppen gefunden – mit gravierenden Auswirkungen auf alle anderen sprachlichen Minderheiten.

2 Die Volksgruppen im Überblick

Die genaue Anzahl der Angehörigen der sechs in Österreich anerkannten Volksgruppen ist allerdings gar nicht feststellbar, da seit dem Jahr 2001 auf Volkszählungen bzw. auf die Frage nach der Umgangssprache verzichtet wird – die zusammen mit dem Besitz der österreichischen Staatsbürgerschaft zuletzt die einzige Möglichkeit war, Volksgruppenangehörige statistisch zu erfassen. Die Erhebung sprachlicher Kategorien in Statistiken muss aber ohnehin grundsätzlich hinterfragt werden (Busch 2015; Tichy 1981: 25). Die Volksgruppe der Roma und Sinti, die sich nach den traumatisierenden Erfahrungen im Nationalsozialismus einer neuerlichen Zählung und Erfassung aus guten Gründen entzogen hat, ist das beste Beispiel dafür, dass statistische Zahlen in diesem Zusammenhang wenig Aussagekraft haben (Thurner 1999: 24). Darüber hinaus ist die Sprachbeherrschung nicht das einzige Kriterium, um sich einer Volksgruppe zugehörig zu fühlen – sprachlich assimilierte Volksgruppenangehörige scheinen also erst recht nicht in der Statistik auf. Dies sind auch einige Erklärungsansätze dafür, warum sich die Zahlen der letzten Volkszählung von 2001 so erheblich von jenen der letzten Schätzung aus dem Jahr 1995 unterscheiden (Statistik Austria 2001 vs. Baumgartner 1995). Folgende sechs Gruppen sind derzeit in Österreich offiziell als Volksgruppe anerkannt:

Sloweninnen und Slowenen (17.953 vs. 40.000–50.000 Personen) sind seit dem Staatsvertrag von 1955 in Kärnten/Koroška und in der Steiermark/ Štajerska als Volksgruppe anerkannt. Ihre Geschichte auf dem Gebiet der Republik Österreich reicht bis ins frühe Mittelalter zurück, als Alpenslaw/innen im 7. Jahrhundert das Fürstentum Karantanien errichteten (Inzko 1988: 13). Heute leben Slowen/innen hauptsächlich in den drei Kärntner Tälern Gailtal/Zilja, Rosental/Rož und Jauntal/Podjuna sowie in der Steiermark im Radkersburger Winkel/Radgonski kot, in der Umgebung von Leutschach/ Lučane und auf dem Hügelzug der Soboth/Sobota. Ihre Sprache besteht aus mehreren Dialekten, die zum Teil untereinander nicht verständlich sind, sowie einer regionalen Umgangssprache; als Schriftsprache dient die auch in der Republik Slowenien übliche slowenische Standardsprache (Baumgartner 1995: 29, 34; Neweklowsky 2013: 15).

Kroatinnen und Kroaten (19.374 vs. 30.000–40.000 Personen) sind ebenfalls seit dem Staatsvertrag von 1955 im Burgenland/Gradišće als Volksgruppe anerkannt. Erstmals urkundlich erwähnt wurde ihre Anwesenheit in der Herrschaft Eisenstadt bereits im Jahr 1515 (Baumgartner 1995: 53). Ihre Geschichte geht zurück auf kroatische Bäuerinnen und Bauern, die vor den osmanischen Armeen in Richtung Norden flohen und in den verwaisten Landstrichen des heutigen Burgenlands, Westungarns, der Südwestslowakei und im südöstlichen Niederösterreich angesiedelt wurden. In Österreich leben sie heute in Streusiedlungen im ganzen Burgenland und bilden starke Sprachinseln in der Umgebung von Oberwart/Borta, Oberpullendorf/Gornja Pulja, Eisenstadt/Željezno und Neusiedl/Niuzalj (de Cillia 1998: 132). In ihrer Sprache haben sich archaische Elemente verschiedener čakavischer Dialekte bewahrt, wodurch sich das Burgenlandkroatische – auch in der Schriftsprache – beträchtlich von der štokavischen Standardsprache der Republik Kroatien unterscheidet (Baumgartner 1995: 56).

Ungarinnen und Ungarn (25.884 vs. 25.000 Personen) sind seit dem Volksgruppengesetz von 1976 im Burgenland/Őrvidék und seit 1992 auch in Wien/Bécs als Volksgruppe anerkannt. Ursprünglich wurden die Ungar/innen zwischen dem 10. und 12. Jahrhundert als Grenzwächter/innen des ungarischen Königreichs im Mittel- und Südburgenland angesiedelt, was sie in den Stand der Kleinadeligen erhoben hat. Heute leben sie hauptsächlich rund um Oberpullendorf/Felsőpulya und Oberwart/Felsőőr sowie vereinzelt auch im nördlichen Burgenland. Genau genommen sind sie erst seit dem Jahr 1921 eine sprachliche Minderheit, da das Burgenland bis dahin ein Teil von Ungarn war. Ihre Sprache ist von archaischen Elementen aus dem

16. Jahrhundert geprägt und weist viele Einflüsse aus dem Deutschen auf; als Schriftsprache wird jedoch die ungarische Standardsprache verwendet (Baumgartner 1995: 94). In Wien siedelten sich ungarische Adelsfamilien bereits im 16. Jahrhundert an; mit der Auflösung der Österreichisch-Ungarischen Monarchie nahm ihre Zahl jedoch wieder deutlich ab (de Cillia 1998: 133f). Durch mehrere Fluchtbewegungen ab 1945 gelangten aber viele Ungar/innen nach Wien; dank intensiver Lobbyarbeit gelang 1992 die Anerkennung dieser in Wien beheimateten Gruppen als Teil der Volksgruppe (Baumgartner 1995: 95).

Slowakinnen und Slowaken (3.343 vs. 5.000 Personen) sind in Wien/Viedeň seit dem Volksgruppengesetz von 1976 als Volksgruppe anerkannt. Die erste Ansiedlung von Slowak/innen auf dem Gebiet der Republik Österreich geht bis auf die Zeit des Dreißigjährigen Kriegs zurück. Der Thaya-March-Winkel, unmittelbar an der Grenze zum slowakischsprachigen Territorium gelegen, war durch Kriege und Krisen entvölkert worden und wurde nun von Slowak/innen und Kroat/innen besiedelt. Später, im Zuge der Industrialisierung, zogen außerdem viele Slowak/innen nach Niederösterreich, um in der Zuckerfabrik von Hohenau/Cahnov und anderen Fabriken zu arbeiten. Ein starker Assimilationsdruck im ausgehenden 19. sowie im 20. Jahrhundert sorgte allerdings dafür, dass diese sprachliche Minderheit heute kaum noch existent ist (Baumgartner 1995: 165). Das Zentrum der slowakischen Volksgruppe hat sich nach Wien verlagert, vor allem durch große Migrationsbewegungen ab den 1870er-Jahren. Da sich viele dieser Zuwanderer/innen als Teil der tschechoslowakischen Sprachgemeinschaft verstanden, ist es heute schwierig zu rekonstruieren, wie viele von ihnen tatsächlich aus der Slowakei stammten (Baumgartner 1995: 166f).

Tschechinnen und Tschechen (11.035 vs. 30.000 Personen) sind in Wien/Vídeň ebenfalls seit dem Volksgruppengesetz von 1976 als Volksgruppe anerkannt. Ihre Anwesenheit geht bis ins 13. Jahrhundert zurück, als der tschechische König Ottokar II. Přemysl in Wien regierte. Über die Jahrhunderte kann die Existenz von etlichen tschechischen Adelsfamilien belegt werden; mit den großen Zuwanderungsströmen im späten 18. Jahrhundert und in der zweiten Hälfte des 19. Jahrhunderts gelangten dann aber Hunderttausende Menschen aus Böhmen und Mähren nach Wien und Umgebung (Baumgartner 1995: 146f). Ein Großteil der Wiener Tschech/innen hat sich längst assimiliert, ihre Spuren prägen das Stadtbild aber bis heute – durch die zahlreichen Familiennamen tschechischer Herkunft etwa, den Einfluss auf die Wiener Küche oder den einen oder anderen Ausdruck im Wienerischen

(Baumgartner 1995: 146). So wie auch andere Volksgruppen werden die Wiener Tschech/innen laufend durch tschechischsprachige Zuwanderer/innen „ergänzt" – wobei diese mit den Volksgruppenangehörigen häufig weniger gemeinsam haben, als man meinen könnte.

Abb. 1 und 2: Komensky Schule, Wien 2017

Roma und Sinti (4.348 vs. 10.000–40.000 Personen) sind seit 1993 in ganz Österreich als Volksgruppe anerkannt. Sie bilden eine sehr heterogene Gruppe: Zum einen sind da die Burgenland-Roma, die seit dem 16. Jahrhundert im Burgenland ansässig sind; zum anderen wanderten im 19. Jahrhundert Gruppen von Lovara aus dem slowakisch-ungarisch-ukrainischen Grenzgebiet in die Region um den Neusiedlersee ein. Daneben kamen Sinti aus Bayern und Böhmen nach Österreich und zuletzt zogen im Zuge der Arbeitsmigration seit den 1960er-Jahren auch Roma aus Serbien und anderen südosteuropäischen Ländern nach Österreich (Baumgartner 1995: 115; Sarközi 2004: 57f). Entsprechend vielfältig sind auch die Ausprägungen ihrer Sprache, des Romani, das nur selten als Schriftsprache gebraucht wird (Halwachs 1999: 126). Die burgenländische Varietät, das Roman, wurde beispielsweise erst 1998 standardisiert (Sarközi 2004: 62). Die österreichischen Roma und Sinti blicken auf eine jahrhundertelange Geschichte von Vertreibung und Schikane bis hin zum Völkermord im Nationalsozialismus zurück, die zu weitreichendem Identitäts- und Traditionsverlust führte (Baumgartner 1995: 119f; Thurner 1999: 24).

3 Was macht eine Minderheit zur Volksgruppe?

In erster Linie ist es die gesetzliche Anerkennung, welche die sechs Volksgruppen von anderen sprachlichen Minderheiten in Österreich abhebt. Damit einher gehen gewisse (sprachen-)rechtliche Vorteile und ein Anspruch auf finanzielle Unterstützung, zum Beispiel im Bereich der Printmedien (Busch/Peissl 2003: 183). Offiziell nicht anerkannte sprachliche Minderheiten hingegen können sich auf keine gesetzlichen Regelungen berufen, die ihre sprachlichen Rechte schützen – mit Ausnahme des Schulbereichs, in dem ausführliche Bestimmungen den muttersprachlichen Unterricht, den Unterricht des Deutschen als Zweitsprache sowie das interkulturelle Lernen gestalten (de Cillia/Wodak 2006: 23). Diese sprachenrechtliche Differenzierung zwischen als autochthon anerkannten und zugewanderten sprachlichen Minderheiten ist übrigens international keine Seltenheit (de Cillia/Wodak 2006: 43). Davon zu unterscheiden ist wiederum der Status der Österreichischen Gebärdensprache, die seit 2005 ausdrücklich in der Verfassung anerkannt ist (Bundes-Verfassungsgesetz 1945, Artikel 8 Absatz 3).

Doch welchen Gruppen wird dieser vergleichsweise privilegierte Status gewährt? Ein Blick in die Geschichte zeigt, dass jene sechs Volksgruppen, die heute anerkannt sind, bei Weitem nicht die einzigen sind, die diesen Status zugesichert bekommen könnten. Italienische Zuwanderer/innen etwa bildeten im 19. Jahrhundert eine zahlenmäßig große Gruppe in

Vorarlberg; spezifische politische Entwicklungen verhinderten aber die nationale Mobilisierung dieser Zuwanderer/innen und führten sie ohne weitere Umwege in die Assimilation (Baumgartner/Perchinig 1995: 16f). Eine andere Gruppe, die durch die frühe Ansiedlung von Adelsfamilien eine jahrhundertelange Präsenz auf dem Gebiet des heutigen Österreichs nachweisen kann, sind die Pol/innen. Gut organisiert und zahlenmäßig durchaus stark vertreten, bleibt ihnen – trotz langjähriger Forderungen – bis heute die Anerkennung als Volksgruppe verwehrt (Fischer 2003: 87). Anders sieht es bei den Jüdinnen und Juden aus, die sich nicht als „Volk" definieren möchten und daher die Anerkennung als Volksgruppe gar nicht erst anstreben (de Cillia 1998: 119).

4 Rechte und Rahmenbedingungen

In der österreichischen Bundesverfassung wird in Bezug auf die Volksgruppen Folgendes festgehalten: „Die Republik (Bund, Länder und Gemeinden) bekennt sich zu ihrer gewachsenen sprachlichen und kulturellen Vielfalt, die in den autochthonen Volksgruppen zum Ausdruck kommt. Sprache, Kultur, Bestand und Erhaltung dieser Volksgruppen sind zu achten, zu sichern und zu fördern." (Bundes-Verfassungsgesetz 1945, Artikel 8 Absatz 2)

Dieser Absatz wurde im Jahr 2000 ergänzt. Es handelt sich dabei um ein offizielles Bekenntnis der Republik zu den Volksgruppen an prominenter Stelle: Der Schutz und die Förderung der österreichischen Volksgruppen wurden damit in den Verfassungsrang erhoben. Daneben bilden einige Gesetze die rechtlichen Rahmenbedingungen, innerhalb derer die Lebensbedingungen der Volksgruppenangehörigen heute gestaltet werden. Die ideellen Grundlagen dieser Bestimmungen reichen in die Zeit der österreichischen Monarchie zurück und wurden im Staatsgrundgesetz aus dem Jahr 1867 festgeschrieben: „Alle Volksstämme des Staates sind gleichberechtigt, und jeder Volksstamm hat ein unverletzliches Recht auf Wahrung und Pflege seiner Nationalität und Sprache." (Staatsgrundgesetz 1867, Artikel 19)

Auch im Staatsvertrag von St. Germain von 1919 finden sich Minderheitenschutzbestimmungen (Staatsvertrag 1919, Abschnitt V). In der Zweiten Republik ist aber vor allem der Artikel 7 des Staatsvertrags vom 15. Mai 1955 zentral, der grundlegende Rechte der Slowen/innen in Kärnten und der Steiermark sowie der Kroat/innen im Burgenland absichert und außerdem einen Minderheitenschutz festschreibt (Staatsvertrag 1955, Artikel 7). Im ersten Absatz heißt es: „Österreichische Staatsangehörige der slowenischen und kroatischen Minderheiten in Kärnten, Burgenland und Steiermark genießen dieselben Rechte auf Grund gleicher Bedingungen wie alle anderen österreichischen Staatsangehörigen einschließlich des Rechtes auf ihre eigenen Organisationen, Versammlungen und Presse in ihrer eigenen Sprache." (Staatsvertrag 1955, Artikel 7 Absatz 1) Außerdem ist im Artikel 7 der Anspruch auf Elementarunterricht in slowenischer bzw. kroatischer Sprache und eine „verhältnismäßige Anzahl" eigener Mittelschulen vorgesehen. Weitere Bestimmungen betreffen den Einsatz der Volksgruppensprachen in Verwaltungs- und Gerichtsbezirken mit slowenisch-, kroatisch- und gemischtsprachiger Bevölkerung; in denselben Bezirken „werden die Bezeichnungen und Aufschriften topographischer Natur sowohl in slowenischer oder kroatischer Sprache wie in Deutsch verfasst".

Neue Mittelschule, Großwarasdorf/Veliki Borištof 2012

Im letzten Absatz heißt es, dass minderheitenfeindliche Organisationen zu verbieten sind (Staatsvertrag 1955, Artikel 7). Der Artikel 7 vermeidet bewusst die Einführung des numerischen Prinzips für die Gewährleistung dieser Rechte – das bedeutet, dass die slowenisch- bzw. kroatischsprachige Bevölkerung in einer Gemeinde keine Prozentklausel überschreiten muss, um in den Genuss dieser Rechte zu kommen. Das numerische Prinzip wurde von einem Teil der vertragsschließenden Mächte, etwa der Sowjetunion, abgelehnt. Auch die territorialen Angaben bleiben vage (de Cillia/Wodak 2006: 46). Im Jahr 1976 wurde das Volksgruppengesetz erlassen, das im Unterschied zum Artikel 7 eine Definition der Volksgruppen beinhaltet: „Volksgruppen im Sinne dieses Bundesgesetzes sind die in Teilen des Bundesgebietes wohnhaften und beheimateten Gruppen österreichischer Staatsbürger mit nichtdeutscher Muttersprache und eigenem Volkstum." (Volksgruppengesetz 1976, Artikel 1 Absatz 2) Das Volksgruppengesetz gilt als Ausführungsgesetz zum Artikel 7 (de Cillia/Wodak 2006: 46). Zu diesem Zweck wurde das numerische Prinzip eingeführt – und zwar war vorgesehen, dass sich 25 Prozent der Bevölkerung eines Bezirks zur Volksgruppe bekennen müssen, um rechtliche Ansprüche einfordern zu können. Im Anhang enthält das Gesetz eine Auflistung aller Orte, in denen Bestimmungen zu zweisprachigen topografischen Aufschriften und zur Verwendung des Slowenischen bzw. Kroatischen als Amtssprache gelten (Volksgruppengesetz 1976, Anlage 1, 2). Hingegen sind zweisprachige Richter/innen oder Beamt/innen nicht vorgesehen (de Cillia/Wodak 2006: 47). Durch das Volksgruppengesetz wird außerdem die zentrale Funktion der Volksgruppenbeiräte geschaffen, die im Bundeskanzleramt die Beratung der Bundesregierung und der Bundesminister/innen in Volksgruppenangelegenheiten übernehmen sollten. Von den Volksgruppenvertreter/innen wurde diese Rolle – aufgrund interner Streitigkeiten oder als Ausdruck des Protests gegen das Vorgehen der Regierung – zum Teil über Jahrzehnte hinweg abgelehnt; allerdings war die Einrichtung zugleich auch die Voraussetzung, um nennenswerte staatliche Förderungen zu erhalten (de Cillia/Wodak 2006: 47f). Eine eigene politische Vertretung von sprachlichen Minderheiten ist in Österreich gesetzlich nicht vorgesehen – eher im Gegenteil: In Kärnten wurden die Wahlkreise neu formiert, womit eigene slowenische Wahllisten keine Chance mehr haben (de Cillia 1998: 130). Obwohl das Volksgruppengesetz mit seinem numerischen Prinzip vom Verfassungsgerichtshof als verfassungswidrig erkannt wurde, gibt es bis heute keine Novellierung des Gesetzes; im Jahr 2012, nach einem misslungenen Versuch der Novellierung, legte die Wiener Arbeitsgemeinschaft für Volksgruppenfragen ein 5-Punkte-Programm für ein modernes Volksgruppenrecht vor – allerdings ist es weit von einer Umsetzung entfernt (ARGE Volksgruppen 2012). Die wesentliche Forderung dieses Programms ist die rechtliche Absicherung der Volksgruppen durch eine Neuorganisation als Körperschaften öffentlichen Rechts, die aus den Angehörigen der Volksgruppen gleichberechtigte Partner/innen machen soll – anstatt wie bisher Bittsteller/innen gegenüber dem Staat.

Beiden gesetzlichen Bestimmungen – sowohl dem Artikel 7 des Staatsvertrags von 1955 als auch dem Volksgruppengesetz von 1976 – liegt das Territorialitätsprinzip zugrunde, das Minderheitenrechte auf einem bestimmten, klar umrissenen Gebiet gewährleistet – wobei das Volksgruppengesetz immerhin so flexibel ist, dass dieses Territorium sowohl ländliche Regionen als auch Großstädte umfassen kann (Tichy 1981: 34). Jedoch hat die gesellschaftliche Entwicklung das Territorialitätsprinzip schon vor seiner Formulierung in den

Die Rolle der Volksgruppen in der Sprachenpolitik

1970er-Jahren längst überholt: Das Leben von Volksgruppenangehörigen, insbesondere in den eher strukturschwachen Regionen Kärntens, der Steiermark und des Burgenlands, ist ebenso wie jenes der Mehrheitsbevölkerung von Dynamik und Mobilität geprägt (Fischer 2003: 74; Wohlfarter 2014: 5). Auch hier gibt es allerdings keine neuen politischen Ansätze für einen modernen Minderheitenschutz.

Protest gegen die geplante Novellierung des Volksgruppengesetzes, Wien 2011

5 Abgründe österreichischer Sprachenpolitik

Diskrepanzen zwischen Gesetzestexten und ihrer Umsetzung sind zwar nicht weiter ungewöhnlich – im Falle der österreichischen Volksgruppen haben sie jedoch wiederholt die Grenzen eines wertschätzenden, demokratischen Miteinanders überschritten. Tatsächlich führt eine Auseinandersetzung mit der Geschichte der Volksgruppen direkt in demokratiepolitische Abgründe, die hier zumindest teilweise beleuchtet werden sollen.

5.1 Zwischen Instrumentalisierung und Kalkül

In der Geschichte der Zweiten Republik wurden die Volksgruppen immer wieder instrumentalisiert, um machtpolitische Interessen zu bedienen. Im

Zusammenhang mit dem Zustandekommen des Staatsvertrags von 1955 etwa spielten die beiden Volksgruppen der Slowen/innen in Kärnten und der Steiermark sowie der Kroat/innen im Burgenland eine wesentliche Rolle. Denn österreichische Nationalsozialist/innen hatten ja nicht nur Jüdinnen und Juden verfolgt und ermordet, sondern auch Angehörige der Volksgruppen – und diese schlossen sich zum Teil dem militärischen Widerstand gegen das NS-Regime an. So organisierten sich beispielsweise Tausende Kärntner Slowen/innen im Rahmen der jugoslawischen Partisan/innenbewegung in der Osvobodilna fronta (Befreiungsfront). Auch gut organisierte tschechische Gruppen in Wien leisteten einen Beitrag zur Schwächung der Nationalsozialist/innen (de Cillia 1998: 135). Dieser nachweisbare Widerstand gegen das Regime trug maßgeblich zum Zustandekommen des Staatsvertrags bei (Baumgartner 1995: 32f). Die Regierung des befreiten Österreichs legte daher unmittelbar nach Kriegsende besonderen Wert darauf, sich gegenüber den Siegermächten als volksgruppenfreundlich darzustellen (Pelinka 1988: 24). Die Beteiligung an der Verfolgung und Ermordung österreichischer Minderheiten wurde hingegen schnell tabuisiert (de Cillia 1998: 143). Etwas zugespitzt könnte man auch sagen, der antifaschistische Widerstand von Volksgruppenangehörigen wurde instrumentalisiert, um von der Schuld der Österreicher/innen an den NS-Kriegsverbrechen abzulenken.

Hinter maßgeblichen sprachenpolitischen Aktivitäten verbarg sich zudem häufig außenpolitisches Kalkül. Während die Republik Österreich die staatsvertraglich zugesicherten Rechte der Volksgruppen nur zögerlich oder gar nicht umsetzte, profilierte sie sich in den 1970er-Jahren als Schutzmacht der deutschsprachigen Minderheit in Südtirol. Mit der Unterzeichnung des Südtirolpakets 1972 erlangte die italienische Provinz Autonomiestatus (de Cillia/Wodak 2006: 51) – eine rechtliche Sonderstellung, die in dieser Form für Österreichs Volksgruppen nie angedacht war. Als die Kärntner SPÖ-Regierung versuchte, im Südkärntner Raum wenigstens die staatsvertraglich zugesicherten zweisprachigen Ortstafeln aufzustellen, scheiterte sie spektakulär: In einer konzertierten Aktion fuhren deutschnational gesinnte Kärntner/innen in einem Autokonvoi durch die Dörfer und rissen die neuen Ortstafeln nieder. Der sogenannte „Ortstafelsturm" von 1972, wie die gewaltsame und traumatisierende Aktion heute verharmlosend bezeichnet wird, fand unter den Augen der Exekutive statt und blieb sanktionslos. Danach wurde die Durchsetzung demokratischer Rechte aufgeschoben, indem in manchen Orten jahrzehntelang gar keine Ortstafeln aufgestellt wurden. Bis in die jüngste Zeit hinein sorgten die zweisprachigen topografischen Bezeichnungen in Kärnten für Streit, bis im Jahr 2011 eine – von vielen Volksgruppenvertreter/innen kritisierte – Lösung mit zweisprachigen Aufschriften in 164 Gemeinden gefunden wurde. Ein weiteres, weniger drastisches Beispiel für strategisches Vorgehen anstelle einer durchdachten Volksgruppenpolitik ist die Anerkennung der Roma und Sinti als Volksgruppe im Jahr 1993 (Sarközi 2004: 58f). Weltpolitische Zusammenhänge erleichterten die jahrelangen Bemühungen einiger Vereine um die Anerkennung: Nach der internationalen Empörung rund um die behauptete Beteiligung von Bundespräsident Kurt Waldheim an NS-Kriegsverbrechen war Österreich um ein minderheitenfreundliches Auftreten bemüht, insbesondere im Rahmen der Konferenz über Sicherheit und Zusammenarbeit in Europa (KSZE). Die Anerkennung einer Minderheit, die im Nationalsozialismus von Genozid bedroht war, war in diesem Zusammenhang ein Versuch, sich auf dem internationalen Parkett nicht erneut eine Blöße zu geben (Baumgartner 1995: 23). Im neu gefassten Minderheitenschulgesetz des Burgenlands im Jahr 1994 wurde die Volksgruppe allerdings nicht erwähnt (Fischer 2003: 86). Bis heute ist keine schulische Sozialisation in Roman bzw. Romani möglich, mit Ausnahme einiger Wochenstunden muttersprachlichen Unterrichts an manchen Wiener Schulen (Bundesministerium für Bildung 2017: 16).

5.2 Vom Schicksal des Schweigens

„Assimilation ist also das Grundgesetz des österreichischen Volksgruppenschicksals", schrieb der Historiker Hanns Haas vor 30 Jahren (Haas 1988: 29). Am Beispiel der Kärntner Slowen/innen ist das Ausmaß dieses „Schicksals" besonders drastisch ersichtlich; schließlich verlor die Volksgruppe binnen weniger Jahrzehnte eine substanzielle Anzahl an Menschen, die sich ihr zugehörig fühlen. Die Tendenz zur Assimilation betrifft aber auch die anderen österreichischen Volksgruppen in unterschiedlichem Ausmaß und kann keinesfalls als Schicksal oder Zufall interpretiert werden, sondern muss als politisch gewollte Entwicklung, die zur Machtabsicherung der deutschsprachigen Mehrheitsbevölkerung dient, gesehen werden – also als Ergebnis struktureller Gewalt (Haas 1988: 31). Diese Entwicklung kann auch als Sprachimperialismus verstanden werden, der seine Wirkung gezeigt hat: „Die innere Kolonialisierung Österreichs im sprachlichen Sinne ist weit fortgeschritten" (de Cillia 1998: 193). Verstärkend wirken dabei auch andere Faktoren, wie etwa die wirtschaftlich eher prekäre Lage weiter Teile des Burgenlands – dem Pendlerwesen in die umliegenden größeren Städte, insbesondere Wien, sind Angehörige aller burgenländischen Volksgruppen unterworfen (Haas 1988: 32). Aber auch das geringe Prestige der Volksgruppensprachen spielt dabei mit hinein, deren alltägliche Verwendung vielerorts auf Haus und Familie beschränkt ist (de Cillia 1998: 161). Zusätzliche Brisanz gewinnen die hohen Assimilationsraten angesichts der Tatsache, dass wesentliche Bestimmungen des Staatsvertrags von 1955 – wie eben die Anbringung zweisprachiger topografischer Aufschriften oder auch Regelungen zur Verwendung der Volksgruppensprachen als Amtssprachen – lange Zeit gar nicht erfüllt wurden und zum Teil noch Jahrzehnte später erzwungen werden mussten (de Cillia/Wodak 2006: 50f). Beispiele dafür sind die Errichtung einer zweisprachigen Volksschule in Klagenfurt/Celovec, die Anfang der 1990er-Jahre durch einen Verfassungsgerichtshofentscheid erreicht wurde, oder die Aufhebung der Prozentklausel des Volksgruppengesetzes, die als verfassungswidrig erkannt wurde (de Cillia/Wodak 2006: 52; Fischer 2003: 76). Die Verweigerung grundlegender Minderheitenrechte und sogar in der Verfassung verankerter Rechte steht in engem Zusammenhang mit dem Germanisierungsprozess der letzten Jahrzehnte (de Cillia 1998: 151). Zu Schaden kommen bei dieser gewaltsamen Durchsetzung nationaler Einheit dabei allerdings nicht nur die Angehörigen der Volksgruppen selbst, sondern die Demokratie an sich (Haas 1988: 30) – und damit wir alle!

5.3 Kein Vergeben, nur Vergessen

Ein weiteres Beispiel dafür, dass die Republik Österreich keinen angemessenen Umgang mit ihren Volksgruppen gefunden hat, ist die slowenische Volksgruppe in der südlichen Steiermark. Obwohl sie bereits im Staatsvertrag von 1955 ausdrücklich erwähnt wird, weigerte sich die steirische Landespolitik jahrzehntelang, ihre Existenz anzuerkennen und entsprechende Maßnahmen zu ihrem Schutz zu setzen (Fischer 2003: 74). Heute sind die steirischen Slowen/innen durch Abwanderung und Assimilation in ihrer Existenz bedroht – lediglich der Artikel-VII-Kulturverein bemüht sich seit den späten 1980er-Jahren um „Bestand und Erhaltung" dieser Volksgruppe, wie es im Volksgruppengesetz von 1976 heißt (Hermanik 2004). Strukturelle Gewalt durch die Verweigerung von Minderheitenrechten ist das eine; in den 1990er-Jahren gab es jedoch eine Phase, in der Volksgruppenangehörige einer Welle davor unbekannter physischer Gewalt ausgesetzt waren. Zunächst wurde an der zweisprachigen Schule in Klagenfurt/Celovec eine Rohrbombe angebracht, dann erhielten zahlreiche Aktivist/innen Briefbomben zugesandt; zum Teil schwere Verletzungen waren die Folge. Im Jahr 1995 wurden in der burgenlandkroatischen Ortschaft Stinatz/Stinjaki und danach in der Roma-Siedlung in Oberwart/Erba zwei Bombenattentate verübt (Baumgartner 1995: 23). Bei Letzterem kamen vier Personen zu Tode. Ein Schild mit der Aufschrift „Roma zurück nach Indien!" hatte den Sprengsatz beinhaltet. Bezeichnenderweise begann die Exekutive ihre Ermittlungen in den Häusern der Angehörigen der ermordeten Roma (de Cillia 1998: 115). Hinter den Attentaten steckte aber ein Einzeltäter, der rassistische Terrorist Franz Fuchs. Glücklicherweise sind seit seiner Festnahme keine weiteren Attacken gegenüber Volksgruppenangehörigen passiert. Jedoch führten die schrecklichen Ereignisse von Oberwart auch zu keinem Umbruch im Umgang mit den Volksgruppen. Stattdessen gerieten sie, insbesondere mit der Beilegung des jahrzehntelangen Streits um zweisprachige topografische Aufschriften in Kärnten im Jahr 2011, in der medialen wie wissenschaftlichen Debatte zunehmend in Vergessenheit – was sicherlich auch mit rezenteren Migrationsbewegungen zusammenhängt, die mittlerweile längst den öffentlichen Diskurs prägen.

6 Ausblick

Angesichts des bedrückenden Ausmaßes struktureller Gewalt ist es sicherlich angebracht, das Versagen der Republik Österreich in Hinblick auf den staatsvertraglich und bundesverfassungsrechtlich festgeschriebenen Schutz der autochthonen sprachlichen Minderheiten als solches klar zu benennen. Anstelle einer durchdachten Volksgruppenpolitik herrscht ein latent oder bisweilen auch explizit minderheitenfeindlicher Umgang vor, der eine echte Gleichberechtigung bis heute unmöglich macht. Anstatt jedoch die jahrzehntelange Geschichte missglückter Sprachenpolitik kritisch aufzuarbeiten, wird weitergemacht wie bisher: Ersichtlich wird dies nicht nur bei den Volksgruppen, sondern auch im Umgang mit den Verwender/innen der Österreichischen Gebärdensprache und insbesondere den Angehörigen neu zugewanderter sprachlicher Minderheiten. Letztere verfügen über keinerlei Absicherungen ihrer Sprachenrechte, selbst wenn sie bereits seit Jahrzehnten in Österreich ansässig sind. Auch in diesem Zusammenhang zeigt sich ein Charakteristikum österreichischer Sprachenpolitik: Politische Entscheidungen werden getroffen, ohne zuvor Expert/innen zurate zu ziehen. So ist beispielsweise die „Integrationsvereinbarung", die Migrant/innen aus Nicht-EU-Staaten zum Erwerb von Deutschkenntnissen innerhalb eines bestimmten Zeitraums verpflichtet, von der Regierung gegen den Widerstand von sprachwissenschaftlicher und pädagogischer Seite beschlossen worden (de Cillia 2003: 37). Die Volksgruppen werfen zudem auch ein grundsätzliches Dilemma auf, aus dem sprachliche Minderheiten schwer herausfinden und das jedenfalls einer breiteren Debatte bedürfte: Einerseits werden sie entlang ethnisch basierter Kriterien definiert – wie etwa im Volksgruppengesetz von 1976 als Gruppe mit „eigenem Volkstum" –, andererseits werden zur Umsetzung ihrer Rechte die äußerst vagen Angaben zur Umgangssprache herangezogen. Die eigene Sprache gilt nach wie vor als wichtigster Stützpfeiler der Volksgruppenidentität (de Cillia 1998: 120). Und obwohl das Territorialitätsprinzip angesichts der Globalisierung längst passé ist, wird es in Bezug auf die Volksgruppen nach wie vor als gegeben hingenommen. Die Konzeption der Volksgruppen als ethnisch-sprachliche Gemeinschaft innerhalb eines klar definierten, relativ kleinen Gebiets verhindert jedenfalls eine pluralistische Sichtweise. Tatsächlich wird in der wissenschaftlichen Auseinandersetzung wie auch in der medialen (Selbst-)Darstellung meist ausgeblendet, dass die österreichischen Volksgruppen auch jeweils für sich alles andere als homogene Gruppen bilden (Wieser 2014: 179ff). Immerhin ansatzweise wurde bisher etwa die Rolle von Frauen in der slowenischen Volksgruppe in Kärnten untersucht (Dermutz/Jurić 1988; Priestly/Wohlfarter 2014). Die individuelle Vielfalt von Angehörigen der Volksgruppen wird hingegen so gut wie gar nicht wahrgenommen. Auch mögliche Überschneidungen zu anderen sprachlichen Minderheiten – etwa durch die Eheschließung mit einer Person mit Migrationshintergrund, den Umzug in ein anderes Gebiet bzw. ins Ausland oder auch die Geburt eines gehörlosen Kindes – werden selten bis gar nicht thematisiert.

Wo die Politik versagt, spielt die Kultur eine umso wichtigere Rolle – für vielfältige Ansätze innerhalb der Volksgruppen genauso wie für die Bewusstseinsschaffung in der Mehrheitsbevölkerung. Tatsächlich ist es gar nicht so wenigen Volksgruppenangehörigen gelungen, sich mit der Stimme der Kultur Gehör zu verschaffen: Zu den bekanntesten zählen Ceija Stojka, die in Büchern und Bildern die Verfolgung und Ermordung der Roma aufgearbeitet hat, und Maja Haderlap, die mit ihrem Roman „Engel des Vergessens" (2011) einem großen Publikum – und vielen wohl zum ersten Mal – von der Geschichte der Kärntner Slowen/innen erzählt hat. Auch die burgenlandkroatischen Brüder Willi und Lukas Resetarits sind als Sänger bzw. als Kabarettist und Schauspieler kaum von den österreichischen Bühnen wegzudenken und thematisieren dabei regelmäßig ihre Herkunft. Viele weitere Volksgruppenangehörige sind in Tamburicagruppen, Chören, Bands, Theatervereinen und Kulturzentren engagiert, sie schreiben und dichten, malen und zeichnen, schaffen und erfinden – die Liste ließe sich also lange fortsetzen. Angesichts dieser Schaffenskraft ist es umso bedauerlicher, dass die Volksgruppenzugehörigkeit aus politischer Perspektive mit einer Verengung des Fokus hin zu einer betonten Ethnisierung einhergeht, anstatt beispielsweise den Erwerb der Volksgruppensprachen in der breiten Bevölkerung zu fördern. Letztlich schadet diese ethnisch-sprachliche Abgrenzung – die ja durchaus auch von den Volksgruppenangehörigen selbst gepflegt wird – aber mehr, als dass sie einen Ausweg aus dem Dilemma verspricht. Denn Österreichs Volksgruppen brauchen keine Politik, die sie zu Requisiten in ihrer eigenen Geschichte degradiert. Was sie brauchen, ist nichts weniger als die Hauptrolle – sowie endlich eine adäquate Förderung der Republik Österreich, die eine echte Gleichberechtigung ermöglicht!

Literatur

ARGE Volksgruppen (2012): Grundsätze für ein neues Volksgruppenrecht. Online verfügbar unter http://www.volksgruppen.org/index.php?id=88, zuletzt geprüft am 5.9.2018.

Baumgartner, Gerhard (1995): 6 x Österreich. Geschichte und aktuelle Situation der Volksgruppen. Klagenfurt: Drava.

Baumgartner, Gerhard; Perchinig, Bernhard (1995): Minderheitenpolitik in Österreich – die Politik der österreichischen Minderheiten. In: Gerhard Baumgartner: 6 x Österreich. Geschichte und aktuelle Situation der Volksgruppen. Klagenfurt: Drava, S. 15–23.

Bundesministerium für Bildung (2017): Der muttersprachliche Unterricht in Österreich. Statistische Auswertung für das Schuljahr 2015/16. Informationsblätter zum Thema Migration und Schule (5). Online verfügbar unter http://www.schule-mehrsprachig.at/fileadmin/schule_mehrsprachig/redaktion/hintergrundinfo/info5-15-16.pdf, zuletzt geprüft am 5.9 2018.

Bundes-Verfassungsgesetz (1945): Bundes-Verfassungsgesetz. Online verfügbar unter https://www.ris.bka.gv.at/GeltendeFassung.wxe?Abfrage=Bundesnormen&Gesetzes14 nummer=10000138, zuletzt geprüft am 5.9.2018.

Busch, Brigitta; Peissl, Helmut (2003): Sprachenvielfalt im Wohnzimmer. Sprachenpolitik und Medien. In: Brigitta Busch, Rudolf de Cillia (Hg.): Sprachenpolitik in Österreich. Eine Bestandsaufnahme. sprache im kontext (17). Frankfurt a. M. [u. a.]: Peter Lang Verlag, S. 180–195.

Busch, Brigitta (2015): Über das Kategorisieren von Sprachen und Sprecher_innen. Zur Dekonstruktion von Sprachstatistiken. In: Nadja Thoma, Magdalena Knappik (Hg.): Sprache und Bildung in Migrationsgesellschaften: Machtkritische Perspektiven auf ein prekarisiertes Verhältnis. Kultur und soziale Praxis. Bielefeld: Transcript, S. 45–68.

de Cillia, Rudolf (1998): Burenwurscht bleibt Burenwurscht. Sprachenpolitik und gesellschaftliche Mehrsprachigkeit in Österreich. Dissertationen und Abhandlungen (42). Klagenfurt: Drava.

de Cillia, Rudolf; Wodak, Ruth (2006): Ist Österreich ein „deutsches" Land? Sprachenpolitik und Identität in der Zweiten Republik. Österreich – Zweite Republik. Befund, Kritik, Perspektive. Innsbruck [u. a.]: StudienVerlag.

Dermutz, Susanne; Jurić, Marija (1988): Mutter – Heimat – Gott. Über geschlechtsspezifische Auswirkungen der Minderheitenpolitik auf Sloweninnen in Kärnten. In: Rainer Bauböck, Gerhard Baumgartner, Bernhard Perchinig, Karin Pintér (Hg.): ...und raus bist du! Ethnische Minderheiten in der Politik. Österreichische Texte zur Gesellschaftskritik (37). Wien: Verlag für Gesellschaftskritik, S. 295–308.

Fischer, Gero (2003): Von Minderheitensprachen zu Nachbarsprachen. Die Rolle der Minderheitensprachen in Österreichs Bildungswesen. In: Brigitta Busch, Rudolf de Cillia (Hg.): Sprachenpolitik in Österreich. Eine Bestandsaufnahme. sprache im kontext (17). Frankfurt a. M. [u. a.]: Peter Lang Verlag, S. 72–91.

Haas, Hanns (1988): Assimilation und politische Kultur. In: Rainer Bauböck, Gerhard Baumgartner, Bernhard Perchinig, Karin Pintér (Hg.): ...und raus bist du! Ethnische Minderheiten in der Politik. Österreichische Texte zur Gesellschaftskritik (37). Wien: Verlag für Gesellschaftskritik, S. 29–34.

Halwachs, Dieter W. (1999): Romani in Österreich. In: Dieter W. Halwachs, Florian Menz (Hg.): Die Sprache der Roma. Perspektiven der Romani-Forschung in Österreich im interdisziplinären und internationalen Kontext. Klagenfurt: Drava, S. 112–146.

Hermanik, Klaus-Jürgen (2004): Die versteckte slowenischsprachige Minderheit in der Steiermark. Online verfügbar unter http://www.inst.at/trans/15Nr/04_01/hermanik.htm, zuletzt geprüft am 5.9.2018.

Inzko, Valentin (1988): Geschichte der Kärntner Slowenen von 1918 bis zur Gegenwart (unter Berücksichtigung der gesamtslowenischen Geschichte). Klagenfurt-Wien: Hermagoras.

Krausneker, Verena (2003): Ungehört. Zum Status der Österreichischen Gebärdensprache und ihrer VerwenderInnen. In: Brigitta Busch, Rudolf de Cillia (Hg.): Sprachenpolitik in Österreich. Eine Bestandsaufnahme. (= sprache im kontext 17). Frankfurt a. M. [u. a.]: Peter Lang Verlag, S. 102–113.

Neweklowsky, Gerhard (2013): Der Gailtaler slowenische Dialekt. Feistritz an der Gail/Bistrica na Zilji und Hohenthurn/Straja vas. Klagenfurt: Drava.

Pelinka, Anton (1988): Minderheitenpolitik im politischen System Österreichs. In: Rainer Bauböck, Gerhard Baumgartner, Bernhard Perchinig, Karin Pintér (Hg.): ...und raus bist du! Ethnische Minderheiten in der Politik. Österreichische Texte zur Gesellschaftskritik (37). Wien: Verlag für Gesellschaftskritik, S. 23–28.

Priestly, Tom; Wohlfarter, Eva (2014): The influence of women on Slovenian minority language retention. 19th biennial conference on Balkan and south Slavic linguistics, literature and folklore. Chicago.

Sarközi, Rudolf (2004): Roma und Sinti in Österreich und Wien. In: Heinz Tichy, Ernő Deák, Richard Basler (Hg.): Von Minderheiten zu Volksgruppen. 20 Jahre Wiener Arbeitsgemeinschaft. Wien: integratio, S. 57–63.

Staatsgrundgesetz (1867): Staatsgrundgesetz vom 21. December 1867, über die allgemeinen Rechte der Staatsbürger für die im Reichsrathe vertretenen Königreiche und Länder. Online verfügbar unter https://www.ris.bka.gv.at/GeltendeFassung.wxe?Abfrage= Bundesnormen&Gesetzesnummer=10000006, zuletzt geprüft am 5.9.2018.

Staatsvertrag (1919): Staatsvertrag von Saint-Germain-en-Laye vom 10. September 1919. Online verfügbar unter https://www.ris.bka.gv.at/GeltendeFassung.

wxe?Abfrage= 16 Bundesnormen&Gesetzesnummer=10000044, zuletzt geprüft am 5.9.2018.

Staatsvertrag (1955): Staatsvertrag betreffend die Wiederherstellung eines unabhängigen und demokratischen Österreich. Online verfügbar unter https://www.ris.bka.gv.at/Dokument.wxe?Abfrage=Bundesnormen&Dokumentnummer=NOR 12005177, zuletzt geprüft am 5.9.2018.

Statistik Austria (2001): Bevölkerung 2001 nach Umgangssprache, Staatsangehörigkeit und Geburtsland. Online verfügbar unter http://www.statistik.at/web_de/statistiken/menschen_und_gesellschaft/bevoelkerung/volkszaehlungen_registerzaehlungen_abgestimmte_erwerbsstatistik/bevoelkerung_nach_demographischen_merkmalen/022896.html, zuletzt geprüft am 5.9.2018.

Statistik Austria (2003): Volkszählung 2001. Hauptergebnisse I – Kärnten. Online verfügbar unter http://www.statistik.at/web_de/services/publikationen/2/index.html?include Page=detailedView&sectionName=Bev%C3%B6lkerung&pubId=35, zuletzt geprüft am 5.9.2018.

Thurner, Erika (1999): Von einer sozialen Randgruppe zu einer anerkannten Minderheit. In: Dieter W. Halwachs, Florian Menz (Hg.): Die Sprache der Roma. Perspektiven der Romani-Forschung in Österreich im interdisziplinären und internationalen Kontext. Klagenfurt: Drava, S. 19–34.

Tichy, Heinz (1981): Ethnische Gruppen in der Großstadt und das Volksgruppengesetz. In: Wiener Arbeitsgemeinschaft der österreichischen Volksgruppen (Hg.): Ethnische Gruppen in der Bundeshauptstadt Wien. Symposium am 26. Oktober 1981. integratio (15). Wien: Eigenverlag.

Toporišič, Jože (2000): Slovenska slovnica 4., prenovljena in razširjena izdaja. Maribor: Založba Obzorja.

Volksgruppengesetz (1976): Bundesgesetz über die Rechtsstellung der Volksgruppen in Österreich. Online verfügbar unter https://www.ris.bka.gv.at/GeltendeFassung.wxe? Abfrage=Bundesnormen&Gesetzesnummer=10000602, zuletzt geprüft am 5.9.2018.

Wieser, Valentina (2014): Ambivalenzen der Gemeinschaft. Normen, Abgrenzungen und Ausschlüsse in der kollektiven Identitätsbildung der Kärntner Slowen:innen. Eine theoretische Abhandlung mit empirischen Beispielen aus der kärntnerslowenischen Wochenzeitung „Novice". Masterarbeit Universität Wien.

Wohlfarter, Eva (2014): „Stadtluft macht frei, auch sprachlich" – Sprachbiographische Gespräche mit Kärntner SlowenInnen in Wien. Masterarbeit Universität Wien.

Beyond Belonging?
Prozesse translokaler Beziehungen und nationaler Politik[1]

Sabine Strasser

From where I write the world is pretty wonderfully weird and diverse and perverse; it is what encourages me to hope that transversal connections between individuals are an everyday actuality, and that the virtual politics of such engagement can be materialized. (Probyn 1996: 6)

Migration und Integration haben sich aufgrund der damit verbundenen Veränderungen, Spannungen und Konflikte in den letzten Jahrzehnten als eines der bestimmenden Themen der politischen Tagesordnung etabliert. Obwohl nur 1,5 Prozent der globalen Arbeitskraft im Ausland beschäftigt ist (Featherstone 2002: 11) und nur etwas mehr als 3 Prozent der Weltbevölkerung außerhalb des Geburtslandes leben (International Migration Report 2017),[2] bringen Migration und Effekte der Globalisierung ein Neben- und Ineinander von vielfältigen Beziehungen, Vorstellungen und Praktiken hervor, die bestehende soziale und politische Landschaften verändern. Neben den Auseinandersetzungen um die Anerkennung dieser Unterschiede und den Forderungen nach gerechter Verteilung in den Debatten um Gerechtigkeit in westlichen Demokratien stellt sich zunehmend die Frage nach den Auswirkungen transnationaler sozialer und politischer Formationen auf den Nationalstaat. Werden Ansprüche auf kulturelle Anerkennung, soziale Gerechtigkeit und politische Partizipation von neuen Minderheiten in den nationalen Kontexten der Aufenthaltsstaaten geformt oder führen transnationale Räume zu neuen politischen Feldern, die den Nationalstaat mit seinen Institutionen herausfordern?

---

1 Dieser Beitrag ist eine gekürzte und adaptierte Version der Einleitung zur Habilitationsschrift von Sabine Strasser zu „*Beyond Belonging:* Kulturelle Dynamiken und transnationale Praktiken in der Migrationspolitik ‚von unten'", eingereicht im November 2003 an der Universität Wien. Eine überarbeitete Version der Habilitation wurde unter dem Titel: „Bewegte Zugehörigkeiten. Nationale Spannungen, transnationale Praktiken und transversale Politik" bei Turia & Kant (2009) veröffentlicht.
2 Auch wenn die absolute Zahl der Migrant/innen nach dem Bericht zur Internationalen Migration der Vereinten Nationen 2017 seit 2000 um 49 Prozent angestiegen ist, bleibt der Anteil der Weltbevölkerung, der 2017 außerhalb des Geburtslandes lebt, bei 3,4 Prozent (The International Migration Report 2017: https://www.un.org/development/desa/publications/international-migration-report-2017.html, zuletzt geprüft am 11.10.2018.

Diese Ausgangsfrage umfasst Auseinandersetzungen mit den Gemeinsamkeiten und Unterschieden der Forderungen neuer Minderheiten, wie sie in verschiedenen nationalen Integrationssystemen entstehen. Weiters verlangt diese Frage nach einer Beschäftigung damit, wie sich die Politik eines Landes in einem anderen Land durch die Anwesenheit von Migrant/innen oder Flüchtlingen bemerkbar macht; wie das Herkunftsland versucht, für ihre Staatsbürger/innen im Ausland einflussreich zu bleiben bzw. umgekehrt wie Migrant/innen trachten, die Politik ihres Herkunftslandes aus der Ferne und über nationale Institutionen des Aufenthaltslandes mitzugestalten. Und drittens verlangt diese Frage nach Erklärungen dafür, wie sich Prozesse von Zugehörigkeiten durch Migration, Integration und translokale Beziehungen verändern und wie diese Veränderungen sich in unterschiedlichen Politikfeldern auf verschiedenen Ebenen mit Forderungen verbinden.

Nationalstaaten und Translokalitäten

Diese Fragen sollen in einen theoretischen Rahmen gestellt werden, der ermöglicht, lokale Verbundenheiten, translokale Beziehungen, nationalstaatliche Regime der Integration und extraterritoriale Einflüsse von Herkunftsländern gemeinsam zu behandeln.

Zwei derzeit zentrale und einander sowohl ergänzende als auch widersprechende theoretische Zugänge der sozialanthropologischen und politikwissenschaftlichen Migrationsforschung sollen dafür kritisch diskutiert und zusammengeführt werden:

1) transnationale Ansätze, die davon ausgehen, dass Migrant/innen ihre Beziehungen zum Herkunftsland nicht aufgeben, sondern zunehmend in transnationalen sozialen Formationen ("transnational social spaces") leben und agieren, wodurch sie eine Herausforderung für Nationalstaaten und ihre Institutionen darstellen würden (z.B. Kearney 1991, 1996; Basch et al. 1994; Glick-Schiller et al. 1992, 1995) und

2) Ansätze, nach denen es nicht sozio-ökonomische oder ethnisch-kulturelle Voraussetzungen von zugewanderten Gruppen oder Individuen, sondern die institutionellen Möglichkeiten und sozialen Spannungen im Aufenthaltsland sind, die ethnische Mobilisierung und politische Partizipation formen ("political opportunity structures"). Dieser Auffassung nach agieren ähnliche Gruppen von Migrant/innen unter verschiedenen institutionellen Bedingungen des Aufnahmelandes unterschiedlich und trotz ethnisch-kultureller Unterschiede unter vergleichbaren Rahmenbedingungen ähnlich (vgl. Ireland 1994; Soysal 1994; Koopmans/Statham 2000b, 2001).

Die Verbindung dieser beiden theoretischen Ansätze, die in Bezug auf die Bedeutung des Nationalstaates einander widersprechen, führt über die „Krise des Nationalstaates" selbst. Der Staat wacht auch unter Bedingungen der ökonomischen Globalisierung und verstärkter Mobilität über Territorien, Grenzen und Zutrittsmöglichkeiten. Die Imaginationen von Gemeinsamkeit und die Loyalitäten der Individuen entfernen sich hingegen zunehmend von diesem Territorium: Religiöse Zugehörigkeiten verbinden Menschen ohnedies über Grenzen hinweg, politische und soziale Bewegungen formulieren ihre Ansprüche verstärkt transnational (Glick-Schiller et al. 1995; Østergaard-Nielson 2003) und selbst familiäre und sozio-kulturelle Bande reichen häufig über staatliche Grenzen hinaus (Fog-Olwig 2001). Das Auseinanderdriften von imaginierten Gemeinschaften und Territorium sowie von Loyalitäten (*belonging*) und Mitgliedschaften (*citizenship*) erfordert eine Auseinandersetzung mit dem Zusammenwirken von Institutionen der Staaten und Translokalitäten[3].

Transnationale Räume und postnationale Mitgliedschaften

Transnationale Studien wurden in den 1990er-Jahren zu einem zentralen Forschungszweig sozialanthropologischer und politikwissenschaftlicher Migrationsforschung. Mit der Etablierung dieses Forschungsfeldes war der Anspruch verbunden, alte Assimilationserwartungen an Migrant/innen zu überwinden, Globalität einzubeziehen und Migrant/innen als Subjekte wahrzunehmen, die über Grenzen hinweg sozial und politisch handeln. Die Konzepte zu transnationalen sozialen Formationen konnten zudem zur Überwindung von Untersuchungen in abgeschlossenen Systemen und Räumen und damit zur Überwindung des „methodologischen Nationalismus" (Wimmer/Glick-Schiller 2001) beitragen. Während die Vervielfältigung von ethnischen, religiösen und kulturellen Forderungen unter dem Stichwort Multikulturalismus oder Ethnizität und mit dem Ziel der Inkorporation in nationale politische Systeme über lange Zeit im Mittelpunkt von Wissenschaft und Politik gestanden haben, bringt die Fokussierung auf „Beziehungen über die Grenzen hinweg" neue Anforderungen mit sich.

Forschungen zu den Auswirkungen transnationaler Flüsse und Beziehungen sowie globaler Diskurse auf politische Gemeinschaften lösten Debatten um den Nationalstaat und politische Mitgliedschaften aus. Für Arjun Appadurai (1996) bilden globale Dynamiken von Menschen, Informationen,

---

3 „Translokalitäten" (Appadurai 2003: 339) entstehen überall dort, wo Menschen nicht nur mit einem lokalen Kontext, sondern durch Migrationen, Religionen oder Imaginationen mit verschiedenen Orten verbunden sind.

Kapital, Technologien („-scapes") und Imaginationen eine Herausforderung oder sogar ein, wenn auch umkämpftes, potentielles Ende des Nationalstaats. Soysal (1994) sieht in der Ausdehnung von sozialen und politischen Rechten, die bislang Staatsbürger/innen vorbehalten waren, auf Immigrant/innen sowie in den Einflüssen globaler Menschenrechtsdiskurse den Beginn postnationaler Mitgliedschaften (*postnational membership*). Bauböck (2000) formuliert transnationale Modelle von Mitgliedschaften (*citizenship*), die in westlichen Demokratien aufgrund ihrer Ansprüche auf Gerechtigkeit diskutiert werden müssten. Er teilt die Auffassung vieler, dass sich ökonomische Veränderungen und neue Technologien auf zukünftige Muster politischer Gemeinschaften auswirken werden. Doch aufgrund dieser Feststellung nun auf positive Effekte von globalen Entwicklungen zu warten, hält er für unzureichend.

"What we can do instead is to consider the various patterns of political community beyond the nation state that are already emerging before our eyes and discuss their impact on democratic citizenship." (Bauböck 2000: 9)

Er geht von drei bereits existierenden Manifestationen überlappender Affiliationen aus: "transborder national minorities" (wie z.B. Kurden), "global networks of indigenous people" und "transnational migrant communities". Bauböck stellt ein gerechtes Kosmopolis als eine Föderation von Staaten vor, in denen die Weltbürger/innen weiterhin *citizens* bestimmter politischer Gemeinschaften bleiben. Er entwirft ein komplexes Muster von getrennten Einheiten unter einem größeren Schirm und plädiert für vielschichtige Mitgliedschaften ("multilevel citizenship") in kleineren und gleichzeitig größeren Einheiten, die einander überschneiden können.

Transnationale Ansätze und postnationale Entwürfe von Mitgliedschaften bergen aber möglicherweise die Gefahr in sich, die Herstellung von „zweite Klasse-Tickets" nur rhetorisch positiv zu wenden, und damit soziale, rechtliche und politische Ausgrenzungen aus dem Blick zu verlieren. Auch wenn immer mehr Entscheidungen durch globale Institutionen und transnationale Diskurse beeinflusst werden, entscheiden weiterhin Nationalstaaten maßgeblich über Zuwanderungsbedingungen, Aufenthaltsrechte, Zugang zum Arbeitsmarkt, politische Partizipationsmöglichkeiten und über die Voraussetzungen für die Staatsbürgerschaft.

Institutionelle Regulierungen

Ansätze aus dem Feld des Neo-Institutionalismus hingegen konzentrieren sich auf Einrichtungen, die Zutritt ermöglichen, verhindern oder dessen Voraussetzungen formulieren. Sie zeigen, dass die institutionellen Möglichkeiten im Aufenthaltsland die ethnische Mobilisierung und politische Partizipation von Migrant/innen formen. "Institutional channelling" (Ireland 1994: 10) oder "multi-level channelling" (Østergaard-Nielsen 2003: 22ff) repräsentieren die Wege, über die politische Forderungen eingebracht werden können. Die Autor/innen in diesem Feld richten ihre Aufmerksamkeit auf politische Strukturen und Kanäle, die von Migrant/innen für gesellschaftliche und politische Partizipation genützt werden. Folgende Institutionen werden dabei als zentral für Erklärungen der politischen Aktivitäten von Migrant/innen gesehen: 1) Aufenthalts- und Einbürgerungsgesetze, 2) *Gatekeepers* wie Gewerkschaften, Parteien und Solidaritätsgruppen und 3) die institutionelle Einbindung in die soziale Wohlfahrt. Wenn die politischen Systeme neue Gruppen einschließen, nehmen institutionalisierte und damit an der Mehrheitsgesellschaft orientierte Aktivitäten zu. Konfrontative Politik von Zugewanderten ist demnach das Ergebnis von ausgrenzenden politischen Systemen.

Diese Ansätze wurden aufgrund ihrer Fokussierungen auf Institutionen und ihrer „top-down"-Perspektive kritisiert und in der Folge von Ruud Koopmans und Paul Statham (2000a) um die Frage nach den Beziehungen zwischen öffentlichen Diskursen, politischer Kultur und diesen Institutionen erweitert. Durch eine differenzierte Analyse von Institutionen, Diskursen und politischen Interaktionen wird Migrationspolitik von einem marginalen politischen Feld ins Zentrum der Analyse liberaler Demokratien gerückt, wodurch dominante politische Bewegungen wie Rechtspopulismus oder Regionalismen genauso nachvollziehbar werden wie anti-rassistische soziale Bewegungen. Es sind nach Ansicht von Koopmans und Statham die "political opportunity structures"[4], die eine Chance eröffnen, neue Themen und Konflikte in die Politik hineinzutragen. Durch eine Analyse der "windows of opportunity" oder Spaltungen der etablierten Gesellschaft (z.B. im nationalen Selbstverständnis) werden politische Interventionen sozialer Bewegungen erklärbar. Handlungen und Kontroversen, "that become framed in terms of the 'deep' cultural idioms of citizenship and nationhood" (Koopmans/Statham 2000a: 39), sind entscheidend, um die Möglichkeiten der Durchsetzung politischer Ziele „von unten" zu verstehen. Die Rahmenbedingungen werden sich nach Auffassung dieser Autoren durch globale Einflüsse, supranationale Gebilde wie der Europäischen Union oder transnationale Beziehungen

---

4 "Political opportunity structures" bestehen aus "consistent – but not necessarily formal or permanent – dimensions of the political environment that provide incentives for people to undertake collective action by affecting their expectations for success or failure." (Tarrow 1994 zit. nach Koopmans/Statham 2000a: 32)

verändern oder auf andere politische Ebenen transferiert. Dennoch werden Regulierungen des Zutritts zu den zentralen Institutionen nicht einfach verschwinden und ihre Analysen weiterhin hilfreich sein, um soziale Bewegungen wie Migrationspolitik „von unten" zu erklären.

Windows of opportunity in transnationalen Kontexten

Während für die "transnational studies" translokale oder globale Dynamiken im Mittelpunkt stehen, die innovative Netzwerke über nationale Grenzen hinweg hervorbringen und nationale Institutionen schwächen (Globalisierungstheorien), sehen andere Ansätze nach wie vor und auch unter Bedingungen der Globalisierung die wesentlichen Mittel zur Regulierung der sozialen, politischen und auch transnationalen Aktivitäten in den Institutionen der Nationalstaaten (Residenzansätze). Während für die einen Migrant/innen zur Überwindung der Nationalstaaten beitragen, handeln sie nach Meinung der anderen entlang begrenzender Integrationsregime weitgehend unabhängig von ihren nationalen, ethnischen oder religiösen Zugehörigkeiten.

Auch wenn Modelle der Inkorporation bzw. die Institutionen der Aufnahmegesellschaft die Partizipation von Zugewanderten wesentlich gestalten, umfasst – bei genauerem Hinsehen – eine durchlässig gewordene politische Gemeinschaft (Bauböck 2000) unterschiedliche Möglichkeiten der aktiven Mitgestaltung von Entscheidungen, die nicht in abgrenzbare, nationale Modelle eingefangen werden können. Migrant/innen als politische Akteur/innen in sozialen Bewegungen sind "activists beyond borders" (Keck/Sikkink 1998) und Kritiker/innen nationaler bzw. regionaler oder lokaler Institutionen in Herkunfts- wie in Aufenthaltsländern. Einbindungen von Akteur/innen mit Migrationserfahrung in kulturelle Prozesse hier *und* dort müssen in innovativen Modellen von sozialen Bewegungen Platz finden. Dafür sollen allerdings transnationale Strategien weder als ausschließlich noch als dominant verstanden werden, sondern als ein weiterer Bestandteil sozialer Praktiken, der unter bestimmten sozialen und institutionellen Bedingungen im politischen Handeln relevant werden kann.

Für translokale Bewegungen sind also Spannungen und Spaltungen in Aufenthalts- *und* der Herkunftsgesellschaft relevant, da beide Nationalstaaten die Möglichkeiten von Interventionen in Form von Institutionen und "windows of opportunity" (Koopmans/Statham 2000a) wesentlich beeinflussen. Aber es sind nicht nur einzelne soziale Bewegungen in einem Nationalstaat, die aufgrund dieser translokalen Verbundenheit unterschiedlich agieren, auch einzelne Akteur/innen sind in mehrere Kontexte mit unterschiedlichen Zielsetzungen eingebunden, die mit komplexen Zugehörigkeiten der Einzelnen verwoben sind. Darüber hinaus müssen globale Ereignisse in ihren Auswirkungen auf lokale und translokale Strategien berücksichtigt werden. Die Fenster der Möglichkeiten sind also nicht nur national, sondern auch transnational und global wirksam.

Beide Ansätze, die – wie ich nun gezeigt habe – einander nicht nur widersprechen, sondern auch ergänzen, lassen allerdings Migrationspolitik „von unten" als kulturelle und soziale Praxis der politischen Partizipation mit ihren Verhandlungen um Zugehörigkeiten und Grenzziehungen weitgehend im Dunklen.

Vor diesem Hintergrund gilt es, sich mit der Migrationspolitik auf drei unterschiedlichen Ebenen zu beschäftigen: mit kulturellen und diskursiven Spannungen im nationalen Selbstverständnis, das über Migrations- und Integrationspolitik artikuliert wird (Migrationspolitik „von oben"); mit politischen Einflüssen, die durch die Verbundenheit zu mehreren Orten aufgrund von Migration entstanden sind (transnationale Politik) und mit Prozessen komplexer Zugehörigkeiten und Netzwerken, die in Auseinandersetzung mit den beiden anderen Feldern ihre Strategien der Kritik und der Allianzen aufbauen (Migrationspolitik „von unten").

Migrationspolitik „von unten"

Ich fasse die Aktivitäten in unterschiedlichen Organisationen und Initiativen (Kampagnen, Vereine, Parteien) und auf verschiedenen Ebenen (lokal, regional, national, transnational) mit dem Begriff Migrationspolitik „von unten" zusammen. Dieses Feld schließt kritische Reflexionen und Handlungen in Bezug auf nationale Einwanderungspolitiken, Integrationsmodelle und Anti-Diskriminierungsmaßnahmen genauso ein wie transnationale Aktivitäten, die Entwicklungen in Herkunftsländern beeinflussen wollen oder – wie Religionen, verfolgte nationale Minderheiten oder Menschenrechtsaktivist/innen – Forderungen über nationale Grenzen hinweg formulieren. Dabei geht es weniger um die Durchsetzung von Forderungen in der österreichischen Politik als um die verschiedenen Wege der Interventionen. Migrationspolitik „von unten" ist eine soziale Bewegung, die wie andere Bewegungen die wesentliche Funktion hat, auf Probleme in der Gesellschaft aufmerksam zu machen (Escobar 1992). Soziale Bewegungen entstehen durch widersprüchliche Prozesse oder Antagonismen in den dominanten hegemonialen Praktiken, die versuchen, bestimmte Bedeutungen als Normen zu fixieren (Laclau/Mouffe 1991). Diese Bewegungen zeigen alternative Ansätze für kulturelle Interpretationen auf und kämpfen für und gegen kulturelle Auslegungen und für und gegen sozio-ökonomische Bedingungen. Da Konflikte auf symbolischen Grundlagen ausgetragen werden, greifen Bewegungen durch ihre Interpretationen in alltäglichen Auseinandersetzungen die dominanten Bedeutungen an, auf die Gesellschaften ihre sozialen Beziehungen bauen. Schon durch die Existenz alternativer Interpretationen, anderer Möglichkeiten, die Welt wahrzunehmen und zu beschreiben, werden die dominanten Codes sichtbar und damit umstritten.

> "Movements, thus, emerge out of the very experience of daily life under conditions of domination, and cannot be understood independently of this 'submerged' cultural background. This also suggests that it would be more appropriate to speak of movement networks or movement areas, in which the movement itself would be included along with the 'users' of the cultural goods and services produced by the movement." (Escobar 1992: 407)

Untersuchungen zu Migrationspolitik „von unten" richten den Blick meist auf Migrant/innen als politische Akteur/innen in einem bestimmten nationalen Kontext, reduzieren sie oft – unter dem Stichwort Selbstorganisation – auf ethnische oder religiöse Einrichtungen, die als Politik „zweiter Klasse" getrennt von allgemeinen politischen Fragestellungen und damit auch getrennt von grundlegender Kritik an dominanten Vorstellungen und Praktiken betrachtet wird. Konzentrieren sich empirische Untersuchungen auf politische Partizipation in den etablierten Institutionen und Parteien des Aufnahmelandes, werden die Bedeutungen ethnischer, religiöser oder transnationaler Netzwerke für die Formulierung von Interessen und Mobilisierungen meist ausgeblendet. Politische Akteur/innen werden darin zu „Migrant/innen" gemacht (mit der angeblich gemeinsamen Erfahrung als „Ausländer/innen" oder als deren Nachkommen) und ihre politischen Strategien werden als von den Institutionen des Aufnahmelandes bestimmt gesehen. Begreifen wir aber die Migrationspolitik „von unten" als soziale Bewegung, so geht es um ein Verständnis von alltäglicher Praxis eingebettet in dominante kulturelle Codes. Aber wie verstehen wir transnationale Akteur/innen in sozialen Bewegungen, die kollektive Identitäten als Identifikation für Mobilisierung hervorbringen, die nicht nur in einem bestimmten begrenzten Gebiet, sondern in transnationalen Feldern oder an mehreren Orten eingebettet sind?

Dieser Versuch einer gemeinsamen Betrachtung von sozialen Bewegungen, Strategien und Taktiken von Akteur/innen sowie deren translokale Einbettung führt zu wesentlichen Fragen an die Forschungsstrategie: Wie wird eine Forschung durchgeführt, die auf die Praxis von Akteur/innen abzielt, deren Zugehörigkeiten und Taktiken translokal sind bzw. sein können? Wie kann diese Praxis und deren Verwobenheit mit dominanten Diskursen und

Institutionen sichtbar gemacht werden? Ein Verständnis für Positionierungen und Forderungen in der Migrationspolitik „von unten" verlangt einen Zugang, der Strategien sozialer Bewegungen in ihren translokalen und institutionellen Einbettungen nachvollziehbar macht.

Bewegte Zugehörigkeiten werden in der wissenschaftlichen Repräsentation also entweder vereinfacht und homogenisiert wieder zu Differenzen (Kurden, Türken, Muslime, Frauen, Migrant/innen) oder verschwinden hinter dem undifferenzierten Begriff „Migrant/innen". Soziale Bewegungen bekommen aber ihre Legitimität im politischen System durch die Vertretung diskriminierter Gruppen (nationale, ethnische, geschlechtliche oder religiöse Mobilisierung) und durch das Aufzeigen alternativer Interpretationen. Sogar wenn Migrations- und Integrationspolitik als zentrale Felder gegenwärtiger politischer Gemeinschaften gesehen und mit nationalen Diskursen und Spannungen verbunden werden (Koopmans/Statham 2000a, 2001; Escobar 1992), werden Forderungen und Strategien sozialer Bewegungen meist in nationalen Kontexten untersucht und damit den bewegten Zugehörigkeiten und translokalen Verbindungen nicht gerecht.

Wenn die Institutionen des Aufnahmelandes die politische Partizipation und die Forderungen prägen, welche Bedeutung haben dann Unterschiede in Netzwerken und Strategien von individuellen Aktivist/innen? "How do social actors contribute to create new cultural models through the construction of collective identities as a means of self-affirmation?" (Escobar 1992: 409) Welche Rolle spielen unterschiedliche Achsen von Differenzen und Ähnlichkeiten (Klasse, Ethnizität/Nation/supranationale Zugehörigkeit, Geschlecht) und wie bringen Akteur/innen in Netzwerken und Bewegungen ihre national, lokal oder transnational geformten Interessen in die politischen Verhandlungen ein?

Orientieren sich die Fragen der Wissenschaft an transnationalen Ansätzen, wird zwar die unhinterfragte Annahme der ausschließlichen Integration in die Aufnahmegesellschaft und Determiniertheit durch nationale Institutionen als Einbahnstraße angezweifelt, die Komplexität der Zugehörigkeiten und Interessen aber häufig der Fokussierung auf transnationale ethnische Organisationsformen untergeordnet. Wesentliche Prozesse und Differenzen innerhalb von sozialen Bewegungen geraten oft zugunsten der Komplexität der Verbundenheit in den Hintergrund.

"Only very careful anti-essentialist ethnographic accounts […] can move beyond homogenous constructions of the link between social base and political identification, between the personal and the political in transnational political spaces." (Østergaard-Nielsen 2003: 20)

Die Fragen, die sich aus transnationalen Ansätzen ergeben, betreffen nicht nur das Feld der Politik, sondern auch die Fragen der Zugehörigkeit, Repräsentation und Praxis über Grenzen hinweg und suchen nach einem Verständnis für Identitäten, Praktiken und soziale Netzwerke in diesen Räumen. Während die wissenschaftliche Theorie aus Politikwissenschaft, Sozialanthropologie und Philosophie mit anti-essentialistischen und multiplen Konzepten Lösungen für die Vielfalt innerhalb und zwischen Individuen und Gruppen in verbundenen Räumen zur Verfügung gestellt und Identität zu einem dynamischen und relationalen Konzept weiterentwickelt hat, nehmen empirische Untersuchungen immer wieder Trennungen vor, die zwar der etablierten Politik oder der Etablierung von Forschungsfeldern zweckdienlich sind, nicht aber der sozialen und politischen Realität aus der Perspektive von bewegten Zugehörigkeiten in sozialen Bewegungen entsprechen.

Damit Staatsbürgerschaft nicht mehr notwendigerweise Verbundenheit in imaginierten Gemeinschaften (Territorium, Kultur, Sprache), also Loyalität zu Nationalstaaten einhergeht und soziale, kulturelle und teilweise auch politische Rechte an Nicht-Bürger/innen vergeben werden, müssen neue Modelle diskutiert und entwickelt werden, die der Verwobenheit über Nationen hinweg genauso gerecht werden können wie lokaler Diversität. Forderungen zu Migration und Integration werden gleichzeitig von der Beziehung zwischen Aufenthalts- und Herkunftsland, von den Spaltungen und Spannungen in der Gesellschaft bei den Verhandlungen um Mitgliedschaften und Zugehörigkeiten und von individuellen Entscheidungen und Strategien in diesen gegebenen Strukturen geprägt. Loyalitäten sind nicht auf territoriale Zugehörigkeit und Fragen der Sicherheit begrenzt, sondern werden "social relations streched-out" (Massey 1994), alltägliche Beziehungen, die in die politische Praxis einfließen. Integrationsregime, transnationale Beziehungen und bewegte Zugehörigkeiten von Akteur/innen formen gemeinsam die Netzwerke und die Taktiken in diesen. Die Effekte dieser Aktivitäten sind von nationalen oder globalen Spannungen und Konflikten genauso abhängig wie von lokalen und nationalen Einbindungen und Grenzziehungen.

Diese Bewegungen nur als Ergebnisse der Nationalstaaten und ihrer Institutionen zu sehen, wird den Prozessen und Praktiken dieser Mobilisierungen genauso wenig gerecht, wie sie als kulturelle Opposition zu fixieren. Zu untersuchen wäre, wie sie lokale und translokale Machtverhältnisse, Symbole aber auch Subjektivitäten aufgreifen, weiterentwickeln, umsetzen oder umdeuten.

Be-longing und Allianzen

Beyond[5] *Belonging* meint nicht den Versuch, die Suche nach Zugehörigkeiten abzulösen, Erfahrungen durch Positioniertheiten in der Gesellschaft zu ignorieren oder gar die Forderung nach gleichen Rechten, Anerkennung von Unterschieden und nationale Mitgliedschaften als überflüssig zu erklären, sondern ist im Gegenteil ein Versuch, Zugehörigkeiten als Prozesse zu verstehen und nachzuzeichnen. Zugehörigkeiten werden so zu Bewegungen mit Kreuzungspunkten, statt zu einem singulären Ziel der Ankunft und der Etablierung. Die Suche nach vorübergehenden Verbindungen und deren Bedeutungen in der Stadt lenkten mein Interesse immer wieder auf Menschen, die durch die Dynamiken von Sehnsucht, Ankunft und Verlassen agieren. Mein Interesse galt der Frage, inwieweit Menschen mit differenten Lebensentwürfen durch ihre bloße Anwesenheit und differente Verortung die gesellschaftlichen Normierungen in Frage stellen und damit auch die Imaginationen von Gemeinsamkeiten in der Nation erschüttern.

Belonging (Zugehörigkeit) meint nicht formale Mitgliedschaften oder Eintrittskarten (Walzer 1983, Bourdieu 1988) und damit verbundene Rechte und Pflichten. Es meint vielmehr flexible, wenn auch nicht beliebige Formen von subjektiv erwünschten und anerkannten, individuellen und kollektiven Formen des Fühlens und Handelns. *Belonging* trägt in sich die Komponenten "being" und "longing", Sein und Sehnen,[6] und damit die Ebene der konkreten Anwesenheit und Erfahrung genauso wie die des Verlangens und der Imagination. Eine Person kann nicht individuell entscheiden, ob sie dazugehört, sie kann aber zugeschriebene oder selbstgewählte Prozesse der Identitäten wie Nationalität, Ethnizität und Geschlecht an Intensität und zeitlich variabel gestalten. Die Frage nach den Zugehörigkeiten zielt damit auf Imaginationen von Gemeinsamkeiten, Identifikationen mit Zielen und vorübergehendes gemeinsames Handeln in Netzwerken.

---

5 *Beyond* meint nach Friedman (1998) nicht die Aufgabe oder Ablehnung eines Begriffs, sondern seine Weiterentwicklung, seine Einbindung in ein Netz von relevanten Kategorien, die erst in ihrer Wechselwirkung, in ihrer politischen, historischen und sozialen Kontextualisierung und im Umgang mit Begriffen als Prozess den einzelnen Kategorien Bedeutung geben.

6 "Basically it comes down to heightened sensitivity to the sensibilities, to being captured by other manners of being and desires for becoming-other that I call belonging." (Probyn 1996: 5) Ich ziehe dieses Konzept aus der „Queer Theorie" heran, weil es am ehesten den Zustand des Werdens (*becoming*) theoretisieren helfen kann und Essentialisierungen als nur eine Form der Sehnsucht sieht.

Belonging betont soziale und emotionale Verbindungen zwischen Menschen, ohne Identitäten anrufen zu müssen. Es ermöglicht, sich auf Prozesse des Verhandelns zu konzentrieren, die manchmal identitäre Positionen heranziehen, und andere Male strategische Zugehörigkeit für ein bestimmtes Ziel ohne gemeinsame Positioniertheit nützen. Prozesse von Identitäten können dabei zentral werden, müssen aber nicht die Grundlage für den Tausch von Wissen, Informationen oder für gemeinsame Strategien bilden. Differenzen werden in diesem Kontext als Forderung nach Gleichheit oder Kritik an der Ungleichheit verstanden, nicht als Kehrseite von fixierten oder fixierenden Identitäten. *Belonging* zielt in diesem Sinne auf die durch Interaktionen verbundenen Personen.

Zugehörigkeit verstehe ich somit als individuelle Suche nach vorübergehenden Kollektiven durch politische Allianz, in der Etabliertheit und Mitgliedschaft gefordert oder Zuschreibungen von Identitäten zurückgewiesen werden können. Wann wird Dazugehören bedeutsam und wann und unter welchen Bedingungen wird sie empört abgelehnt, unnötig oder einengend? Handelt es sich beim Dazugehören um Gemeinsamkeiten in widersprüchlichen und zerrissenen, aber deshalb nicht weniger kollektiven Erfahrungen oder um die Verbindung von individualisierten Fragmenten? Wann und warum wollen Personen als Individuen mit Psyche und Komplexität gesehen werden und wann und warum werden sie zu Mitgliedern von Kollektiven (gemacht)? Ich ziele in meiner Arbeit daher darauf ab, anhand narrativer Erzählungen den vielen Formen nachzugehen, wie Zugehörigkeiten entstehen und verworfen werden.

Belonging eröffnet meiner Ansicht nach die Möglichkeit, an mehreren Orten (mit und ohne Mitgliedschaft) durch Erfahrung und Interesse zu partizipieren. Die Erfahrung von Eingebürgerten in Europa kann zeigen, dass Mitgliedschaft nicht unbedingt *belonging* hervorbringt oder zulässt.

Sich nicht innerhalb einer Gruppe oder einer begrenzten Gemeinschaft, sondern außerhalb zu verorten, ermöglicht eine Begegnung mit anderen an unterschiedlichen Kreuzungspunkten. Transnationale Räume sind in diesem Sinn nicht „Ersatznationen" ("long-distance-nationalism" oder deterritorialisierte Nationalstaaten), sondern Netzwerke kreolisierter Identitäten (Hannerz 1992), die bestehende Sicherheiten des etablierten Ganzen infrage stellen und neue Forderungen an den Schnittstellen und Übergängen formulieren. Während Identität und Differenz das Paar bilden, das Sehnen immer wieder in mächtiges oder ohnmächtiges, definiertes oder definierendes Sein verwandelt, fehlt dem Sehnen nach Sein – *be-longing* – die Forderung nach Etabliertheit als Voraussetzung von legitimen Ansprüchen.

Biografische Rekonstruktionen erscheinen mir ein geeigneter Ausgangspunkt für ein Verständnis variierender und komplexer Zugehörigkeiten zu sein. Die Untersuchung von Biografien politischer Akteur/innen ermöglicht einen Blick auf die Bedingungen und Veränderungen von Politikformen, Strategien und Forderungen, die sich an das Aufenthaltsland genauso wie an das Herkunftsland richten können und die sowohl von globalen Ereignissen als auch von nationalstaatlichen und lokalen Einflüssen geprägt sind. Auf diese Weise kann nachgezeichnet werden, wie – von Erfahrungen und Sehnsucht ausgehend – Taktiken entwickelt werden, wie diese Handlungen durch Ereignisse und gesetzliche Bestimmungen im Herkunftsland und am aktuellen Wohnort geprägt werden, auf wen diese Handlungen Wirkung haben und von wem sie warum Anerkennung bekommen. Der Zugang zu diesem Feld über einzelne Akteur/innen und deren Prozesse von Zugehörigkeiten ermöglicht, transversale Strategien in Verbindung mit transnationalen Ansätzen und eingebettet in nationale Institutionen und Diskurse zu erklären.

Transversalität und räumliche Taktiken

Akteur/innen im Feld Migrationspolitik „von unten" sind nicht – wie durch die begrenzenden Forschungsfelder angenommen – in nur einer Organisation mit nur einem Fokus (wie Gleichbehandlung von Muslim/innen, Solidarisierung mit Kurd/innen oder soziale, politische und kulturelle Rechte von Migrant/innen) aktiv, sondern agieren in mehreren Organisationen, unter verschiedenen Labels und mit unterschiedlichen Kooperationen und Zielsetzungen. In diesem Sinne gilt es, Netzwerke nicht als ethnisch-kulturell, religiös oder entlang anderer Achsen abgegrenzt darzustellen, sondern diese von Personen ausgehend in ihren Verbundenheiten als transversale Netzwerke darzustellen. Transversale Politik geht auf Félix Guattari, Gille Deleuze und Michel Foucault zurück, die den Begriff in die Politik der 1968er in Paris eingebracht, aber nie theoretisch festgelegt haben. Nachdem transversale Politik sowohl in den *Cultural Studies* (Raunig 2003) als auch in feministischen Ansätzen (Yuval-Davis 1996) in der Auseinandersetzung um multiple Differenzen immer wieder als Strategie gegen Abschließungen und identitäre Mauern verwendet wurde, erscheinen mir diese Reflexionen für ein Verständnis von Allianzen in Netzwerken geeignet.

Nira Yuval-Davis schlägt in ihrem feministischen Konzept der transversalen Politik vor, Positionierung vorzunehmen ("rooting"), ohne Differenzen aus den Augen zu verlieren ("shifting"), um Annäherungen für gemeinsame Ziele trotz vielschichtiger Differenzen zu ermöglichen. Es ist ein Versuch, Gleichheit und Gleichsein zu trennen und gleiche Berechtigungen in der jeweiligen Positioniertheit einzufordern (Yuval-Davis 1996).

Der Begriff Transversalität soll nach Raunig (2003: 11) „[...] dazu beitragen, die Diskussion vom Definitorischen auf das Kontextuell-Organisierende, vom Ob auf das Wie der Bewegung zu verlagern." Die sozialanthropologische Forschung, die an der Praxis und dem Wie interessiert ist, kann mit ihren reformulierten Konzepten der 1990er-Jahre, die vor allem Repräsentation und das Machtverhältnis zwischen Selbst und Anderen diskutierte, zu diesen Strategien beitragen und ihre Forschungen als Teil dieser Bewegungen gestalten.

Postkoloniale und feministische Reformulierungen zentraler sozialanthropologischer Konzepte zu Ethnizität, Nation, Kultur, Geschlecht und Territorialität werden für eine methodologische Positionierung in der transnationalen Migrationsforschung herangezogen. Relationale, dynamische, durchlässige und durchkreuzte Auffassungen von Zugehörigkeiten führen zu einem methodischen Vorgehen in drei Schritten: 1) Die Erhebung von biografischen Narrationen ermöglicht die Rekonstruktion von Lebensgeschichten, Konstruktionen von Daheimsein und Dazugehören, von Brüchen und Kontinuitäten der Zugehörigkeit sowie von Mustern des Handelns. 2) Die Erhebung von transversalen Netzwerken führt zu einer Landkarte von (persönlichen und politischen) Zugehörigkeiten und zeigt Überschneidungen mit und Getrenntheiten von anderen Netzwerken auf. 3) Die Analysen von Veranstaltungen in diesen Netzwerken beschäftigen sich mit Forderungen und Taktiken. Diese „translokale Ethnografie" findet als Forschungsfeld keine vorgegebenen Territorien, Ethnien, Dörfer oder Straßenzüge vor, sondern lokalisiert das Forschungsfeld durch Biografien als personenzentrierte Netzwerke.

Während Studien zu politischer Partizipation sich oft entweder auf Inkorporation von Migrant/innen im Aufnahmeland, auf Auswirkungen politischer Aktivitäten von Migrant/innen im Herkunftsland oder in transnationalen Räumen konzentrieren, möchte ich ausgehend von einzelnen Akteur/innen Vielschichtigkeit und Unterschiedlichkeit von transnationalen und transversalen Netzwerken und Taktiken nachzeichnen und ihre Möglichkeiten und Begrenzungen in Nationalstaaten, Regionen oder supranationalen Gebilden analysieren. "Biographies of Belonging" erscheinen mir als ein geeigneter Ausgangspunkt, um Prozesse der Zugehörigkeiten und Grenzziehungen zu erheben. Die Untersuchung von transversalen Netzwerken einzelner Akteur/innen zeigt die Verflechtung von biografischen Hintergründen mit Netzwerken, Forderungen und Taktiken. Diese Forschungsstrategie erlaubt die Untersuchung von Reflexionen und Kooperationen sowie lokales und translokales Handeln einzubeziehen. Zielsetzungen von Individuen und Gruppen werden durchleuchtet, die in unterschiedlichen Vernetzungen die nationalen Formen der

Politik vervielfältigen oder verlassen oder diese durch ihre Kritik durchkreuzen. Biographien, die zu Netzwerken und deren Taktiken führen, verbinden individuelle Erfahrungen, Subjektpositionen und Identifikationen mit politischem kollektiven Handeln ohne die Differenzen zwischen den Handelnden aus dem Blick zu verlieren. Sie zeigen, wie Menschen mit bewegten Zugehörigkeiten in aktuelle lokale und translokale Debatten involviert sind und aktiv eingreifen. Die Darlegung von Gemeinsamkeiten und Unterschiede von biographischen Verortungen, Netzwerken und Taktiken in Translokalitäten und Nationalstaaten führt wieder zur Ausgangsfrage nach der Bedeutung von translokalen Beziehungen für die Nationalstaaten zurück.

Literatur

Appadurai, Arjun (1996): Modernity at Large. Minneapolis-London: University of Minnesota Press.

Basch, Linda; Glick-Schiller, Nina; Blanc-Szanton, Cristina (1994): Nations Unbound. Transnational Projects, Postcolonial Predicaments, and Deterritorialized Nation-States. New York: Gordon and Breach.

Bauböck, Rainer (2000): Political Community Beyond the Sovereign State. Supranational Federalism and Transnational Minorities. In: Austrian Academy of Sciences, ICE – Working Papers Series (7). Online verfügbar unter http://www.iwe.oeaw.ac.at, zuletzt geprüft am 7.5.2000.

Bourdieu, Pierre (1988): Homo Academicus. Frankfurt a. M.: Suhrkamp.

de Certeau, Michel (1984): The Practices of Everyday Life. Berkeley: University of California.

Escobar, Arturo (1992): Culture, Practice and Politics. Anthropology and the study of social movements. In: Critique of Anthropology 12 (4), S. 395–432.

Featherstone, Mike (2002): Islam Encountering Globalization. An Introduction. In: Ali Mohammadi (Hg.): Islam Encountering Globalization. London-New York: Routledge, S. 1–13.

Fog Olwig, Karen (2001): Researching Global Socio-Cultural Fields: Views from an Extended Field Site. Transnational Community Programme, WPTC-01-18. Online verfügbar unter www.transcomm.ox.ac.uk, zuletzt geprüft am 15.9.2003.

Glick-Schiller, Nina; Basch, Linda; Blanc-Szanton, Cristina (1992): Towards A Transnational Perspective on Migration. Race, Class, Ethnicity, and Nationalism Reconsidered. New York: New York Academy of Sciences.

Glick-Schiller, Nina; Basch, Linda; Szanton Blanc, Cristina (1995): From Immigrant to Transmigrant. Theorizing Transnational Migration. In: Anthropological Quarterly 68 (1), S. 48–63.

Hannerz, Ulf (1992): Cultural Complexity. Studies in the Social Organisation of Meaning. New York: Columbia University Press.

Ireland, Patrick (1994): The Policy Challenge of Ethnic Diversity. Immigrant Politics in France and Switzerland. Cambridge: Havard University Press.

Kearney, Michael (1991): Borders and Boundaries of State and Self at the End of Empire. In: Journal of Historical Sciology 4 (1), S. 52–74.

Koopmans, Ruud; Statham, Paul (2000a): Migration and Ethnic Relations as a Field of Political Contention: An Opportunity Structure Approach. In: Ruud Koopmans, Statham Paul (Hg.): Challenging Immigration and Ethnic Relations Politics. Comparative European Perspectives. Oxford-New York: Oxford University Press, S. 13–56.

Koopmans, Ruud; Statham, Paul (2000b): Challenging the Liberal Nation-State? Postnationalism, Multiculturalism, and the Collective Claims-making of Migrants and Ethnic Minorities in Britain and Germany. In: Ruud Koopmans, Paul Statham (Hg.): Challenging Immigration and Ethnic Relations Politics. Comparative European Perspectives. Oxford-New York: Oxford University Press, S. 189–232.

Koopmans, Ruud; Statham, Paul (2001): How national citizenship shapes transnationalism: A comparative analysis of migrant claims-making in Germany, Great Britain and the Netherlands. Transnational Community Programme, WPTC-01-10. Online verfügbar unter www.transcomm.ox.ac.uk, zuletzt geprüft am 1.9.2003.

Keck, Margaret E.; Sikkink, Kathryn (1998): Activists beyond Borders. Ithaca N.Y.: Cornell University Press.

Laclau, Ernesto; Mouffe, Chantal (1991): Hegemonie und radikale Demokratie. Zur Dekonstruktion des Marxismus (Orig.: 1985). Wien: Passagen.

Massey, Doreen (1994): Space, Place, and Gender. Minneapolis: University of Minnesota Press.

Østergaard-Nielsen, Eva (2001): The Politics of Migrants' Transnational Political Practices. Transnational Community Programme, WPTC-01-22. Online verfügbar unter www.transcomm.ox.ac.uk, zuletzt geprüft am 15.9.2003.

Probyn, Elspeth (1996): Outside Belongings. New York: Routledge.

Raunig, Gerald (Hg.) (2003): Transversal. Kunst und Globalisierungskritik. Wien: Turia & Kant.

Soysal, Yasemin, N. (1994): Limits of Citizenship. Migrants and Postnational Membership in Europe. Chicago-London: University of Chicago Press.

Strasser, Sabine (2009): Bewegte Zugehörigkeiten. Nationale Spannungen, transnationale Praktiken und transversale Politik. Wien: Turia & Kant.

Walzer, Michael (1983): Spheres of Justice: A Defense of Pluralism and Equality. New York: Basic Books.

Wimmer, Andreas; Glick-Schiller, Nina (2002): Methodological Nationalism and Beyond. Nation-State Building, Migration and the Social Sciences. In: Global Networks 2 (4), S. 301–334.

Yuval-Davis, Nira (1996): Frauen und „transversale Politik". In: Brigitte Fuchs, Gabriele Habinger (Hg.): Rassismen & Feminismen. Differenzen, Machtverhältnisse und Solidarität zwischen Frauen. Wien: Promedia, S. 217–223.

Macondo oder die Arche Noah.
Erinnerungen an transkulturelles Zusammenleben in Simmering

Julia Schranz

Am Rande der Stadt Wien, zwischen Kläranlage, Tierkörperverwertung und Autobahnauffahrt befindet sich ein Ort, an dem die österreichische Asylgeschichte der Zweiten Republik sich verdichtet und nachgezeichnet werden kann. Die ehemalige Landwehr-Artilleriekaserne Kaiserebersdorf gilt als letzter großer Kasernenbau der Habsburgermonarchie, der 1915 fertig gestellt wurde. In der Ersten Republik wurde das Areal vom österreichischen Heer genutzt, während des Nationalsozialismus von der Deutschen Wehrmacht, nach der Befreiung Österreichs durch die Alliierten 1945 von der Roten Armee (Czeike 2004: 679).

Abb 1: Gebäude der ehemaligen Kaiserebersdorfer Landwehr-Artilleriekaserne

Mittlerweile erfüllt der militärische Bau bereits sehr viel länger einen zivilen Zweck – als Unterkunft für Menschen, denen in Österreich Schutz vor Krieg und Verfolgung gewährt wurde. 1956 wurde die Kaiserebersdorfer Kaserne, neben anderen öffentlichen Gebäuden zunächst als Flüchtlingslager für Ungar/innen genutzt, die im Zuge der Niederschlagung der ungarischen Reformbewegung durch sowjetische Truppen nach Österreich geflüchtet waren (Rigele 2004: 659; Stanek 1985: 219). Der United Nations High Commissioner for Refugees (UNHCR) und das Bundesministerium für Handel und Wiederaufbau entschieden 1957, einen Teil der Kasernengebäude zu dauerhaft nutzbaren Wohnungen für ungarische Geflüchtete umzubauen.

1968 folgten Tschechoslowak/innen, in den 1970er-Jahren zogen Geflüchtete aus verschiedenen Ländern Lateinamerikas, darunter aus Chile, Argentinien, Bolivien und Paraguay, sowie aus Vietnam in die Siedlung ein. In den 1980er- und 1990er-Jahren waren es vor allem Geflüchtete aus Polen sowie Kriegsflüchtlinge im Zuge der Golfkriege und der bewaffneten Auseinandersetzungen in Jugoslawien. Heute leben etwa 2.000 bis 3.000 Menschen aus über zwanzig verschiedenen Herkunftsländern in der Siedlung, derzeit vor allem Geflüchtete aus Tschetschenien, Somalia, Afghanistan und Syrien. Zwei dieser vielen Menschen, die einen Teil ihres Lebens in der ehemaligen Kaserne verbracht haben, stehen im Zentrum meines Artikels: Eric Beiza Palestro[1], der als Jugendlicher mit seiner Familie aus Chile nach Österreich flüchtete und Anna Blaha[2], die sich nach ihrer Flucht aus der ČSSR hier niederließ.

Anhand der lebensgeschichtlichen Interviews, die ich mit Anna Blaha und Eric Beiza Palestro geführt habe, fragt der folgende Beitrag nach deren Perspektive auf die Flüchtlingssiedlung sowie auf das transkulturelle Zusammenleben und die Konflikte, die sich an diesem Ort ereigneten. Vermittelt durch die spannenden und bewegenden Geschichten meiner Interviewpartner/innen soll dieser Ort, der so peripher liegt und doch so eine wichtige Rolle für das Leben vieler nunmehriger Wiener/innen gespielt hat, der österreichischen Migrations- und der Wiener Stadtgeschichte eingeschrieben werden.

Zwei für meine Fragestellung und Herangehensweise zentrale theoretische Konzepte – Postmigration und Transkulturalität – sollen an dieser Stelle noch kurz skizziert werden. Das Konzept der „Postmigration" plädiert dafür „[…] die Geschichte der Migration neu zu erzählen und das gesamte Feld der Migration neu zu denken und zwar indem die Perspektiven derer eingenommen werden, die Migrationsprozesse direkt oder indirekt erlebt haben" (Yildiz 2014: 21). Es gilt, binäre Denkmuster, zu überwinden, die zwischen einem ‚wir' und den ‚anderen', zwischen Migrant/innen und Nicht-Migrant/innen, zwischen ‚heimischer' und ‚fremder' Kultur unterscheiden. Es geht vielmehr darum, anzuerkennen, dass moderne Gesellschaften immer von Pluralität, von sozialem und kulturellem Austausch geprägt sind. Die Lebensgeschichten meiner Interviewpartner/innen sind, wie Yildiz andeutet, „bewegte Biographien",

---

1 Auf Wunsch des Interviewpartners wurde der Name nicht geändert.
2 Auf Wunsch der Interviewpartnerin wurde ein Pseudonym gewählt.

geprägt von Transnationalität, „produktiven Spaltungen" und „Mehrfachzugehörigkeiten". Ihre multiplen Flucht- und Migrationserfahrungen führten zu Kontakt und Verbindung zwischen geografisch weit voneinander entfernten Orten. Historische Ereignisse und Prozesse auf lokaler, regionaler, nationaler und globaler Ebene hatten in Interaktion und Interdependenz zueinander Einfluss auf ihre Lebensentscheidungen und ihre Handlungsspielräume.

Dem Konzept von Transkulturalität liegt ein Verständnis von Kulturen zugrunde, das diese prinzipiell als offen, heterogen, plural und mobil versteht (Gippert/Götte/Kleinau 2008: 10). Wenn ich im Rahmen dieses Beitrags von Kultur schreibe, meine ich also kein in sich geschlossenes System, sondern einen Prozess, bei dem unterschiedlichen Vorstellungen und Praktiken kulturelle Bedeutung zugeschrieben wird. Aus den Erzählungen von Anna Blaha und Eric Beiza Palestro entsteht ein komplexes Bild des transkulturellen Zusammenlebens in Kaiserebersdorf, wo nicht nur national oder regional gedachte Kulturen, sondern auch Menschen mit unterschiedlichen politischen und religiösen Einstellungen aus unterschiedlichen sozialen Milieus, Generationen und Altersgruppen mit ihren jeweiligen kulturell gelernten und gewählten Verhaltensweisen aufeinandertrafen.

Transkulturalität verstehe ich als eine Konfrontation zwischen verschiedenen kulturell konnotierten Vorstellungen und Praktiken, bei der etwas Neues entsteht.[3] Transkultureller Austausch findet dabei nicht im luftleeren Raum, sondern im Rahmen gesellschaftlicher Machtverhältnisse statt und kann „die verschiedenartigsten Resultate hervorbringen – gegenseitiges Verständnis, Aneignung und Identifikation, Bestätigungen, Neuerungen und Umorientierungen, aber eben auch Abgrenzung und Ausgrenzung, Verachtung und Unterwerfung bis hin zur Vernichtung" (Gippert/Götte/Kleinau 2008: 12).

Im Rahmen dieser Arbeit sollen Formen des Austausches und Zusammenhaltes, aber auch Konflikte und Konfliktlinien im transkulturellen Zusammenleben thematisiert werden.

Für die Interviewführung habe ich mich an Gabriele Rosenthal orientiert und das von ihr vorgeschlagene Vorgehen für narrativ-biografische Interviews mit dem problemzentrierten Interview kombiniert (Rosenthal 2008, Witzel 2000). Bei der Auswertung bin ich angelehnt an die dokumentarische Methode nach Ralf Bohnsack vorgegangen, die von Arnd-Michael Nohl für die Interpretation von Interviews adaptiert wurde. Die Analyse der für die Fragestellung zentralen Textpassagen erfolgte in zwei Schritten – der formulierenden und der

---

3 Siehe dazu etwa die von Homi K. Bhabha geprägten Konzepte zum Dritten Raum und zur Hybridität. Homi K. Bhabha (2004): The Location of Culture. New York: Routledge.

reflektierenden Interpretation. Dabei habe ich versucht herauszuarbeiten, was meine Interviewpartner/innen zum Zusammenleben in der Siedlung erzählt haben und wie sie dieses Thema in ihren Erzählungen aufgreifen und rahmen (Nohl 2017: 29). Die Interviews wurden wortgetreu transkribiert, die ausgewählten Textpassagen im Nachhinein jedoch sprachlich bereinigt.

Eine quellenkritische Auseinandersetzung mit Oral History als zeithistorischer Methode macht deutlich, dass erzählte Lebensgeschichten, wie auch andere historische Quellen, nie die Vergangenheit an sich abbilden, sondern eine Konstruktion der erlebten Vergangenheit zum Zeitpunkt des Interviews darstellen, die von verschiedenen Faktoren und Interessen geleitet sein kann. Ich verstehe die mir erzählten Geschichten als kommunikativ hergestellte Konstruktionsleistungen, die als solche ernst genommen und untersucht werden sollen.

Dabei ist meine Interpretation der Erzählungen eine Auseinandersetzung mit erinnerter Vergangenheit, die sich dieser aber immer nur annähern kann, ohne sie ganz zu erfassen. Mein Interviewpartner Eric Beiza Palestro bringt diese Unzulänglichkeit in seiner Erzählung auf den Punkt.

„Weil Macondo muss man erlebt haben, Macondo kann man nicht nur beschreiben. Das ist ja das größte, das größte Problem. […] Und du musst ein Teil Macondos geworden sein, um es zu verstehen. Wenn du das nicht warst, ist alles irgendwie, das Magische von Macondo, ist schwer zu begreifen."[4]

Die Erzählenden – Biografien im Kontext

Anna Blaha wurde 1940 in Bratislava geboren, wo sie ihre Kindheit und Jugend verbrachte. Ihr Vater war in der Kommunistischen Partei aktiv und hatte eine hohe Position in der Stadtverwaltung inne. Im Alter von 18 Jahren flüchtete Anna Blaha im Zuge der Niederschlagung des Prager Frühlings 1968 alleine aus der ČSSR nach Österreich. Sie begründet ihre Flucht vor allem mit einem Bedürfnis nach Freiheit, die sie durch die Überwachung und politische Unterdrückung in der ČSSR eingeschränkt sah. Im Flüchtlingslager Traiskirchen lernte sie ihren ersten Ehemann kennen und wanderte mit diesem nach Australien aus. Nach acht Jahren kehrte sie mit ihren Kindern in die ČSSR zurück, um ihre schwer erkrankte Mutter zu besuchen und dieser beizustehen. Von Schikanen und Diskriminierung durch die tschechoslowakische Regierung betroffen, entschied sie sich nach dem Tod ihrer Mutter dazu, erneut nach Österreich zu flüchten. Mithilfe von Amnesty Internati-

---

[4] Transkript des Interviews mit Eric Beiza Palestro am 27.10.2017, S. 135–139.

onal erwirkte sie eine Ausreisegenehmigung und suchte 1977 in Österreich um Asyl an. Sie verbrachte vier Jahre im Flüchtlingslager Traiskirchen, bis ihr Ansuchen auf eine Wohnung bearbeitet wurde. 1981 zog sie schließlich mit ihren Kindern in eine Wohnung in einem der alten Kasernengebäude ein, in der sie bis heute mit ihrem jetzigen Ehemann lebt. Sie nahm die österreichische Staatsbürgerschaft an und nahm nach dem Fall des Eisernen Vorhanges 1989 auch wieder Kontakt mit ihrer Familie in der heutigen Slowakei auf.

Eric Beiza Palestro wurde 1960 in Santiago de Chile geboren. Da sich viele seiner Familienmitglieder politisch für Salvador Allendes sozialistische Partei engagiert hatten, mitunter auch in hohen Positionen, musste er nach dem Militärputsch unter der Führung Augusto Pinochets am 11. September 1973, gemeinsam mit seinen Eltern und seiner jüngeren Schwester, das Land verlassen. Die Familie lebte zunächst für einige Wochen im Untergrund, um Verhaftung und Folter durch die neue diktatorische Regierung unter Pinochet zu entgehen. Schließlich gelang ihnen die Ausreise über die ecuadorianische Botschaft, in der sie sich in Sicherheit gebracht hatten. Sie erhielten das Angebot, als Kontingentflüchtlinge nach Österreich zu kommen, und trafen im Dezember 1973 in Wien ein. Nach einem zweijährigen Aufenthalt in einem Flüchtlingslager in der Vorderbrühl, bei Mödling, übersiedelte Eric Beiza Palestro im Dezember 1975 mit seiner Familie in einen der Bungalows in der Flüchtlingssiedlung in Kaiserebersdorf, wo er einen großen Teil seines Lebens verbringen sollte. 1979 ging Eric Beiza Palestro für zwei Jahre nach Kuba, wo er maturierte und Soziologie studierte. Von 1985 bis 1987 lebte er in Algerien, wo er als Journalist arbeitete und eine hohe Funktion in einer der chilenischen sozialistischen Exilparteien inne hatte. Seit 1987 lebt er mit seiner Frau wieder in Wien und ist mittlerweile österreichischer Staatsbürger. Bei all diesen Migrationserfahrungen blieb die Flüchtlingssiedlung ein zentraler Ort und Bezugspunkt in Eric Beiza Palestros Biografie, an den er immer wieder zurückkehrte. Vor einigen Jahren verließ er die Siedlung, lebt aber bis heute in Wien Simmering.

Meine Interviewpartner/innen Anna Blaha und Eric Beiza Palestro kamen in den 1960er- bzw. 1970er-Jahren nach Österreich. Diese Phase der österreichischen Asylgeschichte war von hohen Anerkennungsraten und einer aktiven, humanitären Flüchtlingspolitik gekennzeichnet. Im Kontext des Ost-West-Konflikts während des Kalten Krieges und eines ausgeprägten Antikommunismus in Österreich wurden die Asylanträge Geflüchteter aus den realsozialistischen Staaten Osteuropas, mit Ausnahme Jugoslawiens[5], in der Regel positiv beschieden. Als 1968 über 200.000 Menschen aus der

---

5 Geflüchtete aus Jugoslawien wurden in der Regel als Wirtschaftsflüchtlinge eingestuft und erhielten daher kein Asyl. (Volf 1995: 427)

ČSSR nach Österreich flüchteten, beschloss der österreichische Ministerrat, alle tschechoslowakischen Geflüchteten kollektiv als Konventionsflüchtlinge anzuerkennen (Volf 1995: 426–432).

In den 1970er-Jahren begann die österreichische Regierung in Zusammenarbeit mit dem Hochkommissar für Flüchtlinge der Vereinten Nationen (UNHCR) und anderen Hilfsorganisationen auch Kontingente außereuropäischer Geflüchteter aufzunehmen. So kamen in dieser Phase unter anderem Menschen aus den kurdischen Gebieten des Iran und Irak, aus Vietnam, Kambodscha, China, Chile, Argentinien und Uganda nach Österreich (Volf 1995: 419, Alizadeh 1995). Die Aufnahme Geflüchteter in Österreich erfolgte in dieser Phase meist auf Appelle internationaler Hilfsorganisationen, etwa des UNHCR und ist somit auch im Kontext des internationalen Flüchtlingsregimes zu sehen (Alizadeh 1995: 193).

Österreich kam bis in die 1980er-Jahre vor allem die Funktion eines Transitlandes zu, da die meisten der osteuropäischen Flüchtlinge in westliche Staaten in Europa und Übersee weiterwanderten. Die bereitwillige Aufnahme osteuropäischer Flüchtlinge muss vor dem Hintergrund der wirtschaftlichen Hochkonjunktur im Westen und dem damit verbundenen Arbeitskräftemangel gesehen werden (Weigl 2009: 31–33, Graf/Knoll 2017: 99).

Abgesehen vom „Prager Herbst" 1968 gab es in den 1960er- und 1970er-Jahren bis zur großen Fluchtbewegung aus Polen, wo im Jahr 1981 das Kriegsrecht verhängt wurde, keine Fluchtmigration größeren Ausmaßes aus dem Ostblock nach Österreich (Faßmann/Münz 1995: 36).

Die Flüchtlingskontingente aus Asien, Afrika und Lateinamerika umfassten nur kleine Gruppen von je 100 bis 2.000 Personen und konnten aufgrund der geografischen Entfernung zu Österreich staatlich geplant und gesteuert werden (Alizadeh 1995).

Ab den 1960er-Jahren bis zur Ölkrise 1973/74 bemühte sich die österreichische Politik und Wirtschaft um die Anwerbung ausländischer Arbeitskräfte in Form des ‚Gastarbeiterwesens' (Bakondy 2017: 115–117). In einer Zeit der Vollbeschäftigung und des Arbeitskräftemangels waren auch Geflüchtete am österreichischen Arbeitsmarkt gefragt (Alizadeh 1995: 188f, Valeš 1995: 177).

Die hohe Bereitschaft der österreichischen Regierung, in den 1960er- und 1970er-Jahren Schutzsuchende in Österreich aufzunehmen, hing also nicht nur mit dem humanitären Engagement beteiligter Akteur/innen, sondern mit einer Reihe nationaler und globaler politischer und wirtschaftlicher Faktoren zusammen.

Als sich die wirtschaftliche Situation in Österreich verschlechterte und die Möglichkeiten zur Weiterwanderung für Flüchtlinge in den 1980er-Jahren zurückgingen, die Zahlen der Asylsuchenden aber gleichzeitig anstiegen, verschärften sich der innenpolitische Diskurs um Geflüchtete sowie die österreichische Asylpraxis (Faßmann/Münz 1995: 55, Weigl 2009: 34, Graf/Knoll 2017: 110f). In den 1990er-Jahren folgte schließlich auch eine restriktivere Ausgestaltung des Asylrechts (Heiss/Rathkolb 1995: 11, Weigl 2009: 63).

Geschichte und Verwaltung der Flüchtlingssiedlung

Der Um- und Ausbau der ehemaligen Kaserne in eine Wohnsiedlung für Geflüchtete erfolgte in mehreren Phasen. 1957 regelte ein erstes Abkommen zwischen UNHCR und dem Bundesministerium für Inneres, das die Projektleitung innehatte, den Umbau von vier der Kasernenbauten zu Wohnhäusern. 1959 folgte die Umgestaltung der restlichen Gebäude. Die Finanzierung erfolgte zu großen Teilen über den United Nations Refugee Fund (UNREF), der 21 Millionen Schilling zu Verfügung stellte, und die österreichische Bundesregierung, die 800.000 Schilling beitrug. Durch diese baulichen Maßnahmen wurden 370 Wohneinheiten auf dem Gelände geschaffen. Dazu kam ein Neubau mit 22 Wohnungen, den die schwedische Hilfsorganisation Rädda Barnen[6] finanzierte (Stanek 1985: 84).

Die Hausverwaltung der Wohnsiedlung Kaiserebersdorf wurde zunächst von der Bundesgebäudeverwaltung II Wien übernommen und schließlich dem Innenministerium übertragen. Der 1960 gegründete Österreichische Flüchtlingsfonds der Vereinten Nationen, der Vorgänger des heutigen Österreichischen Integrationsfonds (ÖIF), war für die Verwaltung des aus der Vermietung der Wohnungen erzielten Reinertrags verantwortlich (Stanek 1985: 84f).

In den 1970er-Jahren kam es zu zwei großen Veränderungen in der Siedlung. 1974 wurde ein Drittel des Grundstücks verkauft, auf dem veräußerten Areal wurde ein Einkaufszentrum errichtet. Zudem wurde im Zentrum des verbliebenen Kasernengeländes eine bauliche Erweiterung vorgenommen (Czeike 2004: 679, Stiftung Bruno Kreisky Archiv). Es entstanden zwanzig Wohneinheiten zu je 80 m² in Form von Bungalows, die 1972 konkret für indische Flüchtlingsfamilien aus Uganda vorgesehen waren. Bei ihrer Fertigstellung 1975 waren die wenigen in Österreich verbliebenen Geflüchteten

---

6 Rädda Barnen (Rettet das Kind) ist eine schwedische Hilfsorganisation, die 1919 nach dem Vorbild der englischen Organisation Save the Children gegründet wurde. Unmittelbar nach dem Ersten Weltkrieg lag der Fokus der Organisation darauf, Kindern in Notsituationen zu helfen. In der Zwischenkriegszeit war die Organisation vor allem in Schweden aktiv, seit 1945 wurde sie vermehrt international tätig. Rädda Barnen: Rädda Barnens Historia: https://www.raddabarnen.se/om-oss/var-historia/, zuletzt geprüft am 9.5.2018.

aus Uganda jedoch bereits untergebracht, daher wurden die Bungalows an Familien aus Lateinamerika und Südostasien vergeben (Stanek 1985: 109f).

Vor dem Hintergrund der Fluchtbewegungen im Zuge der Jugoslawienkriege entstanden in den 1990er-Jahren weitere Wohneinheiten auf dem Areal. Unter dem Namen DDr. Kardinal Franz König Flüchtlingswohnheim errichtete die Wohnbauvereinigung für Privatangestellte (WBV-GPA) drei mehrstöckige Wohngebäude mit insgesamt 134 Wohnungen, die 1998 fertiggestellt wurden (Leeb 2013: 197). In einem dieser Gebäude wurden ein Kindergarten und ein Hort der Wiener Kinderfreunde für vor Ort lebende Kinder eröffnet.[7]

Abb 2: Das DDr. Kardinal Franz König Flüchtlingswohnheim

Ein zweites Projekt wurde im Jahr 1998 realisiert: das Kardinal König Integrationswohnhaus, im sogenannten Gelben Haus. Das Wohnhaus wurde vom ÖIF betrieben und bot anerkannten Flüchtlingen einen Wohnplatz, Deutschkurse und Betreuung durch Sozialarbeiter/innen für einen Zeitraum von etwa einem Jahr (Wotke 2008: 14).

---

7 Die Kinderfreunde Wien, Zinnergasse 29b/Block C (Integrations-Kdg): http://www.wien.kinderfreunde.at/Bundeslaender/Wien/11/Simmering/Kindergaerten-Horte/Zinnergasse-29b-Block-C-Integrations-Kdg, zuletzt geprüft am 11.5.2018.

Kurz darauf, im Jahr 2000, wurden das Grundstück, die ehemaligen Kasernengebäude und die in den 1970er-Jahren errichteten Bungalows von der Bundesimmobiliengesellschaft (BIG) aufgekauft (Mayr 2009: 20). Eine Veränderung bedeutete dieser Verkauf vor allem für jene Mieter/innen, die auf dem Gelände einen Kleingarten angelegt und bis dahin kostenlos genutzt hatten. Um die rechtlichen Verhältnisse der Flächennutzung zu klären und gegen bauordnungswidrige Gartenhütten vorzugehen, handelte die BIG, auch auf Druck der Stadt Wien, befristete Pachtverträge mit den Gartennutzer/innen aus. Im Zuge dieser Verrechtlichung gaben viele Mieter/innen ihre Gärten auf (Mayr 2009: 22f; Öhlböck 2011: 20f).

Gemeinsam mit Bewohner/innen und dem Verein Gartenpolylog legten Künstler/innen der internationalen Performance und Film Company CABULA6, einen interkulturellen Nachbarschaftsgarten auf dem Areal an, um allen Mieter/innen eine Möglichkeit der Gartennutzung zu bieten. CABULA6 startete auch eine Reihe künstlerischer Interventionen in und um die Siedlung. Neben drei Theateraktionen in der Siedlung und im Wiener Museumsquartier stellten sie 2009 einen Container auf, der als Treffpunkt und Austragungsort für Konzerte und Filmvorführungen diente (CABULA6/Pretterhofer/Spath 2010).

2009, knapp zehn Jahre nach seiner Eröffnung, wurde das Kardinal König Integrationswohnhaus des ÖIF geschlossen, den damals 182 Bewohner/innen des Hauses wurden andere Wohnplätze vermittelt. Argumentiert wurde die Schließung von der damaligen Innenministerin Maria Fekter durch die hohen Instandhaltungs- und Instandsetzungskosten und eine Neuausrichtung der ÖIF Integrationsstrategie, die mobile Beratung und eine dezentrale Unterbringung für Asylberechtigte vorsah.[8] Mittlerweile wird das Gebäude trotz massiver öffentlicher Kritik und Protesten als Schubhaftzentrum genutzt, in dem Familien vor ihrer Abschiebung aus Österreich kurzfristig untergebracht werden.[9]

---

8 Dr. Maria Fekter, Bundesministerin für Inneres, an Prof. Heinz Nußbaumer, Vizepräsident der Kardinal König-Stiftung am 15.10.2009: http://www.kardinalkoenig.at/anlass/nachrichten/50/articles/2009/09/06/a3627/, zuletzt geprüft am 11.5.2018; Anfragebeantwortung durch Dr. Maria Fekter, Bundesministerin für Inneres, am 22.2.2010: https://www.parlament.gv.at/PAKT/VHG/XXIV/AB/AB_04127/imfname_180166.pdf, zuletzt geprüft am 22.5.2018.
9 Zu Kritik und Protesten: Prof. Heinz Nußbaumer, Vizepräsident der Kardinal König-Stiftung, an Dr. Maria Fekter, Bundesministerin für Inneres, am 23.9.2009: http://www.kardinalkoenig.at/anlass/nachrichten/50/articles/2009/09/06/a3627/, zuletzt geprüft am 22.5.2018; Macondo wird zum Gefängnis, 21.12.2010: https://www.meinbezirk.at/favoriten/politik/macondo-wird-zum-gefaengnis-d41111.html, ▶

In der „Basis Zinnergasse", einem gemeinwesenorientierten Integrationsbüro ist der Flüchtlingsdienst der Diakonie seit 2013 mit einem breiten Beratungsangebot in der Siedlung aktiv. Dazu werden Deutschkurse, Kleinkinder- und Lernbetreuung vor Ort für Geflüchtete angeboten. Der Asyl-, Migrations- und Integrationsfonds (AMIF), das Bundesministerium für Europa, Integration, Äußeres und die Magistratsabteilung 17 der Stadt Wien fördern dieses Projekt.[10]

Die Verwaltung und Vergabe der insgesamt über 500 Wohnungen in der Siedlung erfolgt heute je nach Gebäude durch unterschiedliche Institutionen. Etwa 370 Wohnungen in den Bauten der ehemaligen Kaserne und den Bungalows sind im Besitz der BIG und wurden zumindest bis 2009 aufgrund alter Verträge von der BUWOG verwaltet. Das Areal und die dort angelegten Kleingärten werden direkt von der BIG verwaltet (Mayr 2009: 24).

Zirka die Hälfte dieser 370 Wohnungen ist auf Basis alter Mietverträge unbefristet vermietet. Für die andere Hälfte kommt dem Büro des Flüchtlingsdienstes der Diakonie das Zuweisungsrecht zu. Diese Wohnungen werden auf drei Jahre befristet vergeben und sind als Startwohnungen für anerkannte Flüchtlinge vorgesehen. Zielgruppe sind vor allem Personen direkt nach der Anerkennung, da diese, wenn sie nach Abschluss ihres Asylverfahrens keine Unterbringung und Grundversorgung mehr erhalten, von akuter Obdachlosigkeit bedroht sein können. Derzeit wird diskutiert, die Verträge auf vier Jahre zu verlängern.[11]

Die Wohngebäude der WBV-GPA werden vom ÖIF gemietet und ebenfalls an anerkannte Flüchtlinge vermittelt, die jedoch anders als bei den von der Diakonie vergebenen Wohnungen Deutschkenntnisse auf A1-Niveau und eine die Miete finanzierende Erwerbstätigkeit vorweisen müssen.[12] Für das sogenannte Gelbe Haus, das vom Innenministerium gemietet wird, ist die BUWOG zuständig (Mayr 2009: 24).

Ganz vereinzelt leben nun auch Menschen ohne Fluchthintergrund in der Siedlung. Rechtlich möglich wurde dies durch eine Neuregelung des Zuwei-

---

zuletzt geprüft am 11.5.2010; Michael Landau: Scharfe Kritik an „Macondo"-Plänen des Innenministeriums, 2.9.2009: https://www.ots.at/presseaussendung/OTS_20090902_OTS0094/landau-scharfe-kritik-an-macondo-plaenen-des-innenministeriums, zuletzt geprüft am 11.5.2018.
10 Projektbeschreibung: Basis Zinnergasse. Gemeinwesenorientiertes Integrationsbüro: https://fluechtlingsdienst.diakonie.at/einrichtung/basis-zinnergasse-gemeinwesenorientiertes-integrationsbuero, zuletzt geprüft am 11.5.2018.
11 Gespräch mit Jan Kubis, 9.5.2018. Jan Kubis ist langjähriger Mitarbeiter in der Basis Zinnergasse.
12 Gespräch mit Jan Kubis, 9.5.2018.

sungsrechts 2009, das der BIG erlaubt, Wohnungen auf dem freien Markt anzubieten, wenn diese nicht innerhalb von zwei Monaten an Mieter/innen mit Flüchtlingsstatus vergeben werden (Mayr 2009: 24).

What's in a name

Die Siedlung in der ehemaligen Kaiserebersdorfer Kaserne hat im Laufe der Zeit verschiedene Namen von ihren Bewohner/innen erhalten, die auch in den Erzählungen meiner Interviewpartner/innen thematisiert wurden.

Eric Beiza Palestro erzählt, dass die Siedlung in der lateinamerikanischen Community zunächst als „der Elfte" bezeichnet worden war. Damit sei nicht der Bezirk Simmering, sondern nur das „Grätzel" auf dem Areal der ehemaligen Kaserne gemeint gewesen. Bei einem Fest im Jahr 1976 erhielt die Siedlung einen neuen Namen, der bis heute oft verwendet und medial aufgegriffen wird. Der Name ist eine literarische Anleihe aus dem Roman „Hundert Jahre Einsamkeit" des kolumbianischen Autors Gabriel García Márquez, der in einem fiktiven Dorf namens Macondo spielt und 1967 erstveröffentlicht wurde.

> „Der Name Macondo war die Erfindung, ja, wie man so sagen kann, oder die Einvernahme eines Mexikaners, der auch Flüchtling war, der in Chile eben im Gefängnis, also eben in einem KZ, mehrere Monate verbrachte und der ebenfalls in Vorderbrühl wohnte und mit der Familie eben dann in Macondo landete. Der Toluca, so nannten wir ihn. Und er hat dann eben einfach bei einer Geselligkeitsrunde, hat er einfach gesagt, das ist so wie Macondo. Er war ein gebildeter Mann, er war ein Journalist, sehr gebildet und hat eben die, wie soll ich sagen, die Beziehungen oder die Verhältnisse, die in Macondo herrschten, eben mit dem verglichen, was Gabriel García Márquez geschrieben hatte, und dachte sich halt, ja, das ist wie Macondo, und jeder war der Meinung, ja, irgendwie passt das [...]."[13]

Eric Beiza Palestro beschreibt sein Macondo als magischen Ort, an dem er sich nie verstellen musste und ganz er selbst sein konnte, an den er sich nach einem langen Arbeitstag zurückziehen konnte, als ein „Stück Lateinamerika" am Rande von Wien.[14] Er betont in seiner Erzählung einerseits den starken Zusammenhalt unter den Spanisch sprechenden, lateinamerikanischen Be-

---

13 Transkript des Interviews mit Eric Beiza Palestro, 27.10.2017, S. 52–61.
14 Transkript des Interviews mit Eric Beiza Palestro, 27.10.2017, S. 96–97, 104–107, 129, 138–139, 1153–1154.

wohner/innen, entwirft aber mit dem Begriff „Macondianer" ein Konzept von Zugehörigkeit, das alle Bewohner/innen der Siedlung meint.
Eric Beiza beschreibt diese Zugehörigkeit als Ergebnis eines graduellen Prozesses.

„Es war immer wir und die andern. Bis wir dann alle wir waren."

Während er zunächst einen starken Zusammenhalt unter den Lateinamerikaner/innen in der Siedlung, auch in Abgrenzung zu anderen Bewohner/innen, erlebte, erweiterte sich dieses ‚wir' mit der Zeit auf alle, die in der Siedlung lebten. Thomas Öhlböck interpretiert diesen Zusammenhalt in der Siedlung demgegenüber stärker als „Zweckbündnis", das sich gegen die „desolate Wohnsituation" vor Ort richtete. (Öhlböck 2011: 66).

Anna Blaha steht dem Namen Macondo eher ablehnend gegenüber. Neben der Bezeichnung der Siedlung als „Kaiserliche Kaserne" hat sie einen eigenen Namen für den Ort gefunden. Auf meine Frage, ob sie den Namen Macondo je verwendet, antwortet sie:

„Nein, nein. Das haben die Chilenen erfunden von irgendeinem Roman, ok. Für mich war das immer eine menschliche Arche Noah. […] Aber ich hab nie Macondo gesagt. Jetzt hat sich das so verbreitet, aber früher war das nicht so. Jetzt durch diese Öffentlichkeit, also viele Organisationen, die hierher gekommen sind und Interviews gemacht haben oder Fernsehbeiträge oder was weiß ich, alle haben ‚Macondo', ‚Macondo' gesagt. Ok, ok, Macondo. Für mich ist das und war das immer die Arche Noah."[15]

Mit dem biblischen Bild der Arche Noah, so erklärt sie, lässt sich die Siedlung als Ort beschreiben, der von Menschen verschiedener Nationalitäten „bewohnbar" ist, die dort friedlich zusammenleben.[16]

Eric Beiza Palestro und Anna Blaha greifen jeweils auf kulturell aufgeladene und bedeutsame Texte zurück, um die Siedlung zu benennen. Sowohl das Bild des Dorfes, das durch die Begriffe „Macondo" und „Macondianer" zum Ausdruck kommt, als auch das einer Arche verweisen auf das Zusammenleben von Menschen in der Siedlung. Dies fällt vor allem im Vergleich zu den anderen Namen für die Siedlung auf. Bezeichnungen wie „Kaiserliche Kaserne", „Der Elfte" oder der heute oft verwendete Name „Die Zinnergasse" beziehen sich auf die historische Nutzung bzw. die Lage der Siedlung

---

15 Transkript des Interviews mit Anna Blaha, 2.5.2017, S. 838–845.
16 Transkript des Interviews mit Anna Blaha, 23.5.2017, S. 26–29.

und sagen nichts über den Zusammenhalt ihrer Bewohner/innen aus. Das Zusammenleben spielt also in der Art und Weise, wie Anna Blaha und Eric Beiza Palestro die Siedlung benennen und definieren, eine zentrale Rolle. Wie sie sich an die dort entstandene Gemeinschaft erinnern, soll daher genauer untersucht werden.

Die Biografien von Eric Beiza Palestro und Anna Blaha sind von transkulturellem Zusammenleben in unterschiedlichen Kontexten geprägt. In Österreich waren es vor allem die Flüchtlingslager, an denen dieses auf sehr engem Raum stattfand, und die Siedlung in Kaiserebersdorf, in der ebenfalls Menschen aus verschiedenen Herkunftsländern und Kontinenten miteinander zusammenlebten. Im Folgenden soll auf vier Aspekte des Zusammenlebens eingegangen werden, die in beiden Interviews thematisiert wurden – das Miteinander-Sprechen, -Spielen und -Feiern in der Siedlung und die Konflikte und Konfliktlinien, die dieses Zusammenleben aus der Perspektive meiner Interviewpartner/innen hervorbrachte.

Miteinander sprechen

Ein zentraler Bestandteil jedes Zusammenlebens ist die Kommunikation. Was erzählen Eric Beiza Palestro und Anna Blaha nun über das Miteinander-Sprechen an einem Ort, an dem viele verschiedene Erstsprachen aufeinandertreffen?

Eric Beiza Palestro beschreibt einerseits, dass die Bewohner/innen aus Lateinamerika fast ausschließlich Spanisch miteinander sprachen. Gleichzeitig erzählt er von einem Gemisch aus Sprachen, das sich aus der Notwendigkeit der österreichischen Verhältnisse, aber auch aus der Kommunikation mit nicht Spanisch sprechenden Bewohner/innen entwickelte.

„Erstens einmal haben wir eben die deutsche Sprache mit dem Spanischen vermischt. Weil es eine gewisse Erleichterung in vielen Belangen war, wo wir eben Wörter benutzt haben, die wir im Spanischen nicht kannten. Weil es sie einfach nicht gegeben hat. Ein Meldezettel zum Beispiel ist ein Wort, das du in Chile nicht übersetzen kannst, weil's einfach keine Meldezettel gibt. […] Also, das war für uns logisch, einfach, na. Aber dazu kamen auch noch Worte aus dem Ungarischen, aus dem Tschechischen, aus dem Vietnamesischen, aus dem Kambodschanischen, die wurden alle einfach integriert, und irgendwann einmal hast du ja auch nicht gewusst, welches Wort von wo kommt. Du hast die immer verwendet, du konntest das nicht mehr auseinanderhalten, und es gab Worte, die genau genommen, wenn du heute das bedenkst, könnt ich nicht unbedingt sagen, das ist aus dem Deutschen oder das ist aus dem Tschechischen übernommen, weil wir haben sie einfach übernommen."[17]

Seine ersten Freunde in der Siedlung, erzählt Eric Beiza Palestro, waren zwei Jugendliche, deren Familien aus Ungarn bzw. der ČSSR nach Österreich geflüchtet waren. Durch den Kontakt zu diesen beiden „Kumpanen" lernte er „jedes Gässchen" im Bezirk kennen und „musste" Deutsch reden, um sich mit ihnen zu verständigen.[18] Je nach Kontext griff Eric Beiza Palestro als Jugendlicher also auf seine Erstsprache Spanisch, auf Deutsch oder auf ein Gemisch aus Sprachen zurück, um mit den anderen Bewohner/innen der Siedlung zu kommunizieren.

Während das Lernen der deutschen Sprache für Kinder und Jugendliche durch den Schulbesuch vorgegeben war, fehlten für die Erwachsenen vielfach die Lernmöglichkeiten. Lateinamerikanische Geflüchtete erhielten trotz teils hoher Qualifikationen meist Stellen, in denen der Spracherwerb nicht erforderlich war und daher auch nicht gefördert wurde, erzählt Eric Beiza Palestro.[19] Er beschreibt diesen Mangel an Möglichkeiten zum Spracherwerb als Problem, das nicht so sehr das Leben in der Siedlung betraf, sondern das den Kontakt zur Außenwelt erschwerte. Er stellt dieses Problem einerseits in den Kontext kapitalistischer Arbeitsverhältnisse, innerhalb derer sich Arbeitgeber/innen nicht für das berufliche Weiterkommen ihrer Mitarbeiter/innen in niedrig qualifizierten und entlohnten Positionen interessiert hätten. Andererseits stellt Eric Beiza Palestro das Nicht-Lernen der deutschen Sprache durch die Erwachsenen als Hindernis für deren Integration in die österreichische Gesellschaft dar. Viele lateinamerikanische Geflüchtete wünschten sich eine baldige Rückkehr in ihre Herkunftsländer und sahen daher keinen Grund, Deutsch zu lernen. Eric Beiza Palestro beschreibt hier Ereignisse in den 1970er-Jahren, greift dabei aber auf eine Debatte um Sprache und Integration zurück, die in Österreich erst in den 1990er-Jahren zentral wurde. Während Deutschkurse heute von vielen staatlichen und nicht-staatlichen Organisationen als wichtiger Bestandteil der Integrationsarbeit angesehen werden, waren die Angebote für Geflüchtete in den 1970er- und 1980er-Jahren eher knapp. Rüdiger Wischenbart hält etwa fest, dass im Flüchtlingslager Traiskirchen in den 1980er-Jahren vor allem Englisch- und nicht Deutschkurse angeboten wurden, um Geflüchtete zum Weiterwandern nach Übersee zu motivieren (Wischenbart 1995: 200).

---

17 Transkript des Interviews mit Eric Beiza Palestro, 27.10.2017, S. 281–298.
18 Transkript des Interviews mit Eric Beiza Palestro, 27.10.2017, S. 866–870.
19 Transkript des Interviews mit Eric Beiza Palestro, 27.10.2017, S. 74–78, 403–413.

Anna Blaha bettet das Thema Sprache ebenfalls in den Rahmen der aktuellen Integrationsdebatte ein. Sie problematisiert den Umstand, dass Bewohner/innen in der Siedlung, die Teil einer großen sprachlichen Gruppe sind, wenig Anlass hätten, Deutsch zu lernen, trotz des Kursangebotes, das heute existiert. Um eine Sprache zu lernen, so Anna Blaha, müsse man „wirklich mit den Menschen anfangen zu reden."[20] Während die Bewohner/innen heute aufgrund der befristeten Mietverträge nicht lange in der Siedlung leben, hätte das jahrelange Zusammenleben von Menschen aus so vielen verschiedenen Ländern früher zum Spracherwerb beigetragen. Es hätte mehr Kontakt zwischen den Mieter/innen gegeben, deren einzige gemeinsame Sprache Deutsch gewesen sei.

„Aber wir waren alle zusammen, aus vielen Nationalitäten zusammen und wir haben Deutsch geredet. Wir waren bunt gemischt, das ist wieder was anderes, ja."[21]

Anna Blaha stellt ebenfalls einen Zusammenhang zwischen Sprache, Berufstätigkeit und Integration her und konstrastiert ihre biografischen Erfahrungen mit denen von Flüchtlingen heute. Diese hätten – im Gegensatz zur ihr damals – zwar Zugang zu Deutschkursen, sie aber bekam nach ihrer Ankunft gleich ihren Asylstatus und eine Anstellung und hatte damit die besseren Voraussetzungen, die Sprache zu lernen und am gesellschaftlichen Leben teilzuhaben.[22]

Das Miteinander-Sprechen in der Siedlung wird von Eric Beiza Palestro und Anna Blaha unterschiedlich thematisiert. Die divergierenden Perspektiven scheinen aus den unterschiedlichen Erfahrungen hervorzugehen, die Eric Beiza Palestro als Mitglied einer großen Spanisch sprechenden Gruppe und Anna Blaha als eine der wenigen Slowakisch sprechenden Bewohner/innen gemacht haben. Auffallend ist, dass beide ihre Erinnerungen im Rahmen der aktuellen Diskussion um die Integration von Migrant/innen und Geflüchteten verhandeln und, wenn auch auf unterschiedliche Weise, mit dem Thema der Berufstätigkeit verknüpfen.

Miteinander Fußball spielen

Sowohl Anna Blaha als auch Eric Beiza Palestro erzählen vom Fußballspielen als gemeinsamer Freizeitbeschäftigung der Kinder und Jugendlichen in der

---

20 Transkript des Interviews mit Anna Blaha, 2.5.2017, S. 882.
21 Transkript des Interviews mit Anna Blaha, 2.5.2017, S. 883–885.
22 Transkript des Interviews mit Anna Blaha, 2.5.2017, S. 166–170.

Siedlung.²³ Für Eric Beiza Palestro, der im Gegensatz zu Anna Blaha seine Jugend dort verbrachte, spielte der Fußball auch persönlich eine wichtige Rolle.

Abb. 3: Das Fußballfeld

Das Fußballspielen fand nicht nur informell statt, sondern führte zur Gründung einer selbstorganisierten Mannschaft – Macondo City. Eric Beiza Palestro führte das Team, das gegen andere Amateurmannschaften antrat, bis 1987 als Kapitän an. Er beschreibt die Mannschaft als Spiegel des Zusammenlebens in der Siedlung.

> „[Unsere] Fußballmannschaft war auch, auch ein Spiegel von dem, was Macondo war, na. Aus allen Nationalitäten, wir haben alle geschrien, und unser Macondo City hat uns ja mit Stolz erfüllt, na." ²⁴

In Eric Beiza Palestro Erinnerung waren die Fußballspiele gegen andere Mannschaften nicht nur für die Spielenden ein Erlebnis, sondern auch für

---

23 Transkript des Interviews mit Anna Blaha, 2.5.2017, S. 729; Transkript des Interviews mit Eric Beiza Palestro, 27.10.2017, S. 585–587, 796–801.
24 Transkript des Interviews mit Eric Beiza Palestro, 27.10.2017, S. 585–587.

die vielen Bewohner/innen, die zum Zusehen ans Feld kamen.[25] Zunächst spielten nur chilenische Jugendliche im Team, erzählt Eric Beiza Palestro, das hätte sich aber bald verändert.

> „Zuerst waren's nur Chilenen. Aber das hat sich dann weiterentwickelt, so wie Macondo selbst. Und dann konnte jeder, der in Macondo war, dort spielen, ja. Und für die Kinder war das grandios, dabei zu sein, na. So wie vielleicht ein Kind hier sich wünscht, bei Rapid oder bei der Austria zu spielen, war es für die Macondianer eben bei Macondo City zu spielen, ja."[26]

Es ist diese Stelle, an der er den Begriff „Macondianer" in seiner Erzählung einführt, um die Bewohner/innen als zusammengehörende Gruppe zu charakterisieren. Er beschreibt damit eine von ihm wahrgenommene gemeinsame, transkulturelle Identität, die unter anderem über den Sport entstand.

Miteinander feiern

Die Feste, die jahrelang von den chilenischen Bewohner/innen zum chilenischen Nationalfeiertag veranstaltet wurden, spielen in beiden lebensgeschichtlichen Erzählungen eine Rolle. Begonnen, erzählt Eric Beiza Palestro, hätte diese Tradition mit kleinen, familiären Gartenfesten, ab Mitte der 1980er-Jahre wurden diese jedoch immer größer und zogen auch Besucher/innen von außerhalb der Siedlung an. Die meisten Besucher/innen seien zur dreitägigen Feier im Jahr 1994 gekommen. Eric Beiza Palestro geht von etwa 2.000 Personen pro Tag aus, die gemeinsam vor Ort feierten. Es gab ein Festzelt und eine Tanzbühne, es wurde gegrillt und Bier ausgeschenkt, alles zu möglichst für alle Besucher/innen leistbaren Preisen und ohne Profite anzustreben.[27]

Dieses Fest 1994 nennt Eric Beiza Palestro auch als seine schönste Erinnerung an die Zeit in der ehemaligen Kaiserebersdorfer Kaserne. Er begründet dies mit der guten Zusammenarbeit vor, während und nach der Feierlichkeit, die er federführend mitorganisierte.

> „Und ich bin eigentlich stolz, dass wir das gemacht haben und so viele Leute an einem Strang ziehen haben lassen, obwohl hier niemand etwas verdient hat, na. […] Unentgeltlich, nur weil es Spaß macht, nur weil es schön ist, na. Und das

---

25 Transkript des Interviews mit Eric Beiza Palestro, 27.10.2017, S. 801–802.
26 Transkript des Interviews mit Eric Beiza Palestro, 27.10.2017, S. 796–800.
27 Transkript des Interviews mit Eric Beiza Palestro, 27.10.2017, S. 902–924, 1234–1237.

war ganz gut. Das hat uns auch wieder viel gebracht, na. Für uns alle. Macondo war wieder … Macondo war immer so weit, aber wir waren wieder, wieder an erster Stelle. Wir haben die Richtung gezeigt. Das war für die Macondianer immer sehr wichtig. Wir sind aus Macondo. Und ihr wohnt nur in Wien."[28]

Auch hier verknüpft er das Miteinander-Feiern in der Siedlung mit einer spezifischen Erfahrung von Gemeinschaft, die hier durch die Zusammenarbeit an einem Projekt entstand. Die Gemeinschaft der Macondianer, von der Eric Beiza Palestro hier erzählt, die er als typisch für die Siedlung erachtet, grenzt sich an dieser Stelle auch nach außen hin ab, von all jenen, die „nur" in Wien wohnen und dieses besondere Gemeinschaftsgefühl nicht in diesem Ausmaß erfahren. Gleichzeitig waren die Feste ein Rahmen, der außenstehende Personen in die Siedlung brachte und deren isolierten Charakter zumindest temporär aufbrach.

Die Feiern sind nicht nur in Eric Beiza Palestros Erinnerung ein wichtiges Ereignis, auch Anna Blaha geht auf diese ein.

„Die Chilenen haben immer Feste hier gemacht, auch ein Ringelspiel oder so. An dem, was weiß ich was für einen Feiertag sie gefeiert haben. Das war immer, und die Kinder sind alle gekommen, von allen Nationalitäten. Das war, na das war wirklich schön."[29]

Sie verweist auf den Anlass als einen Feiertag, der ihr nicht näher bekannt zu sein scheint. Sie streicht aber die Freude hervor, die alle Bewohner/innen daran hatten und schreibt dem chilenischen Nationalfeiertag damit eine neue, für die Siedlung spezifische Bedeutung zu.

Konflikte und Konfliktlinien

Anna Blaha und Eric Beiza Palestro betonen das friedliche Zusammenleben in der Siedlung in den Interviews und heben besonders hervor, dass es kaum ethnische oder kulturelle Konflikte in der Siedlung gegeben hätte.[30] Dennoch finden unterschiedliche Konflikte und Konfliktlinien immer wieder Eingang in ihre Erzählungen. Zunächst sind es vor allem nachbarschaftliche Streitigkeiten um Lärmbelästigung, Tierhaltung, Müllentsorgung, Parkplätze etc., von denen die Erzählenden berichten. Diese Konflikte konnten anhand unterschiedlicher

---

28 Transkript des Interviews mit Eric Beiza Palestro, 27.10.2017, S. 1221–1232.
29 Transkript des Interviews mit Anna Blaha, 2.5.2017, S. 723–726.
30 Transkript des Interviews mit Eric Beiza Palestro, 27.10.2017, S. 260–261; Transkript des Interviews mit Anna Blaha, 23.5.2017, S. 26–29.

Konfliktlinien aufbrechen. So erzählt Eric Beiza Palestro etwa, dass ältere ungarische Bewohner/innen oft die Polizei gerufen hätten, wenn sehr laut gefeiert wurde, während die Jugendlichen aus Ungarn mit von der Partie waren.[31]

Ein Konfliktpotenzial, so Eric Beiza Palestro, hätte es auch zwischen alteingesessenen und neu zugezogenen Bewohner/innen gegeben. So war das Verhältnis zwischen ungarischen und lateinamerikanischen Geflüchteten zunächst angespannt, auch weil die neu Zugezogenen in Form der Bungalows weit größere Wohnungen erhielten als die der länger dort ansässigen Bewohner/innen in den Kasernengebäuden.[32]

Die Antipathien zwischen diesen beiden Gruppen verweisen auf eine weitere Konfliktlinie in der Siedlung – die politisch ideologische. In der Broschüre „Storytelling Macondo" beschreibt ein Bewohner der Siedlung eine Szene, bei der sich chilenische und vietnamesische Kinder auf dem Fußballfeld trafen und sich den Namen des jeweiligen politischen Feindbildes – Ho Chi Minh und Pinochet – entgegenbrüllten und damit das Konfliktpotenzial zwischen sozialistisch oder kommunistisch eingestellten Lateinamerikaner/innen in der Siedlung und all jenen, die vor kommunistischen Regierungen geflüchtet waren, zum Ausdruck brachten. (CABULA6/Pretterhofer/Spath 2010) Eric Beiza Palestro hält demgegenüber fest, dass gerade unter den Jugendlichen Solidarität und Verständnis über die politisch-ideologischen Grenzen hinweg entstanden seien, da sie alle aufgrund von Ereignissen, mit denen sie selbst nichts zu tun gehabt hatten, hatten flüchten müssen.[33]

Das Alter, der Zeitpunkt des Zuzugs und die politischen Einstellungen von Bewohner/innen konnten, so meine Interviewpartner/innen, in Nachbarschaftskonflikten eine Rolle spielen und diese entschärfen oder verschärfen.

Eric Beiza Palestro und Anna Blaha verweisen auf das geringe Konfliktpotenzial aufgrund kultureller oder ethnischer Zugehörigkeiten und warnen vor generalisierenden Aussagen und Schuldzuweisungen an einzelne Gruppen von Menschen anhand ihrer Herkunft. Dennoch kommunizieren sie auch Erfahrungen und Beobachtungen, die kulturelle Differenz zu Menschen anderer Herkunftsländer herstellen.

Eric Beiza Palestro beschreibt ein Konfliktpotenzial, das für ihn mit dem Einziehen tschetschenischer Geflüchteter in die Siedlung auftrat. Er sieht hier zwar eine Parallele zum Konflikt zwischen alten und neuen Bewohner/innen in der Vergangenheit, schreibt dieser neuen Situation aber aufgrund der von ihm wahrgenommenen größeren kulturellen Differenz eine stärkere Pro-

---

31 Transkript des Interviews mit Eric Beiza Palestro, 27.10.2017, S. 699–701.
32 Transkript des Interviews mit Eric Beiza Palestro, 27.10.2017, S. 252–257.
33 Transkript des Interviews mit Eric Beiza Palestro, 27.10.2017, S. 257–274.

blematik zu. Verschiedene kulturelle Werte und Verhaltensweise, wie etwa die von ihm beobachtete zentrale Bedeutung des Ehrbegriffs für Tschetschen/innen, hätten nicht nur ein Konflikt- sondern auch ein Gewaltpotenzial in die Siedlung gebracht. Die hier auftretenden Konflikte beschreibt er als „ethnisiert" und nennt diese als einen Grund für viele der aus Lateinamerika geflüchteten Bewohner/innen, die Siedlung zu verlassen.[34] Unterstützende Vermittlung von außen zwischen den Gruppen, so Eric Beiza Palestro, hätte dieses Konfliktpotenzial handhabbar machen können, sei aber von den politisch Verantwortlichen nicht geleistet worden.[35]

In Anna Blahas Erzählung wird die Erfahrung von Fremdheit über das Thema der Geschlechterverhältnisse verhandelt. Sie erzählt von ihrer Beobachtung, dass die neu zugezogenen syrischen und afghanischen Frauen oft erst abends die Wohnungen verlassen, und schreibt dies der Unterdrückung von Frauen in arabischen Familien zu. Sie grenzt die kulturellen Praktiken dieser Familien von jenen anderer muslimischer Familien, etwa aus dem ehemaligen Jugoslawien oder Somalia ab.[36]

Auch Eric Beiza Palestro greift seine Wahrnehmung ungleicher Geschlechterverhältnisse – in diesem Fall bei aus Tschetschenien geflüchteten Familien – auf, um kulturelle Unterschiede zwischen alteingesessenen und neu zugezogenen Bewohner/innen zu erläutern: Die Misshandlung von Frauen und Kindern, die er nun im öffentlichen Raum beobachtete, sei früher nicht vorgekommen.[37]

Die Kategorie Geschlecht fungiert also in beiden Erzählungen als Thema, um kulturelle Unterschiede zu neu zugezogenen Bewohner/innen aus unterschiedlichen Herkunftsländern auszudrücken und sich von verschiedenen beobachteten Praktiken abzugrenzen. Anna Blaha geht – wie skizziert – auf die von ihr als neu in der Siedlung wahrgenommene Unterdrückung von Frauen im Alltag ein. Eric Beiza Palestro thematisiert von Männern ausgeübte Gewalt gegen Frauen. Diese Praktiken erscheinen in beiden Erzählungen als neue Phänomene, die in den 1970er- und 1980er-Jahren keine Rolle gespielt hatten. Im Kontrast zu dieser Wahrnehmung berichtet Anna Blaha in ihrer lebensgeschichtlichen Erzählung wiederholt von häuslicher Gewalt, die sie und ihre Kinder vor Ort erlebten. Dabei verweist sie darauf, dass andere Bewohner/innen von diesen Vorfällen gewusst hätten, aber niemand bereit

---

34 Transkript des Interviews mit Eric Beiza Palestro, 27.10.2017, S. 509–520, 535–547, 948–953.
35 Transkript des Interviews mit Eric Beiza Palestro, 27.10.2017, S. 551–553.
36 Transkript des Interviews mit Anna Blaha, 2.5.2017, S. 932–942.
37 Transkript des Interviews mit Eric Beiza Palestro, 27.10.2017, S. 517–519.

gewesen war, sich einzumischen und ihr zu helfen.[38] Es bleibt offen, ob Anna Blaha die einzige Frau war, die in den 1980er-Jahren von geschlechterbasierter Gewalt in der Siedlung betroffen war. Ihre Geschichte zeigt jedoch auf, dass Geschlecht durchaus eine Konfliktlinie darstellen konnte und dass die Siedlungsgemeinschaft in ihrem Fall keine Interventionsmechanismen entwickelte, um sie und ihre Kinder vor häuslicher Gewalt zu schützen.

Religion wird in keinem der Interviews als zentrale Konfliktlinie thematisiert. Eric Beiza Palestro verweist aber darauf, dass es in der Siedlung unter den aus Chile Geflüchteten Zeugen Jehovas und Mormonen gab. Diese seien zwar akzeptiert, von den Kindern aber im Scherz als „Nonnen" bezeichnet worden.[39] Diese Stelle lässt die Frage offen, inwiefern es zwischen Erwachsenen zu Konflikten über das Thema Religion kam, und ob strenge Religiosität zu einer gewissen Ausgrenzung aus der Siedlungsgemeinschaft führte.

Eine letzte, ganz zentrale Konfliktlinie ist jene zwischen den Bewohner/innen und der Verwaltung. Eric Beiza Palestro berichtet in diesem Zusammenhang von einem Konflikt mit der Verwaltung, um dringend notwendige Sanierungsarbeiten in der Siedlung. Erst durch sein Bemühen um mediale Berichterstattung sei genug Druck entstanden, der die Verwaltung schließlich dazu veranlasste, Sanierungen durchzuführen.[40] Das Vorgehen von Seiten der Verwaltung und Politik auf Bezirks-, Landes- und Bundesebene in der Siedlung war für Eric Beiza Palestro einer der Gründe, seinen Bungalow dort aufzugeben. Er kritisiert, dass die Bewohner/innen der Siedlung nicht wie gesetzlich vorgesehen in Entscheidungsprozesse einbezogen wurden, die das Leben vor Ort beeinflussten, wie etwa die Errichtung des Integrationswohnhauses, das heute als Schubhaftgefängnis genutzt wird.

„Also du wurdest in keinster Weise irgendwo in irgendwelche Entscheidungen miteinbezogen. […] Vor meiner Wohnung wurde eben das, was heute, das Gefängnis ist, gebaut. Direkt, also fünf Meter vor mir. Ich wurde nie gefragt, ob ich irgendwelche Einwände hätte. Das war wurscht. Du, du warst niemand für die Behörden, na."[41]

Eric Beiza Palestro formuliert hier einen Anspruch auf Mitbestimmung über seinen Wohnort, den er von den handelnden Akteur/innen in Verwaltung und Politik verletzt sieht.

---

38 Transkript des Interviews mit Anna Blaha, 23.5.2017, S. 295–299.
39 Transkript des Interviews mit Eric Beiza Palestro, 27.10.2017, S. 822–829.
40 Transkript des Interviews mit Eric Beiza Palestro, 27.10.2017, S. 589–621.
41 Transkript des Interviews mit Eric Beiza Palestro, 27.10.2017, S. 502–509.

Auch Anna Blaha geht in ihrer Erzählung immer wieder und ausführlich auf den Konflikt zwischen Bewohner/innen und der BIG ein, der im Zuge der Regulierung und Verpachtung der Kleingärten entstanden ist. Dabei ging es beispielsweise um baupolizeilich nicht genehmigte Gartenhütten. In ihrem Fall, erzählt Anna Blaha, müsse sie nun ihre Gartenhütte verkleinern, da sonst eine hohe Kaution an die BIG zu zahlen sei, die sich damit im Falle eines von der Baupolizei angeordneten Abrisses finanziell absichern wolle. Sie beschreibt den seit Jahren dauernden Ausverhandlungsprozess als Konflikt, der von einem asymmetrischen Machtverhältnis zwischen der Verwaltung und den Flüchtlingen, die in der Siedlung leben, geprägt ist.

„[…] was die sich alles erlauben, nur weil wir hier Flüchtlinge sind und die Gesetze nicht kennen oder uns nicht wehren können, oder weil wir uns nicht wehren wollen, weil wir in Ruhe gelassen werden wollen."[42]

Die Erzählungen lassen also auch das nicht ganz friktionsfreie Aufeinandertreffen von einer bürokratischen Kultur und einer Kultur der Selbstorganisation unter den Bewohner/innen erkennen.

Das Zusammenleben heute

Anna Blaha und Eric Beiza Palestro schätzen das Zusammenleben heute schlechter als in früheren Zeiten ein, führen dies aber auf unterschiedliche Ursachen zurück. Eric Beiza Palestro verweist auf Vorfälle von Gewalt und Kriminalität, die eine höhere Polizeipräsenz und ein schärferes soziales Klima zur Folge hatten. Dazu kamen die Errichtung des Integrationswohnhauses und dessen neue Nutzung als Schubhaftgefängnis, ohne dabei Rücksprache mit den Bewohner/innen zu halten und auf diese Rücksicht zu nehmen. In diesem Kontext hätten viele langjährige Bewohner/innen die Siedlung verlassen.[43]

Anna Blaha nimmt das Zusammenleben nach wie vor als friedlich wahr, sieht aber vor allem die nun befristeten Mietverträge als Ursache für ein weniger ausgeprägtes Miteinander in der Siedlung. Während sich früher alle gekannt hätten, sei es nun schwieriger, soziale Kontakte aufzubauen.

---

42 Transkript des Interviews mit Anna Blaha, 23.5.2017, S. 384–386.
43 Transkript des Interviews mit Eric Beiza Palestro, 27.10.2017, S. 519–524, 542–549, 565–568, 950–953.

„Kaum kennst du die Nachbarn, sind sie schon wieder weg. Damals haben wir uns alle gekannt, wir haben uns alle gegrüßt. Auch besucht, ja."[44]

Sie hält jedoch lachend fest, dass immer noch einige der langjährigen Bewohner/innen vor Ort leben und auf diesen auch achten würden.

„Wir sind schon zwar Aliens, aber es gibt uns noch und wir passen ein bisschen auf."[45]

Resümee

Anna Blaha und Eric Beiza Palestro begründen das gute Zusammenleben und die vielen freundschaftlichen und familiären Beziehungen, die sich in der Siedlung entfaltet hätten, vor dem Hintergrund der allen Bewohner/innen gemeinsamen Erfahrung von Flucht und dem damit einhergehenden Verlust von Bezugspersonen. Anna Blaha erzählt von Freundschaften, die aus der Not heraus entstanden, nicht nach Hause zu dürfen. Diese Verbindungen seien zum Teil auch auseinandergegangen, etwa als manche der osteuropäischen Bewohner/innen nach dem Fall des Eisernen Vorhangs die Möglichkeit wahrnahmen, in ihre Herkunftsländer zurückzukehren.[46]

Auch für Eric Beiza Palestro entstanden die Beziehungen, die er in Macondo knüpfte, zunächst aus der Notwendigkeit heraus, sich nach der Flucht wieder eine bekannte Umgebung und ein Netz an Bezugspersonen aufzubauen. Diese für ihn familiären Verbindungen, so Eric Beiza Palestro, bestehen bis heute und sind intensiver und wichtiger als jene zu vielen seiner Verwandten in Chile, die er sehr lange nicht mehr gesehen hat.

„Du hast deine Freunde verloren, du hast deine Umgebung verloren, du hast alles, was dir bekannt war und wichtig war, hast du von heute auf morgen nicht mehr gehabt. Und als Jugendlicher und als Kind war's noch ärger, weil es war nicht einmal deine Entscheidung. […] Sie wurden einfach mitgenommen. Sie waren einfach da. Und ab heute wohnst du in Wien, und das war's, aus. […] Und aus dieser Notwendigkeit wieder etwas Bekanntes zu haben, wo du sagen kannst, ich bin ja nicht so allein, ich hab was, haben wir uns eben die Familie aufgebaut, die Großfamilie. Die heute noch bestehen bleibt."[47]

---

44 Transkript des Interviews mit Anna Blaha, 2.5.2017, S. 474–476.
45 Transkript des Interviews mit Anna Blaha, 2.5.2017, S. 485–486.
46 Transkript des Interviews mit Anna Blaha, 2.5.2017, S. 578–583.
47 Transkript des Interviews mit Eric Beiza Palestro, 27.10.2017, S. 310–322.

Die Flüchtlingssiedlung in der ehemaligen Kaiserebersdorfer Landwehrkaserne wird in den lebensgeschichtlichen Erzählungen der zwei (ehemaligen) Bewohner/innen als Ort beschrieben, an dem transkulturelles Zusammenleben stattfand und -findet, an dem es zu Konflikten kam und kommt, an dem aber auch Zusammenhalt entstand. Streitigkeiten konnten anhand unterschiedlicher Konfliktlinien verlaufen, wobei die nationale oder ethnische Zugehörigkeit der Konfliktparteien lange eine untergeordnete Rolle spielte.

Der in der Siedlung gelebte kulturelle Austausch lässt sich vor allem anhand der konkreten Praktiken ablesen, die Anna Blaha und Eric Beiza Palestro beschreiben. Die vor Ort gesprochenen Sprachen vermischten sich in der Kommunikation. Eric Beiza Palestro entwirft mit dem Begriff der „Macondianer" eine transkulturelle Identität, die für ihn auch durch die gemeinsamen Aktivitäten wie Sport oder Feiern entstand und stark an die Siedlung als geografischen Bezugspunkt geknüpft war. Beide Erzählenden beschreiben einen Ort am Rande der Stadt, an dem sich eine Gemeinschaft entfaltete und dessen Bewohner/innen ein hohes Maß an Eigeninitiative und Selbstorganisation mitbrachten, diesen zu gestalten.

Abb. 4: Einer der vielen individuell gestalteten Gärten des Areals

Literatur

Alizadeh, Homayoun (1995): Österreichische Flüchtlingspolitik der 70er Jahre. In: Gernot Heiss, Oliver Rathkolb (Hg.): Asylland wider Willen. Flüchtlinge in Österreich im europäischen Kontext seit 1914. Wien: Jugend & Volk, S. 188–194.

Fekter, Maria, Bundesministerin für Inneres, Anfragebeantwortung am 22.2.2010. Online verfügbar unter https://www.parlament.gv.at/PAKT/VHG/XXIV/AB/AB_04127/imfname_180166.pdf, zuletzt geprüft am 22.5.2018.

Bakondy, Vida. (2017): „Austria Attractive for Guest Workers?" Recruitment of Immigrant Labor in Austria in the 1960s and 1970s. In: Dirk Rupnow, Günther Bischof (Hg.): Migration in Austria. Innsbruck: Innsbruck University Press, S. 113–137.

Basis Zinnergasse. Gemeinwesenorientiertes Integrationsbüro. Online verfügbar unter https://fluechtlingsdienst.diakonie.at/einrichtung/basis-zinnergasse-gemeinwesenorientiertes-integrationsbuero, zuletzt geprüft am 11.5.2018.

CABULA6, Heidi Pretterhofer, Dieter Spath (Hg.) (2010): Storytelling Macondo. Wien.

Czeike, Felix (2004). Historisches Lexikon Wien. Band 3: Wien: Kremayr & Scheriau.

Die Kinderfreunde Wien, Zinnergasse 29b/Block C (Integrations-Kdg). Online verfügbar unter http://www.wien.kinderfreunde.at/Bundeslaender/Wien/11/Simmering/Kindergaerten-Horte/Zinnergasse-29b-Block-C-Integrations-Kdg, zuletzt geprüft am 11.5.2018.

Fekter, Maria, Bundesministerin für Inneres an Prof. Heinz Nußbaumer, Vizepräsident der Kardinal König-Stiftung am 15.10.2009. Online verfügbar unter http://www.kardinalkoenig.at/anlass/nachrichten/50/articles/2009/09/06/a3627/, zuletzt geprüft am 11.5.2018.

Faßmann, Heinz; Münz, Rainer (1992): Einwanderungsland Österreich. Gastarbeiter, Flüchtlinge Immigranten. Wien: Dachs.

Gippert, Wolfgang; Götte, Petra; Kleinau, Elke (2008): Transkulturalität. Gender- und bildungshistorische Perspektiven. Zur Einführung in den Band. In: Wolfgang Gippert, Petra Götte, Elke Kleinau (Hg.): Transkulturalität. Gender- und bildungshistorische Perspektiven. Bielefeld: Transcript, S. 9–24.

Graf, Maximilian; Knoll, Sarah (2017): In Transit or Asylum Seekers? Austria and the Cold War Refugees from the Communist Bloc. In: Dirk Rupnow, Günther Bischof (Hg.): Migration in Austria. Innsbruck: Innsbruck University Press, S. 91–111.

Heiss, Gernot; Rathkolb, Oliver (1995): Vorwort der Herausgeber. In: Gernot Heiss, Oliver Rathkolb (Hg.): Asylland wider Willen. Flüchtlinge in Österreich im europäischen Kontext seit 1914. Wien: Jugend & Volk, S. 7–15.

Leeb, Franziska (2013): Wertschätzung durch Architektur. In: WBV-GPA. Wohnbauvereinigung für Privatangestellte (Hg.): Sechzig. 60 Jahre Wohnbauvereinigung für Privatangestellte Wien, S. 197.

Macondo wird zum Gefängnis. In: meinbezirk.at, 21.12.2010. Online verfügbar unter https://www.meinbezirk.at/favoriten/politik/macondo-wird-zum-gefaengnis-d41111.html, zuletzt geprüft am 11.5.2018.

Mayr, Christian (2009): Verwaltungshölle im Flüchtlingsparadies. In: Big Business (6), S. 20–25.

Michael Landau: Scharfe Kritik an „Macondo"-Plänen des Innenministeriums. Online verfügbar unter https://www.ots.at/presseaussendung/OTS_20090902_OTS0094/landau-scharfe-kritik-an-macondo-plaenen-des-innenministeriums, zuletzt geprüft am 11.5.2018.

Nohl, Arnd-Michael (2017): Interview und Dokumentarische Methode. Anleitungen für die Forschungspraxis. Wiesbaden: Springer.

Öhlböck, Thomas (2011): Achteinhalb Hektar, die die Welt bedeuten. Über das Leben in der Flüchtlingssiedlung Macondo. Besuchsfeldforschung in Wien-Simmering. Diplomarbeit Universität Wien.

Nußbaumer, Heinz, Vizepräsident der Kardinal König-Stiftung, an Dr. Maria Fekter, Bundesministerin für Inneres am 23.09.2009. Online verfügbar unter http://www.kardinalkoenig.at/anlass/nachrichten/50/articles/2009/09/06/a3627/, zuletzt geprüft am 22.5.2018.

Rädda Barnen, Rädda Barnens Historia. Online verfügbar unter https://www.raddabarnen.se/om-oss/var-historia/, zuletzt geprüft am 9.5.2018.

Rigele, Brigitte (2004): Lager für Flüchtlinge. In: Felix Czeike: Historisches Lexikon Wien. Bd. 3. Wien: Kremayr & Scheriau, S. 659.

Rosenthal, Gabriele (2008): Interpretative Sozialforschung. Eine Einführung. Weinheim: Juventa.

Stanek, Eduard (1985): Verfolgt, verjagt, vertrieben. Flüchtlinge in Österreich von 1945–1984. Wien: Europa Verlag.

Stiftung Bruno Kreisky Archiv. Erinnerungsort Wien, Fluchtpunkt Wien. Online verfügbar unter http://erinnerungsort.at/thema11/h_thema.htm, zuletzt geprüft am 23.5.2018.

Valeš, Vlasta (1995): Die tschechoslowakischen Flüchtlinge 1968–1989. In: Gernot Heiss, Oliver Rathkolb (Hg.): Asylland wider Willen. Flüchtlinge in Österreich im europäischen Kontext seit 1914. Wien: Jugend & Volk, S. 172–181.

Volf, Patrick-Paul (1995): Der politische Flüchtling als Symbol der Zweiten Republik. Zur Asyl- und Flüchtlingspolitik seit 1945. In: Zeitgeschichte (11/12), S. 415–435.

Weigl, Andreas (2009): Migration und Integration. Eine widersprüchliche Geschichte. Wien: StudienVerlag.

Wischenbart, Rüdiger (1995): Traiskirchen von innen. Flüchtlingspolitik zu Beginn der 80er Jahre. In: Gernot Heiss, Oliver Rathkolb (Hg.): Asylland wider Willen. Flüchtlinge in Österreich im europäischen Kontext seit 1914. Wien: Jugend & Volk, S. 195–209.

Witzel, Andreas (2000): Das problemzentrierte Interview. In: Forum Qualitative Sozialforschung (1/1), Absätze 1–25. Online verfügbar unter: http://nbn-resolving.de/urn:nbn:de:0114-fqs0001228, zuletzt geprüft am 29.3.2018.

Wotke, Phillipa (2008): Kardinal König Integrationswohnhaus – 10 Jahre Integrationsbetreuung. In: Jahresbericht 2008 des Österreichischen Integrationsfonds, S. 14–15.

Yildiz, Erol (2014): Postmigrantische Perspektiven. Aufbruch in eine neue Geschichtlichkeit. In: Erol Yildiz, Marc Hill (Hg.): Nach der Migration. Postmigrantische Perspektiven jenseits der Parallelgesellschaft. Bielefeld: Transcript, S. 19–36.

Ursachen und Aspekte
der Migration aus Jugoslawien

Ljubomir Bratić

Die Sozialistische Föderative Republik Jugoslawien entstand während des Zweiten Weltkriegs – auf den Trümmern eines überaus blutigen Kriegs. Die Republik wurde inmitten des Krieges ausgerufen und nach dem Krieg – ausgestattet mit Siegerkapital – mit enormem Enthusiasmus aufgebaut.

Die Wurzeln der jugoslawischen Partei- und Staatsorganisation sind in der Diskussion innerhalb der Sozialistischen Partei Österreichs über die Selbstbestimmung der Völker zu suchen. Otto Bauers Buch „Die Nationalitätenfrage und die Sozialdemokratie" (1907) und seine Definition von Nation als Gemeinschaft mit gemeinsamer Arbeitsorganisation, Bildung und Kultur hatten großen Einfluss auf die Diskussionen der Nationalitätenfragen unter den späteren Leitfiguren der jugoslawischen Kommunisten (Štiks 2016: 78). Die Verbindung zwischen den beiden Staaten beruhte nicht zuletzt darauf, dass ein Teil Jugoslawiens bis 1914 zum Territorium der Habsburgermonarchie gehörte. Aber auch nach dem Zerfall der Habsburgermonarchie verlagerte die seit 1921 verbotene und in die Illegalität gedrängte Kommunistische Partei Jugoslawiens (KPJ) das Politbüro ins Wiener Exil und hatte in Form von Arbeitervereinen[1] wichtige ideologische Stützpunkte in Österreich (Calic 2012: 95).

Vor diesem Hintergrund kann durchaus behauptet werden, dass Österreich und Jugoslawien noch vor der Arbeitsmigration in den 1960er-Jahren eine gemeinsame Geschichte hatten, sodass letztere nur ein Aspekt davon war und ist. Die historischen Beziehungen zwischen den beiden Staaten gehören – weil sie als Migrationsbedingungen verstanden werden können – genauso zur Migrationsgeschichte wie der tatsächlich stattgefundene Migrationsprozess.

Nach der Invasion und Zerstückelung Jugoslawiens seitens Nazi-Deutschlands und dessen Verbündeten war die Kommunistische Partei diejenige, die als erste den Widerstand aufnahm. In einem zermürbenden Partisanenkampf, der mit großen Opfern unter der Zivilbevölkerung verbunden war, gelang es der Partei unter der Führung von Josip Broz Tito – als Avantgarde einer breiten Volksfront –, Jugoslawien im Jahr 1944 zu befreien. Viele der am Balkan stationierten Führungskräfte der Deutschen Wehrmacht[2] – Kurt Waldheim ist nur das bekannteste Beispiel – stammten

---

1 Zum Vereinswesen der Südslawen in Österreich vgl. Knapič-Krhen 1988.
2 Hitler setzte „mit Bedacht [...] österreichische Berufsoffiziere mit einschlägigen Erfahrungen aus dem Ersten Weltkrieg auf dem Balkan ein" (Calic 2010: 143).

aus Österreich. Unmittelbar nach dem verlustreichen Krieg wurde Jugoslawien als eine Föderation von sechs Republiken (Bosnien und Herzegowina, Kroatien, Mazedonien, Montenegro, Serbien und Slowenien), einer autonomen Provinz (Vojvodina) und einem autonomen Gebiet (Kosovo), beide als Bestandteile der Republik Serbien, gegründet.[3] Bereits im Jahr 1948 kam es zum Bruch zwischen Jugoslawien und der Sowjetunion und damit zur Rücknahme einiger gesellschaftlicher und wirtschaftlicher Maßnahmen, die von dort importiert worden waren, zum Beispiel die landwirtschaftlichen Kollektivierungsmaßnahmen. Dieser Versuch der Kollektivierung brachte eine Trennung zwischen den Arbeitern und Bauern mit sich, eine Trennung, die langfristige Konsequenzen auch für die Migration aus Jugoslawien in den 1960er-Jahren haben sollte. Die Bauern gehörten – obwohl sie die Hauptlast des Partisanenkampfs gegen die Naziokkupanten trugen – fortan zu der Verliererklasse in Jugoslawien. 5,5 Millionen Menschen haben die Dörfer zwischen 1945 und 1970 verlassen, davon die Hälfte allein in den 1960er-Jahren (Calic 2010: 209). Zumindest ein Teil dieser Menschen hat auf der Suche nach der Arbeit den Weg in Richtung Österreich eingeschlagen. Das ist der Grund, warum viele der Arbeitsmigrant/innen, die in Österreich landeten, einen bäuerlichen Hintergrund hatten.

Insgesamt war die Richtung, die Jugoslawien nach dem Zweiten Weltkrieg eingeschlagen hatte, eine der schnellen Industrialisierung und des beschleunigten Infrastrukturaufbaus (Elektrifizierung, Straßen- und Schienenbau usw.), die auf die Erhöhung der Mobilität der Bevölkerung abzielte. Dazu kam die kulturelle Erneuerung, sprich die Alphabetisierung breiter Bevölkerungsteile in Verbindung mit dem Versuch, einen „neuen sozialistischen Menschen" zu schaffen – einen Menschen, der der Gesellschaft so viel gibt, wie er kann, und von der Gesellschaft so viel nimmt, wie er braucht. Die Kollektivierung und Industrialisierung steht in Zusammenhang mit der rasanten demografischen Entwicklung – Jugoslawien zählte 1950 16.350.000 Einwohner/innen, 1961 waren es bereits 18.600.000. 1971 hatte sich die Einwohnerzahl auf 20.550.000 und 1981 auf 22.000.000 erhöht.[4] Innerhalb von 30 Jahren lebten um 5,7 Millionen mehr Menschen auf dem gleichen

---

3 In diesem Zusammenhang könnte man die Geschichte der – wegen ihrer Beteiligung an der NS-Besatzung – nach 1945 vertriebenen Donauschwaben verfolgen. So waren in den Jahren 1943/1944, wie Calic nachweist, 50.000 von ihnen in der Waffen-SS rekrutiert gewesen. Ein großer Teil dieser Soldaten fand gemeinsam mit ihren Familien in Deutschland und Österreich eine neue Bleibe (Calic 2010: 141).
4 Suvin, 15.10.2012.

Territorium, sodass es nicht nur zu einer Verjüngung, sondern auch zu einer Proletarisierung der Bevölkerung kam. Das wachsende Arbeitskraftpotenzial wurde in den Aufbau des kriegszerstörten Landes und in die umfassenden Infrastrukturmaßnahmen gesteckt.

Mit der Einführung des Selbstverwaltungssystems in den 1950er-Jahren entwickelte sich Jugoslawien als Staatsgebilde fortan mehr und mehr zu einer als Föderation getarnten Konföderation. Die letzte Instanz der Entscheidungen lag nicht mehr im Staatszentrum, in Belgrad, sondern in den Republikzentren, die mit einer Vetomöglichkeit ausgestattet worden waren. Im Unterschied zum Königreich Jugoslawien – zwischen Erstem und Zweitem Weltkrieg – ging die Zentralisierung im Rahmen des Sozialistischen Jugoslawiens nicht in Richtung eines Zentrums, sondern mehrerer Zentren: der Hauptstädte der Republiken und autonomen Gebiete. Trotz eines insgesamt enormen ökonomischen Aufschwungs öffnete sich zunehmend die Schere zwischen den wirtschaftlich entwickelten Republiken und jenen, die mit diesen rasanten Umbrüchen nicht mithalten konnten.

Doch wie kam es dazu, dass Jugoslawien Arbeitskräfte exportieren musste? Wie in den meisten Staaten führten die ungleichen ökonomischen Verhältnisse zunächst zu einer Binnenmigration. Diese wies zwei Richtungen auf: aus der Provinz in Richtung urbaner Zentren und aus den weniger entwickelten Gegenden in Richtung Industriegebiete. Es war nur eine Frage der Zeit, wann die Migration die Staatsgrenze überschreiten würde. Zeit bedeutete in diesem Fall vor allem einen Wettlauf mit drei Faktoren: Erstens mit der Arbeitslosigkeit als delegitimierend wirkender Druck auf den jungen sozialistischen Staatsapparat, zweitens mit dem Fortschritt der Verhandlungen mit den möglichen Zielstaaten und drittens mit der wachsenden Zahl an Menschen, die sich schon ohne staatliche Steuerungsmaßnahmen im „Ausland" niedergelassen hatten. Was den ersten Faktor betrifft, so kann Arbeitslosigkeit in einem sozialistischen Staat aufgrund des ideologischen Hintergrunds für das Staatsgefüge delegitimierend wirken. Bedingt durch die wirtschaftliche Rezession und die Wirtschaftsreformen stieg die Zahl der Arbeitsuchenden zwischen 1964 und 1968 auf 312.000 (Calic 2010: 229). Das ist für einen sozialistischen Staat, der in seiner Verfassung für sich in Anspruch nimmt, ein Staat der „Arbeiterklasse und arbeitenden Menschen"[5] zu sein, ein veritables ideologisches Problem. Die Lösung, die dafür auf der Hand lag, war – nachdem

---

5 „Socijalističko društveno uređenje Socijalističke Federativne Republike Jugoslavije zasniva se na vlasti radničke klase i svih radnih ljudi [...]" (Ustav Socijalističke Federativne Republike Jugoslavije 1974, II).

in Westeuropa so manche Volkswirtschaft nach diesen Arbeitskräften verlangte – die „temporäre Beschäftigung im Ausland". Die zwei zentralen Versprechungen, die während der antifaschistischen Revolution dem Demos seitens der Kommunistischen Partei gegeben worden waren, waren soziale Prosperität und nationale Selbstbestimmung (vgl. Štiks 2016). Die Sozialistische Föderative Republik Jugoslawien (SFRJ) löste sich als Staat in dem Moment auf, in dem beide Versprechungen seitens der Eliten gebrochen und diese damit für die Menschen unglaubwürdig wurden. Die Frage des Arbeitskraftexports – vor allem sobald er einen permanenten Wechsel des Lebensmittelpunkts bedeutete – gehörte zum Feld der sozialen Prosperität und betraf somit den Kern der öffentlichen Systemlegitimation. Um das Problem der Arbeitslosigkeit in Jugoslawien auf diese Weise zu lösen, musste die Kommunistische Partei es in Kauf nehmen, dass sich „ihre" Arbeiter/innen, diejenigen, deren Repräsentanten sie – ideologisch gesehen – waren, dem Arbeits- und Lohndiktat des Kapitalismus unterwarfen. Auch dieser Umstand führte zu einer Delegitimation des Systems, die weitreichende Konsequenzen nach sich ziehen sollte. In diesem ideologischen Widerspruch gründeten die Behauptung, dass die Arbeitsmigration aus dem Sozialismus in den Kapitalismus nur eine „temporäre" (privremen) Erscheinung sei, und die verstärkten Bemühungen seit Anfang der 1970er-Jahre, diese etwa 800.000 Menschen, die seit 1969 im Ausland arbeiteten, also ca. 4 Prozent der Bevölkerung und 22 Prozent der Gesamtarbeitskraft Jugoslawiens (Marković 2009: 8), zur Rückkehr zu bewegen.

Das zweite entscheidende Moment bildeten die Verhandlungsergebnisse mit den künftigen Aufnahmestaaten. Es ging dabei für Jugoslawien nicht nur um die Öffnung der Grenzen, sondern auch zum Beispiel um die Frage der Kriegsreparationen gegenüber Deutschland. Was Österreich betrifft, darf zum einen nicht vergessen werden, dass es nur 15 Jahre vor Unterzeichnung des Anwerbeabkommens (19.11.1965) durchaus ernste jugoslawische Territorialansprüche auf Südkärnten gab. Zum anderen lebten auf dem Territorium Österreichs Slowenen und Burgenlandkroaten, die mit dem Zerfall der Habsburgermonarchie und der Gründung des ersten Jugoslawiens (Königreich der Serben, Kroaten und Slowenen) zu Minderheiten geworden waren und als deren Schutzmacht sich das sozialistische Jugoslawien verstand. Sowohl bei Deutschland als auch bei Österreich handelte es sich um Staaten, die bis vor Kurzem als Todfeinde eines eigenen südslawischen Staates galten. Es wurde also mit den Nachfolgestaaten von Nazideutschland um die Bedingungen des Verkaufs der sozialistischen Arbeitskraft verhandelt. Die Frage des Postnazismus ist eine, die in Bezug auf die Arbeitsmigration der 1960er-Jahre und deren politische Implikationen, wie die Transformationen der Einwanderungsgesellschaften Österreich und Deutschland, erst gestellt werden muss. So paradox es klingt, hatten vermutlich gerade diese Feindschaften, aber auch die vorher bestehenden Verbindungen – zur Zeit der Habsburgermonarchie[6] und in der Zwischenkriegszeit (Gächter 2004: 31)[7] – im Hinblick auf den Arbeitskrafttransport zwischen Jugoslawien und Österreich bzw. Deutschland einen entscheidenden Einfluss auf den positiven Abschluss der Verhandlungen, aber auch auf die Aufnahme in diesen Ländern gehabt. So müssen auch die Anwerbeanträge vor dem Hintergrund der – nach dem Bruch mit Stalin (1948) – geheim abgeschlossenen, geopolitisch motivierten Verträge zwischen Jugoslawien und der NATO, die im Falle eines militärischen Angriffs auf Jugoslawien seitens der Warschauer-Pakt-Staaten die Unterstützung der NATO garantierten, gesehen werden.

Zum dritten Punkt ist zu sagen, dass die Grenzen Jugoslawiens zu dieser Zeit zwar dicht waren, aber dies keineswegs hieß, dass es keine grenzüberschreitende Migration gab. Dabei handelte es sich vor allem um eine politisch motivierte Emigration von Personen, die während des Zweiten Weltkriegs mit dem NS-Regime kollaboriert hatten, und Angehörigen der besitzenden Klassen, deren Vermögen in Jugoslawien verstaatlicht worden war. Beide Gruppen, die sich weltweit in der Diaspora befanden, hatten die Bekämpfung – bis hin zur Zerschlagung – des sozialistischen Jugoslawiens als Ziel. Zudem waren bestimmte Minderheitengruppen in Jugoslawien von dem Ausreiseverbot ausgenommen, z.B. Italiener/innen aus Istrien und Angehörige der jüdischen Bevölkerung. Retrospektiv gesehen waren das jene Gruppen, deren Ausreise Jugoslawien dulden musste oder forcieren wollte. Und nicht zuletzt handelte es sich bei dieser frühen Migrationsbewegung um Arbeiter/innen aus den ärmlichen Regionen, insbesondere dem Hinterland Dalmatiens, die aufgrund schlechter ökonomischer Verhältnisse Arbeit im Ausland suchten und über die „grüne Grenze" das Land verließen. In diesen traditionellen Auswanderungsregionen war die Situation der Abwanderung in fremde Ländern nicht unbekannt. Es drohte also dem jugoslawischen Staat eine Allianz zwischen der rechten politischen Emigration, deren Ziel die Zerstörung Jugoslawiens war, und dem Teil der Arbeiterschaft, für die es keinen Platz auf dem Arbeitsmarkt gab.

Entscheidend für die Liberalisierung des Passregimes in den 1960er-Jahren, wodurch die Bürger/innen Jugoslawiens erstmals nach dem Zweiten

---

6 Neben Josip Broz Tito, der sich vor dem Zweiten Weltkrieg als Gastarbeiter in Österreich und Deutschland verdingte, wurde auch Edward Kardelj, der Chefideologe der Kommunistischen Partei in Jugoslawien, in der Habsburgermonarchie sozialisiert.
7 Anwerbeankommen der damaligen Ostmark mit dem Protektorat Böhmen und Mähren, der Slowakei, Italien und Jugoslawien (1939)

Weltkrieg einen Pass beantragen und ins Ausland reisen durften, waren die aus der Sicht des jugoslawischen Staatsapparates zufriedenstellenden Entwicklungen auf den drei beschriebenen Feldern. Im ersten Fall gab die Regierung Jugoslawiens nach, weil sie merkte, dass vor dem Hintergrund der wachsenden Arbeitslosigkeit der Schaden eines geschlossenen Arbeitsmarktes für die zukünftige Entwicklung größer gewesen wäre als der Gewinn. Es ist besser, die arbeitslosen Menschen ziehen zu lassen und damit eine liberale Position für sich zu vereinnahmen, als diese innerhalb des Systems als Dauerstörenfriede zu belassen. Tito brachte diese Haltung lapidar auf den Punkt: „Es hat nämlich keinen Sinn, jemanden gewaltsam festzuhalten und daran zu hindern, einen Job zu suchen, wo er ihn finden kann, wenn er nicht mehr in unserem Land arbeiten kann."[8]

Im Bezug auf das zweite Problemfeld wurden einige politische Ansprüche Jugoslawiens befriedigt. Die territorialen Ansprüche gegenüber Südkärnten wurden zwar genauso aufgegeben wie die auf Triest, aber dafür wurden die Minderheitenrechte der Kärntner Slowen/innen und Burgenlandkroat/innen in den österreichischen Staatsvertrag aufgenommen. Die Minderheitenrechte wurden allerdings zu einem politischen Dauerbrenner zwischen Österreich und Jugoslawien. Was die Kärntner Slowen/innen betrifft, wurden die Auseinandersetzungen erst in den 1980er-Jahren mit der Errichtung einer Reihe von Fabriken, die von Kärntner Slowenen geführt wurden und auch vielen Angehörigen der Minderheit als Arbeitsstätten dienten, entschärft.

Im dritten Problemfeld wurde zunehmend klar, dass aus staatserhaltenden Gründen die sich anbahnende – gegen Jugoslawien gerichtete – Allianz zwischen politischer Emigration und über die „grüne Grenze" geflüchteter Arbeitsemigration im Ausland unterbunden werden musste. Als Intervention erfolgte ein geregeltes Auswanderungssystem, das die Möglichkeit zur Differenzierung und Kontrolle der Emigrant/innen eröffnete. Das war das Feld der Geheimdienste, deren Aktivitäten – bis heute – nicht aufgeklärt werden konnten. Gesichert ist nur, dass die Attentate auf Auslandsvertreter Jugoslawiens ebenso wie umgekehrt die Tötung von politischen Emigranten dazu gehörten.

---

8 Dt. Übersetzung des Autors: „Jer, nema smisla da nekoga silom zadržimo, sprečavamo da traži posao, tamo gde ga može naći, ako već ne može odmah da se zaposli u našoj zemlji." (Tito, 1965 in Murska Sobota) (zit.n. Ivanović 2012: 65). Ich denke, dass Titos eigene Erfahrungen als wandernder Arbeiter in der Habsburgermonarchie und seine in Wien und Wiener Neustadt verbrachte Zeit zwischen den Zeilen zu lesen sind.

Ursachen und Aspekte der Migration aus Jugoslawien

Wie ging die Migration aus Jugoslawien vor sich? Vladimir Ivanović unterscheidet vier Phasen der Migrationspolitik in Jugoslawien nach dem Zweiten Weltkrieg (Ivanović 2012: 49). Die erste beginnt Mitte der 1950er-Jahre und dauert bis 1962, die zweite reicht von 1962 bis 1965, die dritte von 1965 bis 1972 und die vierte setzt nach 1972 ein. Die letzte Phase reicht bis in die 1980er-Jahre, also jene Zeit, in der sichtbar wurde, dass die Desintegrationsprozesse des jugoslawischen Staates so groß geworden waren, dass es keinen Raum mehr gab, an diejenigen zu denken, die sich außerhalb des Staatsgebietes befanden. Die Arbeitsmigrant/innen wurden fortan als Diaspora qualifiziert. Sie wurden entlang der neuen Nationalismen, die in allen Staaten, die aus Jugoslawien hervorgegangen waren, nun den Ton angaben, als Teil von neu entstandenen „ethnischen Körpern" umdefiniert und nicht mehr als Teil der Arbeiterschaft und Bürgerschaft, wie es im früheren Jugoslawien der Fall war, wahrgenommen.

Ab den 1990er-Jahren begann, angefangen mit den Bürgerkriegsflüchtlingen, ein anderer Migrationsprozess aus Jugoslawien, der seine Fortsetzung in der bis heute andauernden ökonomischen Migration fand. Teilweise bedienen und überlappen sich die alten und neuen Migrationsprozesse, dennoch unterscheidet sich die zweite Phase deutlich von der ersten. (vgl. Bratić: 2010). Im Unterschied zu den 1960er- und 1970er-Jahren haben die neu entstandenen Entsenderstaaten weder Kraft noch Interesse, in den Migrant/innen mehr als nur Devisenbringer/innen zu sehen. Die Ankunftsstaaten wiederum versuchen mit allen Mitteln, die Einwanderungsmöglichkeiten zu beschränken, und die Migrant/innen selbst haben eigene Taktiken der Migration entwickelt.

Die erste Phase war vor allem durch die restriktive Vorgangsweise gegenüber denjenigen, die ausreisen wollten, gekennzeichnet. Diese Restriktionen wurden, wie Ivanović (2012: 52) betont, von Republik zu Republik unterschiedlich gehandhabt. Dass es in Slowenien, Kroatien und Bosnien und Herzegowina leichter war, einen Pass zu bekommen, führte dazu, dass anfänglich die meisten Menschen aus diesen Teilen Jugoslawiens emigrierten.

Die zweite Phase der Migration aus Jugoslawien begann im Jahr 1962 mit dem Inkrafttreten (23.10.1962) der Richtlinien bezüglich der Beschäftigung der Arbeiter/innen im Ausland („Upustva o postupanju pri zapošljavanju radnika u inostranstvu"). Dieser kurze Zeitabschnitt kann als Übergangsphase von einer restriktiven zu einer liberalen Vorgangsweise beschrieben werden. Es ging darum, die Regulierung der sich abzeichnenden Migrationsbewegungen vorzubereiten. Die Richtlinien beinhalten die zwei wichtigsten Prinzipien der jugoslawischen Migrationspolitik: Erstens, die Beschäftigung der jugoslawischen Arbeitskraft im Ausland sollte entlang der Bedürfnisse der jugoslawischen Wirtschaft erfolgen. Das heißt, es sollten vor allem diejenigen, die keine Arbeit hatten und aus den Gegenden mit den höchsten Arbeitslosenzahlen stammten, die Möglichkeit zur Emigration bekommen. Zweitens ging es darum, rechtliche Schutzbestimmungen für diese Arbeitskräfte im Ausland auszuhandeln, die darauf abzielten, die Gleichberechtigung am Arbeitsplatz mit den anderen Arbeiter/innen sicherzustellen. Das sozialistische Jugoslawien verstand sich von Anfang an als die Schutzmacht „ihrer" Arbeiter/innen und versuchte daher Gleichstellungsbestimmungen in die Verträge mit den Aufnahmeländern hineinzureklamieren. Während die wirtschaftlichen Interessen der Aufnahmeländer darin bestanden, möglichst schnell und möglichst billig neue Arbeitskraft zu bekommen, verfolgte das Entsenderland Jugoslawien – in Verbindung mit den Interessensvertretungen der Arbeiterschaft im Aufnahmeland Österreich, konkret mit dem Österreichischen Gewerkschaftsbund – das prinzipielle Interesse, dass die Arbeitskraft am Arbeitsplatz gleichberechtigt ist. So fanden regelmäßige Treffen von Gewerkschaftsfunktionären beider Länder statt und ein Mal im Jahr kam ein Vertreter der jugoslawischen Gewerkschaft für einen Monat nach Österreich, um sich – mit Unterstützung des ÖGB – ein Bild von der Situation der jugoslawischen Arbeiter/innen zu machen. Die Allianz zwischen Jugoslawien, konkret dem Jugoslawischen Gewerkschaftsbund (SSJ) und dem Österreichischen Gewerkschaftsbund (ÖGB), währte bis zur Auflösung Jugoslawiens und verfolgte dieses eine Anliegen: den Arbeiterschutz. Auch wenn es um verschiedene Kategorien der Arbeiterschaft (Inländer und Ausländer) in Österreich ging, stand hinter den Aktivitäten als größeres Ganzes das Bemühen, die Arbeiterschaft gegenüber dem Zugriff des Wirtschaftsblocks und der Unterminierung des Arbeitsrechtes zu schützen.

Am 2. September 1965 hält Josip Broz Tito in Murska Sobota (Slowenien) eine bemerkenswerte Rede. Er sagt, dass Jugoslawien gerade versucht, den Weggang seiner Arbeiter zu organisieren. Es habe keinen Sinn, jemanden, dem man keine Arbeit anbieten könne, im Land zu halten. Es gehe vor allem darum, mittels Verträge die Rechte der Arbeiter im Ausland zu sichern, weil der Kapitalist nur eines im Sinn habe: Ausbeutung (Ivanović 2012: 65). Diese Ansage im Rahmen eines öffentlichen Auftritts könnte als Auftakt für die dritte Phase der Arbeitsmigration aus Jugoslawien bezeichnet werden, die bis 1972 – und für Österreich bis zum Inkrafttreten des Ausländerbeschäftigungsgesetzes 1976 – dauerte. In diesem Zeitraum wanderten die meisten Menschen aus Jugoslawien auf der Suche nach Arbeit vor allem nach Deutschland, Österreich und in die Schweiz aus. In diese Phase fallen die bilateralen Abkommen zur Regelung „der Beschäftigung jugoslawischer

Dienstnehmer" mit Frankreich (1965), Österreich und Schweden (1966) und Deutschland (1968).

Die prinzipielle Ausrichtung auf den Schutz von Arbeiter/innen im Ausland blieb dabei die Richtlinie, genauso wie der Versuch, die Anwerbung der Arbeiter/innen zu regulieren. Mit der Zeit zeigte sich aber, dass diese Absichten nicht so einfach zu erfüllen waren. Es gab zwar die Abkommen und unterschiedliche Beschlüsse diverser gemischter Kommissionen, aber deren Einführung in die Praxis erforderte mehr als nur Absichtserklärungen. Denn die Interessen der Aufnahmestaaten (auch wenn es um Belange der Interessensvertretungen der einheimischen Arbeiter/innen ging) waren andere als diejenigen der Herkunftsstaaten. Die jugoslawische Verwaltung musste feststellen, dass sobald – bildlich gesprochen – die Schleusen offen sind, es sehr schwer ist, das fließende Wasser unter Kontrolle zu halten. Am leichtesten ist es abzuwarten, bis die Mengen und damit auch der Druck kleiner werden. Diese mechanische Vorgangsweise – die noch immer in den Köpfen von vielen, die sich der Sache des „Bevölkerungsengineering" verschrieben haben, schlummert – kann aber bezogen auf Menschen nur als Illusion bezeichnet werden. Die ursprüngliche Absicht, eine lückenlose Kontrolle von Menschen, die gehen (wollen), durchzuführen, erwies sich jedenfalls als undurchführbar. Nicht wenige gingen als Tourist/innen und landeten als Arbeiter/innen. Dabei drückten alle in diesen Prozess Involvierten ein Auge zu, sodass es keine Konsequenzen für niemanden gab. Einer der Gründe, warum dieser Auswanderungsprozess eher unkoordiniert als koordiniert vor sich ging, war auch die Tatsache, dass es neben den Bundesbehörden auch dafür zuständige und viel wirksamere Republikbehörden gab. Die Regulierung des Prozesses des Arbeitskrafttransfers im sozialistischen Jugoslawien erfolgte vor allem durch die einzelnen Republiken, und diese orientierten sich an den Interessen der eigenen Arbeitsmärkte.[9]

---

9 „Jugoslavija je tim zemljama suprostavljala decentralizovanu službu u kojoj je svaki zavod imao zakonsku slobodu potpuno samostalnog delovanja prema inostranstvu" (Ivanović 2012: 69). Dies änderte sich mit dem „Zakon o osnovnim uslovima za privremeno zapošljavanje naših gradana u inostranstvu/Gesetz über die Grundbedingungen für die vorübergehende Beschäftigung unserer Bürger im Ausland" vom 5. Februar 1973. Der Weggang aus Jugoslawien wurde mit diesem Gesetz zentralisiert. Solange die Auswanderung ein liberales Steuerungsinstrument war, lag es in der Hauptzuständigkeit der Republiken. In dem Moment aber, in dem die Auswanderung zu einem restriktiven Instrument werden sollte, wurde sie dem Bund überlassen – vermutlich in der Annahme, dass davon ohnedies nicht viel zu erwarten wäre. Diese Einschätzung wird auch damit untermauert, dass dem Bund die Aufgabe zukam, entsprechende Rahmenbedingungen für die Rückkehr ➤

Darin ist einer der Gründe zu finden, warum in Österreich die anfänglich – auch von Seiten der österreichischen Behörden forcierte – stärkere Migration aus Slowenien, Kroatien und Bosnien und Herzegowina stagnierte und diejenige aus Serbien zunahm. Das Bild der Unkontrollierbarkeit der Migration muss allerdings differenzierter betrachtet werden. So hatten die Bundesbehörden in Jugoslawien beispielsweise keine Kontrolle über die Passausgabe (Štiks 2016: 140) und auch kaum Möglichkeiten, auf die Arbeitsmärkte der Republiken Einfluss zu nehmen. Auf der Republikebene kann die Auswanderung als durchaus koordiniert bezeichnet werden. Diese nach außen unklare Vorgangsweise fügt sich nahtlos in den seit 1965 stärker werdenden Dezentralisierungsprozess des Gesamtstaates. Die exportierten Arbeitskräfte, die zuerst „Arbeiter, die vorübergehend im Ausland arbeiten" hießen und de facto Migrant/innen wurden, waren von Anfang an ein wesentlicher Faktor des Desintegrationsprozesses des jugoslawischen Staates. Diesem Aspekt wurde jedoch bislang keine Bedeutung beigemessen. Meines Erachtens ist die Verbindung zwischen dem Desintegrations- und Migrationsprozess innerhalb und außerhalb Jugoslawiens eine zentrale Fragestellung, die den Verlauf des Migrationsprozesses aus Jugoslawien um einiges klarer machen, und – was sehr wichtig im Zusammenhang mit der ethnischen Neudefinition der Migrant/innen wäre – einen Einblick in die Entwicklung der Identitätskonstruktionen von Menschen aus Jugoslawien in Österreich eröffnen könnte. Es würde – aus der Perspektive der Auswanderungsstaaten betrachtet – den Prozess erklären, wie aus den vorübergehend im Ausland beschäftigten Arbeiter/innen eine Diaspora wurde. Die staatlichen Integrations- und Desintegrationsprozesse in den Herkunftsstaaten sind jedoch eine unvermeidliche Lebensrealität und Folgewirkung aller Auswanderungsbewegungen. Diese haben einen unmittelbaren Einfluss auf Fremd- und Selbstverständnis der Migrant/innen und somit auch auf deren reale Handlungen. Nur durch die Auseinandersetzung mit diesen miteinander verschränkten Prozessen lässt sich die komplexe Fragestellung der Identitätskonstruktionen bestimmter Mehrheiten und Minderheiten innerhalb der Einwanderungsgesellschaften nachvollziehbar machen.

Die vierte Phase der Migration aus Jugoslawien beginnt Anfang der 1970er-Jahre. Diskursiv ist diese durch eine Begriffsverschiebung charakterisiert. Es ist nicht mehr nur die Rede von „temporär im Ausland beschäftigten Arbeitern", es wird zunehmend der Begriff „unsere Bürger im Ausland"

---

von Arbeiter/innen zu schaffen, was in einer Situation, in der jede Republik ihre eigene Ökonomie pflegte, mehr ein Ding der Unmöglichkeit als eine realistische Vorgangsweise war. (Ivanović 2012: 80f)

verwendet.[10] Was steht dahinter? Die „Bürger/innen" werden Anfang der 1970er-Jahre entdeckt, weil für die jugoslawische Gesellschaft zunehmend sichtbar wird, dass – um ein oft verwendetes Zitat von Max Frisch zu paraphrasieren – mit den Arbeiter/innen auch Menschen gegangen sind. Es ging jedoch nicht nur um die Arbeitskraft, sondern auch um eine soziale, kulturelle, politische und nicht zuletzt militärische Kraft, die dem Staat zu fehlen begann. Die sowjetische Militärintervention in der Tschechoslowakei 1968 und der Einfall einer Guerillagruppe der radikalen kroatischen Nationalisten in Bosnien und Herzegowina 1972 führten der jugoslawischen Führung – die sich so sowohl vom Osten als auch vom Westen bedroht sah – vor Augen, was mehr als eine Million ausgewanderter Menschen im Hinblick auf die militärische Schlagkraft bedeuten kann. Dies alles vor dem Hintergrund der wachsenden ethnischen Spannungen unter den Republiken, die Anfang der 1970er-Jahre im „kroatischen Frühling" einen Höhepunkt fanden. Die neue Doktrin war daher die Forderung nach Rückkehr dieser Menschen, die als Arbeitskraft gegangen waren und jetzt als Bürger/innen zurückkehren sollten. Als Bürger/innen sollten sie sich allerdings die Schaffung ihrer neuen Arbeitsplätze im Herkunftsland selbst finanzieren.

Vor diesem Hintergrund lässt sich feststellen, dass sich der Staat Jugoslawien früher als Deutschland und Österreich um einen Migrationsstopp – in Form des Auswanderungsstopps und der Rückkehrwerbung – bemüht hat. Warum diese Strategie nicht gelungen ist und welche Faktoren dabei eine entscheidende Rolle gespielt haben, wären wichtige Fragen für eine historische Betrachtungsweise der Migration aus Jugoslawien, die bislang noch nicht (dezidiert genug) gestellt wurde. Diverse Staatsapparate haben offensichtlich versucht, die Rechnung ohne den Wirt zu machen. Denn die Geschichte derjenigen, die ausgewandert sind, zeigte schon sehr früh – trotz gegenteiliger verbaler Beteuerungen –, dass es sich um einen improvisierten, aber dauerhaften Zustand handelte. Frei nach dem Motto, dass die Improvisationen meist die dauerhaftesten Formen sind, könnte man behaupten, dass sich die improvisierte Temporalität der Migration als dauerhafter als das sozialistische Jugoslawien erwiesen hat und dass sie starke Tendenzen aufweist, auch die Staatsstrukturen Österreichs nachhaltig zu verändern. Denn auch Österreich ist, nachdem 20 Prozent der Bevölkerung einen sogenann-

---

10 Interessant ist, dass dies in Jugoslawien Anfang der 1970er-Jahre passiert, also in dem Moment, in dem es in Österreich zu einer zunehmenden Verwendung des Begriffs „Ausländer" kommt. Den öffentlichen diskursiven Durchbruch erlebte der Begriff „Ausländer" in Österreich mit dem „Ausländerbeschäftigungsgesetz" aus dem Jahr 1975 (in Kraft getreten am 1.1.1976).

ten Migrationshintergrund haben und die Einwanderung sich zunehmend als die zentrale Entwicklungskomponente herauskristallisiert, nicht mehr der gleiche Staat, der er einmal war.

Literatur

Abkommen zwischen der Republik Österreich und der Sozialistischen Föderativen Republik Jugoslawien über die Regelung der Beschäftigung jugoslawischer Dienstnehmer in Österreich. In: Bundesgesetzblatt für die Republik Österreich, ausgegeben am 4. April 1966, S. 247–256. Online verfügbar unter https://www.ris.bka.gv.at/Dokumente/BgblPdf/1966_42_0/1966_42_0.pdf, zuletzt geprüft am 16.9.2018.

Bratić, Ljubomir (2010): Das neue Gastarbeitertum. Serbien auf der „White Schengen List". In: Vida Bakondy, Simonetta Ferfoglia, Jasmina Janković, Cornelia Kogoj, Gamze Ongan, Heinrich Pichler, Ruby Sircar und Renée Winter für die Initiative Minderheiten (Hg): Viel Glück! Migration heute. Wien, Belgrad, Zagreb, Istanbul. Wien: Mandelbaum, S. 368–374.

Calic, Marie-Janine (2010): Geschichte Jugoslawiens im 20. Jahrhundert. München: Beck.

Ivanović, Vladimir (2012): Geburtstag pišeš normalno. Jugoslovenski gastarbajteri u Austriji i SR Nemaćkoj. Beograd: Inst. za vremenu Istoriju.

Marković, Predrag (2009): Izgubljeni u transmigraciji? „Gastarbajteri" izmedu dva sveta. In: Hereticus (4), S. 7–24.

Marković, Predrag (2015): Tito. Kratka biografija. MIJ Beograd.

Knapić-Krhen, Cveta (1988): Jugoslovenska radnička društva u Austriji i pokušaj osnivanja Saveza jugoslovenskih radničkih društava u inozemstvu. In: Migracijske teme 1-2 (4), Zagreb, S. 39–48.

Štiks, Igor (2016): Državljanin, građanin, stranac, neprijatelj. Jedna povijest Jugoslavije i postjugoslovenskih država. Zagreb: Fraktura

Suvin, Darko (2012): O odnosima klasa u Jugoslaviji 1945,75.1, 15.10.2012. Online verfügbar unter http://arhiva.portalnovosti.com/2012/10/o-odnosima-klasa-u-jugoslaviji-1945-75-1/, zuletzt geprüft am 16.9.2018.

Ustav Socijalističke Federativne Republike Jugoslavije (1974). Online verfügbar unter https://hr.wikisource.org/wiki/Ustav_Socijalisti%C4%8Dke_Federativne_Republike_Jugoslavije_(1974), zuletzt geprüft am 17.9.2018.

Von „etwas deutschsprachig, aber nicht Bedingung" zu „Sprache als Schlüssel zur Integration". Von Geschichte und Gegenwart des Bildes der ‚passiven Migrantin'

Franziska Strasser

Die Erinnerung mag verblasst sein. Aber es gab auch Frauen, die als ‚Gastarbeiter/innen' nach Österreich kamen. Sie arbeiteten zum Beispiel in der Feinkostabteilung: Hier beim Zubereiten von Gabelbissen …

Im Frühjahr 2014 stolperte ich über die Posteraktion von der Intiative Minderheiten in Kooperation mit dem Arbeitskreis „Archiv der Migration", die anlässlich des 50-jährigen Jubiläums des Anwerbabkommens zwischen der Türkei und Österreich (1964) gestartet worden war. Ziel war es, diese in Vergessenheit geratene Geschichte in das Wiener Stadtbild einzuschreiben. Plakate mit dicken weißen Lettern auf rotem Hintergrund präsentierten Zitate, die weniger bekannte Aspekte der Geschichte der ‚Gastarbeit' in Erinnerung rufen sollten. Die Zitate auf den Plakaten machten mir bewusst, wie wenig ich selbst über das Thema ‚Gastarbeit' wusste, obwohl die Zuwanderung seit den 1960er-Jahren maßgeblich zur gegenwärtigen Zusammensetzung der österreichischen Bevölkerung beigetragen hat. Insbesondere folgendes Zitat führte mir meine eigenen klischeehaften Bilder in Zusammenhang mit diesem Themenkomplex vor Augen:

„Brauchen derzeit äußerst dringend 30 Hilfsarbeiter**innen**. Ledig, gesund und flink, Eignung für Akkordarbeit. **Etwas deutschsprachig, aber nicht Bedingung** [Hervorhebung durch die Autorin]." (vgl. Initiative Minderheiten)

Ich verband mit einem ‚Gastarbeiter' keine ‚Gastarbeiterin', sondern viel mehr einen auf einer Baustelle arbeitenden Mann. Das Zitat löste Neugierde in mir aus und war der Ausgangspunkt für meine vergleichende Analyse vergangener und gegenwärtiger Migrationsdiskurse mit einem besonderen Fokus auf die Rolle der Frauen.

Ich begann mich mit der Frage auseinanderzusetzen, wie hoch der Frauenanteil unter den angeworbenen ‚Gastarbeiter/innen' war und welche Bedeutung den Frauen zukam. Ich stellte fest, dass vor allem der Anteil an Frauen aus dem ehemaligen Jugoslawien sehr hoch war – fast ein Drittel der Arbeitskräfte, die aus der Balkanregion nach Österreich kamen, waren Frauen (Lorber 2017: 169). Diese historische Tatsache steht im Gegensatz zur öffentlichen Wahrnehmung, wonach Frauen im Rahmen der ‚Gastarbeiter-Geschichte' fast ausschließlich über den Familiennachzug nach Österreich kamen. Mir wurde bewusst, dass sich das Bild der passiven Migrantin tief in das kollektive Gedächtnis eingeschrieben hatte. Aus einer genderkritischen Perspektive begann ich mich daraufhin mit der Frage zu beschäftigen, warum das vorherrschende Bild von Migrantinnen vor allem aus dem globalen Süden in Vergangenheit und Gegenwart dermaßen überstrapaziert wird.

Die Posteraktion markierte meinen Einstieg in das Thema ‚Gastarbeit' und veranlasste mich dazu, meine Masterarbeit mit dem Titel „‚Gastarbeiterinnen' im Spannungsverhältnis von persönlicher und kollektiver Erinnerung"[1] zu schreiben. Einen besonderen Schwerpunkt habe ich dabei auf das ehemalige Jugoslawien gelegt. Wie ich später noch zeigen werde, wird heute oft ausgeblendet, dass es sich hierbei um eine Migrationsbewegung von einem sozialistischen in ein kapitalistisches Land handelte. Der Sozialismus begünstigte die formale Gleichstellung von Frauen, weshalb in den 1960er- und 1970er-Jahren Frauen aus dem ehemaligen Jugoslawien bereits viel stärker im Arbeitsmarkt verankert waren als österreichische Frauen. Dieser historische Aspekt wird in der kollektiven Erinnerung an die ‚Gastarbeiterinnen' jedoch marginalisiert (vgl. Morokvašić 1987).

---

[1] Zugänglich über die Datenbank der Universität Wien: https://ubdata.univie.ac.at/AC15025134

Das Bild der ‚passiven Migrantin'

Dass im aktuellen Integrationsdiskurs ein besonders defizitäres Bild von Migrantinnen aus dem globalen Süden gezeichnet wird, baut – so meine These – auf diesem seit den 1960er-Jahren geprägten Bild der passiven Migrantin auf. Spätestens seit dem Jahr 2011 wurde mit der Gründung des Staatssekretariats für Migration – gemäß des Slogans „Sprache als Schlüssel zur Integration" – der Deutschkurs zum „Um und Auf" des Integrationsprozesses erklärt (vgl. Gruber/Rosenberger 2015). Seither werden die staatlichen Integrationsauflagen immer weiter verschärft. Durch das neue Integrationsgesetz, das im Herbst 2017 in Kraft trat, sind Asylwerber/innen und Drittstaatsangehörige verpflichtet, neben einer Sprachprüfung auch ihr „Werte- und Orientierungswissen" unter Beweis zu stellen, um ihren Aufenthaltstitel verlängern zu können. Die dafür vorgesehenen Tests sind jedoch voll von stereotypen Bildern: Jene Gruppen, die den Test ablegen müssen, werden als Vertreter/innen von patriarchalen, vormodernen Gesellschaften dargestellt. Auffällig dabei ist, dass die ‚fremde Frau', die als unterdrückt und passiv gekennzeichnet ist, geradezu als Sinnbild der Fremdheit fungiert. Sie erhält – so wird suggeriert – erst in der modernen westlichen Gesellschaft die Möglichkeit, sich von ihrer Unterdrückung zu befreien.

In diesem Beitrag möchte ich die Ergebnisse meiner Auseinandersetzung mit der Arbeitsmigration von Frauen (insbesondere aus dem ehemaligen Jugoslawien) im Zuge der ‚Gastarbeit' der 1960er- und 1970er-Jahre mit aktuellen Entwicklungen des österreichischen Migrationsregimes in Beziehung setzen. Denn ein kritischer Blick auf den Umgang mit dem Thema ‚Gastarbeit' stellt die derzeit dominanten Bilder im Migrationsdiskurs in Frage. Auf diese Weise könnte Raum für neue Diskussionen geschaffen werden. Zur Anregung einer solchen Debatte lasse ich auch die Lebensgeschichte einer Frau aus dem ehemaligen Jugoslawien einfließen, die diese stereotypen Bilder unterläuft. In den folgenden Ausführungen soll zudem gezeigt werden, wie das Bild der defizitären Migrantin seit den 1960er-Jahren in den Medien, aber auch in den Wissenschaften immer wieder aufs Neue reproduziert wurde und sich dadurch verfestigen konnte. Diese Bilder dienen heute als Grundlage und zur Rechtfertigung von Integrationsmaßnahmen, die nicht zu einem Miteinander beitragen, sondern – so argumentiere ich – das *Othering* verstärken und damit Ausschluss erzeugen.

WIE geschichtliche Ausschlussmechanismen funktionieren: Die kulturelle Gedächtnistheorie nach Assmann

In seinem Essay "The Stranger" ging der in die USA ausgewanderte österreichische Sozialpsychologe Adolf Schütz 1944 der Frage nach, wie „der

Neuankommende" in der Aufnahmegesellschaft bewertet wird. Eine wichtige Erkenntnis dabei war, dass aufgrund der fehlenden Informationen dieser als 'man without history' zu einer Projektionsfläche für Exotizismus werden konnte. Da die Aufnahmegesellschaft nichts über ‚ihn' weiß, ist es ein Leichtes, die Leerstellen mit Stereotypen und klischeehaften Bildern zu füllen (Rupnow 2017: 38f).

Anknüpfend an diese Beobachtung könnte man sagen, dass in Bezug auf Frauen im Themenkomplex ‚Gastarbeit' vom stereotypen Bild der 'woman without history' gesprochen werden kann. Aufgrund der Nichtbeachtung weiblicher Erfahrungen kann die Migrantin dabei zur Projektionsfläche für ein problematisches, passives und unmodernes Frauenbild werden.

Die kulturelle Gedächtnistheorie liefert ein mögliches Erklärungsmodell für die Beobachtung von Adolf Schütz, indem sie die Frage nach dem gesellschaftspolitischen Sinn und Zweck der Geschichtsschreibung stellt. Nach dieser Theorie lässt sich die Exotisierung und der Ausschluss vor allem durch die identitätsstiftende Funktion der dominanten Geschichtsschreibung erklären, die als kollektives Gedächtnis bezeichnet wird. Es kann gewissermaßen als generationenübergreifendes Langzeitgedächtnis einer Gesellschaft verstanden werden (Assmann/Frevert 1999: 42).

Dominante nationale Narrative, die etwa über Schulbücher, Nationalmuseen oder breitenwirksame öffentliche Medien Verbreitung finden, sind identitätsbildend, sofern sich der/die Einzelne durch gemeinsame historische Bezugspunkte als Teil eines Ganzen erfahren kann. Die vielfältigen medialen Inszenierungen werden nach der kulturellen Gedächtnistheorie nach Assmann als konstituierend für das kollektive Gedächtnis angesehen. Auf diese Weise wird ein Über-Ich konstruiert, das dem Individuum vielfältige Möglichkeiten zur Identifikation gibt und es auf diese Weise Teil des nationalen Kollektivs werden lässt. Die dominante nationale Geschichte ist demnach ein Netz aus Assoziationen, Bildern und Narrationen, das Identifikationsangebote macht und einen Raum für Verknüpfungen eröffnet. In der kulturellen Gedächtnistheorie nach Assmann wird das kollektive Gedächtnis als politischer Faktor verstanden, der zur Mobilisierung von Bevölkerungsgruppen und zur Absicherung von Machtverhältnissen eingesetzt werden kann (Assmann/Frevert 1999: 32). Nach diesem Verständnis übt das kollektive Gedächtnis insofern Macht aus, als es durch Vereinfachungen oftmals ein verzerrtes Geschichtsbild konstruiert, um für große Teile der Mehrheitsgesellschaft anschlussfähig zu sein. Dies ist vor allem dann der Fall, wenn ein besonderes Ereignis auf Kosten einer komplexen und vielfältigen Geschichtsdarstellung zu einer gedächtniswirksamen Ikone hochstilisiert wird (Assmann/Frevert 1999: 50f).

Das Bild der ‚passiven Migrantin'

In Bezug auf das Thema ‚Gastarbeit' lässt sich eine solche Ikonisierung beispielsweise bei der immer wieder aufgegriffenen Figur des einmillionsten deutschen ‚Gastarbeiters' Rodrigues de Sà feststellen. Er bekam bei seiner Ankunft in Köln 1964 ein Motorrad geschenkt (Motte/Ohliger 2004: 17–19). Dieses Bild diente vor allem dazu, über das Narrativ der Dankbarkeit die mangelnde Annerkennung der Arbeitsmigrant/innen zu verschleiern. Diese gönnerhafte Geste kursierte auch in den österreichischen Medien. Die Wahl fiel zufällig auf Rodrigues de Sà, der in einem Zug mit mehr als tausend Arbeitsmigrant/innen ankam. Weniger zufällig war wahrscheinlich, dass ein Mann ausgewählt wurde. So ging durch sein Ikonisieren auch der relativ hohe Anteil von Arbeiterinnen in der Geschichte der ‚Gastarbeit' unter (Koch et al. 2013: 48).

Jene Erzählungen, die von hegemonialen politischen Funktionsträgern ins kollektive Gedächtnis eingespeist werden, zielen in der Regel nicht auf eine ausgewogene Geschichtsdarstellung, sondern auf eine zweckgerichtete Erinnerungspolitik. Die Wirkmächtigkeit dominanter Geschichtsnarrative ergibt sich also aus Verfahrensweisen wie der Verzerrung und Ausblendung. In Bezug auf das Thema ‚Gastarbeit' lässt sich dieser Ausschluss von Migrant/innen aus der Migrationsgeschichte bis in die 2000er-Jahre feststellen. Erst mit dem späten politischen Bekenntnis, dass Österreich ein Einwanderungsland ist, beginnt Bewegung in die öffentliche Darstellung des Themas ‚Gastarbeit' zu kommen (vgl. Gruber/Rosenberger 2015).

Das Bekenntnis, Einwanderungsland zu sein, eröffnete neue Möglichkeiten für NGOs, Vereine und andere Akteur/innen der Migration, die Engführung der bisherigen Geschichtsschreibung zu kritisieren und neue Erzählungen einzuschleusen. Die Ausstellung „Gastarbajteri"[2] im Jahr 2004 war ein erster Versuch von einer NGO in einem gemischten Team von Migrant/innen und Nicht-Migrant/innen, die Zuwanderung nach Österreich als Teil der österreichischen Geschichte darzustellen. Die Ausstellung hatte nicht zuletzt deshalb einen so nachhaltigen Effekt, weil das Wien Museum als zentrale Institution der Wiener Stadtgeschichte für die Übernahme der Ausstellung gewonnen werden konnte. Es folgten weitere Aktionen, wie die in der Einleitung erwähnte Posteraktion, die gemeinsam mit dem Arbeitskreis „Archiv der Migration" umgesetzt wurde (Ongan 2013: 5).

Die Forderung nach einem Archiv der Migration kann mit Blick auf die kulturelle Gedächtnistheorie als wichtiger Beitrag zum kulturellen Gedächtnis verstanden werden. Denn ein solches Archiv würde vielfältige Dokumente und Geschichten zum Thema Migration – insbesondere aber die

---

2 http://www.gastarbajteri.at

der Protagonist/innen – aufbewahren, um auf diese Weise einer einseitigen Instrumentalisierung von Erinnerung entgegenwirken zu können.

Aus Sicht der kulturellen Gedächtnistheorie kann dieser Aufbruch mit dem Erstarken des kulturellen Gedächtnisses in der Migrationsgesellschaft erklärt werden. Das kulturelle Gedächtnis arbeitet im Gegensatz zum kollektiven Gedächtnis nicht mit einer inhaltlichen Engführung, mit Symbolismus oder Affektivität, sondern schöpft aus einer Vielfalt künstlerischer, wissenschaftlicher und medialer Positionen, die in zunehmendem Maße auch durch Selbstrepräsentationen von Akteur/innen der Migration angereichert werden. Der Rückgriff auf den reichhaltigen und damit kontroversen gesellschaftlichen Fundus ermöglicht immer wieder neue Deutungen und Blickwinkel auf die Vergangenheit (Assmann/Frevert 1999: 49–52).

Mit dem Bedeutungsgewinn des kulturellen Gedächtnisses in der Auseinandersetzung mit dem Thema ‚Gastarbeit' kam in den letzten beiden Jahrzehnten auch die Situation von Frauen zunehmend in den Blick. Beispiele dafür sind etwa die beiden Wanderausstellungen „Avusturya! Österreich! 50 Jahre Arbeitsmigration aus der Türkei" und „Unter fremdem Himmel. 50 Jahre jugoslawische Gastarbeit in Österreich" des in Graz angesiedelten Vereins JUKUS. Als weiteres Beispiel kann die 2016 im frei_raum des Q21 des Wiener Museumsquartiers gestaltete Kunstausstellung „Ajnhajtclub" angeführt werden. Aber auch in den übrigen Bundesländern fanden in den letzten Jahren vermehrt einschlägige Ausstellungen statt. Und auch in der wissenschaftlichen Auseinandersetzung wurde der Blick verstärkt auf die weiblichen Erfahrungen der ‚Gastarbeit' gerichtet[3] (Wonisch 2016: 148).

Das stereotype Bild der Migrantin ist durch die heutige hysterische Debatte um Integration so dominant, dass andere Realitäten überlagert werden

Im Zuge der zunehmend genderspezifischen Beschäftigung mit dem Thema ‚Gastarbeit' tauchte die Frage auf, warum die zugewanderten Frauen nicht

---

3 Dies zeigen beispielsweise die neueren Arbeiten von Koch et al. und Lorber: Elisabeth Koch, Viktorija Ratkovic, Manuela Saringer, Rosemarie Schöffmann (2013): ‚Gastarbeiterinnen' in Kärnten. Arbeitsmigration in Medien und persönlichen Erinnerungen. Klagenfurt-Wien: Drava.
Verena Lorber (2017): To Come into Focus: Female "Guest Workers" from Former Yugoslavia in Austria (1960–1980). In: Günter Bischof, Dirk Rupnow (Hg.): Migration in Austria. New Orleans: UNO Press; Innsbruck: Innsbruck University Press, S. 161–187.

als aktive Arbeiterinnen, sondern als passive nachziehende Ehefrauen in das kollektive Gedächtnis eingegangen sind und vielfach noch heute so wahrgenommen werden.

Zu Rodrigues de Sá gibt es jedenfalls kein ikonisiertes weibliches Gegenstück im kollektiven Gedächtnis, obwohl die Arbeitsmigrantinnen an denselben Bahnhöfen angekommen sind. In der ohnehin marginalisierten Geschichte der ‚Gastarbeit' fanden sich lange Zeit fast gar keine historischen Materialien zur Lebensrealität der ‚Gastarbeiterinnen' in den Schulbüchern oder Museen, also jenen Orten, in denen sich das kollektive Gedächtnis manifestiert (Johansson/Hintermann 2010: 61; 136). Eine mögliche Erklärung dafür wäre, dass die weibliche Arbeit auch in der Pressefotografie kaum dokumentiert ist – eine zentrale Quelle für Ausstellungen und andere Medien. Denn während Männer im öffentlichen Raum insbesondere auf Baustellen arbeiteten, standen Frauen in den Fabriken an Fließbändern und damit weniger im Fokus der Fotograf/innen (Vgl. Wonisch). So konnte das Bild des männlichen ‚Gastarbeiters' in die mediale Berichterstattung eingehen, während die Lebensrealität der ‚Gastarbeiterinnen' vielfach unsichtbar blieb (Hintermann 2010: 64).

Das Themenfeld Migration, egal ob Ein- oder Auswanderung, ging allerdings generell erst sehr verzögert in das kollektive Gedächtnis Österreichs ein. Dies zeigt ein Blick in die österreichischen Schulbücher. Erst im Jahr 1986 findet das Thema dort erstmalig Erwähnung. Die Lebensrealität von Frauen als Arbeitsmigrantinnen bleibt dabei weitgehend ausgeklammert (Hintermann 2010: 64, 76). Die Massenmedien trugen das ihrige dazu bei, ein passives Frauenbild in Bezug auf die ‚Gastabeiterinnen' zu forcieren (Huth-Hildebrandt 2001: 32). Erst mit dem einsetzenden Familiennachzug in den 1980er-Jahren begannen sich die Sozialwissenschaften mit diesem Phänomen zu beschäftigen – allerdings vor allem aus einer defizitorientierten Perspektive (Kofmann 1999: 270).

Auch in offiziellen Statistiken schlug sich die Nichtbeachtung von Migrant/innen in der Arbeitswelt nieder. Damit trug jenes Instrument, das sich auf besondere Weise den Anschein der Objektivität gibt, wahrscheinlich nicht unerheblich zum passiven Bild der Migrantin bei. Zuvor war anscheinend die Gewissheit so groß, dass alle ausländischen Arbeitskräfte männlich sind, dass das Geschlecht gar nicht abgefragt wurde (Gächter 2016: 50). So finden sich erst ab 1981 in den Volkszählungen Angaben zum Geschlecht von ‚Gastarbeiter/innen'.

Studien über jugoslawische Arbeitsmigrantinnen in Schweden kamen zu dem Ergebnis, dass sich durch den Prozess der Emigration in die kapitalistisch geprägten westeuropäischen Staaten traditionelle Geschlechterrollen noch stärker verfestigten konnten (Morokvašić 1984: 892). Durch den Anwerbestopp Anfang der 1970er-Jahre wurden die nach Westeuropa emigrierenden Frauen oftmals insofern in vulnerable Positionen gedrängt, als ihr rechtlicher Status meist an den Ehemann gebunden war und sie auf diese Weise in ein Abhängigkeitsverhältnis gerieten (Morokvašić 1987: 25–26).

In ihrer Studie zu ehemaligen ‚Gastarbeiterinnen' in Deutschland stellt Monika Mattes dar, dass es nicht die ‚Gastarbeiterinnen' waren, die sich durch die Migrationserfahrungen emanzipieren konnten. In Deutschland und Österreich waren es vielmehr die ‚einheimischen' Frauen, die aufgrund der Arbeitsmigrantinnen Karriere machen konnten. Nachdem die ausländischen Arbeitskräfte die wenig beliebte Akkord- und Fließbandarbeit verrichteten, konnten die österreichischen Frauen die besseren Arbeitsstellen mit geregelten Arbeitszeiten – etwa in Büros – besetzen. Statt Schichtarbeit übernahmen sie Halbtagsarbeiten, die es erlaubten, sich aus der Sphäre des Haushalts zu lösen (Mattes 2005: 252). Verena Lorber belegt dieses Phänomen im österreichischen Kontext (Lorber 2017: 171).

Trotz dieser ganz anders gelagerten Forschungsergebnisse halten sich die Klischeebilder in Bezug auf Jugoslawinnen und Türkinnen, die seit den 1960er-Jahren nach Österreich migrierten, hartnäckig. Ebenso bleiben die Versäumnisse auf österreichischer Seite unthematisert. Dies zeigt etwa ein Blick in die Statistik-Broschüre „Frauen" des Österreichischen Integrationsfonds (ÖIF), in der sich unter dem Kapitel „Erwerbstätigkeit" folgende Darstellung statistischer Zahlen findet:

„Knapp 68% aller Frauen in Österreich waren im Jahr 2016 erwerbstätig. Migrantinnen sind in geringerem Ausmaß am Erwerbsleben beteiligt als Österreicherinnen: Die Erwerbstätigkeit von Frauen mit Migrationshintergrund lag 2016 bei 58%, dieser Wert ist deutlich geringer als bei Frauen ohne Migrationshintergrund (71%). Je nach Herkunftsland bestanden innerhalb der Gruppe der Migrantinnen jedoch große Unterschiede: Die Erwerbstätigenquote bei Frauen aus den EU-Staaten vor 2004 bzw. den EFTA-Staaten (mit 72%) sowie bei aus den ab 2004 der EU beigetretenen Staaten stammenden Personen (mit 67%) lag deutlich über jener der Frauen mit türkischem Migrationshintergrund. **Nur eine Minderheit der aus der Türkei stammenden Migrantinnen (42%) sowie der Frauen aus sonstigen Staaten (47%) und etwas mehr als die Hälfte (59%) der Frauen aus dem ehemaligen Jugoslawien (außerhalb der EU) nahmen am Erwerbsleben teil** [Hervorhebung durch die Autorin]." (ÖIF 2017b: 33f)

Die Broschüre präsentiert aktuelle Statistiken, ohne jedoch sozioökonomische Hintergrundinformationen miteinzubeziehen oder die Zahlen in einen historischen Kontext einzuordnen. Die fehlende Kontextualisierung ermöglicht es, an dominante Stereotypen anzuknüpfen: Im Unterschied zu den Frauen aus dem ehemaligen Jugoslawien und der Türkei sind die ‚emanzipierten, modernen österreichischen Frauen' in einem hohen Ausmaß erwerbstätig. Diese Lesart bietet die Statistik des ÖIF für diejenigen, die einfache Erklärungsansätze bevorzugen, auf den ersten Blick an. Indem nur die nackten Zahlen ohne entsprechende Hintergrundinformationen präsentiert werden, können die Leser/innen nicht nachvollziehen, warum es zu dieser unterschiedlichen Beteiligung am Arbeitsmarkt kommt. Dies macht es leicht, die defizitorientierten Bilder und Diskurse im Hinblick auf Migrantinnen, die mit der Engführung des kollektiven Gedächtnisses in Bezug auf das Thema ‚Gastarbeit' zusammenhängen, in den Köpfen der Leser/innen aufzurufen. Der Prozess des *Othering* erfolgt hier durch die Konstruktion eines binären Gegensatzes zwischen der ‚emanzipierten österreichischen Frau' und der ‚traditionsverhafteten Migrantin', die eine implizite Wertung enthält. Die Formulierungen „**nur** eine Minderheit" und „**etwas mehr** als die Hälfte" [Hervorhebung durch die Autorin] verweisen auf diese Defizitperspektive. Es stellt sich die Frage, warum der ÖIF bei der Darstellung der Unterschiede in Bezug auf die Einbindung in den Arbeitsmarkt vor allem die Staatsangehörigkeit der Frauen herausstreicht, ohne diesen Zusammenhang mit weiteren Parametern zu unterfüttern.

Meiner Meinung nach kann die Frage mit Blick auf die lange unbeachteten Migrationsgeschichten bzw. die späte Erkenntnis, dass Österreich ein Einwanderungsland ist, beantwortet werden: Lange Zeit wurde Integrationspolitik nicht als notwendig erachtet und dementsprechend wenig in die Schulbildung und Weiterbildungsmaßnahmen für ‚Gastarbeiter/innen' und deren Nachkommen investiert. Mit dem alleinigen Verweis auf die Herkunft bei gleichzeitiger Ausblendung der sozioökonomischen Zusammenhänge öffnet der ÖIF der Kulturalisierung Tür und Tor.

Eine andere Perspektive einnehmen 1: Frauen aus dem ehemaligen Jugoslawien als ‚Gastarbeiterinnen'

Um derartigen Kulturalisierungen entgegenzuwirken, möchte ich die Leerstellen des ÖIF-Berichts mit einigen Daten füllen, die die Situation der Arbeiter/innen, die im Zuge des Anwerbeabkommens mit dem ehemaligen Jugoslawien nach Österreich kamen, näher beleuchten:

... oder in Fischfabriken. Hier ein Teil der Belegschaft der Fischfabrik C. Warhanek.

1962 betrug der Anteil an Frauen unter den ausländischen Arbeitskräften in Österreich etwa 19 Prozent. Im Jahr 1973 stieg ihr Anteil durch den verstärkten Zuzug von Frauen aus dem ehemaligen Jugoslawien auf 31 Prozent (Lorber 2017: 169). Dieser Trend lässt sich für die meisten westeuropäischen Aufnahmeländer in Bezug auf jugoslawische Frauen in dieser Zeit zeigen (Morokvašić 1987: 15).

Vor allem in den 1970er-Jahren kamen viele weibliche Arbeitskräfte nach Österreich. Dies lässt sich auch darauf zurückführen, dass österreichische Betriebe Frauen aktiv angeworben haben (Gächter 2016: 46).

Etwa ein Drittel der Frauen aus dem ehemaligen Jugoslawien hatte – nach einer Statistik aus dem Jahr 1983 – keine Beschäftigung im Herkunftsland gehabt. Für viele Frauen stellte die Emigration „die erste und möglicherweise einzige Chance der Aufnahme entlohnter Arbeit" (Morokvašić 1987: 63) dar. Denn von den Einstellungsbeschränkungen aufgrund einer Wirtschaftsreform in Jugoslawien waren vor allem Frauen betroffen. Daher waren 63 Prozent der Arbeitslosen zu dieser Zeit Frauen (Ebd.). Vor allem in gut entwickelten Regionen in der Vojvodina, in Nordkroatien und im Kernland Serbiens profitierten viele Frauen von der hohen Nachfrage nach ungelernten weiblichen Arbeitskräften in den westlichen Ländern. In diesen Regionen gab es auch keine besonderen gesellschaftlichen Vorbehalte gegen die Mobilität von Frauen (Morokvašić 1987: 65; 68).

Das Bild der ‚passiven Migrantin'

Auf dem österreichischen Arbeitsmarkt zeigte sich Anfang der 1970er-Jahre hingegen ein anderes Bild. 91 Prozent der Emigrantinnen aus dem ehemaligen Jugoslawien gingen einer Lohnarbeit nach, während im selben Zeitraum die Österreicherinnen nur zu 51 Prozent auf dem Arbeitsmarkt vertreten waren (Gächter 2016: 48). Im Laufe der 1970er-Jahre begannen aber auch Letztere verstärkt auf den Arbeitsmarkt zu drängen. Nicht nur die neue Gleichstellungspolitik und die besseren Ausbildungsmöglichkeiten führten zu diesem Trend, sondern auch die Tatsache, dass der wirtschaftliche Aufschwung mit einem Anstieg an Arbeitsmöglichkeiten im Service-, Gesundheits-, Dienstleistungs-, Bildungs-, Kunst- und Kulturbetrieb einherging. Diese Jobs mit geregelteren Arbeitszeiten und abwechslungsreicheren Inhalten als die Tätigkeiten in den Fabriken waren jedoch den österreichischen Frauen vorbehalten. Indem die Arbeitsmigrantinnen zum Großteil die ‚schmutzigen' Jobs übernahmen, also vor allem Hilfsarbeiten in Fabriken verrichteten, trugen sie zur Emanzipation und zur Besserstellung der übrigen Frauen auf dem Arbeitsmarkt bei (Lorber 2017: 171). Die hierarchischen Verhältnisse auf dem Arbeitsmarkt werden aus den statistischen Daten der Broschüre des ÖIF allerdings nicht sichtbar: Zugang zu lukrativen Jobs haben weiterhin vor allem Österreicherinnen ohne Migrationshintergrund.[4]

Dass in den 1960er- und 1970er-Jahren Frauen aus dem ehemaligen Jugoslawien stärker in den Arbeitsmarkt eingebunden waren, als dies bei Frauen aus Österreich zur gleichen Zeit der Fall war, hängt auch mit dem Frauenbild in den sozialistischen Ländern zusammen, wo mehr auf die Gleichberechtigung in der Arbeitswelt gesetzt wurde. Morokvašić kritisiert in ihrer Studie aus dem Jahr 1987, dass sich westliche Wissenschaftler/innen kaum mit der Migration von Frauen aus dem ehemaligen Jugoslawien beschäftigt haben. Denn anders ist es nicht zu erklären, dass entweder pauschal angenommen wurde, Frauen würden ihren Männern nur nachfolgen oder weibliches Migrationsverhalten würde das männliche spiegeln. Sie zeigt die Vielfalt und Komplexität der Motivationslagen jugoslawischer Frauen auf, die nicht dieser Dichotomie entsprechen und sich auch nicht in ein einfaches Push- und Pull-Modell einordnen lassen. Sie unterscheidet bewusst nicht zwischen ‚passiven' Frauen, die ihren Männern nachziehen, und ‚aktiven', die allein emigrieren. Zudem kreidet sie der damaligen Migrationsforschung an, ausschließlich ökonomische Faktoren als Migrationsgrund anzunehmen. Sie stellt im Unterschied zu vielen anderen Studien die ökonomisch begründete Emigration

---

4 Jobsuche: Akademiker mit Migrationshintergrund werden benachteiligt. https://derstandard.at/1381372024967/Mehr-Bewerbungen-Akademiker-mit-Migrationshintergrund-im-Nachteil, zuletzt geprüft am 19.11.2018.

als nur eine unter mehreren dar. Denn es gibt viele Beweggründe für die Entscheidung zur Migration (Morokvašić 1987: 68f).

Außerdem zeigt Morokvašić auf, dass die wenigsten Frauen aus dem ehemaligen Jugoslawien ihren Männern als Hausfrauen nachzogen. Um das ökonomische Auskommen im Ausland und gegebenenfalls auch nach der Remigration zu sichern, mussten Frau und Mann das Arbeitsleben partnerschaftlich organisieren. In jenen Fällen, in denen die Männer vorausgingen, trafen sie die nötigen Vorkehrungen für die Ankunft der Frauen: Sie besorgten nicht nur eine Wohnung, sondern hörten sich auch nach einem Arbeitsplatz für ihre Partnerinnen um. Es gab aber auch Frauen, die ihren Männern vorausgingen und deren Ankunft vorbereiteten, oder Frauen, die selbstständig als Familienvorsteherinnen migrierten, um die Zurückgebliebenen mit dem verdienten Geld aus dem Ausland finanziell zu unterstützen (Morokvašić 1987: 71–78).

Eine andere Perspektive einnehmen 2:
Die Geschichte einer Arbeitsmigrantin

Im Folgenden zeichne ich die Lebensgeschichte einer ehemaligen Migrantin nach, die nicht dem Bild der ‚passiven Familiennachzüglerin' entspricht, um so eine differenziertere Sicht auf die Vergangenheit zu ermöglichen.[5]

Es ist die Geschichte einer Frau, die in den 1950er-Jahren in einer kroatischen Kleinstadt aufwuchs, im Zuge der ‚Gastarbeit' Anfang der 1970er-Jahre nach Wien kam, dort zunächst in einer Kleiderfabrik arbeitete und schließlich eine Karriere als Diplomingenieurin bei den Wiener Stadtwerken machte.

Die Migrantin wuchs als Tochter einer Trafikantin und Hausmeisterin auf. Neben der Schule unterstützte sie die Mutter bei ihren Arbeiten. Angeregt durch die Grundschullehrerin begann sie sich für Technik zu interessieren. Nach der Pflichtschule wollte die Migrantin auf die Berufsschule, um schneller eigenes Geld verdienen zu können. Wieder ermutigt durch die Lehrerin, schloss sie die technische Bausschule ab.

Nach einer kurzen Ehe beschloss die Migrantin ihr Glück außerhalb des heutigen Kroatiens zu suchen und machte sich, einem relativ spontanen Plan folgend, Anfang der 1970er-Jahre auf den Weg zum Bahnhof. Da zu diesem Zeitpunkt aber kein Zug mehr in diese Richtung ging, kaufte sie sich eine

---

[5] Dieses Beispiel ist meiner Masterarbeit entnommen, in der ich zwei autobiografische Interviews mit Frauen, die als Arbeiterinnen im Zuge der ‚Gastarbeit' aus dem ehemaligen Jugoslawien nach Österreich gekommen sind, geführt habe.

Fahrkarte nach Zagreb. Dort kam ihr die Idee, nach Wien zu fahren, da die Züge in diese Richtung voller ‚Gastarbeiter/innen' waren, die nach den Weihnachtsfeiertagen nach Österreich zurückkehrten. Sie sah im überfüllten Zug eine Chance für sich, ohne Visum und Arbeitspapiere einzureisen, da ihr eine Kontrolle aufgrund der großen Anzahl an Menschen unwahrscheinlich erschien, was sich als richtige Vermutung erwies. Durch diese Spontanentscheidung verlagerte sich ihr Lebensmittelpunkt nach Wien.

Am Morgen nach ihrer Ankunft machte sich die Migrantin sofort auf den Weg zum Arbeitsamt. Da sie während ihrer Schulzeit Deutsch gelernt hatte, war sie bei der Arbeitssuche nicht auf die Hilfe anderer angewiesen. Sie hatte angegeben, nähen zu können, daher wurde ihr vorgeschlagen, sich bei einer Textilfabrik in der Innenstadt vorzustellen. Noch am selben Tag trat sie dort eine Stelle an und blieb bei dieser Firma für eineinhalb Jahre. Weil die Entlohnung sehr gering war und in der ersten Woche kein Geld ausgezahlt wurde, musste sie die erste Zeit bei Nonnen bzw. bei der Heilsarmee unterkommen. Um diesen Unterbringungsverhältnissen entfliehen zu können und um ihr Auskommen abzusichern, machte sie sich daran, einen zusätzlichen Job zu finden. Zunächst hatte sie Probleme, eine weitere Arbeitsstelle zu finden, da sie erst am Abend nach der Arbeit in der Textilfabrik, die jeweiligen Ausschreibungen durchtelefonieren konnte und die Jobs bis dahin oft schon vergeben waren. Schließlich hatte sie doch Glück und begann als Haushälterin für eine Familie zu arbeiten, bei der sie auch die ersten eineinhalb Jahre in Wien wohnen konnte. Zusätzlich zu ihrer Neun-Stunden-Schicht in der Textilfabrik bereitete sie vor der Arbeit das Frühstück für die Familie vor. Nach der Arbeit musste sie oft einkaufen gehen und kochte das Abendessen. Für die Migrantin stellte die zusätzliche Stelle einen großen Glücksfall dar, da ihr auf diese Weise mehr Geld zur Verfügung stand und keine zusätzlichen Ausgaben für Essen anfielen.

Nach eineinhalb Jahren beschloss sie, ihre Tochter nachzuholen, die zu diesem Zeitpunkt noch im ehemaligen Jugoslawien lebte. Die Migrantin konnte daraufhin nicht mehr zusätzlich arbeiten und suchte eine Wohnung im neunten Bezirk für sich und ihre Tochter.

Die Lage der Wohnung war äußerst günstig für sie, da das Wirtschaftsförderungsinstitut (WIFI) in Gehnähe lag. Dort besuchte sie eine Weiterbildung für technische Berufsgruppen, denn es war ihr in der Zwischenzeit gelungen, als technische Zeichnerin bei den Wiener Stadtwerken Fuß zu fassen. Durch eine Stellenausschreibung des Rathauses war sie über Umwege zur Hochbauabteilung der Stadtwerke gekommen, wo sie nach bestandener Aufnahmeprüfung im Zeichensaal zu arbeiten begann. Vom Rathaus war sie als ‚Ausländerin' abgewiesen worden, weil dort generell nur österreichische

Staatsbürger/innen eingestellt wurden. Jedoch wurde ihr dort der Tipp gegeben, es bei den Stadtwerken zu versuchen.

Sie entschied sich für eine Weiterbildung, die sie aufgrund ihrer guten Ausbildung im ehemaligen Jugoslawien nicht nötig gehabt hatte. Doch auf diese Weise konnte sie die technischen Ausdrücke auf Deutsch erlernen. Durch die Nostrifizierung ihrer Diplome und ihre Weiterbildung am WIFI war sie rasch zur Mitarbeiterin mit einer der höchsten Ausbildungen in ihrer Abteilung aufgestiegen. Als sie daraufhin zur Chefstellvertreterin bestellt wurde, verschlechterte sich allerdings das Verhältnis zu den männlichen Arbeitskollegen. Als einzige Frau in einer Männerdomäne hatte es die Migrantin in ihrer Position nicht leicht, was zu Konflikten im Büro führte. Aufgrund des schlechten Arbeitsklimas wechselte die Migrantin vom Zeichensaal auf die Baustelle, wo sie als Bauinspizientin arbeitete. Wichtige berufliche Stationen waren der U-Bahnbau und die Wohnhäusersanierungen. In ihren 33 Jahren bei den Wiener Stadtwerken arbeitete sie sich bis zur diplomierten Ingenieurin hoch. Aufgrund ihrer Ausbildung in Kroatien konnte sie sofort von einer D-Beamtin zur B-Beamtin aufsteigen. Dafür musste sie jedoch wiederum einige Zusatzprüfungen bestehen; die dafür nötigen Fortbildungen konnte sie zusammen mit anderen Kollegen während der Arbeitszeit besuchen. Nach drei Jahren hatte sie das Recht, einen Ingenieurtitel zu tragen. Da sie durch diesen Titel aber keine finanziellen Vorteile hatte, sah sie zunächst keinen Grund, dafür anzusuchen. Erst auf Drängen eines Kollegen entschied sie sich doch zu diesem Schritt (Strasser 2018: 82f).

Zum ‚Warum' der Ausschlussmechanismen: Die historischen Stereotype halten Fremdheit im Namen der Integration aufrecht und führen damit zum Gegenteil

Ich finde es wichtig, derartigen Migrationsgeschichten, die sich sehr vom klischeehaften Bild der Migrantin im Zusammenhang mit dem Themenkomplex ‚Gastarbeit' unterscheiden, in der Geschichtsschreibung mehr Beachtung zu schenken. Solche autobiografischen Erzählungen laden ein, abseits der „ausgetretenen Pfade" zu denken und der Frage nachzugehen, warum an einem defizitorientierten Bild von Migrantinnen festgehalten und damit ein Unterschied zu den österreichischen Frauen hergestellt wird. Bezugnehmend auf die bereits erwähnte Broschüre des ÖIF (2017b) stellt sich die Frage, warum die vergleichsweise höhere Erwerbsarbeit von Migrantinnen in den 1960er- und 1970er-Jahren ausgeblendet und die heutige geringere Erwerbstätigkeitsquote ohne Kontextualisierung betont wird. In diesem Artikel wurde gezeigt, dass österreichische Frauen in ihrem Emanzipationsprozess von den ‚Gastarbeiterinnen' profitierten, während letztere – nicht zuletzt aufgrund der restriktiven Gesetzeslage – in patriarchale Abhängigkeitsverhältnisse gedrängt wurden. Diese Versäumnisse in der Integrationspolitik der Vergangenheit stellen eine unbequeme Faktenlage dar, sodass es leichter scheint, bestimmte Themen der Migrationsgeschichte aus den dominanten Geschichtserzählungen auszublenden und als Leerstellen zu belassen.

Ein Blick auf die neuen Werte- und Orientierungstests (ÖIF 2017a), die seit Herbst 2017 aufgrund des neuen Integrationsgesetzes für Asylwerbende und Drittstaatsangehörige verpflichtend geworden sind, kann eine weitere Erklärung für die Geschichtsvergessenheit des ÖIF geben. Heinemann schreibt in diesem Kontext: "It is currently fashionable for nation states to demonstrate their modernity by representing themselves as promoters of gender equality" (Heinemann 2016: 187). Ein Blick in die Lernunterlagen zu den Wertetests (ÖIF 2017a) bestätigt diese Beobachtung: durch alle sieben Schwerpunktbereiche der Prüfung zieht sich wie ein roter Faden der Verweis auf die Gleichberechtigung zwischen den Geschlechtern in Österreich. So wird unter dem Schwerpunktthema „Gleichberechtigung im Bildungsbereich" durch die Art der Fragestellung betont, dass in Österreich Buben und Mädchen eine Schule besuchen dürfen (Frage: „In Österreich dürfen nur Buben eine Schule besuchen. Richtig oder falsch") und, dass diese auch in die gleiche Schule gehen („In Österreich dürfen Buben und Mädchen die gleiche Schule besuchen. Richtig oder falsch"). Unter dem Aspekt der Gleichberechtigung in der Arbeitswelt wird aufgezeigt, dass in Österreich Männer und Frauen an Universitäten studieren dürfen („In Österreich dürfen Männer und Frauen an Universitäten studieren." Richtig oder falsch). Zudem wird ziemlich unkritisch dargestellt, dass es in Österreich möglich ist, „dass eine Frau in der Arbeit die Chefin ist" (ÖIF 2017a: 16f; 21). Frauen können in Österreich zwar Führungsposten übernehmen – ein Blick in die Statistik zeigt jedoch, dass sie dort immer noch unterrepräsentiert sind.[6] Unsichtbar gemacht wird ebenfalls die Tatsache, dass auch in Österreich patriarchale Rollenmuster an der Tagesordnung sind: Die Kinderbetreuung übernehmen nach wie vor vor allem Frauen. Dies liegt nicht zuletzt an einem schlecht ausgebauten Kinderbetreuungssystem (Heinemann 2016: 188).

Außerdem wird betont, dass sich Frauen in Österreich scheiden lassen können und wieder heiraten dürfen. Durch die Art der Fragestellung werden Schulbesuch, Studium, Karrierechancen und Scheidung jedoch nicht als

---

6 AK (2018): Frauen-Mangement-Report 2018, S. 2. https://media.arbeiterkammer.at/wien/PDF/studien/AK.Frauen.Management.Report.2018.pdf, zuletzt geprüft am 19.11.2018.

WERTE- UND ORIENTIERUNGSWISSEN

FRAGENKATALOG B1

ARBEITSWELT UND WIRTSCHAFT

Überthemen des Werte- und Orientierungswissens	Fragen

GLEICHBERECHTIGUNG UND GLEICHBEHANDLUNG IN DER ARBEITSWELT	8.) In Österreich dürfen Männer und Frauen an Universitäten studieren.
	    a richtig b falsch
	
	9.) Wenn eine Frau und ein Mann ein Baby bekommen, kann auch der Mann in Karenz gehen und sich um das Baby kümmern.
	    a richtig b falsch
	
	10.) In Österreich ist es erlaubt, dass Frauen Lehrerinnen und Direktorinnen von Schulen sind.
	    a richtig b falsch
	
	11.) In Österreich ist es möglich, dass eine Frau in der Arbeit die Chefin ist.
	    a richtig b falsch
	
	12.) In einer Schule kann es nur einen Direktor und keine Direktorin geben.
	    a richtig b falsch
	
	13.) Wenn die Menschen respektvoll miteinander umgehen, ist ein gutes Zusammenleben möglich.
	    a richtig b falsch
	
	13.1.) In Österreich wird erwartet, dass man Frauen und Männern mit dem gleichen Respekt begegnet.
	    a richtig b falsch
	
	13.2.) Männer verdienen mehr Respekt als Frauen.
	    a richtig b falsch

Ein Ausschnitt aus den Beispielfragen für den Test zum Werte- und Orientierungswissen für die ‚Integrationsprüfung' die Teil 2 der Integrationsvereinbarung vorsieht (ÖIF 2017a: 21 – https://sprachportal.integrationsfonds.at/fileadmin/user_upload/WOW/Fragen_Werte-_und_Orientierungswissen_B1_final_neu.pdf).
Mehr Informationen unter: https://www.help.gv.at/Portal.Node/hlpd/public/content/12/Seite.120500.html#Modul2

Normalität, sondern als Besonderheit für Frauen dargestellt. Betrachtet man die Tatsache, dass etwa Scheidung und Studium für Frauen in den meisten Ländern der Welt die Regel und nicht die Ausnahme sind, stellt sich die Frage, was mit dieser Hervorhebung bezweckt wird. Für Heinemann (2018) lässt sie sich mit dem Überlegenheitsanspruch Österreichs beantworten: Österreicherinnen, so wird suggeriert, sind im Gegensatz zu den Neuankommenden – insbesondere jenen aus Ländern des globalen Südens – aufgeklärt, emanzipiert und modern. Derartige Assoziationen werden zumindest durch die Art der Fragestellungen in den Prüfungsunterlagen geweckt. Die weiteren Prüfungsfragen gehen in dieselbe Richtung: „Männer verdienen mehr Respekt als Frauen", „Ein Patient kommt ins Krankenhaus und braucht Hilfe. Er vertraut der Ärztin nicht, weil sie eine Frau ist. Er hat das Recht, dass ihn nur ein Arzt behandelt", „Die Ausbildung von einer Ärztin ist gleich wie die Ausbildung von einem Arzt" (ÖIF 2017a: 21). Für mich stellt sich die Frage, worin der Sinn bestehen soll, den Zugewanderten pauschal ein problematisches, patriarchales Männerbild zu unterstellen. Denn die den Fragen zugrundeliegende Haltung ist offensichtlich: Die Neuankommenen, die Zielgruppe dieser Tests, werden zu einer entindividualisierten Masse an rückständigen patriarchalen Männern stilisiert, die sich über unterdrückte, passive Frauen ermächtigen. Damit wird das ‚zivilisatorische Moment' der Materialen deutlich und bestätigt, was die postkoloniale Theoretikerin Gayatri Spivak trefflich auf den Punkt bringt: "white men saving brown women from brown men." Das wahre Interesse der Kolonisatoren lag nie in der Befreiung der Frau, sondern in der Kontrolle und in der Aufrechterhaltung der kolonialen Herrschaft (Heinemann 2018: 183). Übertragen auf die heutige Situation kann mit Spivaks Worten auf den Umstand verwiesen werden, dass in Österreich im Namen des Liberalismus und der Menschenrechte neue Regime des Ausschlusses erzeugt werden (Heinemann 2016: 184).

Fazit

In diesem Beitrag sollte aufgezeigt werden, dass das aktuelle, vielfach problembehaftete Bild von Migrantinnen ebenso wenig neu ist wie der Umstand, dass insbesondere über das Bild der Migrantin Fremdheit konstruiert wird. Im Kontext der ‚Gastarbeit', die in den 1960er-Jahren einsetzte, geschah dies über das Stereotyp der ‚passiven Familiennachzüglerin'. Gegenwärtig werden Migrant/innen meist mit einem defizitären vormodernen und patriarchalen Bild der Herkunftsgesellschaften in Verbindung gebracht. Insbesondere Frauen, die nicht im außerhäuslichen Arbeitsprozess eingebunden sind, gelten als schwer integrierbar. Während bei den Arbeitsmigrant/innen, die seit den 1960er-Jahren insbesondere aus der Türkei und Jugoslawien nach Österreich kamen, Integration noch kein Thema war, ist der Begriff aus den heutigen Diskussionen nicht mehr wegzudenken.

Stellt man das fehlende Integrationsverständnis von damals der heutigen „Integrationswütigkeit" gegenüber, wird der Managementaspekt deutlich: Integration ist an politische Interessen geknüpft. Während zu Zeiten der ‚Gastarbeit' Arbeiter/innen für Hilfsarbeiten benötigt wurden, die unliebsame aber notwendige Arbeiten für den Aufschwung der Wirtschaft übernehmen sollten, dienen Migrant/innen heute als politischer Mobilisierungsfaktor einer konservativen rechtsgerichteten Politik, die zunehmend auf Abschottung (Grenzschließung) und Uniformität (alle sollen *unsere* Werte übernehmen) gerichtet ist (vgl. Heinemann 2018).

Heinemann bezweifelt, dass die neuen Integrationskurse die Migrant/innen zur Handlungsmacht befähigen sollen bzw. dass sie es – wie die problematischen Materialien zeigen – überhaupt können. Ihrer Einschätzung nach sind diese Kurse Ausdruck von Kontrollmechanismen und werden getragen von der Forderung nach Assimilation. Die Förderung der Handlungsfähigkeit durch die bessere Kenntnis der deutschen Sprache tritt durch die Betonung der Bedeutung ‚gemeinsamer Werte' zunehmend in den Hintergrund. Individuen, die aus sehr unterschiedlichen politischen, ökonomischen, sozialen und kulturellen Kontexten nach Österreich kommen, werden auf Klischeebilder, wie etwa die unterdrückte, passive und schwer zu integrierende fremde Frau reduziert. Diese immer wieder reproduzierten Bilder der Rückständigkeit, des Patriarchats, der Religiosität etc. machen es schwer, außerhalb dieser Schubladen zu denken und die Menschen in ihrer Individualität ernst zu nehmen.

Dabei ist es für eine offene und liberale Gesellschaft, als die sich ein Großteil der Österreicher/innen versteht, wichtig, genau an diesen Werten festzuhalten. Mit der Einführung der beschriebenen ‚Wertetests' bewegt sich die Regierung jedoch gerade von diesen weg. Denn die Reproduktion von stereotypen Bildern und das Verschleiern von Unterschieden zwischen Österreicher/innen, aber auch Migrant/innen kann keine Grundlage für die „rasche Integration" (Bundesgesetz 2017: §1), wie es das neue Integrationsgesetz fordert, darstellen.

Dafür braucht es einen offenen und differenzierten Diskurs, in dem vielfältige Stimmen zu Wort kommen können – gerade auch, wenn es um die Migrations- und Integrationspolitik der Vergangenheit geht. Deshalb war es mir wichtig, in diesem Artikel eine Lebensgeschichte zu präsentieren, die mit dem Bild der ‚passiven Migrantin' bricht. Für mich steht sie stellvertretend für die vielen nicht gehörten Stimmen, die durch ihre Abwesenheit zur Verfestigung des Klischeebilds der ‚passiven Migrantin' beitragen. Es geht mir nicht darum, Unterschiede zwischen Frauen unter den Teppich zu kehren oder Probleme von Frauen aufgrund patriarchaler Strukturen zu verleugnen. Diese gibt es in Ländern des globalen Südens, und es hat auch seine Gründe, warum Österreich ein beliebtes Einwanderungsland ist.

In diesem Beitrag wurde auch gezeigt, dass das kulturelle Gedächtnis in Bezug auf das Thema ‚Gastarbeit' an Bedeutung gewinnt – die verschiedenen Ausstellungen in den letzten Jahren, verschiedene Publikationen zu Frauen in der ‚Gastarbeit' und nicht zuletzt der Lehrgang der Wiener Bildungsakademie sind Ausdruck davon. Dies sind ermutigende Entwicklungen.

Literatur

AK Arbeiterkammer (2018): Frauen-Mangement-Report 2018. Online verfügbar unter https://media.arbeiterkammer.at/wien/PDF/studien/AK.Frauen.Management.Report.2018.pdf, zuletzt geprüft am 19.11.2018.

Assmann, Aleida (2007): Geschichte im Gedächtnis. Von der individuellen Erfahrung zur öffentlichen Inszenierung. München: Beck.

Assmann, Aleida; Frevert, Ute (1999): Geschichtsvergessenheit – Geschichtsversessenheit. Vom Umgang mit deutschen Vergangenheiten nach 1945. Stuttgart: Deutsche Verlags-Anstalt.

Bundeskanzleramt - Parlament: Bundesgesetz 290/ME XXV. GP (2017): Bundesgesetz, mit dem ein Integrationsgesetz und ein Anti-Gesichtsverhüllungsgesetz erlassen sowie das Niederlassungs- und Aufenthaltsgesetz, das Asylgesetz 2005, das Fremdenpolizeigesetz 2005, das Staatsbürgerschaftsgesetz 1985 und die Straßenverkehrsordnung 1960 geändert werden. Online verfügbar unter https://www.parlament.gv.at/PAKT/VHG/XXV/ME/ME_00290/imfname_614755.pdf, zuletzt geprüft am 26.2.2018.

Bundeskanzleramt - Parlament: Bundesgesetz 290/ME XXV. GP (2017): Bundesgesetz, mit dem ein Integrationsgesetz und ein Anti-Gesichtsverhüllungsgesetz erlassen sowie das Niederlassungs- und Aufenthaltsgesetz, das Asylgesetz 2005, das Fremdenpolizeigesetz 2005, das Staatsbürgerschaftsgesetz 1985 geändert werden. Online verfügbar unter https://www.parlament.gv.at/PAKT/VHG/XXV/ME/ME_00290/imfname_614755.pdf, zuletzt geprüft am 26.2.2018.

Der Standard (2013): Jobsuche: Akademiker mit Migrationshintergrund werden benachteiligt. Online verfügbar unter https://derstandard.at/1381372024967/Mehr-Bewerbungen-Akademiker-mit-Migrationshintergrund-im-Nachteil, zuletzt geprüft am 19.11.2018.

Gächter, August (2016): 50 Jahre jugoslawische Gastarbeit in Österreich. In: Ali Özbas, Joachim Hainzl, Handan Özbas (Hg.): 50 Jahre jugoslawische Gastarbeit in Österreich. Graz: Clio, S. 40–58.

Gruber, Oliver; Rosenberger, Sieglinde (2015): Ein Staatssekretariat für Integration: Integrationspolitik in Bewegung? Kurzfassung der Forschungsergebnisse. Online verfügbar unter https://inex.univie.ac.at/fileadmin/user_upload/p_inex/Kurzbericht_-_Integrationspolitik_in_Bewegung.pdf, zuletzt geprüft am 20.11.2018.

Heinemann, Alisha M. B. (2017): The making of 'good citizens': German courses for migrants and refugees. In: Studies in the Education of Adults 49 (2), S. 177–195.

Hintermann, Christiane (2010): 'Beneficial', 'problematic', and 'different': Representations of Immigration and Immigrants in Austrian Textbooks. In: Christiane Hintermann, Christina Johansson (Hg.): Migration and Memory. Representations of Migration in Europe since 1960. Innsbruck-Wien-Bozen: StudienVerlag, S. 61–79.

Huth-Hildebrandt, Christine (2001): Das Bild von der Migrantin. Auf den Spuren eines Konstrukts. Frankfurt a. M.: Brandes Apsel.

Johansson, Christiana; Hintermann, Christiane (2010): Museums, Migration and Diversity – An Introduction. In: Christiane Hintermann, Christina Johansson, (Hg.): Migration and Memory. Representations of Migration in Europe since 1960. Innsbruck-Wien-Bozen: StudienVerlag, S. 135–145.

Koch, Elisabeth; Ratkovic, Viktorija; Saringer, Manuela; Schöffmann, Rosemarie (2013): ‚Gastarbeiterinnen' in Kärnten. Arbeitsmigration in Medien und persönlichen Erinnerungen. Klagenfurt-Wien: Drava.

Kofman, Eleonore (1999): Female 'Birds of Passage' a Decade later. Gender and Immigration in the European Union. In: International Migration Review 33 (2), S. 269–299.

Lorber, Verena (2017): To Come into Focus: Female "Guest Workers" from Former Yugoslavia in Austria (1960–1980). In: Günter Bischof, Dirk Rupnow (Hg.): Migration in Austria. New Orleans: UNO Press; Innsbruck: Innsbruck University Press, S. 161–187.

Mattes, Monika (2005): „Gastarbeiterinnen" in der Bundesrepublik. Anwerbepolitik, Migration und Geschlecht in den 50er bis 70er Jahren. Frankfurt a. M.: Campus.

Morokvašić, Mirjana (1984): Birds of Passage are also Women. In: International Migration Review 18 (4), S. 886–907.

Morokvašić, Mirjana (1987): Jugoslawische Frauen. Die Emigration und danach. Basel-Frankfurt a. M.: Stroemfeld; Roter Stern.

Motte, Jan; Ohliger, Rainer (2004): Einwanderung – Geschichte – Anerkennung. Auf den Spuren geteilter Erinnerung. In: Jan Motte, Rainer Ohliger (Hg.):

Geschichte und Gedächtnis in der Einwanderungsgesellschaft. Migration zwischen historischer Rekonstruktion und Erinnerungspolitik. Essen: Klartext, S. 17–53.

ÖIF, Österreichischer Integrationsfonds (2017a): Meine Integration in Österreich. Fragen zum Werte- und Orientierungswissen. B1. Online verfügbar unter https://sprachportal.integrationsfonds.at/fileadmin/user_upload/WOW/Fragen_Werte-_und_Orientierungswissen_B1_final_neu.pdf, zuletzt geprüft am 29.1.2017.

ÖIF, Österreichischer Integrationsfonds (2017b): Frauen. Statistiken zu Migration und Integration. Eine statistische Broschüre des Österreichischen Integrationsfonds. Online verfügbar unter https://oeifb2c.wertpraesent.com/publikationen/statistische-broschueren/frauen-1151.html, zuletzt geprüft am 6.7.2018.

Ongan, Gamze (2013): Geschichte[n] der Migration. In: Stimme. Zeitschrift der Initiative Minderheiten (89) Winter, S. 5.

Rupnow, Dirk (2017): The History and Memory of Migration in Post-War Austria: Current Trends and Future Challenges. In: Günter Bischof, Dirk Rupnow (Hg.): Migration in Austria. New Orleans: UNO Press; Innsbruck: Innsbruck University Press, S. 37–69.

Strasser, Franziska (2018): ‚Gastarbeiterinnen‘ im Spannungsverhältnis von kollektiver und individueller Erinnerung. Masterarbeit Universität Wien.

Wonisch, Regina (2016): Ausstellungskonzepte zur Arbeitsmigration in Österreich. In: Ali Özbas, Joachim Hainzl, Handan Özbas (Hg.): 50 Jahre jugoslawische Gastarbeit in Österreich. Graz: Clio. S. 144–158.

Am Anfang war das Interesse

Evrim Erşan Akkılıc

Der Beginn der Arbeitsmigration nach Österreich seit den 1960er-Jahren ist durch die wechselseitige Verknüpfung von volkswirtschaftlichen Interessen – sowohl der Entsendeländer als auch der Aufnahmeländer –, dem Profitstreben von Unternehmen und dem Wunsch nach sozialem Aufstieg der ‚Gastarbeiter/innen' gekennzeichnet. Die ökonomischen Motive bestanden also in der Stärkung von Nationalökonomie und Wirtschaftswachstum, in der Steigerung der Produktivität einzelner Firmen und der Verbesserung der finanziellen Situation der ‚Gastarbeiter/innen'. Am Anfang dieser Geschichte steht die Übereinkunft, das Streben nach staatlichen, unternehmerischen und individuellen Vorteilen nach dem Prinzip der Nützlichkeit zu organisieren. Die Arbeitslosigkeit und das Bevölkerungswachstum in der Türkei sowie die Öffnung des Arbeitsmarktes für ausländische Arbeiter/innen in Österreich sollten jedoch zum Ausgangspunkt tiefgreifender Transformationen beider Gesellschaften – der Türkei und Österreich – werden.

Das Jahr 1964 bedeutet einen Wendepunkt in den Biografien der zugewanderten Bürger/innen und ihrer Familien, aber auch einen Einschnitt in der Geschichte der beiden Nationalstaaten Türkei und Österreich. Ein bilaterales Abkommen zwischen den beiden Staaten sollte es ermöglichen, dass Menschen als ‚Fremdarbeiter/innen' bzw. ‚Gastarbeiter/innen' den damaligen Arbeitskräftebedarf in Österreich decken. Beide Staaten hatten zu dieser Zeit sowohl als Aufnahme- als auch als Entsendeland bereits vielfältige historische Erfahrungen mit Migrationsbewegungen. So wurde in der Habsburgermonarchie im Zeitalter des Merkantilismus und der beginnenden Industrialisierung im 19. Jahrhundert die Rekrutierung von Arbeitskräften staatlich geregelt (Hahn/Stöger 2014: 4). In der Migrationsforschung wurde die Situation in den Aufnahmeländer bereits vielfach beschrieben, welche Rolle die Entsendeländer bei der Förderung und Begrenzung der Arbeitsmigration der 1960er-Jahre spielten, blieb hingegen bislang weitgehend unbelichtet (Aksel/Içduygu 2013: 167). Die vorherrschende Auffassung ist, dass die Migration türkischer Arbeitskräfte in westeuropäische Länder erst in der Zeit von 1960 bis 1974 einsetzte. Dies ist sowohl im Bezug auf die 1923 gegründete Türkische Republik als auch das Osmanische Reich unzutreffend. Die Geschichte der Türkei ist tatsächlich seit dem letzten Viertel des 18. Jahrhunderts bis in die 1960er-Jahre von massiven Zu- und Abwanderungsbewegungen gekennzeichnet (vgl. dazu Akgündüz 1998; Içduygu/Aksel 2013). Zudem hatte ein Großteil der ‚Gastarbeiter/innen' aus der Türkei bereits eine Binnenmigration durchlaufen, bevor sie in Richtung Österreich oder Deutschland aufbrachen.

Das Anwerbeabkommen im Jahre 1961 mit der BRD markiert den offiziellen Beginn des Eintritts der Türkei in das europäische Migrationssystem[1]. Der türkische Staat war zunächst am Erhalt von Deviseneinnahmen durch Rücküberweisungen interessiert. Eine weitere Motivation war die Erwartung, dass die im Ausland ausgebildeten Arbeiter/innen nicht nur mit ihren Ersparnissen, sondern auch mit ihrem Wissen in die Türkei zurückkehren und damit zur Industrialisierung der Türkei beitragen würden (vgl. Abadan-Unat 2002). Das Hauptinteresse der Türkei bestand jedoch darin, den eigenen Arbeitsmarkt zu entlasten, der aufgrund des starken Bevölkerungszuwachses zu wenige Arbeitsmöglichkeiten bot.

Die Erzählungen von Arbeiter/innen, die in die BRD gegangen waren, bestimmten den Migrationsdiskurs in der Türkei. Deutschland und Europa wurden als Begriffe für die Beschreibung des Migrationsziels gleichgesetzt. So wurden alle Arbeiter/innen, die zu dieser Zeit „ihr Glück" im Ausland suchten, als „Almancı" oder „Alamancı" (Deutsche) bezeichnet. Vor allem für die erste Generation der aus der Türkei stammenden ‚Gastarbeiter/innen' waren Österreicher/innen ebenfalls „Deutsche" (Alman).

Die Migration nach Deutschland prägte das Gedächtnis der türkischen Arbeitsmigration, da Deutschland für die meisten das Ziel erster Wahl darstellte und in weiterer Folge die größte türkeistämmige Diaspora beherbergte. Diesen Anfang der Migrationsgeschichte in den Blick zu nehmen, ist deshalb von Bedeutung, weil er die weiteren Migrationsbewegungen – so auch jene nach Österreich – stark beeinflusste. Die Soziologin Nermin Abadan-Unat unterteilt diesen Abschnitt der Migrationsgeschichte der Türkei in fünf Phasen. Die erste Phase, die die 1950er- und 1960er-Jahre umfasst, ist

---

1 Ähnliche bilaterale Vereinbarungen, in denen die allgemeinen Bedingungen für die Einstellung und Beschäftigung festgelegt wurden, unterzeichnete die Türkei später auch mit anderen Ländern: 1964 mit Österreich, den Niederlanden und Belgien, 1965 mit Frankreich und 1967 mit Schweden und Australien. Weniger umfassende Vereinbarungen wurden 1961 mit dem Vereinigten Königreich, 1971 mit der Schweiz, 1973 mit Dänemark und 1981 mit Norwegen getroffen (Rass 2010). Der Anwerbestopp ab den 1970er-Jahren aufgrund der Ölkrise führte dazu, dass die Türkei Beziehungen mit anderen Ländern, wie Saudi-Arabien und Libyen, aufnahm. Die Migration in diese Länder unterschied sich von der Migration in die westeuropäischen Staaten. Es migrierten hauptsächlich Männer ohne Familie und die Arbeitszeit beschränkte sich auf 2–3 Jahre (Içduygu 2009). Die Suche nach anderen Aufnahmeländern spiegelt die Migrationspolitik der Türkei wider, die Migration sollte in erster Linie den eigenen Arbeitsmarkt entlasten.

nach Abadan-Unat in erster Linie von Einzelinitiativen bestimmt und kann gleichsam als Auftakt für die Arbeitsmigration von der Türkei nach Europa verstanden werden. Der Transfer von Arbeiter/innen erfolgte im Rahmen diverser Projekte, in denen Arbeiter/innen ausgebildet wurden, um in weiterer Folge zur Industrialisierung der Türkei beizutragen. An diesen Projekten waren die Eliten beider Länder beteiligt, waren doch während der NS-Zeit viele Wissenschaftler/innen aus dem Deutschen Reich in die Türkei geflüchtet und hatten dort an den Universitäten Arbeit gefunden. Diese erste Phase der Annäherung zwischen der Türkei und Deutschland wurde allerdings durch den Putsch im Jahre 1960 in der Türkei unterbrochen (Abadan-Unat 2002: 39–42).

Die Jahre zwischen 1960 und 1970 bilden aus der Perspektive der Türkei die zweite Phase der Arbeitsmigration in Richtung Westeuropa, bezogen auf Österreich war es der erste diesbezügliche Kontakt. Denn Österreich unternahm erst 1962 – ein Jahr später als die Türkei – mit einem Abkommen mit Spanien die ersten Schritte in der internationalen Anwerbepolitik. Der Vertrag mit der Türkei wurde am 15. Mai 1964 abgeschlossen. Im Unterschied zu den Anfängen wird diese Migrationsbewegung nicht mehr von Einzelinitiativen, sondern von staatlichen Abkommen bestimmt.

Der österreichische Weg zum transnationalen Arbeitssystem

Der Marshallplan für den Wiederaufbau Europas nach dem Zweiten Weltkrieg zeigte in den westeuropäischen Ländern Wirkung[2]. Deutschland wie auch Österreich erlebten in der Nachkriegszeit eine wirtschaftliche Hochkonjunktur, die einen hohen Bedarf an Arbeitskräften nach sich zog. Im Vergleich zu anderen europäischen Ländern begann Österreich allerdings etwas später mit dem Abschluss bilateraler Anwerbeabkommen (Biffl 2010: 45; Rass 2010: 123).

Aufgrund des „Anschlusses" Österreichs an das nationalsozialistische Deutschland im Jahr 1938 trat im Jahre 1941 die deutsche „Reichsverordnung über ausländische Arbeitskräfte" vom Jänner 1933 in Kraft (vgl. Gächter/Recherche-Gruppe 2004). Dieses Gesetz, das aufgrund der einsetzenden Wirtschaftskrise im Jahre 1929 verabschiedet wurde und noch vor der Machtübernahme der Nationalsozialisten in Kraft getreten war,

---

2 Nach Gudrun Biffl investierte die USA im Rahmen des Marshallplans vor allem in den westlichen Bundesländern viel Geld. Die Großbetriebe im Osten Österreichs waren dagegen von Russland als „Deutsches Eigentum" beschlagnahmt worden und durchliefen eine andere Entwicklung (Biffl 2010: 45).

sollte den Schutz deutscher Arbeitnehmer/innen gegenüber ausländischen Arbeitskräften sicherstellen. Danach benötigte jedes Unternehmen für die Beschäftigung ausländischer Arbeitnehmer/innen eine Beschäftigungsgenehmigung, deren Ausstellung von der inländischen Arbeitsmarktsituation abhängig gemacht wurde[3].

Vor diesem Hintergrund dieser gesetzlichen Bestimmung erfolgte in der Nachkriegszeit die Auseinandersetzung der Interessensvertreter/innen um die Regulierung des Arbeitsmarktes. Die zentralen Akteure waren die Wirtschaftskammer, der ÖGB und das Bundesministerium für soziale Verwaltung. Dabei standen sich zwei Positionen gegenüber: Während sich die Wirtschaftskammer für einen liberalen Arbeitsmarktzugang einsetzte, versuchten die Gewerkschaften ein staatlich reguliertes Arbeitsmarktmodell durchzusetzen (vgl. Wollner 1996). Die Vertretung der Arbeitgeber/innen versprach sich von der Öffnung des Arbeitsmarktes für ausländische Arbeiter/innen billige Arbeitskräfte für die Privatwirtschaft. Dafür brauchte es eine neue Verordnung, da die bestehenden gesetzlichen Regelungen die Rekrutierung von Arbeitnehmer/innen behinderte. Die Arbeitnehmervertreter plädierten für eine „aktive Arbeitsmarktpolitik", was im Grunde eine Aktivierung der inländischen Arbeitskräftereserve bedeutete (vgl. Perchinig 2010; Wollner 1996). Die Gewerkschaften befürchteten, durch die Ausländerbeschäftigung würde dem Lohndumping gleichsam Tür und Tor geöffnet und das Streikrecht wäre in Gefahr.

Der von den Gewerkschaften und dem Sozialministerium ausgearbeitete Gesetzesentwurf wurde von der Arbeitgeberseite massiv kritisiert, da er keine Erleichterung für den Zugang ausländischer Arbeitskräfte zum Arbeitsmarkt brachte. Perchinig fasst die Intention des Entwurfs – wie folgt – zusammen: „[der] Gesetzesentwurf von 1960 war von der Idee einer weitgehenden Verhinderung der Ausländerbeschäftigung und dem Verständnis des Arbeitsmarkts als öffentlichem Gut für die Staatsbürger geprägt" (Perchinig 2010: 145). Nach diesem gescheiterten Gesetzesentwurf erhöhte die Arbeitgeberseite den Druck, da der Bedarf nach Arbeitskräften in manchen Regionen bereits sehr groß war. Zudem war die Tatsache, dass die Arbeitgebervertre-

---

3 Dieses Gesetz blieb in Österreich mit drei Erlässen bis zum 1. Jänner 1976 in Kraft, als es durch das Ausländerbeschäftigungsgesetz (AusIBG) abgelöst wurde. Das AusIBG wies aber inhaltlich nicht viele Veränderungen zum vorherigen Gesetz auf: Weiterhin wurde das Bleiberecht ausländischer Arbeitnehmer/innen an ihre „Nützlichkeit" am Arbeitsmarkt geknüpft (Gächter/Recherche-Gruppe 2004: 37). Bei beiden Gesetzen stand die Absicht, inländische Arbeitnehmer/innen zu bevorzugen, im Vordergrund.

tung nicht in die Ausarbeitung des Gesetzes eingebunden war, ein Stein des Anstoßes. Am 28. Dezember 1961 wurde schließlich in einer Geheimsitzung zwischen dem Gewerkschaftspräsidenten, Franz Olah, und dem Präsidenten der Bundeswirtschaftskammer, Julius Raab, das sogenannte Raab-Olah-Abkommen beschlossen.[4] Der vierte Punkt des Abkommens regulierte die ‚Gastarbeiter/innenfrage'[5]. Die Möglichkeit einer temporären Beschränkung (Rotation) und die quantitative Kontingentierung bildeten den Kompromiss zwischen den Interessensvertretern. Auf diese Weise verband das Raab-Olah-Abkommen die Forderung der Unternehmen nach einer Liberalisierung des Arbeitsmarktes mit jener der Gewerkschaften nach Schutz der inländischen Arbeitnehmer/innen.

Die Anwerbung wurde von der österreichischen Anwerbekommission (Türkiyede görevli Avusturya Işçi Alma Komisyonu), die in Istanbul eingerichtet worden war, bis zum Jahr 1993 organisiert. Die von der Wirt-

---

[4] Für eine ausführliche Darstellung vgl. Bergkirchner 2013.

[5] 1. Die Rückreise der Ausländer muss sichergestellt sein, so daß dem Bundesministerium für Inneres im Falle einer eventuell notwendigen Abschiebung eines Ausländers keine Kosten erwachsen können, die über jene hinausgehen, die sich durch eine Abschiebung per Bahn an die österreichische Grenze in Richtung seines Heimatlandes ergeben. 2. Die sanitätspolizeiliche Unbedenklichkeit muß vor der Einreise nach Österreich durch ein entsprechendes ärztliches Zeugnis sichergestellt sein. 3. Die Laufzeit der Kontingente erstreckt sich vom 1. Jänner bis 31. Dezember 1962; es sei denn, daß für einzelne Kontingente kürzere Laufzeiten vereinbart wurden. 4. Jeder Betrieb, für den der Geltungsbereich einer Kontingentvereinbarung wirksam ist, kann beim zuständigen Arbeitsamt Beschäftigungsgenehmigungen in Rahmen des Kontingentes beantragen. Beschäftigungsgenehmigungen im Rahmen der festgesetzten Kontingente sind nur jenen Betrieben zu erteilen, die im Allgemeinen [sic] die vorgeschriebenen Lohn- und Arbeitsbedingungen einhalten. Nur wegen schwerwiegender Verstöße ist die Beschäftigungsgenehmigung zu versagen. Erfolgt binnen 10 Tagen nach Einlangen des Antrages kein abschlägiger Bescheid, so gilt der Antrag als genehmigt. Dem Antragssteller bleibt es unbenommen, auch ein Verfahren auf Erteilung der Beschäftigungsgenehmigung außerhalb des Kontingentes einzuleiten. 5. Ausländische Arbeitskräfte dürfen nicht auf Arbeitsplätzen streikender Inländer beschäftigt werden; doch ist während der Dauer eines Streiks eine Versetzung der Ausländer in Abteilungen oder Betriebe, in denen nicht gestreikt wird, möglich. 6. Bei Abbaumaßnahmen (Verringerung des Personals oder der Arbeitsplätze im Betrieb) müssen vor den inländischen Arbeitskräften zuerst die Fremdarbeiter abgebaut werden. 7. Die Betriebe sind verpflichtet, der Arbeitsinspektion sämtliche erforderlichen Auskünfte zur Kontrolle der Einhaltung dieser Vereinbarungen zu erteilen. 8. Die Beschäftigungsgenehmigung darf den Dienstgeber nur für solche Fremdarbeiter erteilt werden, deren Unterkunft gesichert erscheint (WKÖ Jahresbericht 1961).

schaftskammer betriebene Kommission arbeitete mit der Anstalt zur Vermittlung von Arbeit und Arbeitskräften (Türk Iş ve Işçi Bulma Kurumu) zusammen. Gemäß dem Abkommen verlief die Zusammenarbeit folgendermaßen: Die Kommission übermittelte den Bedarf der Wirtschaft an die Anstalt zur Vermittlung von Arbeit und Arbeitskräften, die aus ihrer Liste die passenden Bewerber/innen aussuchte. Danach prüfte die Kommission, ob die vorgeschlagenen Personen die Erwartungen der Arbeitgeberseite erfüllten. Die Aufgaben der Kommission bestanden demnach in der Auswahl der Arbeitsmigrant/innen, der Durchführung medizinischer Untersuchungen und der Organisation der Fahrt nach Österreich (vgl. Muradoğlu/Ongan 2004).

Erste Erfahrungen der Gastarbeiter/innen mit den ausländischen Behörden

Die gesundheitlichen Untersuchungen nehmen meist viel Platz in den biografischen Erzählungen von ‚Gastarbeiter/innen' ein. Sie wurden generell als Demütigung erlebt und hinterließen Schamgefühle. Aufgrund der weitgehenden Übereinstimmungen in den Erzählungen können die medizinischen Untersuchungen als eine Art *kollektive leibliche Erfahrung* betrachtet werden. Die Bilder halb nackter Männer, die in einem Raum von Angestellten untersucht werden, prägten vor allem das kollektive Gedächtnis der ersten Generation der Arbeitsmigrant/innen aus der Türkei in Österreich.

In ihrem Buch "Seventh Man" schreiben Berger und Mohr:

"He strips and lines up with many hundreds of other novice migrants. They glance hastily (to stare would be to show their astonishment) at the implements and machines being used to examine them. Also hastily at one another, each trying to compare his chances with those around him. Nothing has prepared him for this situation. It is unprecedented. And yet it is already normal. The humiliating demand to be naked before strangers. The incomprehensible language spoken by the officials in command. The meaning of the tests. The numerals written on their bodies with felt pens. The rigid geometry of the room. The women in overalls like men. The smell of an unknown liquid medicine. The silence of so many like himself. The in-turned look of the majority which yet is not a look of calm or prayer. If it has become normal, it is because the momentous is happening without exception to them all" (Berger/Mohr 1975: 56).

Die Rolle und die Verhandlungsmöglichkeiten des türkischen Staates waren bei diesem medizinischen Verfahren sehr beschränkt. Laut Rass (2010) hing dies unter anderem mit dem späteren Eintritt der Türkei in das Arbeitsmigrationssystem zusammen. Die erniedrigende Prozedur gesundheitlicher Untersuchungen wurde jedenfalls von der damaligen türkischen Regierung nicht in Frage gestellt. Im Fokus stand eher, welches Bild der Türkei im Westen durch die Arbeiter/innen vermittelt würde: So verteilte die Türk Iş ve Işçi Bulma Kurumu (Anstalt zur Vermittlung von Arbeit und Arbeitskräften) an die ausgewählten Arbeiter/innen Flyer mit Empfehlungen, wie sie sich in den Zielländern zu verhalten hätten.

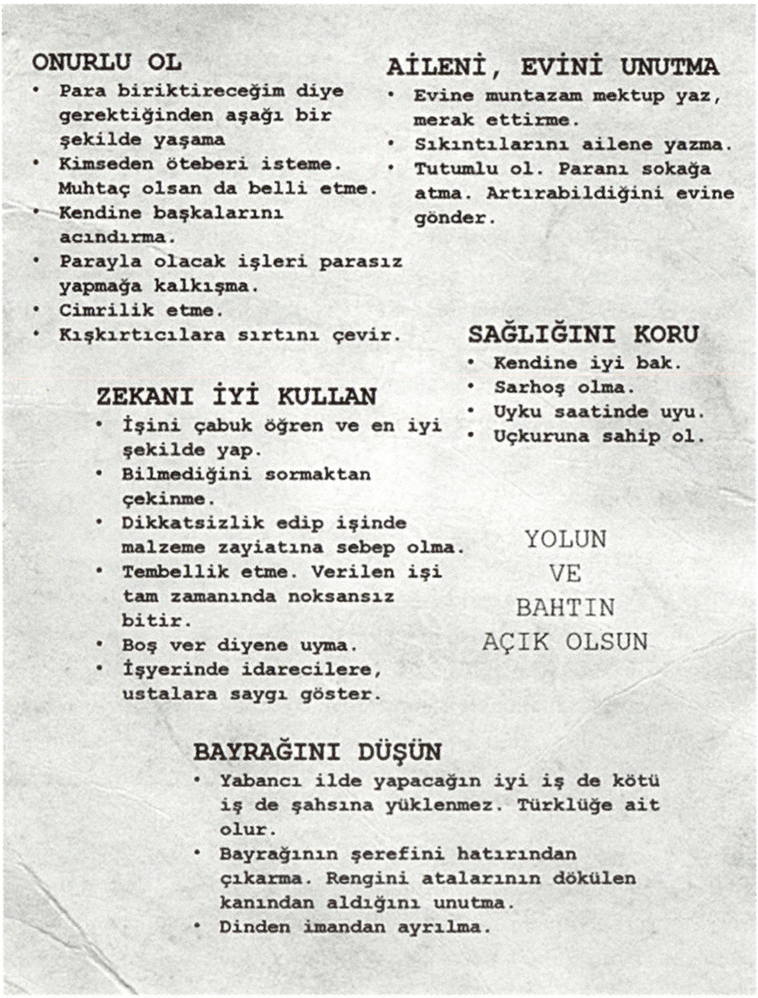

ONURLU OL
- Para biriktireceğim diye gerektiğinden aşağı bir şekilde yaşama
- Kimseden öteberi isteme. Muhtaç olsan da belli etme.
- Kendine başkalarını acındırma.
- Parayla olacak işleri parasız yapmağa kalkışma.
- Cimrilik etme.
- Kışkırtıcılara sırtını çevir.

ZEKANI İYİ KULLAN
- İşini çabuk öğren ve en iyi şekilde yap.
- Bilmediğini sormaktan çekinme.
- Dikkatsizlik edip işinde malzeme zayiatına sebep olma.
- Tembellik etme. Verilen işi tam zamanında noksansız bitir.
- Boş ver diyene uyma.
- İşyerinde idarecilere, ustalara saygı göster.

BAYRAĞINI DÜŞÜN
- Yabancı ilde yapacağın iyi iş de kötü iş de şahsına yüklenmez. Türklüğe ait olur.
- Bayrağının şerefini hatırından çıkarma. Rengini atalarının dökülen kanından aldığını unutma.
- Dinden imandan ayrılma.

AİLENİ, EVİNİ UNUTMA
- Evine muntazam mektup yaz, merak ettirme.
- Sıkıntılarını ailene yazma.
- Tutumlu ol. Paranı sokağa atma. Artırabildiğini evine gönder.

SAĞLIĞINI KORU
- Kendine iyi bak.
- Sarhoş olma.
- Uyku saatinde uyu.
- Uçkuruna sahip ol.

YOLUN VE BAHTIN AÇIK OLSUN

Abb. 1: Empfehlungen. Türk Iş ve Işçi Bulma Kurumu, 1963

„Achte auf deine Würde"
- Deine Absicht, Geld zu sparen, soll nicht dazu führen, dass du unter dem notwendigen Lebensstandard lebst.
- Bitte andere nicht um Dinge. Selbst wenn du es notwendig hast, lass es dir nicht anmerken.
- Handle nicht so, dass andere dich bemitleiden.
- Verrichte Arbeiten, die kostenpflichtig zu erledigen sind, nicht unentgeltlich.
- Sei nicht geizig.
- Kehre Hetzern deinen Rücken.

Vergiss deine Familie und dein Zuhause nicht
- Schreibe deiner Familie regelmäßig, lass sie nicht im Ungewissen.
- Schreibe nicht über deine Probleme.
- Sei sparsam. Verschwende dein Geld nicht. Schicke das Ersparte an deine Familie.

Nütze deine Intelligenz
- Erlerne deine Arbeit rasch und verrichte sie gut.
- Scheue nicht davor zurück, Fragen über Dinge zu stellen, die du nicht kennst.
- Vermeide in deiner Arbeit Unachtsamkeit, die zum Verlust von Arbeitsmaterialien führen kann.
- Sei nicht faul. Erledige deine Arbeit pünktlich und genau.
- Hör nicht auf jene, die unbekümmert sind.
- Respektiere deine Vorgesetzten an deinem Arbeitsplatz.

Achte auf deine Gesundheit
- Schau auf dich.
- Betrinke dich nicht.
- Geh rechtzeitig schlafen.
- Beherrsche deine Lust und Begierde.

Denke an deine Fahne
- Alles Gute und Schlechte, das du anstellst, wird nicht dir zur Last gelegt, sondern dem Türkentum.
- Vergiss nie die Ehre deiner Fahne. Merke dir, dass diese Fahne ihre Farbe durch das vergossene Blut deiner Vorfahren bekommen hat.
- Wende dich nicht von Religion und Glauben ab.

Viel Glück, deine Wege mögen ohne Hindernisse verlaufen.

(Übersetzung: Evrim Erşan Akkılıç)

Das türkische Amt für Arbeit sah die türkischen Staatsbürger/innen, die im Ausland arbeiten wollten, als Repräsentant/innen des Landes. Sie sollten in gewisser Weise die Rolle von Botschafter/innen der Türkei übernehmen. Daher wurden sie instruiert, wie sie diese Rolle auszufüllen hätten. Die einzelnen Überschriften und die Unterpunkte, die Würde, Verstand, Familie, Gesundheit, Fahne und Religion behandeln, sind als Aufforderung formuliert: Die Arbeitnehmer/innen *sollen* die Türkei gut vertreten und diese Regeln beachten, wenn sie persönlich erfolgreich sein wollen. Auffallend ist, dass diese Empfehlungen für ein Leben im Ausland gedacht sind, aber keine Informationen über die Zielländer enthalten. Auf Spracherwerb und Kommunikation wird ebenfalls nicht eingegangen. Die Interaktion mit Menschen vor Ort und die Teilhabe an den gesellschaftlichen Strukturen im Aufnahmeland wird nicht angesprochen. Es wird auch nicht empfohlen, dass sich die Arbeitnehmer/innen organisieren sollen, um ihre konkreten Anliegen zur Sprache bringen zu können. Auch die Wohnsituation oder Alltagsprobleme werden nicht berücksichtigt. Persönlicher Erfolg und die Förderung des Ansehens der Türkei stehen als Ziele für sich und scheinen nicht hinterfragbar. Dieser Leitfaden verdeutlicht den damaligen offiziellen türkischen Diskurs, der keine andere ethnische Identität als die *türkische* anerkennt. Diejenigen, die nicht der türkischen Ethnie angehören, werden gar nicht angesprochen. Die Empfehlungen sind wie eine Hausordnung, die darauf abzielt zu disziplinieren, formuliert. Sie sind getragen von der Sorge, wie die einzelnen „Botschafter/innen" im Aufnahmeland ankommen und wie sich das auf die Wahrnehmung der Türkei im Ausland auswirken würde. Das Bemühen, die Türkei im Ausland gut repräsentiert zu sehen, wird dem Einzelnen als Verantwortung übertragen.

Das Dokument ist deshalb von Bedeutung, weil es die offizielle Politik der Türkei in Bezug auf die ‚Gastarbeiter/innen' offenlegt – eine politische Linie, die im Kern bis in die Gegenwart verfolgt wird. Dieser ‚Verhaltenskodex', der von Zurückhaltung und Schutz der ‚eigenen Identität' geprägt ist, wird nach wie vor von nationalistisch-religiösen Kreisen propagiert. Die paternalistische Haltung, die vorgibt, zu wissen, was für den Einzelnen am besten ist, – wie sie in den Empfehlungen zum Ausdruck kommt – kann nicht als längst überkommen betrachtet werden.

Im Vergleich zu Deutschland war Österreich wegen der niedrigeren Löhne für ‚Gastarbeiter/innen' wenig attraktiv. Zudem konnte Österreich aufgrund strukturschwacher Regionen den Arbeitskräftebedarf in den boomenden Wirtschaftszweigen zunächst selbst decken. So erreichte die türkische ‚Gastarbeitermigration' Österreich gleichsam mit acht Jahren Verspätung (vgl. Weigl 2009). Die rechtliche Situation der Migrant/innen in dieser Phase wurde von restriktiven Maßnahmen bestimmt. Die Arbeitsgenehmigungen waren prinzipiell auf ein Jahr begrenzt. Ob sie verlängert würden, lag im Ermessen der Arbeitgeber/innen (Hahn/Ströger 2014: 28).

In den 1970er-Jahren stellten die Aufnahmeländer fest, dass die ‚Gastarbeiter/innen' nicht in die Herkunftsländer zurückkehren würden. Die Rückkehr war im Grunde eine Illusion *aller* Beteiligten gewesen. In dieser Phase schlossen viele Länder Sozialabkommen mit der Türkei ab. Ein Ereignis sollte die Arbeitsmigration in dieser Zeit schließlich entscheidend beeinflussen: die Ölkrise. Sie lieferte den Vorwand[6], die Anwerbeabkommen ab 1973 auszusetzen. Im Vergleich zu anderen europäischen Ländern waren die Folgen der Ölkrise in Österreich weniger stark spürbar. Während der Anwerbestopp in anderen Ländern zur Reduzierung der Immigrantenzahlen eingesetzt wurde, beschloss Österreich – insbesondere unter dem Druck der Gewerkschaften – die Konsolidierung des Kontingents für das darauffolgende Jahr. Zu dieser Zeit spielten die Anwerbestellen kaum noch eine Rolle für die Arbeitsmigration aus der Türkei. Die Arbeiter/innen wurden vielfach über bereits in Österreich arbeitende Personen aus der Türkei ins Land geholt (vgl. Abadan-Unat 2002).[7] An dieser Entwicklung war die Arbeitgeberseite insofern maßgeblich beteiligt, als sie türkeistämmige Arbeiter/innen in den eigenen Betrieben ermutigte, als „Arbeitsvermittler/innen" zu wirken. Denn die Unternehmen ersparten sich Kosten und bürokratischen Aufwand, wenn die Arbeitskräfte auf eigene Initiative und mit eigenem Visum nach Österreich kamen. So wurden in einer Art Kettenmigration Verwandte, Freunde und Bekannte nachgeholt. Zudem begann in dieser Phase bereits der Familiennachzug[8]. Mit dem Verbleib der ‚Gastarbeiter/innen' in Österreich hatte niemand gerechnet – die Aufnahmeländer ebenso wenig wie die Entsendeländer und die Migrant/innen selbst. Nachdem die Aufenthaltsdauer sukzessive verlängert wurde, wuchs das Bedürfnis, die Familienmitglieder nachzuholen. Die Familienzusammenführung veränderte das soziale Leben der Migrant/innen in Österreich nachhaltig.

---

6 Den sogenannten Anwerbestopp mit der wirtschaftlichen Krise zu begründen, war – nach Hahn und Ströger – ein Vorwand. Denn die Diskussion darüber, wie die Arbeitsmigration zu stoppen wäre, wurde in den jeweiligen Staaten schon länger öffentlich geführt (Hahn/Ströger 2014: 35).
7 Diese Netzwerke sind für das türkische Migrationssystem nach wie vor von Bedeutung. Für eine weiterführende Auseinandersetzung mit gegenwärtigen Migrationsnetzwerken siehe Gümüşoğlu et al. 2009.
8 Mitte der 1970er- und 1980er-Jahre setzte in Österreich ein intensiver Familiennachzug ein (Biffl 1986: 34).

Der Erwerb der deutschen Sprache oder Bildungsprobleme der Kinder werden erst in dieser Zeit zum Thema gemacht, von Seiten der Migrant/innen und der österreichischen Politik. Die Sprachkenntnisse der ersten Generation genügten zwar in der Regel am Arbeitsplatz, aber sie reichten nicht mehr aus, wenn die Kinder in der Schule Probleme hatten oder Lehrer/innen mit den Eltern darüber sprechen wollten. Da sich die Kinder die deutsche Sprache meist viel schneller als ihre Eltern aneigneten, wurde ihnen oft eine zusätzliche Verantwortung aufgebürdet, etwa wenn sie als Dolmetscher/innen fungieren sollten. Für Familien, in denen (auch) die Frauen erwerbstätig waren, bedeutete dies oft eine Umstellung des Familienlebens, wie sie es von ihren Herkunftsfamilien nicht kannten. Dann mussten auch ältere Geschwister – meist Mädchen – Verantwortung für die jüngeren Geschwister übernehmen. Das bedeutete jedoch, dass diese Kinder in geringerem Ausmaß Bildungsmöglichkeiten wahrnehmen konnten. Viele Familien ließen ihre Kinder aber auch bei den Großeltern oder Verwandten in der Türkei zurück.

Mit dem Familiennachzug wurde ein weiteres Problemfeld virulent: die schlechten Wohnverhältnisse der Migrant/innen[9]. Schlechte Wohnungen und die Enttäuschung darüber haben sich ebenfalls tief in die Erinnerungen von Migrant/innen aus der Türkei eingegraben.

Ende der 1970er- bzw. Anfang der 1980er-Jahre setzte eine andere Migrationsbewegung aus der Türkei ein. Der Militärputsch im Jahre 1980 und die damit zusammenhängende Verfolgung insbesondere politisch links Denkender veranlasste viele Menschen zur Flucht in unterschiedliche europäische Länder. Die auf den Putsch folgende dreijährige Militärregierung und die Verfassungsänderung 1982 ließen die Zahl der Asylsuchenden aus der Türkei weiter ansteigen. Auch wenn die Fluchtbewegung an Intensität verlor, sie riss in den Folgejahren nicht ab. Die Gründung der PKK Partiya Karkerên Kurdistanê (Arbeiterpartei Kurdistans) im Jahre 1978 und die bürgerkriegsähnliche Situation beförderte die Migration aus der Türkei nach Österreich weiter. Die Auswirkungen des Putsches und die Konflikte mit der kurdischen Bevölkerung motivierten nicht nur viele Menschen, die Türkei zu verlassen, sie beeinflussten auch die Vereinslandschaft und die politischen Aktivitäten der türkeistämmigen Migrant/innen in Österreich. Auch das Laizismusverständnis der Türkei – seit der Gründung der Republik 1923 – hatte einen großen Einfluss auf die Bildung islamischer Vereine in Österreich.

---

9 Die Wohnsituation von Migrant/innen aus der Türkei ist auch in der Gegenwart im Vergleich zur Mehrheitsgesellschaft um einiges schlechter (Gümüsoglu et al.).

Gespaltene Community: Etablierung der Selbstorganisationen

Nachdem allen Beteiligten klar wurde, dass das Rotationsprinzip nicht funktioniert und die ‚Gastarbeiter/innen' anstatt zurückzukehren ihre Familien nach Österreich holten, veränderte sich auch die öffentliche Wahrnehmung: sie wurden zunehmend zur Problemgruppe stilisiert. Auch die Sozialwissenschaft entdeckte das „Problemfeld" Migration in den 1980er-Jahren für sich. Die unterschiedlichen Wahrnehmungen und Diskurse spiegeln sich auch in den Begrifflichkeiten wider: War in der NS-Zeit und in der Nachkriegszeit „Fremdarbeiter/innen" die gängige Bezeichnung für Arbeitsmigrant/innen, so wurde sie in den 1960er- und 1970er-Jahren durch den Begriff „Gastarbeiter/innen" abgelöst. Als die Familien der ‚Gastarbeiter/innen' nachkamen, bestimmte der weiter gefasste, aber meist abwertend verwendete Begriff „Ausländer/innen" den Diskurs, bis er durch den neutraleren Begriff „Migrant/innen" ersetzt wurde.

Betrachtet man die Selbstbezeichnungen der aus der Türkei stammenden ‚Gastarbeiter/innen' näher, so zeigt sich, dass die Begriffe „Gurbetçi" („in der Fremde Lebender") und „Yabancı" („Ausländer") den Sprachgebrauch in Österreich beherrschen. Die Bezeichnung „Gastarbeiter" wurde von den Migrant/innen aus der Türkei größtenteils nicht als Eigenbezeichnung angenommen. Der Begriff „Ausländer" (Yabancı) fand als politischer Begriff vor allem in den Selbstorganisationen Verwendung, um die Ungleichheit und Schlechterstellung im Vergleich zur Mehrheitsgesellschaft aufzuzeigen. Auf Flugblättern etwa für Demonstrationen finden sich die beiden Begriffe „Gurbetçi" und „Yabancı", die zum einen die aus der Türkei stammenden Menschen als *politische Subjekte* adressieren und zum anderen eine Verbindung innerhalb dieser Gruppe herstellen sollten. Im linken politischen Spektrum richteten sich diese Appelle oftmals auch gegen den türkischen Staat, der die „Gurbetçi" bzw. „Yabancı" in der Fremde nicht unterstützte.

In der Türkei waren die Bezeichnungen „Gurbetçi" oder „Almancı" gebräuchlich. Während der Begriff „Almancı" („Deutsche") eher eine pejorative Bedeutung hatte und daher von den Migrant/innen nicht als Selbstbezeichnung verwendet wurde, stellte „Gurbetçi" insbesondere für die erste Generation auch eine Selbstbezeichnung dar. In den 1980er- und 1990er-Jahren wurde den türkischen Behörden und politischen Entscheidungsträgern ebenfalls bewusst, dass ‚ihre Bürger/innen' nicht zurückkehren würden. Ab diesem Zeitpunkt wechselte im türkischen politischen Diskurs auch die Bezeichnung von Yurtdışındaki İşçilerimiz („unsere Arbeiter/innen im Ausland") zu Yurtdışındaki Vatandaşlarımız („unsere Staatsbürger/innen im Ausland") (Østergaard-Nielsen 2003: 109). Diese Veränderung ist jedoch nicht nur als sprachlicher Wandel zu begreifen: Die staatlichen Bemühungen gegenüber den Bürger/innen im Ausland verlagerten sich von Angeboten befristeter Hilfestellungen hin zur Unterstützung der Ansiedlung. Die Türkei verankerte die Beziehung zu den Staatsbürger/innen im Ausland und die Grundprinzipien der Auswanderung sogar in der Verfassung. Im Artikel 62 heißt es wie folgt:

> „Im Ausland arbeitende türkische Staatsbürger Artikel 62 – Der Staat trifft die notwendigen Maßnahmen zur Gewährleistung der Einheit der Familie der im Ausland arbeitenden türkischen Staatsbürger, der Erziehung ihrer Kinder, ihrer kulturellen Bedürfnisse und ihrer sozialen Sicherheit, zum Schutz ihrer Bindungen an das Vaterland und zur Hilfestellung bei ihrer Rückkehr in die Heimat" (Türkische Verfassung 1982[10]).

Die Türkei war von Anbeginn daran interessiert, dass ihre im Ausland lebenden Staatsbürger/innen ihre ‚türkische Identität' bewahrten. Genauer gesagt, ging es um eine vom offiziellen (Geschichts)Diskurs geprägte ‚türkische Identität', was gleichbedeutend mit Exklusion oder Negierung aller übrigen ‚Minderheitenidentitäten' in der Türkei war. Nach den Forschungsergebnissen von Tanıl Bora wird auch im wissenschaftlichen Diskurs der Konstruktionscharakter der ‚türkischen Identität' vielfach nicht zum Thema gemacht (vgl. Bora 1999). Auf diese Weise wurde diese Fiktion im Laufe der Zeit geradezu institutionalisiert. So, als ob es sich dabei um eine unverrückbare Kategorie handelte, die immer schon existierte. Die ‚türkische Identität' ist jedoch Teil jenes Prozesses, der einen *nationalen* Zusammenhalt herstellen sollte. Diese Identitätskonstruktion umfasst ein ‚ethnisches' und ein religiöses Element: Damit wird die Fiktion einer Einheit geschaffen, die die gesellschaftliche Realität der Türkei gänzlich ausblendet, aber bis in die Gegenwart etliche Oppositionsbewegungen in der Türkei formiert. Paradoxerweise stellt auch die Säkularität des Staates eines der wichtigsten Elemente der ‚türkischen Identität' dar. In der Türkei bedeutete der Laizismus nicht nur eine Abgrenzung von der islamisch geprägten Politik früherer Zeiten (z. B. im Osmanischen Reich), sondern auch von den arabischen Ländern und dem Iran, wo der Islam eine enorme gesellschaftspolitische Rolle spielt. Vor diesem Hintergrund wurde versucht, eine ‚muslimische Identität' zu schaffen, die sich von der ‚arabischen Kultur' distanzierte: eine angeblich ursprüngli-

---

10 zit. nach Christian Rumpf (1996): Das türkische Verfassungssystem. Einführung mit vollständigem Verfassungstext (= Turkologie und Türkeikunde 4). Wiesbaden: Harrassowitz.

che – soll heißen: eine von arabischen Einflüssen gereinigte – ‚muslimische Identität'. Dementsprechend bezeichnet Craig Calhoun den Säkularismus in der Türkei als eine Art muslimischen Säkularismus. In der Gründungsphase der türkischen Republik wurde die Religion aus dem öffentlichen Leben fast völlig verbannt. Dies änderte sich später nach dem Tod von Mustafa Kemal Atatürk (Bielefeldt 2011: 169).

In der Anfangsphase der Migration aus der Türkei stand die Ausübung religiöser Praktiken nicht im Vordergrund. Mit der Familienzusammenführung in den 1970er-Jahren nahmen die religiösen Bedürfnisse der muslimischen ‚Gastarbeiter/innen' allerdings zu. Von staatlicher Seite – sei es von der Türkei oder Österreich – wurden keinerlei Initiativen zum Aufbau religiöser Strukturen ergriffen. Die ersten religiösen Vereine und Moscheen wurden von den ‚Gastarbeiter/innen' aus eigenem Interesse und eigener Kraft ins Leben gerufen. Diese sogenannten „Hinterhofmoscheen" entwickelten sich am Rande der Gesellschaft, ohne dass sich die Mehrheitsgesellschaft dafür interessierte. Auch Imame, die in diesen Moscheen tätig waren, wurden zu dieser Zeit mit den Mitteln der jeweiligen Gemeinschaft aus der Türkei nach Österreich geholt (vgl. Aslan et al. 2015).

Die Etablierung des türkisch geprägten Islam in Österreich, der von diversen internen politisch-religiösen Machtkämpfen bestimmt ist, hängt auch mit den Entwicklungen in der Türkei zusammen. Daher möchte ich einen kurzen historischen Abriss voranstellen, wobei ich einen besonderen Schwerpunkt auf die Gründung der Türkischen Republik lege. Mit der Republikgründung (1923) unter Mustafa Kemal Atatürk ging auch die „Verwestlichung" der Türkei einher. Die Einführung des Säkularitätsprinzips nach französischem Vorbild sollte nicht nur die Trennung zwischen Staat und Religion gewährleisten, sondern auch die Verwaltung und Kontrolle religiöser Einrichtungen ermöglichen. Daher wurde auch ein eigenes Ministerium für religiöse Angelegenheiten (Diyanet Işleri Başkanlığı) gegründet. Ein weiterer Schritt in diese Richtung war die Reform des Bildungssystems, die für die Regulierung des Islam eine entscheidende Rolle spielte. Das „Gesetz zur Vereinheitlichung des Unterrichts" (Tevhid-i Tedrisat Yasası) wurde 1924 in der Großen Nationalversammlung der Türkei (TBMM) beschlossen. Ziel der Reform war es, die Dualität des Bildungssystems – wie sie im Osmanischen Reich üblich war – aufzuheben und alle Schulen und sonstigen Bildungseinrichtungen dem Ministerium für nationale Erziehung (Milli Eğitim Bakanlığı) zu unterstellen. Die Vereinheitlichung des Erziehungssystems führte zur Schließung der Medresen[11]. Die staatlichen

---

11 Seit dem 10. Jahrhundert ist Medrese die Bezeichnung für eine Schule, in der ➤

Investitionen in die islamische Erziehung waren gering, was gewissermaßen zu einem Vakuum auf dem Gebiet der Religion führte. Dies machten sich verbotene religiöse Sekten zunutze und übernahmen, insbesondere in ländlichen Gebieten der Türkei, eine sehr aktive Rolle. Orden und religiöse Persönlichkeiten investierten in der Zeit von 1950 bis 1970 einen sechsmal höheren Betrag in die religiöse Erziehung als die Regierung. Dies führte zu einem dualen System und vor allem Kontroversen zwischen Vertretern des offiziellen Islamverständnisses des Staats und Vertretern des inoffiziellen Islamverständnisses nichtstaatlicher Akteure. Dieses Spannungsverhältnis prägt bis heute das gesellschaftspolitische Klima in der Türkei. Dies implizierte auch die Konfrontation von zwei gegensätzlichen Lebensmodellen: einem säkular-westlichen auf der einen Seite und einem religiös geprägten konservativen auf der anderen Seite. Das Verhältnis zwischen religiösen und säkularen Kräften war nicht nur von Gegnerschaft gekennzeichnet – die jeweiligen Vertreter beeinflussten sich gegenseitig und verbündeten sich mitunter gegen gemeinsame Gegner. So wurden beispielsweise die İmam Hatip-Schulen[12] Anfang der 1940er-Jahre als „Schutz gegen den Kommunismus" gefördert. Nach dem Militärputsch 1980 erhöhte sich die Zahl der İmam Hatip-Schulen auf 374 (vgl. Mardin 2017 und 2018).

Die ‚Gastarbeiter/innen' aus der Türkei kamen hauptsächlich aus ländlichen Regionen der Türkei nach Europa – und damit aus Gebieten, in denen die Religion wesentlich mehr Bedeutung im Alltag der Menschen einnahm als im urbanen Raum. Dies ist einer der Gründe, warum die Schaffung einer religiösen Infrastruktur für die Ausübung des Islam in Österreich auch auf Eigeninitiative der ‚Gastarbeiter/innen' erfolgte. Gefördert wurde dies von jenen religiösen Persönlichkeiten, die in der Türkei wegen politischer und theologischer Differenzen mit dem staatlichen Islamverständnis nicht offiziell auftreten durften. Sie nahmen im europäischen Kontext eine ähnliche Rolle bei der Entwicklung der religiösen Infrastruktur ein wie zuvor in der Türkei. Diyanet, das Amt für Religiöse Angelegenheiten in der Türkei, das für die staatliche Kontrolle des – stets in Veränderung befindlichen – offiziellen Islamverständnisses zuständig ist, gründete erst 1984 in Deutschland DITIB (tr. Diyanet İşleri Türk İslam Birliği; dt. Türkisch-Islamische Union der Anstalt für Religion e. V.). Das Pendant in Österreich, ATIB (tr. Avrupa Türk-İslam Birliği; dt. Union der Türkisch-Islamischen Kulturvereine in Europa e. V.) wurde sechs Jahre später ins Leben gerufen.

---

islamische Wissenschaften unterrichtet werden.
12 İmam Hatip sind staatliche Berufsfachgymnasien für die Ausbildung zum Imam (Vorbeter) und Prediger in der Türkei.

Die türkische Community in Österreich spiegelt nicht die Gesellschaft in der Türkei wider. Eine Repression von Pluralität – wie in der Türkei – ist jedoch auch im österreichischen Kontext beobachtbar. Dies betrifft die religiöse ebenso wie die ethnische Diversität. Die überwiegende Mehrheit der Migrant/innen aus der Türkei gehört zur sunnitischen hanafitischen Rechtsschule. Die zweitgrößte Gruppe bilden die Alevit/innen. Es gibt eine große alevitische Gemeinschaft, die auf 10 bis 20 Prozent der türkeistämmigen Community geschätzt wird. Die Alevit/innen aus der Türkei haben zwei Dachverbände, die sich vor allem in ihrer Positionierung zum Islam unterscheiden. Der Unterschied besteht darin, dass sich die eine Gruppe als Teil der islamischen Glaubensgemeinschaft versteht, während die andere Gruppe das Alevitentum als eine eigenständige Glaubensrichtung erachtet und sich gegen eine „Zwangsislamisierung" wendet[13]. Es gibt auch einige orthodoxe Armenier/innen und Assyrer/innen, die aus der Türkei nach Österreich immigriert sind, die in wissenschaftlichen Studien aber kaum vorkommen. Die größten ethnisch definierten Gruppen der türkeistämmigen Community sind Türk/innen und Kurd/innen[14].

Selbstorganisationen als transnationale Räume

Die Zusammensetzung der türkeistämmigen Community in Österreich spiegelt sich in den Selbstorganisationen wider.[15] Da Migrantenorganisationen eine besondere Funktion im Hinblick auf die Integration in das neue Lebensumfeld zukommt, stehen sie meist im Fokus der Sozialwissenschaften (vgl. Sezgin 2010; Thränhardt 2013; Pries 2010). Während das Engagement von Bürger/innen ohne Migrationshintergrund in Vereinen meist als Zeichen der aktiven Beteiligung an sozialen oder gesellschaftspolitischen Prozessen und als Beweis einer funktionierenden Demokratie gesehen – und demgemäß positiv bewertet – wird, werden Migrantenorganisationen oftmals als Räume der Abschottung wahrgenommen (vgl. Sezgin 2010). In den Sozialwissenschaften

---

13 Siehe dazu den Beitrag von Zeynep Arslan in diesem Band.
14 Die statistischen Daten über die türkische Community oder Muslim/innen bereiten generell Schwierigkeiten (Aslan et al. 2017: 38–47). Beispielsweise werden unter der Kategorie „Muslim/Muslima" oftmals auch Atheist/innen, Agnostiker/innen oder auch Alevit/innen aus der Türkei subsumiert, die sich selbst nicht als muslimisch bezeichnen.
15 Hier werden nicht die diversen Selbstorganisationen dargestellt, sondern auf einer Metaebene die Entwicklungsstränge mit besonderem Fokus auf transnationale politische Aktivitäten im Migrationskontext behandelt. Für eine ausführliche Darstellung der Selbstorganisationen vgl. Waldrauch/Sohler 2004; Şimşek 2017.

werden Migrantenorganisationen zwei Funktionen zugeschrieben: Einerseits werden Selbstorganisationen als Orte der gegenseitigen Unterstützung oder als Orte, an denen Sozialkapital gebildet wird, beschrieben und als solche auch für die Integration in die Mehrheitsgesellschaft positiv bewertet (vgl. Putnam 1993; Thränhardt 2013). Andererseits gelten sie vielfach als Hindernis für eine ‚gelungene Integration', weil sie Strukturen schaffen, die ‚Parallelgesellschaften' befördern können. Die Frage nach der Rolle der Vereine für die *Integration* ist aber insofern problematisch, als sie die Vielfalt der Funktionen der Migrantenorganisationen, ihre transnationale Positionierung und die Interaktionen ihrer Mitglieder nicht ausreichend in Betracht zieht. Migrantenorganisationen entfalten eine unterschiedliche Wirkung auf die einzelnen Mitglieder und die Community, wobei nicht zuletzt die zeitliche Komponente zu berücksichtigen ist: In den Anfängen der Migrationsbewegung hatten sie eine andere Funktion als etwa 50 Jahre später. Zudem lassen sich die einzelnen Organisationen und Vereine nicht einfach über einen Kamm scheren: Die türkeistämmige Vereinslandschaft reicht von politischen Organisationen unterschiedlicher ideologischer Ausrichtung über religiöse und kulturelle bis hin zu ethnisch definierten Vereinigungen. Dementsprechend haben sie unterschiedliche Funktionen für die Mitglieder und die Community. Zudem greift die Frage nach der integrativen oder desintegrativen Wirkung der Selbstorganisationen per se zu kurz. Die Vereine können als transnationale Räume, als Brücke zwischen unterschiedlichen Welten betrachtet werden.

Der Philosoph Ljubomir Bratić unterscheidet zwei Typen von Selbstorganisationen, die er als Defensivorganisationen und als partizipationsorientierte Organisationen bezeichnet und folgendermaßen beschreibt: Defensivorganisationen beschäftigen sich „[…] in erster Linie mit der Verteidigung von diversen, nach innen orientierten Anliegen (kulturelle Identität, Sprache, andere Themen einer jeweils ethnisch geschlossenen Diaspora usw.)" (Bratić 2001: 523). Diese Art der Selbstorganisation wurde aber – nach Bratić – für die folgenden Generationen zu eng, „[…] weil der bisherige Lobbyismus zu keinen konkreten Veränderungen der Migrations- und Integrationspolitik, sondern eher zur Stabilisierung sowohl der Aufnahmegesellschaft als auch der ethnischen Gruppen geführt hatte" (ebd. 524). Der zweite Typus, die partizipationsorientierten Organisationen sollten aus dieser Enge herausführen: Sie sind ethnisch nicht homogen und folgen einer politischen Agenda. Ähnlich beschreibt es Hüseyin Uz (2008) in seiner Abhandlung über die Entstehung von türkeistämmigen Organisationen: Es gibt Organisationen, die die Partizipation fördern, und solche, die ‚Parallelgesellschaften' bilden. Die Letztgenannten sind insbesondere religiöse Vereinigungen, die mit ihren unterschiedlichen Angeboten – von Konsumgütern bis hin zu kulturellen

Produktionen – die Bedürfnisse ihrer Mitglieder befriedigen. Sie funktionieren als Hüter ‚türkisch-muslimischer Identität' und vertreten die politische Strömung, der sie angehören. Demgegenüber beziehen sich die linken Organisationen nicht in erster Linie auf die Politik in der Türkei, sondern verfolgen auch migrations- bzw. integrationspolitische Ziele, um das Leben der Migrant/innen in Österreich zu verbessern.

Diese Gegenüberstellung der unterschiedlichen türkeistämmigen migrantischen Selbstorganisationen trifft zwar grundsätzlich zu, ist allerdings auf den jeweiligen nationalen Kontext fixiert und vernachlässigt somit die transnationalen Verbindungen. So verweist Karin Sohler darauf, dass sich türkeistämmige Organisationen „oft in Opposition zur türkischen Regierungspolitik, aber zugleich in enger Anbindung an türkische Parteien oder islamische Organisationen und deren europäische Emigrantennetzwerke" (Sohler 2007: 383) formierten. Zudem bestehen nicht nur transnationale Bindungen zwischen der Türkei und Österreich, es ist vielmehr ein Netzwerk zwischen mehreren europäischen Ländern entstanden. Für linke, religiöse, kurdische und alevitische Selbstorganisationen spielen beispielsweise die Kontakte zu Vereinigungen in Deutschland eine wichtige Rolle.

Transnationale migrantische Selbstorganisationen bilden sich an der Schnittstelle unterschiedlicher Entwicklungen. In der Literatur finden sich dafür divergierende Erklärungsansätze. So werden transnationale Verbindungen einerseits durch „exklusive" politische Systeme (vgl. Abadan-Unat 1997) und andererseits durch multikulturelle Inkorporationsregime, wie etwa in den Niederlanden, befördert (Faist 2000: 214). Zwei unterschiedliche Umgangsformen mit Migrant/innen führen also zum gleichen Ergebnis. Werden Migrant/innen tendenziell aus einer Gesellschaft ausgeschlossen, sind sie gezwungen, sich mit Gleichgesinnten in anderen sozialen Räumen zu verbünden. Lässt eine inklusive Gesellschaft Migrant/innen viel Freiraum zur Bildung eigener ethnischer, religiöser und politischer Organisationen, nutzen sie diese Ressourcen in der Regel auch für transnationale Kontakte.

Wie Østergaard-Nielsen in ihrer empirischen Studie „Transnational Politics. Turks and Kurds in Germany" festgestellt hat, hängen die jeweiligen Identitätskonstruktionen von Migrant/innen nicht nur mit den Integrationsprozessen im Aufnahmeland zusammen. Zugehörigkeiten, die niemals als statisch und unveränderlich gedacht werden dürfen, resultieren aus einem komplexen Zusammenspiel zwischen politischen und soziokulturellen Verhältnissen oder Ereignissen im Herkunftsland ebenso wie im Aufnahmeland. Die Bindungen zum Herkunftsland werden durch verwandtschaftliche und freundschaftliche Beziehungen, aber auch durch unterschiedliche Medien (z. B. Zeitungen, Fernsehen, Internet, Soziale Medien) und andere Kommunikationsmittel unterstützt.

Wie Østergaard-Nielsen in ihren Untersuchungen zur türkeistämmigen Diaspora in Deutschland herausgefunden hat, entspringt die Beschäftigung von türkischen und kurdischen Migrant/innen mit den gesellschaftspolitischen Entwicklungen in der Türkei nicht nur dem persönlichen Interesse oder der eigenen Betroffenheit. Eine Reihe unterschiedlicher Akteure aus der Türkei – wie Wahlwerber/innen, Missionar/innen, Meinungsmacher/innen und staatliche Vertreter – bemühen sich um politische und wirtschaftliche Unterstützung seitens türkeistämmiger Bürger/innen im Ausland. Aber auch politische Akteur/innen und Aktivist/innen, die in der Türkei zunehmend aus politischen und gesellschaftlichen Prozessen ausgeschlossen werden, werben mittels Informationskampagnen um Unterstützung ihrer Anliegen (Østergaard-Nielsen 2003: 126).

Das Verhältnis der türkischen Regierung zu den sogenannten Auslandstürk/innen veränderte sich grundlegend, nachdem klar wurde, dass sie nicht in die Türkei zurückkehren würden. Anfangs war die Beziehung vor allem von ökonomischen Interessen bestimmt, trugen doch die Auslandstürk/innen zur Entlastung des türkischen Arbeitsmarktes bei und brachten begehrte Devisen ins Land. Da die türkische Community in Europa jedoch nicht nur eine wichtige wirtschaftliche Basis darstellt, sondern auch eine immer bedeutendere Rolle in den türkischen bilateralen und multilateralen Beziehungen zu den EU-Mitgliedstaaten spielt, erwachte auch ein politisches Interesse an den Bürger/innen im Ausland. Der Einfluss des türkischen Staatsapparats auf die türkeistämmige Community im Ausland äußert sich im Wesentlichen auf zwei Arten: in der Unterstützung türkeinaher Vereinigungen und der Verfolgung oppositioneller Kräfte, wobei vor allem kurdische und linke Organisationen in Europa schon immer unter der Verfolgung seitens der türkischen Staatsmacht zu leiden hatten.[16]

Die Spaltung der türkeistämmigen Community in Österreich beruht gegenwärtig vor allem auf der Einmischung der türkischen Regierung unter Recep Tayyip Erdoğan, dem bislang vielleicht mächtigsten türkischen Politiker. Doch die Spaltung der türkeistämmigen Community hat hierzulande eine länger zurückreichende Geschichte und ist vor allem auf die österreichische Politik und *Othering-Prozesse* gegenüber Muslim/innen zurückzuführen. Auch dahinter stehen Interessen, die weniger mit den Migrant/innen selbst zusammenhängen als mit einem Populismus, aus dem sich politisches Kapital schlagen lässt.

---

16 Hierzu muss festgehalten werden, dass die religiösen Organisationen bzw. die Dachverbände der türkeistämmigen Community sich politisch voneinander unterscheiden und ihre Nähe zur Türkei vom politischen Kontext in der Türkei und von den jeweiligen Regierungen abhängig ist (vgl. dazu Aslan et al. 2015).

Literatur

Abadan-Unat, Nermin (2002): Bitmeyen Göç Konuk Işçilikten Ulus-Ötesi Yurttaşlığa. Istanbul: Bilgi Üniversitesi Yayınları.

Aslan, Ednan; Kolb, Jonas; Yildiz, Erol (2017): Muslimische Diversität. Ein Kompass zur religiösen Alltagspraxis in Österreich. Wiesbaden: Springer.

Aslan, Ednan; Erşan Akkılıç, Evrim; Kolb, Jonas (2015): Imame und Integration. Wiesbaden: Springer.

Akgündüz, Ahmet (1998): Migration to and from Turkey, 1783–1960: Types, numbers and ethno-religious dimensions. In: Journal of Ethnic and Migration Studies 24 (1), S. 97–120.

Bielefeldt, Heiner (2011): Die Integration der Muslime im säkularen Rechtsstaat. In: Wolfgang Benedek; Kamel G. Mahmoud (Hg.): Der Islam in Österreich und in Europa: Die Integration und Beteiligung der Muslime in der Gesellschaft. Graz: Grazer Universitätsverlag, S. 163–180.

Biffl, Gudrun (1986): Der Strukturwandel der Ausländerbeschäftigung in Österreich. In: Hannes Wimmer (Hg.): Ausländische Arbeitskräfte in Österreich. Frankfurt a. Main-New York: Campus, S. 33–88.

Biffl, Gudrun (2010): Wirtschaftskrisen in der Vergangenheit und ihre Wirkung. In: Gudrun Biffl (Hg.): Migration & Integration. Dialog zwischen Politik, Wissenschaft und Praxis. Wien: Guthmann Peterson, S. 45–58.

Bergkirchner, Christof (2013): Zur Genese des Ausländerbeschäftigungsgesetzes 1975. Diplomarbeit Universität Wien.

Bora, Tanil (1999): Türk Sağının Üç Hali. Istanbul Cağaloğlu: Iletişim Yayınları.

Bratić, Ljubomir (2001): Selbstorganisation im migrantischen Widerstand. Ein Diskussionsanstoß. SWS-Rundschau 41 (4), S. 516–536.

Calhoun, Craig (2010): Rethinking Secularism. In: Hedgehog Review (3), S. 35–48.

Faist, Thomas (2000): The Volume and Dynamics of International Migration and Transnational Social Spaces. Oxford: Oxford University Press.

Gächter, August; Recherche-Gruppe (2004): Von Inlandarbeiterschutzgesetz bis Eurodac-Abkommen. Eine Chronologie der Gesetze, Ereignisse und Statistiken bezüglich der Migration nach Österreich von 1925-2004. In: Hakan Gürses, Cornelia Kogoj, Sylvia Mattl (Hg.): Gastarbajteri. 40 Jahre Arbeitsmigration. Wien: Mandelbaum, S. 31–46.

Gümüşoğlu, Turgut et al. (2009): Türkische Migranten in Österreich. Eine Querschnittstudie der türkischen Migrantengemeinschaft zwischen transnationaler Struktur und Integration. Frankfurt a. Main: Peter Lang.

Hahn, Sylvia; Ströger, Georg (2014): 50 Jahre österreichisch-türkisches Anwerbeabkommen. Salzburg.

İçduygu, Ahmet (2009): International Migration and Human Development in Turkey (= Human Development Research Paper 52). Online verfügbar unter https://mpra.ub.uni-muenchen.de/19235/1/MPRA_paper_19235.pdf, zuletzt geprüft am 10.12.2018.

İçduygu, Ahmet; Aksel, Damala Bayraktar (2013): Turkish Migration Policies: A Critical Historical Retrospective. In: Perceptions 18 (3), S. 167–190.

Mardin, Şerif (2017): Türkiye'de Din ve Siyaset. Istanbul: Iletişim Yayınları.

Mardin, Şerif (2018): Din ve Ideoloji. Istanbul: Iletişim Yayınları.

Muradoğlu, Dilman; Ongan, Gamze (2004): Anwerbestelle. Narmanli Han, Istanbul. In: Hakan Gürses, Cornelia Kogoj, Sylvia Mattl (Hg.): Gastarbajteri. 40 Jahre Arbeitsmigration. Wien: Mandelbaum, S. 122–124.

Østergaard-Nielsen, Eva (2003): Transnational Politics. Turks and Kurds in Germany. New York: Routdlege.

Perchinig, Bernhard (2010): Von der Fremdarbeit zur Integration? Migrations- und Integrationspolitik in Österreich seit 1945. In: Vida Bakondy et al. (Hg.): Viel Glück! Migration heute. Wien, Belgrad, Zagreb, Istanbul. Wien: Mandelbaum, S. 142–160.

Putnam, Robert D. (2001): Gesellschaft und Gemeinsinn. Sozialkapital im internationalen Vergleich. Gütersloh: Bertelsmann.

Pries, Ludger (2010): (Grenzüberschreitende) Migrantenorganisationen als Gegenstand der sozialwissenschaftlichen Forschung. Klassische Problemstellungen und neuere Forschungsbefunde. In: Ludger Pries, Zeynep Sezgin (Hg.): Jenseits von „Identität oder Integration". Grenzen überspannende Migrantenorganisationen. Wiesbaden: VS Verlag für Sozialwissenschaften, S. 15–60.

Rass, Christoph (2010): Institutionalisierungsprozesse auf einem internationalen Arbeitsmarkt. Bilaterale Wanderungsverträge in Europa zwischen 1919 und 1974 (= Studien zur Historischen Migrationsforschung 19). Paderborn: Ferdinand Schöningh Verlag.

Sezgin, Zeynep (2010): Türkische Migrantenorganisationen in Deutschland – Zwischen Mitgliederinteressen und institutioneller Umwelt. In: Ludger Pries, Zeynep Sezgin (Hg.): Jenseits von Identität oder Integration Grenzen überspannende Migrantenorganisation. Wiesbaden: VS Verlag für Sozialwissenschaften, S. 201–232.

Şimşek, Hüseyin (2017): 50 Jahre Migration aus der Türkei nach Österreich. Wien: LIT Verlag.

Sohler, Karin (2007): MigrantInnenorganisationen in Wien. In: Heinz Faßmann (Hg.): Österreichischer Migrations- und Integrationsbericht. Rechtliche Rahmenbedingungen, demographische Entwicklungen, sozioökonomische Strukturen. Klagenfurt: Drava, S. 377–391.

Thränhardt, Dietrich (2013): Migrantenorganisationen. Engagement, Transnationalität und Integration. In: Günther Schultze, Dietrich Thränhardt (Hg.):

Migrantenorganisationen. Engagement, Transnationalität und Integration. Bonn: Friedrich-Ebert-Stiftung, S. 5–20.

Uz, Hüseyin (2008): Organisation gegen die Isolation. Migrantische Selbstorganisation zwischen Interessensvertretung und Parallelgesellschaft. In: Thomas Schmidinger (Hg.): „Vom selben Schlag ...". Migration und Integration im niederösterreichischen Industrieviertel. Wiener Neustadt: Verein Alltag-Verlag, S. 211–225.

Waldrauch, Harald; Sohler, Karin (2004): Migrantenorganisationen in der Großstadt. Entstehung, Strukturen und Aktivitäten am Beispiel Wiens. Frankfurt a. M.: Campus.

Weigl, Andreas (2009): Migration und Integration. Eine widersprüchliche Geschichte. Innsbruck-Wien-Bozen: StudienVerlag.

Wollner, Eveline (1996): Auf dem Weg zur sozialpartnerschaftlich regulierten Ausländerbeschäftigung in Österreich. Die Reform der Ausländerbeschäftigung und der Anwerbung bis Ende der 1960er Jahre. Diplomarbeit Universität Wien.

Von den kurdischen Bergen in die Alpen – Vom Tigris an die Donau. Kurdinnen und Kurden als Teil der Migrationsgeschichte und Diversität Österreichs

Thomas Schmidinger

Kurdinnen und Kurden bilden eine politisch und kulturell bedeutsame, vielfach allerdings in der Geschichtsschreibung und Sozialwissenschaft übersehene Zuwanderer/innengruppe in Österreich. Diaspora-Kurd/innen spielen eine wichtige politische und kulturelle Rolle für die Kurd/innen insgesamt, aber auch für die kulturelle Diversität der Zweiten Republik in Österreich und die politische Landschaft, in die sich Migrant/innen und Flüchtlinge einbringen konnten.

Im Selbstbild vieler Kurd/innen spielen die Begriffe kurdayeti („kurdischsein"), gurbet („Fremde") und nishtiman („Heimatland") eine zentrale Rolle. Als Bevölkerungsgruppe, die über Jahrzehnte immer wieder Verfolgungen und Flucht ausgesetzt war, sind dabei auch die Diasporen ein wichtiger Teil des intellektuellen und politischen Lebens. Auch wenn dabei in der Vorstellung von einer gemeinsamen kurdischen Identität ausgegangen wird, so würde es doch in die Irre führen, nur von einer einzigen gemeinsamen Diaspora zu sprechen. Vielmehr haben wir es, wie dieser Beitrag empirisch belegen wird, mit verschiedenen Migrationsphasen und verschiedenen Diasporen zu tun, die miteinander interagieren, aber doch auch sehr unterschiedlich sind.

Die Sozial- und Kulturanthropologin Maria Six-Hohenbalken weist darauf hin, dass die kurdischen Diasporen im letzten halben Jahrhundert eine immense Bedeutung für die staatenlose Nation der Kurd/innen erlangt haben:

„Durch verbesserte Verkehrs- und Kommunikationstechnologien in den letzten beiden Jahrzehnten wie auch durch das Projekt der Autonomen Region Kurdistan Irak haben die Diasporen eine ungemeine Dynamisierung erfahren. Bis dahin vielfach noch Exiliertengemeinschaften, haben die mannigfachen Beziehungen und Verbindungen der Diasporen zu den jeweiligen Herkunftsländern (Türkei, Irak, Iran, Syrien) eine globale kurdische Transnation entstehen lassen. Diese multiplen Verflechtungen sind dynamisch und fluid und in ihrer Gesamtheit beziehungsweise von ihrem Umfang her schwer fassbar." (Six-Hohenbalken 2018: 68)

Die Diasporen interagieren also mit den Herkunftsländern, genauso wie sie mit der Gesellschaft interagieren, in der sie sich befinden. Sie sind Teil einer hochgradig globalisierten Welt und nicht isoliert zu betrachten. Kurd/innen wanderten im 20. und 21. Jahrhundert nicht einfach nur nach Österreich ein, sondern machten Österreich auch zu einem Teil eines globalen Kurdistan, zu dem auch die Diasporen gehören. Diese Wechselwirkung wird in diesem historischen Abriss über die Kurd/innen in Österreich ebenso deutlich werden wie das Bemühen, Elemente kurdischer Identität in der spezifisch österreichischen Situation beizubehalten, ohne sich von der österreichischen Gesellschaft abzukapseln.

Kurdische Studierende in Österreich

Das Österreich der Ersten Republik war als kleiner und ökonomisch rückständiger Reststaat kein Ziel kurdischer Migrant/innen. Auch in den Jahren nach 1945 war Österreich zunächst kein Migrationsziel für Kurdinnen und Kurden. Frühe kurdische Exilant/innen fanden nach dem Zweiten Weltkrieg vor allem in der Sowjetunion und in Frankreich Aufnahme, wohin aufgrund der französischen Protektoratsherrschaft über Syrien koloniale Verbindungen bestanden und wo auch ein gewisses Interesse an kurdischer Sprache und Kultur existierte. Kamiran Alî Bedir-Xan, der Enkel des letzten kurdischen Fürsten von Bothan und Bruder des Entwicklers den modernen kurdischen Alphabets Celadet Alî Bedirxan, hatte schon in den 1920er-Jahren phasenweise in Deutschland (München und Leipzig) und Frankreich gelebt und wurde 1948 Lektor am Institut national des langues et civilisations orientales in Paris, von wo aus er bis in die 1970er-Jahre kurdische Exilpolitik betrieb und kurdische Studierende nach Europa brachte und vernetzte.

Bereits bei der Gründung des ersten kurzlebigen kurdischen Studentenvereins in Europa 1949, an dem Studenten aus verschiedenen Teilen Kurdistans[1] beteiligt waren, die in verschiedenen Staaten Europas studierten, finden wir mit dem irakischen Kurden Abdulla Qadir einen Studenten aus Österreich, der als Leiter der Jamiat al-Islam eine der frühesten islamischen Organisationen in Österreich mitbegründet hatte (Marouf 2002: 54). Da es sich bei der Jamiat al-Islam um eine nur kurzfristig existierende pan-islamische Organisation zentralasiatischen Ursprungs gehandelt hatte, die ihren Sitz in der US-amerikanischen Besatzungszone in Salzburg hatte und sich vor allem um dort gestrandete muslimische Angehörige von NS-Hilfstruppen aus der Sowjetunion und Südosteuropa kümmerte (Krammel/Abdelkarim 2008:

---

1 Kurdistan als Region, in der die Kurdinnen und Kurden die Mehrheitsbevölkerung bilden, erstreckt sich im Wesentlichen über Teile der Türkei, des Irak, des Iran und Syriens. Darüber hinaus gibt es alte kurdische Diasporen in Armenien, Georgien, Aserbeidschan, im Libanon und Turkmenistan.

53f), ist anzunehmen, dass Qadir nicht in Wien, sondern in Salzburg studiert hatte. Das könnte auch den Umstand erklären, dass sich von den etwas später gekommenen kurdischen Studierenden in Wien niemand an Abdulla Qadir erinnern konnte und dieser – möglicherweise erste – kurdische Student in Österreich weitgehend dem Vergessen anheimgefallen ist.

Nach Wien kamen die ersten Kurden in den 1950er-Jahren als Studierende aus dem Irak. Der erste uns heute bekannte dieser Studierenden, der im Laufe der Zeit zum Anlaufpunkt für neu hinzukommende Kurd/innen werden sollte, war der 1929 geborene Wiriya Rawenduzy, der am 11. August 1953 für sein Medizinstudium, das er in Bagdad begonnen hatte, nach Wien kam. Rawenduzy kam damit noch während der haschemitischen Monarchie[2] nach Österreich und verfolgte von hier aus den Sturz der Monarchie 1958, die kurdischen Aufstände der 1970er- und 1980er-Jahre und wurde im Laufe der Zeit zu einem wichtigen Anlaufpunkt für verschiedene kurdische Intellektuelle und Politiker aus dem Irak.

Rawenduzy war selbst kein Politiker, hatte sich als Student aber durchaus politisch engagiert und war in Bagdad immer wieder in Konflikt mit den irakischen Autoritäten und den damals noch stark präsenten Briten gekommen. In Wien begann er sich schließlich mit anderen kurdischen Studenten in Europa zu vernetzen, die wie Rawenduzy selbst überwiegend aus den kurdischen Oberschichten stammten und primär auf der Suche nach akademischer Bildung und nicht aus politischen Gründen nach Europa gekommen waren. Rawenduzy erzählte mir kurz vor seinem Tod in einem Interview: „Damals gab es in Wien eigentlich sonst keine Kurden, weder aus dem Irak noch aus anderen Teilen Kurdistans. Überhaupt gab es in ganz Europa nur einige wenige Studenten aus Kurdistan, und so war es nur logisch, dass wir uns in Europa vernetzten."[3]

Rawenduzy wurde für viele später kommende Kurd/innen aus dem Irak zu einem ersten Anknüpfungspunkt, der partei- und generationsübergreifend aufgesucht wurde, und der als Arzt mit zunehmendem Alter zu immer größerem Ansehen in der irakisch-kurdischen Community gelangte. Rückblickend berichtete er: „Wenn jemand aus Kurdistan kam, dann hat ihn die Familie meistens gleich zu mir geschickt, weil man zu Hause wusste, dass ich in Wien bin. Ich war am Anfang der einzige Anknüpfungspunkt für viele, die aus Kurdistan gekommen sind."[4]

---

2 1921 setzte die britische Protektoratsherrschaft im Irak das aus dem Hejaz (im heutigen Saudi-Arabien) stammenden Herrschergeschlecht der Haschemiten ein, das bis zur Revolution 1958 das Königreich Irak beherrschte.
3 Interview mit Wiriya Rawendzy, 10.10.2009.
4 Interview mit Wiriya Rawendzy, 10.10.2009.

Rawenduzy kannte sich in Österreich aus, war gut ins politische und intellektuelle Establishment integriert und kannte sogar flüchtig den von 1970 bis 1983 regierenden Bundeskanzler Bruno Kreisky, dem er im Dezember 1975 zu Hilfe kam, als bei einer Geiselnahme im OPEC-Hauptquartier in Wien durch eine Gruppe um Ilich Ramírez Sánchez ein arabischsprachiger Arzt gesucht wurde, um den angeschossenen deutschen Terroristen Hans-Joachim Klein von den Revolutionären Zellen (RZ) medizinisch betreuen zu können (vgl. Weiss in Kooperation mit Rawenduzy 2004).

Österreich als Exilland irakischer und iranischer Kurd/innen

1975 war schließlich auch das Jahr, in dem der große Aufstand von Mullah Mustafa Barzani[5] im Irak nach dem Algerien-Abkommen zwischen dem Iran und dem Irak zusammenbrach und Tausende Peshmerga, die bewaffneten Kämpfer der Kurden, vom Irak in den Iran flohen und sich dort in notdürftigen Flüchtlingslagern wiederfanden.

Das damalige Österreich verfolgte noch eine andere Flüchtlingspolitik als heute. Schon nach dem Militärputsch in Chile 1973 hatte die Regierung Kreisky aktiv linke, politisch aktive Flüchtlinge aus Chile nach Österreich geholt. Dies sollte sich nun mit den irakischen Kurden wiederholen. 1976 wurden aus den Flüchtlingslagern im Iran zunächst 41 irakische Kurd/innen nach Österreich ausgeflogen. Eine weitere Gruppe folgte vier Wochen später. Viele dieser irakisch-kurdischen Flüchtlinge der ersten Generation studierten in Österreich und beteiligten sich aktiv am gesellschaftlichen und politischen Leben. Heute sind viele von ihnen als Akademiker/innen beruflich erfolgreich oder politische Mandatare – wie im Falle von Aziz Miran, der Bezirksrat der SPÖ in Wien ist.

Diese Welle der ersten Exilant/innen aus dem irakischen Teil Kurdistans stellte allerdings nur die erste Welle irakisch-kurdischer Flüchtlinge in Österreich dar. Der Niederlage Barzanis folgten der Aufstand der Patriotischen Union Kurdistans (PUK) und der Vernichtungskrieg, den Saddam Hussein durch die Anfal-Kampagne[6] gegen die kurdische Zivilbevölkerung führte.

---

5 Mullah Mustafa Barzani (1903–1979) führte von den 1960ern bis in die 1970er-Jahre mehrere kurdische Aufstände an, war Gründer der Demokratischen Partei Kurdistans im Irak und wird heute noch von den irakischen Kurd/innen als historischer Führer verehrt.
6 In den Anfal-Kampagnen zwischen 1988 und 1989 wurden rund 180.000 Kurden ermordet und kurdische Frauen in bewachte Siedlungen umgesiedelt. Der irakischen Armee ging es in der Schlussphase des Golfkrieges darum, der kurdischen Guerilla –

Überlebende flohen in den 1980er-Jahren in die verschiedensten Staaten Europas, darunter auch nach Österreich, wo es bereits irakische Kurd/innen als Anlaufpunkt gab. Die späteren Flüchtlinge ließen sich nicht nur in Wien, sondern auch in Graz, Linz, Kärnten und anderen Bundesländern nieder. Nach dem Giftgasangriff der irakischen Armee auf die kurdische Stadt Halabja vom 16. März 1988 wurden auch Überlebende zur Behandlung nach Österreich gebracht. Einige von ihnen leben heute noch hier.

Aber nicht nur aus dem Irak kamen politische Flüchtlinge aus Kurdistan nach Österreich. Das autoritäre System des Shah im Iran hatte bereits in den 1970er-Jahren Intellektuelle und politisch aktive Oppositionelle ins Exil getrieben. Einige davon waren auch in Österreich gelandet. Die Hoffnung, die viele iranische Kurd/innen in die Revolution von 1979 gesetzt hatten, erwies sich allerdings als trügerisch. Einer kurzen Periode der De-facto-Selbstverwaltung der kurdischen Gebiete folgte eine gewaltsame Unterdrückung der kurdischen politischen Parteien durch das neue Regime unter Ayatollah Khomeini. So fanden auch Aktivisten und Funktionäre der Demokratischen Partei Kurdistans-Iran und der linken Komalah[7] ihren Weg nach Österreich ins Exil und ließen sich vor allem in Wien nieder, wo sie sich sowohl mit anderen Kurd/innen als auch mit anderen Exiliraner/innen zu vernetzen versuchten.

Wie die irakischen Kurd/innen gehörten auch viele der iranischen Kurd/innen den politisch aktiven gebildeten kurdischen Eliten an. Vielen von ihnen fiel es relativ leicht, in Österreich Fuß zu fassen und sich beruflich, gesellschaftlich und politisch zu engagieren. Dass dabei die Verbindungen in den Iran nie abrissen, zeigt sich an verschiedenen Aspekten. Einerseits verfolgen viele iranische Kurd/innen bis heute sehr aktiv die Entwicklungen in der alten Heimat und engagieren sich von Österreich aus für eine Veränderung oder gar den Sturz des Regimes im Iran. Andererseits führten Spaltungen der Demokratischen Partei Kurdistans-Iran 2006 auch in Wien zu einer Spaltung iranisch-kurdischer Vereine, die sich einer der beiden neuen Parteien zuordneten (Schmidinger 2013b: 329).

Wien wurde mit den politischen Exilant/innen aus dem Irak und Iran auch zunehmend zu einem wichtigen Ort für die kurdische Diplomatie. Am deutlichsten sichtbar wurde dies leider beim absoluten Tiefpunkt der österreichisch-kurdischen Beziehungen. Am 13. Juli 1989 wurde in Wien der Generalsekretär der Demokratischen Partei Kurdistans-Iran, Abdul Rah-

---

den sogenannten Peshmarga – die unterstützende Bevölkerung und möglicherweise dem Iran die Bevölkerung in der Region zu entziehen.

7 Die Komalah ist eine linke kurdische Partei im Iran, die sich in den letzten Jahren allerdings in mehrere gleichnamige Parteien gespalten hat.

man Ghassemlou gemeinsam mit seinem Assistenten Ghaderi Azar und dem irakischen Kurden Fadhil Rassoul bei Verhandlungen mit einer iranischen Delegation erschossen. Die iranischen Agenten, die den Mord ausgeführt hatten, konnten Österreich ungehindert verlassen. Anders als der Mord an Ghassemlous Nachfolger Sharafkandi 1992 in Berlin wurde der Mord an Ghassemlou nie vor Gericht verhandelt.

Arbeitsmigration und Exil: Kurd/innen aus der Türkei

Die weitaus größte Gruppe der Kurd/innen in Österreich kam jedoch nicht aus dem Irak und dem Iran, sondern aus der Türkei. Kurd/innen bildeten von Anfang an einen wesentlichen Bestandteil jener Arbeitsmigrant/innen, die als ‚Gastarbeiter' seit dem Anwerbeabkommen Österreichs mit der Türkei 1964 angeworben wurden. Da die Arbeitsmigrant/innen überwiegend aus den ärmeren Teilen der Türkei kamen, befanden sich unter jenen meist zunächst männlichen Arbeitern, die in Österreich in der Industrie und im Baugewerbe eingesetzt wurden, vor allem Männer aus Zentral- und Ostanatolien. Viele stammten aus Yozgat, wo neben türkischer Landbevölkerung auch türkisierte Kurd/innen zu finden sind, aus dem zazakisprachigen Dersim oder aus den kurdischsprachigen Regionen Ostanatoliens.

Die zazakisprachigen Alevit/innen aus Dersim waren 1938 zum Opfer genozidaler Verfolgung durch den türkischen Staat geworden und hatten eine Generation besonders brutaler Türkisierungspolitik hinter sich. Teile dieser Alevit/innen aus Dersim sehen sich heute als Kurd/innen (und das Zazaki als kurdischen Dialekt), andere sehen sich als Zaza und wiederum andere sehen in ihrem Alevitentum nicht nur eine Religion, sondern auch eine ethnische Identität. Allein daran zeigt sich schon, dass die Zuordnung zum Kurdentum gerade für Teile der in Österreich recht stark vertretenen Alevit/innen aus Dersim schwierig ist und letztlich eher eine politische als eine linguistische oder ethnografische Frage darstellt.

Festzuhalten gilt es allerdings, dass sich unter den Arbeitsmigrant/innen, die seit 1964 aus der Türkei nach Österreich kamen, keineswegs nur Menschen befanden, die sich als Türk/innen sahen, sondern auch Angehörige verschiedener ethnischer, sprachlicher und religiöser Minderheiten der Türkei: Neben den Kurd/innen auch christliche Armenier/innen und Assyrer/innen, alawitische Araber/innen oder Tscherkess/innen, die im 19. Jahrhundert aus dem Kaukasus ins Osmanische Reich geflohen waren.

Von der österreichischen Gesellschaft wurde diese Vielfalt unterschiedlichster Menschen aus der Türkei mehrheitlich nicht wahrgenommen. Wer in den 1970er-Jahren auf einer Baustelle oder in einem Industriebetrieb arbeitete, dunkle Haare und einen Schnauzer hatte, war aus österreichischer Perspektive meist einfach „ein Türke" und hatte vielfach auch mit dem entsprechenden Rassismus gegen „die Türken" zu kämpfen. Religion spielte dabei noch keine so große Rolle. Unterschiede zwischen den verschiedenen „Türken" wurden allerdings auch nicht gesehen.

Entgegen der ursprünglichen Intention eines „Rotationsprinzips" blieben letztlich viele der türkeistämmigen ‚Gastarbeiter' in Österreich. Damit wurde auch die Grundlage für die größte kurdische Diaspora in Österreich gelegt. Die kurdischen Arbeiter/innen aus der Türkei organisierten sich zunächst in linken türkischen Vereinen, was auch der politischen Entwicklung in der Türkei entspricht. Erst 1979 wurde in Österreich ein Kurdischer Arbeiterverein gegründet, dessen Aufgabe unter anderem in der rechtlichen Beratung von kurdischen Arbeitsmigrant/innen bestand, der sich aber auch um die Wiederbelebung kurdischer Traditionen bemühte (Sohler/Waldrauch/Schmidinger 2013: 109). Der von der Gewerkschaft unterstützte kleine Verein zog nur eine relativ kleine Gruppe türkeistämmiger Arbeitsmigrant/innen an. In dieser ersten Phase interessierten sich noch relativ wenige der Arbeiter/innen für ihre spezifisch kurdische Kultur und eine kurdische Organisierung. Dies änderte sich erst mit den politischen Umbrüchen in der Türkei.

Nach dem Militärputsch vom 12. September 1980 kamen linke Intellektuelle aus der Türkei als Flüchtlinge nach Europa, darunter auch kurdische politische Aktivist/innen, die hier versuchten, ihre politische Arbeit fortzusetzen. In Österreich trug dies in Verbindung mit dem Beginn des bewaffneten Kampfes der Arbeiterpartei Kurdistans (PKK) im August 1984 wesentlich zu einer Politisierung vieler kurdischer Arbeitsmigrant/innen bei. Viele entdeckten erst in Österreich wieder ihre in der Türkei verdrängte kurdische Identität.

Kurd/innen aus der Türkei organisierten sich in der zweiten Hälfte der 1980er-Jahre nicht nur in linken türkischen Organisationen, wie sie vor allem unter den zazasprachigen Alevit/innen aus Dersim beliebt waren, sondern auch zunehmend in explizit kurdischen Organisationen, die von Anfang an von parteipolitischen Auseinandersetzungen zwischen verschiedenen kurdischen Parteien und Gruppen geprägt waren.

Analog zur Entwicklung in der kurdischen Region der Türkei setzten sich bis Ende der 1980er-Jahre jedoch vor allem jene Gruppen durch, die der Arbeiterpartei Kurdistans (PKK) nahestanden. 1992 wurde mit der FEYKOM (Verband von kurdischen Vereinen in Österreich) ein heute noch bestehender Dachverband von Vereinen gegründet, die der PKK nahestanden. Die FEYKOM organisiert seither große politische und kulturelle Veranstaltungen in Wien, ist mit ihren Vereinen aber auch in Vorarlberg, Tirol, Salzburg, der

Steiermark und Ober- und Niederösterreich aktiv. Rivalisierend dazu existiert bis heute aber mit KOMKAR (Föderation der Arbeitervereine aus Kurdistan) auch eine Vorfeldorganisation der von Kemal Burkay gegründeten Sozialistischen Partei Kurdistans (PSK) (Sohler/Waldrauch/Schmidinger 2013: 110).

Im Gegensatz zu Deutschland wurden die kurdischen Organisationen mit Türkei-Bezug in Österreich nie systematisch politisch verfolgt. In Österreich herrschte gegenüber der PKK über Jahrzehnte und über die politischen Lager hinweg die Haltung vor, dass Organisationen so lange als legitime Exilorganisationen betrachtet werden, solange sie sich in Österreich keiner Gewalttaten schuldig machen. Die teilweise scharfen Konflikte zwischen Behörden und PKK-Anhänger/innen in Deutschland blieben Österreich damit erspart. Zwar gab es vereinzelt Vorstöße aus ÖVP und FPÖ, aber auch vom damaligen Grünen Bundesrat und späteren ÖVP-Nationalrat Efgani Dönmez, auf ein Verbot von PKK-Strukturen in Österreich zu drängen, aber auch mit der Regierungsübernahme von ÖVP und FPÖ im Jahr 2000 und der erneuten Machtübernahme von ÖVP und FPÖ 2017 änderte sich nichts an dieser Grundhaltung der Behörden. An den kurdischen Neujahrsfeiern (Newroz) der FEYKOM nehmen nicht nur regelmäßig Redner/innen von SPÖ und Grünen sowie der Gewerkschaften teil, auch von der ÖVP wird dort jährlich ein Grußtelegramm verlesen. Auch von Seiten der FPÖ kam es – ungeachtet der enormen ideologischen Gegensätze – immer wieder zu Annäherungsversuchen an die Vorfeldorganisationen der PKK, die 2009 sogar zu einem Besuch des damaligen FPÖ-Europaparlamentariers Andreas Mölzer bei den Newroz-Feiern in Diyarbakır (Amed, so die kurdische Bezeichnung der Stadt) und einer entsprechend ausführlichen Berichterstattung in Mölzers Wochenzeitung „Zur Zeit" führten.

Der Ende September 2018 bekannt gewordene Vorstoß der neuen ÖVP-FPÖ-Koalitionsregierung unter Bundeskanzler Kurz, das in Jänner 2015 in Kraft getretene Symbole-Gesetz so zu verschärfen, dass Symbole der PKK in Zukunft gleichermaßen geahndet werden sollen wie die schon bisher verbotenen Symbole des IS und der al-Qaida, stellt einen radikalen Bruch mit diesem bisherigen Konsens in der österreichischen Politik dar. Mit der Ende 2018 beschlossenen Novelle müssen nun kurdische Vereine und Einzelpersonen wohl auch in Österreich mit einer ähnlichen Repressionswelle rechnen, wie sie in Deutschland seit Jahren üblich ist. Damit sind die bislang relativ positiven Beziehungen zu allen Parteien wohl für ÖVP und FPÖ Geschichte.

Die besten Beziehungen unterhalten linke Kurd/innen aus der Türkei allerdings mit Sicherheit zur SPÖ, den Grünen und der KPÖ – zu letzterer vor allem in Graz, wo die KPÖ sowohl im Stadt- und Gemeinderat als auch im

Landtag vertreten ist. In Wien nehmen Anhänger/innen der PKK regelmäßig an Maiaufmärschen der SPÖ teil. Entsprechende Demonstrationsblöcke mit Bildern von PKK-Führer Abdullah Öcalan und Transparenten, auf denen die PKK als solche klar benannt wird, werden regelmäßig von der Bühne herab als „unsere kurdischen Genoss/innen" begrüßt. Sozialdemokrat/innen und Grüne gaben immer wieder kritische Stellungnahmen zur Menschenrechtssituation in der Türkei ab und äußerten sich für eine friedliche Lösung der Kurdischen Frage. In beiden Parteien waren und sind auch linke Kurd/in-nen türkei-kurdischer Herkunft wie Berîvan Aslan oder Senol Grasl-Akkilic aktiv, die wichtige Bindeglieder zwischen kurdischer Diaspora und österreichischer Politik darstellen. Beide Parteien unterhalten auch gute Beziehungen zur Demokratischen Partei der Völker (HDP), der im türkischen Parlament vertretenen linken pro-kurdischen Partei, die neben Sympathisant/innen der PKK auch andere linke kurdische und türkische Gruppen umfasst.

Allerdings wäre es grob vereinfachend, ausschließlich die Sympathisant/innen verschiedener linker Strömungen der kurdischen Nationalbewegung für die Gesamtheit der türkeistämmigen Kurd/innen in Österreich zu halten. Keineswegs sympathisieren alle kurdischen Migrant/innen aus der Türkei mit der PKK oder mit linken kurdischen und türkischen Organisationen. Kurd/innen aus der Türkei befinden sich auch bei pro-türkischen islamischen Organisationen, und es gibt durchaus auch eine beträchtliche Zahl an kurdischen Sympathisant/innen des türkischen Präsidenten Erdoğan in Österreich. Viele dieser pro-türkischen islamisch-konservativen Kurd/innen verstecken ihre kurdische Herkunft und sehen in einer Integration in islamische Organisationen eine Möglichkeit für ihren eigenen sozialen Aufstieg. Mit der zunehmend nationalistischen Wende von Erdoğans Regierungspartei AKP haben sich allerdings manche dieser regierungsfreundlichen Kurd/innen aus ihren Positionen in die innere Immigration zurückgezogen. Insbesondere beim islamisch-konservativen Dachverband Islamische Föderation Milli Görüş, der nicht der AKP angehört, sondern einer rivalisierenden politisch-islamischen Strömung, gibt es bis heute durchaus eine Reihe von kurdischen Mitgliedern.

In Vorarlberg, Tirol und Salzburg gibt es zudem Gruppen von Sympathisant/innen der Hizbullahî Kurdî, einer eigenen kurdisch-islamistischen Organisation, die in den 1980er- und 1990er-Jahren in militärische Konflikte mit der PKK verwickelt war und heute mit der Hüda Par eine kleine kurdische Partei unterhält. Sowohl in Innsbruck und Salzburg als auch in der Vorarlberger Gemeinde Hard betreiben die österreichischen Sympathisant/innen der Hizbullahî Kurdî eigene kleine Moscheegemeinden.

Syrisch-kurdische Exilant/innen und Kriegsflüchtlinge

Von den verschiedenen kurdischen Diasporen in Österreich stellt jene der syrischen Kurd/innen das jüngste Phänomen dar. Zwar kamen schon seit den 1960er-Jahren einzelne Kurden aus Syrien als Studenten nach Österreich, allerdings blieben dies Einzelfälle, die teilweise nach dem Studium wieder nach Syrien zurückkehrten oder sich – meist als Mediziner – in Österreich niederließen. Ähnlich wie bei den irakischen Kurden spielten einige dieser gut etablierten Männer durchaus eine wichtige Rolle für spätere Neuankömmlinge; bis 2004 entwickelte sich daraus aber keine eigene syrisch-kurdische Diaspora mit eigenen Aktivitäten oder Vereinen (Schmidinger 2013a: 244).

Einzelne politische Aktivisten illegaler kurdischer Parteien kamen seit der Jahrtausendwende als Flüchtlinge nach Österreich. Seit den Unruhen in Qamishli im März 2004, denen eine massive Repressionswelle des syrischen Regimes folgte, kamen jedoch deutlich mehr junge syrisch-kurdische Aktivisten nach Österreich. Zunächst waren es vor allem junge Männer, da diese politisch aktiver waren und daher stärker unter Repression zu leiden hatten, aber auch eher die Gefahren einer Flucht über die Türkei und das Mittelmeer auf sich nahmen. Die daraus entstehende neue syrisch-kurdische Diaspora war von Anfang an sehr politisch und von parteipolitischen Spaltungen geprägt. Aktivisten der Azadî-Partei um Jamal Omari, die 2014 mit anderen Parteien schließlich die Demokratische Partei Kurdistan-Syrien (PDK-S) bilden sollte, stellten in dieser Phase die aktivsten Exilanten dar. Daneben gab es auch einige Aktivisten der Kurdischen Demokratischen Partei in Syrien (Al-Parti) und der beiden Yekîtî-Parteien. Als erster Verein der syrischen Kurden wurde 2004 schließlich der parteiübergreifende Verein der Kurden aus Syrien in Österreich gegründet, der einige Jahre versuchte, die Exilaktivitäten der Parteien zu bündeln.

Einen Höhepunkt syrisch-kurdischer Exilaktivitäten dieser ersten Phase der syrisch-kurdischen Diaspora „bildete der Staatsbesuch des syrischen Präsidenten Assad im April 2009. Assad, der damals von der österreichischen Politik und Öffentlichkeit betont freundlich empfangen wurde, reiste mit einer sechzigköpfigen Wirtschaftsdelegation an, der größten, die er je auf eine Auslandsreise mitgenommen hatte." (Schmidinger 2013a: 250)

Die spektakulärste Aktion dieser frühen Exilanten fand allerdings 2011 nach Beginn der Proteste in Syrien statt. Nach der Ermordung des Oppositionspolitikers Mişel Temo am 7. Oktober 2011 besetzten syrisch-kurdische Oppositionsaktivisten in der Nacht vom 7. auf den 8. Oktober die syrische Botschaft in Wien. Elf der Besetzer wurden kurzfristig festgenommen (Schmidinger 2013a: 251).

Mit Beginn des syrischen Bürgerkriegs kamen schließlich deutlich mehr syrische Kurd/innen nach Österreich. Zu diesen zählten Bürgerkriegsflüchtlinge ebenso wie Aktivisten von Parteien, die sich gegen die von der Demokratischen Unionspartei (PYD) etablierten kurdischen Selbstverwaltung stellten und die in Österreich teilweise bereits Mitglieder ihrer Parteien aus dem Exil nach 2004 vorfanden. Im syrisch-kurdischen Exil dominierten damit zunächst Anhänger der Opposition gegen die PYD, da Anhänger letzterer sich eher am Aufbau der Selbstverwaltung in Syrisch-Kurdistan beteiligten. Erst mit dem Angriff des „Islamischen Staates" (IS) gegen Kobanê 2014 und der türkischen Besetzung Efrîns 2018, kamen auch Anhänger der PYD nach Österreich. Die syrisch-kurdische Diaspora ist damit auch in Österreich politisch gespalten.

Unabhängig von diesen politischen Konflikten versuchen Kulturaktivist/innen und Intellektuelle unter den syrischen Kurd/innen, in den letzten Jahren vermehrt Kultur- und Spracharbeit zu leisten. Das im Oktober 2017 gegründete Kurdische Kulturinstitut in Wien leistet hier einen wichtigen Beitrag zur Kulturarbeit innerhalb der Diaspora.

Da das Kurmancî, die am weitesten verbreitete Variante des Kurdischen, in Syrien wesentlich vitaler war und ist als in der Türkei, hört man dank der syrischen Kurd/innen heute wesentlich mehr Kurdisch in Österreich. Für den muttersprachlichen Unterricht an österreichischen Schulen könnte dies einen neuen Impuls geben. Es wird sich zeigen, ob damit auch die sehr viel stärker turkisierten türkeistämmigen Kurd/innen von der Vitalität des Kurmancî der syrischen Kurd/innen profitieren.

Kulturarbeit als Begegnungsarbeit

Berührungs- und Begegnungspunkte zwischen kurdischen Diasporen und anderen Segmenten der Gesellschaft in Österreich gibt es viele: vom alltäglichen Zusammenleben und -arbeiten über die Politik bis hin zur Präsenz von Kurd/innen in Medien und Bildungseinrichtung. Wohl kaum ein Bereich hat allerdings das, was als kurdische Kultur wahrgenommen wird, so sehr zugänglich gemacht, wie die Beiträge, die kurdische Künstler/innen in Österreich geleistet haben.

Gerade im Bereich der Kulturarbeit sind wechselseitige Begegnungen und die Befruchtung unterschiedlicher Stile und Erfahrungen wichtig. Einer Reihe von Kurd/innen ist es in Österreich gelungen, durchaus im etablierten Kulturbetrieb Fuß zu fassen und dabei auch – aber keineswegs nur – eine Begegnung zwischen kurdischen und europäischen Traditionen zu ermöglichen.

Von den kurdischen Bergen in die Alpen

Zu den bekanntesten und etabliertesten bildenden Künstlern kurdischer Herkunft in Österreich zählte der 2015 verstorbene syrische Kurde Omar „Malva" Hamdi, der seit 1978 in Österreich lebte und arbeitete. Der 1952 in einem Dorf in der Nähe von Hesîçe (Arabisch: al-Hasakah) geborene Maler war Mitglied des Künstlerhauses in Wien und international mit Ausstellungen von Saudi-Arabien über Paris bis nach New York vertreten.

Auch der 1955 im irakischen Kirkuk geborene Faek Rasul gehört zu den etablierten kurdischen bildenden Künstlern in Österreich, seit er 1988 als Flüchtling nach Wien kam. Seine Werke werden in aller Welt gezeigt. Viele seiner Arbeiten beschäftigen sich mit seinen Erfahrungen als politischer Gefangener unter Saddam Hussein und erinnern an Zeichnungen von Gefangenen an den Wänden der Haftanstalten des irakischen Regimes, aber auch an Höhlenmalereien in seiner Heimat.

Ebenfalls aus dem Irak stammt Dara Ola, der nach jahrelangem Wirken unter seinem Künstlernamen Daro in Österreich 2013 wieder in die Autonomieregion Kurdistan in den Irak zurückgekehrt ist und nun dort eine junge Generation an bildenden Künstlern unterrichtet und Kulturprojekte forciert. Seit seiner Flucht 1993 gelang es auch dem irakischen Kurden Kawa Kafruschy, zunehmend Anerkennung in der österreichischen Kulturszene zu finden. In Graz konnte sich der seit 2008 in Österreich lebende irakische Kurde, Saman Kareem Ahmed, als Maler einen Namen machen.

Der deutsch-kurdische Regisseur Hüseyin Tabak ist seit seinem Studium an der Filmakademie in Wien ebenfalls Teil einer transnationalen Szene von Kulturschaffenden geworden, die auch hierzulande Spuren hinterlassen haben. Wie Hüseyin Tabak hat auch der Literat und Grafiker Hüseyin Isik seine Wurzeln im türkischen Teil Kurdistans. Als Literat machte sich der aus dem syrischen Aleppo stammende Arzt Ibrahim Amir, dessen Theaterstück „Habe die Ehre" 2013 im Theater Nestroyhof aufgeführt wurde, einen Namen. In Graz leistete wiederum der irakische Kurde Badal Ravo als Lyriker einen wichtigen Beitrag zum kurdischen Kulturschaffen.

Wichtige Beiträge für die Begegnung mit anderen Traditionen haben auch kurdische Musiker/innen geleistet. Seit Jahrzehnten fasziniert der in Graz lebende Oud-Spieler Risgar Koshnaw seine Zuhörer/innen. Die 2006 nach Österreich geflüchtete Songül Beyazgül konnte sich unter dem Namen Sakina einen Namen als Sängerin machen. Dem erst 2013 aus Syrien nach Österreich gekommene Salah Ammo gelang es innerhalb kürzester Zeit, mit seiner Bouzouk (syrische Langhalslaute) zu einem Star der österreichischen Weltmusikszene aufzusteigen.

Als „Aushängeschild und Vertreter/innen österreichischer Diversität im Ausland" (Six-Hohenbalken 1993: 28) bezeichnet die Sozial- und Kulturanthropologin Six-Hohenbalken schließlich die Gründer/innen des Lalish Theater Labors, Nigar Hasib und Schamal Amin, die ihre Arbeit mit ihrer im Irak gegründeten Experimentaltheatergruppe seit 1991 in Wien fortsetzen.

Die Arbeiten all dieser Künstler/innen bereicherten in den letzten Jahrzehnten das Kulturleben in Österreich und ermöglichten zugleich zahlreichen Nichtkurd/innen einen Zugang zu kurdischer Kultur und Geschichte. Ihre Kulturarbeit ist, im wahrsten Sinne des Wortes, Begegnungsarbeit geworden. Das vielfach positive Bild, das in Österreich gegenüber Kurdinnen und Kurden herrscht, ist nicht zuletzt ihrer Arbeit zu verdanken.

Literatur

Krammel, Gerald; Abdelkarim, Aziza (2008): Die Geschichte des Islam in Österreich. In: Thomas Schmidinger, Dunja Larise (Hg.): Zwischen Gottesstaat und Demokratie. Handbuch des politischen Islam. Wien: Deuticke, S. 47–58.

Marouf, Khabat (2002): Die Kurden in der europäischen Diaspora. Eine theoretisch-empirische Untersuchung über Geschichte und Gründe der Einwanderung der kurdischen Volksgruppe nach Europa, ihre Organisationen und ihre politische Arbeit nach dem Zweiten Weltkrieg. Dissertation Universität Wien.

Sohler, Karin; Waldrauch, Harald; Schmidinger, Thomas (2013): Organisierte Diaspora: Vereine von KurdInnen aus der Türkei in Österreich. In: Ferdinand Hennerbichler, Thomas Schmidinger, Maria Anna Six-Hohenbalken, Christoph Osztovics (Hg.): Wiener Jahrbuch für Kurdische Studien. Schwerpunkt: Transnationalität und kurdische Diaspora in Österreich (1). Wien: Wiener Verlag für Sozialforschung, S. 107–117.

Schmidinger, Thomas (2013a): „Die kurdische Minderheit ist in Syrien keiner Verfolgung ausgesetzt." Syrische Kurden und Kurdinnen in Österreich zwischen Asylverfahren und Exilaktivitäten. In: Ferdinand Hennerbichler, Thomas Schmidinger, Maria Anna Six-Hohenbalken, Christoph Osztovics (Hg.): Wiener Jahrbuch für Kurdische Studien. Schwerpunkt: Transnationalität und kurdische Diaspora in Österreich (1). Wien: Wiener Verlag für Sozialforschung, S. 243–267.

Schmidinger, Thomas (2013b): The Kurdish Spring in Diaspora? Austria and ist Kurds. In: Mohammed Ahmed, Michael Gunter: The Kurdish Spring. Geopolitical Changes and the Kurds. Costa Mesa (California): Mazda Publishers, S. 308–338.

Six-Hohenbalken, Maria Anna (2013): Einblicke in „kurdische Kulturszene/n" – Kulturarbeit in der Diaspora: In: Ferdinand Hennerbichler, Thomas Schmidinger, Maria Anna Six-Hohenbalken, Christoph Osztovics (Hg.): Wiener Jahrbuch für Kurdische Studien. Schwerpunkt: Transnationalität und kurdische Diaspora in Österreich (1). Wien: Wiener Verlag für Sozialforschung, S. 12–50.

Six-Hohenbalken, Maria Anna (2018): Kurdayeti, gurbet und nishtiman – Eckpfeiler der kurdischen Diasporen und transnationalen Gemeinschaften. In: Europa ethnica. Zeitschrift für Minderheitenfragen (1/2), S. 68–74.

Weiss, Ingrid (2004): Der sich dem Terror stellte. Vom Wiener OPEC-Überfall zum Terrorismus der Gegenwart. Wien: Molden.

Die Intersektionalität einer „ethnisierten Glaubensgemeinschaft" und ihr Widerstand gegen die Eingliederung in neue-alte Dominanzverhältnisse

Zeynep Arslan

In dem folgenden Beitrag geht es um die „ethnisierte Glaubensgemeinschaft"[1] der Alevit/innen, die angesichts ihrer fehlenden *eigenen* politischen und religiösen Positionierung in der Türkei vielfach von *äußeren* Zuschreibungen dominiert wurde und wird. Die Alevit/innen wurden und werden vor allem als Gegengewicht zur sogenannten Scharia[2]-Gefahr im Land instrumentalisiert. Der ständige Vergleich mit dem sunnitischen Islam, dem die Mehrheit der muslimischen Bevölkerung in der Türkei anhängt und der den staatspolitischen Diskurs bestimmt, führte dazu, dass die Alevit/innen sowohl Ähnlichkeiten als auch Unterschiede entdeckten. Doch egal, für welche Richtung sie sich entschieden, sie waren damit gezwungen, sich immer in Beziehung zum Islam zu setzen. Dieser äußere Einfluss auf die innere Selbstdefinition findet im Rahmen der Anerkennungsbemühungen alevitischer Organisationen in der europäischen Diaspora seine Fortsetzung.[3] Im Zuge der 2007 einsetzenden Anerkennungsbemühungen alevitischer Organisationen in Österreich entstand eine Diskussion darüber, ob eine Instrumentalisierung der Alevit/innen zur Durchsetzung staatspolitischer Interessen seitens Österreich vorlag. In der Folge wird in diesem Beitrag ein Überblick über die Diskussionen innerhalb der Alevit/innen gegeben, über ihre historischen Wurzeln bis in die Gegenwart eingegangen und ihre Emigration nach Europa bzw. Österreich nachgezeichnet. Es wird insbesondere auf die Entwicklung der Alevit/innen in der Diaspora eingegangen und im Falle Österreichs auch über ihre Spaltung diskutiert.

---

1 Auf diese Definition wird in der Folge konkret eingegangen (vgl. Arslan 2018).
2 Die Scharia bezeichnet die Summe von Pflichten und Verboten, die das Leben des Einzelnen und der Gemeinschaft prägen – von der religiösen Praxis bis zum Erbrecht, von den Speisegeboten bis zum Straf- und Kriegsrecht.
3 Bislang wurden die Alevit/innen in Dänemark, Holland, Großbritannien, Frankreich, Schweden, Belgien, im schweizerischen Kanton Basel sowie in den deutschen Bundesländern Baden-Württemberg, Nordrhein-Westfalen, Bayern, Hessen, Niedersachsen, Saarland und in Berlin als Religionsgemeinschaft anerkannt (Stand: 14.4.2017).

Erläuterung der Begriffe

Die Begriffe „Alevit/innentümer"[4] und „Alevit/innen" wurden bereits vielfach diskutiert, ohne dass dabei auch nur annähernd eine Übereinstimmung in den Definitionen erreicht worden wäre. Es steht nach wie vor zur Diskussion, ob die Alevit/innentümer eine *Konfession*, eine *Kultur*, eine *Weltanschauung* etc. sind. Der Soziologe Markus Dressler schreibt, dass die Alevit/innentümer „[...] wahlweise als Religion oder Weltanschauung, als Glaubenspraxis oder Ethik repräsentiert" sind (Dressler 2002: 10), und weiter:

„[a]us historisch-soziologischer Perspektive betrachtet, [...] ein moderner Überbegriff für ursprünglich distinkte tribale Abstammungsgemeinschaften, die gleichwohl in ihrem kulturellen Erbe und in ihrer sozial-politischen Stellung innerhalb des jeweiligen hegemonialen, religiösen und politischen Machtdiskurses weitgehende Gemeinsamkeiten aufweisen." (ebd.)

Andreas Gorzewski setzt die unterschiedlichen Ausprägungen der Alevit/innentümer in Beziehung zum Islam. In seiner Dissertation, geht er der Frage nach, ob die Alevit/innentümer eine Konfession, eine Ordensgemeinschaft, ein Weg (Gorzewski 2009: 176–221) oder ein vom Islam gänzlich unabhängiger synkretischer Glaube, eine Philosophie oder eine Lebensweise (Gorzewski 2009: 222–225) sind. Gorzewski kommt jedenfalls zu dem Schluss, dass es die alevitischen Gruppen aufgrund ihrer *inneren* Heterogenität nicht geschafft haben, eine kollektive Identität auszubilden (Gorzewski 2009: 286).

Der Ethnologe Martin Sökefeld dokumentierte 2004 im Sammelband „Diaspora, Identity and Religion" mit seinem Beitrag „Religion or Culture? Concepts of Identity in the Alevi Diaspora" seine Cem-Besuche/-Zusammenkünfte/-Gottes/-Göttlichkeitsdienste – je nach Alevit/innentümer-Definition gibt es eine andere Ansicht, worum es sich bei den Cems handelt. Sökefeld wendete die Methode der teilnehmenden Beobachtung an und führte Interviews mit den Teilnehmer/innen durch. Am Ende seiner Untersuchung erklärte er die Alevit/innentümer als ein „cultural continuum of ongoing change", also eine „dynamische Kultur" (Sökefeld in Kokot et.al. 2004: 151). Der Autor Necdet Subaşı schreibt in seinem 2003 veröffentlichten Artikel „Sırrı Fâş Eylemek. Alevi(lik) Araştırmalarında Yöntem Sorunları" (Dt. Das Lüften des Geheimnisses: Das Methodenproblem in der Alevit/innenforschung), dass die Alevit/innentümer entweder über den Vergleich zum sunnitischen Islam als eine Untergruppe des Islam definiert wurden oder als ein

---
4 Bewusste Verwendung des Plurals und gegendert durch die Autorin.

Glaube gesehen wurden, die durch diverse Kulturen und Religionen beeinflusst und mittlerweile eine synkretische Version von allem sind (vgl. Subaşı 2003).[5] Dabei betont er, dass sich die Alevit/innen selbst nicht im Klaren darüber sind, wie sie sich definieren sollen. Zudem kritisiert er den Mangel an Methoden, mit denen eben diese Fragestellungen wissenschaftlich untersucht werden könnten.

Der im Beitrag verwendete Begriff der „ethnisierten Glaubensgemeinschaft" bedarf einer kritischen Hinterfragung, die in diesem Rahmen allerdings nur anhand von Beispielen skizziert werden kann. In der Türkei habe ich diverse persönliche Gespräche mit Alevit/innen, insbesondere mit älteren Alevit/innen geführt. Abgesehen von der Sprachenvielfalt (Zazaki, Kurmancî, Türkisch, Arabisch, Roma-Sprachen sprechende Alevit/innen), die die alevitischen Gruppen kennzeichnet, gibt es Unterschiede im Hinblick auf die „ethnischen" Zugehörigkeiten. Wenn nach der *Identität* gefragt wird, dann geben die meisten an, dass sie Alevit/innen sind. Insbesondere bei den älteren Generationen ist es schwierig, eine eindeutige Antwort bezüglich ihrer „ethnischen" und „nationalen" Zugehörigkeit zu erhalten. Aus diesen persönlichen Gesprächen habe ich erfahren, dass es vor allem jene Alevit/innen sind, die in den 1960er-Jahren ausgewandert und in der Diaspora mit anderen alevitischen Gruppen in Kontakt gekommen sind, die ihre ethnischen und linguistischen Zugehörigkeiten *entdeckt* haben. Der Schweizer Historiker Hans-Lukas Kieser (2001) unterscheidet zwischen den Ost- und West-Alevit/innen. Die Ost-Alevit/innen verwenden die Selbstbezeichnungen: Kırmanc, Şarê Ma und Kırdaşi, um sich von der sunnitischen Nachbarschaft abzugrenzen, von der sie alle einfach „Tırk" genannt wurden. Auch die Feldforschungen des Sprachwissenschaftlers Mesut Keskin (2016) in Alt-Dersim zeigen, dass die Zugehörigkeit zum alevitischen *Glauben* Priorität bei der Identitätskonstruktion hat. Wir begegnen hier also einer Zugehörigkeitsbeschreibung, die sich über die Glaubenszugehörigkeit definiert. Zur genozidalen Verfolgung von 1937/38[6] erklären vor allem Mitglieder der älteren Generation,

---

5 Originalzitat (Übersetzung: Z.A.): „Aleviliğin tarihsel kökenleri ve kültürel-dinsel kaznakları üzerine yapılmış çalışmalarda bilinen temel bakış açısı kendini sürekli sınırlamak zorunda kalmıştır: Alevilik ya İslâm üzerinden Sünniliğin bir alt koludur ya da kökenleri değişik din ve kültürlerin etkileriyle şekillenmiş ve artık senkretik sayılması zorunlu bir değerler-inançlar yumağının günümüze kadar ulaşan bir versiyonudur."
6 Folgende Projekte wurden von der türkischen Regierung im Rahmen des 1925 beschlossenen „Zivilisierungsprojekts für den Osten" (Tr. Şark İslahat Planı) zur kemalistischen Indoktrinierung, der Türki(sch)sierung und ethnischen Säuberung mit dem Ziel einer „reinen türkisch-muslimischen Nation" ins Leben gerufen: Yatılı İlköğretim Bölge Okulları (1932; Dt. Internate), Köy Enstitüleri (1938; Dt. Dorf-Institute), Türk Tarih Kurumu (1931; Dt. Türkisches Geschichtsgremium), ▶

dass sie aufgrund ihrer alevitischen *Glaubenszugehörigkeit* angegriffen wurden. Auch die Psychologin Filiz Çelik (2017) und Kultur- und Sozialanthropologin Maria Six-Hohenbalken (2017) bestätigen diese Sichtweise.

Der Soziologe Rainer Schnell verweist darauf, dass „Ethnizität" vor allem dann ins Spiel kommt, wenn eine Gruppe auf Diskriminierungen oder Ausschlüsse reagiert (Schnell 1990: 9). Der Anthropologe George Alphonse De Vos ergänzt, dass es sich dabei gleichsam um einen selbstreferentiellen Vorgang handelt. Gemeinsamkeiten werden nach *innen* und Differenzen nach *außen* proklamiert, um sich dann in einem zweiten Schritt aufgrund der „behaupteten Unterschiede als eigene *ethnische* Gemeinschaft zu definieren" (De Vos 1996: 17). Auch die Sozialanthropologen Richard Jenkins (Jenkins 1997: 12) und Thomas Fredrik Weybye Barth (Weybye 1969: 10) vertreten die Ansicht, dass sich eine eigenständige ethnische Gruppe dann konstruiert, wenn sie sich gegenüber einer *anderen* Gruppe positionieren möchte (Jenkins 1997: 12).

Der Soziologe David Shankland (2007: 18) erläutert, dass der Religion (in unserem Fall, der Glaube; Z.A.) im Hinblick auf die „Ethnisierung" eine verbindende und stärkende Rolle zukommt. Nach Martin Sökefeld sind die „Alevit/innentümer" neben der muslimischen, kurdischen, türkischen, zazaischen, arabischen Identität[7] eine weitgehend unabhängige Identitätskategorie

---

Türk Dil Kurumu (1932; Dt. Türkisches Sprachgremium), İskân Kanunu (1934; Umsiedelungsgesetz) etc. Aufgrund von gewaltsamen Vertreibungen und Projekten, die auf die Assimilation der Bevölkerung abzielten sowie die Ausübung der Glaubenspraxis (Alevi) und die Anwendung von Sprachen wie Zazaki und Kurmancî unterbanden, sind die Dersimischen Alevit/innen bis heute vom Verlust ihrer kulturellen und sprachlichen Traditionen geprägt. Im Weltatlas der bedrohten Sprachen der UNESCO wurde 2009 die indo-germanische Sprache der west-iranischen Sprachfamilie Zazaki als „bedrohte Sprache" eingestuft. UNESCO: Weltatlas zu bedrohten Sprachen: http://www.unesco.de/index.php? id=uho_0309_sprachatlas, zuletzt geprüft am 20.7.2017. Der Sprachwissenschaftler Jaffer Sheyholislami verweist bezugnehmend auf Skutnabb-Kangas (2000) und Fishman (1999) darauf, dass mit dem Verlust der Sprache auch das traditionelle Wissen und die Kultur der betreffenden Gruppe verloren geht (Sheyholislami 2017: 53–73).

7 Zur breit und kontrovers geführten Diskussion über das Konzept der „Identität" (vgl. Arslan 2018: Kapitel 2.3.) Eine konkrete Definition ist schwierig, zumal sich Identitäten überschneiden, verändern, verschieben, überlappen etc. Vgl. Thomas Fredrik, Weybye Barth (1969): „Ethnische Identität"; Richard Jenkins (1997): „Rethinking ethnicity"; Rogers Brubaker; Frederick Cooper (2000): Kritik des Identitätskonzepts, Marc Augê (1995): „Identität als Abgrenzung", Jacque Derrida (1994) „Identität als ein Konstrukt"; Jonathan Friedmann (1990): „Prozesshaftigkeit von Identitätsbildungen", Benedict Anderson (1999): „Imaginierte Identitäten"; Gerd Baumann (1996): ▶

(Sökefeld in Kokot et. al. 2004: 142). Zum Schluss möchte ich Steven Vertovec, den Präsidenten des Max Planck Instituts, anführen, der den glaubensinhaltlichen Sonderstatus der Alevit/innen als Begründung nimmt, um diese als eine ethnische Gruppe zu begreifen (Vertovec 2000: 11). Ich verschiebe den Begriff „ethnisch" zu „ethnisiert", weil ich auf die soziopolitische, sozioökonomische und historische Dynamik hinweisen möchte, die diese Gruppe zu einer Ethnie „GEMACHT HAT".

Die Bezeichnung „Alevit/innen" gibt es seit dem letzten Viertel des 19. Jahrhunderts, sie entstand im Zuge der Konstruktion der Türkischen Nation (Bulut 2018). Die heute als Alevit/innen zusammengefassten Gruppen haben als oppositionelle Strömungen im zentralisierten Osmanischen Reich andere Namen gehabt: Vefai, Hrufi, Rafizi, Işıkçılar, Kızılbaş etc. Sie wurden in diesem Zentrum-Peripherie-Konflikt (sunnitisch-muslimisch-orthodox regiertes Osmanisches Reich gegenüber allen anderen Gruppen, die weder sunnitisch-muslimisch noch einer der anderen monotheistischen Religionen der Region angehörten) stets an den Rand gedrängt, isoliert, verfolgt und oftmals massakriert. Vor allem ab dem 15. Jahrhundert, als sich das Osmanische Reich immer mehr zur autoritären Staatsmacht entwickelte, wurden Projekte zur Unterdrückung und Assimilation dieser Bevölkerungsgruppen forciert. (vgl. Arslan 2018, Bulut 2018, Aydın 2010). Der Überbegriff „Alevit/innen" wurde ihnen im zwanzigsten Jahrhundert – womöglich zur nivellierenden Verallgemeinerung durch die Jungtürken – von außen zugeschrieben. In der vorliegenden Arbeit soll verdeutlicht werden, dass alle alevitischen Gruppen in Wirklichkeit eigene Selbstbezeichnungen pflegen. Ihre Nicht-Einpassung in das Paradigma „Türk-Türkisch-Sunnitisch-Muslim" oder „Sunnitisch-Muslim" scheint einen gemeinsamen Moment zu markieren, sodass auch untereinander der Überbegriff „Alevi" an Akzeptanz gewonnen hat.

1. Einführung

Schätzungen zufolge machen die Alevit/innen ungefähr ein Drittel der Bevölkerung in der Türkei aus.[8] Seit dem sogenannten „Alevi Revival" vom

---

„Shifting von Identitäten"; George Elwert (1997): „Switching von Identitäten".
8 Ülke Genelinde 12 Milyon 521 Bin 792 Alevi Yaşıyor. (Dt. Im Land leben 12 Millionen 521 Tausend und 792 Alevit/innen): https://www.haberler.com/chp-li-ozbolat-ulke-genelinde-12-milyon-52 1-bin-5732812-haberi/, zuletzt geprüft am 21.7.2017. Das ist eine offizielle Angabe, aber es handelt sich dabei nicht um eine Volkszählung. Die inoffiziellen Zahlen sind weit höher, zumal es zu bedenken gilt, ▶

2. Juli 1993 – der Tag, an dem in der ost-anatolischen Provinz[9] Sivas im Hotel Madımak 33 alevitische Intellektuelle von sunnitischen Extremisten massakriert wurden – treten die Alevit/innen für ihre demokratischen Rechte im Sinne der Gleichberechtigung als Mitbürger/innen und ihrer Anerkennung als Religionsgesellschaft in der Türkei ein (Kaplan 2009: 161; Puchberger 2004; Arslan 2016b; Bruinessen 1995). Im Rahmen des „Revivals" rückten die Forderungen nach demokratischen Rechten – wie die Gleichbehandlung aller Staatsbürger/innen – und die staatliche Anerkennung des alevitischen Glaubens in das Zentrum der zivilgesellschaftlichen politischen Aktivitäten. Die demokratischen Rechte, die den Alevit/innen in der Türkei bis dato weitgehend vorenthalten bleiben, wurden vor allem in der europäischen Diaspora seit Ende der 1980er-Jahre verstärkt eingefordert. Im niederösterreichischen St. Pölten wurde im Jahre 1989 die erste Cemevi (alevitisches Gebets- und Versammlungshaus) errichtet. Das Massaker in Sivas, das im Zusammenhang mit unterschiedlichen politischen Entwicklungen – wie der Marginalisierung der „Türkischen Linken" und der Erstarkung der kurdisch-nationalistischen Befreiungsbewegung[10] – erfolgte, wirkte wie ein „Katalysator" für die Organisierung der Alevit/innen in der europäischen Diaspora (vgl. Arslan 2018).

Seit der Herrschaft des sunnitisch-orthodox regierten Osmanischen Reichs bis heute sind die Alevit/innen nicht als Glaubensgemeinschaft anerkannt und im Rahmen des Herrschaftsparadigmas „Türk-Türkisch-Sunnitisch-Islam" diversen Diskriminierungen ausgesetzt. Unter dem osmanischen Sultan Yavuz Selim I. errang das Osmanische Reich durch einen militärischen Sieg über die Safeviden[11] (1514) die Herrschaft über jenes Territorium, auf das die Safeviden geografischen und wirtschaftlichen Anspruch erhoben. Der Soziologe Ahmet Taşğın schreibt:

> „Indem dieses Territorium in das Herrschaftsgebiet des Osmanischen Reiches eingegliedert wurde, etablierte sich die sunnitische Ideologie über die Ver-

---

dass viele Alevit/innen ihre Herkunft leugnen oder sich assimiliert haben.
9 Je nach politischer Position auch Nord-Mesopotamien oder West-Armenien genannt.
10 Offiziell setzte am 15. August 1984 der Kampf der kurdischen Arbeiterpartei, der Partiya Karkerên Kurdistanê (PKK), gegen das türkische Regime ein.
11 Die Safeviden sind eine (zunächst schafiitische) aus Ardabil stammende Herrscherdynastie in Persien. Sie regierten von 1501 bis 1722 und übernahmen den schiitischen Islam als Staatsreligion.

einnahmung der Kızılbaşlık¹² und Exklusion aller Anderen." (Taşğın 2009: 219)¹³

Der Schriftsteller Necdet Subaşı erklärt¹⁴, dass die historische Positionierung der Alevit/innen zu Zeiten der Seldschukischen Dominanz stets mit ihrer Exklusion gleichgesetzt wurde. Damit waren die Alevit/innen dazu gezwungen, an der Peripherie versteckt zu leben und ihr Dasein im Verborgenen zu verbringen. Laut Subaşı hat es die Republik aber geschafft, die Alevit/innen als eine Art Nährboden in eigenem Interesse und zur Verwirklichung der eigenen Ideale strategisch zu instrumentalisieren. Über die Zeit in der Republik schreibt der Historiker Erdoğan Aydın¹⁵, dass die Alevit/innen keine Akzeptanz als Alevit/innen erringen konnten. Aydın erklärt, dass der Staat die Alevit/innen nicht anerkennt, weil die Alevit/innen aufgrund der staatlich konstruierten Türk(isch)- und Sunnitisch/Hanefitisch-Tradition per se ausgeschlossen ist.

Alevitische Kinder in den türkischen Volksschulen sind bis heute dazu verpflichtet, den sunnitischen Religionsunterricht (Gözler, 13.11.2010) zu

---

12 „Kızılbaş" ist ein türkisches Wort und heißt „roter Kopf". Erzählungen zufolge ist damit die rote Kopfbedeckung gemeint, die die Kämpfer des persischen Schah im Gefecht am Çaldıran (Deutsch: Tschaldiran; Stadt in der heutigen Provinz Van an der türkischen Grenze zum Iran; eigentlich Fa. Çıl Deran, Dt. Vierzig Kirchen) im Jahre 1514 getragen haben. Die Bezeichnung „Alevi" ist ein moderner Begriff, der mit den Bemühungen um eine Türkische Nation durch turkistische Ideolog/innen Anfang des 20. Jahrhunderts entstanden ist und mittlerweile als Sammelbegriff für alle alevitischen Gruppen bzw. Gruppen des Raa Haq (Dt. Der rechte Weg, Weg des Rechtens, Weg der Gerechtigkeit; Nusayri, Abdal, Çepni, Bektaschi, Türkische Alevit/innen, Kurdische Alevit/innen, Dersimische Alevit/innen, Yarsan/Kaka-i, Ismaili, Drus/innen etc.) verwendet wird.
13 Originalzitat (Übersetzung: Z.A.): „(b)öylece bu coğrafyanın Osmanlı Devleti'nin sınırlarına dâhil olmasıyla beraber Sunnîlik ideolojisinin Kızılbaşlık üzerine yerleştirilmesi ve diğerlerini de dışlamasıyla geçekleşti."
14 Originalzitat (Übersetzung: Z.A.): „Alevilerin Selçuklu-Osmanlı yönetimi içindeki tarihsel konumlanışları, genellikle bir dışlanmayla özdeşleştirilmiştir. Öyle ki bu bağlam, her zaman Alevilerin kendilerini gizlemelerini, periferide bir sır topluluğu olarak yaşamlarını sürdürmelerini zorunlu kılmıştır. Cumhuriyet ise, kendini ideallerinin somutlaşmasında Alevileri, enerjisinin işlevsel bir kaynağı haline getirmede dikkate değer bir stratejiyi sürekli canlı tutmuştur." (Subaşı 2003).
15 Originalzitat (Übersetzung: Z.A.): „Bu bağlamda tıpkı Kürtleri Kürt olarak kabullenmemekteki reflekste olduğu gibi, Alevilerin de kimlikleriyle eşit haklı vatandaşlar olarak kabullenilmediği, bir kere daha ilan edilmiş olmaktadır. Devlet, Alevileri kabullenmemektedir, çünkü Aleviler, devletin Türkiye'ye biçtiği kimliğe yani Türk ve Sünni/Hanefi bileşiminin dışında kalmaktadır." (Aydın 2011: 331).

besuchen[16]. Zudem können Personen mit alevitischem Hintergrund keine staatlichen Beamt/innenposten (beispielsweise beim Militär) besetzen, es sei denn, diese Personen sind assimiliert und bekennen sich nicht zu ihren religiösen Wurzeln. Zudem sind die Cemevleri bis dato nicht als Religionsstätten staatlich anerkannt und erhalten damit keine finanzielle Unterstützung vom sunnitisch-orthodox dominierten Präsidium für Religiöse Angelegenheiten (Tr. Diyanet İşleri Başkanlığı).

Die zivilgesellschaftlichen politischen Organisationen insbesondere der europäischen anatolischen Alevit/innen brachten die lange Zeit nicht thematisierte Heterogenität der über Jahrhunderte zum Verstummen gebrachten Gruppe in Bezug auf ihre Sprache (Zazakî, Kurmancî, Türkisch etc.), Ethnie (Türkisch, Kurdisch, Kırmanc) und Glaubenspraxis zutage. Die gesellschaftspolitische Anrufung „sich zu deklarieren", aber auch die intensiveren Kontakte brachten unterschiedliche Differenzen zum Vorschein, die in der Folge oft zu Abgrenzungen innerhalb der Gruppe wie beispielsweise zwischen kurdischen und türkischen Alevit/innen etc. führten.

In Österreich werden nach Schätzungen der Funktionsträger/innen in den alevitischen Organisationen etwa achtzigtausend Alevit/innen gezählt. Diese Behauptung ist allerdings statistisch nicht nachgewiesen und wird bereits seit ca. dreißig Jahren propagiert, sodass sie mit Vorsicht zu genießen ist. Allerdings können in keinem Land genaue Angaben zur Bevölkerungsanzahl der Alevit/innen gemacht werden. In den übrigen europäischen Staaten werden sie meist mit allen Zuwanderer/innen aus der Türkei gleichsam in einen Topf geworfen und pauschalisierend als „sunnitisch-türkisch" kategorisiert.

Die Alevitische Dachorganisation in Österreich (Avusturya Alevi Birlikleri Federasyonu-AABF), deren Vorstandsmitglied ich seit 27. Oktober 2018 bin, stellte einen Antrag auf Anerkennung als eigenständige Glaubensgemeinschaft, der vom Landesverwaltungsgericht Wien nach langer Verfahrensdauer Anfang 2019 abgelehnt wurde. Die alevitische Dachorganisation umfasst dennoch viele Mitglieder und verfügt über eine eigene Infrastruktur und eigene Organisationseinheiten in mehreren Bundesländern. Ebenso unterhält die zweite große alevitische Organisation – ALEVI Österreich – eigene Strukturen, wie z.B. das Sah Hayati Cemevi im 21. Wiener Gemeindebezirk. ALEVI Österreich ging aus der Föderation AABF hervor und wurde 2013 als Islamische Alevitische Glaubensgemeinschaft in Österreich staatlich anerkannt. Später änderte sie ihren Namen auf ALEVI Österreich und übt

---

16 Alevilerin zorunlu din dersiyle imtihanı, 14.2.2017. http://www.demokrathaber.org/genclik-egitim/alevilerin-zorunlu-din-dersiyle-imtihani-h79730.html, zuletzt geprüft am 19.7.2017.

ihre Aktivitäten seit 2015 im Rahmen des neuen Islamgesetzes aus. Die Einführung des Lehramts Alevi an der Universität Wien und der alevitische Unterricht in den Schulen sind auf die Anerkennung der ALEVI Österreich als Glaubensgemeinschaft zurückzuführen.

Laut dem Historiker Hans-Lukas Kieser (2001) sind die Ost-Alevit/innen jene mehrfach diskriminierte Gruppe (vgl. Arslan 2018), die als erste zunächst in die türkischen Großstädte und dann in die europäische Diaspora – unter anderem nach Österreich – ausgewandert ist. In Deutschland leben den Schätzungen der Konföderation der Alevit/innenvereine in Europa zufolge mittlerweile ca. 700.000[17] bis knapp eine Million und europaweit 1,5 Millionen Alevit/innen.[18] Der Soziologe Besim Can Zırh ist im Zuge seiner Untersuchungen in Deutschland zu dem Ergebnis gekommen, dass, im Vergleich zum Verhältnis (sunnitisch-muslimisch vs. alevitisch) in der Türkei, die Alevit/innen mit einem 25-prozentigen Anteil eine große Gruppe innerhalb der deutschen Migrant/innen aus der Türkei ausmachen (Zırh, 2015: 86). Zudem gibt es einzelne alevitische Zusammenschlüsse in Rumänien, Italien, Zypern etc. Auch diese sind zum Großteil Mitgliedsvereine der Konföderation der Alevit/innenvereine in Europa. Weitere föderative Einrichtungen der Alevit/innen in der Türkei sind die Pir Sultan Abdal Kültür Dernekleri (PSAKD) und Hacı (Hâce) Bektaş Veli Anadolu Kültür Vakfı (HBVAKV) in der Türkei. Weiters gibt es auch staatskonforme alevitische Organisationen wie die Cem Vakfı.

Martin Sökefeld erklärt in seinem Beitrag für das monatliche Journal Ayrıntı Dergi[19], dass in Deutschland die *kulturelle* Heterogenität als „Problem" gesehen wird, während die *religiöse* Vielfalt neben der evangelischen und katholischen Kirche eher Anerkennung findet. Die Option, als eine religiöse Gemeinschaft anerkannt zu werden, schien leichter möglich, und daher trachteten die alevitischen Einrichtungen auch danach. Die Anerkennungswelle alevitischer Organisationen in Europa wurde von Deutschland aus initiiert und vorangetrieben, nachdem die Konföderation der Alevit/innenvereine in Europa in Köln ihren Sitz hat. Für die deutschen Alevit/innen war und ist ein alevitischer Unterricht als „Untergliederung" des islamischen Religionsun-

---

17 Nach Auskunft des Geschäftsführers der Bundesdeutschen Alevitischen Jugend (BDAJ) Serdar Akın.
18 Laut Angaben des Bundesministeriums des Innern, für Bau und Heimat in Deutschland lebten im Jahre 2011 ca. 650.000 Alevit/innen in Deutschland, wovon ca. 60 Prozent die deutsche Staatsbürger/innenschaft haben. Vgl. Almanya'da Aleviler uyuma örnek, 9.2.2011. https://www.dw.com/tr/almanyada-aleviler-uyuma-%C3%B6rnek/a-14829865, zuletzt geprüft am 19.7.2018.
19 Martin Sökefeld (2018): Almanya'daki Aleviler: http://ayrintidergi.com.tr

terrichts an den Schulen nicht akzeptabel. Der erste unabhängige alevitische Religionsunterricht wurde in Berlin im Jahre 2002 ins Leben gerufen (ebd.).

Martin Sökefeld hat im Rahmen seiner Feldforschungen in Hamburg 2002 festgestellt, dass 56 Prozent der Alevit/innen die deutsche Staatsbürger/innenschaft angenommen hätten. Ebenso verweisen die leitenden Organe der alevitischen Einrichtungen in Österreich stets darauf, dass die meisten Alevit/innen mittlerweile die österreichische Staatsbürger/innenschaft angenommen und ihren neuen Lebensmittelpunkt längst im Land gefunden hätten. Dieser Befund scheint sich zu bestätigen, zumal Beobachtungen zufolge die Entwicklungen in Deutschland und Österreich oft ziemlich parallel verlaufen, wenngleich die deutschen Alevit/innen in vielerlei Hinsicht eine Vorreiter/innenrolle für die übrigen europäischen Alevit/innen übernehmen. Bevor jedoch auf die konkreten Entwicklungen der österreichischen Alevit/innen, die sich längst als ein Teil der österreichischen Gesamtbevölkerung sehen, eingegangen werden kann, ist die Beschreibung der politischen und sozioökonomischen Situation der Alevit/innen in den Herkunftsregionen – vom Osmanischen Reich bis zur Türkischen Republik – wichtig. Denn das Wissen um die Verdrängung der einst die Mehrheit der Bevölkerung umfassenden Glaubensgemeinschaft an der Rand der Politik und Gesellschaft soll ein Verständnis für die Ursachen der gegenwärtigen Streitigkeiten alevitischer Organisationen in Österreich schaffen. Indem ein Bogen von den historischen Entwicklungen zu den Bemühungen um Anerkennung als Religionsgesellschaft in Österreich geschlagen wird, soll deutlich werden, dass sich bestimmte politische Prozesse in den Herkunftsregionen wie in der Diaspora zu wiederholen scheinen.

2. Verfolgung und Diskriminierung unter der Osmanischen Herrschaft

Die Geschichte der Alevit/innen im Osmanischen Reich ist von Aufständen gegen die zentralistische Macht des Imperiums geprägt. Insbesondere in die Zeit zwischen dem 13. und 16. Jahrhundert fielen mehrere Alevi-Aufstände, wie zum Beispiel der Baba-Ilyas-Aufstand (13. Jahrhundert), der Sheich-Bedreddin-Aufstand (15. Jahrhundert) und der Pir-Sultan-Abdal-Aufstand (16. Jahrhundert) (Arslan 2016: 88ff).

Ein Grund dafür könnte in den zuvor stattgefundenen Migrationsbewegungen liegen. Denn zwischen dem 11. und dem 13. Jahrhundert lassen sich ausgeprägte Einwanderungsströme in das anatolische Territorium feststellen. Der deutsche Sozialwissenschaftler Markus Dressler beschreibt die Situation folgendermaßen:

„Die Errichtung eines türkischen Fürstentums in Anatolien hatte das Land für türkische Flüchtlinge aus dem Osten (Transoxanien, Chorasan, Choresm, Aserbeidschan und dem Iran) attraktiv gemacht. Unruhige politische Bedingungen in den Herkunftsregionen, v. a. die 1219 beginnende Invasion der Mongolen, taten ihr Übriges zu der Auswanderung in erster Linie türkischer, aber auch persischer Stämme nach Anatolien" (Dressler 2000: 29).

In diesem Zeitraum verschärften sich die Gegensätze zwischen dem sich festigenden Herrschaftszentrum und den unsicheren Verhältnissen an der Peripherie, wo Nomadenvölker und Zugewanderte für Unruhe sorgten. Markus Dressler schreibt dazu, dass die wirtschaftlichen Interessen des sesshaften Zentrums mit denjenigen der bäuerlichen und nomadischen Peripherie kollidierten und sich schließlich auch die kulturelle und religiöse Dichotomie zwischen den städtischen Zentren und dem ländlichen Raum zuspitzte (Dressler 2000: 30ff).

Der Soziologe Ahmet Taşğın und der Historiker Rudi Paul Lindner (2000: 171) stimmen darin überein, wenn sie feststellen: „Der Konflikt zwischen den Osmanen und den Safeviden verschärfte sich auf die Dauer und wurde mit der Zeit zu einer religiösen Auseinandersetzung erklärt und fortgeführt"[20] (Taşğın 2009: 215).

Im Laufe des 15. und vor allem im 16. Jahrhundert ist eine Zentralisierung und staatliche Stabilisierung der sunnitischen Orthodoxie zu beobachten. Bis zu diesem Zeitpunkt kann auch nicht von einer bewussten politischen Opposition von Alevit/innen gegen die osmanische Herrschaft gesprochen werden. Die politische Diskriminierung und systematische Verfolgung der Alevit/innen im Osmanischen Reich beginnt allmählich im 15. Jahrhundert (Beşikçi 2014: 310–311; Kaplan, 16.1.2011; Köksal 2005: 326). Bis dahin handelte es sich bei den Alevit/innen-Aufständen um einen Widerstand von Bäuer/innen gegen die sozioökonomische Benachteiligung seitens des autoritären Regierungszentrums. (Bulut 2018; Aydın persönliches Gespräch am 13.5.2018). Diese Aufstände richteten sich gegen den Ausschluss von zentralen Entwicklungen und Innovationen und gegen den autoritären Regierungsstil der Staatsmacht. Taşğın erklärt, dass sich anatolische Alevit/innen[21] aber auch deshalb von den sozialen Strukturen des Osmanischen Staats

---

20 Originalzitat (Übersetzung: Z.A.): „Osmanlı ve Safevî Devleti arasındaki mücadele bir süre sonra yoğunluğu artarak dinî bir mesele üzerinden yürütülmüştür."
21 „Anatolische Alevit/innen" ist ein Begriff, der im Zuge der Konstruktion einer ethnisch homogenen Türkischen Nation von jungtürkischen Ideolog/innen geprägt wurde. Aus diesem Grund wird diese Bezeichnung oft kritisiert beziehungsweise in dem Bewusstsein verwendet, dass es sich um eine externe Zuschreibung von türkischen Nationalist/innen handelt.

distanzierten, weil sie befürchteten, sunnitisiert zu werden. Die alevitischen Gruppen verstanden allerdings unter einer Sunnitisierung den Übergang vom Nomadendasein zur Sesshaftigkeit, die mit noch höheren Steuerleistungen an die Staatsmacht verbunden war (Taşğın 2009: 220)[22]. Der armenische Schriftsteller und Journalist Etyen Mahçupyan unterstreicht, dass es sich bei dem Gegensatz zwischen Zentrum und Peripherie in der Türkei jedoch nicht um einen *naturgegebenen* Zustand, sondern um eine von den Osmanen aus Staatsräson bewusst herbeigeführte Situation handelte. (Mahçupyan 1999: 35f).

Die Elitetruppe des Osmanischen Reichs, die Janitscharen (Tr. Yeniçeriler), setzte sich aus Kindern von Kriegsgegnern, die im Zuge von Eroberungszügen verschleppt worden waren, zusammen. Dabei handelte es sich vor allem um Kinder von Christen, die mit dem Gedankengut der „staatskonform gemachten" bektaschitischen Philosophie von Hâce Bektaş Veli – die ursprünglich progressive und volksnahe Ideen beinhaltete (Akkaya 2017; Bulut 2018) – erzogen wurden. Der im deutschen Sprachraum als „islamischer Mystiker" bezeichnete Philosoph lebte Schätzungen zufolge im 13. Jahrhundert. Bis heute prägen seine Ideen, die auf der Philosophie des Humanismus[23] beruhen, die Inhalte der alevitischen Lehre. Der Bektaschismus (Tr. Bektaşilik) ist eine wichtige Säule der anatolischen Alevit/innentümer.

Das Janitscharenheer der Osmanen wurde 1363 gegründet[24] (Aydın 2010: 362). Der türkische Historiker Erdoğan Aydın und die Soziologin Serpil Köksal argumentieren, dass der (staatskonforme) Bektaschismus der Janitscharen eine Art „gemäßigter Islam" gewesen ist, der vor allem zur Etablierung der Kameradschaft in der Truppe diente und die Janitscharen in ihren Eroberungszügen zur Verbreitung dieses gemäßigten Islam beitragen sollten.

---

22 Originalzitat (Übersetzung: Z.A.): „(s)ünnileşmek ile Osmanlı Devleti'nin göçebe kültüründen yerleşik hayata geçerek devletin vergilendirdiği ve daha fazla vergi almak için de yerleşik hayata geçmelerini zorladığı bir yapıyı anlamaktadırlar."

23 Folgende Sätze, die den alevitischen Kindern gleichsam in die Wiege gelegt werden, werden Hâce Bektaş Veli zugesprochen: „Das wichtigste Buch zum Lesen ist der Mensch"; „Ermögliche den Frauen eine gute Bildung"; „Betet nicht mit den Knien, sondern mit den Herzen"; „Das Universum ist die sichtbare Gestalt Gottes"; „Rituelle Gebete machen den Menschen nicht besser"; „Es zählen die Taten, nicht die Worte" etc. (Arslan 2016: 98; vgl. Akkaya 2017 und Arslan 2018)

24 Am 16. Juni 1826 wurden das Janitscharenheer durch den osmanischen Sultan Mahmud II. verboten und zahlreiche ihrer Mitglieder massakriert (Vaka-i Hayriye). Yeniçerinin Yok Edilişi (Vaka-i Hayriye) 30.6.2014. http://liberteryen.org/2014/06/vaka-i-hayriye-hayirli-olay-%E2%80%93-the-auspicious-incident/, zuletzt geprüft am 30.8.2018.

Aydın schreibt, dass die Janitscharen aktiv an den blutigen Eroberungszügen des Osmanischen Reichs teilnahmen und durch die dabei erfolgten Plünderungen ihre Existenz sichern mussten. Sie waren daher stets auf Krieg und Plünderung aus, was im Widerspruch zur eigentlichen Philosophie des Hâce (Alt-Tr. der Wissende, der Weise, der Lehrer) Bektaş Veli steht (Aydın 2010: 389). Ein weiterer wichtiger Punkt ist, dass Hâce Bektaş Veli einer der Gründerväter des Osmanischen Reichs gewesen ist. Zusammen mit Edebali und Osman I. (Sohn des Ertuğrul) gründeten sie 1299 das Reich. Hâce Bektaş Veli und Edebali gelten bis heute als turkmenische Aleviten, worauf sich der ursprüngliche und volle Name des Reichs zurückführen lässt: Devlet-i Aliyye-i Osmâniyye (Arabisch: دَوْلَتِ عَلِيَّهٔ عُثْمانیَه). Mit Bezug auf den Bektaschismus der Janitscharen und den Gründungsvater Hâce Bektaş Veli sind viele Forscher/innen der Meinung, dass das „Aliyye" im vollem Namen des Osmanischen Reichs auf den Namen des Weggefährten des Propheten Mohammed und den ersten Gläubigen des Islam, Imam Ali (Vollständiger Name: ʿAlī ibn Abī Ṭālib[25]) hinweist und damit die Alevit/innen als Mitbegründer/innen des Osmanischen Reichs (Tr. Osman-Ali Devleti) gelten können. Das „Aliyye" wird aber auch als „groß" übersetzt, also das Große Osmanische Reich (Tr. Büyük Osmanlı Devleti).

Aydın erklärt, dass die ersten „Eroberungszüge" seitens der nomadischen und wirtschaftlich schwächeren Türkmen/innen im Interesse der Sesshaftwerdung erfolgten. Dies war der Beginn des Osmanischen Reichs, das sich bei seinem Aufstieg zur Macht immer mehr von der eigenen Bevölkerung distanzierte und die elitären und bürokratischen Positionen vielfach mit konvertierten

---

25 Kurz nach dem Tod des Propheten Mohammed 632 n. Chr. kam es zu einem politischen Nachfolgestreit in der islamischen Welt. Im Zuge dieser Auseinandersetzung erfolgte die Spaltung in eine sunnitische und in eine schiitische Rechtsschule. Die Schiit/innen plädierten für die Nachbesetzung durch den Cousin und Schwiegersohn ʿAlī ibn Abī Ṭālib, da ihrer Meinung nach nur ein Blutsverwandter Mohammeds ein rechtmäßiger Kalif wäre. Dieser jahrzehntelang andauernde Streit führte zu grausamen gewalttätigen Auseinandersetzungen und vielen Todesopfern aus der Nachkommenschaft des Imam Ali. Die Schlacht von Kerbela (Stadt im heutigen Irak) 680 n. Chr. markierte die Verbindung der anatolischen Alevit/innen, der arabischen Alevit/innen (Nusairier/innen auch arabische Alawiten oder ʿAlawīyūn genannt; leben im heutigen Syrien, Libanon und mehrheitlich in den türkischen Provinzen Adana, Mersin, Hatay, Iskenderun) und der Schiit/innen. Der Historiker Daimi Cengiz, der sich in seinen Untersuchungen auf die ost-anatolischen kurdischen und zazaischen Alevit/innen konzentriert, erklärt, dass die Übernahme schiitischer Eigenheiten/Bräuche in den Alevit/innentümern vielmehr von symbolischer Bedeutung ist (vgl. Arslan 2016: 45ff).

Christen vom Balkan besetzte. Damit beschreibt Aydın sehr trefflich den „Entfremdungsprozess" (Tr. yabancılaşma) des Osmanischen Reichs (vgl. Aydın 2010; Arslan 2016: 97). Zum Einfluss des Islam auf die Alevit/innen, die im 16. Jahrhundert die Mehrheit der Bevölkerung stellten, schreibt Dressler:

> „Während das theologische Schrifttum (*Hochliteratur*) des Islam fast ausschließlich in seßhaften Kulturen rezitiert worden ist, waren für die turkmenischen Nomaden ihre zum Teil nur oberflächlich islamisierten mündlich tradierten Heldenepen (*Volksliteratur*) wichtigstes literarisches Gut" (Dressler 2000: 33).

Und:

> Es „ergibt sich ein idealtypischer Gegensatz von nomadischer Lebensform, Illiteralität und Charismaloyalität (Peripherie) sowie seßhafter Lebensform, Literalität und Schriftloyalität (Zentrum)" (Dressler 2000: 33).

Im 15. Jahrhundert beginnt sich – im Zusammenhang mit den Annexionsabsichten der Safawiden-Dynastie[26], die damals das persische Territorium beherrschten, – ein stärkerer Einfluss der schiitischen Rechtsschule im ostanatolischen Territorium bemerkbar zu machen:

> „Vor allem unter der Herrschaft von Ismail I. (Tr. Şah İsmail Hatayi) erlebte die Safawiden-Dynastie im 16. Jahrhundert ihren Höhepunkt. Bereits dessen Großvater Schah Dschunaid (Tr. Şah Cüneyd, 1447–1460) und anschließend dessen Vater Schah Haidar (Tr. Şah Haydar, 1460–1488) zeigten großes Interesse am anatolischen Territorium, das zu jener Zeit unter der Herrschaft der Osmanen stand. Sie standen im Kontakt mit den turkmenischen Nomaden und anderen Völkern Anatoliens, die die damalige alevitische Lebensweise praktizierten. Vor allem Ismail I. wuchs in engem Kontakt mit diesen alevitischen Gruppen auf." (Arslan 2016: 93).

Ahmet Taşğın erläutert:

---

26 Die Safeviden waren ursprünglich Anhänger der shafiitischen Lehre innerhalb der sunnitischen Rechtsschule. Um jedoch ein politisches Gleichgewicht zu den mächtigen sunnitischen Osmanen herzustellen, traten sie zum schiitischen Islam über. Im Hinblick auf den Grad seiner Institutionalisierung hinkte der schiitische Islam dem sunnitischen Islam allerdings ein paar Jahrhunderte hinterher.

„[...] es ist wichtig festzuhalten, dass Bayezid II. ungeachtet der Zukunftspläne von Schah Ismail diese als wirtschaftlich motiviert wertete [...] Die wirtschaftliche und politische Dimension des Vorhabens wurde von Schah Ismail eine Zeit lang in den Hintergrund gedrängt und die religiöse Dimension in den Vordergrund gestellt. Die Safewiden-Dynastie begann sich als Staat zu institutionalisieren und die Religion wurde dabei als ideologisches Instrument dieses Staates etabliert. Die staatliche Institutionalisierung des Osmanischen Reiches war bereits mindestens ein Jahrhundert vorher abgeschlossen. Aus diesem Grund machten beide Staatsmänner die Institutionalisierung der Religion zu einem Mittel und Teil der Politik. Generell betrachtet haben die Staaten die Religion ideologisch als ‚Sunnit/innentum'[27] [...] und ‚Schiit/innentum'[28] [...] verankert und jeweils als Instrumente für ihre Propagandaarbeit eingesetzt." (Taşğın 2009: 214)[29]

Das Zusammengehörigkeitsgefühl des „Fußvolks" bzw. der „Untertanen" (Tr. Tebaa) wurde von staatlicher Hand gefördert, da es für den „wirtschaftlichen und politischen Zusammenhalt" von Bedeutung war. Dafür wurden das (standardisierte; Z.A.) Sunnit/innentum und Schiit/innentum zur offiziellen Konfession gemacht (Taşğın 2009: ebd.). Schah Ismail I. erfüllte zur Stabilisierung und Sicherstellung seiner Macht allerdings nicht die Erwartungen der anatolischen Kızılbaş[30], unter denen er selbst – ebenso wie sein Vater und Großvater – groß geworden war. Der Historiker Sohrweide schreibt, dass der unter den Kızılbaş aufgewachsene Schah Ismail I. im 16. Jahrhundert in Wirklichkeit die 12 Imame-Theologie der Schiit/innen lediglich offiziell

---

27 Im Türkischen wird nicht gegendert, aber ich versuche in meinen schriftlichen sowie mündlichen Beiträgen ausdrücklich und differenziert die Vielfalt der Geschlechter sichtbar zu machen. In der deutschen Übersetzung ist es mir ein Anliegen, auf diese Weise zu gendern.
28 siehe Fußnote 28.
29 Originalzitat (Übersetzung: Z.A.): „[...] Şah İsmail'in ileriye dönük bazı çalışmalar içerisinde olduğu bir yana, II. Bayezid'in konuya bakışı ve konuyu sonuçları itibariyle iktisadî bir mesele olarak değerlendirilmesi önemlidir. [...] konunun iktisadî ve siyasi boyutu bir süre geri plana çekildi ve dinî boyutu ön plana alındı. Çünkü Safevî Devleti kurumsallaşmaya başladı ve din de kurum olarak devletin ideolojik aygıtına dönüştü. Osmanlı Devleti'ndeki kurumsallaşma süreci en az bir asır önce tamamlanmıştı. Bu bakımdan da iki ülke devlet adamları dinî kurumsallaşma sürecini siyasanın bir parçası kıldılar. Tam olarak devletler dinî ideolojik olarak ‚Sünnilik' [...] ve ‚Şiilik' [...] şeklinde sundular ve bunu propagandalarının aracı haline dönüştürdüler."
30 siehe Fußnote 33.

verinnerlicht und sich dazu bekannt hat (Sohrweide 1965: 141). Der Schriftsteller Faik Bulut (Buchpräsentation am 26. April 2018 in Wien) erklärt, dass das Schiit/innentum die Etablierung eines autoritären Staates als Gegengewicht zum sunnitischen Osmanischen Reich damals für notwendig empfunden hat. Aydın vertritt die Ansicht, dass Schah Ismail I. sich wahrscheinlich nicht traute, die Traditionen und religiösen Vorstellungen der Ost-Alevit/innen, die weder über Regierungserfahrung noch über entsprechende Organisationsstrukturen verfügten, zur Staatsreligion zu machen (Aydın 2010: 397; vgl. Bulut 2018, Arslan 2018). Taşgın verweist darauf, dass die Ardabil[31]-Anhänger/innen – an der Peripherie des Osmanischen Reichs lebende Nomadenvölker – sich erst aufgrund der oben geschilderten Entwicklungen zu einer neuen sozialen Gruppe herausgebildet hätten (Taşgın 2004: 298).

2.1. Bruch mit dem Schiitisierungsprozess der Alevit/innen

Mit der Schlacht bei Tschaldiran[32] (Stadt in der heutigen ost-anatolischen/nord-kurdischen/nord-mesopotamischen/west-armenischen Provinz Van an der Grenze zum Iran) vom August 1514 kann von einem Bruch mit dem Schiitisierungsprozess der heute als anatolische Alevit/innen bekannten ethnisierten Glaubensgemeinschaft gesprochen werden (Arslan 2016). Dieser Krieg, der zwischen dem osmanischen Sultan Yavuz Selim I. (1470–1520) und dem persischen Schah Ismail I. (1487–1524) geführt wurde, endete mit einem Sieg der Osmanen. Da ab diesem Zeitpunkt das Osmanische Reich den sunnitisch-orthodoxen Islam zur Staatsreligion bzw. zur Religion als Staatsverfassung erklärte und 1517 das Kalifat von Kairo nach Istanbul ver-

---

31 Ardabil (Tr. Erdebil) ist eine der größten Städte des historischen Aserbaidschans. Sie liegt heute im Nordwesten des Iran in der gleichnamigen Provinz. Ardabil (Erdebil Tekkesi) galt als ein wichtiges Zentrum der Kızılbaş-Alevit/innen). Der Ardabil Tekke (Zentrum einer Sufi-Bruderschaft; bedeutet: Rückzugsort) gehörte zunächst der Schafiitisschen Konfession, einer der vier sunnitischen Rechtsschulen, an. Im Jahre 1402 besiegte der Mongolenführer Timur das Osmanische Reich und schloss Ardabil in sein Herrschaftsgebiet ein. Als Gegengewicht zum Osmanischen Reich begab sich Timur Ardabil unter das Mandat der Safeviden-Dynastie, die zum schiitischen Islam übergetreten war. Zwischen Timur und Hoca (dt. Aussprache: Hodscha) Ali, dem Leiter und Besitzer dieser Tekke, entwickelte sich eine „Freundschaft". Auf die Bitte des Hoca Ali soll Timur die dreißigtausend turkmenischen Gefangenen in dieser Tekke zurückgelassen haben. Diese fungierten dann wie Missionare, um das Wissen des nun schiitischen Ardabil-Ordens in Kleinasien zu verbreiten.
32 Diese Stadt heißt auf Persisch Çılderan und auf Deutsch Vierzig Kirchen.

legte, etablierte Schah Ismail I. als Gegengewicht zum sunnitischen Osmanischen Reich den schiitischen Islam im Persischen Reich – die Basis für die Islamische Republik Iran von heute (vgl. Eberhard 1970: 42ff). Dort wird auf Grundlage der Prinzipien des sechsten schiitischen Imam Ca'fer es-Sâdık (Nachfahre des ersten Imam Ali), die im Buyruk[33] niedergeschrieben sind, regiert. Der Buyruk wird als eine der zentralen Quellen der Alevit/innentümer gesehen, aber in seiner Authentizität angezweifelt.[34] Nach der Niederlage des Schah Ismail I. begannen unter dem osmanischen Sultan Yavuz Selim I. die großen Alevi-Massaker und -Verfolgungen (Sohrweide 1965: 195, vgl. Arslan 2016). Der Sozialwissenschafter Hakan Mertcan schreibt in seinem 2015 veröffentlichen Buch „Türk Modernleşmesinde Arap Aleviler" (Dt. Arabische Alevit/innen in der türkischen Modernisierung), dass die osmanische Regierung die Alevit/innen zwar stets benachteiligt und diskriminiert hat, im Gegensatz zu den christlichen und jüdischen Bevölkerungsgruppen diese allerdings – je nach politischem Interesse und Kalkül – auch als Muslime sahen (Mertcan 2015). Die brutale Herrschaft des Sultan Yavuz Selim I. (1470–1520) führte zur Aufgabe des militärischen Widerstands und letztlich zu einem tiefsitzenden Trauma der anatolischen Alevit/innen. Der Religionssoziologe David Zeidan schreibt:

> "Alevi opposition to the Sunni Ottomans in the 16th century resulted in geographical and social marginalization. In order to survive despite major-

---

33 Im Kampf um das Herrschaftsgebiet in Kleinasien zwischen dem Osmanischen Reich und dem Safeviden Reich wurde der Vater (Schah Haydar, der die Kızılbaş zu einer bewaffneten Einheit organisiert hatte) von Schah Ismail I. ermordet. Der junge Schah Ismail I. wurde daher von Ordensführern der Kızılbaş aufgenommen und sechs Jahre ausgebildet (Bulut, 26.04.2018). Später gründete Schah Ismail I. mit diesen Ordensführern eine geheime Institution namens *Ehl-i İhtisas*, die den Buyruk verfasst haben soll. Diesen Buyruk, der demnach nicht vom sechsten Imam Ca'fer es-Sâdık verfasst wurde, bezeichnet Bulut als das „Manifest der Kızılbaş". Die *Ehl-i İhtisas* verfasste später zudem eine Borschüre mit dem Titel „Rıza Şehri", in der die Lebensweise der Kızılbaş festgeschrieben wurde. Mit diesem Schrifttum wollte Schah Ismail I. die Kızılbaş, denen die Mehrheit der Bevölkerung in der Region angehörte, schrittweise nach *schiitischen* Vorstellungen organisieren. Seine Anhänger/innen veranstalteten mehrere geheime Treffen, bei denen sie strategische Pläne zur Vernichtung der osmanischen Herrschaft entwickelten. Daher propagierten auch die sunnitischen Teilnehmer der Celâlî Aufstände im 16. und 17. Jahrhundert, die sich gegen die autoritäre sunnitisch-orthodox regierende osmanische Herrschaft auflehnten: „Lasst uns zum Schah gehen!" (Bulut 26.4.2018: Vortrag in Wien).

34 siehe Fußnote 30.

ity hostility and presecution, the Alevis developed into an endogenamous religious community with definite ethnic markers and a tight social-religious network" (Zeidan 1999: 75).

Dazu fasste ich in meinem 2016 veröffentlichten Buch wie folgt zusammen:

„Die Glaubenspraxis der an den Rand der Gesellschaft gedrängten Kızılbaş[35] war weit entfernt von der orthodoxen Religionspraxis der zentralen Herrschaft. Die Kızılbaş pflegten eine eigene Glaubenspraxis, wobei aufgrund des Rückzugs die Kızılbaş in der Ägäis, die Kızılbaş im Mittelmeerraum, die Kızılbaş im mittelanatolischen Raum etc. keinen Informationsaustausch pflegten, was mitunter dazu geführt hat, dass die VertreterInnen dieses Glaubens heute unterschiedliche Auffassung zu ihrem Glauben haben" (Arslan 2016: 100).

Zur Ethnisierung des Alevit/innentümer schreibt Dressler:

„Die Ethnisierung sowie der soziale und geographische Rückzug der Kızılbaş führte zur Herausbildung der heute als *Alevitum*[36] bezeichneten Religionsgemeinschaft, die sich in ihren Glaubensvorstellungen, ihrer Terminologie, ihren Riten, ihren sozialen und religiösen Institutionen klar von der hegemonialen Religionsinterpretation der Osmanen unterscheiden läßt" (Dressler 2002: 101).

In der Beschäftigung mit dem Herrschaftsanspruch, den die Osmanen wie die Safeviden stellten, werden oftmals die sozioökonomischen und politischen Dimensionen außer Acht gelassen. Taşğın (2004) erläutert, dass es zwischen den Gruppen, die im safevidischen Herrschaftsgebiet geblieben und zu Schiit/innen geworden waren, und jenen, die auf dem osmanischen Territorium zu Sunnit/innen geworden waren, in sozialer Hinsicht kaum Unterschiede

---

35 Kızılbaş ist zu einer Art Containerbegriff geworden und wird oft generell zur Bezeichnung der Alevit/innen verwendet. Ich bezeichne hingegen die ost-anatolischen Alevit/innen, also jene, die in der Nähe und enger Sympathie zum Schah Ismail I. standen und sich gegen die Macht des Osmanischen Reichs auflehnten, als Kızılbaş (vgl. Arslan 2016: 85).
36 Ein von Dressler verwendeter Begriff. Die Bezeichnung „Alevitentum" hat sich mittlerweile – im Zuge der Forderung der Anerkennung als Religionsgesellschaft – in der europäischen Diaspora durchgesetzt. Auch hier ziehe ich es vor, den Begriff gegendert zu schreiben: „AlevitInnentum" in diesem Beitrag: „Alevit/innentum".

gab. Gleichzeitig unterstreicht er, dass jene, die an der Peripherie geblieben waren und dort weiterhin ein Nomadenleben führten, die oralen Traditionen beibehielten und bis zur Republikgründung sich weder dem Sunnit/innentum noch dem Schiit/innentum zugehörig fühlten oder unterordneten. Diese Gruppen wurden ab dem 16. Jahrhundert (bis zum letzten Viertel des Osmanischen Reichs; Z.A.) Kızılbaş (und davor Vefa-i, Hruf-i, Râfız-i, Bâtın-i, Işıkçılar etc.) genannt.

Der Sozialwissenschaftler Hakan Mertcan (2015) erklärt, dass die Alevit/innen im Osmanischen Reich stets ausgeschlossen wurden, während der Soziologe Besim Can Zırh hervorhebt, dass sie als „in-existent" bezeichnet wurden bzw. ihre Existenz einfach verneint (Tr. değiller) wurde. Mertcan führt weiter aus, dass je nach politischem Kalkül sowohl die osmanischen Herrscher als auch die Führungselite der Republik die Alevit/innen von den christlichen und jüdischen Bevölkerungsgruppen unterschied und sie als „Nicht-Muslimisierte" betrachteten. Vor allem die Osmanen sahen sie als jene, die „muslimisiert" gehörten. Yavuz Sultan Selim I. unterdrückte jene Bevölkerungsteile, die zu den Alevit/innen gehörten, mit brutaler Gewalt. Die Alevit/innen distanzierten sich daher von ihren progressiven Positionen[37] und zogen sich in die entlegensten Landstriche zurück. Diese traumatischen Erfahrungen wurden bis heute an die nachfolgenden Generationen weitergegeben – ein Vorgang, den die Soziologin Angela Moré als „emotional heritage" bezeichnet. Die staatlichen Exklusionspraktiken ebenso wie das Absprechen der Existenz der Alevit/innen führten dazu, dass Alevit/innen auf gesellschaftspolitischer sowie sozioökonomischer Ebene systematisch asymmetrischen Machtverhältnissen ausgesetzt und dadurch letztlich auch „ethnisiert" wurden.

Zusammenfassend könnte festhalten werden, dass der Prozess der Staatswerdung des Osmanischen Reichs mit einem autoritären Regime, das auf Ein- und Ausschlussmechanismen gründete, und der Institutionalisierung der sunnitischen Konfession einhergegangen ist. Damit wurde das große Potenzial der Alevit/innen, die bis zum 15. Jahrhundert die Mehrheit der Gesamtbevölkerung ausmachten, ein starkes Gegengewicht zur sunnitischen Staatsmacht herzustellen, gebrochen. An diesem Punkt ist die Argumentation des ehemaligen Bürgermeisters der Stadt Hacıbektaş (in der Mittelanatolischen Provinz Nevşehir), Selami Öztürk, besonders spannend:

„Die Konfessionen in Syrien und im Irak sind ganz unterschiedlich zu jenen bei uns. Unsere alevitische Bevölkerung reagiert nicht, wenn sie unter-

---

37 Sozioökonomisch motivierte Alevit/innenaufstände ab dem 15. Jahrhundert. Vgl. vor allem Buhbe 1996.

drückt, angezündet oder getötet wird. Im Gegenteil, sie akzeptieren das und bringen das (ihr Leid; Z.A.) in unterschiedlichen (in friedlichen; Z.A.) Weisen zum Ausdruck. Das ist eine große Chance für uns. Diese Chance sollten wir alle, inklusive den Sunnit/innen, gut nutzen" (Evrensel, 12.12.2016)

Bis zur Gründung der Türkischen Republik 1924 waren die anatolischen Alevit/innen in den entlegensten Gegenden des Landes weitgehend isoliert, wo sie gleichsam verstummten, also als gesellschaftspolitische Kraft nicht in Erscheinung traten. Das Versprechen des Aufbaus eines modernen Staatswesens und der Etablierung des Laizismus – konkret der Aufhebung des Kalifats und damit der sunnitisch-orthodoxen Hegemonie – nährte neue Hoffnungen.

3. Sehnsucht nach Laizismus und Demokratie in der Republik

Die ersten Säkularisierungsmaßnahmen fanden – bedingt durch die Weltkonjunktur – noch zu Zeiten des Osmanischen Reichs im 19. Jahrhundert statt. 1839 begann die Modernisierung und endete zunächst mit der ersten osmanischen Verfassung 1876. Die Tanzimat-Edikte (1839–1876) markieren die Geburtsstunde der osmanischen Staatsbürger/innen und damit die Etablierung einer konstitutionellen Monarchie (Tr. Birinci Meşrutiyet) nach dem europäischen Modell. Mertcan weist darauf hin, dass einige Punkte im Hinblick auf die Gleichberechtigung nicht-muslimischer Gruppen [vor allem im Hinblick auf deren Unabhängigkeitsforderungen; Z.A.] in der Verfassung verankert wurden, doch die entsprechende Auslegung in der Rechtspraxis blieb weitgehend aus (Mertcan 2015). Für die Alevit/innen brachte die Verfassung nicht die zunächst erhoffte Verbesserung ihrer Situation. Sie bekamen – bedingt durch die wirtschaftliche und politische Krise des Osmanischen Reichs – vor allem den stärkeren Zugriff des Zentralstaats wie höhere Steuerforderungen und die Wehrpflicht zu spüren (Kieser 2001). Besonders Ende des 19. Jahrhunderts, als Sultan Abdulhamid II. an die Macht kam, wurde eine starke anti-armenische Haltung und anti-protestantische Haltung – nachdem die christlichen Kirchen ihre Missionierungstätigkeit intensivierten (Kieser 2001; Mertcan 2015) – eingenommen und allgemeine Sunnitisierungspolitik (Tr. ihtida) durchgeführt. Der Historiker Mehmet Ali Ünal hebt in seinen Untersuchungen hervor, dass vom 16. bis zum 19. Jahrhundert in der historischen Region Dersim[38] der Anteil an Christ/in-

---

38 Originalzitat (Übersetzung: Z.A.): „Devşirme yöneticilerin güdümünde olan Osmanlı İmparatorluğu'nca dışlanan, hatta değişik bahanelerle kırıma uğrayan Aleviler, hoş görüsüzlüğün ve hiç hak etmedikleri iftiraların yarattığı toplumsal-siyasal ➤

nen enorm zurückgegangen ist (Ünal 1999). Hans-Lukas Kieser (2001) stellt eine zunehmende Distanz der Ost-Alevit/innen zum Zentralstaat und dessen „Handlangern", die (türkischen, kurdischen und zazaischen) sunnitischen Lokalherren fest.

Eine vor allem in Europa ausgebildete Schicht an Intellektuellen gründete 1865 die „Patriotische Vereinigung" (Tr. İttifaki Hamiyet), die sich später: „Jungosmanische Gesellschaft" (Tr. Yeni Osmanlılar Cemiyeti) nannte und die Vorläuferinstitution der „Jungtürken" (Tr. Jön Türkler) darstellte (Berkes 1964: 204). Diese politische Organisation leitete die zweite Phase der konstitutionellen Monarchie (Tr. İkinci Meşrutiyet) ein (Rumpf 1999: 209f). Sie dauerte von 1908 bis 1918, bis die Jungtürken den letzten osmanischen Sultan Abdulmecid II. zum Rücktritt zwangen. Das ist der Zeitpunkt der Übergangs vom osmanischen Nationalismus zum türkischen Nationalismus (Kemalismus) und der Etablierung des staatlichen Paradigmas „Türk-Türkisch-Sunnitisch-Muslim". Vor allem seit dem Jahr 1980 konstatierte der Soziologe Besim Can Zırh einen zunehmenden nationalen Konservatismus, was er „Milli Muhafazakârlık"[39] nannte.

3.1. Alevit/innen und der Kemalismus

Das Verhältnis der Alevit/innen zum Kemalismus zu begreifen ist eine wesentliche Voraussetzung dafür, die Situation der Alevit/innen in der Türkei wie auch in der europäischen Diaspora nachvollziehen zu können. So wie die Alevit/innen in der Türkei im Vergleich zur sunnitischen Hegemonie stets als der „progressive, moderne, laizistische und nicht arabisch-muslimisch beeinflusste" Teil gesehen werden, werden sie in der europäischen Diaspora stets als die „integrationswilligeren, erwünschten, gemäßigten Muslim/innen" positiv beurteilt (vgl. Arslan 2018). Zu den neuen Hoffnungen, die die Alevit/innen angesichts der Republikgründung schöpften, schreibt der holländische

---

ortamdan korunmak için, Cumhuriyet dönemine dek olabildiğince, kimliklerini ve ibadetlerini gizlemek zorunda kalmışlardır. Mustafa Kemal Paşa'nın öncülüğünde kurulan Kuvay-ı Milliye örgütünde, bütün yurtseverlerle birlikte buluşan Aleviler, Ulusal Kurtuluş Savaşı'ndan sonra gerçekleştirilen Büyük Türk Devrimi'nde beklentilerini bularak, Kemalizm ile bütünleşmişlerdir." Metin Aktaş: Alevilik ve Kemalizm: http://www.mesop.net/osd/soft/zeitung_print.php?id=204, zuletzt geprüft am 23.12.2016.
39 Begriff: Zırh, Besim Can (2015): Bir Kesişim olarak Milli-Muhafazakârlığın Üç Değili: Aleviler, Ermeniler ve Kürtler. In: Yalçın Çakmak, İmran Gürtaş (Hg.): Kızılbaşlık, Alevilik, Bektaşilik. Tarih-Kimlik-İnanç-Ritüel. İstanbul: İletişim Yayınları. Erklärt wird die konservative Politiklandschaft und Gesellschaftsstruktur im Land, die sich über den Nationalismus und die (sunnitische) Religiosität definiert.

Soziologe Martin van Bruinessen (1995) in seinem Beitrag "Kurds, Turks and the Alevi revival in Turkey":

> "The secularisation of Turkey made the gradual emancipation of the Alevis possible. It is not surprising that during the first great Kurdish rebellion of 1925, which had a strong (Sunni) religious colouring, Kurdish Alevi tribes actually fought against the rebels. It is true that there also were, in 1920 and 1937-38, rebellions of Kurdish Alevis against the kemalist movement and the Republic, but at no time until the present did Kurdish Alevis in significant numbers join forces with Sunni Kurds against the kemalist regime. By and large, Kurdish as well as Turkish Alevis were supportive of the secular and populist ideals of kemalism; many Kurdish Alevis voluntarily assimilated to Turkish culture and came to identify themselves as Turks rather than as Kurds."

Mehrere sozialwissenschaftliche Untersuchungen belegen die große alevitische Unterstützung in der Gründungsphase der Republik. So stellt der Schriftsteller Metin Aktaş in seiner Diskussion „Alevilik ve Kemalizm" (Dt. Alevitentum und Kemalismus) für die Zeitschrift „Sosyalist Mesopotamya" fest:

> „Die Alevit/innen wurden im [...] Osmanischen Reich diskriminiert [...], massakriert und in einer intoleranten sozial-politischen Atmosphäre mussten sie ihre Identität und Glaubenspraxis bis zur Republik weitgehend verheimlichen. Unter der Führung von Mustafa Kemal Paşa (Dt. gelesen: Pascha) wurde die Kuvay-ı Milliye (Dt. Nationale Front) gegründet. Alevit/innen vereinten sich somit mit den Patrioten und – nach dem Nationalen Befreiungskrieg (Tr. Ulusal Kurtuluş Savaşı) – mit dem Kemalismus".[40]

Einige Argumente von mehrheitlich islamischen Autoren, die ihren säkularistischen Erzfeind, den Kemalismus, seit Anbeginn seiner Entstehung und ins-

---

[40] Originalzitat (Übersetzung: Z.A.): „Devşirme yöneticilerin güdümünde olan Osmanlı İmparatorluğu'nca dışlanan, hatta değişik bahanelerle kırıma uğrayan Aleviler, hoş görüsüzlüğün ve hiç hak etmedikleri iftiraların yarattığı toplumsal-siyasal ortamdan korunmak için, Cumhuriyet dönemine dek olabildiğince, kimliklerini ve ibadetlerini gizlemek zorunda kalmışlardır. Mustafa Kemal Paşa'nın öncülüğünde kurulan Kuvay-ı Milliye örgütünde, bütün yurtseverlerle birlikte buluşan Aleviler, Ulusal Kurtuluş Savaşı'ndan sonra gerçekleştirilen Büyük Türk Devrimi'nde beklentilerini bularak, Kemalizm ile bütünleşmişlerdir." Metin Aktaş: Alevilik ve Kemalizm: http://www.mesop.net/osd/soft/zeitung_print.php?id=204, zuletzt geprüft am 23.12.2016.

besondere seit den 1970er-Jahren scharf unter die Lupe genommen haben, sollen zunächst das Verhältnis von Alevit/innentümer und Kemalismus aus deren Sicht kurz skizzieren. Der Journalist Abdullah Saygılı schreibt für das liberal demokratische Internetportal Radikal in einem Blog zum Thema „Alevilik ve Kemalizm'in Sorunlu İlişkisi" (Dt. Das problematische Verhältnis zwischen den Alevit/innentümern und Kemalismus), dass die Alevit/innen den *Mythos*, dass der Kemalismus die osmanische Hegemonie in eine moderne, neue Gesellschaft verwandeln würde, geglaubt hätten.[41] Als zweiten Grund für die Sympathie der Alevit/innen für den Kemalismus nennt Saygılı „[…] die Illusion der Alevit/innen, dass durch die Aufhebung des Kalifats (3. März 1924) mit dem Kemalismus dem Assimilationsdruck durch den sunnitischen Islam ein Ende bereitet werden würde". Der Journalist Kenan Alpay schreibt für „Haksöz Haber", das islamistische Online-Newsportal zum Thema „Kemalizmin Bekasına Koşulan Alevilik ve Sosyalizm" (Dt. Das Alevitentum zwischen Kemalismus und Sozialismus), dass die Alevit/innentümer unter anderem zur Blockierung der wachsenden islamischen Bewegungen je nach Bedarf und Nutzen von kemalistischen und auch links-sozialistischen und liberalen Organisationen als Thema immer wieder aufgegriffen wurden.[42] Bezüglich des Laizismus in der Türkischen Republik schreibt Dressler: „[d]ie Säkularisierungsmaßnahmen der frühen Republik und die damit verbundenen gesellschaftlichen Auseinandersetzungen stehen in einer Kontinuität zum Osmanischen Reich" (Dressler 2002: 136). Sie setzten unmittelbar an den Säkularisierungsprozessen der Tanzimat-Periode[43] und der I. und

---

41 Originalzitat (Übersetzung: Z.A.): „Alevi toplumunun Kemalizm'e sempati duymasının diğer önemli bir nedeni de, halifeliğin kaldırılmasıyla, devletin din karşısında tarafsız bir konuma geldiği ve Alevilerin Sünni İslam dayatmasından kurtulduğu yolundaki inançtır". Siehe Abdullah Saygılı: Alevilik ve Kemalizm'in Sorunlu İlişkisi. http://blog.radikal.com.tr/din/alevilik-ve-kemalizmin-sorunlu-iliskisi-10273, zuletzt geprüft am 10.8.2016.
42 Originalzitat (Übersetzung: Z.A.): „Söz konusu Alevilik tartışmaları başka bazı tali amaçlar dışında elbette yükselen İslami hareketleri bloke etme niyetiyle Kemalizm kadar sol-sosyalist hareketler ve liberal çevreler açısından da kullanıma elverişli görüldüğü oranda gündemde tutuluyor". Siehe: Kenan Alpay:
Kemalizmin Bekasına Koşulan Alevilik ve Sosyalizm. http://www.haksozhaber.net/kemalizmin-bekasina-kosulan-alevilik-ve-sosyalizm-27230yy.htm, zuletzt geprüft am 12.9.2016.
43 Die Tanzimat-Reformen (1839–1876) definierten den „Osmanischen Staatsbürger". Im Zuge des Untergangs der Großreiche und der Bildung von Nationalstaaten musste auch das Großreich der Osmanen Zugeständnisse machen – es erfolgt zumindest formell ein Übergang von der Position der „Untertanen" zu „Staatsbürger/innen".

II. Meşrutiyet⁴⁴ an. Dressler schreibt: „Die religiöse Begrifflichkeit des Modernisierungsprozesses im Osmanischen Reich wurde in der Republik durch eine säkularistisch-nationalistische Terminologie ersetzt" (Ebd.). Wichtige Projekte der Republik waren die Gründung des Türkischen Gesichtsgremiums (Türk Tarih Kurumu, TTK) und des Türkischen Sprachgremiums (Türk Dil Kurumu, TDK) im Jahre 1924. Beide dienten zur landesweiten Etablierung des Paradigmas „Türk-Türkisch-Sunnitisch-Islam". Am 24. September 1925 wurde schließlich der „Plan zur Durchsetzung der Zivilisation im Osten" (Şark Islahat Planı) im Türkischen Nationalrat (Türkiye Büyük Millet Meclisi, TBMM) beschlossen. Das bedeutete, dass alle nicht-türkischen und nicht-sunnitisch-muslimischen Bevölkerungsgruppen und alle „Verneinten" (Zırh 2015) des Landes im Rahmen eines „zivilisatorischen" Prozesses „türkisiert" und „sunnitisiert" werden sollten. Die dabei verfolgte Idee erinnert an die Worte des italienischen Politikers Massimo d'Azeglio (1798–1866): „Wir haben Italien geschaffen, nun müssen wir die Italiener/innen schaffen" (Hobsbawm 2005: 58). Alle jene, die sich dem Paradigma nicht unterwerfen wollten, sollten durch die erwähnten Projekte in den Nationalisierungs- und Nationalstaatswerdungsprozess einbezogen werden.

Zwei besonders wichtige historische Ereignisse waren für die ersten Enttäuschungen der Alevit/innen in Bezug auf den Kemalismus verantwortlich. Das erste war eine Reform, die zur Schließung der Tekke⁴⁵ und der Klöster am 30. November 1925 (Arslan 2016: 102) führte. Damit wurden auch die einzigen Stätten der Alevit/innen verboten, in denen sie ihre Glaubenspraxen ausüben und an die nachfolgenden Generationen weitergeben konnten. Die Gründung der Republik, die in ihren Anfängen als ein Schritt in Richtung Modernisierung und Laizismus gesehen wurde, bedeutete in Wirklichkeit einen radikalen Einschnitt in die Glaubenspraxis der Alevit/innen. Das zweite einschneidende Ereignis war die genozidale Verfolgung der Zaza-Alevi-Kizilbaş⁴⁶ in Dersim 1937/38, die dazu beitragen sollte, eine *einheitliche, homogene, reine, zivilisierte, moderne* türkische Nation nach west-europäischem

---

44 Einführung der Konstitutionellen Monarchie im Osmanischen Staat.
45 Eine Tekke ist ein Zentrum einer Sufi-Bruderschaft (Derwisch-Orden) und bedeutet so viel wie „Rückzugsort", „Schutz" oder „Asyl".
46 Diese Alevit/innen haben ihren Ursprung in der historischen Region Dersim (Tr. Dersim, Armenisch: Տէրսիմ/Դերսիմ Tersim, Kurmancî: Dêrsim, Zazaki: Dêsım), die die Provinzen Tunceli (Zazaki: Mamekiye), teilweise Elazığ, Bingöl, Sivas, Erzincan, Varto und Erzurum umfasst. Sie sprechen hauptsächlich Zazaki (auch Dımılki, Kırmancki, Kırdki, Zonê Ma genannt), eine indogermanische Sprache aus der west-iranischen Sprachfamilie und zum Teil Kurmancî, einen im Norden verwendeten Dialekt des Kurdischen.

Vorbild zu schaffen. Folgende und ähnliche propagandistische Schlagzeilen wurden in der türkischen Tageszeitung Cumhuriyet damals veröffentlicht: „Ein von Hungernden und Nackten besiedeltes Gebiet wird zivilisiert. In diesem als Zentrum der Rückständigkeit bekannten Gebiet ertönen jetzt die türkischen Maschinen."[47]

Jene Nationalisierungs- und Nationalstaatswerdungsprozesse, die in Europa etwa zweihundert Jahre in Anspruch genommen hatten, wurden von den Ideolog/innen der Türkischen Republik innerhalb von zehn bis zwanzig Jahren umgesetzt. Das europäische Modell des Nationalstaats wurde eins zu eins übernommen, ungeachtet dessen, dass der vom Osmanischen Reich übrig gebliebene Staat nach wie vor eine multi-ethnisch, multi-lingual, multi-religiös zusammengesetzte Bevölkerung umfasste. Dabei wurde übersehen, dass es auch in Europa keine *ethnisch reinen* Nationalstaaten gab. Der Nationalisierungsprozess wurde im Osmanischen Reich wie in der Türkischen Republik mit staatlicher Gewalt vollzogen und führte zu mehreren ethnischen Säuberungswellen (1915 Armenier/innen-Genozid, Assyrier/innen-Genozid, 1919 Pontus-Griech/innen-Genozid, Kurd/innen-Massaker Ende 19. Jahrhundert bis erstes Drittel des 20. Jahrhunderts; 1938 genozidale Verfolgung der Dersim-Kızılbaş-Alevit/innen.

Im Gefolge der Industrialisierung und Modernisierung im Europa des 18. und 19. Jahrhunderts bildeten sich unterschiedliche soziale Klassen heraus, die aufgrund gegensätzlicher Interessen im Widerstreit, aber auch in Interaktion bei der Nationalstaatsbildung standen (Hobsbawm 1990, Gellner 1983, Anderson 1983). Der Nationalstaat war ein bürgerliches Projekt, wurde aber von den übrigen politischen Gruppierungen letztlich mitgetragen. Die Neuordnung Europas nach dem Ersten Weltkrieg (1918) in Form von Nationalstaaten war gleichzeitig mit einem gewissen Minderheitenschutz verbunden. Der Übergang vom Osmanischen Reich zur Türkischen Republik erfolgte unter anderen Bedingungen. Die sunnitisch-nationalistische Vereinheitlichung, die im Osmanischen Reich vorangetrieben wurde, blieb letztlich das bestimmende Paradigma der ethnisch-nationalistisch (Türk-Türkisch) definierten Republik (vgl. Arslan 2018). Spätestens nach der genozidalen Verfolgung der Dersim-Kızılbaş-Alevit/innen 1937/1938 bedeutete die Einparteienära der Cumhuriyet Halk Partisi (CHP) Atatürks für die Alevit/in-

---

47 Originalzitat (Übersetzung: Z.A.): „Açlar ile çıplaklarla meskûn olan bir yer medenileştiriliyor, geriliğin ana merkezi olan bu muhitte şimdi Türk motörlerinin uğultusu birbirine karışıyor" Siehe: Atatürk ve Dersim Katliamı. In: İLllelebet Milli Cumhuriyet. Haberler Analizler dosyalar Araştırmalar Belgeler. https://millicumhuriyet.com/ataturk/940-2/, zuletzt geprüft am 23.12.2016.

Die „ethnisierte Glaubensgemeinschaft" der Alevit/innen

nen erneut ein Leben in Isolation in den entlegensten Gebieten des Landes. Bis heute liegen sehr viele alevitische Siedlungen und Dörfer auf hohen Berggipfeln, in abgelegenen Tälern und Wäldern. Es ist jedoch festzuhalten, dass Kemal Atatürk und seine CHP eine nicht zu unterschätzende Unterstützung bei den Alevit/innen in Dersim bekommt. Kemal Kilicdaroglu, der derzeitige Vorsitzende der CHP, ist ein Alevite aus Dersim.

3.2. Arbeitsmigration und islamische Parteien in der türkischen Politiklandschaft

Die 1960er-Jahre markieren die Zeit, in der große Migrationsbewegungen von anatolischen Dörfern in die türkischen Großstädte erfolgten. Es gibt allerdings ebenso wenig verlässliche Daten über die Anzahl der Alevit/innen in Europa wie in der Türkei. Schätzungsweise leben zwischen 300.000 und 700.000 Alevit/innen in Deutschland und zwischen 100.000 und 120.000 in Österreich (Gespräche mit österreichischen Vereinsvorsitzenden). Auch wenn die genaue Zahl unbekannt ist, stellen die Alevit/innen in Deutschland ebenso wie in Österreich eine signifikante Einwander/innengruppe dar.

Nach Abschluss der Anwerbeabkommen zwischen Deutschland und Österreich mit der türkischen Regierung in den 1960er-Jahren kamen auch Alevit/innen als Arbeitsmigrant/innen nach Europa. Nach dem Anwerbestopp im Jahre 1973 ließen sie sich, wie auch andere Migrant/innen aus der Türkei, dauerhaft in Deutschland und Österreich nieder und holten ihre Familien nach. Seit Ende der 1970er-Jahre bis Mitte der 1980er-Jahre kamen zudem zahlreiche politisch links gesinnte Alevit/innen als politische Flüchtlinge nach Deutschland und Österreich. Die Verfolgung setzte insbesondere im zeitlichen Umfeld des Militärputsches in der Türkei im September 1980 ein (vgl. Sökefeld 2007).

Darüber hinaus gab es jedoch 1979 und 1980 gezielte pogromartige Gewalttaten gegen Alevit/innen in den Provinzen Sivas, Çorum und Maraş. Mit der Intensivierung der Auseinandersetzungen zwischen der Arbeiterpartei Kurdistans (Kurdisch: Partiya Karkerên Kurdistanê, PKK) und der türkischen Armee Mitte der 1980er-Jahre flohen zahlreiche kurdische und zazaische Alevit/innen nach Deutschland und Österreich. Hans-Lukas Kieser verweist darauf, dass es sich aber auch in diesen Fällen zunächst um eine Binnenmigration handelte. Alevit/innen gingen aufgrund von politisch motivierter Vertreibung oder wirtschaftlicher Probleme zunächst in die türkischen Großstädte in der Hoffnung auf ein besseres Leben, dann erst in die europäische Diaspora (Kieser 2001).

Ab den 1960er-Jahren kam viel Unruhe und Bewegung in die Parteienlandschaft der Türkei. Das Leben in der Republik Türkei war Ende der

1970er-Jahre aber nicht nur durch fehlende politische Stabilität, sondern auch durch viele ungelöste wirtschaftliche und soziale Probleme, Streiks und Gewalt linker und rechter Gruppierungen geprägt. 1975 wurde der Vorsitzende der Republikanischen Volkspartei (CHP), Bülent Ecevit, vom Vorsitzenden der Gerechtigkeitspartei (AP), Süleyman Demirel, im Amt des Ministerpräsidenten abgelöst. Demirel ging mit der islamistisch ausgerichteten Nationalen Heilspartei (MSP) und der nationalistischen Partei der Nationalistischen Bewegung (MHP) eine Dreiparteienkoalition der „Nationalen Front" ein. Bei den Neuwahlen 1977 konnte sich jedoch weder die CHP noch die AP durchsetzen. Zunächst konnte Demirel zwar seine „Nationale Front" fortführen, aber 1978 gelang es Ecevit, die Koalition zu stürzen und selbst eine Koalitionsregierung zu bilden. 1979 kam wiederum Demirel an die Macht.

Ohne auf die politische Lage weiter eingehen zu können, soll der Fokus darauf gerichtet werden, wie sich die Alevit/innen politisch positionierten und wie sie von den übrigen politischen Kräften instrumentalisiert wurden. In den 1970er-Jahren etablierten sich die ersten islamisch-konservativen Parteien, also die Vorgängerorganisationen der aktuellen Gerechtigkeits- und Entwicklungspartei (Adalet ve Kalkınma Partisi, AKP) unter Recep Tayyip Erdoğan, die seit 2002 an der Regierung ist (Arslan 2016: 140ff).[48]

Ende der 1970er-Jahre kam es zu mehreren Angriffen auf alevitische Siedlungsgebiete, und viele Alevit/innen wurden – auch von ihren Nachbar/innen – massakriert (Maraş 1978, Malatya 1978, Çorum 1980). Mit dem Militärputsch von 1980 unter General Kenan Evren wurde diese Vorgangsweise offiziell benannt: „Türk-Islam Sentezi" – eine Synthese von Türkisierung und

---

48 Millî Nizam Partisi unter Necmettin Erbakan (1970), Millî Selamet Partisi unter Necmettin Erbakan (1972), Refah Partisi unter Necmettin Erbakan (1983), Fazilet Partisi (1997), Saadet Partisi (2001). Erbakans politische Tätigkeiten wurden verfassungsrechtlich verboten, da er die Scharia einzuführen drohte. Am 13. April 1994 erklärte Erbakan in einer Wahlrede, dass der Übergang zum islamischen Staat – egal, ob mit oder ohne Blut – letztendlich kommen würde. Die Fazilet Partisi wurde dann zwar von Recayi Kutan übernommen, aber Erbakan blieb im Hintergrund in einer Führungsposition. Nach dem Verbot der Fazilet-Partei wurde dieselbe Ideologie von der Saadet-Partei vorangetrieben. Erbakan übte bis zu seinem Tod einen großen politischen Einfluss aus. Die Diskussion darüber, ob der politische Kampf für die Einführung eines konservativen Staates mit traditionellen Methoden und Personen (die Traditionalisten; Tr. Gelenekçiler) oder mit neuen Methoden und den Jungen (die Progressiven; Tr. Yenilikçiler) geführt werden soll, endete mit der Machtübernahme durch die Jungen und führte zur Adalet ve Kalkınma Partisi (AKP), die seit 2002 an der Regierung ist. (vgl. Arslan 2016: 148ff)

Islam. Dabei sollte zwar einerseits der Radikalisierung sunnitisch-islamistischer Kräfte Einhalt geboten werden, anderseits wurden in den alevitischen Dörfern zu Assimilationszwecken Moscheen errichtet – eine politische Maßnahme, die bereits zu Zeiten des Osmanischen Reichs im 19. Jahrhundert gesetzt wurde. Denn die Alevit/innen beten nicht in der Moschee, sondern treffen sich zu ihren Cem genannten Kulthandlungen in den Cemevleri (Versammlungshäusern). Es wurde also versucht, durch die Synthese von einer ethnisch (türkischen) nationalistischen Identitätskonstruktion und einer religiösen (sunnitischen) Identitätskonstruktion – bei gleichzeitiger Mäßigung eines religiösen Fanatismus – eine staatliche Einheit herzustellen (vgl. Arslan 2017). 1993 ist das Jahr, an dem das Massaker in Sivas passierte. Von diversen Sozialwissenschaftler/innen, Journalist/innen und Schriftsteller/innen wird dieser dramatische Vorfall zum „Alevi Revival" schlechthin erklärt, denn ab diesem Zeitpunkt beginnen Alevit/innen vor allem in der europäischen Diaspora ihre „alevitische Identität" zu entdecken und sich zu organisieren. Es gibt Theorien und inoffizielle Dokumente (vgl. Arslan 2018), wonach der türkische Staat die Gründung alevitischer Vereine in der Türkei und in der europäischen Diaspora inoffiziell unterstützte, um die Etablierung politisch-sunnitisch-islamischer Gruppierungen in der türkischen Parteienlandschaft ebenso wie das Abdriften nicht-türkischer Alevit/innen in die erstarkende kurdisch-nationalistische Befreiungsbewegung zu verhindern. In der Ausgabe Nr. 74 des Kızılbaş-Journals wurde dokumentiert, dass der Staat 1988/89 ein inoffizielles Staatstreffen veranstaltet und die „Alevi-Deklaration des Staates" (Tr. Devletin Alevilik Bildirgesi) erlassen hatte, um die Rahmenbedingungen für die Unterstützung zivilgesellschaftlicher alevitischer Organisation abzustecken.[49] Der Soziologe Hüseyin Ağuiçenoğlu verweist darauf, dass kurdische Organisationen zur gleichen Zeit das Potenzial der Alevit/innen als Mitstreiter/innen und Wähler/innen entdeckt hatten und sich für deren Organisation unter ihrer Patronage bemühten (Aslan 2010). In der europäischen Diaspora fanden die Alevit/innen mehr Freiraum zur Gründung von Organisationen und Vereinen. Allerdings war die rechtliche Lage in Deutschland, wo die ersten Schritte in diese Richtung gesetzt wurden, vor allem für die Anerkennung als *Glaubensgemeinschaft* günstig. Daher wurde und wird seither – nach der Sozialanthropologin Krisztina Kehl-Bodrogi – die Gründung von derartigen Organisationen forciert. Sie schreibt,

„[dass die] Anerkennungskämpfe in größere politische Zusammenhänge eingebettet sind, die ihre Modalitäten maßgeblich beeinflussen. Dabei wird ar-

---

49 Details siehe (Arslan 2018: 107)

gumentiert, dass das rezente Streben der Diaspora-Aleviten nach öffentlicher Anerkennung als Religionsgemeinschaft nicht primär einer verstärkten religiösen Orientierung geschuldet ist. Vielmehr stellt sie […] eine weitgehend strategisch motivierte Anpassung an die legalen institutionellen Bedingungen des Aufnahmelandes dar" (Kehl-Bodrogi 2006: 2).

4. Eingliederung in neue-alte Dominanzverhältnisse in Österreich

Die Diskussion, inwieweit der Islam Teil der unterschiedlichen Ausprägungen des Alevitentums ist, hat sich vor allem unter Alevit/innen in der europäischen Diaspora entfacht. Eine klare Definition der Alevit/innentümer in Österreich unabhängig vom Islam, der im Rahmen des Islamgesetzes von 1912[50] staatlich anerkannt worden war, war allerdings nicht möglich. Tatsächlich kommen die alevitischen Führungspersönlichkeiten in ihren Definitionsbemühungen über die Verwendung schiitisch-islamischer Motive, wie die Zwölf Imame, die vier Kalifen und den ersten Imam Ali, nicht hinaus. Angesichts dessen wurde der Antrag der Föderation der Aleviten-Gemeinden in Österreich (Tr. Avusturya Alevi Birlikleri Federasyon, AABF) von den österreichischen Behörden mit dem Argument, dass der Islam in Österreich bereits anerkannt und die IGGÖ die verfassungsrechtliche Vertretung der muslimischen Gemeinde ist, abgelehnt bzw. an die IGGÖ weiterverwiesen.

4.1. Das Verhältnis der Alevit/innentümer zum Islam

Die Diskussion, inwiefern der Islam mit den Alevit/innentümern vereinbar ist bzw. inwiefern der Islam Teil der Alevit/innentümer ist, wurde erst im Rahmen der Anerkennungsbemühungen der Alevit/innen in der europäischen Diaspora entfacht. Daher gibt es auch in der Auseinandersetzung um das Verhältnis zum Islam einen Unterschied zwischen den Positionen von Alevit/innen in der Türkei und Alevit/innen in der europäischen Diaspora. Denn diese Diskussion ist nicht unabhängig vom politischen Kontext

---

50 Das Islamgesetz wurde aufgrund der Forderungen von in den 1960er-Jahren immigrierten islamischen Gruppen 1988 novelliert. Seit 2015 gibt es ein neues Islamgesetz in Österreich. (vgl. Arslan 2016: 196ff und Reichsgesetzblatt: Gesetz vom 20. Mai 1874 zur Anerkennung von Religionsgesellschaften http://alex.onb.ac.at/cgi-content/anno-plus?apm=0&aid=rgb&datum=18740004&seite=00000151&zoom=2 und Das Islamgesetz von 1912: www.google.at/search?q=islamgesetz+1912&oq=islamgesetz&aqs=chrome.0.69i59j69i57j69i59j69i60l3.5303j0j8&sourceid=chrome&ie=UTF-8, zuletzt geprüft am 11.8.2018)

in den Gesellschaften, in denen Alevit/innen leben, zu führen. (vgl. Arslan 2016) Teile der Alevit/innen in der europäischen Diaspora können sich im Unterschied zu jenen in der Türkei leichter vom Islam distanzieren. Unter der sunnitisch-orthodoxen Hegemonie in der Türkei ist dies nicht selten mit lebensbedrohlichen Risiken verbunden. Daher steht diese Debatte zumindest in der Öffentlichkeit außer Frage und die Alevit/innen in der Türkei blicken mit Sorge und Skepsis auf die europäische Diaspora.

4.2. Institutionalisierung der Spaltung in Österreich

Die Diskussion zum Thema „Das Verhältnis des Alevitentums zum Islam" und dessen Resonanz auf die Türkei und andere europäische Staaten beschäftigte jahrelang die Alevit/innengemeinden in Österreich. Denn die Kategorisierung, die von außen an die Gemeinschaft herangetragen wurde, hat eine nicht zu unterschätzende Auswirkung auf das Selbstverständnis (vgl. Brubarker & Cooper 2000: 27). Bis heute gibt es – mangels akademischer Untersuchungen – keine Klarheit in dieser Frage. Dennoch wurde die Islamische Alevitische Glaubensgemeinschaft am 22. Mai 2013 als Religionsgesellschaft verfassungsrechtlich in Österreich anerkannt.[51] Die Antragsteller/innen der Föderation sind nach wie vor darum bemüht, die Anerkennung einer unabhängigen Alevitischen Religionsgesellschaft – wie dies in mehreren europäischen Staaten bereits der Fall ist[52] – auch in Österreich durchzusetzen. Insofern wurde die Spaltung der alevitischen Gemeinden, die sich vor allem an der Frage der Nähe oder Distanz zum Islam scheidet, in Österreich institutionalisiert. Allerdings hat die ursprünglich als Islamische Alevitische Glaubensgemeinschaft anerkannte Religionsgesellschaft mit dem Islamgesetz 2015[53] auf der Liste der „Gesetzlich anerkannten Kirchen und Religionsgemeinschaften in Österreich" ihren Namen auf „Alevitische Glaubensgemeinschaft in Österreich, ALEVI"[54] umgeändert. Sie scheint im Abschnitt 4 des

---

51 Bundesgesetzblatt, 22. Mai 2013. 133. Verordnung: Anerkennung der Anhänger der Islamischen Alevitischen Glaubensgemeinschaft als Religionsgesellschaft. http://www.ris.bka.gv.at/Dokumente/BgblAuth/ BGBLA_2013_II_133/BGBLA_2013_II_133.html [Zugriff: 23.12.2016]
52 England, Holland, Dänemark, Basel (Schweiz), in Deutschland: Baden Württemberg, Nordrhein-Westfalen, Bayern, Hessen, Niedersachsen, Saarland, Berlin.
53 Gesamte Rechtsvorschrift für das Islamgesetz. https://www.ris.bka.gv.at/GeltendeFassung.wxe?Abfrage =Bundesnormen&Gesetzesnummer=20009124, zuletzt geprüft am 23.12.2016.
54 Kultusamt: Gesetzlich anerkannte Kirchen und Religionsgemeinschaften in Österreich. https://www.bka. gv.at/kirchen-und-religionsgemeinschaften

Islamgesetzes von 2015 auf und ist damit als rechtliche Repräsentanz und Vertretung *aller* Alevit/innen in Österreich staatsrechtlich anerkannt.

5. Externe Identitätszuschreibungen und der Staat als „identifier"

Die Bemühungen um die staatsrechtliche Anerkennung der Alevit/innen in Österreich erfolgten ungefähr zur selben Zeit wie die Diskussion, die als „Islam-Religionslehrerdebatte" in der Öffentlichkeit bekannt wurde.[55] Im Jahr 2007 gab es im deutschen Sprachraum eine Debatte darüber, auf welche Weise Islamlehrer/innen rekrutiert werden sollten. In Österreich werden Islamlehrer/innen grundsätzlich von der IGGÖ organisiert. In manchen Fällen kommen die Lehrkräfte aber nicht von der Islamischen Religionspädagogischen Akademie (IRPA), sondern werden vom Präsidium für Religiöse Angelegenheiten in der Türkei delegiert. Am 27. Januar 2009 veröffentlichte der Islamwissenschaftler Mouhanad Khorchide eine Studie, in der er erklärte, dass rund ein Fünftel der Islamlehrer in Österreich eine anti-demokratische Haltung hätten.[56] Gleichzeitig kam es zu einer intensiven Auseinandersetzung innerhalb der IGGÖ, der von 1979 bis zum neuen Islamgesetz 2015 die alleinige Repräsentation der muslimischen Gemeinde in Österreich oblag. Mit der Anfechtung des Islamgesetzes von 1912 (vgl. Dörler 2004; Arslan 2016: 204-219) durch die alevitischen Gemeinden in Österreich wurde die Neufassung des Islamgesetzes 2015 ermöglicht. Nach Paragraph 18 dieses Gesetzes ist die Rekrutierung von Theolog/innen für islamische Studien und von Lehrpersonal für den Islamunterricht an Schulen aus dem Ausland untersagt. Darüber hinaus ist neben der Anerkennung der Islamischen Alevitischen Glaubensgemeinschaft seit 1. März 2013 die Islamische Schiitische Glaubensgemeinschaft in Österreich (SCHIA) als Bekenntnisgemeinschaft eingetragen. Die Bemühungen um die Anerkennung eines „Alevitentums" unabhängig vom Islamgesetz gehen jedoch weiter; die Antragsteller/innen sind bereit, die behördlichen Instanzen zu durchlaufen und politische Lobbyarbeit dafür zu betreiben. Mit dem Islamgesetz 2015 wurde jedenfalls die Vormachtstellung der IGGÖ geschwächt. Im Sinne von Bourdieu und Fou-

---

55 Steffi Redmann: Gott, Muhammed und Ali. Alevitischer Religionsunterricht in Deutschland, 4.3.2009. http://www.deutsche-islam-konferenz.de/DIK/DE/Magazin/IslamBildung/AlevitischerRU/alevitischer-unterricht-node.html, zuletzt geprüft 11.12.2018.
56 Islamlehrer auf dem Prüfstand. In: Der Standard, 28.1.2009. http://derstandard.at/1231153132386/Islamlehrer-auf-dem-Pruefstand, zuletzt geprüft am 23.12.2016.

cault schreiben Brubaker und Cooper zum „extern zugeschriebenen Identitätsbegriff":

> "[...] the state monopolizes, or seeks to monopolize, not only legitimate physical force but also legitimate symbolic force, as Bourdieu puts it. This includes the power to name, to identify, to categorize, to state what is what and who is who" (Brubaker/Cooper 2000: 15).

Die beiden Autoren sehen im Staat einen "powerful *identifier*". Der Staat "create *identities* in the strong sense [...] because it has the material and symbolic resources to impose the categories, classificatory schemes, and modes of social counting and accounting with which bureaucrats, judges, teachers, and doctors must work and to which non-state actors must refer" (Brubaker/Cooper 2000: 16). Der Staat hat also im Sinne von Foucaults Gouvernementalitätsbegriff kategorisiert, klassifiziert und identifiziert, das heißt *Identität* zugeschrieben (vgl. Arslan 2016). Wie in der Türkei wurden auch auf europäischem Boden die Alevit/innentümer stets in einen Bezug oder ein Verhältnis zum (sunnitischen) Islam gesetzt.

6. Interne Streitigkeiten der Alevit/innen

Diese Entwicklung ist aber auch auf die interne Auseinandersetzungen der Alevit/innen zurückzuführen (vgl. Arslan 2016b; Puchberger 2004). Stets an den Rand gedrängt, hatten die Alevit/innen wenig Möglichkeit, sich theologisch mit dem eigenen Glauben zu befassen. Die Alevit/innen in der Türkei waren mehr damit beschäftigt, dem Assimilationsdruck, den Diskriminierungen und Lebensgefahren, denen sie aufgrund ihrer alevitischen Glaubenszugehörigkeit ausgesetzt waren, zu entkommen. Erst unter den freieren Rahmenbedingungen der europäischen Diaspora konnten sie sich in Zusammenhang mit der Institutionalisierung als Glaubensgemeinschaft erste Gedanken über ihren Glauben und ihre Traditionen machen. Dieser Prozess führte zur Erkenntnis, dass es türkische, kurdische, zazaische, arabische etc. Alevit/innen in verschiedenen Regionen Anatoliens, aber auch anderen Teilen der Welt gab. Ebenso unterschiedlich wie ihre „ethnischen" Zugehörigkeiten und Sprachen waren auch die politischen Standpunkte. Angesichts der politischen Machtverhältnisse in der Türkei distanzierten sich oftmals türkische und kurdische Alevit/innen voneinander und verstrickten sich in Diskussionen zur spezifischen politischen Lage in der Türkei. Eine (Re-)konstruktion der Alevit/innentümer und die Bewusstwerdung über die *eigene* Glaubenszugehörigkeit, ohne externe Zuschreibungen unhinterfragt zu übernehmen, ist ein Prozess, in dem sich die Alevit/innen gerade befinden. Dabei gilt es vor allem, die unterschiedlichen Differenzen nicht aus dem Blick zu verlieren. Eine Definition der Intersektionalität lautet:

> „[…] dass soziale Kategorien wie Gender, Ethnizität, Nation oder Klasse nicht isoliert voneinander konzeptualisiert werden können, sondern in ihren „Verwobenheiten" oder „Überkreuzungen" (intersections) analysiert werden müssen. Additive Perspektiven sollen überwunden werden, indem der Fokus auf das gleichzeitige Zusammenwirken von sozialen Ungleichheiten gelegt wird. Es geht demnach nicht allein um die Berücksichtigung mehrerer sozialer Kategorien, sondern ebenfalls um die Analyse ihrer Wechselwirkungen."[57]

Allgemein kritisiert der Intersektionalitätsansatz in Bezug auf die Interdependenzen die Dominanzverhältnisse. Es wird darauf hingewiesen, dass diese nicht nur durch Hierarchisierung, sondern auch durch (De-)thematisierung (re-)produziert werden können, sodass Abwertungen und Ausblendung von Kategorien eintreten können (Walgenbach 2007: 41). Die Erziehungs- und Sozialwissenschaftlerin Katharina Walgenbach schreibt:

> „Wenn man deutlich machen will, dass einige Kategorien unsere Gesellschaft grundlegend strukturieren und die Lebenschancen von Individuen prägen, müsste man m.E. deren strukturelle Dominanz in das Zentrum der Analyse stellen" (ebd. 56).

Die „Strukturelle Dominanz" definiert Walgenbach folgendermaßen:

> „Unter struktureller Dominanz verstehe ich, dass ein interdependentes Dominanzverhältnis bzw. eine interdependente Kategorie gleichzeitig auf diversen Ebenen und Feldern (re-)produziert wird. Es handelt sich mit anderen Worten um ein historisch, sozial, politisch und kulturell tradiertes Dominanzverhältnis, das mehrere gesellschaftliche Bereiche durchzieht und Lebensrealitäten auf fundamentale Weise prägt. Wobei diese Prägung nicht als deterministisch verstanden wird, sondern als Produkt von sozialen Kämpfen bzw. Kräfteverhältnissen" (ebd.).

---

57 Kritische Kulturtheorie für die Praxis: Intersektionalität. http://kulturshaker.de/paedagogik-der-begegnung/machtkritische-ansaetze/intersektionalitaet/, zuletzt geprüft am 23.12.2016.

Die „ethnisierte Glaubensgemeinschaft" der Alevit/innen

Diese (Re-)produktion der Dominanzverhältnisse ist zu einem entscheidenden Teil auf die internen Auseinandersetzungen der Alevit/innen selbst zurückzuführen.

7. Ausblick

Im Zusammenhang mit meiner Vortragstätigkeit befand ich mich in ständigem Dialog und Kontakt (intersubjektive[58] und teilnehmende Beobachtung) mit alevitischen Einrichtungen. Aufgrund dieser Erfahrungen, aber auch aufgrund der Analyse alevitischer Medien kann ich bestätigen, dass die über eine lange Zeitspanne erfolgte Instrumentalisierung der Alevit/innen in der Türkei als Gegengewicht zur sunnitischen Mehrheitsgesellschaft in der alevitischen Gesellschaft – in der Türkei wie in der europäischen Diaspora – bekannt war und ist. Die französische Soziologin Elise Massicard führt in ihrem Buch "The Alevis in Turkey and Europe. Identity and Managing Territorial Diversity" anhand mehrerer Beispiele aus, wie alevitische Führungspersönlichkeiten diesen Balanceakt oftmals für eigene Vorteile nutzten. So verhalfen sie etwa jenen Politikern zu einem politischen Mandat, die im Gegenzug versprachen, sich um die Dorfangelegenheiten bzw. Vereinsangelegenheiten der Alevit/innen zu kümmern. Massicard bezeichnet das als einen „opportunistischen Akt" (vgl. Massicard 2012). Meiner Meinung nach handelt es sich vielmehr um Überlebensstrategien, die auf Traumata wie den Alevi-Massakern im Osmanischen Reich und in der Republik Türkei basieren (vgl. Arslan 2016b). Aufgrund mangelnden Selbstvertrauens und in der Hoffnung auf Schutz vor neuen Gewaltaktionen seitens sunnitischer Extremist/innen ließen sie sich für kurzfristige Lösungen einspannen, die keinen Erfolg für die Lebensumstände der Alevit/innen brachten. Anders ist die Situation der Alevit/innen in der europäischen Diaspora zu beurteilen, wo sie unter viel günstigeren Bedingungen die Möglichkeit haben, sich mit ihren vielfach verschütteten Traditionen oder religiösen Vorstellungen zu beschäftigen. Die österreichischen Behörden verschärften den Richtungsstreit innerhalb der Alevit/innen, indem sie auf die Einheit der Aleviten in der Entscheidungsfindung zur Anerkennung keine entsprechende Rücksicht nahmen. Die Anerkennung der späteren ALEVI Österreich führte nur für einen Teil der Alevit/innen zu strukturellen Verbesse-

---

58 Ich verwende diesen Begriff unter Bezugnahme auf theoretische Ansätze der Gender Studies, wonach Menschen von verschiedenen Standpunkten aus unterschiedliche Auffassungen zu einem Gegenstand oder einer Sachlage entwickeln können. Das Vortasten zu einer möglichen ‚Wahrheit' kann nur über Dialogprozesse der Beteiligten geschehen (vgl. Haraway 1995, Harding 1989).

rungen und löste eine Diskussion um die Instrumentalisierung der Alevit/innen für staatspolitische Interessen aus. Dieser Umstand zeigt, dass die Debatte um die eigenen Positionen oder Werte innerhalb der österreichisch-anatolisch-alevitischen Gesellschaft noch weitergeführt werden muss.

Wären sich die Alevit/innen ihrer traditionellen glaubenstheoretischen Inhalte, wie die stets durch VereinsfunktionärInnen propagierten Werte des Humanismus, Pluralismus und Pazifismus, stärker bewusst, dann könnten sie diese Werthaltungen auch zum Inhalt ihrer politischen Ausrichtung und Aktivitäten machen. Den traditionellen Werten entsprechend würden sie sich mehr an interkulturellen, interreligiösen, interethnischen sowie interlinguistischen Initiativen beteiligen und an der Förderung von Demokratieprozessen in den sich immer mehr ausdifferenzierenden Lebensräumen mitwirken. Die neoliberale Wirtschafts- und Gesellschaftsentwicklung drängt die Menschen jedoch in immer engere Lebensbereiche, wo *selbstbestimmtes* Handeln noch möglich ist. Es bräuchte daher neuer Formen der Sprache und Kommunikation, die sich an Paradigmen wie Frieden und Gerechtigkeit orientieren, um nicht nur die Sicht auf die gegenwärtige Welt, sondern auch die Visionen für eine lebenswerte Zukunft in andere Bahnen zu lenken.[59] Für die Alevit/innen, die sich über ihre lange Geschichte hinweg vielfach für Gerechtigkeit und das gleichberechtigte und friedliche Nebeneinander eingesetzt haben, wäre ein Prozess der internen Demokratisierung von großer Bedeutung. Denn nur so könnten sie sich in der Folge selbstermächtigen, um auch nach außen zur Verfechtung demokratischer Prozesse und einer friedlicheren Politik in ihrem neuen Lebensumfeld beizutragen.

---

59 „Sprache macht Welt"; vgl. Begriff „worldling" von der Mitbegründerin der Postcolonial Studies und Literaturwissenschaftlerin Gayatri Chakravorty Spivak (1986).

Literatur

Ağuiçenoğlu, Hüseyin (2010): Alevilik Örneğinde İnanç-Etnik Kimlik İlişkisi Üzerine Yapılan Tartışmalara Kısa Bir Bakış. In: Şükrü Aslan (Hg.): Herkesin Bildiği Sır Dersim. Tarih, Toplum, Ekonomi, Dil ve Kültür. Istanbul: İletişim Yayınları, S. 119–137.

AHİM: Hasan und Eylem Zengin gg. Türkei. Urteil vom 9.10.2007. Kammer II. Bsw. Nr. 1. 448/04. Online verfügbar unter http://www.menschenrechte.ac.at/docs/07_5/07_5_08, zuletzt geprüft am 20.3.2010.

Aktaş, Metin (n.y.): Alevilik ve Kemalizm. In: Blog: Sosyalist Mesopotamya. Online verfügbar unter http://www. mesop.net/osd/soft/zeitung_print.php?id=204, zuletzt geprüft am 12.9.2016.

Aleviler yakılsa da sineye çekiyor, bizim için büyük şans, 12.12.2016. Online verfügbar unter https://www.evrensel.net/haber/299170/aleviler-yakilsa-da-sineye-cekiyor-biz im-icin-buyuk-sans, zuletzt geprüft am 13.1.2017.

Alevilerin zorunlu din dersiyle imtihanı, 14.2.2017. Online verfügbar unter http://www.demokrathaber.org/genclik-egitim/alevilerin-zorunlu-din-dersiyle-imtihani-h79730.html, zuletzt geprüft am 19.7.2017.

Almanya'da Aleviler uyuma örnek (Dt. Alevit/innen in Deutschland sind vorbildhaft für die Integration), 9.2.2011. Online verfügbar unter https://www.dw.com/tr/almanyada-aleviler-uyuma-%C3%B6rnek/a-14829865, zuletzt geprüft am 19.7.2018.

Alpay, Kenan: Kemalizmin Bekasına Koşulan Alevilik ve Sosyalizm. In: Haksöz haber, 25.7.2013. Online verfügbar unter http://www.haksozhaber.net/kemalizmin-bekasina-kosulan-ale vilik-ve-sosyalizm-27230yy.htm, zuletzt geprüft am 12.9.2016.

Anderson, Benedict (1983): Imagined Communities. Reflections on the Origin and Spread of Nationalism, London: Verso.

Arakelova, Victoria (2010): Ethno-religious Communities: To the Problem of Identity markers. [Electronic Version] In: Iran and the Caucasus Studies Journal 14 (1), S. 1–19.

Arslan, Zeynep (2012): The Alevi movement in Austria and Europe. Conference: Islam and Muslim Communities in Central Europe held at University of Minnesota (Institute for Global Studies und Center for Austrian Studies) 27-28th April 2012, University of Minnesota.

Arslan, Zeynep (2014): Prof. Eichner: Zazaki ile Kürtçe akraba ama iki ayrı dildir! Online verfügbar unter http://hallac.org/index.php?id=8&tx_ttnews%5 Bttn ews%5D=328&cHash=881cd9ba41e2ff2bd79a7e14e650c578&PHPSESSID=e0d 0ac669fda7269eaa025a1d878ab9f, zuletzt geprüft am 4.4.2017.

Arslan, Zeynep (2016a): Eine religiöse Ethnie mit Multi-Identitäten. Die europäisch-anatolischen Alevit_Innen auf dem Weg zur Systematisierung ihres Glaubenssystems. Wien: LIT Verlag.

Arslan, Zeynep (2016b): The Alevi Diaspora – its entrance as a political stakeholder and its impact on the homeland. In: Border Crossing 6 (2). London: Transnational Press London, S. 342–353.

Arslan, Zeynep (2018): Demokratisierung durch Selbstermächtigung. Empowerment Alevitischer Frauen in der Türkei und in der Diaspora (= Anwendungsorientierte Religionswissenschaft. Beiträge zur gesellschaftlichen und politischen Fragestellungen 12). Marburg: Tectum Verlag.

Arslan, Zeynep (ed.) (2017): Zazaki – yesterday, today and tomorrow. Survival and standardization of a threatened language (= Grazer Plurlingualismus Studien 4). Graz: Karl-Franzens-Universität.

Aydın, Erdoğan ([11]2010): Osmanlı Gerçeği. Nızam-ı Alem'in Gayrı Resmi Tarihi (Dt. Die Wahrheit über die Osmanen. Die in-offizielle Geschichtsschreibung des Nızam-ı Alem). İstanbul: Kırmızı yayınları.

Babinger, Franz (1921): Scheich Bedreddin, der Sohn des Richters von Simaw. Ein Beitrag zur Geschichte des Sektenwesens im altosmanischen Reich. (= Sonderabdruck aus Der Islam 11) Berlin: de Gruyter.

Beşikçi, İsmail (2014). Doğu Anadolu'nun Düzeni. Sosyo-Ekonomik ve Etnik Temeller. İstanbul: İsmail Beşikci Vakfı Yayınları.

Brubaker, Rogers; Cooper, Frederick (2000): Beyond identity. In: Theory and Society 29. Dordrecht: Kluwer Academic Publishers, S. 1–47.

Bruinessen, Martin van (1995): The Ethnic Identity of the Kurdish Alevis. Syncretistic Religious Communities in the Near East. Collected Papers of the International Symposium: Alevism in Turkey and Comparable Syncretistic Religious Communities in the Near East in the Past and Present. 14-17th April 1995. Berlin.

Buhbe, Matthes (1996): Türkei: Politik und Zeitgeschichte. Opladen: Leske und Budrich.

Bundesgesetzblatt Österreich, 22.5.2013: 133. Verordnung: Anerkennung der Anhänger der Islamischen Alevitischen Glaubensgemeinschaft als Religionsgesellschaft. Online verfügbar unter http://www.ris.bka.gv.at/Dokumente/BgblAuth/BGBLA_2013_II_133/ BGBLA_ 2013_ II_133.html, zuletzt geprüft am 23.12.2016.

Çelik, Filiz (2017): Dersim Massacre (1937/38) and native languages of Dersimis: Implications of the losses of the native language as an effect of intergenerational trauma. In: Zeynep Arslan (ed.): Zazaki – yesterday, today and tomorrow. Survival and standardization of a threatened language (= Grazer Plurlingualismus Studien 4). Graz: Karl-Franzens-Universität, S. 77–92.

Çıntay, Nuri (tarih yok): AKP, Kemalizm ve Aleviler. Onlineportal iştirakî. Online verfügbar unter http:// istiraki.blogspot.co.at/2013/07/akp-kemalizm-ve-aleviler.html, zuletzt geprüft am 12.9.2016.

De Vos, George (³1996): Ethnic Pluralism: Conflict and Accommodation. In: George De Vos and Lola Romanucci-Ross (ed.): Ethnic Identity. Creation, Conflict and Accommodation. London: Altamira Press, S. 151–162.

Devletin Alevilik Bildirgesi. Kızılbaş Dergisi, 5.6.2017, S. 7f. Online verfügbar unter https://lookaside.fbsbx.com/file/K%C4%B1z%C4%B1lba%C5%9F%20 Dergisi%20%20Say%C4%B1%2074.pdf?token=AWyCSpPAKxakHpHUFu6G-sxCnncvw43b61tfaZCADBjKB3lfHNSDBcSobzdd791L7agf8VfiobnzcTZKiSu0 bbT9onhHK67fTQCVt3tPeAI9YjMaESbyrRlVzRv5V_wrwZkAGa3KDOe7XT-KqNChpDxhpOM-pu3StnrpWdH2nbyA, zuletzt geprüft am 20.07.2017.

Dörler, Elisabeth (2004): Eine Begräbnisstätte für Muslime und Musliminnen in Vorarlberg. Im Auftrag von okay. zusammen leben. Dornbirn: Projektstelle für Zuwanderung und Integration.

Dreßler, Markus (2002): Die alevitische Religion. Traditionslinien und Neubestimmungen, Würzburg: Ergon Verlag.

Eberhard, Elke (1970): Osmanische Polemik gegen die Safawiden im 16. Jahrhundert nach arabischen Handschriften (= Islamkundliche Untersuchungen 3). Freiburg i. Br.: Schwarz.

Eder, Sevil (2014): Konstruktion alevititscher Identität in Österreich. Diplomarbeit Universität Wien. Online verfügbar unter http://othes.univie. ac.at/34002/1/2014-08-040901208.pdf, zuletzt geprüft am 21.7.2017.

Erdoğan: Alevilik Hz. Ali'yi sevmekse ben dört dörtlük bir Alevi'yim, 7.7.2013. Online verfügbar unter http://www.milliyet.com.tr/erdogan-alevilik-hz-ali-yi/siyaset/detay/173 8091/default.htm, zuletzt geprüft am 2.6.2017.

Fuat Sanac ist neuer Präsident der Muslime. In: Die Presse, 26.6.2011. Online verfügbar unter http:// diepresse.com/home/panorama/religion/672927/Fuat-Sanac-ist-neuer-Praesident-der-Muslime, zuletzt geprüft am 5.5.2017.

Gellner, Ernest (1983): Nations and Nationalizm. New York: Cornell University Press.

Gesamte Rechtsvorschrift für das Islamgesetz 2015. Online verfügbar unter https://www.ris.bka.gv.at/GeltendeFassung.wxe?Abfrage=Bundesnormen&Gesetzesnummer=20009124, zuletzt geprüft am 19.7.2017.

Gippert, Jost (1996): Die historische Entwicklung der Zaza-Sprache. In: Ware. Pêseroka Zon u Kulturê Ma: Dımıli-Kırmanc-Zaza 10, S. 148–154.

Gorzewski, Andreas (2010): Das Alevitentum in seinen divergierenden Verhältnissen zum Islam. (= Bonner Islamstudien 17). Schenefeld: EB-Verlag.

Gözler, Kemal: 1982 Anayasasına göre din eğitim ve öğretimi, 13.11.2010. Online verfügbar unter http: //www.anayasa.gen.tr/din-egitimi.htm, zuletzt geprüft am 19.7.2017.

Hobsbawm, Eric J. (1990): Nationen und Nationalismus. Mythos und Realität seit 1780. Frankfurt a. M.: Campus.

IGGÖ: Das Islamgesetz von 1912. Online verfügbar unter http://www.der-islam.at/islam.php?name=Themen &pa= showpage&pid=6, zuletzt geprüft am 29.12.2016.
IGGÖ-Wahl: Olgun als neuer Präsident bestätigt. In: Die Presse, 8.8.2016. Online verfügbar unter http://die presse.com/home/panorama/wien/5082037/IGGiOeWahl_Olgun-als-neuer-Praesident-bestaetigt, zuletzt geprüft am 5.5.2017.
Islamlehrer auf dem Prüfstand. In: Der Standard, 28.1.2009. Online verfügbar unter http://derstandard.at/1231153132386/Islamlehrer-auf-dem-Pruefstand, zuletzt geprüft am 23.12.2016.
Kaplan, Ismail (2009): Alevice Inancımız ve Direncimiz. Köln: AABF.
Kaplan, Özgür Ulaş: Yavuz Sultan Selim Dönemi Alevi Katliamları, 16.1.2011. Online verfügbar unter http://www.ozgurdersim.com/yazi/yavuz-sultan-selim-donemi-alevi-katliamlari-158.htm, zuletzt geprüft am 19.7.2017.
Katliam nedir? Online verfügbar unter https://www.turkcebilgi.com/katliam, zuletzt geprüft am 20.7.2017.
Kehl-Bodrogi, Krisztina (2006): Von der Kultur zur Religion. Alevitische Identitätspolitik in Deutschland. In: Max-Planck-Gesellschaft (Hg.): Max Planck Institute for Social Anthropology Working Papers (= Working Paper 84). Halle a. d. Saale. Online verfügbar unter https://www.eth.mpg.de/pubs/wps/pdf/mpi-eth-working-paper-0084, zuletzt geprüft am 3.12.2018.
Keskin, Mesut (2010): Zazaca Üzerine Notlar. In: Şükrü Aslan (Hg.): Herkesin Bildiği Sır: Dersim. İstanbul: İletişim Yayınları, S. 221–244.
Keskin, Mesut: Zazaca Üzerine Notlar. Online verfügbar unter http://www.zazaki.de/deutsch/aufsaezte/Keskin-Zazaki.pdf, zuletzt geprüft am 31.10.2016.
Kieser, Hans Lukas (2001): Muslim Heterodoxy and Protestant Utopia. The Interactions between Alevis and Missionaries in Ottoman Anatolia. In: Die Welt des Islam 41 (1), S. 89–111.
Köksal, Serpil (2006): Ortakçı toplumdan bugüne Kızılbaşlık. Ankara: Ütopya.
Kritische Kulturtheorie für die Praxis: Intersektionalität. Online verfügbar unter http://kulturshaker.de/paedagogik-der-begegnung/machtkritische-ansaetze/intersektionalitaet/ zuletzt geprüft am 15.9.2016.
Kultusamt: Gesetzlich anerkannte Kirchen und Religionsgemeinschaften in Österreich. Online verfügbar unter https://www.bka.gv.at/kirchen-und-religionsgemeinschaften, zuletzt geprüft am 31.10.2016.
Luhmann, Niklas (2002): Die Religion der Gesellschaft. Frankfurt a. M.: Suhrkamp.
Mahçupyan, Etyen (1999): Die Türkischen Medien. Autoritäre Mentalität und kommunitaristische Politik (=Istanbuler Almanach 3). Online verfügbar unter http://www.klaus-schwarz-verlag.com/index.php?title=Istanbuler+Almanach+1&art_no=IA01&language=de, zuletzt geprüft am 11.12.2018.

Massicard, Elise (2012): The Alevis in Turkey and Europe. Identity and managing territorial diversity. London: Routledge.

Mertcan, Hakan (2015): Türk modernleşmesinde Arap Aleviler (Tarih Kimlik Siyaset). Adana: Karahan Kitabevi.

Paul, Ludwig (1998): The Position of Zazaki among West Iranian Languages. In: Sims-Williams, N. (ed.): Proceedings of the 3rd European Conference of Iranian Studies held in Cambridge, 11-15th September 1995 (= Old and Middle Iranian Studies Part I). Wiesbaden: L. Reichert, S. 163–176.

Puchberger, Susanne (2004): Transnationale Aspekte im Alevitentum: Sozialanthropologische Analysen zu Geschlechterrollen in sozio-religiösen Transformationsprozessen. Diplomarbeit Universität Wien.

Redmann, Steffi (2009): Gott, Muhammed und Ali. Alevitischer Religionsunterricht in Deutschland, 4.3.2009. Online verfügbar unter http://www.deutsche-islamkonferenz.de/DIK/DE/Magazin/IslamBildung/AlevitischerRU/alevitischer-unterricht-node.html, zuletzt geprüft am 23.12.2016.

Saygılı, Abdullah: Alevilik ve Kemalizm'in Sorunlu İlişkisi. In: Radikal, 17.1.2013. Online verfügbar unter http://blog.radikal.com.tr/din/alevilik-ve-kemalizmin-sorunlu-iliskisi-10273, zuletzt geprüft am 10.8.2016.

Schnell, Rainer (1990): Dimensionen ethnischer Identität. Online verfügbar unter https://www.uni-due.de/~hq0215/documents/1990/1990_DimensionenEthnischerIdentitaet.pdf, zuletzt geprüft am 26.7.2017.

Shankland, David (2007): The Alevis in Turkey: The Emergence of a Secular Islamic Tradition. London: Routledge.

Sheyholislami, Jaffer (2017): Language Status and Party Politics in Kurdistan-Iraq: The case of Badini and Hawrami Varieties. In: Zeynep Arslan (ed.): Zazaki – yesterday, today and tomorrow. Survival and standardization of a threatened language. (= Grazer Plurilingualismus Studien 4). Graz: Karl-Franzens-Universität.

Şimşek, Hüseyin (2016): Avrupa'da Alevi hareketi ve özgün bir halka: Avusturya Alevileri. Istanbul: Belge Yayınları.

Six-Hohenbalken, Maria (2017): Kırmancki, Zazakî and the remembrance of Tertele: The language as a key and catalyzer for memory processes. In: Zeynep Arslan (ed.): Zazaki-yesterday, today and tomorrow. Survival and standardization of a threatened language (= Grazer Plurilingualismus Studien 4). Graz: Karl-Franzens-Universität.

Sohrweide, Hanna (1965): Der Sieg der Safaviden in Persien und seine Rückwirkungen auf die Schiiten Anatoliens im 16. Jahrhundert. (= Sonderabdruck aus: Der Islam 41). Berlin: de Gruyter.

Sökefeld, Martin (2004): Religion or Culture? Concepts of Identity in the Alevi Diaspora. In: Carolin Alfonso, Waltraud Kokot and Khachig Tölölyan (ed.): Diaspora, Identity and Religion. New Directions in Theory and Research. London: Routledge, S. 133–151.

Sökefeld, Martin (2007): Aleviten in Deutschland. Online verfügbar unter https://epub.ub.uni-muenchen. de/29302/1/Martin_Soekefeld_Aleviten_und_Europa.pdf., zuletzt geprüft am 30.7.2018.

Sökefeld, Martin (Hg.) (2008): Aleviten in Deutschland. Identitätsprozesse einer Religionsgemeinschaft in der Diaspora. Bielefeld: Transcript.

Sökefeld, Martin (2018): Almanya'daki Aleviler (Dt. Alevit/innen in Deutschland). Online

Strobl, Anna (1997): Islam in Österreich. Eine religionssoziologische Untersuchung. Wien-Frankfurt a. M.: Lang.

Subaşı, Necdet (2003): Sırrı Faş Eylemek. Online verfügbar unter http://www.necdetsubasi.com/calisma/makale/41-sirri-fas-eylemek, zuletzt geprüft am 16.8.2018.

Taşgın, Ahmet (2004): Hata'iden Günümüze Anadolu Alevilerinde Farklılaşma. Birinci Uluslararası Şah İsmail Hatai Sempozyum Bildirileri (9.10.-11.10.2003). Ankara 2004, S. 297–306. Online verfügbar unter http://www.academia.edu/11370287/Hataiden_G%C3%BCn%C3%BCm%C3%BCze_Anadolu_Alevilerinde_Farkl%C4%B1la%C5%9Fma, zuletzt geprüft am 11.12.2018.

Taşgın, Ahmet (2009): Safevi – Osmanlı Savaşı'ndan itibaren Dinî Söylemin Siyasal Propaganda Aracı Olarak Kullanılması: Dede Kargın Örneği. In: Türk Kültürü ve Hacı Bektaş Veli (29), S. 209–224.

Türkçesi: Zazacanın tarihsel gelişimi. In: Ware. Pêseroka Zon u Kulturê Ma: Zaza Dili ve Kültürü Dergisi Issue 13, S. 106–113.

Ülke Genelinde 12 Milyon 521 Bin 792 Alevi Yaşıyor, 1.3.2014. Online verfügbar unter https://www.haberler.com/chp-li-ozbolat-ulke-genelinde-12-milyon-521-bin-573 2812-haberi/ zuletzt geprüft am 21.7.2017.

Ünal, Mehmet Ali: Osmanlı Araştırmaları XII. In: The Journal of Ottoman Studies XII. Homepage der Islam Araştırma Merkezi [gehört dem Präsidium für religiöse Angelegenheiten in der Türkei an]. Online verfügbar unter http://www.isam.org.tr/documents/_dosyalar/_pdfler/osmanli_arastirmalar i_dergisi/osmanl%C4&B1_sy12/1992_12_UNALMA.pdf, zuletzt geprüft am 14.11.2016.

Vertovec, Steven (2000): Religion and Diaspora. Institute of Social & Cultural Anthropology. University of Oxford WPTC- 01- 01. Online verfügbar unter http://www.transcomm.ox.ac.uk/working%20papers /Vertovec01.PDF, zuletzt geprüft am 24.7.2017.

Walgenbach, Katharina (2007): Gender als interdependente Kategorie. In: Katharina Walgenbach, Gabriele Dietze, Antje Hornscheidt, Kerstin Palm (Hg.): Gender als interdependente Kategorie. Neue Perspektiven auf Intersektionalität, Diversität und Heterogenität. Opladen: Budrich, S. 23–65.

Yavuz, M. Hakan (2000): Cleansing Islam from the Public Spere. In: Journal of International Affairs 54 (1), S. 21–42.

Yeniçerinin Yok Edilişi (Vaka-i Hayriye) (Dt. Die Vernichtung der Janitscharen (Vaka-i Hayriye), 30.6.2014. Online verfügbar unter http://liberteryen.org/2014/06/vaka-i-hayriye-hayirli-olay-%E2%80%93-the-auspicious-incident/, zuletzt geprüft am 30.8.2018.

Zırh, Besim Can (2015): Bir Kesişim olarak Milli-Muhafazakârlığın Üç Değili: Aleviler, Ermeniler ve Kürtler. In: Yalçın Çakmak, İmran Gürtaş (Hg.): Kızılbaşlık, Alevilik, Bektaşilik. Tarih-Kimlik-İnanç-Ritüel. İstanbul: İletişim Yayınları, S. 327–368.

Das Islamgesetz: Entstehung und Erneuerung

Christine Grüner

Die Debatten über Religionen und hier insbesondere den Islam betreffend prägen mittlerweile den österreichischen Alltag, auch in den Medien wird diesem Thema viel Aufmerksamkeit gewidmet. Meist dreht sich der Diskurs um Integration, während andere Aspekte oft zu kurz kommen. Aus diesem Grund wurde für diesen Beitrag ein Thema gewählt, worüber zwar vor ein paar Jahren ausführlich berichtet wurde, um das es mittlerweile allerdings wieder still geworden ist. Das Islamgesetz spielt jedoch eine wichtige Rolle, da es den rechtlichen Rahmen für die Muslime in Österreich bildet und auch viele alltägliche Dinge regelt.

In Österreich ist der Islam schon seit 1912 als Religion anerkannt und wird seit 1979 durch die IGGÖ (Islamische Glaubensgemeinschaft in Österreich), die den Status einer Körperschaft öffentlichen Rechts hat, vertreten. Die Anerkennung als Religionsgemeinschaft bringt Rechtssicherheit und mehrere Vorteile mit sich, die später näher ausgeführt werden. Das hundertjährige Jubiläum 2012 wurde zum Anlass genommen, das Gesetz an die heutigen Erfordernisse anzupassen und Rechtssicherheit für Belange wie Seelsorge, islamische Friedhöfe oder religiöse Speisevorschriften zu schaffen. Dieser Beitrag beleuchtet, wie es vor über 100 Jahren überhaupt zu diesem in Westeuropa einzigartigen Gesetz kam. Weiters wird der lange Weg zur Gründung einer Kultusgemeinde beschrieben, was das neue Islamgesetz beinhaltet und wie die Reaktionen darauf ausfielen.

Vorgeschichte zur Entstehung des Islamgesetzes

Im Jahr 1718 wurde mit dem Frieden von Passarowitz, der zwischen Karl VI. sowie Venedig und dem Osmanischen Reich unter Sultan Ahmed III. geschlossen wurde, den Untertanen des Osmanischen Reichs in den habsburgischen Ländern Handels- und Niederlassungsfreiheit zugesichert. Damit ging auch die Freiheit einher, die Religion zu Hause auszuüben (Kalb 2003: 625).

Grundsätzlich war die freie Religionsausübung in Österreich jedoch bis ins 19. Jahrhundert stark eingeschränkt. Das Staatsgrundgesetz über die allgemeinen Rechte der Staatsbürger von 1867 gewährte erstmals volle Glaubens- und Gewissensfreiheit, stellte der und dem Einzelnen die Wahl und den Wechsel des Religionsbekenntnisses frei und erlaubte Konfessionslosigkeit.

Aus Artikel 15 dieses Gesetzes leitet sich das Prinzip der Parität ab, wonach alle gesetzlich anerkannten Religionsgemeinschaften gleich zu behandeln sind und die Einführung einer Staatskirche verboten ist. Zudem werden das Recht der öffentlichen Religionsausübung, der Schutz des religiösen Zweckvermögens und die Autonomie zur Regelung und Verwaltung der inneren Angelegenheiten gewährt. Mitgliedern der nicht anerkannten Religionsgemeinschaften war lediglich die häusliche Religionsausübung gestattet.

Der Gesetzestext enthielt jedoch noch keine Regeln dazu, wie die Anerkennung von Kirchen und Religionsgemeinschaften gehandhabt werden sollte. Erst 1874 wurde mit dem RGBl[1] 68/1874 ein Gesetz erlassen, das diese Anerkennung regelte. Die erste Religionsgemeinschaft, die 1877 nach diesem Gesetz anerkannt wurde, war die Altkatholische Kirche.

Mit der Okkupation von Bosnien und Herzegowina 1878 war die Habsburgermonarchie zum ersten Mal mit einem großen muslimischen Bevölkerungsanteil konfrontiert. Ein Teil dieser Muslime weigerte sich, unter nicht-islamischer Herrschaft zu leben, und wanderte aus[2], die übrigen blieben unter der österreichisch-ungarischen Administration. Nach der Annexion Bosniens 1908 und der Angliederung von Bosnien und Herzegowina an die Habsburgermonarchie wurde der Islam als Religion anerkannt. Da zum damaligen Zeitpunkt das Recht der öffentlichen Religionsausübung nur für anerkannte Religionen erlaubt war, handelte es sich hierbei um eine Notwendigkeit, um die bosnischen Muslime erfolgreich in die Monarchie zu integrieren (Kalb 2003: 625). Kaiser Franz Joseph I. war außerdem mit dem Bau einer Moschee in Wien einverstanden und spendete für diesen Zweck 250.000 Goldkronen. Vom Wiener Bürgermeister Karl Lueger wurde ein Grundstück am Laaer Berg zur Verfügung gestellt. Der Bau dieser Moschee wurde aber letztendlich durch den Ersten Weltkrieg verhindert.[3]

Erst mit dem Staatsvertrag von St. Germain 1919 wurde die Einschränkung der öffentlichen Religionsausübung beseitigt und mit Artikel 63 jedem erlaubt, „öffentlich und privat jede Art von Glauben, Religion oder Bekenntnis frei zu üben, sofern deren Übung nicht mit der öffentlichen Ordnung oder mit den guten Sitten unvereinbar ist" (Wallner 2007: 84–88).

---

1 Reichsgesetzblatt
2 Genaue Zahlen sind schwierig zu finden, die Angaben schwanken zwischen 65.000 und 150.000 (vgl. Muharemović 2013: 42).
3 Academic dictionaries and encyclopedias (2000–2017): Hanafismus. http://deacademic.com/dic.nsf/dewiki/572755, zuletzt geprüft am 13.9.2018.

Entstehung des Islamgesetzes

Mit dem Islamgesetz vom 15. Juli 1912 wurden allerdings nur hanefitische Muslime als Religionsgesellschaft anerkannt. Da das Gesetz speziell auf bosnische Muslime zugeschnitten war, bezog es sich nur auf den hanefitischen Ritus. Dies bedeutete jedoch keine Einschränkung, da diese Rechtsschule in Bosnien-Herzegowina die einzig gültige war.[4] Die hanefitische Rechtsschule ist neben der schafiitischen, malikitischen und hanbalitischen eine der vier sunnitischen Rechtsschulen. Das aus dem Jahr 1874 stammende Anerkennungsgesetz konnte für den Islam nicht verwendet werden, da dieses auf christlich-kirchliche Organisationsstrukturen abgestimmt war. Dem Islam ist eine kirchenähnliche hierarchische Organisationsform fremd. Da es keinen Vermittler zwischen dem einzelnen Muslim und Gott braucht, gibt es auch kein Priesteramt wie im Christentum.[5] Die Bildung von Kultusgemeinden wäre nicht so schnell möglich gewesen, sodass ein eigenes Islamgesetz erlassen werden musste. Darin wurde auch die Gründung von frommen Stiftungen für religiöse Zwecke namens Vakuf erlaubt. Diese ermöglichten die Schaffung und Aufrechterhaltung von Einrichtungen wie Moscheen, Religionsschulen oder Friedhöfen, also die Erfüllung jener Dienste, die sonst Aufgabe der Kultusgemeinde wären. Mit dem Islamgesetz wurde die öffentliche Religionsausübung erlaubt, Besitz grundrechtlich garantiert und die Voraussetzung für die Verwaltung von Anstalten, Stiftungen und Fonds für Kultus-, Unterrichts- und Wohltätigkeitszwecke geschaffen. Der Islam wurde den christlichen Konfessionen gleichgestellt und seine Lehren, Einrichtungen und Gebräuche genossen gesetzlichen Schutz, solange sie nicht in Widerspruch zu den Staatsgesetzen standen. Dieser Widerspruch bezog sich beispielsweise auf die Polygamie, weswegen ein Muslim diese trotz der Anerkennung seiner Religionsgemeinschaft nicht als sein religiöses Recht einfordern durfte (Kalb 2003: 625–627).

Durch die Okkupation 1878 und das 1881 erlassene Wehrgesetz wurden die bosnischen Muslime erstmals in die kaiserliche Armee eingezogen. Um Spannungen vorzubeugen, wurden neue Regelungen für muslimische

---

4 Österreichisches Staatsarchiv (2006–2012): Die gesetzliche Anerkennung des Islam im Jahr 1912. http://www.oesta.gv.at/site/cob__52122/5164/default.aspx, zuletzt geprüft am 19.8.2018.

5 Landeszentrale für politische Bildung Baden-Württemberg (2001): Strukturen islamischer Organisationen im Vergleich zu kirchlichen Strukturen in Westeuropa. http://www.buergerimstaat.de/4_01/islam04.htm, zuletzt geprüft am 7.9.2018.

Wehrpflichtige eingeführt.[6] Die gesetzliche Sonderstellung ermöglichte die Rücksichtnahme auf ihre religiösen Bedürfnisse in der k.k. Armee. So waren beispielsweise die Freitage frei, Gebete waren erlaubt, die bosnischen Militärangehörigen durften ihr eigenes Essen besorgen und bekamen spezielle Uniformen, die von orientalischer Bekleidung inspiriert waren, und als Kopfbedeckung den Fez. Eigene Militärimame und ein Militärmufti, die an einer weißen Armschleife erkennbar waren, sorgten für die geistliche Betreuung der bosnischen Truppen. In ihrer Unterbringung in der Erzherzog Albrechtskaserne in der Vorgartenstraße wurde ein eigener Gebetsraum eingerichtet. Aus dieser Zeit stammt auch die islamische Abteilung auf dem Wiener Zentralfriedhof (Stanfel 2012: 114).

Die Ordnung der äußeren Rechtsverhältnisse der islamischen Religionsgemeinschaft wurde auf später verschoben. Durch die fehlende Kultusgemeinde konnte dem Islam zu diesem Zeitpunkt noch keine öffentlich-rechtliche Stellung eingeräumt werden. Bis zum Ende des Ersten Weltkrieges gab es zwar Ansätze der institutionellen Verankerung, so gab es beispielsweise bis 1918 einen Mufti in Wien und einen an der Botschaft des Osmanischen Reiches angestellten Imam sowie Pläne, eine repräsentative Moschee zu errichten. Der Zusammenbruch der Habsburgermonarchie verhinderte letztendlich das Entstehen einer Kultusgemeinde (Bair 2002: 41f). Da mit dem Ende der Monarchie Bosnien und Herzegowina für Österreich verlorenging, wurde ihrer Gründung aufgrund der geringen verbleibenden Anzahl an Muslimen auch keine große Bedeutung mehr beigemessen. Das Islamgesetz galt jedoch weiterhin, da ihm mit einer Verordnung der Bundesregierung vom 30. Mai 1924 ausdrücklich Geltung verliehen wurde, um dessen Gültigkeit auch im Burgenland zu bekräftigen, das vom Königreich Ungarn nach einer Volksabstimmung an Österreich abgetreten worden war (Kalb 2003: 627).

Drei Besonderheiten zeichnen das Islamgesetz aus: Erstens wurde wie schon beim Israelitengesetz keine konkrete Religionsgemeinschaft, sondern nur das Religionsbekenntnis an sich anerkannt. Zweitens ist es das erste Gesetz, durch das der Islam in ein europäisches religionsrechtliches System integriert wurde. Drittens wurde der Begriff des „Selbstbestimmungsrechts" einer Religionsgemeinschaft, das sich auf die selbstverantwortliche Ordnung der inneren Angelegenheiten bezieht, zum ersten Mal in der österreichischen Rechtsordnung in § 1 Abs. 1 des Islamgesetzes verwendet (Wallner 2007: 240).

---

6 Institut für Islamische Studien (2014/2015): Islam in Österreich. Ein historischer Abriss. https://muslimische-milieus-in-oesterreich.univie.ac.at/wwwgooglede0/, zuletzt geprüft am 22.5.2018.

Wiederbelebung des Islamgesetzes

Durch die Zuwanderung von muslimischen Arbeitsmigrant/innen, Student/innen und Flüchtlingen gewann die Debatte um das Islamgesetz wieder an Bedeutung, insbesondere ab Mitte der 1960er-Jahre. Der Verein „Moslemischer Sozialdienst" stellte am 26. Jänner 1971 einen Antrag auf Aktualisierung der Anerkennung. Im Zuge der Verhandlungen traten wieder einige schon im Jahre 1912 bekannte Probleme wie die Frage nach der Organisationsstruktur der islamischen Religionsgemeinschaft auf. Da der Moslemische Sozialdienst als Verein organisiert war und man mittlerweile die in den 1920er-Jahren niedergeschriebene Verfassung der islamischen Glaubensgemeinschaft in Bosnien für die Erstellung der Gemeindestatuten in Österreich verwenden konnte, war es möglich, diese Frage zufriedenstellend zu beantworten.

Auch die Frage der Polygamie tauchte wieder auf. Als das Islamgesetz erlassen worden war, schien der Verweis auf den Gesetzesvorbehalt ausreichend zu sein. Seit Mitte des 20. Jahrhunderts wurde jedoch sowohl aus rechtlicher als auch aus gesellschaftlicher Sicht der individuellen Religionsfreiheit mehr Bedeutung beigemessen, sodass der österreichische Staat sich Sorgen machte, ob ein österreichischer Muslim mit Verweis auf die Religionsfreiheit nicht doch mehr als eine Frau ehelichen und dafür straffrei ausgehen könnte. Vor diesem Hintergrund wurden Gutachten von der Al-Azhar-Universität[7] und der türkischen Präsidialstelle für Religionsangelegenheiten eingeholt. Diese bestätigten, dass ein österreichischer Muslim das islamische Recht auf Polygamie gegenüber Österreich nicht einfordern dürfe.

Zu diesem Zeitpunkt ergab sich erstmals die Schwierigkeit, dass das Islamgesetz nur die hanefitische Rechtsschule umfasste. Auch für diesen Punkt wurde also ein Gutachten der türkischen Präsidialstelle für Religionsangelegenheiten eingeholt, das besagte, dass alle Muslime, die einer der vier sunnitischen Rechtsschulen angehören, dem Islam zuzurechnen wären und den Islam als Ganzes repräsentieren würden. Denn die sunnitischen Rechtsschulen sind einander im Großen und Ganzen recht ähnlich und unterscheiden sich nicht grundlegend. Die in der islamischen Welt wirksamen und unter den Namen der Hanafiten, Schafiiten, Malikiten und Hanbaliten bekannten Rechtsschulen sind allesamt rechtgläubig. Man überließ daher die „Ausdehnung" auf die

---

7 Eine der ältesten Universitäten in Kairo, an der islamische Geschichte, Theologie und Recht gelehrt werden. Bis heute gilt sie als das angesehenste Zentrum sunnitischer Rechtsgelehrsamkeit. Die dort ausgebildeten Rechtsgelehrten gelten als wichtige Garanten der Wahrung der Tradition des Islam weltweit.

Nicht-Hanafiten einem innerreligionsgesellschaftlichen Akt. Nach Auffassung der Anerkennungswerber/innen galten dieselben Erwägungen nicht nur für die sunnitischen Rechtsschulen, sondern auch für die Zwölfer-Schiiten, Ibaditen und Zaiditen, sodass sich die Islamische Glaubensgemeinschaft in ihren Statuten schließlich auf sieben Rechtsschulen beruft.[8]

Nachdem all diese Punkte zufriedenstellend abgehandelt worden waren, konnte acht Jahre nach dem Erstantrag am 20. April 1979 der Antrag auf Aktualisierung der Anerkennung eingereicht werden. Dieser wurde schon zwei Wochen später genehmigt, und der Errichtung der ersten Kultusgemeinde auf Basis des Islamgesetzes stand aus rechtlicher Sicht nichts mehr im Wege. Da diese Genehmigung jedoch anstatt als Rechtsverordnung als Bescheid ausgestellt worden war, wurde diese im Februar 1988 vom Verfassungsgerichtshof „wegen Mangels der Kundmachung" wieder aufgehoben und durch die Anerkennungsverordnung ersetzt (Kalb 2003: 628f).

Die Anerkennungsverordnung vom 2. August 1988 hält fest, dass die Anhänger des Islam als anerkannte Religionsgesellschaft als „Islamische Glaubensgemeinschaft in Österreich" bezeichnet werden. In § 2 Absatz 1 wird beschrieben, wie die äußeren Rechtsverhältnisse der islamischen Glaubensgemeinschaft beschaffen sein müssen:

„1. Die Erfordernisse der Zugehörigkeit und die Art des Beitrittes; 2. die Festlegung von Religionsgemeinden und Bezirken; 3. die Organe der Islamischen Glaubensgemeinschaft in Österreich und der Religionsgemeinden, sowie deren Aufgaben, Bestellung und Funktionsdauer; 4. die Rechte und Pflichten der Gemeindeangehörigen im Hinblick auf die Gemeindeverwaltung; 5. die Art der Besorgung, Leitung und unmittelbaren Beaufsichtigung des Religionsunterrichtes; 6. die Art der Aufbringung der finanziellen Mittel; 7. das Verfahren bei Abänderung der Verfassung."[9]

Die Wendung „nach hanefitischem Ritus" wurde letztendlich im Jahr 1987 durch den Verfassungsgerichtshof aufgehoben, da seiner Ansicht nach die im Islamgesetz bestehende Einschränkung auf die hanefitische Rechtsschule eine unzulässige Differenzierung seitens des den Religionen gegenüber neutralen Staats und somit ein Eingriff in das Selbstbestimmungsrecht der islamischen Glaubensgemeinschaft wäre. Dazu kam es im Zuge eines Gesetzesprüfungsverfahrens, das vom Verfassungsgerichtshof (VfGH) nach einer Beschwerde der IGGÖ gegen die vorausgegangene Ablehnung der Wahlanzeige einiger Personen als Organe der Islamischen Glaubensgemeinschaft

---

8 Vgl. dazu Potz 2013.
9 BGBl, 17.8. 1988. https://www.ris.bka.gv.at/Dokumente/BgblPdf/1988_466_0/1988_466_0.pdf, zuletzt geprüft am 31.5.2018.

durch den Bundesminister für Unterricht, Kultur und Sport eingeleitet worden war. „Der VfGH führte dazu im Einzelnen aus: Der Bereich der ‚inneren Angelegenheiten' ist nur unter Bedachtnahme auf das Wesen der Religionsgesellschaft nach deren Selbstverständnis erfassbar. Insbesondere zählt zu den inneren Angelegenheiten auch die Frage der Mitgliedschaft. Der Gesetzgeber ist kraft Art. 15 StGG verhalten, bei Anerkennung einer Religionsgesellschaft deren Mitgliederkreis so abzugrenzen, dass er nicht gegen das Selbstverständnis der Religionsgesellschaft verstößt. Ein Gesetzgeber, der von der Anerkennung einer religiösen Gemeinschaft als Religionsgesellschaft einen Teil der Gemeinschaft ohne Rücksicht darauf ausschließt, dass es sich nach dem Selbstverständnis der gesamten Religionsgemeinschaft um einen Teil eines gemeinsamen Bekenntnisses handelt, agiert verfassungswidrig. Nach Ansicht des VfGH geht aus dem MB[10] eindeutig hervor, dass eine Ausdehnung der Anerkennung auf Angehörige einer anderen Rechtsschule bzw. eines anderen Ritus als des hanefitischen nicht möglich sei. Eine andere Auslegung des IslamG[11] komme sowohl wegen dessen Wortlaut als auch auf Grund der dargelegten Absicht des historischen Gesetzgebers nicht in Betracht" (Kalb 2003: 627f).

Die Islamische Glaubensgemeinschaft war der Erkenntnis des Verfassungsgerichtshofes zuvorgekommen, indem sie bereits vorher auch nichthanefitische Muslime miteinbezog. Neben den vier sunnitischen Rechtsschulen umfasste die islamische Glaubensgemeinschaft auch die Zwölferschiiten, Ibaditen und Zaiditen. Seit 1999 ist auch diese Beschränkung weggefallen (Kalb 2003: 628–638).

Exkurs: Überblick über die Rechtsschulen

Mit der Entwicklung der islamischen Rechtswissenschaft bildeten sich mehrere große Rechtsschulen heraus, von denen neben den kleineren schiitischen und der ibaditischen vier große sunnitische bis heute Bestand haben. Die malikitische Rechtsschule führt ihr Bestehen auf Malik ibn Anas (710–795) zurück, war früher von der arabischen Halbinsel über Ägypten bis nach Spanien verbreitet und spielt heute noch im Maghreb, an der ostarabischen Küste, in Oberägypten, Mauretanien und Nigeria eine Rolle. Sie ist konservativ und hält streng an der Sunna[12] sowie an der in Medina vorherrschenden Rechts-

---

10 Ministerratsbeschluss
11 Islamgesetz
12 Die Sunna umfasst die in mehreren Kompilationen überlieferten Traditionen und Aussagen Mohammeds. Sie ist nach dem Koran die zweitwichtigste Quelle des ▶

praxis fest. Hauptsächlich in Ägypten, Syrien, im Irak, in der Türkei und auf dem Balkan findet sich die hanefitische Rechtsschule, die vom Rechtsgelehrten Abu Hanifa (699–767) begründet wurde. Etwa ein Drittel der Muslime gehört dieser Rechtsschule an, die das islamische Gesetz am großzügigsten und tolerantesten auslegt.

Obwohl Muhammad ibn Idris asch-Schafii das islamische Recht nur vereinheitlichen wollte, wird die schafiitische Rechtsschule von ihm abgeleitet. Diese ist bis heute in Oberägypten, Syrien, Südarabien, Ostafrika und Südostasien verbreitet. Er gestaltete die Lehre auf Grundlage der vier Prinzipien der Rechtswissenschaft: Koran, Sunna, Analogieschluss und Konsens, wobei den ersten beiden der Vorrang zu geben ist. Das Erheben der Tradition zum Universalprinzip diente zwar der Vereinheitlichung, trug aber auf lange Sicht zur Erstarrung der islamischen Rechtswissenschaft bei. Sein Schüler Ahmad ibn Hanbal, Gründer der hanbalitischen Rechtsschule, berief sich zwar auf seinen Lehrer, war aber noch rigoroser. Diese Rechtsschule ist vor allem durch ihre buchstabengetreue Interpretation des Koran und der Sunna bekannt, entfaltet jedoch eine gewisse Liberalität in Fragen, die in den Offenbarungsquellen nicht enthalten sind, wie beispielsweise im Handelsrecht (Küng 2007: 335–343).

Gründung der Islamischen Glaubensgemeinschaft in Österreich

Nach dem Zerfall der Habsburgermonarchie wurde es längere Zeit ruhig um das Islamgesetz und die verbliebenen muslimischen Mitbürger/innen, deren Zahl nach dem Ersten Weltkrieg auf ein paar Hundert geschätzt wird (vgl. Schmied 2005). 1932 wurde der „Islamische Kulturbund" gegründet, der allerdings wenige Jahre später durch die Nationalsozialisten aufgelöst wurde (Heine/Lohlker/Potz 2012: 53). Mit der Gründung der „Islamischen Gemeinschaft zu Wien" gab es von 1943 bis 1948 wieder einen Ansprechpartner für Muslime (Kreisky 2010: 17). Diese Rolle übernahmen kurzfristig auch der „Verein der Muslime Österreichs" und die österreichische Zweigstelle der „Jamiʿat-ul Islam".

1962 wurde schließlich der „Moslemische Sozialdienst" auf Initiative des Bosniers Smail Balić ins Leben gerufen.[13] Der Moslemische Sozialdienst sah sich selbst als übernational und unpolitisch. Eines seiner Ziele war die Integ-

---

islamischen Rechts.
13 Institut für Islamische Studien (2014/2015): Islam in Österreich. Ein historischer Abriss. http://muslimische-milieus-in-oesterreich.univie.ac.at/wwwgoogle-de0/, zuletzt geprüft am 22.5.2018.

ration von Muslimen in die ‚österreichische Kultur' (Sticker 2008: 47). Smail Balić war Kultur- und Religionswissenschaftler, der nach seiner Promotion in Wien 1945 in der Handschriftenabteilung der Österreichischen Nationalbibliothek eine Beschäftigung fand (Lohlker 2012: 13). Er war es auch, der 1971 die Petition beim Bundesministerium für Unterricht, Kunst und Kultur einreichte, um die Gründung einer islamischen Kultusgemeinde voranzutreiben. Nach den im vorigen Kapitel dargelegten Änderungen wurde am 2. Mai 1979 die Gründung der „Islamischen Glaubensgemeinschaft in Österreich" genehmigt.[14] Anas Schakfeh, ehemaliger Präsident der IGGÖ, erwähnte 2006 in einem Interview noch eine zweite Organisation, die für die Anerkennung der islamischen Religionsgemeinde eine Rolle spielte. Dabei handelt es sich um die „Muslimische Studentenunion", die 1968 von Studenten in Wien gegründet worden war. Auch dieser Verein mit Anas Schakfeh als Generalsekretär bemühte sich um die Reaktivierung des Islamgesetzes (Sticker 2008: 47). Interessanterweise wurde der Antrag auf Anerkennung neben dem damaligen Bundeskanzler Bruno Kreisky auch vom damals amtierenden Parteiobmann der FPÖ, Friedrich Peter, unterstützt (Sticker 2008: 48).

Einweihung der Moschee in Wien-Floridsdorf, 1979

---

14 Institut für Islamische Studien (2014/2015): Islam in Österreich. Ein historischer Abriss. http://muslimische-milieus-in-oesterreich.univie.ac.at/wwwgoogle-de0/, zuletzt geprüft am 22.5.2018.

Mit der Anerkennung wurde die IGGÖ zur öffentlich-rechtlichen Körperschaft, wodurch das muslimische Leben in Österreich institutionell verankert werden konnte. Damit einher ging auch die Einführung des islamischen Religionsunterrichtes in den Schulen. Die dafür nötigen Lehrer/innen werden seit 1998 in der Islamischen Religionspädagogischen Akademie (IRPA) ausgebildet. Diese Ausbildung wurde 2006 durch das Masterstudium „Islamische Religionspädagogik" erweitert (Lohlker 2012: 13).

Die Anerkennung als öffentlich-rechtliche Körperschaft drückt aus, dass der Staat zur Kooperation bereit ist. Gleichzeitig wird erwartet, dass die Verfassungstreue erfüllt wird. Es geht jedoch dabei nicht nur um die Akzeptanz des demokratischen Rechtsstaats, sondern auch um eine Übereinstimmung mit dem gesellschaftlichen Grundkonsens. „Der Staat darf von den Religionsgemeinschaften Beiträge zur Bewältigung der in unserer Gesellschaft aufbrechenden ethischen Probleme erwarten sowie Kooperation im Bildungs- und Erziehungsbereich, bei der Erfüllung der vielfältigen karitativen Aufgaben und bei der Betreuung von Menschen in spezifischen existenziellen Situationen, wie durch Übernahme der Kranken- und Gefängnisseelsorge" (Potz 2012: 120).

Aufbau der Islamischen Glaubensgemeinschaft (IGGÖ)

Alle in Österreich lebenden Muslime werden durch die IGGÖ vertreten, da sie ihre gesetzlich anerkannte Vertretung darstellt. Vor dem Gesetz wird jeder Muslim, der in Österreich lebt, als Mitglied der IGGÖ gesehen (vgl. Weiß 2013). In der Verfassung der IGGÖ wird jedoch zwischen aktiven und passiven Mitgliedern unterschieden. Jeder in Österreich lebende Muslim darf die Serviceeinrichtungen der Islamischen Glaubensgemeinschaft in Anspruch nehmen. Da die IGGÖ jedoch keine Steuern einheben darf, ist sie auf die Zahlung von Mitgliedsbeiträgen angewiesen. Diese werden nur von aktiven Mitgliedern entrichtet, die dafür auch das aktive und passive Wahlrecht bekommen. Laut der Homepage der IGGÖ sind 124.465 Menschen als Mitglieder registriert, von denen 27.095 das Wahlrecht haben. Die Zahlen stammen aus dem Jahr 2011.[15] Dass so wenige Muslime das Wahlrecht haben und die IGGÖ somit in Wahrheit nur eine geringe Anzahl an Muslimen repräsentieren würde, ist auch einer der Punkte, die immer wieder an der IGGÖ kritisiert werden (vgl. Weiß 2013). Die innere Struktur der IGGÖ wird autonom definiert. Das umfasst die Durchführung religiöser Feiern, die Bestellung von Organen, die Organi-

---

15 IGGÖ (2011): Neue Ära in der Islamischen Glaubensgemeinschaft in Österreich. http://www.derislam.at/iggo/?f=news&shownews=101

sation der Mitgliedschaft und die Einhebung von Mitgliedsbeiträgen (Sticker 2008: 49). Österreich ist in neun Sprengel unterteilt, in denen für jedes Bundesland von der Gemeindeversammlung der Gemeindeausschuss gewählt wird, der jeweils elf auf vier Jahre gewählte Mitglieder hat. Die regionalen Ausschüsse entsenden einzelne Mitglieder in den Schurarat, der derzeit aus 113 Personen besteht und das legislative Organ der Islamischen Glaubensgemeinschaft ist. Der Schurarat wählt 15 Personen, die den Obersten Rat und somit das Exekutivorgan bilden. Vorsitzender des Obersten Rates ist auch gleichzeitig der Präsident der IGGÖ, seit 2016 ist dies der Theologe Ibrahim Olgun, der vorher als Integrationsbeauftragter für ATIB (Avrupa Türk-İslam Birliği, Union der Türkisch-Islamischen Kulturvereine in Europa e.V.) tätig war.[16] ATIB koordiniert die religiösen, sozialen und kulturellen Tätigkeiten der türkisch-islamischen Moscheegemeinden. Da die Union ein Ableger des türkischen Religionsamts ist, sehen Expert/in-nen in ATIB einen verlängerten Arm der türkischen Regierung. Hinsichtlich des rechtlichen Status von ATIB ist eine komplizierte Doppelgleisigkeit gegeben. ATIB ist zum einen ein nach dem Vereinsgesetz konstituierter Verein, der als Dachverband, in dem 65 Moscheevereine mit über 100.000 Mitgliedern in ganz Österreich zusammengefasst sind, fungiert. Zum anderen gibt es innerhalb der Islamischen Glaubensgemeinschaft sechs ATIB-Kultusgemeinden. IGGÖ und ATIB waren durch den vormaligen Präsidenten der IGGÖ, Ibrahim Olgun, der gleichzeitig auch ATIB-Vertreter war, eng verbunden.

Der für Österreich zuständige Mufti wird auch vom Schurarat gewählt. Er entscheidet über religiöse Fragen und kontrolliert die Tätigkeiten der Imame und Religionslehrer. Das beratende Organ der IGGÖ ist der Beirat, dessen Mitglieder die Vertreter der großen islamischen Organisationen in Österreich sind. Durch ihn bleibt die IGGÖ in Verbindung mit den verschiedenen islamischen Institutionen und sichert ihre Funktion als Dachverband aller islamischen Verbände ab. Zudem gibt es das Schiedsgericht, das Verfassungskontrollorgan der IGGÖ. Abschließend ist noch zu erwähnen, dass maximal ein Drittel der Mitglieder sowohl des Schurarates als auch des Obersten Rates nur einer einzigen ethnischen und sprachlichen Gruppe angehören dürfen (Kalb 2003: 639).

Die IGGÖ nennt auf ihrer Homepage folgende Aufgabenbereiche: Islamunterricht an Schulen, Vermittlung von Wissen über den Islam, Aus-, Fort- und Weiterbildung islamischer Religionslehrer, Ausstellung von Be-

---

16 Ibrahim Olgun neuer Präsident der IGGiÖ. http://religion.orf.at/stories/2781062/, zuletzt geprüft am 1.6.2018. Am 8.12.2018 wurde Ibrahim Olgun von Ümit Vural, dem ein Naheverhältnis zur *Millî Görüş* Bewegung nachgesagt wird, abgelöst.

scheinigungen, Beaufsichtigungen von Schächtungen, Besuchs- und Sozialdienst an Spitälern und in Haftanstalten, Verwaltung islamischer Friedhöfe, Gestaltung von Festen zu islamischen Feiertagen, Moscheeführungen und der interreligiöse Dialog.[17]

Alevitische Glaubensgemeinschaft in Österreich (ALEVI)

Der „Kulturverein der Aleviten in Wien" wurde 2010 als Bekenntnisgemeinschaft anerkannt. Ein längerer interner Streit zwischen den Aleviten wurde damit vorerst entschieden, da zwei verschiedene alevitische Vereine, sowohl der „Kulturverein der Aleviten in Wien" als auch die „Föderation der Aleviten-Gemeinden in Österreich" einen Antrag auf Anerkennung als Bekenntnisgemeinschaft gestellt hatten. Beide wurden zuerst vom Kultusamt abgelehnt, dem Antrag des Kulturvereins wurde jedoch nach Aufhebung des negativen Bescheids durch den Verfassungsgerichtshof im Dezember 2010 stattgegeben und er durfte sich seitdem „Islamisch Alevitische Glaubensgemeinschaft in Österreich" nennen. Dem vorausgegangen war ein längerer Aushandlungsprozess über das Verhältnis der Aleviten zum Islam und zur IGGÖ. Ein Teil der Alevit/innen ist der Meinung, zum Islam zu gehören, und ein Teil sieht das Alevitentum als eigenständige Religion. Die Aleviten lehnen die Scharia[18] und die Sunna ab. Bis auf das Glaubensbekenntnis werden auch die restlichen islamischen Grundpflichten (das fünfmalige Gebet zu bestimmten Zeiten, das Almosengeben an Arme, das Fasten im Monat Ramadan) nicht anerkannt bzw. die Pilgerfahrt nach Mekka als nicht verbindlich erachtet. Aleviten beten nicht in Moscheen, sondern in Versammlungshäusern namens Cemevi. Der als Cem bezeichnete Gottesdienst besteht aus rituellen Tänzen und der Rezitation von Gedichten. Diese Häuser haben kein Minarett und auch eine in Moscheen übliche Gebetsnische, die in Richtung Mekka weist, fehlt.[19]

Da das Verhältnis zur IGGÖ schwierig war und sich die Alevit/innen von der IGGÖ nicht vertreten fühlten, wollten sie eine eigenständige Glaubensgemeinschaft gründen. Dies beruhte auf Gegenseitigkeit, da auch Anas Schakfeh in seiner Funktion als ehemaliger IGGÖ-Präsident mehrmals betonte, dass die Aleviten nicht als Muslime angesehen werden.[20] Nach der An-

---

17 IGGÖ (2017): Aufgabenfelder der Islamischen Glaubensgemeinschaft. http://www.derislam.at/iggo/?c=content&cssid=Geschichte&navid=94&par=100&par2=100#st, zuletzt geprüft am 1.6.2018.
18 Islamischer Gesetzeskodex
19 Vgl. dazu den Beitrag von Zeynep Arslan in diesem Band.
20 Kathpress (2010): Nach Anerkennung: Österreichs Aleviten gespalten. ▶

erkennung als Bekenntnisgemeinschaft[21] ist die Islamische Alevitische Glaubensgemeinschaft in Österreich (ALEVI) seit Mai 2013 auch eine anerkannte Religionsgesellschaft und somit ebenfalls vom Islamgesetz betroffen. 2015 wurde der Begriff „islamisch" aus dem Namen der Alevitischen Glaubensgemeinschaft in Österreich entfernt.[22]

Islamgesetz 2015

Am 31. März 2015 trat ein neues Islamgesetz in Kraft. In Vorbereitung darauf war 2012 das „Dialogforum Islam" gegründet worden, das einen institutionalisierten Dialog in sieben Arbeitsgruppen mit Vertretern der Bundesregierung sowie der Islamischen Glaubensgemeinschaft und ausgewählten Expert/innen ermöglichte. Um das 100 Jahre alte Gesetz zu aktualisieren und an die Erfordernisse der heutigen Zeit anzupassen, wurde das Vorhaben der Novellierung im Arbeitsprogramm der Regierung für 2013 bis 2018 verankert.[23] Die islamischen Religionsgesellschaften wurden in alle Phasen der Erarbeitung, die sich über einen Zeitraum von drei Jahren erstreckten, eingebunden.

Von der Islamischen Alevitischen Glaubensgemeinschaft wurde der Gesetzesentwurf von Anfang an vollinhaltlich unterstützt, während die Islamische Glaubensgemeinschaft erst nach mehreren Verhandlungsrunden zustimmte. Nach Abschluss der Verhandlungen erfolgte der Beschluss des Nationalrats zum neuen Islamgesetz am 25. Februar 2015. Als Ziele der Novellierung des Gesetzes werden angeführt, „dass es kein Widerspruch sein soll, sich zugleich als gläubiger Muslim und stolzer Österreicher zu fühlen. Österreich schützt und ermöglicht durch dieses Gesetz die Religionsfreiheit der Muslime in Österreich. Die Neufassung des Islamgesetzes steht in diesem Sinne ganz klar im Interesse der muslimischen Gemeinschaft und der Mehrheitsbevölkerung. In dieser Neufassung werden Rechte und Pflichten für die islamischen Religi-

---

http://www.aleviten.at/dokumente/newspaper/orf_20101222.pdf, zuletzt geprüft am 11.12.2018.
21 Bekenntnisgemeinschaften haben die Möglichkeit, das Glaubensbekenntnis in Dokumente eintragen zu lassen (z. B. ins Schulzeugnis – Kinder sind damit nicht „ohne Bekenntnis"). Religionsgesellschaften haben u. a. das Recht, Religionsunterricht in den Schulen zu erteilen. Weiters ist der „Kirchenbeitrag" von der Steuer absetzbar und die Kultstätten sind von der Grundsteuer befreit.
22 ORF (2013): Staatliche Anerkennung für Aleviten fixiert. http://religion.orf.at/stories/2585571/, zuletzt geprüft am 1.6.2018.
23 BMEIA (2015): Islamgesetz. https://www.bmeia.gv.at/fileadmin/user_upload/Zentrale/Integration/Islamgesetz/Islamgesetz_2015_-_Erlaeuterungen.pdf

onsgesellschaften definiert – ebenso wie für alle anderen 14 (insgesamt somit 16) Religionsgesellschaften in Österreich."[24] Zu den wichtigsten Eckpunkten des neuen Islamgesetzes zählen:

1. Begutachtungsrecht
Die Religionsgesellschaft ist berechtigt, den Organen der Gesetzgebung und Verwaltung Gutachten und Vorschläge über Angelegenheiten, die gesetzlich anerkannte Religionsgesellschaften betreffen, zu übermitteln. Gesetze und Verordnungen, die die äußeren Rechtsverhältnisse der Religionsgesellschaft betreffen, sind unter Gewährung einer angemessenen Frist sogar zwingend zur Stellungnahme zu übermitteln.

2. Schutz der religiösen Bezeichnungen der Religionsgesellschaften
Bezeichnungen (etwa von Vereinen), die einen Bezug zu einer Religionsgesellschaft herstellen, dürfen nur noch mit Genehmigung der Religionsgesellschaft geführt werden – der Name der Religion kann so vor Missbrauch geschützt werden.

3. Regelung der „Seelsorge" in staatlichen Einrichtungen (Krankenhäuser, Militär, Justizanstalten)
Der jeweilige „religiöse Betreuer" muss über eine akademische Ausbildung sowie eine ausreichende Berufserfahrung verfügen und von einer islamischen Religionsgesellschaft die Erlaubnis (Ermächtigung) erhalten.

4. Vorrang des staatlichen Rechts
Dies gilt für alle Religionsgesellschaften. Lehre, Einrichtungen und Gebräuche dürfen nicht im Widerspruch zu den gesetzlichen Regelungen stehen. Die Religionsgesellschaft muss eine positive Grundeinstellung gegenüber Gesellschaft und Staat haben. Die Anerkennung kann auch entzogen werden, insbesondere wenn die Religionsgesellschaft keine positive Grundeinstellung (mehr) gegenüber dem Staat und der Gesellschaft hat bzw. die öffentliche Ordnung oder Sicherheit gefährden.

5. Islamisch-theologische Studien
Österreich verpflichtet sich, eine wissenschaftliche Ausbildung für den geistlichen Nachwuchs sicherzustellen. Somit können Muslime, die den Beruf eines Imams anstreben, ihr theologisches Wissen an der Universität Wien

---

24 BMEIA (2015): Islamgesetz. https://www.bmeia.gv.at/fileadmin/user_upload/Zentrale/Integration/Islamgesetz/Islamgesetz_2015_-_Zusammenfassung.pdf

erlangen. Der praktische Teil der Ausbildung erfolgt in Kooperation mit den Religionsgesellschaften.

6. Islamische Friedhöfe
Das Gesetz schafft Rechtssicherheit für bestehende (derzeit 2) und künftige islamische Friedhöfe.

7. Schutz der religiösen Feiertage
Feiertage sind religionsrechtlich (nicht arbeitsrechtlich) zu schützen, sodass gottesdienstliche Veranstaltungen nicht gestört werden. Während eines Gottesdienstes in der Moschee darf in der Nähe z. B. kein Rock-Konzert erlaubt werden.

8. Regelung zur Untersagung der Finanzierung aus dem Ausland
Der „laufende Betrieb" einer Religionsgesellschaft muss aus dem Inland finanziert werden (eine einmalige Zuwendung aus dem Ausland wie etwa eine Erbschaft ist grundsätzlich nicht ausgeschlossen, die Verwaltung dieses Vermögens muss aber im Inland erfolgen).

9. Speisevorschriften
Die islamischen Religionsgesellschaften dürfen Nahrungsmittel nach ihren Glaubensregeln erzeugen lassen. Bei der Verpflegung von Muslimen beim Bundesheer, in Haftanstalten, Krankenhäusern, Pflegeanstalten und öffentlichen Schulen ist auf die religiösen Speisegebote Rücksicht zu nehmen.

10. Anzeige- und Meldepflicht bezugnehmend auf alle Ereignisse, die dieses Bundesgesetz betreffen
Die Religionsgesellschaft muss das Kultusamt über die wichtigsten Vorgänge informieren (Neuwahlen, Änderung der Satzungen, Abweichung der Lehre).

11. Darstellung der Lehre und Glaubensquellen in deutscher Sprache
Alle neuen Religionsgemeinschaften müssen sich in ihrer Lehre von bestehenden unterscheiden. Um dies prüfen zu können, muss von allen Gemeinschaften auch eine Lehre vorliegen. Für eine Eintragung als Bekenntnisgemeinschaft müssen die Religionen eine Darstellung der Lehre und der wesentlichen Glaubensquellen (Koran) in deutscher Sprache vorlegen.[25]

---

25 BMEIA (2015): Islamgesetz. https://www.bmeia.gv.at/fileadmin/user_upload/Zentrale/Integration/Islamgesetz/Islamgesetz_2015_-_Zusammenfassung.pdf

Reaktionen auf das neue Islamgesetz

In ihren Stellungnahmen vom 3. Oktober 2014, 20. Oktober 2014 und 22. Dezember 2014 äußerte die IGGÖ massive Kritik am Entwurf zum neuen Islamgesetz. Sie fühlte sich durch Pauschalverdächtigungen gegen Muslime diskriminiert und kritisierte, dass für die Präsentation des Entwurfs die Stellungnahme der IGGÖ nicht abgewartet wurde.

In der auf der Website der IGGÖ veröffentlichten Stellungnahme zur Regierungsvorlage wird festgehalten, es bestehe der Eindruck der Anlassgesetzgebung und der Bestätigung von Vorurteilen gegenüber Muslimen, insbesondere dass diese dem Staat gegenüber nicht loyal seien. Den Gleichbehandlungsgrundsatz gegenüber anderen Religionsgesellschaften sieht die IGGÖ in diesem Entwurf nicht verwirklicht. Es wird ein eigenes Gesetz für die IGGÖ gefordert, damit kein Konfliktpotenzial bei einer gemeinsamen theologischen Fakultät entstehen kann, da es im Islamverständnis zwischen der IGGÖ und den Aleviten große Unterschiede gibt. Weiters wird es als bedenklich erachtet, dass für den Bundeskanzler die Möglichkeit bestehen soll, die Rechtspersönlichkeit einer anerkannten islamischen Religionsgesellschaft aufzuheben. Es wird Wert auf eine Bestimmung gelegt, die die Mitgliedschaft bei der IGGÖ für das Lehrpersonal erforderlich macht. Außerdem wird kritisiert, dass das Verbot der Auslandsfinanzierung eine Schlechterstellung gegenüber anderen anerkannten Religionsgesellschaften bedeute.[26]

In der letzten Stellungnahme vom 16. Februar 2015 wird betont, dass man das Gesetz nach wie vor ablehne, jedoch einige Kompromisse erreicht werden konnten.

ALEVI hat in einer Pressekonferenz am 29. Oktober 2014 öffentlich ihre Unterstützung für den Entwurf zum neuen Islamgesetz verkündet und nimmt die neue Rechtssicherheit für die islamischen Gemeinschaften positiv auf. In drei Punkten sehen sie in ihrer Stellungnahme vom 7. November 2014 Änderungsbedarf. Da es in § 3 Abs 1 heißt, dass islamische Religionsgesellschaften die Rechtspersönlichkeit durch dieses Bundesgesetz auf Antrag durch Bescheid des Bundeskanzlers erwerben, geht nach Ansicht der ALEVI nicht klar genug daraus hervor, ob bereits anerkannte Glaubensgemeinschaften damit zu rechnen hätten, den Anerkennungsprozess nochmals durchlaufen zu müssen, oder ob sie davon unberührt bleiben. Der Entwurf

---

26 IGGÖ (2014): Der Schurarat der IGGiÖ bekräftigt die Stellungnahme des Obersten Rates zum Islamgesetz an die Regierung. http://www.derislam.at/iggo/?f=news&shownews=1935&kid=70, zuletzt geprüft am 31.5.2018.

sieht in § 11 Abs 2 weiters vor, dass Seelsorger eine fachliche Ausbildung vorweisen müssen. Da für die ALEVI von zentraler Bedeutung ist, dass ihre Geistlichen ihre Abstammungslinie auf Mohammed zurückführen können, um von der Glaubensgemeinde akzeptiert zu werden, wird gewünscht, dass diese fachliche Qualifikation durch eine Berufserfahrung von 5 Jahren und ein Mindestalter von 30 Jahren ersetzt wird. Des Weiteren will ALEVI § 15, der die islamisch-theologische Ausbildung an der Universität Wien behandelt, dahingehend abgeändert wissen, dass für die verschiedenen islamischen Glaubensgemeinden auch verschiedene Curricula berücksichtigt werden.[27]

Aktuelle Entwicklungen

Nachdem die Aufregung um das 2015 neu beschlossene Islamgesetz groß war und viel darüber berichtet wurde, ist es in den letzten Jahren eher ruhig darum geworden. Der erste Imam musste bereits im Februar 2016 auf Grundlage des aktuellen Islamgesetzes ausreisen.[28] Dass die ersten 40 Studenten 2017 ihre Ausbildung zu islamischen Theologen begonnen haben, rief auch keine große Aufregung hervor (Sator 2018). 2018 wurde das Islamgesetz erstmals in großem Umfang angewandt: Anfang Juni kündigte die amtierende ÖVP-FPÖ-Bundesregierung medienwirksam in einer Pressekonferenz die Schließung mehrerer Moscheen sowie die mögliche Ausweisung von bis zu 60 Imamen an, da die positive Grundeinstellung gegenüber dem österreichischen Staat bei diesen Moscheen nicht gegeben sei. Die betroffenen Imame werden von der ATIB gestellt und vom türkischen Staat bezahlt, was dem Verbot der Auslandsfinanzierung widerspricht.[29] Der amtierende Vizekanzler Heinz-Christian Strache betont, „dass man erst am Anfang stehe".[30] In der „Süddeutschen Zeitung" vom 8. Juni 2018 wurde der Vorfall folgendermaßen kommentiert:

> „Im Umgang mit jeder Form von Extremismus hat der Staat zwei Aufgaben: Er muss wachsam sein, und er darf nicht alarmistisch sein. Die Wachsamkeit

---

27 ALEVI (2015): http://www.aleviten.at/de/?p=872, zuletzt geprüft am 15.5.2018.
28 ORF (2016): Islamgesetz: Erster Imam musste Österreich verlassen. https://religion.orf.at/stories/2758417/
29 Stephan Löwenstein (2018): Islamgesetz in Österreich. http://www.faz.net/aktuell/politik/ausland/islamgesetz-wird-in-oesterreich-erstmals-angewendet-15630259.html, zuletzt geprüft am 13.9.2018.
30 Bundeskanzleramt (2018): Bundesregierung trifft erste Entscheidungen im Kampf gegen den politischen Islam. https://www.bundeskanzleramt.gv.at/-/bundesregierung-trifft-erste-entscheidungen-im-kampf-gegen-politischen-islam, zuletzt geprüft am 13.9.2018.

schützt vor Gefahren, der Alarmismus ist gefährlich, weil er die Verhältnismäßigkeit aushebelt und Ängste schürt – und weil Populisten mit diesen Ängsten Politik betreiben. Vor diesem Hintergrund kann man Österreichs Regierung Wachsamkeit bescheinigen, wenn sie nun Moscheen schließt, in denen rechtsradikale Graue Wölfe oder Salafisten ihr Unwesen treiben. Hier darf der Staat nicht wegschauen, weil Hassprediger die Saat ausstreuen können für Terror und Gewalt. Mit der Art der Ankündigung dieser Maßnahmen jedoch hat sich diese Regierung zugleich dem akuten Alarmismus-Verdacht ausgesetzt. Wenn sehr kurzfristig eine Pressekonferenz angesetzt wird, auf der Kanzler, Vizekanzler und obendrein noch zwei Minister in eiliger Vielfaltigkeit auftreten, dann wirkt das fast grotesk und in jedem Fall grob übertourt. Dies verrät das Kalkül der beteiligten Politiker von Volkspartei und FPÖ, mit diesem sensiblen Thema auf populistische Art zu punkten. […] Systematisch wird so ein Klima geschaffen, in dem notwendige Differenzierungen keinen Platz mehr finden. Da wird nicht mehr zwischen Islam und Islamismus unterschieden, und Flüchtlinge sind nur noch ‚illegale Migranten'. Es gibt gute Gründe, einer solchen Politik gegenüber wachsam zu sein."[31]

Literatur

Academic dictionaries and encyclopedias (2000–2017): Hanafismus. Online verfügbar unter http://deacademic.com/dic.nsf/dewiki/572755, zuletzt geprüft am 13.9.2018.

ALEVI (2015): http://www.aleviten.at/de/?p=872, zuletzt geprüft am 15.5.2018.

APA (2016): Muslime: Schwere Vorwürfe gegen neuen Präsidenten. In: Die Presse, 1.9.2016. Online verfügbar unter https://diepresse.com/home/panorama/wien/5078611/Muslime_Schwere-Vorwuerfe-gegen-neuen-Praesidenten, zuletzt geprüft am 7.12.2018.

Ausländische Pressekommentare zur Schließung von Moscheen in Österreich. In: Kurier, 10.6.2018. Online verfügbar unter https://kurier.at/politik/ausland/erdogan-droht-oesterreich-glaubt-ihr-wir-werden-tatenlos-zusehen/400048619, zuletzt geprüft am 7.12.2018.

---

[31] Peter Münch (2018): Die Alarmisten. https://www.sueddeutsche.de/politik/oesterreich-die-alarmisten-1.4007664; vgl. auch: Ausländische Pressekommentare zur Schließung von Moscheen in Österreich https://kurier.at/politik/ausland/erdogan-droht-oesterreich-glaubt-ihr-wir-werden-tatenlos-zusehen/400048619, zuletzt geprüft am 11.12.2018.

Bair, Johann (2002): Das Islamgesetz. An den Schnittstellen zwischen österreichischer Rechtsgeschichte und österreichischem Staatsrecht. Wien: Springer.

Bundeskanzleramt (1988): BGBl, 17.8.1988: Verordnung des Bundesministers für Unterricht, Kunst und Sport vom 2. August 1988 betreffend die Islamische Glaubensgemeinschaft in Österreich. Online verfügbar unter https://www.ris.bka.gv.at/Dokumente/BgblPdf/1988_466_0/1988_466_0.pdf, zuletzt geprüft am 31.5.2018.

Bundeskanzleramt (2018): Bundesregierung trifft erste Entscheidungen im Kampf gegen politischen Islam. Online verfügbar unter https://www.bundeskanzleramt.gv.at/-/bundesregierung-trifft-erste-entscheidungen-im-kampf-gegen-politischen-islam-, zuletzt geprüft am 13.9.2018.

BMEIA (2015): Islamgesetz 2015 – Erläuterungen. Online verfügbar unter https://www.bmeia.gv.at/fileadmin/user_upload/Zentrale/Integration/Islamgesetz/Islamgesetz_2015_-_Erlaeuterungen.pdf, zuletzt geprüft am 1.6.2018.

BMEIA (2015): Islamgesetz 2015 – Zusammenfassung. Online verfügbar unter https://www.bmeia.gv.at/fileadmin/user_upload/Zentrale/Integration/Islamgesetz/Islamgesetz_2015_-_Zusammenfassung.pdf, zuletzt geprüft am 1.6.2018.

Heine, Susanne; Lohlker, Rüdiger; Potz, Richard (2012): Muslime in Österreich: Geschichte, Lebenswelt, Religion; Grundlagen für den Dialog. Innsbruck: Tyrolia.

IGGÖ (23.9.2011): Neue Ära in der Islamischen Glaubensgemeinschaft in Österreich. Online verfügbar unter http://www.derislam.at/iggo/?f=news&shownews=101, zuletzt geprüft am 31.5.2018.

IGGÖ (3.10.2014): Gedanken zum Islamgesetz vor dem Hintergrund des Opferfestes. Online verfügbar unter http://www.derislam.at/iggo/?f=news&shownews=1908&kid=70, zuletzt geprüft am 29.1.2019.

IGGÖ (20.10.2014): Oberster Rat lehnt Entwurf zur Novellierung des Islamgesetzes in der jetzigen Form ab. Online verfügbar unter http://www.derislam.at/iggo/?f=news&shownews=1917&kid=70, zuletzt geprüft am 31.5.2018.

IGGÖ (22.12.2014): Der Schurarat der IGGiÖ bekräftigt die Stellungnahme des Obersten Rates zum Islamgesetz an die Regierung. Online verfügbar unter http://www.derislam.at/iggo/?f=news&shownews=1935&kid=70, zuletzt geprüft am 31.5.2018.

IGGÖ (16.2.2015): Stellungnahme des Schurarates der IGGIÖ zum Bundesgesetz über die äußeren Rechtsverhältnisse Islamischer Religionsgesellschaften – Islamgesetz 2015. Online verfügbar unter http://www.derislam.at/iggo/?f=news&shownews=1960&kid=70, zuletzt geprüft am 31.5.2018.

IGGÖ (2017): Aufgabenfelder der Islamischen Glaubensgemeinschaft. Online verfügbar unter http://www.derislam.at/iggo/?c=content&cssid=Geschichte&navid=94&par=100&par2=100#st, zuletzt geprüft am 1.6.2018.

Institut für Islamische Studien (2014/2015): Islam in Österreich. Ein historischer Abriss. Online verfügbar unter http://muslimische-milieus-in-oesterreich.univie.ac.at/wwwgooglede0/, zuletzt geprüft am 22.5.2018.

Kalb, Herbert; Potz, Richard; Schinkele, Brigitte (2003): Religionsrecht. Wien: WUV Universitätsverlag.

Kathpress (2010): Nach Anerkennung: Österreichs Aleviten gespalten. Online verfügbar unter http://www.aleviten.at/dokumente/newspaper/orf_20101222.pdf, zuletzt geprüft am 11.12.2018.

Kreisky, Jan (2010): Historische Aspekte des Islam in Österreich: Kontinuitäten und Brüche. Wien: Österreichischer Integrationsfonds.

Küng, Hans (2007): Der Islam. Wesen und Geschichte. Zürich: Piper.

Landeszentrale für politische Bildung Baden-Württemberg (2001): Strukturen islamischer Organisationen im Vergleich zu kirchlichen Strukturen in Westeuropa. Online verfügbar unter http://www.buergerimstaat.de/4_01/islam04.htm, zuletzt geprüft am 7.9.2018.

Lohlker, Rüdiger (2012): Entwicklung eines österreichischen Islam. In: Amena Shakir, Gernot Galib Stanfel, Martin M. Weinberger (Hg.): ostarrichislam. Fragmente achthundertjähriger gemeinsamer Geschichte. Wien: Al Hamra, S. 12–15.

Löwenstein, Stephan (2018): Islamgesetz in Österreich. Gehaltsschecks aus der Türkei. In: F.A.Z, 6.8.2018. Online verfügbar unter http://www.faz.net/aktuell/politik/ausland/islamgesetz-wird-in-oesterreich-erstmals-angewendet-15630259.html, zuletzt geprüft am 13.9.2018.

Muharemović, Rijad (2013): Ursachen der verspäteten Nationalisierung der bosnischen Muslime. Diplomarbeit Universität Wien.

Münch, Peter (2018): Die Alarmisten. In: Süddeutsche Zeitung, 8.6.2018. Online verfügbar unter https://www.sueddeutsche.de/politik/oesterreich-die-alarmisten-1.4007664, zuletzt geprüft am 7.12.2018.

ORF (18.2.2016): Islamgesetz: Erster Imam musste Österreich verlassen. Online verfügbar unter https://religion.orf.at/stories/2758417/, zuletzt geprüft am 5.12.2018.

ORF (19.6.2016): Islam: Ibrahim Olgun neuer Präsident der IGGiÖ. Online verfügbar unter http://religion.orf.at/stories/2781062/, zuletzt geprüft am 1.6.2018.

ORF (23.5.2013): Staatliche Anerkennung für Aleviten fixiert. Online verfügbar unter http://religion.orf.at/stories/2585571/, zuletzt geprüft am 1.6.2018.

Österreichisches Staatsarchiv (2006-2012): Die gesetzliche Anerkennung des Islam im Jahr 1912. Online verfügbar unter http://www.oesta.gv.at/site/cob__52122/5164/default.aspx, zuletzt geprüft am 19.8.2018.

Potz, Richard (2012): 100 Jahre Islamgesetz. In: Amena Shakir, Gernot Galib Stanfel, Martin M. Weinberger (Hg.): ostarrichislam. Fragmente achthundertjähriger gemeinsamer Geschichte. Wien: Al Hamra, S. 118–122.

Potz, Richard (2013): Das Islamgesetz 1912 – eine österreichische Besonderheit. In: SIAK-Journal – Zeitschrift für Polizeiwissenschaft und polizeiliche Praxis

(1), S. 45–54. Online verfügbar unter https://www.bmi.gv.at/104/Wissenschaft_und_Forschung/SIAK-Journal/SIAK-Journal-Ausgaben/Jahrgang_2013/files/Potz_1_2013.pdf, zuletzt abgerufen am 11.12.2018.

Sator, Andreas (2018): Österreich sucht eigenen Islam – muss aber bei null anfangen. In: Der Standard, 14.7.2018. Online verfügbar unter https://derstandard.at/2000083443263/Oesterreich-sucht-einen-eigenen-Islam-muss-aber-bei-null-anfangen, zuletzt geprüft am 12.9.2018.

Schmied, Martina (2005): Islam in Österreich. In: Walter Feichtinger, Sibylle Wentker (Hg.): Islam, Islamismus und islamischer Extremismus (= Schriftenreihe der Landesverteidigungsakademie 15). Wien: Landesverteidigungsakad. Wien. Online verfügbar unter http://www.bundesheer.at/pdf_pool/publikationen/12_iie_islam_aut.pdf, zuletzt geprüft am 8.9.2018.

Stanfel, Gernot Galib (2012): Bosnien bei Österreich. In: Amena Shakir, Gernot Galib Stanfel, Martin M. Weinberger (Hg.): ostarrichislam. Fragmente achthundertjähriger gemeinsamer Geschichte. Wien: Al Hamra, S. 114–117.

Sticker, Maja (2008): Sondermodell Österreich? Die Islamische Glaubensgemeinschaft in Österreich (IGGiÖ). Klagenfurt: Drava.

Wallner, Lukas (2007): Die staatliche Anerkennung von Religionsgemeinschaften. Die historische und aktuelle Umsetzung der religiösen Vereinigungsfreiheit in Österreich unter Berücksichtigung des deutschen Religionsrechts. Frankfurt a. M.: Peter Lang.

Weiß, Michael (2013): Jeder zweite Muslim fühlt sich von IGGiÖ vertreten. Online verfügbar unter http://religion.orf.at/stories/2581431/, zuletzt geprüft am 1.6.2018.

Der Nexus Klima-Umwelt-Migration. Zur sachlichen Entwirrung eines politisierten Gordischen Knotens

Michael Zinkanell

Einleitung

Der Zusammenhang zwischen Migration und Umwelt- bzw. Klimabedingungen ist kein neues Phänomen des 20. und 21. Jahrhunderts. Diese beiden äußerst komplexen Themenbereiche stehen seit jeher in Wechselwirkung zueinander. Denn Umweltfaktoren sind oftmals Beweggründe für Mobilität und Migration, die umgekehrt wiederum Einfluss auf die Umwelt ausüben.

Getrieben vom Überlebensinstinkt und dem Streben nach einer möglichst zukunftsfähigen Befriedigung der Grundbedürfnisse für die eigene und die nächsten Generationen passten sich Individuen und Bevölkerungsgruppen den fluiden Umweltbedingungen an. Immer galt es, die natürliche Umgebung bestmöglich zu nutzen. Nomadische Bevölkerungsgruppen begaben sich auf die Suche nach fruchtbaren Weidelandschaften, und Ackerbauern ließen sich in ressourcenreichen Gebieten nieder. Daraus entstand ein unmittelbarer Zusammenhang zwischen den natürlichen Umweltbedingungen und dem menschlichen Verhalten. Die Nutzbarmachung der Natur bedeutet jedoch stets einen künstlichen Eingriff in ein natürliches System – wie etwa durch Abholzung, Regulierung von Gewässern, Abbau von Mineralien oder die Agrarwirtschaft. Der Grad der technologischen Entwicklung bestimmt dabei die Intensität der Einflussnahme. Heute ist die Kontaminierung von Gewässern, Böden und der Atmosphäre durch Schadstoffe der intensiven Landwirtschaft, der Industrie und des Verkehrs noch gravierender.

Abgesehen von den Konsequenzen menschlichen Handelns und Eingreifens in natürliche Prozesse gibt es klimatische Zyklen, die in mehr oder weniger regelmäßigen Abständen für erschwerte Lebensbedingungen sorgen. Der Wechsel von Eiszeiten und Wärmeperioden, Vulkaneruptionen, Überschwemmungen und Dürren sind Faktoren, die – abhängig vom Ausmaß – Migration in Gang setzen. Historische Aufzeichnungen und Analysen legen nahe, dass auch eine Korrelation zwischen Klimaveränderungen und gewaltsamen Auseinandersetzungen besteht (Wahlmüller 2017: 13). Klimaeinflüsse, die den Kampf um Ressourcen oder gewaltsame Konflikte etwa zwischen migrierenden und sesshaften Bevölkerungsgruppen mitauslösen, lassen sich zu unterschiedlichen Zeiten nachweisen – sei es in der kleinen Eiszeit im

Mittelalter oder in den letzten Jahrzehnten z. B. durch den El Niño Effekt[1] (Adger et al. 2014; Blom 2017). Zahlreiche Forscher/innen appellieren daher an die politisch Verantwortlichen, dem gegenwärtig feststellbaren Zusammenhang zwischen außergewöhnlichen Klimaereignissen und Konflikten mehr Aufmerksamkeit beizumessen, insbesondere da eine Verschärfung des Konfliktpotenzials aufgrund von Klimaveränderungen prognostiziert wird (Lee 2009; Ramsbotham/Woodhouse/Miall 2011).

Durch die Industrialisierung und die damit einhergehenden technologischen Errungenschaften kam es zu einem ökonomischen Aufschwung breiter Bevölkerungsschichten. Die maschinelle Massenproduktion, die physischen und digitalen Logistiknetzwerke führten weltweit zu einem kapitalistischen Konsumverhalten – wenngleich der Reichtum höchst ungleich verteilt ist. Um die Ressourcen für den steigenden Lebensstandard immer größerer Bevölkerungsgruppen sicherzustellen, nahm der menschliche Einfluss auf die Umwelt innerhalb der letzten 100 Jahre noch nie dagewesene Ausmaße an. Auch wenn die Intensität der Eingriffe regional unterschiedlich ist, sie beeinflussen das weltweite Ökosystem.[2] Diese Situation macht eine eindeutige Differenzierung zwischen rein natürlichen Zyklen klimatischer Veränderungen und vom Menschen verursachten Umweltbedingungen praktisch unmöglich.

Drei unmittelbare Folgewirkungen lassen sich aus dieser Entwicklung ableiten. Erstens führten die veränderten, vielfach lebensfeindlichen Klima- und Umweltverhältnisse zu einer neuen Dynamik der „klimainduzierten Migration", die bei gleichbleibenden (bzw. verschärften) klimatischen Bedingungen – wie etwa der steigenden Erderwärmung – in den kommenden Jahrzehnten neue Migrationsbewegungen auslösen wird. Zweitens wurde vor diesem Hintergrund der Nexus von Klima, Umwelt und Migration – ungeachtet des historisch belegten engen Zusammenspiels der drei Aspekte – de facto neu erfunden, heftig debattiert und vermehrt analysiert. Auf der akademischen Bühne wurde schon 1990 beim Intergovernmental Panel on Climate Change (IPCC)[3] Migration als ein gravierender Effekt des Klimawandels genannt (IPCC 1990:

---

1 El Niño nennt man das Auftreten ungewöhnlicher, nicht-zyklischer, veränderter Strömungen im äquatorialen Pazifik. Das Phänomen tritt in unregelmäßigen Abständen von durchschnittlich vier Jahren auf.
2 Damit werden auch Bevölkerungen, die die natürlichen Ressourcen nicht in dem Ausmaß wie die industrialisierten Gesellschaften beanspruchen, ebenso in Mitleidenschaft gezogen.
3 Der von den Vereinten Nationen ins Leben gerufene „Zwischenstaatliche Ausschuss für Klimaänderungen", oftmals auch „Weltklimarat" genannt.

103). Dieser Befund wurde 17 Jahre später um den Zusatz erweitert, dass klimatische Veränderungen das Risiko humanitärer Katastrophen erhöhen (IPCC 2007). Als dritte Auswirkung lässt sich eine zunehmende Politisierung der Thematik feststellen, die zu einer Emotionalisierung der Debatte führt. Dies zeigt sich vor allem an dem sich polarisierenden Diskurs zum Klimawandel. Im Spannungsfeld der ideologisch geführten Auseinandersetzung werden sachliche und wissenschaftlich fundierte Argumente zunehmend diskreditiert. Die Gründe dafür reichen von rhetorischem Kalkül bis hin zur bewussten Verleugnung von Tatsachen, um ressourcenintensive und umweltschädigende Wirtschaftszweige aus der Verantwortung zu entlassen. So driftet die Diskussion über zukünftige klimatische Auswirkungen auf die Menschheit oftmals in einen destruktiven Meinungsaustausch darüber ab, inwieweit der vom Menschen verursachte Klimawandel Realität ist. Aus diesem Grund, und weil es sich bei klimatischen Veränderungen um Langzeitphänomene handelt, liegt das Hauptaugenmerk des Beitrags auf den Umwelteinflüssen, ohne den Klimawandel dabei gänzlich aus dem Blick zu verlieren. Denn bei der Fokussierung existenzbedrohender kurzfristiger Umweltereignisse handelt es sich lediglich um eine Komplexitätsreduktion der Thematik.

Mit dem Thema der durch Klima- und Umwelteinflüsse mitbedingten Migration verhält es sich ähnlich. Mit dem Aufschwung populistischer und teils antidemokratischer Tendenzen, die sich in den letzten Jahren in Österreich und anderen EU-Ländern verstärkt formiert haben, wird die Migrationsdebatte von jenen politischen Kräften, die Migration vor allem als „Sicherheitsproblem" darstellen, vereinnahmt. Neue Ängste wurden im Verlauf der sogenannten Flüchtlingskrise 2015 geschürt. Dabei wurde Migration bewusst zu einem undifferenziert verwendeten und negativ behafteten Sammelbegriff für Flucht, Vertreibung und Mobilität – Bewegungen, die aus dieser Perspektive allesamt auch eine Gefahr für die ‚Leitkultur' darstellen. Dass in verschiedensten Zukunftsszenarien Klimaeinflüsse und Umweltbedingungen als zusätzliche Faktoren für Migration genannt wurden, heizte den politischen Diskurs auch in Österreich weiter an. Die Entscheidung des Bundesverfassungsgerichts 2017, einem Betroffenen der Dürrekatastrophe in Somalia subsidiären Schutz zu gewähren, löste eine hitzige Debatte um sogenannte „Klimaflüchtlinge" aus.[4]

Der Begriff der „Klimaflucht" ist im wissenschaftlichen Diskurs schon beinahe zum Unwort verkommen, während stets neue Begriffe wie „klima-

---

[4] Nachzulesen unter „Klimaflüchtling bekommt Schutz". In: Kurier 17.9.2017. https://kurier.at/politik/inland/klimafluechtling-bekommt-schutz/286.603.832, zuletzt geprüft 20.12.2018.

induzierte Migration", „umweltbedingte Vertreibung" oder „Umweltmigration" mit neuer Bedeutung versehen werden. Die Politisierung der Begrifflichkeiten und die Unklarheit, die über die zukünftigen Auswirkungen der Umwelt- und Klimaverhältnisse herrscht, behindern einen faktenbasierten sachlichen Blick auf den Zusammenhang zwischen Klima, Umwelt und Migration. Ein unvoreingenommener Blick und eine lösungsorientierte Auseinandersetzung mit der nebulosen und volatilen Situation sind jedoch essenziell, um zukunftstaugliche Maßnahmen auf lokaler, nationaler und internationaler Ebene initiieren zu können. Für diese globalen Herausforderungen, die auf nationalstaatlicher Ebene nicht zu bewältigen sind, bräuchte es internationale Übereinkünfte und Kooperationen. Nationale Eigeninteressen hemmen hingegen die Entwicklung und Umsetzung umfassender Lösungsansätze.

Zielsetzung und Fragestellung

Vor diesem Hintergrund verfolgt der Beitrag ein klares Ziel: die auf dem derzeitigen Forschungsstand basierende sachliche Darstellung des Zusammenhangs von Klima, Umwelt und Migration. Denn nur auf der Grundlage faktenbasierten Wissens sind wir befähigt, die ideologisch instrumentalisierten und politisierten Diskurse zu durchblicken. Dies stärkt gleichzeitig die Resilienz gegenüber Populismen und ermöglicht die Entwicklung von Handlungsoptionen, die sowohl den humanen Umgang mit den von Umweltkatastrophen Betroffenen als auch die Bekämpfung der Fluchtursachen miteinschließen. Aufgrund der eingeschränkten Möglichkeit, selbst aus erster Hand empirische Daten zu generieren, wozu letztlich eine Kombination aus qualitativen und quantitativen Langzeitstudien vonnöten wäre, basiert die Arbeit auf der Analyse von ausgewählten wissenschaftlichen Beiträgen und Berichten.

Wie wird der Nexus von Klima, Umwelt und Migration in der aktuellen wissenschaftlichen Literatur behandelt?

Es wurden aus dem Themenfeld Beiträge ausgewählt, die sich insbesondere mit der Erläuterung des Zusammenhangs zwischen Umwelt und Migration beschäftigen. Um einen differenzierten und transparenten Einblick in die Thematik zu ermöglichen, wurde auf eine Kombination von wissenschaftlichen Artikeln und Berichten internationaler Organisationen, die sich mit dem Problemfeld Umwelt, Klima und Migration strategisch und operativ auseinandersetzen, Wert gelegt. Da sich das Hauptaugenmerk des Beitrags auf die Analyse der gegenwärtigen Situation und auf mögliche Zukunftsszenarien richtet, war das Veröffentlichungsdatum ein weiterer Auswahlfaktor.

Die Artikel erschienen im Zeitraum zwischen 2009 und 2018. Der Großteil der Texte ist in englischer Sprache verfasst und behandelt die Auswirkungen von bedrohlichen Umwelt- und Klimaeinflüssen auf den Menschen und sein Mobilitätsverhalten. Die Auswertung der Texte hat ergeben, dass im Hinblick auf die Forschungsfrage drei Themenkomplexe von besonderer Relevanz sind: der Zusammenhang zwischen Umwelt und Migration, die Bedeutung der sozioökonomischen Verhältnisse sowie die mangelnden Konzepte im Umgang mit Umweltbedrohungen und rechtliche Fragestellungen.

Zunächst werden die unterschiedlichen Umweltbedingungen in ihrer Relevanz für das Migrationsverhalten thematisiert. In einem zweiten Schritt geht die Analyse auf die sozioökonomischen Faktoren ein, die in Bezug auf den Zusammenhang von Klima, Umwelt und Migration eine wesentliche Rolle spielen. Der letzte Abschnitt behandelt zum einen die Schwierigkeiten, die aufgrund der Uneinigkeit hinsichtlich der Bewertung von Umweltfaktoren und der Inangriffnahme adäquater Maßnahmen bestehen. Zum anderen geht es um die fehlenden rechtlichen Grundlagen für die Definition von sogenannten Klimaflüchtlingen.

Die drei Themenkomplexe bilden die Unterkapitel des folgenden Textabschnitts und fließen in der abschließenden Conclusio in konkrete Vorschläge zusammen.

Deskription und Definition von Klima, Umwelt und Migration

Migration – egal, ob sie innerhalb oder außerhalb der eigenen Staatsgrenzen stattfindet – ist eine überlebenssichernde Strategie bzw. eine menschliche Reaktion auf äußere Umstände, die meist körperliche, psychische und ökonomische Belastungen mit sich bringt (Rigaud et al. 2018: 1; Oliver-Smith 2011: 162). Das bedeutet, dass die Entscheidung zu migrieren in der Regel nicht leichtfertig getroffen wird, sondern nur aus begründeten Anlässen erfolgt. Klima- und Umweltfaktoren spielen nicht nur eine wesentliche Rolle für das physische Wohlbefinden von Personen, die Sicherstellung von adäquaten natürlichen Lebensräumen bildet auch die Grundlage menschlicher Existenz. Insbesondere in Regionen, in denen eine lokale, auf Selbstversorgung basierende Subsistenzwirtschaft betrieben wird, werden Umwelt- und Klimafaktoren zu einer unmittelbaren Überlebensfrage. Lebensfeindliche Klima- und Umweltveränderungen haben also direkte, aber auch – wie in weiterer Folge gezeigt wird – indirekte Auswirkungen auf Individuen und Gesellschaften.

In der ausgewerteten Literatur nimmt das Wasser als lebensnotwendige Ressource eine zentrale Stelle ein. Mit seinen extremen Erscheinungsformen sind allerdings lebensbedrohende Gefahren verbunden – seien es Springfluten, Überschwemmungen und Murenabgänge oder Dürren und Wüstenbildungen (Kälin 2010; Opitz Stapleton et. al. 2017; Rigaud et al. 2018). Aber auch meteorologische Erscheinungen, wie Wirbelstürme und Unwetter, oder geologische Ereignisse, wie Vulkanausbrüche und Erdbeben, bedeuten eine unmittelbare Bedrohung für den Menschen (IOM 2009; Burrows, Kinney 2016).

Abhängig von den sozialen, politischen und wirtschaftlichen Strukturen der Regionen, in denen extreme Umweltverhältnisse auftreten, kann es neben den unmittelbaren äußeren Bedrohungen auch zu indirekten negativen Auswirkungen auf die Lebensumstände kommen. Zu diesen inneren Faktoren zählen fragile Staatsstrukturen, Korruption, Armut sowie wirtschaftliche Aussichtslosigkeit, die den Kampf um Ressourcen, Lebensräume und Einflusssphären verschärfen (UNHCR 2015: 5; Wahlmüller 2017: 4; IOM 2017: 1). Menschen fliehen in diesem Fall nicht nur, weil die politischen, ökonomischen und sozialen Umstände keinen ausreichenden Schutz gegen bedrohliche Umwelt- und Klimaeinflüsse bieten, sondern auch, weil die instabilen Verhältnisse die Folgewirkungen lebensfeindlicher Umweltbedingungen weiter zuspitzen (Opitz Stapleton et. al. 2017: 10).

Personen, die aufgrund von Umweltbedingungen ihren Lebensmittelpunkt in eine klimatisch begünstigtere Region verlagern wollen, werden dort oftmals von verschiedenen politischen Akteur/innen und Bevölkerungsgruppen als Bedrohung wahrgenommen (Ransan-Cooper et. al. 2015: 110). Diese Perzeption wird von populistischen Politiker/innen und Massenmedien, die Migration in erster Linie als Sicherheitsproblem betrachten, befördert. Dazu kommt noch gezielte Fehlinformation, weil sich aus der Angst der Bevölkerung politisches Kapital schlagen lässt. Andererseits können aussichtslose sozioökonomische Lebensbedingungen oder traumatische Fluchterfahrungen tatsächlich zu einer erhöhten Kriminalität führen, sind also Begleiterscheinungen von Migration, die sich aber durch eine humane Behandlung seitens des Aufnahmelandes eher entschärfen ließen als durch eine generalisierende Kriminalisierung und Pauschalverurteilung.

Migration als Ausweg aus einer direkten oder indirekten Beeinträchtigung durch Umweltfaktoren, die von lebenserschwerend bis lebensbedrohlich reichen, ist heute schon Realität, sie wird jedoch aufgrund der prognostizierten Verschlechterung der Lebensbedingungen in vielen Regionen noch zunehmen (IOM 2017; Burrows/Kinney 2016: 13; Zetter 2010).

In der ausgewerteten Literatur werden die direkten Umweltfaktoren in „sudden-onset effects", plötzlich bzw. unvorhersehbar eintretende Auswirkungen, und „slow-onset effects", langsam oder schleichend einsetzende Auswirkungen, eingeteilt. In beiden Fällen reagieren die Menschen in der Regel durch Abwanderung auf die Umstände. Die Fluchtbewegungen sind bei schlagartig eintretenden Naturkatastrophen (z. B. Tsunami) kurzfristig massiver, jedoch meist zeitlich und geografisch beschränkt. Das bedeutet, dass die betroffenen Menschen in der unmittelbaren Umgebung bleiben und in den meisten Fällen wieder in ihren ursprünglichen Lebensraum zurückkehren (Burrows/Kinney 2016; IOM 2009: 23). Wirbelstürme, Überschwemmungen und Vulkanausbrüche sind die Hauptursachen kurzfristiger Migration durch plötzliche Umwelteinflüsse (Kälin 2010: 82). Nehmen jedoch Intensität, Ausdehnung und Häufigkeit dieser schlagartigen Umweltereignisse zu, sind kurzfristige Umsiedlungen meist keine Option mehr für die Betroffenen. Regelmäßig auftretende Katastrophen führen somit zu Langzeitfolgen für die Umwelt und die Bevölkerung.

Schleichende bedrohliche Umweltfaktoren erstrecken sich nicht nur über eine längere Zeitspanne, sondern auch meist über großflächigere Gebiete. Sie führen zu einer stetigen Verschlechterung der Lebensbedingungen, bis die Gebiete schließlich unbewohnbar werden oder zumindest nicht mehr lebenswert erscheinen (IOM 2009: 16; Rigaud et al. 2018: xix).

Vor diesem Hintergrund stellt sich die Frage nach der Freiwilligkeit versus Zwanghaftigkeit der umweltbedingten Migration, insbesondere bei längerfristigen Phänomenen. Wird allerdings von internationalen Organisationen versucht, eine Kategorisierung für den Grad der Migrationsnotwendigkeit festzulegen, wird dies meist als Bevormundung von Gesellschaften und Individuen begriffen. Die Frage nach der Unfreiwilligkeit wird in der Literatur mehrfach aufgeworfen, was den Terminus „Migration" genau genommen in „Vertreibung" verwandelt (Kälin 2010). Ein Konsens besteht lediglich darin, dass durch Klima- und Umwelteinflüsse bedingte Migration freiwillig sein kann, aber nicht muss, abhängig von den verschiedenen Einflüssen (äußere und innere) auf die Menschen (Kälin 2010: 84; Oliver-Smith 2011: 161). Umweltbedingte Migration ist also ein facettenreiches Feld und daher nicht nur unter ökologischen, sondern unter diversen disziplinären Blickwinkeln zu betrachten und zu behandeln.

Klima, Umwelt, Migration und sozioökonomische Faktoren

Migration ist ein multidimensionales Phänomen, das immer in den spezifischen regionalen Kontext eingebettet werden muss. In der analysierten Literatur besteht eine Übereinstimmung darin, dass sich im Nexus von Umweltfaktoren und Migration die Komplexität gesellschaftlicher Systeme, also die Interdependenzen zwischen politischen, wirtschaftlichen, sozialen und ökologischen Faktoren, in besonderem Maße zeigt (Burrows/Kinney 2016: 13; Zetter 2010: 139). Klima- und Umweltbedrohungen sind meist nicht die einzigen Motivationsfaktoren für die Migration aus gefährdeten Regionen, sozioökonomische und politische Verhältnisse tragen in der Regel zur Entscheidung bei (Opitz Stapleton et. al. 2017: 10). Oftmals fehlt es an den notwendigen infrastrukturellen oder politischen Maßnahmen, um gegen bedrohliche Umwelteinflüsse gewappnet zu sein. Egal, ob es sich um symptombekämpfende Einrichtungen, wie etwa Schutzwälle gegen Überschwemmungen, oder längerfristige Problemlösungsansätze, wie den Ausbau des Bildungssystems, oder den Schutz vor kriminellen Machenschaften bei der Verteilung knapper Ressourcen handelt, immer ist das staatliche System bei der Problembewältigung gefordert (Wahlmüller 2017: 6). Insofern müssen auch grundlegende politische Aspekte, wie die Sicherstellung der (Rechts-) Staatlichkeit und funktionierende staatliche Strukturen bei der Frage nach den auslösenden Faktoren umweltbedingter Migration mitbedacht werden.

Politische Stabilität, aber auch die wirtschaftliche Prosperität bestimmen das Ausmaß der Umwelteinflüsse auf die Bevölkerung entscheidend mit. Dass der Faktor Wirtschaft eine zentrale Rolle spielt, wird deutlich, wenn man sich die (klimatischen) Verhältnisse in den Vereinigten Arabischen Emiraten vor Augen führt. Die karge, lebensfeindliche Wüstenregion gedeiht durch den Reichtum an Erdöl, was sich etwa in der Verdreifachung der Einwohnerzahl in den letzten zwanzig Jahren niedergeschlagen hat. Ein auf Subsistenzwirtschaft basierendes Leben wäre in der Wüstenlandschaft kaum möglich und würde zu einer massiven Abwanderung führen. Das komplexe Zusammenspiel von politischen, ökonomischen, kulturellen und ökologischen Faktoren ist daher ausschlaggebend für die individuelle und kollektive Entscheidung zu migrieren – je extremer die Umweltverhältnisse und prekärer die politischen und wirtschaftlichen Rahmenbedingungen, desto höher ist der Migrationsdruck (Opitz Stapleton et. al. 2017: 12).

Daraus ergibt sich als kleinster gemeinsamer Nenner, der für das Migrationsverhalten aller Individuen und Kollektive maßgeblich ist: die Vulnerabilität der persönlichen Lebensbedingungen. Jene Bedingungen können allerdings nur zu einem gewissen Grad von den Individuen selbst beeinflusst werden, sie sind in einem hohen Maß von den politischen, wirtschaftlichen und sozialen Verhältnissen abhängig. In der analysierten Literatur wird in der Vulnerabilität die Verbindung zwischen den unterschiedlichen Faktoren, die zu Migration führen, gesehen. Egal, ob es sich um innerstaatliche politische und wirtschaftliche Unsicherheiten oder staatlich nicht beeinflussbare klimatische und ökologische Bedingungen handelt, die Gefährdung der persönlichen Sicherheit und des Wohlergehens erzeugt jenen vulnerablen Zustand, der maßgeblich den Migrationsverlauf bestimmt (IOM 2009: 22; Rigaud et al. 2018: xxi; Oliver-Smith 2011: 181; Burrows/Kinney 2016: 7; IOM 2017: 4). Gegen die verheerenden Auswirkungen von Stürmen, Überflutungen oder Dürren auf die natürlichen und ökonomischen Ressourcen kann die Bevölkerung ohne die Unterstützung von staatlichen und kommunalen Einrichtungen nichts ausrichten (Opitz Stapleton et. al. 2017: 18). Vor diesem Hintergrund ist die Migration, die zumeist zuerst in die unmittelbare Umgebung, in die Region und erst zuletzt über die nationalen Grenzen hinausführt, als legitimer Schutzmechanismus gegen eine lebensbedrohliche oder zumindest lebensfeindliche Umwelt zu sehen (IOM 2009: 18; Kälin 2010).

Die Untersuchungen zeigen, dass die Bevölkerungen der ärmsten Regionen des Planeten am stärksten und unmittelbarsten von Klima- und Umwelteinflüssen betroffen sind (Rigaud et al. 2018: xix). Denn die wirtschaftlichen, politischen und sozialen Handlungsspielräume sind in jenen Regionen äußerst beschränkt. Dazu kommen oft noch bewaffnete Konflikte oder der Kampf um Ressourcen. Kommt es in diesen Ländern dann zusätzlich zu Naturkatastrophen oder bedrohlichen klimatischen Veränderungen, dann spitzt sich die Situation weiter zu und kann längerfristig zu einer Spirale der Gewalt und Aussichtslosigkeit führen (IOM 2009: 19). Die fatalen Auswirkungen bekommen zunächst die unmittelbar betroffenen lokalen Bevölkerungen zu spüren. Vor dem Hintergrund der globalisierten Wirtschaft und weltweiten Vernetzung werden in weiterer Folge jedoch auch der internationale Handel und die Sicherheit der Bevölkerung in anderen Staaten in Mitleidenschaft gezogen.

Am höchsten ist die Vulnerabilität bei sogenannten „trapped populations". Für diese Bevölkerungsgruppen ist ein Ausweg aus klima- und umweltbedingten Bedrohungen durch Migration aufgrund ihrer äußerst beschränkten Mittel nicht möglich, was bedeutet, dass sie der Bedrohungslage vollkommen ausgeliefert sind (Burrows, Kinney 2016: 7; Wahlmüller 2017: 4). Dazu kommt, dass lebensbedrohliche Umweltbedingungen ihr Alltagsleben aufgrund der Schutzlosigkeit und der meist unmittelbaren Abhängigkeit von landwirtschaftlicher Produktion in voller Härte treffen (Wahlmüller 2017: 4). Die Aussichtslosigkeit auf eine Verbesserung der Lebenssituation verstärkt zudem die ohnehin prekäre Situation.

Konzeptuelle und rechtliche Problematik

Neben dem komplexen Zusammenhang zwischen den politischen und sozioökonomischen Verhältnissen und der Bedrohung durch Klima- und Umwelteinflüsse kommen in der Literatur zwei weitere Problemfelder zur Sprache:

die mangelnden Konzepte für valide Zukunftsprognosen und die rechtlichen Rahmenbedingungen für sogenannte Klimaflüchtlinge. Die Ergebnisse der empirischen Untersuchungen stimmen in der Einschätzung der gegenwärtigen klimabedingten Migration weitgehend überein – wie sich an mehreren Beispielen insbesondere Ländern südlich der Sahara zeigen lässt –, aber es gibt derzeit keine klaren Prognosen über die Entwicklungen der Zukunft. Die Bandbreite der Schätzungen, wie viele Menschen bis Mitte des Jahrhunderts betroffen sein werden, reicht von extrem niedrigen bis zu extrem hohen Werten. Die Prognosen stützen sich auf unterschiedliche Interpretationen von Statistiken und Trendanalysen, sodass sie von 25 Millionen bis zu einer Milliarde Menschen schwanken (Wahlmüller 2017: 6). Aufgrund dieser Schwankungsbreite ist es de facto unmöglich, halbwegs treffsichere Vorhersagen zu erstellen. Des Öfteren war von bis zu 200 Millionen Menschen die Rede – eine Schätzung, die Anfang der 2000er-Jahre erstellt worden war, aber später vom Autor selbst aufgrund inakkurater Angaben widerrufen wurde (Brown 2008; Burrows/Kinney 2016: 4; Opitz Stapleton et. al. 2017). Die Unsicherheit, welches Ausmaß die Problematik in Zukunft annehmen könnte, entzweit nicht nur die Expert/innen, sondern auch die politisch Verantwortlichen, was letztlich zu Handlungsunfähigkeit und Lähmung führt.

Außerdem mangelt es an konkreten Daten und Forschungsinstrumenten, um die direkten Effekte von Klima und Umwelt auf die Migration festzustellen (Burrows/Kinney 2016). Die Klimaeinflüsse auf Gesundheit und Wohlbefinden sind zwar unbestritten, aber kaum erforscht. Das liegt nicht zuletzt daran, dass der Fokus hauptsächlich auf der Erforschung kurzfristiger Extremereignisse liegt. Konkrete Maßnahmen unter Berücksichtigung vielfältiger Parameter sind jedoch von politischer, wirtschaftlicher und zivilgesellschaftlicher Seite absolut vonnöten, denn sobald die unmittelbaren Folgen klima- und umweltinduzierter Einflüsse evident sind, könnte es in vielen Bereichen bereits zu spät für Gegenmaßnahmen sein (Burrows/Kinney 2016: 4).

Die Debatte zu den rechtlichen Grundlagen im Umgang mit klima- und umweltbedingten Fluchtbewegungen ist ebenfalls ein zentrales Thema in der Literatur, denn es fehlen explizite rechtliche Bestimmungen dafür, welche Bevölkerungsgruppen unter dem Begriff Klimaflüchtlinge zu subsumieren sind und welcher Schutz ihnen zu gewähren sei. Die Genfer Flüchtlingskonvention von 1951 (inklusive der Erweiterung 1967) stellt noch immer die international anerkannte rechtliche Basis für den Umgang mit Flucht und Vertreibung dar. In ihr sind die legitimen Fluchtgründe und die Rahmenbedingungen für den Schutz von Menschen, die gezwungen sind, ihre Heimat zu verlassen, festgelegt. Klima und Umwelt fanden damals keine Erwähnung, denn der Fokus lag hauptsächlich auf jenen Fluchtbewegungen, die als Folgewirkung des Zweiten Weltkriegs galten. Migration und Vertreibung durch Umwelt und Klima wird daher bis heute international nicht als legitimer Fluchtgrund anerkannt, sodass im Einzelfall eine große Anzahl an unterschiedlichen regionalen und nationalen Gesetzen zum Tragen kommt (IOM 2007).

Klima- und Umweltgründe kommen allerdings bei der Definition von sogenannten Internally Displaced People (Binnenflüchtlingen) sehr wohl zur Sprache, dort werden (natürliche und vom Menschen verursachte) Umweltkatastrophen dezidiert als Grund für eine erzwungene Migration genannt (OCHA 2004: 1). Jenen Personengruppen, die innerhalb ihrer Staatsgrenzen aufgrund lebensfeindlicher klimatischer Bedingungen und Umwelteinflüsse migrieren, steht daher auch rechtlicher Schutz auf Basis ihrer Staatsbürgerschaft und der Menschenrechte zu (Kälin 2010: 92).

Sobald jedoch internationale Grenzen passiert werden, ändern sich die Gesetze und somit auch der Status und Anspruch auf Schutz. Aus menschenrechtlicher Perspektive ist diese Tatsache äußerst grotesk. Abgesehen davon, dass die Grenzziehungen in zahlreichen Ländern des globalen Südens auf Willkürentscheidungen ehemaliger Kolonialmächte basieren, sind sie politische Konstrukte, die je nach den herrschenden Machtverhältnissen Veränderungen unterliegen – ungeachtet der Zusammensetzung der jeweiligen ethnischen oder sprachlichen Bevölkerungsgruppen und deren historischen Siedlungsgebieten. Umwelteinflüsse und Klimaverhältnisse sind globale Phänomene, selbst bei regionaler oder lokaler Beschränkung sind sie nicht durch Staatsgrenzen einzudämmen. Vor diesem Hintergrund sollte die Überquerung von Landesgrenzen nicht als die entscheidende Bezugsgröße für die Definition der Gewährleistung von humanitärem Schutz herangezogen werden.

Conclusio

Die politischen und sozialen Herausforderungen der klima- und umweltbedingten Migration werden sich mit hoher Wahrscheinlichkeit in den kommenden Jahrzehnten weiter verschärfen und neue Generationen von Entscheidungsträger/innen mit einer Reihe schwieriger Fragen konfrontieren. Auf welcher rechtlichen Grundlage können „Klimaflüchtlinge" als solche definiert und als Flüchtlinge anerkannt werden? Welcher Instrumentarien bedarf es, um den Grad der Bedrohung durch Umweltfaktoren einschätzen zu können? Wie kann die Grenze zwischen freiwilliger und erzwungener Migration gezogen werden? Haben Menschen das Recht auf eine intakte Umwelt? Wird Österreich, die Europäische Union bzw. die „westliche Welt" weiterhin für die Wahrung der Menschenrechte und humanitären Schutz eintreten? Kann der polarisierenden Rhetorik in den Debatten, die darauf abzielt die Gesellschaft zu spalten, Einhalt geboten werden oder werden xenophobe Tendenzen zunehmen?

Fest steht, dass Migration kein eindimensionales Phänomen darstellt und nicht nur auf lokaler Ebene betrachtet werden kann. Umwelteinflüsse und Klimaveränderungen haben vielfach globale Auswirkungen, auch in Gebieten, die gar nicht unmittelbar dafür verantwortlich sind. Lebensbedrohliche Umweltphänomene (Vulkanausbrüche, Erdbeben, der Anstieg des Meeresspiegels) oder der Mangel an natürlichen Ressourcen wie Wasser werden zunehmend zu Verteilungskämpfen und zu Migrationsbewegungen führen. Das bedeutet, dass nicht nur die lokale Politik in den Problemzonen, sondern auch die internationale Politik gefordert ist, da die klimatisch begünstigten und von Umweltbedrohungen weitgehend verschonten Länder aufgefordert sind, den Klima- und Umweltflüchtlingen Schutz zu bieten. Denn gerade die reicheren industrialisierten Staaten tragen wesentlich zu den Klimaveränderungen bei.

In der Auseinandersetzung mit der Literatur hat sich – jenseits der wahrnehmungsverzerrenden emotionalisierten Diskurse – eine Kernaussage herauskristallisiert: Umwelt und Klima werden auch in Zukunft bestimmende Faktoren für das komplexe Zusammenspiel von politischen, sozialen und wirtschaftlichen Verhältnissen bleiben. Die Erkenntnis, dass der Klimawandel und lebensfeindliche Umwelteinflüsse auf das gesamte gesellschaftliche Gefüge einwirken, verweist darauf, dass auch die Lösungsansätze im Umgang mit Umweltbedrohungen auf mehreren Ebenen lokal, regional und global erfolgen müssen. Daher müssen in Zukunft sowohl kurzfristige symptombekämpfende Maßnahmen als auch mittel- bzw. langfristige Schritte gesetzt werden, um ökologische Gefahren realistischer einschätzen bzw. ihnen effektiver entgegentreten zu können.

Die Berücksichtigung der verschiedenen Faktoren – politische, ökonomische und ökologische – führen zu einem größeren Handlungsspielraum für die Bekämpfung der klimabedingten Migration. Dementsprechend sollte auch ein breitgefächerter Maßnahmenkatalog entwickelt werden. Eine eingeschränkte Sichtweise auf politische bzw. ökologische Lösungen wäre demnach nicht zielführend. In jedem Fall ist zunächst eine faktenbasierte wissenschaftliche Analyse der Umstände nötig, um vereinnahmenden populistischen Darstellungen entgegenwirken bzw. die Kritikfähigkeit einer aufgeklärten Bevölkerung fördern zu können.

Literatur

Adger, Neil W. et al. (2014): Human security. In: Climate Change 2014: Impacts, Adaptation, and Vulnerability. Part A: Global and Sectoral Aspects. Contribution of Working Group II to the Fifth Assessment Report of the Intergovernmental Panel on Climate Change.

Blom, Philipp (⁵2017): Die Welt aus den Angeln. Eine Geschichte der kleinen Eiszeit von 1570 bis 1700. München: Hanser Verlag.

Brown, Oli (2008): Migration and Climate Change (= IOM Migration Research Series 31).

Burrows, Kate; Kinney Patrick L. (2016): Exploring the Climate Change, Migration and Conflict Nexus. In: International Journal of Environmental Research and Public Health 13 (4): 443. Basel: MDPI.

Lee, James R. (2011): Climate Change and Armed Conflict: Hot and Cold Wars. London: Routledge.

IOM (2009): Compendium of IOM's Activities in Migration, Climate Change and the Environment. Geneva: International Organisation for Migration.

IOM (2017): Migrants and Migration Policy in the Context of the Adverse Effects of Climate Change and Environmental Degradation. In: Global Compact Thematic Paper | Climate change and environmental degradation. Geneva: International Organisation for Migration.

IPCC (1990): First Assessment Report, Policy Maker Summary of Working Group 2, W.J. McG. Tegart, G.W. Sheldon and D.C. Griffiths (Hg.): Camberra: Australian Government Publishing Service.

IPCC (2007): Climate Change 2007: Impacts, Adaptation and Vulnerability, Contribution of Working Group II to the Fourth Assessment Report of the Intergovernmental Panel on Climate Change. M.L. Parry, O.F. Canziani, J.P. Palutikof, P.J. van der Linden and C.E. Hanson (Hg). Cambridge: Cambridge University Press.

Kälin, Walter (2010): Conceptualising Climate-Induced Displacement. In: Jane McAdam (Hg.): Climate Change and Displacement: Multidisciplinary Perspectives. Oxford [u.a.]: Hart Publishing.

OCHA (2004): Guiding Principles on Internal Displacement, United Nations Office for the Coordination of Humanitarian Affairs. New York: United Nations Publication. Online verfügbar unter https://www.unocha.org/sites/dms/Documents/GuidingPrinciplesDispl.pdf, zuletzt geprüft am 18.12.2018.

Oliver-Smith, Anthony (2011): Sea level rise, local vulnerability and involuntary migration. In: Etienne Piguet, Antoine Pécoud, Paul de Guchteneire (Hg.): Migration and Climate Change. Cambridge: UNESCO Publishing, Cambridge University Press, S. 160–187. Online verfügbar unter http://assets.cambridge.

org/97811070/14855/frontmatter/9781107014855_frontmatter.pdf, zuletzt geprüft am 18.12.2018.

Opitz Stapleton, Sarah; Nadin, Rebecca; Watson, Charlene; Kellett, Jan (2017): Report. Climate change, migration and displacement. The need for a risk-informed and coherent approach. New York-London: Overseas Development Institute and United Nations Development Programme. Online verfügbar unter https://www.odi.org/sites/odi.org.uk/files/resource-documents/11874.pdf, zuletzt geprüft am 18.12.2018.

Ramsbotham, Oliver; Woodhouse, Tom; Miall, Hugh (2011): Contemporary Conflict Resolution, The prevention, management, and transformation of deadly conflicts. Third Edition. Cambridge: Polity Press.

Ransan-Cooper, Hedda; Farbotko, Carol; McNamara, Karen E.; Thornton, Fanny; Chevalier, Emilie (2015): Being(s) framed: The means and ends of framing environmental migrants. In: Global Environmental Change (35), S. 106–115.

Kumari Rigaud, Kanta; Sherbinin, Alex de; Jones, Bryan; Bergmann, Jonas; Clement, Viviane; Ober, Kayly; Schewe, Jacob; Adamo, Susana; McCusker, Brent; Heuser, Silke; Midgley, Amelia (2018): Groundswell: Preparing for Internal Climate Migration. Washington, DC: The World Bank. Online verfügbar unter file:///C:/Users/user/Desktop/Downloads/WBG_ClimateChange_Final%20(1).pdf, zuletzt geprüft am 18.12.2018.

UNHCR (2015): UNHRC, The Environment & Climate Change. Geneva: United Nations High Commission for Refugees. Online verfügbar unter https://www.unhcr.org/en-ie/540854f49.pdf, zuletzt geprüft am 18.12.2018.

Wahlmüller, Johannes (2017): Klimakrise und Migration. Das kaum behandelte Problem. Wien: Global 2000 Report. Online verfügbar unter https://www.global2000.at/sites/global/files/Report_Klimamigration.pdf, zuletzt geprüft am 18.12.2018.

Zetter, Roger (2010): Protecting People Displaced by Climate Change: Some Conceptual Challenges. In: Jane McAdam (Hg.): Climate Change and Displacement: Multidisciplinary Perspectives. Oxford [u.a.]: Hart Publishing.

Globalisierung der Migrationsbewegungen: Afrika.
Warum kommen vermehrt Afrikaner/innen nach Europa?

Stella Asiimwe

Im Zeitalter der Globalisierung ist Migration zu einem festen Bestandteil unseres Lebens geworden. Aufgrund der globalen Güter- und Kapitalmärkte wachsen auch die internationalen Arbeitsmärkte immer weiter zusammen. Die gesellschaftliche Relevanz der Themen Migration, Mobilität, Flucht und Asyl hat in den letzten Jahren weiter zugenommen. Die öffentliche Resonanz ist breit, vielstimmig, auch konflikthaft, ihre mobilisierende und polarisierende Kraft unübersehbar. Auch die emotionale Aufladung der Auseinandersetzung hat – nicht zuletzt aufgrund der Fluchtbewegungen aus den Krisengebieten Afrikas und des Nahen Ostens – an Intensität gewonnen. Die Aktualität des Themas manifestiert sich jedoch nicht nur in der medialen Aufmerksamkeit, auch die zahlreichen migrationsrelevanten Studiengänge, Konferenzen, spezialisierten Fachzeitschriften, die Einrichtung neuer Lehrstühle und die vielen Kunstprojekte zeugen von der Brisanz der Auseinandersetzung.[1]

Bis zur Mitte des 20. Jahrhunderts war Europa ein Auswanderungskontinent, heute sind die meisten Staaten Europas zu Einwanderungsländern geworden (Faßmann 1996: 9).

Auch Österreich, das sich – in Verkennung der Realität – lange Zeit von den großen Migrationsbewegungen weitgehend unberührt wähnte, ist offensichtlich zu einem Einwanderungsland geworden. Die Bevölkerung Österreichs wird gegenwärtig von Einwander/innen aus allen Erdteilen, die aus verschiedensten Gründen ins Land kommen, gleichsam ‚durchmischt'. Dass auch zunehmend Menschen aus afrikanischen Länder dazu zählen, zeigt sich nicht zuletzt daran, dass sich – neben den bereits gängigeren Termini „afroamerikanisch" oder „afrodeutsch" – nun auch der Begriff „afroösterreichisch" einbürgert, um Menschen afrikanischer Abstammung mit österreichischer Staatsbürgerschaft zu bezeichnen.

---

[1] Ein Beispiel ist das seit Oktober 2017 im Weltmuseum Wien präsentierte Kunstwerk „Lifesaver" der italienischen Künstlerin Annalisa Cannito. Der vergoldete Rettungsreifen aus Beton thematisiert die Situation von Flüchtlingen aus dem afrikanischen Raum, die den Weg nach Europa über das Mittelmeer suchen, und die Flüchtlingspolitik der EU.

Kurzer historischer Überblick der Migration von Afrikaner/innen nach Österreich

Der erste dokumentierte afrikanische Einwanderer wurde 1629 im Wiener Stephansdom getauft; vermutlich handelte es sich dabei um einen geflüchteten Sklaven des osmanischen Sultans. Am bekanntesten ist die Geschichte des afrikanischen Sklaven Angelo Soliman, der Mitte des 18. Jahrhunderts im Dienste des Fürsten Lichtensteins eine höfische Karriere machte. Aufgrund seiner heimlichen Heirat wurde er zwar kurzerhand aus dem Dienst entlassen, aber wenig später erneut eingestellt. 1783 trat er in den Ruhestand, pflegte aber weiterhin gute Kontakte zu Mitgliedern der Wiener Gesellschaft. Davon zeugt auch seine Mitgliedschaft in der Freimaurerloge „Zur Wahren Eintracht" in den Jahren 1781 bis 1786. Trotz seines Ansehens – es werden ihm auch Kontakte zu Kaiser Josef II. nachgesagt – wurde sein Leichnam kurz nach seinem Tod 1796 ausgestopft und im „Physikalischen-, Kunst-, Astronomie- und Naturkabinett" ausgestellt (Sauer 2014: 40; Blom/Kos 2011: 252).

Mit dem Kolonialismus erreichte der Sklavenhandel mit Schwarzafrikaner/innen eine bis dahin ungeahnte Dimension. Die vor allem nach Amerika und Europa verkauften Menschen afrikanischer Abstammung wurden zu Dienern und Arbeitssklaven – nur selten bot sich ihnen eine Möglichkeit zum gesellschaftlichen Aufstieg. Menschen schwarzer Hautfarbe finden sich bis Anfang des 20. Jahrhunderts in ganz bestimmten, engen Segmenten des Arbeitsmarkts: im häuslichen Dienst, in der Unterhaltungsbranche (z. B. Zirkus und Varieté) sowie in kirchlichen Einrichtungen. Dutzende afrikanische Mädchen – meist aus Äthiopien, dem Sudan oder Ägypten – wurden beispielsweise in den 1850er-Jahren von italienischen Missionaren in österreichische Frauenklöster gebracht. Hier sollten sie „zivilisiert", religiös erzogen und auf einen späteren Missionseinsatz in Afrika vorbereitet werden. Außerhalb der drei „Nischen" des Arbeitsmarkts fanden Menschen mit afrikanischem Migrationshintergrund nur selten eine Beschäftigung (Achaleke 2011: 10).

Nach 1945 wurde Österreich vor allem für Flüchtlinge aus Osteuropa (Ungarn, ČSSR, Polen) zu einem wichtigen Transitland (Bauer 2008: 4). Die ersten Migrationsbewegungen aus afrikanischen Ländern setzten erst „mit der Normalisierung des Hochschulwesens Anfang der 1950er-Jahre"[2] ein.

---

2 Für einen Einblick in die Geschichte des Hochschulwesens in Österreich empfiehlt sich der Artikel vom Bundesministerium für Wissenschaft, Forschung und Wirtschaft: Heinz Kasparovsky, Ingrid Wadsack-Köchl (2016): Das Österreichische Hoch- schulsystem. [7] https://bmbwf.gv.at/fileadmin/user_upload/Kasparovsky/HsSystem_201602_BF.pdf. Die „Normalisierung" bezieht sich auf das 1955 ▶

Globalisierung der Migrationsbewegungen: Afrika

Das auf Initiative von Kardinal Franz König eingerichtete Afro-Asiatische Institut (1959) trug wesentlich dazu bei, dass Studierende aus Afrika nach Österreich kamen (Sauer 2007: 194). Als „eine der Motivationen für dieses große Bemühen um afrikanische und asiatische Student/innen" bezeichnet Walter Sauer die „Konkurrenz zu den für die Dritte Welt nicht unattraktiven Bildungsdestinationen der sozialistischen Länder in Osteuropa" (Sauer 2007: 193; vgl. auch Langthaler 2010: 201). Es waren vor allem Student/innen aus Ghana, die seit der Unabhängigkeit des Landes von der britischen Kolonialherrschaft im Jahre 1957 zu Bildungszwecken nach Wien migrierten. Es folgten ihnen Studierende aus Nigeria. Nicht alle Hochschulabsolvent/innen kehrten in ihre Herkunftsländer zurück, ein Teil ließ sich auch in Österreich nieder (Waldrauch/Sohler 2001: 356).

Die Aufnahme diplomatischer Beziehungen zwischen Österreich und mehreren afrikanischen Staaten, die sich nach und nach aus der Kolonialherrschaft befreiten, eröffneten ein weiteres Migrationsszenario.

> „Zwischen 1955 und dem großen afrikanischen Unabhängigkeitsjahr 1960 verfügten nur Ägypten und Südafrika über diplomatische Vertretungen (zunächst nur Gesandtschaften) in Wien; […] In den Sechzigerjahren folgten Tunesien sowie Marokko mit Handelsvertretungen […]. Bis 1980 eröffneten Algerien, Libyen, Nigeria und Senegal sowie zeitweise auch Zaire diplomatische Vertretungen in Wien" (Sauer 2007: 195f). In den folgenden Jahren etablierten Äthiopien, Kenia, Namibia, der Sudan, Zimbabwe und Angola neue Botschaften in Wien sowie zum Teil auch Honorarkonsulate in den Bundesländern (Sauer 2007: 196).

Diese Bildungs- und Elitenmigration aus Afrika in den 1960er-Jahren bildete nur eine kleine Minderheit innerhalb der Gesamtbevölkerung – jedoch mit steigender Tendenz: so lag im Jahr 1961 die Anzahl der afrikanischen Staatsbürger/innen in Österreich bei 626 Personen, 1971 bei 1.279 und 1981 bei einer immer noch kleinen Zahl von 3.127 Personen. Erst im Jahr 1991 kann ein sprunghafter Anstieg auf 8.515 Personen verzeichnet werden (Sauer 2007: 192). Harald Waldrauch und Karin Sohler erklären diese signifikante Steigerung mit der Flüchtlings- und Armutsmigration, die seit den 1990er-Jahren zugenommen hat und auch die aktuelle Migration aus den afrikanischen Ländern kennzeichnet (Waldrauch/Sohler 2001: 356).

---

verabschiedete Hochschulorganisationsgesetz, das noch aus dem 19. Jahrhundert stammende Regelungen ablöste und dem Hochschulwesen eine gewisse Autonomie verlieh.

Die ersten afrikanischen Flüchtlinge waren Menschen südasiatischer Herkunft, die 1972 von Präsident Idi Amin aus Uganda ausgewiesen worden waren. Da es sich um ein kleines Flüchtlingskontingent handelte, fanden sie in Österreich Aufnahme (Langthaler 2010: 200).

Für den deutlichen Anstieg der Flüchtlingszahlen in den 1990er-Jahren war vor allem die instabile politische, soziale und ökonomische Lage in Ländern wie Ghana und Nigeria verantwortlich. Unter der Regierung von Jerry Rawlings (1981–2001) kam es in Ghana zu massiven Preiserhöhungen bei einem gleichzeitigen Lohnstopp, zur Abwertung des nigerianischen Cedi, zur Schließung oder Privatisierung unproduktiver Staatsbetriebe und zu einer strikten Sparpolitik. Diese Maßnahmen, die als *Economic Recovery Programm* (Ökonomisches Erholungsprogramm) bezeichnet wurden, bedeuteten enorme soziale Härten für die Bevölkerung. Eine Folge des Programms war, dass der Schulbesuch abnahm, weil immer mehr Kinder durch ihre Arbeit zum Familieneinkommen beitragen mussten. Rawlings konnte sein Wirtschaftsprogramm daher nur mit diktatorischer Gewalt durchsetzen. Der Widerstand gegen die Wirtschaftspolitik, die insbesondere zu Lasten ärmerer Bevölkerungsgruppen ging, wurde unterdrückt, die Oppositionellen wurden eingeschüchtert.

In Nigeria herrschte unter General Sani Abacha von 1993 bis 1998 eine der brutalsten Militärdiktaturen in der nigerianischen Geschichte. Seit den 1990er-Jahren zählen Migrant/innen aus Nigeria zu den größten aus Afrika stammenden Bevölkerungsgruppen in Österreich.[3] Bei den Fluchtbewegungen 2015/2016 stellten sie gemeinsam mit Menschen aus Somalia die größte Flüchtlingsgruppe aus dem afrikanischen Raum dar (Statistik Austria 2017: 37). Doch verglichen mit den Flüchtlingen aus Somalia erhielt ein deutlich geringerer Anteil an nigerianischen Flüchtlingen einen positiven Asylbescheid. (siehe *Abb. 1* und *Abb. 2*)

---

3 Im Jahr 2007 waren die Nigerianer/innen die größte aus Afrika stammende Bevölkerungsgruppe in Wien, mit deutlichem Abstand gefolgt von Zuwander/innen aus Gambia, Ghana, dem Sudan, Kongo, Äthiopien und Liberia (Ebermann 2007: 7). Laut Bundesministerium für Inneres zählte im Jahr 2010 Nigeria als einziges afrikanisches Land zu den Nationen mit den höchsten Asylanträgen. In Österreich stand Nigeria mit 573 Asylanträgen an der vierten Stelle (Achaleke 2011: 6). Auch nach Hüseyin Simsek kamen die meisten afrikanischen Migrant/innen in Österreich aus Nigeria – 2012 waren es etwa 7.500 Personen (Simsek 2017: 96).

Globalisierung der Migrationsbewegungen: Afrika

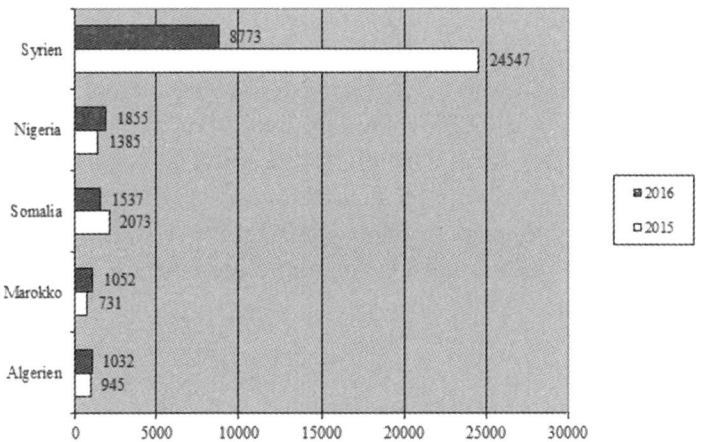

Abb. 1: Anzahl der Asylanträge von Personen aus afrikanischen Ländern 2015 und 2016[4]

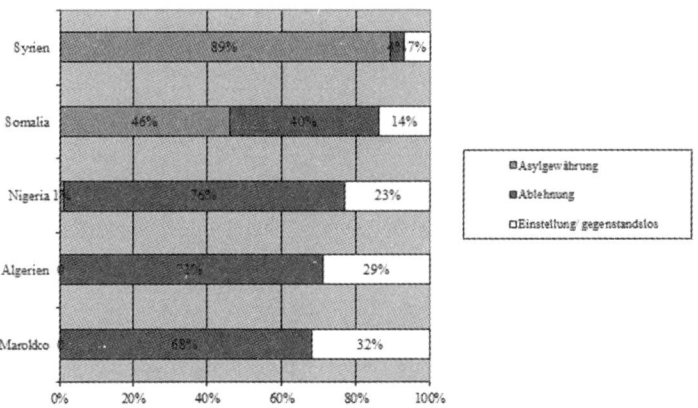

Abb. 2: Asylentscheidungen nach Staatsangehörigkeit 2016

Im Jahr 2014 haben nach dem Statistikamt der Europäischen Kommission (Eurostat) 626.000 Menschen in der Europäischen Union Asyl beantragt, die höchste Zahl seit dem Jahr 1992. Gemessen an der Einwohnerzahl zählte Österreich im Jahr 2016 zu den europäischen Staaten mit den meisten Asyl-

---

[4] Die Anzahl der Asylanträge von syrischen Staatsangehörigen werden zum Vergleich herangezogen, um die Relation zu zeigen.

anträgen: „Von den insgesamt 987.920 Asylanträgen in der Europäischen Union von Jänner bis September des Vorjahres entfielen 34.540 auf Österreich [...]."[5]

Allerdings betrug die Aufnahmequote nigerianischer Asylwerber/innen im Jahr 2016 nur sieben, 2017 nur zwei Prozent.[6] Über zwei Drittel der nigerianischen Asylanträge wurden im Jahr 2016 abgelehnt (siehe *Abb. 2*). Im Vergleich dazu wurde etwa die Hälfte der somalischen Asylanträge positiv entschieden. Das hängt vor allem mit der Rechtslage zusammen. Nach der Genfer Flüchtlingskonvention wird aus ethnischen, religiösen und politischen Gründen verfolgten Menschen Asyl zugestanden – Krieg, Bürgerkrieg oder Hungersnot allein genügen nicht. Zudem war die Krise in Somalia in den österreichischen Medien präsenter.

Betrachtet man die Flüchtlingsstatistiken, sieht man, dass eine große Anzahl an Kindern und Jugendlichen allein, ohne ihre Eltern, aus den Krisenregionen Asiens und Afrikas flüchten. Im Jahr 2014 erreichten etwa 2.000 dieser unbegleiteten minderjährigen Flüchtlinge Österreich. Im Februar 2015 warteten rund 750 Menschen unter 18 Jahren in verschiedenen Bundesbetreuungsstellen – teilweise bereits seit mehreren Monaten – auf eine Zuweisung in Grundversorgungseinrichtungen der Bundesländer (38. Bericht der Volksanwaltschaft 2015: 101).

Nach dem Statistikportal „Statista"[7] sind die meisten Asylwerber/innen aus Afrika unbegleitete Minderjährige (siehe *Abb. 3*) – eine Tatsache, die aufgrund der Bevölkerungsstruktur der Herkunftsländer nicht verwunderlich ist. Beispielsweise sind 70 Prozent der somalischen Bevölkerung unter 30 Jahre alt, 42 Prozent sind im Alter von 14 bis 29 Jahren (Berger 2016: 21).

---

5 Österreich hatte die viertmeisten Asylanträge in der EU. In: Die Presse, 3.1.2017. https://diepresse.com/home/politik/eu/5148861/Oesterreich-hatte-2016-die-viertmeisten-Asylantraege-in-der-EU, zuletzt geprüft am 29.7.2018.
6 Länderdaten.info: Flüchtlinge aus Nigeria. https://www.laenderdaten.info/Afrika/Nigeria/fluechtlinge.php, zuletzt geprüft am 13.4.2018.
7 Statista (2018): Anzahl der unbegleiteten minderjährigen Asylbewerber (UMA) in Österreich nach den zehn wichtigsten Herkunftsländern im Jahr 2017. https://de.statista.com/statistik/daten/studie/467088/umfrage/unbegleitete-minderjaehrige-asylbewerber-in-oesterreich-nach-herkunftslaendern, zuletzt geprüft am 12.4.2018

Globalisierung der Migrationsbewegungen: Afrika

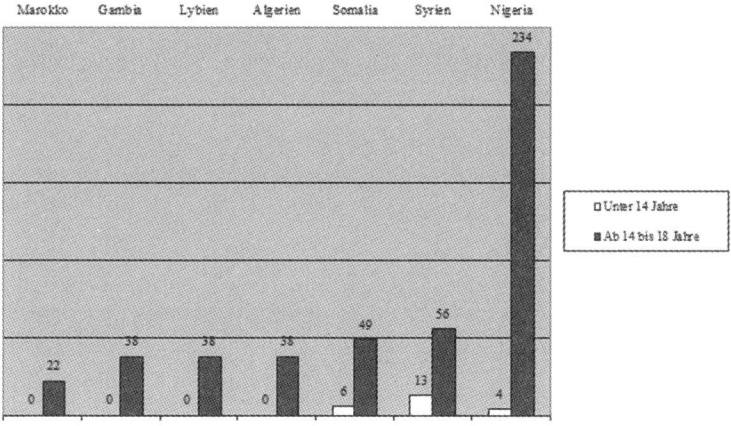

Abb. 3: Anzahl unbegleiteter minderjähriger Asylbewerber (UMA) in Österreich nach den zehn wichtigsten Herkunftsländern im Jahr 2017 (Statista 2018)

Warum kommen gegenwärtig mehr Menschen aus Afrika nach Österreich? Gründe für Flucht und Migration

Migration kann als historische Konstante betrachtet werden, weil es zu fast allen Zeiten mehr oder minder starke Migrationsprozesse gegeben hat. Geografisch betrachtet verliefen die Migrationsbewegungen in unterschiedliche Richtungen, heutzutage vielfach von Süd nach Nord.

In der Regel wird zwischen Migrant/innen und Flüchtlingen unterschieden. Als Flüchtlinge gelten Menschen, die aufgrund einer lebensbedrohlichen Lage – sei es Hungersnot, Krieg oder Verfolgung – aus ihrem Land fliehen. Migranten/innen verlassen ihr Herkunftsland auf der Suche nach Arbeit oder weil sich bereits enge Familienangehörige in dem Zielland befinden etc. Sie haben jedenfalls die Möglichkeit, in ihre Heimat zurückzukehren, sofern sie es wollen. Das entscheidende Unterscheidungsmerkmal ist also der Grad des Zwangs, der aber ganz unterschiedliche objektive und subjektive Ursachen haben kann (Nuscheler 2004: 102). Die Grenzen zwischen Flüchtlingen und Migrant/innen sind daher oftmals nicht so eindeutig zu ziehen, wie es auf den ersten Blick scheinen mag. Was Migrant/innen und Flüchtlinge verbindet, ist die Hoffnung auf ein besseres Leben im Zielland.

Im öffentlichen Diskurs wird oftmals von Schub- und Sogfaktoren, die zu Migrationsbewegungen führen, gesprochen. Schubfaktoren sind die am Herkunftsort als unerträglich oder bedrohlich empfundenen Lebensbedingungen, die die Menschen antreiben, ihre Heimat zu verlassen. Dazu gehören Naturkatastrophen, Bürgerkriege, Kriege, Staatsstreiche oder Revolutionen, politische Verfolgung, aber auch Arbeitslosigkeit und Armut. Sogfaktoren sind die erwarteten Lebensverhältnisse in den Zielländern, wie Frieden, Freiheit, Arbeit, Bildung und Wohlstand, die Menschen dazu veranlassen, den beschwerlichen und oft gefährlichen Weg auf sich zu nehmen. (Nuscheler 2004: 102).

Seit einigen Jahren unterliegen beide Faktoren auch dem Einfluss der Sozialen Medien, die im globalen Süden ebenso intensiv genützt werden wie in Europa. Soziale Medien wie etwa Facebook, WhatsApp oder Twitter bieten die Möglichkeit, Beziehungen mit Menschen in fremden Ländern aufzubauen und so einen tieferen Einblick in die unterschiedlichen Lebensverhältnisse zu erhalten. Dadurch kann die eigene Lebenssituation unerträglicher und hoffnungsloser beziehungsweise das Leben in anderen Ländern verlockender erscheinen. Insbesondere der Austausch mit bereits im Zielland angekommenen Migrant/innen verstärkt die Anreize, da Immigrant/innen dazu tendieren, das neue Lebensumfeld nur von der positiven Seite darzustellen. Über die Sozialen Medien fließen auch sehr viele Informationen zu den jeweiligen Einreise- oder Asylbedingungen „in alle Welt", was den Migrationsprozess erleichtern und damit forcieren kann. Durch die vielfältigen digitalen Kommunikationsmöglichkeiten ist es aber auch einfacher geworden, einen engen Kontakt mit der Familie oder Freunden aufrechtzuerhalten. Trennungsschmerzen lassen sich so leichter ertragen.

Was allerdings oft vergessen wird, ist, dass die Lebensbedingungen auf dem afrikanischen Kontinent schon aufgrund seiner Größe – es gibt 54 Staaten – sehr unterschiedlich sind. Um die Gründe für Flucht und Migration näher beleuchten zu können, werden zwei Länder als Beispiele herausgegriffen: Nigeria im Westen und Somalia im Osten Afrikas. Das sind auch jene Länder, aus denen die meisten afrikanischen Flüchtlinge und Migrant/innen stammen, die derzeit in Österreich leben.

Migration aus Nigeria

Durch die Stadt Agadez in Niger kommen viele Menschen aus Nigeria, die sich über Libyen und das Mittelmeer auf den Weg nach Europa machen wollen. In Gesprächen mit Journalist/innen und Mitarbeiter/innen der Internationalen Organisation für Migration (IOM) geben sie als Fluchtgrund oft die Bedrohung durch die Terroristengruppe Boko Haram an. Daher kursieren mitunter enorme Zahlen in den Medien: Es sind „mehr als 2,1 Millionen Nigerianer, die vor Boko Haram auf der Flucht sind" (Gänsler 2015). Die Journalistin Katrin Gänsler führt in ihrem Artikel jedoch weiter aus, dass tatsächlich nur ein kleiner Teil der nigerianischen Bevölkerung[8] von diesem Terrorismus betroffen ist. Es ist vielmehr ein Zusammenspiel von mehreren Faktoren, weshalb Nigerianer/innen nach Europa kommen. Denn unter den Flüchtlingen, die aus international anerkannten Gründen über das Mittelmeer nach Europa fliehen, befinden sich auch Menschen auf Arbeitssuche, denen es auf legale Art und Weise nicht möglich ist, in die Europäische Union einzureisen. Die bürokratischen und finanziellen Hürden sind zu hoch. Die sogenannten „Wirtschaftsflüchtlinge" sind jedoch in der EU – sofern sie nicht über außerordentliche berufliche Qualifikationen verfügen – unerwünscht und werden wieder zurückgeschickt. Die Gründe, nach Europa zu migrieren, sind allerdings oft nicht trennscharf von Fluchtgründen zu unterscheiden. Denn viele Migrant/innen sind tatsächlich aus ökonomischen Gründen gezwungen, in Europa nach besseren Lebensbedingungen zu suchen. Ob erwünscht oder nicht – Menschen werden immer versuchen, dorthin zu ziehen, wo sie sich eine Chance auf eine bessere Zukunft versprechen.

Schiffe der Organisation Sea-Watch retten Flüchtlinge im Mittelmeer

Abgesehen von Sicherheit und Stabilität sind die EU-Länder für die Flüchtlinge und Migrant/innen natürlich auch aus ökonomischen Gründen inter-

---

8 In Nigeria lebten im Jahr 2016 etwa 186 Millionen Menschen (Weltbank, United States Census Bureau).

essant. Dabei geht es allerdings nicht nur um den persönlichen Wohlstand, sondern oftmals um das Überleben eines größeren Familienverbands. Viele hoffen, im Ausland schnell Arbeit zu finden, um – etwa über Western Union – Geld nach Hause schicken zu können. Die Rücküberweisungen an die zurückgebliebenen Familienmitglieder sind beträchtlich und ein wesentlicher Grund dafür, überhaupt das Herkunftsland zu verlassen. Von einem Bekannten aus Nigeria weiß ich, dass er von seinem Lohn regelmäßig Geld nach Hause schicken musste, um unter anderem die Schulausbildung seiner Geschwister zu finanzieren. Er erzählte, wie sich manche Familien zusammensetzen und beraten, wie sie das nötige Geld aufbringen sollen, um einer Person die Reise nach Europa zu ermöglichen. Diese Person ist dann jedoch verpflichtet, Geld nach Hause zu schicken, nachdem sie in Europa Fuß gefasst hat. Der enge Zusammenhalt von Familien, der oftmals die fehlende soziale Absicherung durch staatliche Einrichtungen ersetzen muss, spielt im Migrationskontext meist eine wichtige Rolle. Lamine Sarr, Lehrbeauftragter am Institut für Geschichte an der Universität Wien, argumentiert in dieselbe Richtung: „[D]ie Beweggründe für Migration und Rücküberweisungen stehen im engen Zusammenhang mit materiellen bzw. finanziellen Schwierigkeiten, aber auch mit Altruismus, Solidarität oder mit einem von der eigenen Familie erzeugten Druck" (Lamine Sarr 2012: 29).

Es stellt sich jedoch die Frage, wie es überhaupt so weit kommt, dass Familien Druck auf junge Menschen ausüben, nach Europa zu gehen, anstatt die Familie im eigenen Land zu unterstützen. An dieser Stelle kommen die Auswirkungen des weltweiten Handels ins Spiel. Wolf Poulet bringt es in einem Artikel in der Frankfurter Allgemeinen Zeitung (FAZ) auf den Punkt:

> „In ihrer Handelspolitik hat die EU seit Jahrzehnten die eigenen Interessen über die des afrikanischen Kontinents gestellt. Sie unterstützt die eigenen Bauern mit erheblichen Subventionen, als Folge davon leiden Geflügelanbieter in Westafrika seit Jahren unter billigen europäischen Importen. Ähnlich die Milchwirtschaft, die mit Milchpulver von Nestlé konkurrieren muss, oder den Tomatenanbauern, die im Wettbewerb mit Tomatenmark aus Italien stehen. Die künstlich verbilligten Produkte aus Europa drücken nicht nur die Preise, sie erschweren auch die Entwicklung einer lokalen Agrarindustrie. Es entstehen deshalb keine Arbeitsplätze" (Poulet 2017).

Im Falle von Nigeria handelt es sich um einen der wichtigsten Rohöl- und Erdgas-Lieferanten der Welt. Der Journalist Tom Burgis stellt fest: „Nur wenige Länder können von sich sagen, eine so bedeutende Quelle des vielleicht wichtigsten Bestandteils der auch heute noch auf Öl basierenden Weltwirtschaft zu sein. Nigerias Erdgasvorräte, laut Schätzungen die achtgrößten der Welt, sind zwar bisher noch kaum ausgebeutet worden, machen aber schon jetzt fünf Prozent aller Importe der Europäischen Union aus" (Burgis 2015: 85).

Doch die Menschen, die an der Quelle des begehrten Öls in der Region des Nigerdeltas leben, profitieren kaum von den Gewinnen, die aus dem Rohstoffhandel resultieren. Sie leiden vielmehr an den Folgen der Erdölförderung, denn die Umwelt wird von dem austretenden Öl und dem Abfackeln der nicht genutzten Gase stark in Mitleidenschaft gezogen. In den westlichen Industrieländern ist das freie Abfackeln von Erdgas längst verboten (Burgis 2015: 223). Aufgrund der verheerenden Armut in der Erdölregion und der mangelnden Unterstützung seitens der politisch Verantwortlichen sehen die Betroffenen oftmals den einzigen Ausweg in der Gewalt gegen die Ölförderwirtschaft. Doch Entführungen von Arbeitern durch lokale Warlords und die Sabotage von Pipelines durch Bunker Gangs erzeugen nur Gegengewalt seitens der Militärs, die die lokale Bevölkerung „unter Kontrolle" halten sollen. Konflikte zwischen verschiedenen ethnischen und religiösen Gruppen machen die Situation noch komplizierter und führen letztlich in einen Teufelskreis von Gewalt und Gegengewalt (Burgis 2015: 223ff; 232f).

Ein weiteres Problem sind die in China billig hergestellten Waren, die nach Nigeria geschmuggelt und auf den lokalen Märkten als nigerianische Produkte verkauft werden. Davon ist insbesondere die Textilindustrie betroffen. Der Staat versucht zwar den heimischen Markt durch das Verbot von Textilimporten aus China zu schützen, aber ohne Erfolg. Es werden weiterhin große Mengen an Textilwaren von Schmugglerketten ins Land gebracht. Mittlerweile stammen 85 Prozent der gehandelten Textilprodukte aus illegalen Importen (Burgis 2015: 82ff). Die Situation hat sich so zugespitzt, dass die gesamte landeseigene Textilindustrie – angefangen von den Baumwollbauern über die Händler bis hin zu den verarbeitenden Betrieben – vor dem Zusammenbruch steht. Die billige und qualitativ minderwertige Warenproduktion in China wird auch von – politisch gut vernetzten – nigerianischen Händlern unterstützt, die sich und ihre Geschäftspartner durch die illegalen Geschäfte enorm bereichern (Burgis 2015: 86ff). Die von der heimischen Textilindustrie abhängigen Menschen hingegen verarmen zusehends und sind daher gezwungen, sich in anderen Regionen des Landes, aber auch in Europa auf die Suche nach Arbeit und besseren Lebensbedingungen zu begeben.

Diese Situation wird durch die global agierenden multinationalen Konzerne verschärft. Sie bestimmen nicht nur die Handelsbeziehungen, sondern letztlich auch die Wirtschafts- und Finanzpolitik vor allem in politisch geschwächten Ländern. Große Handelskonzerne intervenieren oft mit Erfolg in die Gestaltung von Handelsabkommen zu ihren Gunsten. Dadurch werden nicht nur die lokalen Märkte, sondern auch die nationalen Regierungen geschwächt (vgl. Schublach 2017). Das Resultat ist ein globales Wirtschaftssystem, „dem es im Laufe der Zeit gelungen ist, die meisten Weltregionen in zwei Hauptgruppen zu teilen: ‚reiche' industrialisierte Nationen und ‚arme' Agrargesellschaften" (Lamine Sarr 2012: 6). Arme Agrargesellschaften werden, um „am internationalen Markt mithalten" zu können, beispielweise durch den Kauf von hybridem Saatgut, von ihren Handelspartnern abhängig gemacht, ohne jedoch in der Folge tatsächlich am Weltmarkt reüssieren zu können. So gelangen Agrargesellschaften vielfach in einen Teufelskreis von Abhängigkeiten, aus dem sie sich nur schwer befreien können.

Man könnte mit Lamine Sarr sagen, dass die ökonomisch begründeten Flucht- und Migrationsmotive ebenso wie die „Remittance Economy[9] unmittelbar mit dem globalen Migrationsprozess zusammenhängen, zumal sie sich als logisches Ergebnis der asymmetrischen Entwicklung der Weltwirtschaft erweisen" (Lamine Sarr 2012: 24). Vor dem Hintergrund der ungleichen ökonomischen und politischen Machtverhältnisse darf man nicht überrascht sein, wenn viele Menschen aus Afrika nach Europa migrieren.

Migration aus Somalia

Die politischen Zustände in Somalia zwingen viele Menschen aus jenen Gründen zur Flucht, die nach der Genfer Flüchtlingskonvention (GFK) anerkannt sind. Das Land gilt als Land ohne funktionierende Regierung, als ein gescheiterter und zerfallener Staat. Die Mehrzahl der Menschen in Somalia verfügt über eine eigene Waffe. Hunger, Krieg, Warlords, Islamisten und Piraterie bestimmen das Leben in Somalia. Die größte Bevölkerungsgruppe ist zwischen 0 und 14 Jahre alt. Auf 100.000 Lebendgeburten kommen 1.000 Totgeburten. Somalia ist einer der Krisenherde, aus dem weltweit die drittgrößte Anzahl an Flüchtlingen kommt (Ende 2014 waren es 1,11 Millionen Menschen). In Österreich erhöhte sich die Zahl der somalischen Flüchtlinge von 142 im Jahr 2002 auf knapp 2.900 im Jahr 2015. Die Zahl wächst nicht zuletzt deshalb relativ rasch, weil Somalia in den vergangenen Jahren zu den Herkunftsländern mit den meisten positiven Asylbescheiden zählte. (vgl. *Abb. 2.*) Dennoch handelt es sich um eine kleine Bevölkerungsgruppe in Österreich.

Wie ist das Land in eine derartige Krise gekommen? Nach dem Ende der

---

9 Unter der Remittance Economy versteht man die Finanztransaktionen von in den kapitalistischen Zentren lebender Migrant/innen in die Länder der sogenannten Dritten Welt (Lamine Sarr 2012: 23). Je höher die Migrationsrate, desto höher die Rücküberweisungen.

Globalisierung der Migrationsbewegungen: Afrika

Kolonialherrschaft im Jahr 1960 entstanden die inneren Konflikte aufgrund der unterschiedlichen Interessen der nomadischen und sesshaften Clans. Letztere sind größtenteils Bauern und haben einen geringeren Sozialstatus als die viehzüchtenden Nomaden, die mehr als die Hälfte der Bevölkerung ausmachen. Seit 1988 leidet das Land unter bewaffneten Konflikten.

„Nach dem Sturz von Präsident Siad Barre 1991 durch Rebellengruppen mündeten Kämpfe um seine Nachfolge in einen Bürgerkrieg, in dem Clans ihre Machtbereiche absteckten. [...] Die durch den Krieg zerstörte Infrastruktur, geringe Investitionen in die Bildung und ein hohes Bevölkerungswachstum lassen erwarten, dass es noch lange dauern wird, bis sich der Lebensstandard der Bevölkerung merklich verbessert. Hunger und Armut werden somit kurz- bis mittelfristig als Schubfaktoren für Migration bestehen bleiben" (Berger 2016: 15f).

Somali-Frauen und -Kinder warten auf den Umzug in ein neues Lager im Osten Äthiopiens durch die UNHCR. Durch Krieg und Klimawandel wurden sie zu einem Umzug gezwungen.

In den letzten Jahren ist ein weiterer Fluchtfaktor hinzugekommen: der Klimawandel. Somalia ist eines jener Länder, die vom Klimawandel stark betroffen sind. Isabel Pfaff beschreibt in der Süddeutschen Zeitung, dass die Menschen eine solche Dürre noch nie erlebt haben: „[...] seit zwei Jahren hat es in Somalia bis auf wenige Tage nicht geregnet, die Sträucher sind grau, die Erde rissig."[10] Das Klima bedroht das Leben der Somalier, von denen drei Viertel von Viehzucht leben. Besonders schwer trifft es Somaliland, das nicht als Staat anerkannt ist und deshalb keine internationalen Hilfslieferungen erhält. Durch den Wassermangel breiten sich zudem Krankheiten aus, sodass die Menschen vielfach keinen anderen Ausweg wissen, als in benachbarte Länder, aber auch nach Europa zu flüchten. Nach der Genfer Flüchtlingskonvention werden Klimaflüchtlinge jedoch nicht als Flüchtlinge anerkannt. Dennoch gibt es in Österreich einen Fall, in dem einem Somalier, der sein Land wegen der Dürre verlassen hatte, aus Klimagründen subsidiärer Schutz für ein Jahr gewährt wurde (vgl. Kopeinig 2017). Es bleibt allerdings abzuwarten, ob es sich dabei um einen einmaligen Entscheid oder um einen Präzedenzfall handelt. Insbesondere stellt sich die Frage, was nach dem einen Jahr Schutz passieren wird.

Jetzt sind sie hier. Wie sieht die Integration der afrikanischen Communities aus?
Flucht, Asyl und die österreichische Migrationspolitik[11]

Nach dem österreichischen Asylgesetz wird Personen Asyl gewährt, wenn sie glaubhaft machen können, dass ihnen im Herkunftsstaat Verfolgung im Sinne des Artikels 1 Abschnitt A2 der Genfer Flüchtlingskonvention droht. Die

---

10 Vgl. Horn von Afrika. Es geht jetzt nicht um Politik, es geht ums Überleben. In: Süddeutsche Zeitung, 18.3.2018. http://www.sueddeutsche.de/panorama/horn-von-afrika-es-geht-jetzt-nicht-um-politik-es-geht-ums-ueberleben-1.3424957, zuletzt geprüft am 12.4.2018.

11 Die Migrationspolitik wurde von der Arbeitsmigration der 1960er-Jahre und die Asylpolitik von den Fluchtbewegungen aus den kommunistischen Ländern (Ungarn, ČSSR, Polen), für die Österreich nur ein Transitland war, geprägt. Zu Beginn der 1990er-Jahre erfolgte eine Neuorientierung in der Migrationspolitik. Das 1993 in Kraft getretene Aufenthaltsgesetz, das de facto ein Zuwanderungsgesetz darstellte, regelte die Zuwanderung bestimmter Migrantengruppen mittels Quoten. Die damals bereits geplanten Integrationsmaßnahmen in Form von Sprachkursen, Kursen zur beruflichen Aus- und Weiterbildung oder landeskundlicher Unterricht zur Einführung in die österreichische Kultur und Geschichte wurden damals allerdings noch nicht umgesetzt. Zehn Jahre später war es dann so weit: „Seit dem 1. Januar 2003 müssen Österreichs Neuzuwanderer eine Integrationsvereinbarung erfüllen, die sie dazu verpflichtet, an Deutschkursen teilzunehmen, um sich möglichst rasch in das gesellschaftliche, kulturelle und wirtschaftliche Leben eingliedern zu können. Die mit der Fremdengesetznovelle in Kraft getretene Neuerung sieht bei Nichtteilnahme Sanktionen vor, die bis hin zum Entzug des Niederlassungsnachweises führen können" (Currle 2004: 241).

Konvention definiert eine Person als Flüchtling, wenn sie sich aus der begründeten Furcht vor Verfolgung wegen ihrer Rasse, Religion, Nationalität, Zugehörigkeit zu einer bestimmten sozialen Gruppe oder ihrer politischen Überzeugung außerhalb des Landes befindet, dessen Staatsangehörigkeit sie besitzt und den Schutz dieses Landes nicht in Anspruch nehmen kann oder wegen der genannten Befürchtungen nicht in Anspruch nehmen will. Das Gleiche gilt für eine staatenlose Person, die sich aufgrund von Verfolgung außerhalb des Landes, in dem sie sich für gewöhnlich aufhielt, befindet und nicht dorthin zurückkehren kann oder wegen der erwähnten Befürchtungen nicht dorthin zurückkehren will (vgl. UNHCR 1951). Von dieser Regelung sind Menschen, die aus ökonomischen Gründen flüchten, ausgenommen. Daher finden die vielen nigerianischen Flüchtlinge, die unter der Kategorie „Wirtschaftsflüchtlinge" subsumiert werden, keine Aufnahme.

Politische Instanzen der EU drängten nicht zuletzt aufgrund der sogenannten Flüchtlingskrise 2015 auf eine gemeinsame europäische Asylpolitik. Ein Ansatz bestand darin, die Flüchtlinge nach bestimmten Quoten in den EU-Staaten zu verteilen, um die Länder an den EU-Außengrenzen, wie Italien, Griechenland oder Spanien, zu entlasten. Insbesondere jene EU-Staaten, in denen es derzeit starke nationalistische Strömungen gibt, lehnten diesen Vorstoß jedoch entschieden ab.

Seit Dezember 2017 fordert auch die österreichische Regierung unter Bundeskanzler Sebastian Kurz eine Kursänderung in der Flüchtlingspolitik. Bundeskanzler Kurz lehnt die Verteilung von Migrant/innen in der EU nach festen Quoten ebenfalls ab und tritt dafür ein, dass jeder Staat selbst entscheiden soll, wie viele Menschen er aufnehmen will. Zudem kritisiert er die verschwommenen Grenzen zwischen Flucht- und Wirtschaftsmigration.[12] Auch der Koalitionspartner FPÖ fordert eine klare Trennung zwischen Flüchtlingen und Migrant/innen sowie weitere Maßnahmen für den Außengrenzschutz, um die Europäische Union vor den Flucht- und Migrationsbewegungen abzuschirmen. Innenminister Herbert Kickl (FPÖ) plädiert dafür, „dass außereuropäische Asylwerber keinen Asylantrag auf europäischem Boden mehr stellen können und sie bis zu einer Entscheidung in ‚Transitzonen' bleiben müssen."[13]

---

[12] Kurz fordert Änderung in der Flüchtlingspolitik. In: Die Zeit, 24.12.2017. https://www.zeit.de/politik/ausland/2017-12/sebastian-kurz-fluechtlingspolitik-europa-umverteilung-irrweg, zuletzt geprüft am 21.5.2018.
[13] Kickl lehnt raschen Systemwechsel in EU Flüchtlingspolitik ab. In: Der Standard, 12.4.2018. https://derstandard.at/2000077825865/Kickl-lehnt-raschen-Systemwechsel-in-EU-Fluechtlingspolitik-ab?ref=rec, zuletzt geprüft am 26.4.2018;

Die oppositionelle SPÖ kritisiert, dass zu geringe Anstrengungen unternommen werden, die Asylverfahren zu verkürzen.[14] Denn die lange Unsicherheit über den Aufenthaltsstatus bedeutet eine enorme Belastung für viele Flüchtlinge und Asylwerber/innen. Zudem würden die verordneten Deutschkurse und Integrationsmaßnahmen nicht in dem erwünschten Maße greifen, wenn die Flüchtlinge nicht sicher sein können, dass ihnen dauerhaftes Asyl in Österreich gewährt wird – gibt eine afrikanische Asylwerberin zu bedenken.[15]

Flüchtlinge demonstrieren gegen die Festung Europa in einem Marsch von Traiskirchen nach Wien am 24.11.2012

Lebensgestaltung und Barrieren der Integration von Afrikaner/innen

In der Auseinandersetzung um die Migrations- und Asylpolitik wurde „Integration" zu einem Leitbegriff in Politik, Gesellschaft und Medien. In Österreich, aber auch auf europäischer Ebene, ist er aus den öffentlichen Debatten nicht mehr wegzudenken. Die beiden Begriffe „Migration" und „Integration" scheinen geradezu untrennbar zusammenzugehören, obwohl es schon seit längerem einen von Migrationsforscher/innen und Aktivist/innen ge-

---

Kickl schiebt jetzt IS Kämpfer ab. http://www.oe24.at/oesterreich/politik/Kickl-schiebt-jetzt-IS-Kaempfer-ab/319902200, zuletzt geprüft am 26.4.2018.
14 Fremdenrechtpaket kostet mehr als zwei Millionen Euro. In: Der Standard, 19.4.2018. https://derstandard.at/2000078207392/Fremdenrechtspaket-kostet-mehr-als-zwei-Millionen-Euro?ref=rec, zuletzt geprüft am 26.4.2018.
15 Die Asylwerberin möchte anonym bleiben.

führten kritischen Diskurs zum Integrationsbegriff gibt.[16] „Die Integration meint (wörtlich: ‚Wiederherstellung des Ganzen') im Allgemeinen die Einbeziehung in ein übergeordnetes Ganzes, die Eingliederung eines Individuums in eine soziale Gruppe: den Vorgang, der zur Bindung einer Einheit führt" (Knoll 2007: 284). Die Integration der Eingewanderten erschöpft sich daher „nicht in deren Zutritt zum Territorium, zum Arbeits- und Wohnungsmarkt, Bildungswesen und politischen System. Bei umfangreicher und kontinuierlicher Immigration kann die Integration nur dann gelingen, wenn sich die aufnehmende Gesellschaft selbst als Einwanderungsland begreift, d. h. Immigration nicht als Gefährdung von Kohäsion versteht, sondern als ein Element ihres kollektiven Selbstverständnisses" (Waldrauch 2001: 31). Nach Heckmann „sind die Konsequenzen für Integration mit den Formen und Arten von Migration verbunden" (Heckmann 2015: 23).

Der Begriff „Integration" ist zwar erneut in aller Munde, aber es findet so gut wie keine öffentliche Diskussion über dessen Bedeutung statt. Ohne konkret zu benennen, was tatsächlich unter „Integration" zu verstehen ist, wird eine ‚gelungene Integration' vielfach als zentrales Ziel der Migrationspolitik definiert. Die Grundannahme ist, dass die Integration gleichermaßen eine Win-Win-Situation für Flüchtlinge und Aufnahmeland wäre. Ein Blick in andere Länder zeigt aber, dass es durchaus unterschiedliche Ansätze im Umgang mit Zugewanderten gibt. Es würde sich auch für Österreich lohnen, den Blick über die Grenzen zu wagen – nicht zuletzt in afrikanische Länder –, um eine offenere Diskussion führen zu können.

Denkt man an arme Länder, die große Zahlen an Flüchtlingen aufnehmen, kommen schnell Bilder von gigantischen Zeltlagern in den Sinn, in denen Menschen unter katastrophalen Bedingungen und ohne irgendeine Perspektive leben. Dass das nicht so sein muss, zeigt Uganda, ein Land, das – freilich mit internationaler finanzieller Unterstützung[17] – etwa 1,3 Millionen Flüchtlinge bei einer Gesamtbevölkerung von etwa 41,49 Millionen Menschen aufgenommen hat (vgl. Weltbank 2016). Die Frage nach der Integration der Flüchtlinge stellt sich dort niemand, sie wird auch im öffentlichen Diskurs als irrelevant erachtet. Der Staat stellt den Flüchtlingsfamilien

---

16 Zum kritischen Diskurs zum Begriff „Integration" vgl. Sabine Hess, Johannes Moser (2009): Jenseits der Integration. Kulturwissenschaftliche Betrachtungen einer Debatte. In: Jana Binder, Sabine Hess, Johannes Moser (Hg.): No Integration?! Kulturwissenschaftliche Beiträge zur Integrationsdebatte in Europa. Bielefeld: Transcript.
17 Die Unterstützung Ugandas mit 85 Millionen Euro ist eine Maßnahme „zur Bewältigung des Flüchtlingszustroms aus dem Bürgerkriegsland Südsudan" (Die Presse, 22.6.2016).

ausreichend Land zur Selbstversorgung zur Verfügung, wobei es ihnen freigestellt ist, in welcher Form sie es nutzen. So ist es auch möglich, dass sich die Flüchtlinge untereinander zusammenschließen und vernetzen, um das erhaltene Land gemeinsam und effizienter zu nutzen. Eine Durchmischung mit der ansässigen Bevölkerung wird nicht gefördert, aber auch nicht gefordert. Auch das Erlernen einer der Landessprachen wird nicht unbedingt als notwendig erachtet. Denn es wird den Flüchtlingsgruppen zugestanden, dass sie sich in ihrem eigenen – ihrer Herkunft entsprechenden – sozialen Umfeld bewegen. Dass sich jeder Mensch an die Gesetze des Gastlandes halten muss, wird als selbstverständlich vorausgesetzt. Will ein Geflüchteter am ugandischen Arbeitsmarkt Fuß fassen, hat er aufgrund der Arbeitserlaubnis die formale Voraussetzung dafür. Er muss dies aber – ebenso wie andere Formen der Teilhabe an der ugandischen Gesellschaft – aus eigenem Antrieb verfolgen.

Die geringen materiellen Mittel, die den Flüchtlingen zur Verfügung gestellt werden, ermöglichen ihnen ein menschenwürdiges Dasein und eröffnen ihnen die Möglichkeit, sich bis zur Rückkehr in ihre Herkunftsländer „etwas aufzubauen". Indem die Flüchtlinge die notwendigen Ressourcen zur Selbstversorgung erhalten, wird zugleich verhindert, dass es zu einem Verdrängungsprozess am ohnedies angespannten ugandischen Arbeitsmarkt kommt. Selbstverständlich kann die Situation eines ostafrikanischen Landes, dessen ländliche Bevölkerung zum Großteil von Subsistenzwirtschaft lebt, nicht einfach mit einem reichen industrialisierten mitteleuropäischen Land verglichen werden. Aus der Perspektive der ugandischen Flüchtlingspolitik erscheinen die österreichischen Anforderungen an Asylwerber/innen allerdings als „über das Ziel hinausschießend". Es stellt sich die Frage, warum vor dem Krieg geflüchtete Menschen, die oftmals nur auf die Rückkehr ins Herkunftsland warten, dazu gezwungen werden, eine neue Sprache, andere sozialen Verhaltensformen, die Geschichte des Aufnahmelandes und noch vieles mehr zu erlernen, was im Allgemeinen als Voraussetzung für eine „gelungene Integration" gilt.

Unterschiedliche Ansätze im Umgang mit Flüchtlingen, aber auch mit Migrant/innen, die zu einem Gutteil aus wirtschaftlichen Gründen ihr Land verlassen haben, weiterzudenken, erfordert sicherlich noch einige Kreativität. Denn selbst, wenn die Zugewanderten im Land bleiben wollen, stellt sich die Frage, was es wirklich braucht, um in einem Land ankommen zu können.

Integration am Arbeitsmarkt

Rainer Eppel, Arbeitsmarktexperte am Österreichischen Institut für Wirtschaftsforschung (WIFO), weist auf weitere Herausforderungen im Zusammenhang mit der Integration von geflüchteten Menschen hin:

„Die Integration von anerkannten Flüchtlingen und subsidiär schutzberechtigten Personen in den österreichischen Arbeitsmarkt wird in den nächsten Jahren zweifelsohne eine große Herausforderung darstellen. Aus zwei Gründen: Erstens zeichnet sich die Lage am österreichischen Arbeitsmarkt gegenwärtig durch eine so hohe Arbeitslosigkeit wie zuletzt vor rund 60 Jahren aus. Ende Oktober 2015 waren einschließlich AMS-Schulungen bereits 410.854 Personen beim AMS arbeitslos vorgemerkt. […] Zweitens benötigen aus Fluchtgründen zugewanderte Menschen Zeit, um im Zielland ‚anzukommen'. Sie sind oftmals traumatisiert, müssen von Grund auf die deutsche Sprache und die lateinische Schrift erlernen, sind nicht vertraut mit der österreichischen Kultur und haben nicht die sozialen Netzwerke, die ihnen den Einstieg in Beruf und Gesellschaft erleichtern. Dazu kommt, dass ihnen häufig die qualifikatorischen Voraussetzungen fehlen, um sofort auf dem Arbeitsmarkt Fuß fassen zu können. Schon alleine die Erhebung und Anerkennung der im Ausland erworbenen Qualifikationen gestaltet sich aufgrund von Sprachbarrieren, fehlenden Dokumenten und Unterschieden in Ausbildungs- und Berufssystemen schwierig."[18]

Denn – so führt Rainer Eppel weiter aus – werden die Perspektiven von Flüchtlingen am Arbeitsmarkt verbessert, können die Folgekosten einer unzureichenden Integration vermieden werden.

Migrationsgeschichte als Problem im Schulsystem

Die Frage der Schulbildung ist für die vielen jungen Menschen, die nach Österreich kommen, von besonderer Bedeutung. (Siehe *Abb. 3*) Aufgrund der steigenden Anzahl an Kindern mit Migrationshintergrund nimmt auch die Zahl der in den Schulen gesprochenen Sprachen zu. Diese Heterogenität stellt die Lehrenden vor besondere Herausforderungen, auf die das österreichische Schulsystem sehr spät reagiert hat, wie Heidi Schrodt, die Vorsitzende der Initiative „Bildung Grenzenlos", ausführt:

„Österreichs Schulsystem hat sehr verspätet, und auch nur punktuell, auf Zuwanderung reagiert. Das System ist noch immer auf eine homogene, einsprachige Schülerschaft ausgerichtet. Da eine große Schulreform seit Jahrzehnten an den sattsam bekannten Blockaden – Stichwort Gesamtschule – bereits im

---

18 Angekommen. Was nun? In: MO. Magazin für Menschenrechte 2015 (41), S. 29. https://www.sosmitmensch.at/dl/mlLrJlmJOMJqx4KJK/MO41_Magazin.pdf, zuletzt geprüft am 11.12.2018.

Ansatz scheitert, wird es auch im Bereich der Maßnahmen für eine mehrsprachige Schule in absehbarer Zeit keinen großen Wurf geben."[19]

Im Gegenteil, die Budgetpolitik der derzeitigen Regierungskoalition (ÖVP/FPÖ) weist in eine andere Richtung: die Gelder für Integrationsmaßnahmen in den Schulen wurden halbiert. Das heißt 40 Millionen Euro weniger für Schulsozialarbeit und Sprachförderung. Indes skandalisiert Vizekanzler Heinz-Christian Strache „Integrationsprobleme" an Wiens Schulen. Die Sprachförderung ist jedoch sehr wichtig für junge Menschen, will man ihnen tatsächlich Bildungschancen eröffnen. Denn die meisten Aus- und Weiterbildungsangebote erfordern gute Deutschkenntnisse. Die Statistik[20] zeigt, dass nicht zuletzt aufgrund der genannten Probleme im Schulsystem ein großer Teil der Schüler/innen mit Migrationshintergrund nicht über den Pflichtschulabschluss hinauskommt.[21] Oftmals werden sie auch aufgrund mangelnder Sprachkenntnisse in Sonderschulen gesteckt. Die Schüler/innen kommen also vielfach in Bildungseinrichtungen, die ihnen die notwendigen Qualifikationen für einen Aufstieg im Schulsystem nicht bieten. Schulversagen und hohe Abbruchquoten charakterisieren daher die Bildungskarrieren von Jugendlichen mit Migrationshintergrund (Oberlerchner 2017: 36).

Heidi Schrodt weist auf eine weitere Hürde im Bildungssystem für Jugendliche mit Migrationshintergrund hin:

„Wenn Jugendliche zu uns kommen, die älter als 15 Jahre sind und keinen Pflichtschulabschluss nachweisen können, dürfen sie hierzulande nicht mehr die Schule besuchen. Dieser (gesetzliche) Missstand betrifft ganz besonders

---

19 Angekommen. Was nun? In: MO. Magazin für Menschenrechte 2015 (41), S. 31. https://www.sosmitmensch.at/dl/mlLrJlmJOMJqx4KJK/MO41_Magazin.pdf, zuletzt geprüft am 11.12.2018.
20 Laut Statistik der Medien-Servicestelle Neue ÖsterreicherInnen: „192 SchülerInnen mit somalischer Staatsbürgerschaft besuchten im Schuljahr 2009/10 die Schule in Österreich, davon besuchten die meisten Volksschulen oder Hauptschulen (10 SchülerInnen waren in der Sonderschule), alle anderen verteilten sich auf Polytechnische Schulen, Berufsschulen und Berufsbildende Mittlere Schulen, die Neue Mittelschule sowie Allgemeinbildende Höhere Schulen" (Beer 2015: S. 89). 2009/2010 befanden sich 24 Prozent der SchülerInnen mit nigerianischer Staatsbürgerschaft in der Hauptschule, 7 Prozent in der AHS, 4 Prozent in einer Sonderschule.
21 Vgl. auch İnci Dirim/Paul Mecheril/Claus Melter (2010): Umgang mit migrationsbedingter Heterogenität im österreichischen Bildungssystem. https://www.beltz.de/fileadmin/beltz/kostenlose-downloads/9783407342058.pdf, zuletzt geprüft am 11.12.2018.

Flüchtlinge. Hier kann nur eine Gesetzesänderung Abhilfe schaffen, etwa nach dem schwedischen Modell, wo alle Jugendlichen das Recht auf kostenlosen Schulbesuch haben, bis sie 19 Jahre alt sind, ‚QuereinsteigerInnen' noch drei Jahre länger. Aus moralischen, aber auch aus ökonomischen Gründen können wir es uns nicht leisten, diese Jugendlichen ins Abseits zu schicken."[22]

Diskriminierung

„Angesichts der zu so unterschiedlichen Zeiten und in so unterschiedlichen gesellschaftlichen Kontexten stattgefundenen Zuwanderung seit 1945 sind eine soziale Differenzierung innerhalb der Bevölkerungsgruppe afrikanischer Herkunft sowie demgemäß Unterschiede in ihrer Integrations- und Diskriminierungserfahrung wahrscheinlich" (Sauer 2007: 205).

Als wichtigste Barriere für die Integration werden Vorurteile und Diskriminierung gesehen. Vorurteile gegenüber Menschen aus Afrika können bereits bei Kindern und Jugendlichen in den Schulen befördert werden. Die in den Schulbüchern repräsentierten ‚Wirklichkeiten' haben einen nachhaltigen Einfluss darauf, welche Vorstellungen die Schüler/innen mit den unterschiedlichen Kontinenten, Ländern und deren Bewohner/innen verbinden. Das Bildungssystem kann differenzierte Perspektiven auf „Land und Leute" fördern oder gängige Stereotype bestätigen. In Bezug auf Afrika und die afrikanische Bevölkerung existieren viele Vorurteile und rassistische Zuschreibungen, die in der Vergangenheit geprägt wurden, aber bis heute nachwirken.

Thomas A. Bauer bringt es auf den Punkt: „Alles, was wir hier von Afrika wissen, wissen wir über Medien. Was immer auch heißt: Die Perspektive der Medien folgt einem ihnen eigenen Interessensprofil" (Bauer 2012: 15). Im globalen Machtgefüge wird Afrika eine minderwertige Rolle, eine „Opferrolle" zugewiesen, die durch eine verzerrende Medienberichterstattung zusätzlich unterstrichen und immer wieder hervorgehoben wird (Bauer 2012: 17). In Österreich lebende dunkelhäutige Menschen werden in den Medien stets als „Problem" betrachtet und vor allem mit kriminellen Aktivitäten, z. B. dem Drogenhandel, in Verbindung gebracht (Mutombo 2010: 190; 197). Eine Folge dieser Mediendiskurse ist, dass Afrikaner/innen öfter als andere Bevölkerungsgruppen mit Polizeikontrollen konfrontiert sind.

Walter Sauer betont, dass praktisch alle Untersuchungen eine generelle Diskriminierungsgefährdung von Afrikaner/innen zeigen, ungeachtet ihrer

---

22 Angekommen. Was nun? In: MO. Magazin für Menschenrechte 2015 (41), S. 32. https://www.sosmitmensch.at/dl/mlLrJlmJOMJqx4KJK/MO41_Magazin.pdf, zuletzt geprüft am 11.12.2018.

jeweiligen rechtlichen und beruflichen Position. Diese Situation hat sich in den letzten Jahren durch die Wirtschaftskrise noch deutlich verschärft. Sie führte zu steigender Arbeitslosigkeit und Kürzungen von öffentlichen Ausgaben insbesondere in den Bereichen Bildung, Gesundheit und Sozialpolitik. In Zeiten knapper Ressourcen grenzen sich viele Menschen noch mehr von Zugewanderten ab, da diese als Bedrohung für den eigenen sozialen Status erscheinen. So erklärt sich nach Sauer die anhaltend negative Wahrnehmung von Migrant/innen und Asylwerber/innen (Sauer 2007: 205).

Derzeit herrscht in Österreich zwar keine Wirtschaftskrise, dennoch lassen sich – nicht zuletzt aufgrund der Flucht- und Migrationsbewegungen 2015/2016 – ähnliche Wahrnehmungsmuster und politische Maßnahmen feststellen: Sozialabbau und eine zunehmend restriktive Asyl- und Migrationspolitik.

Nicht zuletzt aufgrund der Diskriminierungen, denen Menschen mit schwarzer Hautfarbe ausgesetzt sind, stellen Initiativen und Vereine wichtige Auffangnetze für Migrant/innen dar. Der Zusammenhalt und die Vernetzung innerhalb der jeweiligen Communities sind insbesondere in den Anfangsjahren für Migrant/innen von großer Bedeutung. Ein Beispiel dafür ist die „National Association of Nigerian Community Austria" (NANCA), der Dachverband der nigerianischen Vereine in Österreich. Für Somalis gibt es „Hooyo, Integral – Verein zur Förderung der gesellschaftlichen Teilhabe in Österreich lebender Somalis" (Beer 2015: 90). Die Vereinsarbeit kann sich vor allem dann positiv auf die Integration der Mitglieder auswirken, wenn es den Organisationen gelingt, Probleme zu identifizieren und gemeinsam Lösungen zu entwickeln. Waldrauch und Sohler haben in ihrer Forschungsarbeit zu Migrantenorganisationen in urbanen Zentren festgestellt, dass die Bildung afrikanischer Vereine eine besondere Art der Selbstorganisation von Migrant/innen darstellt, die „[…] vor allem durch die maßgebliche Rolle von Minorisierung und Rassismus für die Organisationsbildung charakterisiert werden kann" (Waldrauch/Sohler 2004: 355). Ein gutes Beispiel dafür, ist der bereits erwähnte Verein NANCA. Er entstand nach dem Tod von Marcus Omofuma, der von österreichischen Polizisten im Zuge seiner Abschiebung nach Nigeria geknebelt wurde und dadurch ums Leben kam (vgl. Medien-Servicestelle Neue Österreicher/innen 2012). Die verantwortlichen Polzisten wurden allerdings nur zu einer bedingten Haft von acht Monaten verurteilt, weil das Gericht auf fahrlässige Tötung entschied. Das milde Urteil war Anlass zu heftiger Kritik. Zur Erinnerung an den Tod Omofumas schuf die Künstlerin und Bildhauerin Ulrike Truger auf eigene Kosten ein Denkmal, das schließlich im 7. Wiener Gemeindebezirk seinen Platz fand (vgl. Medien-

Servicestelle Neue Österreicher/innen 2012; vgl. Hintermann 2016).

Die Afrika Vernetzungsplattform (AVP), die 2010 gegründet wurde, und über 40 afrikanische Vereine und Initiativen umfasst, hat einen ähnlichen Charakter. Sie sieht ihre Aufgabe jedoch nicht nur in der Vernetzung der „African Communities" in Österreich und auf internationaler Ebene, sondern vor allem in der „Bewusstseinsbildung für die Lebenssituation von AfrikanerInnen in Österreich". Daher ist es der Plattform ein besonderes Anliegen, stereotypen Bildern und Diskursen differenziertere Darstellungen entgegenzusetzen (vgl. VIDC 2010).

Omofuma-Denkmal in Wien Neubau

Fazit und Ausblick

Migrant/innen aus afrikanischen Ländern sind in Österreich in besonderem Maße von Rassismus und Diskriminierungen betroffen, da sie aufgrund ihrer Hautfarbe stärker auffallen als andere Migrant/innengruppen. Diskriminierung und rassistisch motivierte Angriffe auf Menschen mit dunkler Hautfarbe sind aber auch Teil eines strukturellen Rassismus. So werden Menschen mit schwarzer Hautfarbe öfter Opfer von polizeilichen Übergriffen. Aggressionen von Seiten der Polizei waren die Motivation für die Gründung einer Sensibilisierungsinitiative „Polizei und AfrikanerInnen", die heute unter dem Verein „Fair und sensibel" bekannt ist und von Polizist/innen geleitet wird.

Der strukturelle Rassismus manifestiert sich aber auch darin, dass Afroösterreicher/innen trotz ihres vielfach hohen Ausbildungsniveaus kaum in einflussreichen öffentlichen Stellen tätig sind.

Es braucht daher in Österreich einen breiten öffentlichen Diskurs zum Thema Rassismus, aber auch konkrete Maßnahmen zur Stärkung antirassistischer Initiativen, um so der Diskriminierung von Menschen mit dunkler Hautfarbe entgegenzuwirken. Vor diesem Hintergrund ist die Arbeit von Organisationen wie „Zivilcourage und Anti-Rassismus-Arbeit" (ZARA) hochzuschätzen. Aber auch afrikanische Communities selbst sollten verstärkt dazu beitragen, die kritische Auseinandersetzung mit dem Rassismus voranzutreiben.

Erfolgreiche Integration erfordert Geduld und Zeitressourcen seitens der Aufnahmegesellschaft ebenso wie der Flüchtlinge und Migrant/innen. Ein wesentlicher Aspekt, der das Ankommen in einem neuen Lebensumfeld erleichtert, ist eine berufliche Perspektive. Es müssten daher Maßnahmen entwickelt werden, die es ermöglichen, die Qualifikationen und Kompetenzen von Flüchtlingen anzuerkennen oder zu verbessern, um die Menschen möglichst rasch in den Arbeitsmarkt integrieren zu können. Würden die politisch Verantwortlichen eher den Blick auf die Fähigkeiten und Potenziale der Migrant/innen richten, könnten diese auch mehr als Bereicherung und weniger als ‚Problem' wahrgenommen werden.

Da die antirassistische Sensibilisierung möglichst früh beginnen sollte, sind die Lehrer/innen in Schulen besonders gefordert. Schüler/innen beziehen ihre Vorstellungen von Afrikaner/innen abgesehen von den Massenmedien vor allem aus den Unterrichtsmaterialien. Daher sollte ein besonderes Augenmerk darauf gerichtet werden, dass die Schulbücher keine klischeehaften oder gar rassistischen Zuschreibungen enthalten. Mit der Verbesserung der Schulbücher und Unterrichtsmaterialien allein ist es aber sicher nicht getan. Schließlich kommt es im Unterricht insbesondere darauf an, wie die Lehrer/innen mit den Materialien umgehen und den Unterricht gestalten. Da im öffentlichen Diskurs vielfach die kulturellen Differenzen in der Migrationsgesellschaft betont werden, könnte ein kultureller Austausch zwischen Migrant/innen und Nicht-Migrant/innen im Unterricht dazu beitragen, gängigen Vorurteilen entgegenzuwirken.

„Eine Aufgabe und Verantwortung der Schule demokratischer Gesellschaften besteht darin, dass Faktoren wie ‚Migrationshintergrund' nicht zu einer systematischen Schlechter-Stellung führen" (Dirim/Mecheril/Melter 2010: 22). Oft sind es Initiativen der Zivilgesellschaft, wie das „Projekt Schule für Alle" (PROSA) in Wien, die versuchen, gegen Benachteiligungen anzukämpfen. Den jungen Flüchtlingen wird im Rahmen dieses Projekts die Möglichkeit geboten, den Pflichtschul-Abschluss nachzuholen. Angesichts der steigenden Zahl an minderjährigen Flüchtlingen stoßen die Kapazitäten des Projekts an ihre Grenzen. Derartige Projekte können jedoch nicht nur von zivilgesellschaftlichem Engagement getragen werden, es bedarf einer höheren Unterstützung seitens des Staates.

Freihandelsabkommen, die einen mehr oder minder ‚freien Handel' zwischen den beteiligten Staaten ermöglichen, tragen nicht nur zur Globalisierung des Warenverkehrs bei. Die rasche Zunahme des transnationalen Kapital-, Handels-, Technologie- und Informationsflusses wirkt sich auch auf die internationale Migration aus. Von den Freihandelsabkommen profitieren in der Regel die industrialisierten Staaten und multinationalen Konzerne, sodass das ohnedies bestehende ökonomische Ungleichgewicht zwischen den Ländern des globalen Südens und der westlichen Welt verschärft wird. Vor diesem Hintergrund ist die Migration für viele Menschen keine Wahlmöglichkeit, sondern eine wirtschaftliche Notwendigkeit.

Die sogenannte Flüchtlingskrise 2015 hat gezeigt, dass die wirtschaftliche Globalisierung viele Länder des globalen Südens in eine „Brutstätte der Armut" verwandelt hat – so sehr, dass die Migration aus diesen Ländern stark angestiegen ist. Das zeigt der Flüchtlingsstrom aus einem Land wie Nigeria, das eigentlich reich an Bodenschätzen ist. Lamine Sarr sieht eine Lösung des Problems in der Entwicklung eines Globalisierungsmodells für afrikanische Länder, das sich von jenem des „euro-amerikanischen Kapitalismus" signifikant unterscheidet (Lamine Sarr 2012: 77). „Dafür muss aber eine für Afrikaner akzeptable politische Entscheidung getroffen werden, die darauf beruht, die Süd-Süd- (innerafrikanischen) Handelsbeziehungen zu forcieren, damit die Nord-Süd-Abhängigkeitsverhältnisse kompromisslos beseitigt werden können" (Lamine Sarr 2012: 77). Diese Entscheidung liegt jedoch auch in den Händen der afrikanischen Politiker/innen.

Es stellt sich vor allem die Frage, ob die Genfer Flüchtlingskonvention (1951) der aktuellen Situation angepasst werden kann. Vor dem Hintergrund gegenwärtiger Bedrohungen könnten Klimaflucht, Wirtschaftsflucht oder die Flucht vor kriegerischen Auseinandersetzungen etc. zu anerkannten Gründen für die Gewährung von Asyl werden. Für eine so schwerwiegende Entscheidung braucht es allerdings den gemeinsamen politischen Willen der Unterzeichnerstaaten. Eine Übereinkunft unter so vielen unterschiedlichen Staaten herzustellen, ist eine schwierige Angelegenheit, dennoch könnten einzelne Maßnahmen gesetzt werden, die in diese Richtung weisen.

In der EU wird ein Lösungsansatz zur Bewältigung der ‚Flüchtlingskrise' in der Verbesserung der Lebenssituation in den Herkunftsländern der Flüchtlinge gesehen. Durch die Erhöhung der Lebensqualität in den Ländern des globalen Südens sollten die ökonomischen Fluchtgründe minimiert werden. Inwieweit Anstrengungen in diese Richtung unternommen werden beziehungsweise wie erfolgversprechend sie sind, muss sich erst erweisen. In jedem Fall handelt es sich dabei um längerfristige Strategien. Bis derartige Maßnahmen greifen, brauchen die Flüchtlinge nach wie vor Schutz und Asyl. Eine möglichst rasche Erteilung einer Arbeitserlaubnis würde den Flüchtlingen den Start in ihrem neuen Lebensumfeld wesentlich erleichtern. Aber auch bei einer Rückkehr ins Herkunftsland – sei es aufgrund von Abschiebung oder der Beseitigung der Fluchtursache (z. B. Beendigung eines kriegerischen Konflikts) – würden die erworbenen Berufserfahrungen helfen, ein neues Leben im Herkunftsland aufzubauen. Gleichzeitig würden sich die finanziellen Belastungen für das Aufnahmeland verringern, wenn die Flüchtlinge möglichst bald für sich selbst sorgen könnten. Es würden also nicht nur humanitäre, sondern auch ökonomische Gründe dafür sprechen.

Jedenfalls kann es keine Lösung sein, Menschen, die vor Krieg, Klimaveränderungen oder mangelnden Perspektiven flüchten, nirgends ankommen zu lassen, weil das Recht auf Asyl sehr eng gefasst ist. Als „Wirtschaftsflüchtlinge" nirgendwo willkommen müssten sie sich stets auf ‚Wanderschaft' begeben und vielleicht in die Illegalität abtauchen – was zu tiefgreifenden sozialen Problemen führen kann. Je rascher geflüchtete Personen eine neue Lebensperspektive sehen, desto eher können sie ihre Fähigkeiten in die jeweilige Gesellschaft einbringen.

Im Jahr 1991 kamen knapp über tausend Menschen aus Nigeria und fast sechshundert aus Ghana nach Österreich. Für das gesamte Jahrzehnt (1990–1999) verzeichnet die Flüchtlingsstatistik 4.866 Personen aus Afrika, sodass der Anteil an der Gesamtzahl der Flüchtlinge nur 3,75 Prozent in den 1990er-Jahren betrug (Sauer 2007: 197). Die Zahlen werden sicherlich ansteigen, aber die Angst, dass sich Millionen von Afrikaner/innen auf dem Weg nach Europa bzw. Österreich befinden, scheint derzeit unbegründet.

Literatur

38. Bericht der Volksanwaltschaft (2015). Online verfügbar unter https://www.parlament.gv.at/PAKT/VHG/XXV/III/III_00154/index.shtml, zuletzt geprüft am 11.12.2018.

Achaleke, Beatrice; Inou, Simon (Hg.) (2011): Jahresbericht 2010. Schwarze Menschen in Österreich. Lagebericht. Online verfügbar unter http://www.m-media.or.at/wp-content/uploads/2015/09/Lagebericht-Schwarze-Menschen-%C3%96sterreich2010.pdf, zuletzt geprüft am 12.6.2018.

Bauer, T. Werner (2008): Zuwanderung nach Österreich. Online verfügbar unter http://www.forschungsnetzwerk.at/downloadpub/zuwanderung_nach_oesterreich_studie2008_oegpp.pdf, zuletzt geprüft am 12.6.2018.

Bauer, Thomas A. (2012): Berichterstattung über Afrika: Krisen, Krieg und Katastrophen In: Alexis Neuberg, Margarete Gibba (Hg.): Verantwortungsbewusster Journalismus: Afrikas Dimension in der westlichen Medienlandschaft. Wien: LIT Verlag, S. 15–22.

Beer, Elisabeth (2015): Somalische Asylwerberinnen & Flüchtlingsfrauen in Wien. In: Wissenschaftliches Journal österreichischer Fachhochschulstudiengänge „Soziale Arbeit" (13), S. 86–100.

Berger, Johannes; Biffl, Gudrun; Graf, Nikolaus; Schuh, Ulrich; Strohner, Ludwig (2016): Ökonomische Analyse der Zuwanderung von Flüchtlingen nach Österreich. Krems: Edition Donau-Universität Krems. Online verfügbar unter https://www.donau-uni.ac.at/imperia/md/content/department/migrationglobalisierung/forschung/schriftenreihe/berger_2016_oekonomische_analyse_flucht.pdf, zuletzt geprüft am 11.12.2018.

Blom, Philipp; Kos, Wolfgang (Hg.) (2011): Angelo Soliman. Ein Afrikaner in Wien (= Katalog zur Sonderausstellung des Wien Museums 376). Wien: Brandstätter.

Burgis, Tom (2015): Der Fluch des Reichtums. Warlords, Konzerne, Schmuggler und die Plünderung Afrikas. Frankfurt a. M.: Westend.

Currle, Edda (2004): Migration in Europa – Daten und Hintergründe. Stuttgart: Lucius & Lucius Verlagsges.

Dirim, İnci; Mecheril, Paul; Melter, Claus (2010): Umgang mit migrationsbedingter Heterogenität im österreichischen Bildungssystem. In: Paul Mecheril et al. (Hg.): Materialien zu dem Band Bachelor | Master: Migrationspädagogik. Weinheim-Basel: Beltz, S. 22–24. Online verfügbar unter https://www.beltz.de/fileadmin/beltz/kostenlose-downloads/9783407342058.pdf, zuletzt geprüft am 11.12.2018.

EU zahlt Uganda 85 Millionen Euro Flüchtlingshilfe. In: Die Presse, 22.6.2017. Online verfügbar unter https://diepresse.com/home/ausland/eu/5239414/EU-zahlt-Uganda-85-Millionen-Euro-Fluechtlingshilfe, zuletzt geprüft am 24.5.2018

Faßmann, Heinz (1996): Migration in Europa. Historische Entwicklung, aktuelle Trends und politische Reaktionen. Frankfurt a. M.: Campus.

Fremdenrechtpaket kostet mehr als zwei Millionen Euro. In: Der Standard, 19.4.2018. Online verfügbar unter https://derstandard.at/2000078207392/Fremdenrechtspaket-kostet-mehr-als-zwei-Millionen-Euro?ref=rec, zuletzt geprüft am 26.4.2018.

Gänsler, Katrin: Es geht nicht nur um Boko Haram. In: taz, 12.11.2015. Online verfügbar unter http://www.taz.de/!5247971/, zuletzt geprüft am 17.5.2018.

Gebrewold, Belachew (2009): Eine kritisch-analytische Einführung ins internationale Krisenmanagement in der Region Sudan, Tschad und Zentralafrikanische Republik. In: Walter Feichtinger, Gerald Hainzl (Hg.): Krisenmanagement in Afrika. Erwartungen – Möglichkeiten – Grenzen. Wien: Böhlau.

Heckmann, Friedrich (2015): Integration von Migranten, Einwanderung und neue Nationenbildung. Wiesbaden: Springer.

Hintermann, Christiane (2016): Migrationsgeschichte im öffentlichen Raum: Die Konstruktion eines Gedächtnisortes am Beispiel des Marcus Omofuma-Steins in Wien. In: Jennifer Carvill-Schellenbacher et al. (Hg.): Migration und Integration – wissenschaftliche Perspektiven aus Österreich. Göttingen: V&R unipress, S. 241–256.

Hess, Sabine; Moser, Johannes (2009): Jenseits der Integration. Kulturwissenschaftliche Betrachtungen einer Debatte. In: Jana Binder, Sabine Hess, Johannes Moser (Hg.): No Integration?! Kulturwissenschaftliche Beiträge zur Integrationsdebatte in Europa. Bielefeld: Transcript.

Kickl lehnt raschen Systemwechsel in EU Flüchtlingspolitik ab. In: Der Standard, 12.4.2018. Online verfügbar unter https://derstandard.at/2000077825865/Kickl-lehnt-raschen-Systemwechsel-in-EU-Fluechtlingspolitik-ab?ref=rec, zuletzt geprüft am 26.4.2018.

Kickl schiebt jetzt IS-Kämpfer ab. Online verfügbar unter http://www.oe24.at/oesterreich/politik/Kickl-schiebt-jetzt-IS-Kaempfer-ab/319902200, zuletzt geprüft am 26.4.2018.

Kleinschmidt, Kilian; Kopf, Johannes; Marterbauer, Markus; Kohlbacher, Josef; Eppel, Rainer; Adam, Alexandra; Reiter, Markus; Schrodt, Heidi; Ablinger, Sonja (2015): Angekommen. Was nun? In: MO. Magazin für Menschenrechte (41), S. 26–32. Online verfügbar unter https://www.sosmitmensch.at/dl/mlLrJlmJOM-Jqx4KJK/MO41_Magazin.pdf, zuletzt geprüft am 11.12.2018.

Knoll, Joachim H. (2007): Bildung und Erziehung. Migration und Integration als Gegenstand der Erwachsenenbildung. Köln: Böhlau.

Kopeinig, Margaretha (2017): Klimaflüchtling bekommt Schutz. In: Kurier, 17.9.2017. Online verfügbar unter: https://kurier.at/politik/inland/klimafluechtling-bekommt-schutz/286.603.832, zuletzt geprüft am 29.7.2018.

Kurz fordert Änderung in der Flüchtlingspolitik. In: Die Zeit, 24.12.2017. Online verfügbar unter https://www.zeit.de/politik/ausland/2017-12/sebastian-kurz-fluechtlingspolitik-europa-umverteilung-irrweg, zuletzt geprüft am 21.5.2018.

Lamine Sarr, Amadou (2012): Geldtransfer. Reflexionen zur afrikanischen Remittance Economy anhand des Films „Mandabi – Die Überweisung" von Ousmane Sembène. Wien: Aa-Infohaus.

Länderdaten.info: Flüchtlinge aus Nigeria. Online verfügbar unter https://www.laenderdaten.info/Afrika/Nigeria/fluechtlinge.php, zuletzt geprüft am 13.4.2018.

Langthaler, Herbert (2010): Österreichische Asylpolitik im EU-Kontext. In: Walter Sauer (Hg.): Vom Paradies zum Krisenkontinent. Afrika, Österreich und Europa in der Neuzeit. Wien: Braumüller, S. 200–217.

Medien-Servicestelle Neue Österreicher/innen (2012): Nigerianische Community in Österreich. Online verfügbar unter http://medienservicestelle.at/migration_bewegt/2012/08/22/nigerianische-community-in-osterreich/, zuletzt geprüft am 17.5.2018.

Mutumbo, Clément (2010): Die afrikanische Identität in der österreichischen Gesellschaft. In: Walter Sauer (Hg.): Vom Paradies zum Krisenkontinent. Afrika, Österreich und Europa in der Neuzeit. Wien: Braumüller, S.189–199.

Nuscheler, Franz (^{2}2004): Internationale Migration. Flucht und Asyl. Wiesbaden: VS Verlag für Sozialwissenschaften.

Oberlerchner, Manfred (2017): Migration Pedagogy as an Inclusive Educational Enterprise for Austrian Schools and Universities of Education. In: Manfred Oberlechner, Christine Trültzsch-Wijnen, Patrick Duval (Hg.): Migration bildet. Migration educates. Baden-Baden: Nomos Verlagsgesellschaft, S. 35–68.

Österreich hatte die viertmeisten Asylanträge in der EU. In: Die Presse, 3.1.2017. Online verfügbar unter https://diepresse.com/home/politik/eu/5148861/Oesterreich-hatte-2016-die-viertmeisten-Asylantraege-in-der-EU, zuletzt geprüft am 29.7.2018.

Pfaff, Isabel: Dürre am Horn von Afrika. Ein Massensterben droht. In: Süddeutsche Zeitung, 18.3.2017. Online verfügbar unter http://www.sueddeutsche.de/panorama/horn-von-afrika-es-geht-jetzt-nicht-um-politik-es-geht-ums-ueberleben-1.3424957, zuletzt geprüft am 11.12.2018.

Poulet, Wolf (2017): Ein Marshall-Plan löst Afrikas Probleme nicht. Online verfügbar unter http://www.faz.net/aktuell/politik/ausland/entwicklungshilfe-ein-marshall-plan-loest-afrikas-probleme-nicht-14677751.html?printPagedArticle=true#pageIndex_0, zuletzt geprüft am 8.4.2018.

Sauer, Walter (2007): Afro-österreichische Diaspora heute. Migration und Integration in der 2. Republik. In: Walter Sauer (Hg.): Von Soliman zu Omofuma. Afrikanische Diaspora in Österreich 17. bis 20. Jahrhundert. Wien: StudienVerlag, S. 189–232.

Sauer, Walter (2014): Expeditionen ins afrikanische Österreich. Ein Reisekaleidoskop. Wien: Dokumentations- und Kooperationszentrum Südliches Afrika (SADOCC).

Schublach, Sebastian (2017): Die 5 Prozent: Wer von der Globalisierung wirklich profitiert. Online verfügbar unter https://kontrast.at/die-5-prozent-wer-von-der-globalisierung-wirklich-profitiert/, zuletzt geprüft am 18.5.2018.

Simsek, Hüseyin (2017): 50 Jahre Migration aus der Türkei nach Österreich. Wien: LIT Verlag.

Statista (2018): Anzahl der unbegleiteten minderjährigen Asylbewerber (UMA) in Österreich nach den zehn wichtigsten Herkunftsländern im Jahr 2017. Online verfügbar unter https://de.statista.com/statistik/daten/studie/467088/umfrage/unbegleitete-minderjaehrige-asylbewerber-in-oesterreich-nach-herkunftslaendern, zuletzt geprüft am 12.4.2018.

Statistik Austria. Kommission für Migrations- und Integrationsforschung der Österreichischen Akademie der Wissenschaften (2017): Migration & Integration. Zahlen, Daten, Indikatoren. Wien. Online verfügbar unter Statistisches_Jahrbuch_migration_integration_2017.pdf, zuletzt geprüft am 11.12.2018.

The World Factbook: Somalia. Online verfügbar unter https://www.cia.gov/Library/publications/the-world-factbook/geos/so.html, zuletzt geprüft am 18.5.2018.

UNHCR (1951): Genfer Flüchtlingskonvention und New Yorker Protokoll. Online verfügbar unter http://www.unhcr.org/dach/wp-content/uploads/sites/27/2017/03/Genfer_Fluechtlingskonvention_und_New_Yorker_Protokoll.pdf, zuletzt geprüft am 24.5.2018.

VIDC (2010): Info Afrika Vernetzungsplattform. Online verfügbar unter http://www.vidc.org/uploads/media/Info_Afrika_Vernetzungsplattform.pdf, zuletzt geprüft am 24.5.2018.

Waldrauch, Harald (2001): Die Integration von Einwanderern: Ein Index der rechtlichen Diskriminierung. Wien: Europäisches Zentrum.

Waldrauch, Harald; Sohler, Karin (2004): Migrantenorganisationen in der Großstadt. Entstehung, Strukturen und Aktivitäten am Beispiel Wiens. Wien: Europäisches Zentrum.

Die Außensicht und Selbstwahrnehmung von syrischen Geflüchteten aus der Perspektive eines Betroffenen

Ara Badrtarkhanian

"While every refugee's story is different and their anguish personal, they all share a common thread of uncommon courage – the courage not only to survive, but to persevere and rebuild their shattered lives."
António Guterres, 2005[1]

Ausgehend von der eigenen Fluchterfahrung befasse ich mich in der folgenden Arbeit mit dem Auseinanderdriften von Selbstwahrnehmung und Fremdzuschreibung in Zusammenhang mit „Flüchtlingen"[2]. Die Fremdzuschreibung „Flüchtling" ist nur eine von vielen Bezeichnungen, die für Menschen, die gezwungenermaßen ihr Land verlassen mussten, verwendet wird. Diesem Begriff haftet gegenwärtig eine negative Konnotation an. Viele geflüchtete Menschen werden dadurch weitgehend auf ihren Flüchtlingsstatus reduziert. Dieser Umstand führt dazu, dass die Geflüchteten sich unter Druck gesetzt fühlen – sie sehen sich stets gezwungen, sich rechtfertigen und erklären zu müssen. Das, was die Menschen tatsächlich ausmacht, ihre individuelle Persönlichkeit, ihre Lebenserfahrungen, ihre Fähigkeiten sowie ihr ursprünglicher sozialer Hintergrund, gerät durch diese verkürzte Zuschreibung gänzlich aus dem Blick.

Tatsächlich machen die Fluchterfahrung und der Flüchtlingsstatus nur einen Teil – wenn auch keinen unwesentlichen – der Identität eines Geflüchteten aus. So auch in meinem Fall: Ich bin nicht nur jemand, der in Österreich laut Genfer Flüchtlingskonvention als Flüchtling anerkannt ist. Ich bin zugleich ein Masterstudent der Studienrichtung „Internationale Entwicklung" an der Universität Wien und jemand, der in Syrien das Studium

---

[1] António Guterres (2005): World Refugee Day. https://www.unhcr.org/events/wrd/42afe7512/world-refugee-day-2005-message-un-high-commissioner-refugees-antonio-guterres.html?query=they%20all%20share%20a%20common%20thread%20of%20uncommon, zuletzt geprüft am 11.12.2018.

[2] In dieser Arbeit werde ich die Bezeichnung „Geflüchteter" verwenden, da – meiner Meinung nach – das Wort „Flüchtling" eine negative Konnotation hat und meist abwertend verwendet wird. Dasselbe gilt für den Begriff „Asylant". Vgl. Andrea Kothen (2016): Sagt man jetzt Flüchtlinge oder Geflüchtete? https://www.proasyl.de/hintergrund/sagt-man-jetzt-fluechtlinge-oder-gefluechtete/, zuletzt geprüft am 21.8.2018.

Betriebswirtschaftslehre bereits erfolgreich abgeschlossen hat. Es gehört auch zu meiner Identität, dass ich aus einer Mittelschichtfamilie, die der christlich-armenischen Minderheit in Syrien angehört, stamme.

In dem vorliegenden Beitrag versuche ich der verkürzten Wahrnehmung von Flüchtlingen insofern entgegenzuwirken, als ich den Menschen hinter dem Begriff „Flüchtling" in den Vordergrund stelle. Daher möchte ich die Beschreibung der gesellschaftspolitischen Situation in Österreich nach der sogenannten Flüchtlingskrise 2015 mit meinen persönlichen Wahrnehmungen kontrastieren. Einen besonderen Fokus lege ich dabei auf den Aspekt, wie sich die aktuellen Entwicklungen in Politik, Wirtschaft und Kultur auf das Selbstwertgefühl von Geflüchteten auswirken. Während ich diese Arbeit schreibe, findet die Debatte zum Thema „Flüchtlinge", die die Gesellschaft zunehmend spaltet, ihre Fortsetzung. Es lässt sich beobachten, dass sich die Stoßrichtung des öffentlichen Diskurses immer weiter von der Vision einer offenen Gesellschaft und hin zur Abschottung Europas verlagert.

Ich stütze mich in meiner Arbeit auf persönliche und teilnehmende Beobachtungen und gebe meine Erfahrungen, Einschätzungen und mein Wissen weiter. Die Verknüpfung von persönlichen Wahrnehmungen und Selbstbeobachtungen mit (Alltags)Wissen ist – sofern sie in einen Reflexionsrahmen eingebunden ist – eine anerkannte wissenschaftliche Herangehensweise.

> „Im Alltag und in der Wissenschaft wird unter Beobachtung die gezielte visuelle Wahrnehmung sozialer Situationen und / oder Vorgänge verstanden. […] Beobachtung ist kein passiver-rezeptiver, sondern ein aktiver Prozess konzentrierter Aufmerksamkeit […] Für alltägliche und für wissenschaftliche Beobachtungen ist die Perspektive des Beobachters entscheidend. Diese […] setzt ein Alltagswissen voraus […], innerhalb dessen der Beobachter Orientierungen gewinnt, welche Beobachtungsdaten für ihn innerhalb seiner Handlungszusammenhänge bedeutsam sind." (Atteslander 1993: 93)

Die teilnehmende Beobachtung ist eine Methode, die vor allem in der Feldforschung der Ethnologie Anwendung gefunden hat. Interessant ist, dass dabei die Grenzen zwischen Forschenden und Erforschten verschwimmen. Das Annehmen von Verhaltensmustern und Urteilsmaßstäben sowie die Identifikation mit dem Forschungssubjekt bezeichnen Ethnolog/innen als *„going native"*. Nach dem Soziologen Roland Girtler ist echtes Verstehen nur dann möglich, wenn sich die Feldforscher/innen auf das *„going native"* einlassen. Dabei wird zwar vor einer Überanpassung, die die wissenschaftliche Beobachtung in Frage stellt, gewarnt, doch ohne dieses „Eintauchen" in den Gegenstand der Forschung kann auch keine Annäherung stattfinden (Girtler

2001: 78). Das Pendeln zwischen der ‚eigenen' und der ‚fremden', also die Kombination von *„going native"* und *„remain a foreigner"*, sehen die Ethnolog/innen Mario Erdheim und Maya Nadig als geeignetste Forschungsstrategie zur Wahrnehmung des ‚Fremden' und zur Handhabung von Abwehrprozessen (Erdheim/Nadig 1991: 192).

> „Das Aufeinanderstoßen zweier kultureller Kommunikationsprozesse löst bei der Ethnologin subjektive Irritationen aus, die sie unweigerlich in den oszillierenden Prozess der empathisch-identifikatorischen Annäherung und des reflexiv abgrenzenden Rückzuges hineinführen. Ohne diesen Oszillationsprozess könnte sie die kulturspezifische Umgangsweise des Gegenübers gar nicht wahrnehmen, sie müsste sie – aus Selbstschutz – als neurotische und individuelle Abwehrform deuten." (Ebd. 192)

Diese Analyse trifft auf mich in besonderer Weise zu, da ich Forschender und Beforschter zugleich bin. Ich lebe seit vier Jahren in Wien und beschäftige mich über meine Kontakte zur syrischen Community mit dem Leben von Geflüchteten in Wien. Dabei gehe ich vor allem folgenden Fragen nach: Worauf gründen die Fremdzuschreibungen, mit denen geflüchtete Menschen konfrontiert sind, und wie werden diese von ihnen wahrgenommen und erlebt? Wie gehen die Schutzsuchenden mit den Fremdzuschreibungen um?

Die spezifische Situation, in der sich Geflüchtete in Wien befinden, wird nicht zuletzt von dem sozialen Kontext, aus dem sie durch die Flucht herausgerissen worden sind, bestimmt. Daher möchte ich zunächst auf das Kriegsgeschehen in Syrien eingehen.

Zum Kriegsgeschehen in Syrien seit 2011

Eine detaillierte Auseinandersetzung mit den Ursachen des Krieges in Syrien würde den Rahmen dieser Arbeit sprengen, daher beschränke ich mich auf ein paar allgemeine Grundlinien. Bewaffnete Konflikte stellen eine der Hauptursachen für Fluchtbewegungen dar (Markard 2012: 2). Die große Mehrheit sind jedoch *nicht-internationale bewaffnete Konflikte*, das heißt, dass es sich nicht primär um eine bewaffnete Auseinandersetzung zwischen zwei oder mehreren Staaten handelt, was auch als „alte Kriege"[3] bezeichnet wird. Die Konfliktparteien werden allerdings häufig von außen finanziell oder militärisch unterstützt;

---

3 "The 'Old Wars' are wars between states where the aim is the military capture of territory and the decisive encounter is the battle between armed forces" (Kaldor 2006: 1).

in diesem Fall spricht man von *internationalisierten Konflikten* (Kaldor 2006: 2) oder „neuen Kriegen"[4]. Gründe für die Flucht aus Kriegsgebieten sind neben wirtschaftlichem Elend oder Zerstörung der Umwelt vor allem die zunehmende Gewalt gegen die Zivilbevölkerung durch die Kriegsparteien (Kaldor 2006: 2).

Heutzutage stellen diese nicht-internationalen bewaffneten Konflikte, wie der in Syrien seit 2011 geführte Krieg, besondere Herausforderungen für das Flüchtlingsrecht dar. Laut Angaben des Flüchtlingshilfswerks der Vereinten Nationen UNHCR gab es bis Ende 2016 rund 65,6 Millionen Menschen (UNHCR 2017: 2)[5], die aufgrund von Verfolgung, bewaffneten Konflikten,

---

[4] "The 'New Wars' in contrast, take place in the context of failing states. They are wars fought by networks of state and non-state actors, where battles are rare and violence is directed mainly against civilians, and which are characterized by a new type of political economy involving a combination of extremist politics and criminality" (Kaldor 2006: 1).

[5] UNHCR (2017): Global Trends. Forced Displacement in 2016. http://www.unhcr.org/5943e8a34.pdf

Gewalt oder Menschenrechtsverletzungen weltweit vertrieben wurden. Darunter fallen Geflüchtete, Staatenlose, Rückkehrer und von Konflikten betroffene Binnenvertriebene[6] – eine Zahl, die sich in den letzten zwei Dekaden verdoppelt hat (UNHCR 2018: 15)[7]. Die Zahlen zeigen, wie viele Menschen ihre Herkunftsorte verlassen müssen, wenngleich aus unterschiedlichen Gründen. Doch genau darin liegt das Problem, nicht alle Fluchtursachen werden gleichermaßen als solche gewertet: Kriege oder Bürgerkriege allein sind kein ausreichender Grund, um als Flüchtling anerkannt zu werden.

Der blutige Krieg, der seit mehr als acht Jahren in Syrien herrscht, ist längst zu einem internationalen Konflikt geworden.

Die Zerstörungsgewalt und Komplexität des Syrienkrieges stellt die Weltgemeinschaft vor eine schier unlösbare Situation, nachdem sehr viele divergierende geopolitische Interessen unterschiedlicher Staaten den Konflikt antreiben anstatt ihn einzudämmen. Vor allem aber hat er verheerende Folgen für die syrische Bevölkerung und Wirtschaft. Von den 13,1 Millionen hilfsbedürftigen Menschen in Syrien, die von Humanitarian Needs Overview (HNO) auch als "people in need" definiert werden, sind rund 5,6 Millionen akut gefährdet (HNO 2017: 4)[8]. Innerhalb Syriens sollen mittlerweile bis zu 6,1 Millionen Menschen als interne Vertriebene IDPs (Internally displaced people) auf der Flucht sein (Ebd. 11). Die humanitäre Lage in Syrien verschlechtert sich durch die Intensivierung der Kämpfe zunehmend. Zusätzlich zu den Binnenvertriebenen sind mittlerweile rund 5,7 Millionen Syrer/innen als Geflüchtete weltweit registriert (vgl. UNHCR 2018)[9]. Rund 5,4 Millionen Geflüchtete wurden bis Ende 2017 in den Nachbarländern, Türkei, Libanon, Jordanien, Irak und Ägypten aufgenommen (UNHCR, 3RP 2017: 4)[10]. Diese Zahl umfasst alle

---

[6] Binnenvertriebene sind Zivilist/innen, die innerhalb ihres Heimatstaates auf der Flucht vor Konflikten, Gewalt oder allgemeinen Menschenrechtsverletzungen sind. Bis Ende 2016 galten geschätzte 40,3 Millionen Menschen als Binnenvertriebene: http://www.unhcr.org/dach/de/ueber-uns/wem-wir-helfen/binnenvertriebene, zuletzt geprüft am 30.8.2018.
[7] UNHCR (2018): Global Appeal 2018-2019. http://www.unhcr.org/publications/fundraising/5a0c05027/unhcr-global-appeal-2018-2019-full-report.html?query=Global%20Trends%202018, zuletzt geprüft am 11.12.2018.
[8] Humanitarian Needs Overview (2017): Syrian Arab Republic, S. 4. https://reliefweb.int/sites/reliefweb.int/files/resources/2017_Syria_hno_161205.pdf, zuletzt geprüft am 11.12.2018.
[9] UNHCR: Operational Data Portal. https://data2.unhcr.org/en/situations/syria, zuletzt geprüft am 11.12.2018.
[10] UNHCR (2017): 3RP Regional Refugee & Resilience Plan 2017-2018. https://data2.unhcr.org/en/documents/download/63530, zuletzt geprüft am 11.12.2018.

von UNHCR registrierten Geflüchteten außerhalb Syriens. Hinzu kommen noch Tausende Personen, die noch nicht registriert sind.

Der grausame Krieg, der seit mehr als acht Jahren in Syrien herrscht, verursachte Hunderttausende von Toten, Vertreibung und Flucht von mehr als der Hälfte des syrischen Volkes. Große Städte wurden komplett oder teilweise zerstört. Infrastruktur, Fabriken, landwirtschaftliche Nutzpflanzen, Minen, Öl- und Gasraffinerien wurden schwer beschädigt.

Ein großer Teil meiner Heimatstadt wurde zerstört. Ich selbst komme aus Aleppo, bin dort geboren, aufgewachsen und habe 22 Jahre meines Lebens dort verbracht. Die Altstadt Aleppos zählt seit 1986 zum UNESCO-Weltkulturerbe[11]. Aufgrund des historischen Erbes aus byzantinischer und römischer Zeit war Aleppo eine pulsierende Metropole, die auf eine fast viertausendjährige Geschichte zurückblickte. Früher prägten der riesige Suq (Bazar), die mittelalterliche Zitadelle, das Minarett der großen Umayyaden-Moschee und die alten Kirchen als Wahrzeichen das Stadtbild. Vor dem Krieg war Aleppo eine malerische Stadt, in der sich vor allem der Geruch der aleppinischen Seife und des Jasmins auf den Straßen verbreitete. Wenn wir heute an Aleppo denken, denken wir an Zerstörung und Elend.

Viele andere syrische Städte liegen auch bereits in Schutt und Asche. In den vergangenen acht Jahren erlitt das Land kumulierte BIP-Verluste von rund 226[12] Milliarden US-Dollar, die das Dreifache des Bruttoinlandprodukts (BIP) Syriens vom Jahr 2010 ausmachen (Gobat/Kostial 2016). Einem Bericht der Weltbank zufolge wurden bis zu 27 Prozent der Häuser[13] in den bewerteten städtischen Zentren entweder zerstört oder beschädigt. Die gesamten Wiederaufbaukosten werden auf 200 bis 350 Milliarden US-Dollar geschätzt (vgl. Berti 2017). Der Internationale Währungsfonds geht davon aus, dass es – wenn der Krieg morgen aufhört – etwa 20 Jahre dauern würde, bis das Bruttoinlandsprodukt von Syrien wieder auf das Vorkriegsniveau steigt. Die Konsequenzen der wirtschaftlichen Sanktionen der USA und der EU ließen die Währung des Landes verfallen. Die Devisenreserven Syriens

---

11 Ancient City of Aleppo. https://whc.unesco.org/en/list/21, zuletzt geprüft am 25.7.2018.
12 The Toll of War: The Economic and Social Consequences of the Conflict in Syria (2017). http://www.worldbank.org/en/country/syria/publication/the-toll-of-war-the-economic-and-social-consequences-of-the-conflict-in-syria, zuletzt geprüft am 11.12.2018.
13 The Toll of War: The Economic and Social Consequences of the Conflict in Syria (2017) http://www.worldbank.org/en/country/syria/publication/the-toll-of-war-the-economic-and-social-consequences-of-the-conflict-in-syria, zuletzt geprüft am 11.12.2018.

sind von 21 Milliarden US-Dollar im Jahr 2010 auf lediglich eine Milliarde US-Dollar im Jahr 2015 gesunken.[14] Das syrische Pfund hat eine derzeitige Inflationsrate von etwa 25,5 Prozentpunkten. Auch der Wechselkurs ist starken Schwankungen ausgesetzt. Der dringend notwendige Wiederaufbau des Landes kann ohne internationale Hilfe nicht gewährleistet werden. Selbstverständlich werden Wiederaufbauprogramme allein, ohne ein Mindestmaß an politischen Veränderungen – wie die Schaffung eines demokratischen, liberalen politischen Systems –, nicht zum Frieden in Syrien beitragen.

Situation von syrischen Geflüchteten in Österreich

Migration ist kein (post-)modernes Phänomen; Wanderungsbewegungen über Länder-, Staats- und Ethnizitätsgrenzen hinweg sind vielmehr ein Motor der Menschheitsgeschichte. Wie die Menschheitsgeschichte wird die Migrationsgeschichte täglich geschrieben, denn Migration findet permanent statt. Im zwanzigsten Jahrhundert wurde Migration allerdings zu einem globalen Phänomen neuer Qualität und Größenordnung (Lutz 2017: 30).

Nach dem Zweiten Weltkrieg wandelte sich Österreich aufgrund der wirtschaftlichen und demografischen Entwicklung langsam vom Auswanderungs- zum Einwanderungsland (Faßmann/Münz 1995: 9). Die Zusammensetzung der Zugewanderten veränderte sich allerdings mit der zunehmenden Globalisierung – Migrant/innen kommen nun aus den unterschiedlichsten Ländern und allen Erdteilen.

Österreich zählt zu jenen Staaten, die im europäischen Vergleich seit Kriegsbeginn 2011 viele Geflüchtete aus Syrien aufgenommen haben. Allein von den insgesamt 130.625 Asylanträgen aus den Jahren 2015 (88.340) und 2016 (42.285) wurden 33.320 von Syrer/innen gestellt (Statistisches Jahrbuch 2017: 36–38). Insgesamt wurden 2015 und 2016 in Österreich 36.720 Anträge positiv[15] beschieden (vgl. ebd.). Davon waren 23.642 Personen aus Syrien (vgl. ebd.). Das heißt rund 65 Prozent der gesamten anerkannten Flüchtlinge im genannten Zeitraum stammten aus Syrien. Dies wirkt auf den ersten Blick viel, wenn man aber die Zahlen der ausländischen Staatsangehörigen in Österreich genau betrachtet, leben laut Statistik Austria per 1. Jänner 2017 41.672 Syrer/innen in Österreich (vgl. ebd.). Die Syrer/innen machen somit nur 0,47 Prozent der Gesamtbevölkerung in Österreich

---

14 Lexas Länderdaten. https://www.lexas.de/naher_osten/syrien/index.aspx, zuletzt geprüft am 11.12.2018.
15 Personen, die einen positiven Asylbescheid erhalten, werden auch als Asylberechtigte oder anerkannte Flüchtlinge bezeichnet.

aus. Die Deutschen blieben in den Statistiken mit 181.618 Personen an der Spitze der ausländischen Bewohner/innen in Österreich, gefolgt von serbischen und türkischen Staatsbürger/innen mit jeweils 118.454, und 116.838 Einwohner/innen (Statistisches Jahrbuch 2017: 27).

Obwohl die Anzahl der aus Syrien geflüchteten Menschen in Relation zu anderen Bevölkerungsgruppen gering ist, werden in Zusammenhang mit Geflüchteten[16] oft Begriffe wie Gefahr, Kriminalität, Systemausnutzer etc. verwendet. Beiträge über positive Leistungen und Erfolge von Geflüchteten sind dagegen selten. Ich würde mir wünschen, mehr über gelungene Integrationsgeschichten, über die Erfolge und die positiven Leistungen von Geflüchteten in den Medien zu erfahren, denn für den Großteil der Geflüchteten ist die negative Berichterstattung über Verbrechen und Gewalttaten nicht repräsentativ.

Es stellt sich also die Frage, inwieweit die von abwertenden Begriffen dominierte Debatte um Geflüchtete mit belegbaren Fakten und Zahlen korreliert. Stellen die Geflüchteten tatsächlich eine Belastung für das Sozialsystem bzw. die wirtschaftliche Entwicklung Österreichs dar? Gefährden sie die Sicherheit und Stabilität des Landes? Diese Fragen können nicht einfach mit ja oder nein beantwortet werden. Will man die komplexen Zusammenhänge begreifen, gilt es genauer hinzuschauen: Es geht um einen kritischen Blick auf das österreichische Migrationsregime, die Medienberichterstattung und das Verhalten von Geflüchteten.

Wahrnehmung von Geflüchteten und Zuschreibungen

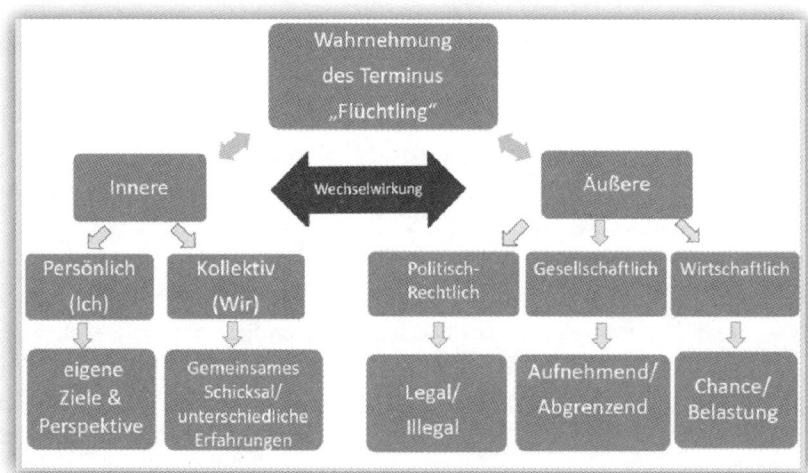

Abb. 1: Darstellung innerer und äußerer Wahrnehmungsfaktoren (Autor: A. B.)

---

16 Dazu zählen auch Geflüchtete aus Afghanistan, Pakistan, Nigeria, Iran, Irak etc.

Aus der Perspektive eines syrischen Geflüchteten

Die negativen Zuschreibungen in Zusammenhang mit geflüchteten Menschen nahmen mit der sogenannten Flüchtlingskrise 2015 enorm zu. In den letzten drei Jahren war die öffentliche Debatte von einem hochemotionalisierten und populistischen Diskurs geprägt. Dabei wäre gerade jetzt eine nüchterne, sachliche Behandlung des Themas vonnöten, um nicht die polarisierenden Tendenzen zwischen „Willkommenskultur" und Abschottung noch weiter zu verschärfen und damit zur Spaltung der Gesellschaft beizutragen.

Daher befasse ich mich mit unterschiedlichen Faktoren und Wechselwirkungen der Selbst- und Fremdwahrnehmung von Geflüchteten in Wien sowie der Diskrepanz zwischen äußeren Zuschreibungen und inneren Zugehörigkeiten (Identitäten). Diese Wahrnehmungsfaktoren gliedern sich in „innere Aspekte" (persönlich und kollektiv) und „äußere Aspekte" (rechtlich/politisch, gesellschaftlich, wirtschaftlich).

Die „innere" Wahrnehmung des Fluchtgeschehens ist in hohem Maße subjektiv (intrinsisch, persönlich). Der Krieg in Syrien hatte massive gesellschaftliche, sicherheitspolitische sowie wirtschaftliche Auswirkungen, doch jede geflüchtete Person war in unterschiedlichem Ausmaß von der Gewalt betroffen und hat den Krieg in einer spezifischen Art und Weise erlebt.

Syrien weist aufgrund seiner historischen Entwicklung eine heterogene Bevölkerungsstruktur auf, die sich allerdings aufgrund von Flucht und Vertreibung sowie derzeit fehlender Daten nicht konkret festmachen lässt. Daher berufen sich die Statistiken auf Zahlen vor Kriegsbeginn im Jahr 2011. Damals lebten etwa 22 Millionen Einwohner/innen in Syrien, die sich zu ca. 90 Prozent in Araber/innen und 10 Prozent Nicht-Araber/innen aufteilten. Unter den 10 Prozent befanden sich Kurd/innen und christliche Minderheiten, die vor allem in den urbanisierten Metropolen lebten. Dazu kamen kleine armenische, tscherkessische, turkmenische, griechische und jüdische Minderheiten sowie Angehörige der Roma, die ebenfalls friedlich in die Gesellschaft eingegliedert waren. Der Großteil der Bevölkerung gehörte dem islamischen Glauben an, 74 Prozent davon waren Sunniten und ca. 16 Prozent Schiiten, Drusen und Alawiten (vgl. Umathum/Wafler/Ehart 2018).

Die verschiedenen Bevölkerungsgruppen und Konfessionen in Syrien lebten vor dem Krieg weitgehend friedlich und problemlos miteinander. Dass der Krieg im weiteren Verlauf entlang ethno-religiöser Konfliktlinien geführt wurde, kann – wie in vielen bewaffneten Auseinandersetzungen – als Folge und nicht als eigentlicher Auslöser betrachtet werden. Durch die Einflussnahme unterschiedlicher Staaten und Gruppierungen (Russland, USA, Türkei, Iran, Israel, Hisbollah, Großbritannien, Frankreich etc.) wurde der Konflikt zu einem Stellvertreterkrieg für andere geopolitische Auseinandersetzungen.

Die diversen Bevölkerungsgruppen wurden zwar aus *unterschiedlichen* Gründen verfolgt und zur Flucht gezwungen, erfuhren aber vielfach die *gleiche* Art der Angst und des Leids. Beispielsweise flohen die Christ/innen zumeist vor den Anschlägen des IS (Islamischer Staat), die Sunnit/innen hingegen eher vor dem autoritären und grausamen staatlichen Regime. Ethnische Zugehörigkeit, Religion, kultureller Hintergrund, Sprache, Erziehung, Bildung, Wohnort (urbane Metropole oder ländliches Gebiet), politische Einstellungen, soziale Schicht und andere Faktoren spielten eine wichtige Rolle in der individuellen Wahrnehmung des Krieges und der persönlichen Positionierung dazu.

In den Aufnahmeländern wurden die syrischen Geflüchteten jedoch als homogene Gruppe betrachtet. Die Mehrheit der österreichischen Bevölkerung nimmt sie als *„aus Syrien Geflüchtete"* wahr, ohne danach zu fragen, woher die einzelnen genau kommen, wo sie gelebt haben, welche Erziehung und Bildung sie genossen haben, welchen Beruf sie ausgeübt haben usw. Durch diesen oberflächlichen Blick wird eine Gruppe syrischer Geflüchteter konstruiert, die vor allem dadurch gekennzeichnet ist, dass sie sich von der ‚eigenen' unterscheidet. Die diskursive Konstruktion einer ‚fremden' Gruppe in Abgrenzung zur ‚eigenen' kollektiven Identität wird in der postkolonialen Theorie als „Othering" bezeichnet. Der Begriff bezeichnet „Praxen [...], die Andere als positive, also sinnlich erkennbare, als einheitliche und kommunizierbare Phänomene konstituieren und darin den und die Andere(n) als Andere festschreiben und damit, in gewisser Weise, beständig verfehlen" (Broden/Mecheril 2007: 13). Dieser Prozess kennzeichnet den aktuellen öffentlichen Diskurs über Migration: Migrant/innen bzw. Geflüchtete werden als identifizierbare Gruppe, der bestimmte Eigenschaften zugeschrieben werden, herausgehoben. Diese Beschreibung der ‚Anderen' ist weder eine ‚objektive' Darstellung noch eine Wiedergabe von ‚Wirklichkeit' (vgl. Soltesz 2013). Sie hat jedoch zur Folge, dass die Gruppe etwa bei negativen Vorfällen auch kollektiv verurteilt, also gleichsam in einen Topf geworfen wird. Die einzelne Person wird nicht als eigenständige Persönlichkeit gesehen, sondern als Syrer/in, Migrant/in oder Geflüchtete.

Neben der persönlichen Wahrnehmung gibt es auch die des Kollektivs – die miteinander in Wechselwirkung stehen. Die Mitglieder der syrischen Community haben den Krieg und die Flucht zwar unterschiedlich erlebt, aber aufgrund ihres ‚geteilten Schicksals' sind sie miteinander verbunden und haben eine ‚gemeinsame Geschichte'. Die Erinnerungen an das alte Leben in der früheren Heimat und ein ähnliches persönliches Schicksal – Zerstörung, Verlust, Schmerz, Tod, Vertreibung, Flucht und die Ankunft in der neuen ‚Heimat' Österreich – schaffen eine ‚gemeinsame Identität' – oftmals der kleinste gemeinsame Nenner. Was die Geflüchteten aus Syrien verbindet, ist die Kriegsgeschichte und die Fluchterfahrung. Wie in allen Gesellschaften gibt es zwar große Unterschiede in politischer, ökonomischer, sozialer, kultureller etc. Hinsicht, doch durch das ‚gemeinsame Schicksal' wird der Zusammenhalt innerhalb der heterogenen Community gestärkt.

Die Beschäftigung mit dem Thema Flucht – etwa in der anthropologischen Forschung – hat gezeigt, dass dem Fluchtgeschehen ein Potenzial zur Überwindung eines raumgebundenen Verständnisses von Kultur innewohnt. Geflüchtete verlieren oftmals nicht nur ihre ‚Heimat', sondern auch die mit der Beheimatung verbundene ‚Identität und Kultur' – sie werden gleichsam „entwurzelt" (Soltesz 2013: 41). Die Fluchterfahrungen sind demnach oftmals mit einem Transformationsprozess von Identitätskonstruktionen verbunden, denn „durch das Überschreiten von Grenzen und das Leben in einer neuen kulturellen Umgebung, das heißt aufgrund der drastischen Veränderung der Lebensumstände, stellen Flüchtlinge die alten und als selbstverständlich gedachten kollektiven Identitäten oft in Frage und verändern diese" (Tošić et al. 2009: 117).

Unter der „äußeren" Wahrnehmung sind jene rechtlichen, politischen, gesellschaftlichen und wirtschaftlichen Faktoren zu verstehen, die als Rahmenbedingungen die Lebensumstände der Geflüchteten maßgeblich bestimmen. Eine der wichtigsten Grundlagen zum Schutz der Rechte von geflüchteten Personen ist die 1951 von den Vereinten Nationen verabschiedete Genfer Flüchtlingskonvention (GFK) bzw. das Abkommen über die Rechtsstellung der Geflüchteten: darin ist festgelegt, wer ein Flüchtling ist, also welchen Personen das Recht auf einen Flüchtlingsstatus zugesprochen wird.

> „Gemäß Art. 1 A (2) der Genfer Flüchtlingskonvention von 1951 ist ein Flüchtling eine Person, die infolge von Ereignissen, die vor dem 1. Januar 1951 eingetreten sind, und aus der begründeten Furcht vor Verfolgung wegen ihrer Rasse, Religion, Nationalität, Zugehörigkeit zu einer bestimmten sozialen Gruppe oder wegen ihrer politischen Überzeugung sich außerhalb des Landes befindet, dessen Staatsangehörigkeit sie besitzt, und den Schutz dieses Landes nicht in Anspruch nehmen kann oder wegen dieser Befürchtungen nicht in Anspruch nehmen will." (GFK 1951: 3)

Die Personen, die im Sinne des Art. 1 der Konvention von den Unterzeichnerstaaten als Flüchtlinge anerkannt werden und bestimmte Rechte genießen, werden Konventionsflüchtlinge genannt. Gemäß dem österreichischen Asylgesetz wird ihnen der Status der Asylberechtigten zuerkannt, sie dürfen dauerhaft in Österreich bleiben und sind den Österreicher/innen weitgehend gleichgestellt (vgl. § 3 Abs. 1 AsylG 2005).

Wird Asylsuchenden die Asylberechtigung nicht zuerkannt, ist zu prüfen, ob die Voraussetzungen für den subsidiären Schutzstatus[17] vorliegen. Nach der Genfer Flüchtlingskonvention werden weder Bürgerkriege noch bewaffnete Konflikte allein als Fluchtgrund gewertet, sie werden aber als gute Gründe für den Erhalt von subsidiärem Schutz berücksichtigt.

Die GFK wurde von Österreich am 1. November 1954 ratifiziert. Damit hat sich Österreich offiziell verpflichtet, Asylsuchende aufzunehmen. Am 30. Jänner 1955 ist die Konvention unter Vorbehalten in Kraft getreten. Die verfassungsmäßige Genehmigung des Nationalrates erfolgte unter der Bedingung, dass die bei der Unterzeichnung der Genfer Konvention angebrachten Vorbehalte und Erklärungen durch die bei der Ratifizierung der Konvention angebrachten Vorbehalte und Erklärungen ersetzt werden, und zwar wie folgt:

„Etwa […] mit der Maßgabe, dass die im Art. 22[18], Z 1, angeführten Bestimmungen nicht auf die Gründung und Führung privater Pflichtschulen bezogen werden können. Das weitere unter den im Art. 23[19] angeführten „Öffentlichen Unterstützungen und Hilfeleistungen" nur Zuwendungen aus der Öffentlichen Fürsorge (Armenversorgung) und schließlich unter den im Art. 25[20], Z 2 und 3, angeführten „Dokumenten oder Bescheinigungen"

---

17 Subsidiärer Schutz ist zu gewähren, wenn dem/der Fremden im Heimatstaat eine reale Gefahr einer Verletzung von Art. 2 der Europäischen Menschenrechtskonvention (EMRK; Recht auf Leben), Art. 3 EMRK (Verbot der Folter) oder der Protokolle Nr. 6 oder Nr. 13 zur EMRK (Verbot der Todesstrafe) drohen würde oder für ihn/sie als Zivilperson eine ernsthafte Bedrohung des Lebens oder der Unversehrtheit infolge willkürlicher Gewalt im Rahmen eines internationalen oder innerstaatlichen Konfliktes droht (vgl. § 8 Abs. 1 AsylG 2005).
Subsidiär Schutzberechtigte teilen mit Asylberechtigte häufig ein sehr ähnliches Schicksal, auch wenn die Gründe ihrer Flucht nicht unter die Definition der Genfer Flüchtlingskonvention fallen. Für subsidiär Schutzberechtigte ist in Österreich der Zugang zu Sozialleistungen eingeschränkt und auch bei der Familienzusammenführung gibt es große Hürden wie eine dreijährige Wartefrist und ökonomische Voraussetzungen. (https://www.unhcr.org/dach/wp-content/uploads/sites/27/2018/01/AT_UNHCR_Fragen-und-Antworten_2017.pdf).
18 Die vertragschließenden Staaten werden den Geflüchteten die gleiche Behandlung zuteilwerden lassen, die eigene Staatsangehörige bezüglich der Pflichtschulen erhalten (RIS, BGBl. Nr. 55/1955).
19 Die vertragschließenden Staaten sollen den Geflüchteten, die sich erlaubterweise auf ihrem Gebiet aufhalten, die gleiche Behandlung in der öffentlichen Unterstützung und Hilfeleistung gewähren, wie sie ihren eigenen Staatsbürgern zuteil wird (RIS, BGBl. Nr. 55/1955).
20 Die Behörden sollen den Geflüchteten Dokumente oder Bescheinigungen ➤

nur Identitätsausweise zu verstehen sind, die im Flüchtlingsabkommen vom 30. Juni 1928 erwähnt werden; [...]"²¹

Dieses Abkommen war vor allem auf die Situation der *Displaced Persons* und der vertriebenen deutschsprachigen Minderheiten nach dem Zweiten Weltkrieg zugeschnitten. In der Folge war Österreich vor allem mit Fluchtbewegungen aus kommunistischen Ländern (Ungarn, ČSSR, Polen etc.) konfrontiert. Dabei fungierte Österreich vor allem als Transitland. Mit dem Fall des Eisernen Vorhangs setzten in den 1990er-Jahren neue Fluchtbewegungen ein (Rumänien, Jugoslawien). Rechtspopulistische Strömungen erstarkten, wofür insbesondere das FPÖ-Volksbegehren „Österreich zuerst" (1993) ein Indikator ist.

Durch die Entstehung von neuen Fluchtbewegungen, die unter anderem ihre Begründung darin haben, dass Menschen nicht mehr legal nach Österreich kommen können, verschärfte sich das gesellschaftspolitische Klima. Die Unmöglichkeit, auf einem legalen Weg nach Europa zu kommen, führte die etwa vor Kriegshandlungen fliehenden Menschen in die Arme von Schleppern, die sie auf die schändlichste Art ausnützten. Tragischerweise verloren viele Menschen ihr Leben auf der Flucht. Zahlreiche freiwillige Helfer/innen, die diesen Menschen aus der Not helfen wollten und sich engagiert für sie einsetzten, wurden oftmals selbst kriminalisiert. Auf diese Weise blieben die Geschäfte der Schlepper intakt.

Dazu kam, dass die Asyl-Antragstellung auf Grundlage der Dublin II-Verordnung (2003) zu erfolgen hatte: eine EU-Regelung, die die Verantwortung für den Flüchtlingsschutz an die EU-Randstaaten abschiebt.

„Das Grundprinzip der derzeitigen Dublin-Regelung besteht darin, dass die Zuständigkeit für die Prüfung eines Asylantrags in erster Linie bei dem Mitgliedstaat liegt, der am stärksten an der Einreise des Antragstellers in die EU beteiligt war. In den meisten Fällen ist dies der Mitgliedstaat der ersten Ein-

---

ausstellen oder unter ihrer Aufsicht ausstellen lassen, die normalerweise Ausländern von ihren eigenen staatlichen Behörden oder durch deren Vermittlung ausgestellt werden. So ausgefolgte Dokumente oder Bescheinigungen werden die offiziellen Papiere, die Ausländern sonst von ihren nationalen Behörden oder durch deren Vermittlung ausgestellt werden, ersetzen und bis zum Gegenbeweis Glaubwürdigkeit besitzen (RIS, BGBl. Nr. 55/1955).
21 Konvention über die Rechtsstellung der Flüchtlinge (1955). https://www.ris.bka.gv.at/Dokument.wxe?Abfrage=Bundesnormen&Dokumentnummer=NOR11005319, zuletzt geprüft am 11.12.1018.

reise. [...] In der Praxis bedeutet dies, dass nur wenige Mitgliedstaaten für die weitaus meisten Asylanträge zuständig sind – eine Situation, die die Kapazitäten jedes Mitgliedstaats überstrapazieren würde. [...] Daher schlägt die Kommission eine Reform des Dublin-Systems vor, um ein faires und nachhaltiges System zu schaffen."[22]

Geflüchtete Menschen am Westbahnhof, 2015

Jene EU-Staaten, die nach der Dublin II-Verordnung als erste für die geflüchteten Menschen zuständig waren, waren mit der Zeit nicht mehr im Stande bzw. nicht mehr gewillt, der steigenden Zahl an Geflüchteten Asyl zu gewähren. Viele Geflüchtete wollten aus unterschiedlichen Gründen nicht in diesen Ländern bleiben und setzten ihren Marsch Richtung Österreich und Deutschland bzw. in den Norden Europas fort. Viele Staaten – darunter auch Österreich und Deutschland – setzten im Sommer 2015, nachdem 71 Personen in Parndorf im Burgenland in einem Fahrzeug tot aufgefunden worden waren, das Dublin II-Abkommen de facto außer Kraft und ließen die geflüchteten Menschen ins Land.

„Die österreichische Regierung gefiel sich zunächst darin, Österreich als Asylland zu präsentieren; zum einen in moralischer Abgrenzung zur harschen Opferhaltung Ungarns, zum anderen wohl wissend, dass die schutzsuchenden Flüchtlinge mehrheitlich nach Deutschland weiterreisen würden. Eine an-

---

[22] Zum Dublin-System: https://ec.europa.eu/home-affairs/sites/homeaffairs/files/what-we-do/policies/european-agenda-migration/background-information/docs/20160504/the_reform_of_the_dublin_system_de.pdf

fänglich vielfach geteilte positive Grundstimmung und ‚Willkommenskultur'
[…] wich im Verlauf des Jahres […] einer zunehmend ablehnenden Haltung
[…]. Der Ruf nach Kontrolle, Abschottung und Ausweisung kam nach dieser
kurzen Phase der Euphorie mit umso größerer Wucht zurück." (De Jong et
al. 2017: 11f)

Die gesellschaftspolitische Stimmung kippte rasch von einer „Willkommenskultur" hin zu einer „Ausgrenzungskultur" (De Jong et al. 2017: 12). Da auf europäischer Ebene keine Einigung in Bezug auf die Verteilung der Asylwerber/innen auf die gesamte Europäische Union erzielt werden konnte, wurde auch in jenen Ländern, die zunächst zur Aufnahme bereit waren, der Ruf nach Grenzkontrollen bzw. Schließung der Landesgrenzen laut. Mehrere europäische Regierungen – darunter auch die österreichische – machten sich für die Abschottung Europas und die Schließung der sogenannten Balkanroute und der Mittelmeerroute stark.

Ein negatives Ereignis waren z. B. sexuelle Übergriffe von Männern auf Frauen beim Kölner Hauptbahnhof in der Silvesternacht 2015/2016. Nach Medienberichten stammten die Männer aus dem nordafrikanischen und arabischen Raum, also Ländern, aus denen viele Asylwerber nach Europa gekommen waren. Obwohl die näheren Umstände nie richtig geklärt wurden, lösten sie eine weit über Deutschland hinausgehende Debatte über Sexismus, Gewalt an Frauen, aber auch die „Willkommenskultur" aus. Es ist ein Beispiel dafür, wie rasch durch die Taten einiger weniger sämtliche Geflüchtete in ein schiefes Licht gerückt werden können. Dabei sind die geflüchteten Menschen genauso vielfältig wie die übrige Bevölkerung Österreichs bzw. Europas. Die Kriminalisierung von „Ausländern" ist nicht neu, sie hat in Bezug auf Asylwerber/innen aber eine zusätzliche Dimension bekommen. So wird im politischen Diskurs zwischen ‚echtem' Asylwerber und Scheinasylwerber (Messinger 2017: 474), zwischen legaler und illegaler Migration unterschieden. Da es jedoch kaum legale Möglichkeiten der Flucht nach Europa gibt, wird ein Großteil der Geflüchteten per se kriminalisiert. Mit dem Begriff der Illegalität bereits ins Abseits gedrängt, ist es ein Leichtes, die Bevölkerung mit Botschaften wie „alle Flüchtlinge nutzen das System aus und sind Kriminelle" zu verunsichern und zu ängstigen. Was dabei leicht übersehen wird, ist, dass die derzeit dominierenden nationalistisch konservativ eingestellten Kräften nicht nur auf die Ausgrenzung von Geflüchteten, sondern von allen gesellschaftlichen Gruppen, die nicht in ihr Weltbild passen, setzen. Aber geflüchtete Menschen sind als eine der schwächsten sozialen Gruppen besonders betroffen. Gegen die massive Negativberichterstattung insbesondere der Boulevardmedien können weltoffene und liberale

Kreise nur schwer ankämpfen. Die Spaltung der Gesellschaft, die sich auch im Gegensatz zwischen liberalerem urbanen versus konservativerem ländlichen Raum manifestiert, wird – wenn nicht bewusst herbeigeführt – so doch in Kauf genommen.

Geflüchtete Menschen am Westbahnhof, 2015

Die negativen Zuschreibungen, die einzelne Geflüchtete ebenso wie die ganze Community betreffen, wirken sich natürlich auf das Alltagsleben jedes Einzelnen aus. Dadurch kommen die Betroffenen in Rechtfertigungsnot, haben das Gefühl, sich stets verteidigen und erklären zu müssen. Der Druck, immer beweisen zu müssen, nicht gewalttätig, kriminell und asozial zu sein, stellt eine große Belastung für die Geflüchteten dar. Für Menschen, die geflüchtet sind, um lebensbedrohlichen Kriegshandlungen, aber auch Diskriminierung, Unterdrückung und anderen Gewaltverhältnissen zu entkommen, ist es umso schwerer zu verkraften, erneut Anfeindungen ausgesetzt zu sein, wo man sich doch in Sicherheit glaubte. Doch die Geflüchteten müssen die Anstrengung unternehmen, sich rassistischen „Stammtischparolen" zu widersetzen, da auch Verbalattacken veritable Auswirkungen (Schuldgefühle) auf die Selbstwahrnehmung und das Selbstwertgefühl haben.

Dazu kommt, dass die Lebensumstände vieler Asylwerber/innen höchst prekär sind. Sie dürfen aus rechtlichen Gründen nicht arbeiten, sind zum Nichtstun verurteilt. All jene, die arbeiten dürfen, also anerkannte Flüchtlinge, werden oftmals nicht entsprechend ihrer Fähigkeiten in den Arbeitsmarkt eingegliedert. Meist steht der Flüchtlingsstatus im Vordergrund und nicht die Qualifikationen und Erfahrungen, die sie bereits im Herkunftsland erworben haben. Eine Untersuchung des Arbeitsmarktservice (AMS) ergab, dass 62 Prozent der Syrer/innen entweder Matura oder einen Hochschulabschluss vorweisen können (vgl. Neuhold 2017). Für die Geflüchteten ohne entsprechende Ausbildungsnachweise ist es von großer Bedeutung, wenn ihr Wissen und ihre Fähigkeiten jenseits von formalen Nostrifizierungsverfahren einer Prüfung unterzogen und im Falle einer positiven Bewertung im Zugang zum Arbeitsmarkt anerkannt werden würden. In jedem Fall ist die Arbeitsmarktpolitik in mehrfacher Hinsicht aufgefordert, die Anerkennung von mitgebrachten formalen wie non-formalen Qualifikationen zu erleichtern und zu beschleunigen.[23] Denn abgesehen davon, dass die Erfahrung gezeigt hat, dass die soziale Integration von Zugewanderten über die Einbindung in den Arbeitsprozess besonders effektiv ist, gehen wesentliche Ressourcen für die wirtschaftliche und gesellschaftliche Entwicklung verloren. Sollte die Integration in den Arbeitsmarkt nicht gelingen, weil die erforderlichen Qualifikationen nicht gegeben sind, sind bildungspolitische Maßnahmen die beste Investition in die Zukunft. Selbst wenn Asylwerber/innen keinen Aufenthaltsstatus bekommen und in ihre Herkunftsländer zurückkehren müssen, könnten sie ihre in Österreich erworbenen Qualifikationen und Fertigkeiten dann dort positiv einsetzen.

Eine weitere Belastung, der Geflüchtete ausgesetzt sind, ist die „Kosten-Nutzen-Debatte", bei der die Betonung der finanziellen Last den öffentlichen Diskurs bestimmt. So wie bei den Arbeitsmigrant/innen der 1960er-Jahre ausgeblendet wurde, dass diese mehr ins Sozialsystem eingezahlt hatten, als sie an Sozialleistungen herausbekamen, wird heute der gesellschaftliche und wirtschaftliche Beitrag von Geflüchteten übersehen. Sofern man sich überhaupt auf die Kosten-Nutzen-Debatte einlassen möchte, sollte man dabei nach Marcel Fratzscher, Präsident des Deutschen Instituts für Wirtschaftsforschung (DIW), auch Folgendes ins Kalkül ziehen: „Sie stärken die Angebotsseite, auch indem

---

23 Am 12. Juli 2016 trat das neue Anerkennungs- und Bewertungsgesetz (AuBG) für im Ausland erworbene Qualifikationen in Kraft. Das AuBG erleichtert die Anerkennung von Hochschulqualifikationen, die Asylberechtigte und subsidiär Schutzberechtigte im Ausland erworben haben. Durch dieses Gesetz erhalten Geflüchtete, selbst wenn auf der Flucht die entsprechenden Dokumente und Zeugnisse verlorengegangen sind, Zugang zu Anerkennungsverfahren. Diese finden im Rahmen von Berufszulassungen, Nostrifizierungen von Schul- und Reifezeugnissen sowie akademischen Abschlüssen zur Berufsausübung und der Gleichhaltung von Lehrberufsabschlüssen statt.

sie zum Erfolg und den Erträgen der Unternehmen beitragen, und erhöhen gleichzeitig die Nachfrage. Indem sie selbst zu Konsumenten werden, tragen sie zu mehr Investitionen und höheren Einkommen für andere private Haushalte bei."[24] Geflüchtete Menschen sind insofern nicht nur ein Kostenfaktor, als sie bereits als Konsumierende Mehrwertsteuer entrichten und damit ins „System" einzahlen. Sobald sie arbeiten dürfen, kommt noch die Lohnsteuer hinzu. Viele machen sich aber auch selbstständig, eröffnen Geschäfte oder sind anderweitig unternehmerisch tätig. Wie die Arbeitsmigrant/innen der 1960er-Jahre erobern sie beispielsweise die Märkte, wie die Veränderungen am Brunnenmarkt in Wien Ottakring zeigen.[25] Manche betätigen sich künstlerisch und bringen auf diese Weise neue kulturelle Impulse ein.[26] Aber nicht nur die Aktivitäten geflüchteter Menschen, sondern auch ihr Betreuungsbedarf schaffen neue Arbeitsfelder wie Deutschkurse, Wohnheime, Schulungen, spezielle Integrationsangebote für Geflüchtete und vieles mehr. Bestätigt werden diese Prognosen von der Nationalbank, dem Institut für höhere Studien (IHS) und dem Österreichischen Institut für Wirtschaftsforschung (vgl. Sator 2016). Integrationsexpert/innen vertreten ebenfalls diesen Standpunkt:

„[…] der schwierigen Konjunkturlage der letzten Jahre hat sich die Wirtschaft nunmehr erholt. Dies spiegelt sich insbesondere in einer Steigerung der Arbeitsplätze wider, auch die Zahl der selbständig Erwerbstätigen ist gestiegen […] Wie hoch die Erwerbsquote der Flüchtlinge ist, kann für Österreich mangels Beschäftigungsdaten nicht genau gesagt werden […] Aus der vergleichsweise hohen Erwerbsquote der SyrerInnen in Kombination mit einer hohen Arbeitslosenquote ist ersichtlich, dass es gelungen ist, syrische Flüchtlinge in hohem Maße auf dem Arbeitsmarkt zu erfassen, einerseits als SchulungsteilnehmerInnen oder als sofort verfügbare registrierte Arbeitslose, andererseits als Beschäftigte."[27]

---

24 Deutsches Institut für Wirtschaftsforschung (2015): Integration führt zu positiven wirtschaftlichen Effekten. https://www.diw.de/de/diw_01.c.100366.de/ueber_uns/forschungsabteilungen/konjunktur/nachrichten/nachrichten.html?id=diw_01.c.518472.de, zuletzt geprüft am 11.12.2018.
25 In Zusammenarbeit mit dem Flüchtlingskurs der Zeitschrift „biber" wurde ein Beitrag für das Wochenmagazin profil gestaltet: Clemens Neuhold, biber: Brunnenmarktforschung: Die Syrer kommen. In: Profil, 17.5.2017. https://www.profil.at/oesterreich/brunnenmarkt-syrer-fluechtlinge-integration-8145953, zuletzt geprüft am 11.12.2018.
26 „Syrian Links": Geblieben ist nur die Kunst. https://wien.orf.at/news/stories/2758177/, zuletzt geprüft am 11.12.2018.
27 BMEIA (2018): Integrationsbericht, S. 52ff. https://www.bmeia.gv.at/integration/

Darüber hinaus bauen viele Syrer/innen ihre Existenz selbst auf und sind politisch wie kulturell sehr aktiv. Sie äußern sich in Sozialen Medien über politische Entwicklungen in Österreich und organisieren in transnationalen Zusammenhängen Aktivitäten zur Lage in Syrien und versuchen die Aufmerksamkeit der österreichischen Öffentlichkeit und Politik dafür zu gewinnen.[28]

Conclusio

„Toleranz sollte eigentlich nur eine vorübergehende Gesinnung sein:
Sie muss zur Anerkennung führen. Dulden heißt beleidigen."
Johann Wolfgang von Goethe[29]

Jede Person macht ganz individuelle, seinem persönlichen Hintergrund entsprechende Fluchterfahrungen. Geflüchtete kommen aus unterschiedlichen ethnischen, religiösen und sozialen Zusammenhängen, aber sie teilen gleichzeitig ein ‚gemeinsames Schicksal': In einem fremden Land zu leben, in dem ihnen Sicherheit geboten wird. Das bedeutet für alle, ein neues Leben vielfach bei Null anzufangen – mit seinen bitteren und süßen Erlebnissen und Herausforderungen. Dennoch werden Geflüchtete in den Aufnahmeländern meist auf ihren Flüchtlingsstatus reduziert, ohne ihr tatsächliches Vorwissen, ihre Expertise oder persönlichen Perspektiven und Erfahrungen miteinzubeziehen. Dabei ist es für den Integrationsprozess der Zugewanderten sehr wichtig, dass sie als gleichberechtigte Mitbürger/innen anerkannt gelten gelassen werden. Denn Integration ist keine Einbahnstraße, ist kein passiver Prozess: Integration braucht die aktive Beteiligung auf breiter gesellschaftlicher Basis.

Seit Beginn der sogenannten Flüchtlingskrise wird in Gesellschaft und Politik oft heftig und emotional über Begriffe wie „Asylanten", „Flüchtlinge" „Wirtschaftsflüchtlinge" usw. diskutiert. Obwohl sich diese Begriffe per Definition voneinander unterscheiden, werden sie in der Alltagssprache und in medialen Berichterstattungen oft verwechselt oder als Synonyme verwendet.

---

integrationsbericht/, zuletzt geprüft am 8.10.2018.
28 Vgl. Arash und Arman T. Riahi (2014): Für Freiheit und Demokratie: Die syrische Opposition in Österreich. derstandard.at/1399507472491/Fuer-Freiheit-und-Demokratie-Die-syrische-Revolution-in-Oesterreich, zuletzt geprüft am 16.12.2018. Alexandra Stanic, Mamo Issa: Das syrische Haus in Österreich. In: biber, 9.1.2018. https://www.dasbiber.at/content/das-syrische-haus-oesterreich, zuletzt geprüft am 16.12.2018.
29 Max Hecker (Hg.) (1907): Goethe: Maximen und Reflexionen. Aphorismen und Aufzeichnungen. Nach den Handschriften des Goethe- und Schiller-Archivs. Weimar: Verlag der Goethe-Gesellschaft. https://www.aphorismen.de/zitat/1103.

Dadurch wurde die Migrationsdebatte insgesamt von einer rationalen und lösungsorientierten in eine ‚moralisierende' Auseinandersetzung übergeführt, die sich in der zentralen Frage zuzuspitzen scheint: Wer hat ‚wirklich' ein Recht auf Schutz? Eine sachliche Reflexion der Begriffe und eine umfassendere Perspektive auf die Krisenherde und Problemfelder, die zu Flucht und Migration führen, wären für eine konstruktive Diskussion notwendig, kommen dabei aber zu kurz. Denn die Grenzen, wo die freiwillige Migration aufhört und die erzwungene Flucht beginnt, verschwimmen zusehends. Will die Gesellschaft, die durch Flucht und Migration entstehenden Herausforderungen meistern, braucht es einen Diskurs, der nicht auf emotionalisierte und verkürzte Botschaften, auf Vorurteile und Feindbilder setzt.

Literatur

Ancient City of Aleppo. https://whc.unesco.org/en/list/21, zuletzt geprüft am 25.7.2018.

Atteslander, Peter (1993): Methoden der empirischen Sozialforschung. Berlin-New York: de Gruyter.

Berti, Benedetta (2017): Is Reconstruction Syria's Next Battleground? Online verfügbar unter http://carnegie-mec.org/sada/72998, zuletzt geprüft am 11.12.2018.

BMEIA (2018): Integrationsbericht 2018: Zahlen, Trends und Analysen – Integration von Frauen im Fokus. Online verfügbar unter https://www.bmeia.gv.at/fileadmin/user_upload/Zentrale/Integration/Integrationsbericht_2018/Integrationsbericht_2018_Zahlen__Trends_und_Analysen_-_Integration_von_Frauen_im_Fokus_stand_14_11.pdf, zuletzt geprüft am 11.12.2018.

Broden, Anne; Mecheril, Paul (Hg.) (2007): Re-Präsentationen: Dynamiken der Migrationsgesellschaft. Düsseldorf: Informations- und Dokumentationszentrum für Antirassismusarbeit in NRW. Online verfügbar unter https://www.ida-nrw.de/fileadmin/user_upload/reader/Re-Praesentationen.pdf, zuletzt geprüft am 11.12.2018.

Bundeskanzleramt: Asylgesetz 2005. Online verfügbar unter https://www.ris.bka.gv.at/GeltendeFassung.wxe?Abfrage=Bundesnormen&Gesetzesnummer=20004240, zuletzt geprüft am 11.12.2018.

Bundeskanzleramt: Konvention über die Rechtsstellung der Flüchtlinge (1955). Online verfügbar unter https://www.ris.bka.gv.at/Dokument.wxe?Abfrage=Bundesnormen&Dokumentnummer=NOR11005319, zuletzt geprüft am 11.12.1018.

Das Dublin-System. Online verfügbar unter https://ec.europa.eu/home-affairs/sites/homeaffairs/files/what-we-do/policies/european-agenda-migration/background-information/docs/20160504/the_reform_of_the_dublin_system_de.pdf, zuletzt geprüft am 11.12.2018.

De Jong, Sara; Messinger, Irene; Schütze, Therese; Valchars, Gerd (2017): Migrationsmanagement: Praktiken, Intentionen, Interventionen. In: Journal für Entwicklungspolitik 33 (1), S. 4–21.

Deutsches Institut für Wirtschaftsforschung (2015): Integration führt zu positiven wirtschaftlichen Effekten. In: Pressemitteilung, 5.11.2015. https://www.diw.de/de/diw_01.c.100366.de/ueber_uns/forschungsabteilungen/konjunktur/nachrichten/nachrichten.html?id=diw_01.c.518472.de, zuletzt geprüft am 11.12.2018.

Faßmann, Heinz; Münz, Rainer (1995): Einwanderungsland Österreich? Historische Migrationsmuster, aktuelle Trends und politische Maßnahmen. Wien: Jugend & Volk.

Girtler, Roland (2001): Methoden der Feldforschung. Wien-Köln-Weimar: Böhlau.

Gobat, Jeanne; Kostial, Kristina (2016): Syria's Conflict Economy (= IMF Working paper 16/123). Online verfügbar unter http://www.imf.org/en/Publications/WP/Issues/2016/12/31/Syrias-Conflict-Economy-44033, zuletzt geprüft am 11.12.2018.

Guterres, António (2005): World Refugee Day. Online verfügbar unter https://www.unhcr.org/events/wrd/42afe7512/world-refugee-day-2005-message-un-high-commissioner-refugees-antonio-guterres.html?query=they%20all%20share%20a%20common%20thread%20of%20uncommon, zuletzt geprüft am 11.12.2018.

Humanitarian Needs Overview (2017): Syrian Arab Republic. Online verfügbar unter https://reliefweb.int/sites/reliefweb.int/files/resources/2017_Syria_hno_161205.pdf, zuletzt geprüft am 11.12.2018.

ICRC (2011): Annual Report 2010. Online verfügbar unter https://www.icrc.org/eng/resources/documents/annual-report/icrc-annual-report-2010.htm, zuletzt geprüft am 11.12.2018.

Kaldor, Mary (2006): The "New War" in Iraq. In: Theoria. A Journal of Social and Political Theory 53 (109), S. 1–27. Online verfügbar unter http://www.jstor.org/stable/418023105, zuletzt geprüft am 11.5.2017.

Kothen, Andrea (2016): Sagt man jetzt Flüchtlinge oder Geflüchtete? https://www.proasyl.de/hintergrund/sagt-man-jetzt-fluechtlinge-oder-gefluechtete/

Markard, Nora (2012): Kriegsflüchtlinge: Gewalt gegen Zivilpersonen in bewaffneten Konflikten als Herausforderung für das Flüchtlingsrecht und den subsidiären Schutz. Tübingen: Mohr Siebeck.

Messinger, Irene (2017): Szenen einer widerspenstigen Zähmung. Die Grenzen der Migrationskontrolle. In: Birgit Peter, Gabriele C. Pfeiffer (Hg.): Flucht – Migration – Theater: Dokumente und Positionen. Göttingen: V&R unipress, S. 471–482. Online verfügbar unter https://books.google.at/books?id=A5CpDQAAQBAJ&pg=PA474&lpg=PA474&dq=gefl%C3%BCchteter+scheinaslant&source=

bl&ots=KBgttreul4&sig=40gZ1omu83UwDlIb86t56ZcyPSU&hl=de&sa=X&ved=2ahUKEwjzroLRwu_dAhWHbFAKHZrKBOEQ6AEwCXoECAEQAQ#v=onepage&q=gefl%C3%BCchteter%20scheinasylant&f=false, zuletzt geprüft am 5.10.2018.

Neuhold, Clemens (2017): Brunnenmarktforschung: Die Syrer kommen. In: profil, 17.5.2017. Online verfügbar unter https://www.profil.at/oesterreich/brunnenmarkt-syrer-fluechtlinge-integration-8145953, zuletzt geprüft am 11.12.2018.

Riahi, Arash und Arman T. (2014): Für Freiheit und Demokratie: Die syrische Opposition in Österreich. Online verfügbar unter: derstandard.at/1399507472491/Fuer-Freiheit-und-Demokratie-Die-syrische-Revolution-in-Oesterreich, zuletzt geprüft am 16.12.2018.

Sator, Andreas: Was Flüchtlinge der österreichischen Wirtschaft bringen. In: Der Standard, 8.1.2016. Online verfügbar unter https://derstandard.at/2000028642269/Was-Fluechtlinge-der-oesterreichischen-Wirtschaft-bringen, zuletzt geprüft am 5.10.2018.

Soltesz, Eva (2013): Labelling „refugees" im wissenschaftlichen Migrationsdiskurs. Eine theoretische Auseinandersetzung mit der Konzeptualisierung von Flucht aus postkolonialer Perspektive. Diplomarbeit Universität Wien.

Stanic, Alexandra; Issa, Mamo: Das syrische Haus in Österreich. In: biber, 9.1.2018. Online verfügbar unter https://www.dasbiber.at/content/das-syrische-haus-oesterreich, zuletzt geprüft am 16.12.2018.

Statistisches Jahrbuch (2017): Migration & Integration: Zahlen, Daten, Indikatoren, Statistik Austria. Wien.

„Syrian Links": Geblieben ist nur die Kunst. https://wien.orf.at/news/stories/2758177/, zuletzt geprüft am 11.12.2018

The Toll of War: The Economic and Social Consequences of the Conflict in Syria (2017). Online verfügbar unter http://www.worldbank.org/en/country/syria/publication/the-toll-of-war-the-economic-and-social-consequences-of-the-conflict-in-syria, zuletzt geprüft am 11.12.2018.

Tošic, Jelena; Kroner, Gudrun; Binder, Susanne (2009): Anthropologische Flüchtlingsforschung. In: Maria Six-Hohenbalken [et al.] (Hg.): Anthropologie der Migration. Theoretische Grundlagen und interdisziplinäre Aspekte. Wien: Facultas, S. 110–126.

Umathum, Judith; Wafler, Amina; Ehart, Susanne (2018): Syrien. Initiative mehr als Flucht. Infos zu Herkunftsregionen. Online verfügbar unter https://mehralsflucht-ksa.univie.ac.at/fileadmin/user_upload/p_mehralsflucht/Broschueren/Syrien_8.2.18.pdf, zuletzt geprüft 11.12.2018.

UNHCR (2017): 3RP Regional Refugee & Resilience Plan 2017-2018, Annual Report. Online verfügbar unter https://data2.unhcr.org/en/documents/download/63530, zuletzt geprüft am 11.12.2018.

UNHCR (2017): Flucht und Asyl in Österreich. Die häufigsten Fragen und Antworten. Online verfügbar unter https://www.unhcr.org/dach/wp-content/uploads/sites/27/2018/01/AT_UNHCR_Fragen-und-Antworten_2017.pdf, zuletzt geprüft am 11.12.2018.

UNHCR (2017): GFK (Genfer Flüchtlingskonvention) 28.7.1951. Online verfügbar unter https://www.unhcr.org/dach/wp-content/uploads/sites/27/2017/03/Genfer_Fluechtlingskonvention_und_New_Yorker_Protokoll.pdf, zuletzt geprüft am 11.12.2018.

UNHCR (2017): Global Trends. Forced Displacement in 2016. Online verfügbar unter http://www.unhcr.org/5943e8a34.pdf, zuletzt geprüft am 11.12.2018.

UNHCR (2018): Global Appeal 2018-2019. Online verfügbar unter http://www.unhcr.org/publications/fundraising/5a0c05027/unhcr-global-appeal-2018-2019-full-report.html?query=Global%20Trends%202018, zuletzt geprüft am 11.12.2018.

UNHCR: Operational Data Portal. Online verfügbar unter https://data2.unhcr.org/en/situations/syria, zuletzt geprüft am 11.12.2018.

Zick, Andreas (2016): Polarisierung und radikale Abwehr – Fragen an eine gespaltene Gesellschaft und Leitmotive politischer Bildung. In: Andreas Zick, Beate Küpper, Daniela Krause (Hg.): Gespaltene Mitte. Feindselige Zustände. Rechtsextreme Einstellungen in Deutschland. Bonn, S. 203–218. Online verfügbar unter https://www.fes.de/index.php?eID=dumpFile&t=f&f=11000&token=63d1583c0c01b940d67518cf250f334b87bf5fdb, zuletzt geprüft am 11.12.2018.

Zu Besuch bei arabischen Frisören in Wien – Verhandlung von Geschlechterrollen in Migrationsgesellschaften

Donata Kremsner

Migration verändert die Menschen, die migrieren, und die Gesellschaften, in denen sie ankommen und aufgenommen werden. So hat sich das Stadtbild von Wien seit 2015[1] verändert: Wer mit offenen Augen durch die Gassen geht, wird vermehrt arabische Geschäfte und Lokale, darunter auch Frisöre, wahrnehmen (Neuhold 2017: 2015). Aber auch Theatervorstellungen mit arabischen Untertiteln, Ausstellungen und Musikkonzerte von syrischen Künstler/innen sind keine Seltenheit mehr. Die vorliegende Arbeit widmet sich dem Alltag und den Wahrnehmungen von drei Friseuren, die erst seit Kurzem in Wien leben, und versucht damit einen Beitrag zu rezenten Migrationsbewegungen und einem Aspekt des Alltagslebens von Neuangekommenen in Wien zu leisten.

Obwohl es Ansätze gibt, die Begriffe Migration und Flucht voneinander abzugrenzen, wird in der vorliegenden Arbeit Flucht nicht als Sonderfall von Migration betrachtet (Müller 2010: 20), da die Migrationsgründe während der Interviews keine Rolle spielten.

In der Migrationsforschung wurde Migration lange Zeit als vorrangig männliches Phänomen dargestellt. Demgegenüber erfolgt die Auseinandersetzung mit dem Thema *Gender* meist mit einem besonderen Fokus auf Frauen. Die Herausforderung besteht darin, einen feministischen und gendersensiblen Blick auf männliche Migranten zu werfen. Insbesondere Männer aus dem Nahen Osten werden oft pauschal als autoritäre Patriarchen dargestellt. Die patriarchalen Geschlechterverhältnisse in den Herkunftsländern werden nicht zuletzt deshalb betont, weil so die Fremdheit beziehungsweise die Markierung des Andersseins von Migrant/innen gerechtfertigt werden kann (Ruhrmann/Sommer 2006). Daher erscheint es umso mehr von Bedeutung, Männer aus dem arabischen Raum unter Aspekten darzustellen, die zu einem differenzierteren Bild beitragen. Der Anspruch besteht darin, Vorurteile, die

---

1 Am 25. August 2015 setzte die deutsche Regierung die Dublin-Regelung für unregistrierte syrische Flüchtlinge außer Kraft. Daraufhin ließen sich die Geflüchteten in Ungarn nicht mehr registrieren und begannen im September Richtung Österreich zu marschieren. Die Regierungen in Deutschland und Österreich entschieden, die Grenzen zu öffnen. Die meisten suchten in Deutschland um Asyl an (Blume et al. 2016).

vielfach von westlichen Wertigkeiten und Hierarchien geprägt sind, aufzubrechen und tradierte Rollenbilder in Frage zu stellen.

Da Unterschiede entlang von *Race*[2], Gender und Klasse als ‚normal' betrachtet werden und Teil des sozialen Lebens sind (Barber 2008: 457), können über den Körper Abgrenzungen zu anderen Personen oder sozialen Gruppen verhandelt werden, indem wir uns für eine bestimmte Kleidung entscheiden, unsere Haare stylen, wie wir sprechen und agieren. Haare können als Symbol gesehen werden, das Personen verbindet, aber auch trennt. Die Form und Art, wie Haare und Bart geschnitten, getragen und gestylt werden, kann Ausdruck verschiedener Identitätskonstruktionen sein. Der vorliegende Beitrag beschäftigt sich mit der Bedeutung von arabischen Frisörläden in Wien insbesondere in Bezug auf die Konstruktion von Männlichkeitsvorstellungen. Im Frisörladen kann Männlichkeit innerhalb der eigenen sozialen Gruppe verhandelt werden; gleichzeitig findet dort auch eine Auseinandersetzung mit anderen Vorstellungen von Maskulinität statt. Die Arbeit beleuchtet einen alltäglichen Lebensbereich arabischer Männer in Wien und trägt so zu einem Aspekt neuerer österreichischer Migrationsgeschichte bei.

Die Untersuchung positioniert sich im anthropologischen Feld. Als Basis dafür dienen zehn offene Interviews, die mit Frisören und Kund/innen geführt wurden, sowie teilnehmende Beobachtungen in zwei Frisörläden. Zwei syrische Freunde, Ilian und Gabriel[3], stellten mich ihren Frisören in Wien vor; zwei Mal suchte ich mit ihnen den jeweiligen Frisörsalon auf. Danach habe ich über einen Zeitraum von zwei Wochen diese Geschäfte immer wieder besucht, um den Alltag mitzuerleben. Die Gespräche wurden auf Deutsch geführt, in manchen Fällen haben mich meine Begleiter mit Übersetzungen unterstützt. Die Namen der Interviewpartner/innen wurden anonymisiert. Aufgrund des kurzen Untersuchungszeitraums und der geringen Anzahl an Interviews handelt es sich nicht um eine repräsentative Studie, dennoch ermöglicht die Arbeit einen Einblick in das Alltagsleben von Syrern, die erst wenige Jahre in Wien leben und sich hier einen Arbeitsplatz geschaffen haben.

Ziel der Arbeit ist es, Erfahrungen von Migrant/innen sichtbar zu machen und diese in die österreichische Geschichte einzuschreiben. Denn Migrant/innen nehmen einen „selbstverständlichen, sichtbaren und hörbaren Teil der Gegenwart und der Zukunft ein" (Rupnow 2017: 56). Nur so kann österreichische Geschichte mehrstimmig und von verschiedenen Perspektiven ge-

---

2 In der Arbeit wird der englische Begriff verwendet, da es in der deutschen Sprache kein passendes Äquivalent für *Race* gibt.
3 Die Namen der Personen wurden anonymisiert.

schrieben werden (Rupnow 2017: 44). Indem Diversität und Pluralität der österreichischen Gesellschaft in den unterschiedlichsten Bereichen und Ausprägungen sichtbar gemacht wird, soll der längst obsoleten, aber immer noch wirkmächtigen Konstruktion von ‚Wir' und den ‚Anderen'[4] entgegengewirkt werden.

Die Frisörläden

Die Frisörläden befinden sich im 3. Wiener Gemeindebezirk, zentral an einer Hauptstraße gelegen, und sind durch eine U-Bahn-Anbindung leicht zu erreichen. Der Kundenbereich in Masuds Geschäft besteht aus einem einzelnen Raum, ein weiterer kleiner Raum dient als WC, Küche und Abstellkammer. Auf einem großen Bildschirm läuft eine arabische Serie, es gibt eine Sitzecke, die aus bunt zusammengewürfelten Bänken besteht. Die Frisörstühle stehen vor den Wänden, an denen Spiegel und Waschbecken montiert sind. Es gibt keinen eigenen Bereich zum Waschen der Haare.

Der Frisörladen, in dem Majd und Omar angestellt sind, ist größer, er hat zwei Geschäftsräume, von denen der hintere Teil für Kundinnen vorgesehen ist. Zum Zeitpunkt meiner Besuche wurde er allerdings renoviert, sodass die Kundinnen im vorderen Bereich bei den Männern bedient wurden. Ein Kellerraum wird für die Pausen und zum Beten genutzt. Mein Interview mit Omar führte ich dort. Neben der Eingangstüre hängt ein weißer DIN A4-Zettel, auf dem die Preise und Leistungen auf Deutsch und Arabisch angeschrieben stehen.

Ich nehme in beiden Läden eine Art heimeliges Gefühl wahr. Während der Stunden, die ich dort verbracht habe, ist eine freundschaftliche Atmosphäre entstanden. Mir wurden Tee und Zigaretten angeboten und freundliche Blicke zugeworfen.

Omar, Majd und Masud

Alle drei Frisöre stammen ursprünglich aus Syrien. Warum und wie die Personen nach Wien gekommen sind, spielte in meinen Gesprächen keine Rolle. Sie sind hier und aufgrund ihrer Asylberechtigung bereit, sich in Österreich ein neues Leben aufzubauen. Omar und Majd arbeiten als Frisöre in einem

---

4 *Othering* bedeutet eine Konstruktion von Gemeinsamkeit in der *eigenen* Gruppe durch die Abgrenzung von *anderen*, also die Unterscheidung zwischen *uns* und *ihnen*. Dabei werden die *anderen* oftmals als unterlegen gedacht, um auf diese Weise die *eigene* Identität zu stärken.

Arabische Frisörläden in Wien – Geschlechterrollen

Geschäft, das von einem syrischen Geschäftsmann, der schon länger in Österreich lebt, geführt wird. Sie sind beide etwas über 30 Jahre alt, sind seit ungefähr zwei Jahren in Österreich und verfügen über keine besonders guten Deutschkenntnisse. Majd ist als Herrenfrisör tätig. Omar ist vor allem Damenfrisör, hat daneben aber auch österreichische Männer als Kunden. Er betont, dass es keine arabischen Männer sind, die zu ihm kommen. Masud ist syrischer Kurde und ebenfalls seit zwei Jahren in Wien. Er führt seinen eigenen Laden mit zwei weiteren Frisören. Marwa ist eine Kundin von Omar, hat arabische Wurzeln, lebt und arbeitet seit einigen Jahren in Wien.

Bei den Interviews haben sich drei große Themenblöcke herauskristallisiert. Ein beherrschendes Gesprächsthema waren die strukturellen Schwierigkeiten auf dem Weg zur Selbstständigkeit als Frisöre: die rechtlichen Regelungen und die sprachlichen Herausforderungen. Die Befragten wollen sich nicht nur eine neue Existenz in Wien aufbauen, sie wollen wieder erfolgreich sein und einen ähnlichen gesellschaftlichen Status wie im Herkunftsland erlangen.

Ein weiteres zentrales Thema war die Bedeutung des Frisörladens als sozialer Raum. Es gibt unterschiedliche Gründe für den Besuch in einem arabischen Frisörladen. Der Ort dient manchen als sozialer Treffpunkt: man tauscht sich aus, neue Kontakte oder Freundschaften werden geschlossen. Auf diese Weise etabliert sich ein Gemeinschaftsgefühl, in der nationale Unterschiede wenig zu zählen scheinen.

Alle drei Interviewpartner beschreiben das Schneiden von Männerhaaren mit Schere, Kamm und Rasiermesser statt mit der Maschine als Alleinstellungsmerkmal im Vergleich zu den übrigen Frisören in Österreich. Abgesehen vom niedrigen Preis mag darin ein Grund liegen, warum die arabischen Frisöre sehr beliebt sind. Durch die Möglichkeit, bessere Leistungen günstiger anzubieten, haben die drei interviewten Frisöre für sich eine Strategie gefunden, einen relevanten gesellschaftlichen Beitrag zu leisten und so ihren Platz zu finden.

Das dritte Themenfeld könnte man mit der Frage nach den Identitätskonstruktionen beschreiben. Rollenbilder werden innerhalb der eigenen sozialen Gruppe konstruiert, wobei gleichzeitig Vorstellungen zu anderen Gruppen verhandelt werden. Die Anderen können Frauen, aber auch andere Männer sein. Geschlechterrollen, wie sich Männer und Frauen verhalten, sind sozial konstruiert (Eckes 2008: 178). Kleine und große Entscheidungen werden demnach von einer geschlechtsspezifischen Sozialisierung geprägt. Diese hat auch Einfluss auf unsere Körperpraktiken, darunter zum Beispiel wie Männer ihre Haare schneiden und frisieren oder ihren Bart stutzen. Die Differenzierungen werden auf der körperlichen Ebene, in diesem Fall der Pflege von

Haaren und Bart, ebenso wie auf der Handlungsebene, also den handwerklichen und technischen Kompetenzen der Frisöre, hergestellt.

Strukturelle Hürden –
„Mein Deutsch ist nicht gut, aber meine Hände sprechen die Sprache der Haare" *(Omar)*

Da in Syrien, wie in anderen arabischen Ländern, der Frisörberuf nach den Geschlechtern getrennt ist, stellt das österreichische System, wonach Frisör/innen männliche und weibliche Kunden gleichermaßen bedienen können müssen, eine strukturelle Hürde dar. Die Relevanz dieser Regelung, die Prüfung für beide Geschlechter ablegen zu müssen, ist für die interviewten Frisöre nicht nachvollziehbar, da sie ausschließlich in dem von ihnen gewählten Bereich tätig sein wollen. Zudem werden die fachlichen Kompetenzen, die sie in den Herkunftsländern erworben haben, nicht anerkannt und damit nicht wertgeschätzt. Majd wurde von seiner 18-jährigen Erfahrung als Frisör in Syrien nur ein Jahr angerechnet. Ähnlich erging es Omar, der in Syrien mit den Vereinten Nationen (UN) kooperiert und jungen palästinensischen Männern eine Berufsausbildung ermöglicht hatte. Dass Omar in Syrien Frisöre ausgebildet hat, wird ihm in Österreich auch nicht angerechnet. Dazu kommt, dass bei der Gewerbeprüfung abgesehen von den Kernkompetenzen in der Haar- und Bartpflege auch Kenntnisse im Bereich der Maniküre gefordert werden. Und auch wirtschaftliche und rechtliche Wissensbestände – wie Jugendschutz- und Mutterschutzgesetze – sind Teil der Prüfung.

Neben den fachlichen Herausforderungen stellt das Erlernen der deutschen Sprache eine Hürde dar. Das Wissen um die Bedeutung der Sprachkompetenz und die Motivation zum Erlernen der deutschen Sprache sind vorhanden. Omar erklärt, dass er die Fachsprache auf Englisch und Arabisch beherrsche, im Deutschen jedoch nur einfache Worte kenne. Er würde dieses Manko gerne beseitigen und einen Deutschkurs der Stufe B1 absolvieren – für sich persönlich, aber auch, weil es eine Voraussetzung für die Meisterprüfung ist. Marwa, eine Kundin von Omar, die in der Betreuung von Asylwerber/innen tätig ist, findet allerdings, dass er keinen weiteren Deutschkurs brauche. Seine sprachlichen Kenntnisse würden für den täglichen Umgang mit den Kunden ausreichen und es gäbe andere Personen, die die Kurse nötiger hätten. Dass in Österreich die Gewerbeprüfung für beide Geschlechter abgelegt werden muss, stellt für Omar eine weniger große Herausforderung dar. Damenhaarschnitte sind für ihn der Alltag und im Vergleich dazu empfindet er Männerfrisuren, insbesondere wenn sie mit der Maschine gemacht werden, als einfach. Damenhaarschnitte seien technisch schwieriger, meint er, und zeigt mir an seinen eigenen Haaren verschiedene Techniken, um Stufen mit der Schere zu schneiden.

Um sich als Frisör in Österreich selbstständig machen zu können, braucht es einen Gewerbeschein. Daher gibt es in beiden Frisörläden eine Person, die einen Gewerbeschein besitzt, aber meist nicht vor Ort ist. Majd wünscht sich insbesondere für erfahrene und ältere Frisöre eine diesbezügliche Ausnahmeregelung. In ihren Herkunftsländern hatten alle drei Frisöre eigene Läden in unterschiedlicher Größe. In Österreich sind sie nun von der Gunst der jeweiligen Betreiber abhängig. Majd beschreibt, dass er hier *Zero* wäre und die Abhängigkeit insbesondere bei Entscheidungen hinsichtlich der Geschäftseinrichtung bedauert. Er würde sich einen schöneren Warteraum mit Musik und Fernseher wünschen. Sein Chef muss jedoch alle Entscheidungen vorab mit seinen Söhnen abklären, ein Prozess, der viel Zeit in Anspruch nimmt. Nur Masud hat sich ein eigenes Geschäft aufbauen können, indem er eine Frisörin mit Gewerbeschein angestellt hat.

In einem der Läden sitzt ein älterer Herr am Empfang, er kassiert und serviert Kaffee aus dem Vollautomaten. Von dieser Ausnahme abgesehen gibt es in den untersuchten Frisörläden keine Hilfskräfte. Es gibt also keine Angestellten, die weniger anspruchsvolle Arbeiten übernehmen könnten. Omar hatte in seinem Frisörsalon in Syrien mehrere Angestellte, die bestimmte Aufgaben, wie das Föhnen, das Fassonieren der Augenbrauen, die Maniküre der Nägel oder die Reinigung der Räume übernahmen. Nur das Schneiden und Färben der Haare war seine Aufgabe als Chef. Die Prioritäten werden allerdings unterschiedlich gesetzt. Omar erzählt von seinem Angestelltenverhältnis bei einem türkischen Frisör in Österreich. Dort ließ ihn der Chef alle Aufgaben erledigen, föhnte dann aber selbst die Kundinnen. Omar, der vor allem als Damenfriseur arbeitet, hält das Föhnen aber mindestens für genauso wichtig wie das Schneiden: „Wenn der Schnitt gut ist, aber schlecht geföhnt, ist die Kundin unzufrieden." Majd erzählt, dass bei männlichen Kunden vor allem das Schneiden zählt. Waschen und Styling sind Arbeiten, die eine Person mit weniger Erfahrung übernehmen kann. Dass er nun alles selbst machen müsse, bedauert Majd. Er hatte in Syrien eine Sekretärin und einen Lehrling.

Beide Männer hatten in ihren Herkunftsländern nicht nur eigene Frisörläden, sie bildeten auch Frisöre aus. Für sie bedeutet die Migration nach Österreich eine Dequalifikation und damit einen Statusverlust. In der Regel ist es nicht die Migration selbst, die als bedrohlich für das Selbstbild als Mann empfunden wird, sondern der migrationsbedingte Verlust des gesellschaftlichen Status – sei es durch eine minderwertige Arbeit oder weniger Geld

(Herwartz-Emden/Westphal 1999: 900; Westphal 2004: 5). Dieser Befund hat sich in allen Interviews bestätigt. Die mangelnde Anerkennung ihrer beruflichen Fähigkeiten und das damit verbundene geringe Einkommen haben zur Folge, dass die drei Frisöre ihre Stellung in der Gesellschaft als minderwertig wahrnehmen. Strukturelle Hürden aufgrund der Prüfungsanforderungen für den Gewerbeschein und der Schwierigkeiten beim Spracherwerb tragen dazu bei, dass ein beruflicher Aufstieg in weitere Ferne rückt. Eine Strategie der Selbstbehauptung der drei Frisöre besteht darin, ihre höheren handwerklichen und technischen Fertigkeiten herauszustreichen, ungeachtet dessen, dass diese keine formale Anerkennung finden. Dass sie die besseren Leistungen zu einem geringeren Preis anbieten, bringt ihnen bei Teilen der ansässigen Bevölkerung zumindest Sympathie ein.

Gründe für den Besuch – „Dem Kunden gehört das Geschäft" *(Masud)*

Auf die Frage, warum Kunden in seinen Salon kommen, meint Masud: weil sie sich nicht wie Kunden fühlen, sondern so, als ob sie der Chef wären. Außerdem entstehe schnell eine persönliche Ebene zwischen ihm und den Kunden, unabhängig von Herkunft oder Dauer der Bekanntschaft, sie kennen und unterhalten sich. Manchmal unternimmt er auch privat etwas mit seinen Kunden, wie Whisky zu trinken oder Shisha zu rauchen. Das Verhältnis von Kunden und Frisören wird im Vergleich zu österreichischen Salons als lockerer beschrieben. Der Frisörbesuch wird zu einem sozialen Ereignis, in dem Austausch stattfindet und Beziehungen gepflegt werden. Auf die Frage nach der Häufigkeit des Frisörbesuchs erklärt Masud, dass die meisten Kunden alle zwei Wochen und insbesondere am Wochenende kämen. Gleich um neun Uhr in der Früh, wenn der Laden aufsperrt, stehen die älteren Herren schon vor der Tür. Im Unterschied dazu lassen Österreicher nur ihre Haare schneiden und pflegen sie dann zu Hause selbst, erzählt Omar.

In den Frisörläden wird mit den Kunden über verschiedenste Themen wie Architektur, Autos, Beziehungen, Urlaube oder die Schule gesprochen. Die Unterhaltung finden auf Deutsch, Englisch, Arabisch oder Kurdisch statt. „Über Politik wird nur mit Kunden gesprochen, die man besser kennt und wenn man alleine ist", so Masud. Es könnte passieren, dass ein anderer Kunde eine Meinung hört, die ihm nicht gefällt, und dann nicht mehr in den Frisörladen kommt – es wird also Rücksicht genommen, erklärt er. Einer meiner Freunde hat dafür eine weitere Erklärung: „In Syrien erzählt man das Gerücht, dass oft Mitarbeiter des Geheimdienstes als Frisöre tätig sind, da sie so alle Informationen aus dem Stadtviertel bekommen."

Arabische Frisörläden in Wien – Geschlechterrollen

Dass die Frisörläden vor allem als soziale Orte wahrgenommen werden, kann mit der Bedeutung der Badehäuser, *Hammām*, im islamischen geprägten arabischen Raum zusammenhängen. Diese Einrichtungen, in denen Männer wie Frauen neben den Körperwaschungen Dienstleistungen wie Massagen, Haarentfernungen und ähnliches in Anspruch nehmen können, sind in vielen Teilen der arabischen Welt noch immer bestimmender Teil des Stadtbildes[5] und des Alltagslebens. Das Hammām ist für muslimische religiöse Praktiken[6] zur Erlangung der rituellen Reinheit von zentraler Bedeutung. Die öffentlichen Badestätten haben sich aber im Laufe der Zeit zu beliebten Treffpunkten zur Pflege von sozialen Kontakten entwickelt (Stolleis 2008: 55). Frisöre und Barbiere können als Erweiterung der in Badehäusern angebotenen Dienstleistungen gesehen werden: Männer und Frauen suchen sie zur Körperpflege ebenso wie zur Pflege sozialer Kontakte auf.

Neben den sozialen Aspekten werden bei den arabischen Frisören Techniken und Dienstleistungen geboten, die – so die Interviewpartner – bei den übrigen Frisören in der Regel nicht zu finden sind. Generell werden bei den drei Frisören die Haare nicht nur mit der Maschine geschnitten, es werden zusätzlich Schere, Kamm und Messer verwendet – außer der Kunde wünscht nur die Maschine. Das Rasiermesser wird nicht nur für das Schneiden und Fassonieren des Bartes, sondern auch für die Konturen des Haaransatzes im Nacken und bei den Schläfen benutzt.

Ein Kunde nimmt sogar die Anreise aus Niederösterreich in Kauf, um das im Frisörladen von Masud gebotene Service in Anspruch nehmen zu können. Die Handfertigkeit der arabischen Frisöre sei nicht zu vergleichen mit jener der in Österreich ausgebildeten Frisöre, die nur ausführen, was sie in der Schule oder Lehrbetrieb gelernt hätten, meint ein etwa 30-jähriger Stammkunde von Masud. Ein anderer Stammkunde, gut gekleidet mit modischem Bart – lang und gepflegt – kommt auch aufgrund der besonderen Technik: der Bart werde hier mit einem Messer geschnitten und nicht wie bei großen Frisörketten lediglich mit der Maschine. Manche Kunden bringen aus hygienischen Gründen ihre eigenen Rasiermesser mit. Diese werden dann in einer Schublade verwahrt und bei Bedarf verwendet.

In dem Frisörladen, in dem Majd tätig ist, sehe ich eine Preisliste mit den einzelnen Anwendungen. Mir fällt darauf das Angebot „Modell Rasur" neben „Rasur" auf. Majd erklärt mir anhand seines Instagram-Profils, dass die „Modell Rasur" besonders schwer zu schneiden ist: beginnend bei den Schläfen mit null

---

5 Hammāms gehören traditionell neben der Moschee, dem Bazar/Souk und dem Kaffeehaus zu den zentralen Einrichtungen einer Stadt.
6 Um im religiösen Sinn als rein zu gelten, ist eine rituelle Waschung notwendig.

Millimeter und in einem Verlauf bis zu drei Millimetern am Kinn. Haare im Gesicht werden gewachst, mit dem Faden gezupft oder weggebrannt. Gewachst werden die Haare auf der Nase und den Wangen. Dabei wird eine grüne Paste aufgetragen, die man abkühlen lässt. Im erstarrten Zustand wird das Wachs dann langsam abgezogen. Ein paar Tränen schimmern in den Augenwinkeln des Kunden, der sich bei meinem Besuch gerade dieser Behandlung unterzogen hat. Das Wachs wird außerdem genutzt, um Nasenhaare zu entfernen. Dabei wird ein Wattestäbchen in das heiße Wachs getaucht und in die Nase gesteckt. Wenn es abgekühlt ist, wird es mit einem schnellen Ruck herausgezogen – auch bei dieser Prozedur beobachte ich, dass Tränen verdrückt werden.

Männlichkeit wird von dem Soziologen und Männerforscher Robert W. Connell als variabel und flexibel beschrieben, es gibt nicht „die eine" Männlichkeit. Hegemoniale Vorstellungen von Männlichkeit bringen gleichzeitig Formen von marginalisierten, komplizenhaften und untergeordneten Männlichkeiten hervor (vgl. Connell 1995). Zu betonen ist, dass das Verständnis von Männlichkeit sehr unterschiedlich ist und je nach gesellschaftlichem Kontext divergiert. Ein gepflegtes Aussehen, ein trainierter Körper und eine zum Anlass passende Kleidung sind derzeit Merkmale einer hegemonialen Männlichkeitsvorstellung (Vogt 2009: 79). Wurde früher der behaarte männliche Körper in der westlichen Welt als besonders viril wahrgenommen, zählt heute die Entfernung von Körperhaaren bei Männern vielfach zum guten Ton. Im Gegensatz dazu hängt im islamisch geprägten Kulturraum die Vorstellung von Reinheit mit dem religiösen Konzept der *Fitra* (Natur des Menschen, Schöpfung) zusammen, das die Beschneidung von Männern, das Trimmen des Oberlippenbartes, das Schneiden von Fingernägeln sowie die Entfernung der Haare unter den Achseln und im Genitalbereich verlangt (Sahih Muslim 257a). Die Körperpraktik der Haarentfernung bei Männern und Frauen geht zwar auf eine islamische Vorstellung von Reinheit zurück, hat sich aber auch als kulturspezifische Normierung des Körpers etabliert. Männer, die ihre Haare entfernen, werden daher als reinlich und gepflegt wahrgenommen.

Auf die Frage, welcher Haarschnitt bei Männern im Moment besonders beliebt sei, antworten Masud und Majd, dass die meisten ihrer Kunden einen Undercut[7] mit Verlauf wünschen. Dieser Modetrend, der in Männermagazinen wie Men's Health promotet wird (vgl. Wehsack 2017), ist unabhängig von Herkunft und Klasse beliebt – nur die älteren Herren würden ihn nicht

---

7 Haarschnitt, bei dem die Behaarung der unteren Kopfhälfte rasiert bzw. gekürzt wird, die Haare des oberen Kopfteils aber länger belassen bleiben. Bei einer Variation, dem Sidecut, wird das Haar nur auf einer Seite des Kopfes gekürzt oder rasiert, der Rest wird lang getragen.

verlangen. Bei jedem Haarschnitt wird mit dem Rasiermesser die Façon im Nacken nachgezogen. Die Haarentfernung im Gesicht hängt von der persönlichen Entscheidung des Kunden ab, also, ob sich der Kunde die Haare mit Wachs, mit einem Faden oder gar nicht entfernen lässt. Eine Tendenz, wer welche Methode bevorzugt, hat sich in den Interviews nicht abgezeichnet.

Um die handwerklichen und technischen Fertigkeiten nicht zu verlernen, meint Omar, dass er immer arbeiten müsse, um in Übung zu bleiben – auch wenn er möglicherweise damit kein Geld verdient. Im Vergleich zum Libanon, wo Omar zuvor gearbeitet hat, würden die Frisöre in Österreich langsamer und „klassischer" arbeiten. Im Libanon spielte auch die Show bei der Arbeit eine wichtige Rolle.

Im Unterschied zu den arabischen Frisören, die vor allem durch ihre handwerklichen Fertigkeiten punkten, verfügen die bereits länger ansässigen Frisöre meist über mehr technisches Equipment – modernere Geräte und eine bessere Ausstattung der Geschäftslokale. Sie sind auch bei der Organisation der Läden im Vorteil, aber im Hinblick auf die Schnitttechnik können die arabischen Frisöre trotz unterschiedlicher Ausbildung mit den österreichischen Frisören jedenfalls mithalten. Die in den arabischen Friseurläden angebotenen Dienstleistungen und Techniken scheinen mir tatsächlich von hoher Qualität zu sein. Die Haare werden gründlicher entfernt und sogar kurze Männerhaare zum Abschluss mit einer Rundhaarbürste geföhnt.

Die besonderen Techniken der arabischen Frisöre erlauben es ihnen, sich als kompetentere und gründlichere Frisöre darzustellen. Dadurch entsteht nicht nur ein Wir-Gefühl unter den arabischen Frisören, sondern auch zwischen Frisören und Kunden, sie fühlen sich als Teil einer größeren Gemeinschaft. Ähnlich beschreibt die US-amerikanische Soziologin Helene Lawson[8] (Lawson 1999: 247) Frisöre und Barbiere als soziale Räume. Sie werden als Orte der Gemeinschaft und der Segregation verstanden, wo Unterschiede von *Race* und Klasse verhandelt werden (Lawson 1999: 255 nach Connell 1995, West/Fenstermaker 1995, West/Zimmermann 1987).

Der Frisörbesuch ist Teil einer sozialen und kulturellen Praxis und trägt dazu bei, dass die Kunden dem Bild des gepflegten Mannes entsprechen: mit exakt getrimmtem Bart, haarloser Nase, haarlosen Ohren und gründlich gezupften Augenbrauen. Damit erfüllen sie eine Körpernorm, die im arabisch-islamischen Kontext eine lange Tradition hat, und können gleichzeitig dem neuen Männlichkeitsbild im Aufnahmeland Genüge tun.

---

8 Lawson beschäftigt sich mit den Gründen, einen bestimmten Laden (Barbiere, Frisörläden, Kosmetikschulen …) für die Haarpflege auszuwählen, ohne die Frage der Geschlechterdifferenz explizit zu berücksichtigen.

Gründe für den Besuch – „Omar hat eine grüne Hand" *(Marwa)*

Marwa weist mich darauf hin, dass Omar eine „grüne Hand" habe. Auf meine Nachfrage erklärt sie mir die Bedeutung: Ein Frisör, der gut schneidet und wenig Geld dafür verlangt, hat eine grüne Hand. Die Haare der Kunden würden dafür schneller wachsen als bei einem Frisör, der vor allem das Geld liebt. Es scheint sich dabei um ein weiter verbreitetes Bild zu handeln, da ich bei weiteren Erkundigungen bei Personen mit arabischer Muttersprache dieselbe Erklärung bekommen habe.

Die drei Frisöre bieten ihre Dienstleistung teilweise um zwei Drittel billiger als konventionelle Frisörläden an. Für den derzeit sehr gefragten Herrenhaarschnitt mit Undercut und Verlauf verlangt Majd 12 Euro, während vergleichbare Frisöre dafür 40 bis 50 Euro in Rechnung stellen. Ein Stammkunde von Masud bestätigt den deutlichen Preisunterschied: Er bezahlt hier 10 Euro für einen modischen Haarschnitt, der sonst 30 Euro kosten würde. Das Gleiche gilt für die Preisgestaltung bei Damenhaarschnitten, die bei Omar derzeit 25 Euro kosten. Sie sind – wie überall – teurer als Männerhaarschnitte, jedoch billiger als bei den übrigen Frisören. Dennoch ist Omar nicht unzufrieden. Er kann zwar nur geringe Summen für seine Leistungen verlangen, aber das Geld ist in Europa mehr wert – findet er.

Die interviewten Kunden schätzen vor allem das breite Angebot an Dienstleistungen in Verbindung mit den günstigeren Preisen – diesen Wettbewerbsvorteil können die arabischen Frisöre für sich nutzen. Der wirtschaftliche Aspekt spielt für die interviewten Frisöre ebenso eine wichtige Rolle wie für die Kunden. Die Frisöre können sich so am Markt besser positionieren und die Kunden ein gepflegtes Äußeres leichter leisten.

Othering – „Die Haare der Araber wachsen nach oben, die der Österreicher nach unten." *(Majd)*

Haare sind etwas Natürliches, die von selbst wachsen und unterschiedlich aussehen. Dennoch sind Haare niemals "a straight forward biological fact, because it is almost always groomed, prepared, cut, concealed, and generally worked upon by human hands. [...] In this way hair is merely a raw material, constantly processed by cultural practices which thus invest it with meanings and values" (Mercer 1994: 100). Die natürlichen Haare sind also ‚künstlichen' Prozeduren unterworfen, die sich im Laufe der Geschichte aufgrund von Moden, kulturellen und religiösen Praktiken stets verändern. Gleiche

Haartrachten können allerdings – abhängig vom kulturellen Kontext – unterschiedliche Bedeutungen haben. Ein signifikantes Beispiel ist das Tragen von langen Bärten. In westlichen Ländern zählen „Hipster-Bärte" – gepflegte Vollbärte – derzeit zum aktuellen Modetrend. Ähnliche Bärte tragen Männer, die bestimmten konservativ-islamischen Strömungen anhängen und die Sunna des Propheten Muhammad[9] wörtlich nehmen. Neben kulturellen und religiösen Bedeutungen manifestieren sich in der Haartracht aber auch Differenzen in Bezug auf Gender, *Race* und Klasse. In der Auseinandersetzung mit Haaren geht der britische Kunsthistoriker Kobena Mercer so weit, zu behaupten, dass Haare ein „signifikantes Statement über sich selbst und die Gesellschaft sind" (1994: 249).

Die Haartracht ist also ebenso wie die Haarpflege eine kulturspezifische Praktik. Bestimmte Frisuren können entsprechend der jeweiligen Moden symbolisch für Macht, Prestige, Anpassung oder Rebellion stehen (Lawson 1999: 239). Da kulturelle Prägungen einen unmittelbaren Einfluss auf den Körper und die damit verbundenen Körperpraktiken (Foucault 2007: 289) haben, werden von den arabischen Frisören durch ihren spezifischen Umgang mit Haaren Körper „produziert", denen kulturspezifische Vorstellungen von Gender, *Race* und Klasse eingeschrieben sind (Hackenesch 2009: 287).

Bereits bei meinem ersten Besuch bei Majd wird mir erklärt, warum arabische Männer öfter zum Frisör müssten: Die Haarstruktur unterscheide sich von jener der Europäer. Majd zeigt mir an meinem Freund, dass seine Haare nach oben, während meine nach unten wachsen. Er selbst sei kein ‚reiner' Araber, er komme aus einer syrischen Stadt am Meer, wo viele Kurden und Armenier leben, deshalb habe er andere Haare.

Omars Kundinnen in Syrien und im Libanon gingen vor allem deshalb oft zum Frisör, weil sie Locken haben und diese glätten wollten. Dass sich viele Afrikaner/innen oder Afroamerikaner/innen glattes Haar wünschen, hängt nicht zuletzt mit kolonialistischen Herrschaftsverhältnissen und Hierarchien zusammen: Die Schönheitsideale orientieren sich an der hegemonialen westlichen Kultur (Hackenesch 2009). Ähnlich verhält es sich mit den Schönheitsvorstellungen im arabisch-islamischen Raum. Um dem verbreiteten westlichen Schönheitsideal zu entsprechen, werden zahlreiche Techniken angewendet, um die lockigen schwarzen Haare, die als *racial signifier*[10] wahrgenommen werden, zu bändigen oder auch aufzuhellen.

---

9 Unter Sunna werden die Handlungen und Bräuche des Propheten Muhammads und seiner früh-islamischen Gemeinde verstanden.
10 Racial Signifier beschreibt die Einschreibung von diskursiven Konstruktionen auf Grund von Race.

Die Differenzierung über körperliche Merkmale geht oftmals Hand in Hand mit der Unterscheidung nach Ethnien, Kulturen oder Nationen. Ein serbischer Kunde würdigt während des Interviews die besonderen Leistungen arabischer Frisöre, indem er sie kulturell markiert: „Frisöre aus dem islamischen Bereich sind geboren für den Beruf, die machen das ziemlich gut." Serbische Frisöre seien normale Frisöre, die ihr Handwerk beherrschen, aber nur in Bezug auf die Haarpflege. Bei der Bartpflege hingegen seien ihnen die arabischen Frisöre durch ihre besondere Technik und Handfertigkeit überlegen.

Ähnlich beschreibt es Marwa: „Arabische Frisöre sind besser als österreichische, polnische oder europäische." Sie war nach einem Besuch bei einem österreichischen Frisör mit der Frisur nicht zufrieden. Ähnlich sei es ihr mit türkischen Friseuren ergangen, die zwar Haare gut färben, aber nicht schneiden könnten. Im Gegensatz zu österreichischen Frisören, die gut mit feinen Haaren umgehen können, seien die arabischen Frisöre Spezialisten für dicke, schwere Haare, führt sie weiter aus. Sie wüssten auch, wie dunkle Haare – ohne sie zuvor zu blondieren – zu färben seien. Omar kann ihr außerdem Tipps für Haarfarben, die zu ihrem Hautton passen, geben.

Die drei arabischen Frisöre beschreiben sich über ihren spezifischen Zugang zur Haar- und Bartpflege und konstruieren damit eine spezifische Identität und Gemeinschaft. Die Abgrenzung zu den nicht-arabischen Frisören und zu deren Umgang und Verständnis von Haaren erfolgt über die Nationalität, die Ethnie, spezifische Körpermerkmale oder das Ausbildungssystem.

Eine weitere Abgrenzungsebene läuft über die Kategorie Geschlecht[11]. Der Damenfrisör Omar erklärt, dass es für ihn schwer sei, junge Frisöre zu finden. Denn es könne passieren, dass die jungen Männer die Grenzen ihrer Stellung als Frisöre nicht einhalten und mit den Kundinnen flirten wollen. Sie können nette Gesten, wie Lachen, missverstehen und aufdringlich werden. Er habe hingegen zwanzig Jahre Erfahrung und könne daher einschätzen, wenn Frauen mit ihm ausgehen wollen. Da ihn seine Kundinnen als respektvollen Menschen kennen, fürchtet er, seinen guten Ruf zu verlieren, wenn sich seine Mitarbeiter nicht entsprechend verhalten. Das bedeutet aber auch, dass er alle Arbeiten alleine erledigen muss – Waschen, Schneiden, Färben und Föhnen.

Der Herrenfrisör Masud beherrscht zwar auch Damenhaarschnitte, weil er sie oft genug bei weiblichen Familienmitgliedern geübt hat, aber es macht ihm keinen Spaß. Manchmal kommen allerdings Frauen in seinen Salon und lassen sich von ihm die Augenbrauen fassonieren. Er kann sich vorstellen, dass ein

---

[11] Gender wird als sozial konstruiertes Geschlecht verstanden und Rollenbilder als ein sozial konstruiertes Verhalten in Bezug auf Geschlecht in einem gesellschaftlichem Kontext (Eckes 2008: 178).

Besuch im Frisörsalon für nicht-arabische Frauen unangenehm sein kann, da dort viele arabische Männer herumsitzen und eine andere Sprache sprechen.

Der Herrenfrisör Majd möchte Frauen vor allem deshalb nicht die Haare schneiden, weil er sie nicht so anfassen kann wie Männer. An Ilian zeigt er mir, dass er Männern durch Druck auf die Stirn den Kopf verdrehen kann, wenn es der Haarschnitt erfordert. Bei Frauen würde das nicht gehen. Zudem fehle ihm das Wissen über Maniküre und das Fassonieren von Augenbrauen, da er seit 18 Jahren nur als Herrenfrisör gearbeitet hat. Außerdem wüsste er nicht, worüber er mit weiblichen Kunden sprechen solle. Während des Interviews setzt sich Majd nach anfänglichen Berührungsschwierigkeiten neben mich auf die Couch. Ein Rucksack stellt zwischen uns einen gewissen Abstand sicher.

Männlichkeit wird meist in Abgrenzung zum anderen Geschlecht definiert. Innerhalb einer Männergruppe werden die Grenzen meist durch Vergleiche – die oft mit einer Abwertung des ‚Anderen' verbunden sind – gezogen (Bourdieu 1997: 203). In den Interviews manifestiert sich das etwa durch die Betonung der Bedeutung des Alters und der Erfahrung, die den jungen Frisören noch fehlen würden. Ähnlich beschreiben es die Historikerin Silke Hackenesch (2009: 298) und die Soziologin Kristen Barber (2008: 460): Neben der inter-geschlechtlichen findet eine inner-geschlechtliche Abgrenzung statt[12].

Conclusio – Na 'iyman نَعِيمًا „Gesundheit"

Nach einem Besuch beim Frisör sagt man im Arabischen „N'aeyman" – im Deutschen gibt es kein passendes Äquivalent, am ehesten passt „Gesundheit".

Bei der Untersuchung von zwei arabischen Frisörläden in Wien haben sich drei wesentliche Punkte herauskristallisiert. Für die drei interviewten Frisöre bedeutet die Migration eine Veränderung ihres gesellschaftlichen Status: ihre eingeschränkten Deutschkenntnisse, die Nicht-Anerkennung ihrer professionellen Fähigkeiten aufgrund der unterschiedlichen Ausbildungssysteme in ihren Herkunftsstaaten und die damit verbundenen Hürden im Erlangen eines Gewerbescheins haben einen beruflichen und gesellschaftlichen Abstieg zur

---

12 Hackenesch (2009: 298) beschreibt afroamerikanische Männer, die sich durch geglättete Haare von Migranten aus dem Süden Amerikas abgrenzen und sich auf diese Weise ökonomisch unabhängig zeigen. Ähnlich beschreibt dies auch Barber (2008: 460) in Bezug auf afroamerikanische Männer, die eine „marginalisierte Männlichkeit" in ihren Frisörläden verhandeln. Sie treffen sich dort, pflegen soziale Kontakte und weisen stereotype Vorstellungen von Männlichkeit zurück.

Folge. Diese Abwertung hat auch Auswirkungen auf ihr Männlichkeitsbild. Dem Statusverlust versuchen die drei Frisöre insofern entgegenzuwirken, als sie alles daran setzen, beruflich wieder Fuß zu fassen. Dafür bieten sie in ihren Frisörläden ein breiteres Service und hochwertige handwerkliche Fertigkeiten zu einem geringeren Preis als die herkömmlichen Friseurbetriebe an. Durch die günstigen Dienstleistungen sind sie nicht nur für Zuwanderer/innen aus dem arabischen Raum, sondern auch für langansässige Bewohner/innen von Wien attraktiv.

Die Beziehung zwischen den interviewten Frisören und ihren Kund/innen ist vergleichsweise eng, was möglicherweise auf die Rolle von Frisören in arabischen Ländern – wo sie meist als wichtige Treffpunkte und Orte des Informationsaustausches dienen – zurückzuführen ist.

Ein weiteres Untersuchungsergebnis ist, dass das kulturspezifische Wissen über die Eigenschaften der Haare, bestimmte Techniken beim Haarschnitt oder der Umgang mit Gesichtshaaren nicht nur einen Wettbewerbsvorteil in bestimmten Kundenkreisen bedeuten. Sie dienen auch als Abgrenzung zu ansässigen Frisören, zu Frisören anderer Herkunft, zu jüngeren Frisören und damit zur Konstruktion einer Identität als erfahrene Frisöre aus dem arabischen Raum. Dazu gehört vielfach die im arabischen Raum übliche Unterscheidung zwischen Herren- und Damenfrisören. Durch den intensiveren Kontakt zu den Kunden entsteht eine größere Gemeinschaft, mit der sie sich verbunden fühlen und die weit über die Dienstleistungen eines Frisörs hinausweist.

Bei der Haartracht ebenso wie bei der Haarpflege handelt es sich um Körperpraktiken, über die in den Frisörläden Männlichkeitsbilder verhandelt werden, wobei die Kategorie Gender immer auch in Zusammenhang mit *Race* und Klasse steht. Die Identitätskonstruktionen der drei arabischen Frisöre und ihrer Kunden gründen nicht zuletzt auf dem kulturspezifischen Wissen über die Eigenschaften der Haare und dem richtigen Umgang mit ihnen.

Durch die Migration haben die Frisöre laut Eigendarstellung den gesellschaftlichen Status, den sie in ihren Herkunftsländern genossen haben, eingebüßt. Aber sie können durch ihre berufliche Tätigkeit zu einem körperlichen Erscheinungsbild von Männern beitragen, das im Moment in Mode ist und einen höheren gesellschaftlichen Status symbolisiert. Indem die Frisöre gleichsam ein gepflegtes Männerbild repräsentieren, grenzen sie sich von jenen Männern ab, die diesem nicht entsprechen.

Der Einblick in den Alltag von arabischen Frisören soll zu einem differenzierten Blick auf die Situation von Migrant/innen in Wien beitragen, die vielfach undifferenziert unter Begriffen wie „die Flüchtlinge" oder „die Migrant/innen" subsumiert werden. Das Stadtbild ebenso wie die österreichische Gesellschaft insgesamt verändert sich unablässig durch Migration. Diese Veränderungen stellen eine Herausforderung, aber auch eine Chance für die gesamte Gesellschaft dar. Und um mit den Worten von Majd zu schließen: „Es gibt jetzt um die 25 arabische Frisörläden, es sollte hundert geben!"

Literatur

Abu Huraira Sahih Muslim 257a; Online verfügbar unter https://sunnah.com/muslim/2, zuletzt geprüft am 28.6.2018.

Barber, Kristen (2008): The well-coiffed man: class, race, and heterosexual masculinity in the hair salon. In: Gender & Society 22 (4), S. 455–476.

Blume, Georg (et al.) (2016): Grenzöffnung für Flüchtlinge. Was geschah wirklich? In: Die Zeit Online, 22.8.2016. Online verfügbar unter https://www.zeit.de/2016/35/grenzoeffnung-fluechtlinge-september-2015-wochenende-angela-merkel-ungarn-oesterreich/komplettansicht, zuletzt geprüft am 11.12.2018.

Bordo, Susan (2003): Unbearable Weight: Feminism, western Culture and the body. Berkley, CA: University of California Press.

Bourdieu, Pierre (1997): Die männliche Herrschaft. In: Irene Dölling, Beate Krais (Hg.): Ein alltägliches Spiel: Geschlechterkonstruktionen in der sozialen Praxis. Frankfurt a. M.: Suhrkamp, S. 153–217.

Connell, Robert W. (1995): Neue Richtungen für Geschlechtertheorie, Männlichkeitsforschung und Geschlechterpolitik. In: L. Christof Armbruster, Ursula Müller, Marlene Stein-Hilbers (Hg.): Neue Horizonte? Sozialwissenschaftliche Forschung über Geschlechter- und Geschlechterverhältnisse. Opladen: Leske & Budrich, S. 61–84.

Eckes, Thomas (2008): Geschlechterstereotype: Von Rollen, Identitäten und Vorurteilen. In: Ruth Becker, Beate Kortendiek (Hg.): Handbuch Frauen- und Geschlechterforschung. VS Verlag für Sozialwissenschaften, S. 178–189.

Foucault, Michel (2007): Ästhetik der Existenz, Schriften zur Lebenskunst. Frankfurt a. M.: Suhrkamp.

Hackenesch, Silke (2009): In the Doing of Hair, One Does Race: Afroamerikanische Hairstyles als Technologien des Selbst. In: Jens Elberfeld, Marcus Otto (Hg.): Das schöne Selbst. Zur Genealogie des modernen Subjekts zwischen Ethik und Ästhetik. Bielefeld: Transcript, S. 285–311.

Herwatz-Emden, Leonie; Westphal, Manuela (1999): Frauen und Männer, Mütter und Väter. Empirische Ergebnisse zu Veränderungen der Geschlechterverhältnisse in Einwandererfamilien. In: Zeitschrift für Pädagogik 45 (6), S. 885–902.

Lawson, Helene M. (1999): Working on hair. In: Qualitative Sociology 22 (3), S. 235–257.

Mercer, Kobena (1994): Welcome to the Jungle: New Positions in Black Cultural Studies. London-New York: Routledge.

Müller, Doreen (2010): Flucht und Asyl in europäischen Migrationsregimen. Metamorphosen einer umkämpften Kategorie am Beispiel der EU, Deutschlands und Polens. Göttingen: Universitätsverlag Göttingen.

Neuhold, Clemens: Brunnenmarktforschung: Die Syrer kommen. In: profil, 17.5.2017. Online verfügbar unter https://www.profil.at/oesterreich/brunnenmarkt-syrer-fluechtlinge-integration-8145953, zuletzt geprüft am 2.5.2018.

Ruhrmann, Georg; Sommer, Denise (2009): Vorurteile und Diskriminierung in den Medien. In: Andreas Beelmann, Kai J. Jonas (Hg.): Diskriminierung und Toleranz. Psychologische Grundlagen und Anwendungsperspektiven. Wiesbaden: VS Verlag für Sozialwissenschaften, S. 419–431.

Rupnow, Dirk (2016): Migration als Herausforderung für das Museum. In: Karl C. Berger, Wolfgang Meighörner (Hg.): Alles fremd – alles Tirol. Innsbruck: Tiroler Landesmuseen-Betriebsgesellschaft m.b.H, S. 165–169.

Rupnow, Dirk (2017): The History and Memory of Migration in Post-War Austria: Current Trends and Future Challenges. In: Günther Bischof, Dirk Rupnow (Hg.): Migration in Austria. Innsbruck: Innsbruck University Press, S. 37–66.

Spohn, Margret (2000): Türkische Männer in Deutschland: Familie und Identität. Migranten der ersten Generation erzählen ihre Geschichten. Bielefeld: Transcript.

Stolleis, Friederike (^{5}2008): „Bad". In: Ralf Elger (Hg.): Kleines Islam-Lexikon: Geschichte, Alltag, Kultur. München: C.H. Beck.

Vogt, Irmgard (2009): Männer, Körper, Doping. In: Jutta Jacob, Heino Stöver (Hg.): Männer im Rausch: Konstruktionen und Krisen von Männlichkeiten im Kontext von Rausch und Sucht. Bielefeld: Transcript

Wehsack, Philip (2017): Frisuren für Männer im Trend. Online verfügbar unter: https://www.menshealth.de/artikel/frisuren-fuer-maenner-im-trend.506920.html#gallery-13, zuletzt geprüft am 2.5.2018.

West, Candace; Fenstermaker, Sarah (1995): Doing Difference. In: Gender & Society 9 (1), S. 8–37.

West, Candace; Zimmerman, Don H. (1987): Doing Gender. In: Gender & Society 1 (2), S. 126–151.

Westphal, Manuela (2004): Migration und Genderaspekte. In: Bundeszentrale für politische Bildung (Hg.): Gender Bibliothek. Bonn. Online verfügbar unter http://www.gesunde-maenner.ch/data/data_172.pdf, zuletzt geprüft am 11.12.2018.

Entwicklung der Migrations- und Flüchtlingspolitik in Österreich seit 1918

Regina Wonisch

Die Migrations- und Flüchtlingspolitik wird von zwei Grundhaltungen, der Abschottung gegenüber wie auch immer definierten ‚Fremden' und deren Abwertung, getragen. Letzteres trifft allerdings nicht auf alle ‚Fremden' in gleichem Maße zu, es gibt – aus einer eurozentristischen Perspektive betrachtet – eine Hierarchie zwischen West- und Osteuropäer/innen, Europäer/innen und Nicht-Europäer/innen, dem globalen Norden und dem globalen Süden etc. Diese hierarchischen Verhältnissen hängen eng mit im 19. Jahrhundert entwickelten Konzepten und Herrschaftsverhältnissen zusammen: Rassismus, Nationalismus, Kolonialismus und Eurozentrismus, die ihre Wirkung bis in die Gegenwart entfalten. Diese Abgrenzungen sind allerdings nicht ‚in Stein gemeißelt', sie können sich verschieben, da noch ein weiterer Faktor hinzukommt: die Differenz zwischen arm und reich. Es sind vor allem die mittellosen Migrant/innen oder Flüchtlinge, die vielfach abgewehrt werden, während zahlungskräftige Personen aus aller Welt anderen Wertungen unterliegen. Aber auch die Abwehrhaltung gegenüber mittellosen Menschen kann gewissermaßen aufgehoben werden, sobald sie aus ökonomischen Gründen gebraucht werden. Das *Othering* hat vor allem eine politische Funktion: einen Zusammenhalt unter den übrigen Staatsbürger/innen herzustellen. Im Folgenden sollen Aspekte der Ökonomisierung und der Politisierung der Migrationspolitik seit dem Ende der Habsburgermonarchie nachgezeichnet werden.[1]

Flüchtlingsbewegungen im Ersten Weltkrieg

Schon zu Beginn des Ersten Weltkriegs setzte aufgrund einer russischen Offensive eine Fluchtbewegung von den östlichen Gebieten der Monarchie, von Galizien und der Bukowina, in Richtung Westen ein.[2] Ein Großteil der

---

1 Der erste Teil beruht teilweise auf Regina Wonisch (2018): Asyl auf Zeit. Das Selbstverständnis Österreichs als Transitland. In: Andreas Brunner, Barbara Staudinger, Hannes Sulzenbacher (Hg.): Die Stadt ohne: Juden, Muslime, Flüchtlinge, Ausländer. Wien: Filmarchiv Austria, S.122–126.
2 In der Folge: Beatrix Hoffmann-Holter (1995): Jüdische Kriegsflüchtlinge in Wien. In: Gernot Heiss, Oliver Rathkolb (Hg.): Asylland wider Willen. Flüchtlinge im europäischen Kontext seit 1914. Wien: J&V, S. 45–59., Walter Mentzel: Welt

Flüchtlinge waren Jüdinnen und Juden, die nicht nur die Kriegshandlungen, sondern auch die systematischen Vertreibungen durch die russischen Streitkräfte fürchteten. Dazu kamen die überstürzten Evakuierungsmaßnahmen seitens der k.u.k. Armee, die etwa 400.000 Bürger/innen in die westlichen Gebiete der Monarchie trieb. Die Evakuierungen stießen bei der betroffenen Bevölkerung rasch auf Widerstand, zumal sich die Gerüchte über die katastrophalen Zustände in den Flüchtlingslagern rasch verbreiteten. Entgegen dem im Hinterland oft anzutreffenden Vorurteil, dass die arme galizische Bevölkerung floh, um in den Genuss der staatlichen Fürsorge zu gelangen, erfolgten die Evakuierungen auch oder gerade von mittellosen Personen unter Androhung von Waffengewalt (Mentzel 1995: 18–23).

In den sogenannten „Perlustrierungsstationen" in den Grenzgebieten wurden die Flüchtlinge zunächst medizinischen Untersuchungen unterzogen. Dies diente vor allem der Beruhigung der Bevölkerung im Landesinneren, die befürchtete, die galizischen Flüchtlinge könnten Krankheiten und Seuchen einschleppen. Tatsächlich wurden die Flüchtlinge erst in den Internierungslagern, wo katastrophale hygienische Zustände herrschten, krank. Wichtiger für die k.u.k. Armee war es, die Flüchtlinge in den Perlustrierungsstationen nach ökonomischen, nationalen und konfessionellen Kriterien zu trennen. Der Status eines Flüchtlings hing in erster Linie von seiner finanziellen Lage ab, wobei die Unterscheidung zwischen bemittelten und unbemittelten Flüchtlingen im Ermessen der Behörden lag. Begüterte Flüchtlinge durften ihren Aufenthaltsort selbst wählen. Allerdings wurde darauf geachtet, dass der Anteil an Flüchtlingen in den Gemeinden nicht mehr als 2 Prozent der Gesamteinwohnerschaft ausmachte. Sie mussten für ihren Lebensunterhalt selbst aufkommen, was jedoch sehr schwierig war, da die Flüchtlinge kaum Chancen am Arbeitsmarkt hatten. So machte etwa die Gemeinde Wien die Ausstellung eines Arbeitsbuches vom vollständigen Nachweis der Identität und der regionalen Zuständigkeit der Antragsteller/innen abhängig – eine für viele Flüchtlinge unüberwindbare bürokratische Hürde. Dass es sich dabei um eine unzulässige gesetzliche Beschränkung österreichischer Staatsbürger/innen handelte, wurde in Kauf genommen. Erst als es im Herbst 1917 zu einem akuten Arbeitskräftemangel kam, erhielten die Flüchtlinge die notwendigen Dokumente. Die mittellosen Flüchtlinge wurden in geschlossenen Lagern untergebracht, wo sie den Übergriffen und der Willkür der Lagerverwaltung schutzlos ausgeliefert waren. Denn das Verlassen der La-

---

kriegsflüchtlinge in Cisleithanien 1914–1918. In: Gernot Heiss, Oliver Rathkolb (Hg.): Asylland wider Willen. Flüchtlinge im europäischen Kontext seit 1914. Wien: J&V, S. 17–44.

ger hätte den Verlust jeglicher Fürsorgeleistungen bedeutet. Dass Flüchtlinge ohne nachweisbare strafbare Handlung in Lagern unter Bewachung gestellt wurden, wurde zwar auch von ministerieller Seite problematisiert, aber nicht unterbunden. Die fehlende Festlegung des Begriffs „mittellos" ermöglichte es, auch Menschen, die sich eigentlich selbst versorgen hätten können, festzusetzen, wenn es für opportun gehalten wurde (Mentzel 1995: 18–28).

Bereits im Herbst 1914 beklagten private Flüchtlingsfürsorgeorganisationen die flüchtlingsfeindliche Stimmung in der Bevölkerung. Die Behörden reagierten darauf, indem sie Wien im Dezember 1914 wegen Überfüllung für unbemittelte Flüchtlinge sperrten. Diese Sperre blieb zwar bis Kriegsende aufrecht, wurde aber zu keiner Zeit konsequent gehandhabt. Da die Rückführung der Flüchtlinge im Winter unmöglich war, wurde ein Maßnahmenpaket erarbeitet, wonach Flüchtlinge vermehrt zur Zwangsarbeit heranzuziehen und zu beschäftigen waren: Schulunterricht für Kinder und Analphabet/innen standen ebenso auf dem Programm wie Stickerei- oder Handwerkerkurse. Letzteres wurde als Teil der „nationalen" Erziehungsarbeit gegenüber „un-zivilisierten", „nicht-deutschen" Bevölkerungsgruppen der Monarchie propagandistisch verwertet (Mentzel 1995: 28).

Unter dem Druck der Öffentlichkeit erfolgten bald großangelegte Repatriierungsaktionen. Die Bereitschaft, trotz laufender Kriegshandlungen in die Herkunftsgebiete in Galizien und die Bukowina zurückzukehren, war hoch. Die Flüchtlinge hungerten und froren schon zu einem Zeitpunkt, als die allgemeine Versorgungslage noch halbwegs gut war. Als ab Mitte des Jahres 1916 eine akute Versorgungsnotlage eintrat, entlud sich die Verzweiflung der verarmten Menschen immer mehr auf den Flüchtlingen, obwohl die Zahl der in Wien lebenden mittellosen Flüchtlinge nicht zuletzt aufgrund der Repatriierungen rasch abgenommen hatte. Der Vorwurf, dass sich die jüdischen Flüchtlinge auf Kosten der heimischen Bevölkerung bereicherten, gehörte zum Standardrepertoire antisemitischer Rhetorik insbesondere deutschnationaler und christlichsozialer Politiker. Es blieb jedoch nicht nur bei Anfeindungen, es kam auch zu gewaltsamen Übergriffen (Mentzel 1995: 24).

Während die Behandlung der Häftlinge im Kriegsgefangenen- und Zivilinterniertenwesen international verbindlichen Regeln unterlag, beruhte die Flüchtlingspolitik auf Erlässen, die situationsbedingt nach politischen, ökonomischen und ideologischen Kriterien verfasst wurden (Mentzel 1995: 26). Der Abgeordnete Alcide de Gasperi beschrieb diese politische Praxis im Reichsrat sehr treffend: „Flüchtlinge [wurden] nicht als Staatsbürger, sondern [...] als Verwaltungsobjekte behandelt. [...] Sie wurden evakuiert, instradiert, perlustriert, approvisioniert, kaserniert [...], als ob sie kein Recht gehabt hätten."³ Befürchtet wurde, dass durch den Zuzug von Flüchtlingen die Stadt ihr charakteristisches Gepräge verlieren könnte. Insbesondere streng religiöse Jüdinnen und Juden und wurden aufgrund ihres äußeren Erscheinungsbildes und ihrer kulturellen Praktiken als „Fremdkörper" wahrgenommen.

Erst nach der Wiedereinberufung des Reichsrates 1917 wurde die Flüchtlingspolitik zum Gegenstand öffentlicher Kritik. Den Fürsorgeorganisationen ging es vor allem darum, den Flüchtlingsstatus auf rechtliche Grundlagen zu stellen, um der Willkür der Verwaltung Einhalt zu gebieten. Schließlich wurde im Ende 1917 verabschiedeten Flüchtlingsgesetz erstmals der Begriff „Kriegsflüchtling" rechtlich definiert. Die Fürsorgeleistung des Staates und die – weiterhin beschränkten – Rechte und Ansprüche der Flüchtlinge wurden somit zum ersten Mal festgeschrieben (Mentzel 1995: 29).

Die slawischen und jüdischen Emigrant/innen der Habsburgermonarchie galten auch in den USA als besonders schwer integrierbar. Es wurde ihnen vorgeworfen, dass sie schlecht ausgebildet sind, radikale politische Ideen, aber auch Krankheiten mitbringen würden. Zudem wurden sie vielfach als „rassisch" minderwertig angesehen. Mit einer ähnlichen Ablehnung waren aber auch Deutsche, Iren und Italiener konfrontiert. Es vermischten sich also politische, ökonomische und soziale Kategorien mit rassistischen Ideologien. Die hohe Anzahl von Immigrant/innen aus Ost-Mitteleuropa führte schließlich zu einer Verschärfung der Einreisebestimmungen. Seit 1917 wurden Alphabetisierungstests und in der Folge Obergrenzen für Immigrant/innen eingeführt. Erklärtes Ziel dieser Politik war es, den Zuzug neuer ethnischer Gruppierungen zu stoppen, um die Dominanz der alteingesessenen zu bewahren (Bauböck 1996: 2).

Grenzregime nach dem Ersten Weltkrieg

Nach dem Ersten Weltkrieg erfolgte die Neuordnung Europas nach dem Nationalitätenprinzip, das mit dem „Selbstbestimmungsrecht der Völker" argumentiert wurde. Es war die Reaktion auf die Spannungspotenziale, die Vielvölkerstaaten wie der Habsburgermonarchie inhärent waren. Gleichzeitig fixierten die Nationalstaaten die für die Migrationspolitik so folgenreiche Vorstellung, dass ‚Ethnizität' das entscheidende Differenzkriterium homogener Gesellschaften darstellt. Die Wurzeln des Deutschnationalismus müssen in der spezifischen Konstellation der Habsburgermonarchie gesucht werden. Den wirtschaftlichen, politischen und kulturellen Zentren – wie Wien und

---

3 Alice de Gasperi, 12.7.1917, Stenographische Protokolle des Hauses der Abgeordneten, 18. Sitzung, S. 916 (zit. n. Mentzel 1995: 27).

Entwicklung der Migrations- und Flüchtlingspolitik

Prag – standen landwirtschaftlich geprägte, in vielerlei Hinsicht ‚randständige' Gebiete wie die Bukowina oder Galizien gegenüber. Doch auch wenn die Konflikte entlang ethnischer Grenzen geführt wurden, das eigentliche Problem des Vielvölkerstaates bestand in den ökonomischen und sozialen Ungleichheiten, nicht in den unterschiedlichen Sprachen, Religionen oder kulturellen Traditionen. Der Deutschnationalismus manifestierte sich nicht nur im ursprünglichen Namen „Republik Deutsch-Österreich", sondern auch im Staatsbürgerschaftsrecht[4]: Bewohner/innen der Nachfolgestaaten, die „nach Rasse und Sprache zur deutschen Mehrheit der Bevölkerung Österreichs" zählten, konnten für die junge Republik optieren (zit. n. Pelz 1994: 23). Denn schon damals stimmten die Staatsgrenzen nicht mit den sprachlichen, kulturellen und ‚ethnischen' Grenzen überein. Sie verwandelten Staatsbürger/innen in Minderheiten auf der einen Seite und Ausländer/innen auf der anderen Seite. Bis dahin wurde Immigration grundsätzlich als positives Phänomen betrachtet, da sie meist mit wirtschaftlichem Nutzen verbunden war. Grenzkontrollen hatten sich daher vornehmlich gegen arme, kranke und kriminelle Personen gerichtet. Nach dem Ersten Weltkrieg war ein Überschreiten der Staatsgrenzen nur noch an bestimmten Übergängen und unter Vorlage gültiger Reisepapiere – zwischen den meisten Staaten bestand zu dieser Zeit Visapflicht – erlaubt. Die Verschärfung der Grenzkontrollen wurde vor allem mit der großen Zahl von Flüchtlingen argumentiert (Čapková/Frankl 2012: 32f).

Europaweit waren tatsächlich etwa zehn Millionen Menschen in Bewegung. In Wien zählte man nach Kriegsende allerdings nur noch 30.000 jüdische Flüchtlinge, von denen etwa die Hälfte staatliche Unterstützung brauchte. Dennoch mündete der Antisemitismus in eine breite Hetzkampagne gegen die „Ostjuden", die durch die neuen Grenzziehungen zudem zu Ausländer/innen geworden waren. Das „Ostjudenproblem" wurde zur brennendsten Frage der Zweimillionenstadt hochstilisiert, obwohl sich die Wohnungsnot und die Lebensmittelknappheit angesichts der massiven Abwanderung in die Nachfolgestaaten[5] nicht durch die Flüchtlinge erklären ließen (Hoffmann-Holter 1995: 53).

Durch die neuen Staatsgrenzen wurden die traditionellen Migrationswege jedoch nicht vollständig abgeschnitten. In den 1920er-Jahren kam es trotz

---

[4] Der Staatsvertrag von St. Germain (1919) regelte die Staatsbürgerschaft neu. Auf Drängen der österreichischen Delegation wurde die Heimatberechtigung anstelle des Wohnsitzes als Voraussetzung für den automatischen Erwerb festgelegt (Bauböck 1996: 4).
[5] So verließen schätzungsweise 150.000 Personen die Stadt Wien in Richtung Tschechoslowakische Republik.

hoher Arbeitslosigkeit zur Zuwanderung von Arbeitskräften aus den ehemaligen Gebieten der Habsburgermonarchie. Nun wurden allerdings nicht die arbeitslosen, sondern die beschäftigten Migrant/innen als Bedrohung für die inländische Arbeiterschaft gesehen (Bauböck 1996: 5).

Obwohl es zu dieser Zeit noch keine explizite arbeitsrechtliche Unterscheidung zwischen inländischer und ausländischer Arbeitskraft gab, nutzte der Staat spätestens ab der Wirtschaftskrise 1923 seinen rechtlichen Spielraum zur Diskriminierung von Arbeitsmigrant/innen. Der Arbeitsmarktzugang für Zuwander/innen wurde durch die Einreisebestimmungen (Erteilung von Sichtvermerken) und über das Heimatrecht, das die rasche Abschiebung in die Heimatgemeinden ermöglichte, reguliert. Im Unterschied zur kleinräumig organisierten „Migrationspolitik" der Habsburgermonarchie erfolgte das Grenzregime nach dem Ersten Weltkrieg auf nationaler Ebene. Ein wichtiger Schritt in diese Richtung war das 1925 erlassene Inlandarbeiterschutzgesetz. Es verpflichtete die Unternehmen, für ausländische Arbeitskräfte eine Beschäftigungsbewilligung zu beantragen. Diese wurde zeitlich befristet und nur dann ausgestellt, wenn es die Lage am Arbeitsmarkt zuließ und keine geeigneten inländischen Arbeitskräfte vorhanden waren. Ausgenommen von dieser Regelung waren landwirtschaftliche Hilfskräfte und Dienstboten. Mit diesem Gesetz wurde erstmals rechtlich zwischen inländischer und ausländischer Arbeitskraft unterschieden und der Aushandlungsprozess zwischen Arbeitgeber- und Arbeitnehmervertretern direkt in die Migrationssteuerung integriert. Damit erfolgten wesentliche Schritte zur Etablierung eines „modernen" Migrationsregimes, das in seinen Grundzügen bis die 1980er-Jahre wirksam blieb (Horvath 2014: 161).

Österreich folgte mit dem Inlandarbeiterschutzgesetz – etwas verspätet – einer internationalen Entwicklung. Aufgrund wirtschaftlicher Turbulenzen, identitätspolitischer Diskurse und der Angst vor dem Gedankengut der russischen Revolution war in dieser Zeit die Politik aller Industriestaaten von protektionistischen Abschottungstendenzen geprägt. Insbesondere in Mittel- und Osteuropa war die Formierung der Nationalstaaten von wirtschaftlichen Verwerfungen, neuen Grenzziehungen, sozialen Auseinandersetzungen sowie ethnisch kodierten Konflikten begleitet (Horvath 2014: 162f). Für die Sozialdemokratie bedeutete das Inlandarbeiterschutzgesetz insofern einen Bruch mit ihrer bisherigen politischen Linie, als sie zur Zeit der Habsburgermonarchie für die Freizügigkeit für Arbeiter/innen und gegen die Emigrationsbeschränkungen eintrat.[6] Die Betonung des Ausnahmecharak-

---

6 Auswanderung aus der Habsburgermonarchie bedurfte ab 1832 einer behördlichen Bewilligung. Erst im Staatsgrundgesetz von 1867 wurde das Recht auf freie ▶

ters[7] aufgrund der Massenarbeitslosigkeit und die zeitliche Beschränkung der gesetzlichen Maßnahme waren für die Sozialdemokraten zur Legitimierung des Inlandarbeiterschutzgesetzes daher sehr wichtig (Horvath 2014: 164).

Das Gesetz setzte allerdings gewisse Vorstellungen einer nationalen Zugehörigkeit voraus, die in den Nachfolgestaaten der Habsburgermonarchie nicht selbstverständlich waren. Die bürgerliche Ideologie des Nationalismus war insbesondere in den landwirtschaftlich geprägten Gebieten der Monarchie nur sehr schwach ausgeprägt. Vor diesem Hintergrund kann das Inlandarbeiterschutzgesetz als Resultat ebenso wie als treibende Kraft zur Durchsetzung einer nationalen Logik staatlicher Kontroll- und Steuerungsmechanismen betrachtet werden. In jedem Fall markiert das Gesetz einen entscheidenden migrationspolitischen Wendepunkt, der – nach Kenneth Horvath – bislang zu wenig Beachtung gefunden hat (Horvath 2014: 170).

In den 1920er-Jahren wurde Österreich aufgrund der leichten wirtschaftlichen Erholung, seiner geografischen Lage, aber auch seiner historischen Position zu einem Zentrum der politischen Emigration Mitteleuropas. Menschen flüchteten aus Ländern – wie Italien und Ungarn –, wo sich faschistisch-autoritäre politische Entwicklungen abzeichneten, ebenso wie vor dem kommunistischen Regime in Russland. Insbesondere jene Personen, die vor dem Kommunismus flohen, konnten mit allgemeiner Sympathie rechnen. In jedem Fall profitierte Wien von den regen publizistischen und kulturellen Tätigkeiten der unterschiedlichen politischen Gruppierungen (Heiss 1995: 101).

Die wirtschaftliche Depression Anfang der 1930er-Jahre beförderte allerdings die Abschottung gegenüber den Flüchtlingen. Da Österreich kein eigenes Fremdenrecht besaß, kam nach wie vor das Schubwesen aus der Zeit der Monarchie zur Anwendung. Dies ermöglichte es dem austrofaschistischen Regime (1934–1938), restriktiv gegen Personen, die nach der Machtergreifung der Nationalsozialisten (1933) in Deutschland vor rassistischer oder politischer Verfolgung flohen, vorzugehen: Davon waren vor allem Jüdinnen und Juden sowie Kommunist/innen betroffen, aber auch katholisch-konservative Exilant/innen wurden nur geduldet. Obwohl sich die Weiterreise in transatlantische Staaten zu dieser Zeit bereits immer schwieriger gestaltete, wurde den Flüchtlingen meist nur eine vorübergehende Zuflucht geboten (Rathkolb 1995: 109).

Auswanderung verankert. Dennoch gab es auch noch später Versuche der staatlichen Regulierung. Voraussetzungen für die legale Emigration waren die Ableistung der Wehrpflicht, ein gültiger Reisepass und der Nachweis oft beträchtlicher Geldmittel für die Fahrtkosten (Bauböck 1996: 2f).
7 Dass das Gesetz bis 1941 in Kraft blieb, war zu diesem Zeitpunkt nicht absehbar.

Auch die Nachfolgestaaten nutzten ihre neu errungene Souveränität zur Ausbürgerung unliebsamer Minderheiten. Die Minderheitenschutzbestimmungen des Völkerbundes erhöhten paradoxerweise den Anreiz für die neuen Nationalstaaten, sich dieses Mittels zu bedienen. So wurde die Zwischenkriegszeit zur Epoche der verfolgten Minderheiten und Staatenlosen (Bauböck 1996: 4).

Fremdarbeiter/innen in der NS-Zeit

Nach dem „Anschluss" Österreichs an Nazi-Deutschland 1938 wurde die Gesetzgebung schrittweise angeglichen. So trat 1941 die wesentlich rigidere „Deutsche Reichsverordnung über ausländische Arbeitnehmer" (1933) in Kraft (Bauböck 1996: 5). Allerdings gab es zu diesem Zeitpunkt aufgrund der Kriegshandlungen des Zweiten Weltkriegs bereits einen Mangel an inländischen Arbeitskräften. Nachdem der enorme Bedarf an Arbeitskräften insbesondere für die Rüstungsindustrie durch die – wenig erfolgreiche – Anwerbung ausländischer Arbeitskräfte nicht gedeckt werden konnte, wurden Menschen aus den besetzten Gebieten zwangsweise in das Deutsche Reich verschleppt. Für die qualifizierten und gut entlohnten Tätigkeiten waren prinzipiell deutsche Arbeiter/innen oder Arbeiter/innen aus nord- und westeuropäischen Nationen vorgesehen. Die schweren körperlichen Arbeiten sollten hingegen von „slawischen Menschen" verrichtet werden. Sie sollten gleichsam zu den Arbeitssklaven des von NS-Deutschland beherrschten Wirtschaftsraums werden. Nachdem der Blitzkrieg gegen die Sowjetunion im Herbst 1941 gescheitert war, wurden Arbeitskräfte endgültig zur knappen Ressource. Anstatt, wie bis November 1941 geplant, Soldaten von der Front in die Rüstungsproduktion zu entlassen, wurden nun auch Millionen sowjetische Arbeiter/innen und Kriegsgefangene zur Zwangsarbeit verschleppt. Ab 1942 mussten auch KZ-Häftlinge in der Rüstungsindustrie arbeiten (Buggeln/Wildt 2014: XXIIIf).

In Österreich betrug die Zahl an Fremdarbeiter/innen'[8] schätzungsweise eine Million, wobei diese nicht nur in den Zwangsarbeiterlagern großer Industriebetriebe, sondern auch in kleinen Privatunternehmen oder in der Landwirtschaft zu finden waren. Den völlig entrechteten ‚Fremdarbeiter/innen' war ein engerer Kontakt mit der Bevölkerung unter Strafandrohung verboten.

Verfolgung und Vertreibung betrafen im NS-Regime vor allem die jüdische Bevölkerung Österreichs. Bis November 1941 ‚emigrierten' etwa 128.500 Jüdinnen und Juden (nach den Nürnberger Rassegesetzen), ein

---

[8] Etwa 13 Millionen Zwangsarbeiter/innen waren im Deutschen Reich beschäftigt, der Großteil, etwa 8,4 Millionen, waren zivile Arbeitskräfte.

Großteil der Zurückgebliebenen wurde verschleppt und ermordet (Bauböck 1996: 6). Die mangelnde Solidarität der internationalen Staatengemeinschaft gegenüber den Verfolgten des NS-Regimes zeigte sich auf der Konferenz von Évian-les-Bains (Frankreich), die im Juli 1938 auf Initiative des US-Präsidenten Franklin D. Roosevelt stattfand. Die Vertreter von 32 Staaten und 24 Hilfsorganisationen berieten über die steigenden Flüchtlingszahlen aus Deutschland und Österreich. Die Konferenz endete weitgehend ergebnislos, da sich außer der Dominikanischen Republik alle Teilnehmerstaaten weigerten, mehr jüdische Flüchtlinge aufzunehmen[9].

Der Rassismus des NS-Regimes war eine prägende Erfahrung, die sicherlich auch in der Nachkriegszeit fortwirkte, insbesondere als die Auseinandersetzung mit dem Nationalsozialismus erst sehr spät einsetzte. Der Frage nach den Kontinuitäten im Umgang ‚Fremdarbeiter/innen' nachzugehen, ist sicherlich ein vielversprechender Ansatz.[10]

Europäische Fluchtbewegungen nach 1945

Nach Ende des Zweiten Weltkriegs waren in Europa etwa 30 Millionen Flüchtlinge oder Vertriebene in Bewegung. Ein Teil der Displaced Persons (DP) – Kriegsflüchtlinge, befreite KZ-Häftlinge und Zwangsarbeiter/innen, ehemalige Kriegsgefangene – konnte, wie es sich die Alliierten[11] in der Erklärung von Jalta 1945 zum Ziel gesetzt hatten, rasch in ihre Herkunftsländer zurückgeführt werden. Dabei handelte es sich vor allem um DPs aus Italien und Frankreich. Doch viele – insbesondere Pol/innen und Russ/innen – konnten oder wollten aufgrund von Kriegszerstörungen oder aus Angst vor Verfolgung nicht in ihre Herkunftsländer zurückkehren. Auf die Nachkriegssituation reagierte die internationale Staatengemeinschaft mit der Verabschiedung der „Genfer Flüchtlingskonvention" im Jahr 1951. Darin wurde festgehalten, welche Personen als Flüchtlinge angesehen werden und welche Rechte ihnen zustehen.[12]

---

9 Andrea Dernbach: Nicht integrierbar, nicht qualifiziert. 80 Jahre Flüchtlingskonferenz von Evian. In: Der Tagesspiegel, 11.7.2018. https://www.tagesspiegel.de/politik/80-jahre-fluechtlingskonferenz-von-evian-nicht-integrierbar-nicht-qualifiziert/22791378.html
10 Siehe den Beitrag von Dirk Rupnow in diesem Band Fußnote 69.
11 1945 wurde die NS-Herrschaft in Österreich von US-amerikanischen, sowjetischen, britischen und französischen Truppen beendet. Nach der Befreiung besetzten die Alliierten das Land bis zum Abschluss des Staatsvertrags 1955.
12 Genfer Flüchtlingskonvention: https://www.unhcr.org/dach/wp-content/uploads/sites/27/2017/03/Genfer_Fluechtlingskonvention_und_New_Yorker_Protokoll.pdf

In Österreich hielt sich nach 1945 etwa eine Million an Displaced Persons auf und dazu kamen noch Angehörige der aus Zentral- und Osteuropa vertriebenen deutschsprachigen Minderheiten – die sogenannten „Volksdeutschen"[13] – und jüdische Bevölkerungsgruppen, die in Osteuropa erneut vor Pogromen flüchten mussten (vgl. Spera/Hanak-Lettner 2017). Im Potsdamer Abkommen (1945) hatten die Alliierten (USA, Großbritannien und die Sowjetunion) die Vertreibungen deutschsprachiger Minderheiten, die schon während des Krieges begonnen hatten, offiziell gebilligt, da große Teile der deutschsprachigen Bevölkerung Ost- und Mitteleuropas das NS-Regime unterstützt hatten.

Die Alliierten hatten vereinbart, dass die „Volksdeutschen" nach Deutschland abgeschoben werden sollten („Rückführungen"). Allerdings betraf dies nur die deutschsprachigen Minderheiten aus Polen, Ungarn und der Tschechoslowakei. Die aus Rumänien und Jugoslawien stammenden Flüchtlinge galten als „nicht repatriierbar", weil die beiden Länder im Potsdamer Abkommen nicht erwähnt worden waren und Deutschland daher nicht zur Aufnahme verpflichtet werden konnte. Somit blieben mehr „Volksdeutsche" im Land als vorgesehen. Willkommen waren allerdings nur diejenigen, die als Arbeitskräfte gebraucht wurden, wie eine Stellungnahme des Innenministeriums zeigt:

> „In erster Linie wollen wir die Leute weghaben, von denen angenommen werden muß, daß sie sich der österreichischen Bevölkerung nicht anpassen werden. Das ist der weitaus größte Teil der Fremdsprachigen. Dann wollen wir alle weghaben, ob deutsch- oder anderssprachig, die schon jetzt erkennen lassen, daß sie absolut nicht arbeiten wollen, sondern sich mit Schleichhandel und auf andere verbrecherische Art ihren Lebensunterhalt beschaffen. Hierbehalten wollen wir aber diejenigen, die Berufe haben, an denen wir Mangel haben" (Stieber 1995: 144, zit. n. Horvath: 206).

Die Flüchtlingsbetreuung fiel zwar zunächst in den Verantwortungsbereich der Alliierten, die dafür anfallenden Kosten wurden jedoch dem österreichischen Staat in Rechnung gestellt. Dieser Umstand und die ablehnende Haltung weiter Bevölkerungsteile gegenüber den DPs führten zu einem breiten politischen Konsens darüber, die Flüchtlingslager möglichst rasch zu schließen und die Insassen abzuschieben. Damit sollte verhindert werden, dass sich die Flüchtlinge im Land niederlassen (Volf 1995: 422). Diese Maßnahmen

---

13 Von den etwa 12 Millionen deutschsprachigen Vertriebenen wurde rund 1 Million vorübergehend in Österreich aufgenommen. Etwa 530.000 von ihnen blieben im Land und 350.000 wurden bis 1961 eingebürgert.

betrafen auch die „Volksdeutschen"[14], die ebenso wie andere Flüchtlinge oder DPs als Sicherheitsproblem gesehen wurden. Schon die Unterbringung in Flüchtlingslagern, die bei der Bevölkerung vielfach als Horte der Unsicherheit verrufen waren, führte zu einer Stigmatisierung der Insassen – egal, welcher Herkunft sie waren. Auffallend ist, dass der verhältnismäßig kleine Anteil an jüdischen Flüchtlingen besonders angefeindet wurde. Dies manifestierte sich in antisemitischen Äußerungen führender österreichischer Politiker und der Forderung nach der generellen Entfernung aller fremdsprachigen Ausländer/innen (vgl. Stieber 1995).

Da ein großer Teil der „Volksdeutschen" nicht nach Deutschland abgeschoben werden konnte, wurden sie durch Berufsverbote in unattraktive Arbeitsmarktsegmente gedrängt. Erst aufgrund des Arbeitskräftemangels in der Landwirtschaft und im Gewerbe wurden sie 1952 arbeitsrechtlich gleichgestellt und erhielten zwei Jahre später mit dem Optionsgesetz die Möglichkeit, die österreichische Staatsbürgerschaft mittels Deklaration zu erwerben (Perchinig 2010: 143). Die „Volksdeutschen" organisierten sich allerdings nicht nur in „Landsmannschaften", sie betrieben auch eine parteipolitische Lobbyingpolitik. So gelang es ihnen, einen Volksdeutschenbeirat sowie einen Vertriebenensprecher im Parlament zu erhalten. Im Unterschied zu aktuellen öffentlichen Debatten um die Frage der „Integration" von Zugewanderten meinten die „Volksdeutschen" in ihren rückblickenden Erzählungen mit einer „gelungenen Integration" rechtliche Gleichstellung und Gleichberechtigung. Dass es in den parlamentarischen Debatten zu den Gleichstellungsgesetzen allerdings nur um „Volksdeutsche" ging, scheint so selbstverständlich gewesen zu sein, dass diese Einschränkung auch von keiner Parlamentspartei infrage gestellt wurde (Horvath 2014: 211).

An der Integration fremdsprachiger DPs waren die politischen Kräfte weiterhin nicht interessiert, und schon gar nicht an (fremdsprachigen) jüdischen Flüchtlingen. Bundeskanzler Leopold Figl (ÖVP) begründete seine Ablehnung damit, dass dies zur gleichen ‚Überfremdung' wie 1918/19 und in weiterer Folge zu einem erneuten Aufleben des Antisemitismus führen würde (Albrich 1995: 126).

Die Deutschkenntnisse waren sicherlich von Vorteil für die „Volksdeutschen", da dies die Akzeptanz in der Bevölkerung erhöhte. Dennoch war die deutsche Sprache lange Zeit kein relevanter migrationspolitischer Faktor in der Zweiten Republik (Perchinig 2010: 143). Die deutschsprachigen Min-

---

14 Ausnahmen gab es nur für jene „Volksdeutschen", die bis zum Ende der Monarchie die österreichische Staatsbürgerschaft besessen hatten und keine Ansprüche auf staatliche Unterstützung stellten.

derheiten wurden zwar in den Arbeitsmarkt integriert, aber – wie Horvath formuliert – als ‚Proto-Gastarbeiter/innen' behandelt. Unter der Bedingung, dass keine Österreicher/innen für die jeweiligen Arbeitsplätze zu Verfügung standen, wurden sie in den Niedriglohnsektor abgedrängt und durch die erforderliche Arbeitsbewilligung an das jeweilige Unternehmen gebunden (Horvath 2014: 214).

Die ‚Ethnisierung' der Flüchtlingspolitik mag vielleicht auch ein Grund gewesen sein, warum Flüchtlinge aus Jugoslawien in der Nachkriegszeit keine Unterstützung von der westlichen Staatengemeinschaft erhielten.[15] Argumentiert wurde dies damit, dass sie nicht aufgrund der politischen Situation aus Jugoslawien flüchten würden, sondern um ihre wirtschaftliche Situation zu verbessern. Der Begriff „Wirtschaftsflüchtling" wurde in den 1950er-Jahren also erstmals für jugoslawische Flüchtlinge angewandt – zu einer Zeit, als alle Personen, die aus einem kommunistischen Land flohen, als politische Flüchtlinge galten (Volf 1995: 17).

Da die Flüchtlingspolitik bis 1955 weitgehend in den Händen der Alliierten lag, war die Niederschlagung des Volksaufstandes in Ungarn durch Sowjettruppen 1956 – nach Zierer – die erste Bewährungsprobe für die österreichische Regierung. Es waren etwa 200.000 Ungar/innen, die infolge der Ereignisse über die österreichische Grenze flohen. Vor dem Hintergrund des Kalten Kriegs musste Österreich seine Stellung in der westlichen Staatengemeinschaft, aber auch seine im Staatsvertrag verankerte Neutralität unter Beweis stellen. Nachdem sich die ungarischen Flüchtlinge für das ‚richtige' politische System entschieden hatten, wurden sie von den politischen Entscheidungsträgern mit offenen Armen aufgenommen. Sonderzüge und -busse wurden an die Grenze geschickt, um die Flüchtlinge in die vielfach neu eingerichteten Flüchtlingslager zu verteilen. Die Ungarn-Flüchtlinge stammten aus allen politischen Lagern und kamen aus unterschiedlichen Gründen: aus Angst vor Verfolgung oder weil sie die Gelegenheit zur Auswanderung nutzten. Die österreichische Bevölkerung reagierte spontan mit großer Hilfsbereitschaft, andernfalls wären die staatlichen Hilfsorganisationen auch überfordert gewesen. Die emotionale Zuwendung hielt allerdings nur so lange an, als die Flüchtlinge das Verhalten „hilfloser Kinder" an den Tag legten und damit der ansässigen Bevölkerung das Gefühl der Überlegenheit gaben – ergab eine Studie des Psychiaters Hans Hoff und des Psychologen Hans Strotzka aus dem Jahr 1959. Zu einem raschen Stimmungswechsel kam es, als die

---

15 Durch den Bruch der Belgrader Regierung mit Moskau und der Aufkündigung der Teilnahme an der COMECON im Jahr 1948 waren Menschen, die das Land verließen, vom United States Escapee Program ausgeschlossen.

Weiterreise der Flüchtlinge in Drittstaaten ins Stocken geriet. Die westliche Staatengemeinschaft und internationale Hilfsorganisationen hatten zwar die Übernahme von Flüchtlingen angeboten, aber ein abgestimmtes Verteilungssystem gab es nicht. Als zudem das Problem auftauchte, dass Flüchtlinge, die bereits in einem Drittland angekommen waren, wieder nach Österreich zurückkehren wollten, meinte der Bundeskanzler Julius Raab (ÖVP), dass Österreich nicht den Wohltäter für die ganze Welt spielen könne. Letztlich blieben nur 10 Prozent der geflüchteten Ungar/innen im Land, für die übrigen war Österreich nur eine Zwischenstation (dazu Zierer 1995: 157ff).

Im August 1968 ließ die Niederschlagung des „Prager Frühlings" durch sowjetische Streitkräfte mit Unterstützung anderer Warschauer-Pakt-Staaten hunderttausend tschechische Bürger/innen nach Österreich flüchten. Entgegen der Anweisung aus dem Außenministerium erleichterte der damalige Gesandte an der österreichischen Botschaft in Prag, Rudolf Kirchschläger, die Einreise durch die Vergabe von Visa, und auch die Grenzwachen solidarisierten sich mit den Flüchtlingen. Doch obwohl in Österreich die wirtschaftliche Prosperität zu diesem Zeitpunkt bereits höher war, waren die tschechoslowakischen Flüchtlinge – wie Valeš beschreibt – nicht mehr so willkommen wie jene aus Ungarn im Jahr 1956. Dies lag nicht zuletzt daran, dass sich Österreich in der westlichen Staatengemeinschaft bereits etabliert hatte. Vor allem aber hatte die UNO im Unterschied zu den Flüchtlingen aus Ungarn jene aus der ČSSR nicht allesamt entsprechend der Genfer Flüchtlingskonvention (GFK) als politische Flüchtlinge anerkannt. Vom UN-Flüchtlingskommissar wurden daher nur für jene Flüchtlinge Geldmittel zur Verfügung gestellt, die um politisches Asyl ansuchten. Wie beim Volksaufstand in Ungarn waren es vor allem junge, gut ausgebildete Menschen, die sich zur Flucht entschlossen hatten, aber nur ein kleiner Teil davon wollte in Österreich bleiben (dazu Valeš 1995: 172ff). Für die anfänglich niedrige Zahl an Asylwerber/innen gab es zwei Gründe: Viele wollten zunächst die weiteren Ereignisse abwarten und die Rückkehrmöglichkeit nicht durch einen Asylantrag gefährden. Zudem waren die tschechoslowakischen Flüchtlinge in der Zeit der Hochkonjunktur als Arbeitskräfte gefragt und konnten auch ohne Asylstatus auf einen relativ sicheren Aufenthalt hoffen. Dieses Beispiel zeigt, dass die Verbindung von politischen und ökonomischen Motiven nicht nur für Migrations- und Fluchtbewegungen, sondern ebenso für die Aufnahmepolitik von Asylländern charakteristisch ist (Bauböck 1996: 10).

Österreich hat sich also vor allem als Erstaufnahmeland für Flüchtlinge gesehen und die Aufnahmebereitschaft von der Solidarität der internationalen Staatengemeinschaft abhängig gemacht. Die Integration von Flüchtlingen – sieht man von den vertriebenen deutschen Minderheiten ab – war nicht vorgesehen. An dem Selbstbild vom „Transitland Österreich" hielten die politisch Verantwortlichen fest, als es schon längst von der Realität überholt worden war. Ein ähnlicher Befund ergibt sich im Hinblick auf Arbeitsmigrant/innen der 1960er-Jahre: Sie wurden immer noch als ‚Gastarbeiter/innen' betrachtet, als sie schon lange integraler Bestandteil der österreichischen Gesellschaft waren.

Das ‚Gastarbeiterregime'

Die österreichische Regierung übernahm 1945 die „Deutsche Reichsverordnung über ausländische Arbeitnehmer" aus dem Jahr 1941 und schrieb damit die Bevorzugung inländischer Arbeitnehmer/innen, die mit dem Inlandarbeiterschutzgesetz (1925) ihren Anfang genommen hatte, gewissermaßen nahtlos fort. Die treibenden Kräfte für die Regulierung des Arbeitsmarktes waren die Arbeitnehmervertretungen, die Arbeitgeberseite setzte hingegen auf das freie Spiel der Kräfte in der Marktwirtschaft. Trotz guter Wirtschaftslage verlangten die Arbeitgeber bei den fünf Lohn-Preis-Abkommen zwischen 1947 und 1951 moderate Lohnforderungen. Der Österreichische Gewerkschaftsbund gab seine Zustimmung dafür allerdings nur unter der Bedingung, dass das Paradigma des Inländerarbeitnehmerschutzes aufrechterhalten bleibt. Aufgrund des enormen Wirtschaftswachstums stieg Mitte der 1950er-Jahre in Zentral- und Westeuropa die Nachfrage nach Arbeitskräften. Die ehemaligen Kolonialmächte wie Frankreich, Großbritannien, Belgien und die Niederlande deckten diesen Bedarf vor allem durch Zuwander/innen aus den ehemaligen Kolonien. Deutschland begann in Ländern des südeuropäischen Raums, wo in manchen Gebieten eine hohe Arbeitslosigkeit herrschte, Arbeitskräfte anzuwerben. Die Rekrutierung von Arbeitsmigrant/innen in der Nachkriegszeit folgte einer utilitaristischen politischen Rationalität. In Österreich erfolgte der Wirtschaftsaufschwung etwas später, sodass in den 1950er-Jahren in den strukturschwachen Regionen, wie in Kärnten, der Steiermark und dem Burgenland, aber auch unter den „Volksdeutschen" noch Arbeitskräfte rekrutiert werden konnten (Perchinig 2010: 144).

Die Anwerbungen von ‚Gastarbeiter/innen' Mitte der 1960er-Jahre war jedenfalls kein migrationspolitischer ‚Nullpunkt', wie es in öffentlichen Diskursen, aber auch in Statistiken immer wieder aufs Neue reproduziert wird. „Volksdeutsche" und andere Nachkriegsflüchtlinge waren schon im ersten Nachkriegsjahrzehnt – auch im rechtlichen Sinn – migrantische Arbeitskräfte (Horvath 2014: 202).

In Anlehnung an das Rotationsmodell der Schweiz arbeiteten 1960 die Gewerkschaften und das Sozialministerium einen Gesetzesentwurf aus, wonach die bei besonderem Bedarf angeworbenen ausländischen Arbeitskräfte nach einem bestimmten Zeitraum das Land wieder verlassen sollten. Im September 1961 kam es schließlich zu einem Kompromiss zwischen dem Gewerkschaftspräsidenten, Franz Olah, und dem Präsidenten der Bundeswirtschaftskammer, Julius Raab. Im sogenannten Raab-Olah-Abkommen wurde vereinbart, im darauffolgenden Jahr ein Kontingent von 47.000 ausländischen Arbeitskräften zuzulassen. Der ÖGB konnte allerdings durchsetzen, dass die Arbeitserlaubnis für ausländische Arbeitnehmer/innen auf ein Jahr beschränkt blieb, um eine dauerhafte Niederlassung zu unterbinden. Im Hinblick auf die Löhne und die Arbeitsbedingungen sollten sie den inländischen Arbeitskräften jedoch gleichgestellt sein. Das 1962 mit Spanien abgeschlossene Anwerbeabkommen war allerdings nicht erfolgreich. Da die gut bezahlten Posten in der Verstaatlichten Industrie inländischen Arbeiter/innen vorbehalten bleiben sollten, konzentrierte sich die „Ausländerbeschäftigung" auf Branchen mit geringer Entlohnung und ohne Entwicklungsperspektiven, wie das Bauwesen oder der Dienstleistungsbereich. Der österreichische Arbeitsmarkt war daher im Unterschied zu Deutschland und der Schweiz für gut ausgebildete ausländische Arbeitnehmer/innen nicht besonders attraktiv. Dass das Anwerbeabkommen mit der Türkei aus dem Jahr 1964 erfolgreicher war, mag auch damit zusammenhängen, dass die deutschen Anwerbestellen jene Arbeitsmigrant/innen den österreichischen Anwerbestellen weitervermittelten, die ihren eigenen Qualifikationsansprüchen nicht genügten (Perchinig 2010: 145). Zwei Jahre später wurde ein weiteres Anwerbeabkommen mit Jugoslawien abgeschlossen. Die formale Anwerbung war allerdings nur für die erste Kontaktaufnahme von Bedeutung. Da das Anwerbeverfahren Monate dauern konnte und zudem kostenpflichtig war, entwickelten die Unternehmen ein einfacheres Verfahren. Sie rekrutierten die benötigten Arbeitskräfte über ihre ausländischen Mitarbeiter/innen, die ihre Verwandten und Bekannten weiterempfahlen. Die Visafreiheit[16] für touristische Aufenthalte bis zu drei Monaten ermöglichte es, dass privat angeworbene Arbeitskräfte problemlos einreisen und zu arbeiten beginnen konnten. Dann erst wurden Visum und Beschäftigungsbewilligung beantragt, um die Einreise, den Aufenthalt und das Arbeitsverhältnis nachträglich zu legalisieren (Gächter 2008: 7).

Die Wirtschaftskrise Anfang der 1970er-Jahre führte in Österreich 1973 zum Anwerbestopp ausländischer Arbeitskräfte. Ihre im westeuropäischen Vergleich schlechte Rechtsstellung machte auch einen raschen Abbau möglich, denn die ‚Gastarbeiter/innen' verloren mit der Arbeitsbewilligung auch die

---

16 Die Visafreiheit bestand mit der Türkei schon seit 1955, mit Jugoslawien wurde sie im Jahr 1965 vereinbart.

Aufenthaltsgenehmigung (Bauböck/Perchinig 2006: 730). Die Arbeitslosigkeit stieg in Österreich zwar bis 1975 nicht signifikant an, aber zahlreiche Betriebe mussten auf Kurzarbeit umstellen. Nach jahrzehntelanger Vollbeschäftigungspolitik war die Bekämpfung der Unsicherheiten am Arbeitsmarkt vor allem von symbolischer Bedeutung. Vor diesem Hintergrund muss die Verabschiedung des Ausländerbeschäftigungsgesetzes gesehen werden (Horvath 2014: 189). Anders als noch beim Inlandarbeiterschutzgesetz (1925) musste es die Sozialdemokratie nicht mehr einem Ausnahmezustand zuschreiben, dass ‚Fremde' unter eine besondere Rechtsordnung gestellt werden. Im modernen Nationalstaat bedarf es keiner besonderen Begründung, wenn es um den Schutz der inländischen Bevölkerung geht (Horvath 2014: 190).

Mit dem Ausländerbeschäftigungsgesetz[17], das am 1. Januar 1976 in Kraft trat und die Reichsverordnung von 1941 ablöste, wurde das seit 15 Jahren praktizierte Kontingentwesen auf eine rechtliche Basis gestellt. Für die Betroffenen bedeutete es im Prinzip eine unwesentlich liberalisierte Version der Reichsverordnung. Weiterhin suchten die Arbeitgeber/innen um Beschäftigungsbewilligungen an, die jeweils für einen konkreten Arbeitsplatz und eine bestimmte Person ausgestellt wurden. Damit war es für die ausländischen Arbeitnehmer/innen nicht möglich, den Arbeitsplatz zu wechseln. Dazu kam, dass in diesem ‚Gastarbeiterregime' arbeitsrechtliche Regelungen und fremdenpolizeiliche Bestimmungen ineinandergriffen. Wurden ausländische Arbeitnehmer/innen arbeitslos, so hatten sie zwar Anspruch auf Arbeitslosengeld, aber darüber hinaus erhielten sie keine weiteren Leistungen der Arbeitslosenversicherung, wie z. B. die Notstandshilfe. Falls es ihnen nicht rechtzeitig gelang, über einen anderen Arbeitgeber eine neue Beschäftigungsbewilligung zu erhalten, verloren sie auch das Aufenthaltsrecht. Das bedeutete, dass die ausländischen Beschäftigten unter einem enormen Druck standen, den Arbeitsplatz nicht zu verlieren. Denn andernfalls waren sie gezwungen, jede sich bietende Beschäftigung anzunehmen, wollten sie im Land bleiben (Gächter 2008: 6). Die Befürchtung der Gewerkschaften, dass ausländische Arbeitnehmer/innen weniger bereit für Arbeitskampfmaßnahmen wären, hatte also durchaus ihre Berechtigung, war allerdings nicht den Arbeitnehmer/innen anzulasten, sondern der spezifischen Rechtslage. Traten ‚Gastabeiter/innen' in den Streik, konnte dies Schubhaft oder Abschiebung bedeuten (Gächter/Recherche-Gruppe 2004: 35).

Die Anforderung einer ortsüblichen Unterkunft postulierte den Schutz der ausländischen Arbeitskräfte. Bei Fehlen einer entsprechenden Wohn-

---

17 vgl. dazu auch Christof Bergkirchner: Zur Genese des Ausländerbeschäftigungsgesetzes 1975. Wien 2013.

möglichkeit wurde die Beschäftigungsbewilligung entzogen. Formal wurde damit das Unternehmen sanktioniert, tatsächlich traf diese Maßnahme die Arbeitskräfte (Horvath 2014: 192). Eine gewisse Verbesserung brachte der „Befreiungsschein", der ausländischen Arbeitskräften nach acht Jahren Beschäftigung eine auf zwei Jahre befristete Freizügigkeit am Arbeitsmarkt gewährte (Perchinig 2010: 146).

Bemerkenswert an dem Ausländerbeschäftigungsgesetz sind – nach Rainer Bauböck – weniger die Änderungen als das Festschreiben der ‚Gastarbeiterpolitik', obwohl es bereits deutliche Anzeichen einer dauerhaften Einwanderung gab. Doch anstatt die Integration der bereits längere Zeit in Österreich lebenden Immigranten zu erleichtern, wurden sie weiterhin als „Verschubmasse" am Arbeitsmarkt behandelt (Bauböck 1996: 15).

Das „Inländerprimat" galt jedoch nicht nur am Arbeitsmarkt, sondern auch in den Arbeitnehmerorganisationen. Das zeigte sich am Betriebsratsgesetz vom 2. August 1947[18], das im Unterschied vom Betriebsratsgesetz aus dem Jahr 1919 ausländische Staatsbürger/innen vom passiven Wahlrecht ausschloss (Perchinig 2010: 143). Während in Deutschland die Staatsbürgerschaft als Kriterium für das Betriebsratswahlrecht 1972 abgeschafft wurde, verwehrte das Arbeitsverfassungsgesetz von 1974 den ausländischen Arbeitnehmer/innen in Österreich die Kandidatur zum Betriebsrat. Daher finden sich in den Leitungspositionen der Arbeitnehmervertretungen bis heute kaum ehemalige Immigrant/innen. Vor allem hatten die Arbeitsmigrant/innen dadurch kaum eine Möglichkeit, für ihre spezifischen Anliegen zu kämpfen (Perchinig 2014: 146).

Das Ergebnis der ‚Gastarbeit' war – nach Horvath – ein geteilter Arbeitsmarkt mit einem Niedriglohnsektor, in dem ein hoher Anteil an Arbeitsmigrant/innen beschäftigt war, der von den übrigen Arbeitsbereichen sukzessive ‚abgehängt' wurde. Selbst in Zeiten hoher Produktivitätszuwächse und steigender Unternehmensgewinne stiegen die Löhne in den untersten Einkommenssegmenten nicht oder nur marginal. Die Beschäftigten in höherqualifizierten Beschäftigungssegmenten konnten demgegenüber reale Einkommenszuwächse verzeichnen. Die lohn- und arbeitsrechtliche Gleichstellung von in- und ausländischen Arbeitnehmer/innen war jedoch seit dem Inlandarbeiterschutzgesetz fixer Bestandteil der von den Gewerkschaften mitgetragenen Migrationspolitik. Die Diskriminierung musste daher davor passieren – durch Anwerbung für spezifische, niedrig bezahlte und unqualifizierte Tätigkeiten. Das bedeutete, dass die Arbeitsmigrant/innen oftmals eine Dequalifizierung in Kauf nehmen mussten (dazu Horvath 2014: 194ff).

---

18 BGBl. 97, 2. August 1947.

Die Novellierung des Ausländerbeschäftigungsgesetzes 1988 brachte zwar eine Verbesserung der Freizügigkeit für ausländische Beschäftige, gleichzeitig fixierte die Quotierung des Gesamtanteils nicht-österreichischer Staatsbürger/innen am Arbeitsmarkt die Rolle der Arbeitsmigrant/innen als Reservearmee. Dies bedeutete eine Zugangssperre zum Arbeitsmarkt für zahlreiche legal in Österreich lebende ausländische Staatsbürger/innen (vor allem Frauen) und damit eine soziale Schlechterstellung von Personen mit Migrationshintergrund. Doch all dies war kein Thema im öffentlichen und im politischen Diskurs bis Ende der 1980er-Jahre, was sich auch in den geringen Gesetzesänderungen widerspiegelt (Perchinig 2010: 148).

Von der Arbeitsmarkt- zur Niederlassungspolitik

Der Anwerbestopp Mitte der 1970er-Jahre führte jedoch nicht zu einem Rückgang der Einwanderung – im Gegenteil, die Folge war ein verstärkter Familiennachzug. Denn bislang war es möglich, auch nur für Saisonarbeiten oder andere kurzfristige Arbeitsverhältnisse nach Österreich zu kommen. Durch einen Erlass des Sozialministeriums vom 1. März 1974 durfte nur mehr zur Arbeitsaufnahme einreisen, wer bei der Ausreise einen gültigen Arbeitsvertrag oder eine Wiedereinstellungszusage nachweisen konnte. Dies wurde durch ein A im Pass vermerkt. Die Folge dieses Erlasses war, dass jene, die aufgrund fehlender Papiere Schwierigkeiten bei der Wiedereinreise gehabt hätten, in Österreich blieben und stattdessen ihre Familie nachholten (Gächter 2008: 8). Und da die Zugewanderten angesichts der Gesetzesverschärfungen nicht sicher sein konnten, dass sie auch noch in Zukunft ihre Angehörigen ins Land bringen dürfen, beschleunigte dies den Prozess: Sie mussten sich nun zwischen der Rückkehr ins Herkunftsland und der Niederlassung in Österreich entscheiden (Bauböck 1996: 14)

Die Entscheidung vieler ‚Gastarbeiter/innen', dauerhaft in Österreich bleiben zu wollen, zog in den frühen 1980er-Jahren die Gründung erster Beratungs- und Betreuungseinrichtungen für Ausländer/innen nach sich. Die erste Ausländerberatungsstelle, der Verein zur Betreuung von Ausländern, wurde mit Unterstützung von Sozialminister Alfred Dallinger (SPÖ) 1983 im Werkstätten- und Kulturhaus (WUK) in Wien eingerichtet (Waldrauch 2004: 249). Die Migrant/innen ergriffen aber auch selbst die Initiative und gründeten eigene Vereine und Organisationen, um sich gegenseitig auszutauschen, zu unterstützen oder einfach nur zu unterhalten. Das österreichische Vereinsrecht sieht keine Diskriminierung aufgrund der Staatsbürgerschaft vor, sodass ausländische Staatsangehörige gleichermaßen Vereine ins Leben rufen bzw. am Vereinsleben teilnehmen können. Ausgeschlossen von vielen

Formen der gesellschaftlichen Teilhabe, war die Organisation in Vereinen für viele Zugewanderte lange Zeit die einzige Möglichkeit der politischen Betätigung. Allerdings unterlagen migrantische Vereine besonderer staatlicher Überwachung durch die Fremden- oder Staatsschutzbehörden, was deren Tätigkeitsbereiche dann doch ziemlich einschränken konnte. Für Migrantenorganisationen ist es jedenfalls charakteristisch, dass sie in ihren Aktivitäten soziale, kulturelle und politische Belange miteinander verbinden – wenngleich die Schwerpunktsetzung variieren mag. Dasselbe gilt für die Unterscheidung zwischen herkunftsland- und aufnahmelandorientierten Vereinen. In der Praxis schließen sich diese beiden Ausrichtungen nicht unbedingt aus, im Gegenteil, Migrantenorganisationen zeichnen sich oft durch eine transnationale Orientierung aus, sodass sich auch die Frage nach den ‚Integrations- bzw. Segregationseffekten' von Migrantenvereinen so nicht einfach beantworten lässt (Waldrauch/Sohler 2002: 17).

Der verstärkte Familiennachzug brachte auch spezielle Organisationsformen für Frauen mit sich. Der Verein „Miteinander lernen – Birlikte Öğrenelim" (1983) und der „Verein solidarischer Frauen aus der Türkei und aus Österreich – Peregrina (heute Peregrina. Bildungs-, Beratungs und Therapiezentrum für Migrantinnen) (1984) oder der Verein Orient Express (1988) wurden ebenfalls in den 1980er-Jahre gegründet. Wichtig dabei war, dass in diesen Vereinen der ersten Generation Migrantinnen und Nicht-Migrantinnen zusammenarbeiteten.

Eine weitere Folge des Familiennachzugs war, dass der Verfassungsgerichtshof 1985 aufgrund einer Beschwerde das seit 1954 geltende Fremdenpolizeigesetz[19] aufheben musste, weil es in Bezug auf den Schutz des Privat- und Familienlebens nicht mit den Bestimmungen der Europäischen Menschenrechtskonvention (EMRK) überstimmte. Der Entscheid des Verfassungsgerichtshofs trug dazu bei, dass es zu einem Perspektivenwechsel kam: Migrationspolitik konnte sich nicht mehr länger nur mit den Arbeitsverhältnissen beschäftigten, nun mussten alle Belange, die mit der dauerhaften Niederlassung der Migrant/innen in Zusammenhang standen, in Blick genommen werden. Damit kam es auch zu einer Verschiebung der Kompetenzen: Neben dem Sozialministerium wurde nun auch das bis dahin nur mit der Flüchtlingspolitik betraute Innenministerium zu einem zentralen Akteur der „Ausländerpolitik" (Perchinig 2010: 147). Mit dem Wechsel von der Arbeitsmarktpolitik zur Niederlassungspolitik änderte sich auch der Sprachgebrauch: es war nicht mehr von „Gastarbeiter/innen", sondern von „Ausländer/innen" die Rede.

---

19 https://www.ris.bka.gv.at/Dokumente/BgblPdf/1954_75_0/1954_75_0.pdf

Als immer sichtbarer wurde, dass viele der Arbeitsmigrant/innen im Land bleiben, veränderte sich auch die öffentliche Debatte. Nach Perchinig war vor allem das Auftreten zweier politischer Kräfte dafür verantwortlich. 1986 übernahm der rechtspopulistische Politiker Jörg Haider die Führung in der Freiheitlichen Partei Österreichs (FPÖ) und die Ökologiepartei „Die Grüne Alternative" zog ins Parlament ein. Unter Jörg Haider nutzten die Freiheitlichen Nationalismus und Ausländerfeindlichkeit für die Mobilisierung ihrer Wähler/innen. Eine Strategie bestand darin, Ausländer/innen zu einem ‚Sicherheitsproblem' zu machen: Sie wurden zur Bedrohung der öffentlichen Ordnung (Kriminalität), des Arbeitsmarkts, des Sozialsystems (Missbrauch) und der österreichischen Identität. Dagegen brachten die Grünen das Thema Migration vor allem unter menschenrechtlichen Gesichtspunkten in die Debatte ein (Perchinig 2010: 147).

Demographen wie Rainer Münz und Heinz Faßmann propagierten Ende der 1980er-Jahre aufgrund der Überalterung der einheimischen Bevölkerung und den damit verbundenen Problemen des Generationenvertrags (z. B. Sicherung der Pensionen) eine „kompensatorische Migrationspolitik". Aus dieser utilitaristischen Perspektive war nicht nur ‚Gastarbeit', sondern Einwanderung gefragt, allerdings nur im Ausmaß eines genau zu berechnenden Bedarfs. Aber hier trafen das Interesse des Aufnahmelandes an der Absicherung der Sozialsysteme mit dem Wunsch der Einwander/innen nach größerer Rechtssicherheit zusammen (Bauböck 1996: 17).

Die Auswirkungen politischer Umbruchsituationen auf die Migrationspolitik

In den 1990er-Jahren waren zwei Ereignisse auf europäischer Ebene für die Migrationspolitik von besonderer Bedeutung: Der gesellschaftspolitische Umbruch aufgrund des Zerfalls der Sowjetunion und der Beitritt Österreichs zur Europäischen Union 1995. Die Tatsache, dass Österreich ein Einwanderungsland ist, ließ sich nun nicht mehr leugnen, auch wenn die offizielle Anerkennung ausblieb. Dass die politische und mediale Debatte zum Thema Migration in den 1990er-Jahren derart ‚angeheizt' wurde, ist jedoch vor allem dem Aufstieg nationalistischer Ideologien zu verdanken.

Der Fall des Eisernen Vorhangs

In dem relativ kurzen Zeitraum zwischen 1987 und 1994 verdoppelte sich die Zahl der in Österreich lebenden Ausländer/innen von 326.000 auf 713.000 (Bauböck/Perchinig 2006: 732). Ein Grund für die zunehmenden Migrationsbewegungen war der Zerfall der Sowjetunion im Jahr 1989, als sich Ungarn, Polen, die ČSSR, die Deutsche Demokratische Republik und Rumänien – ermutigt durch die Öffnungspolitik von Michail Gorbatschow[20] – von der Sowjetunion „lossagten". Im Unterschied zu den übrigen relativ gewaltfreien Revolutionen forderte der Regimewechsel in Rumänien Ende des Jahres 1989 viele Todesopfer. Aus diesem Grund wurden die Flüchtlinge aus Rumänien zunächst sehr wohlwollend in Österreich aufgenommen, doch wie schon bei anderen Fluchtbewegungen zuvor kippte die Stimmung rasch.

Bei den Flüchtlingen handelte es sich vor allem um Angehörige der unterdrückten deutsch- und ungarischsprachigen Minderheiten, von denen auch schon zur Zeit des kommunistischen Regimes viele das Land verlassen hatten (Gherghinescu 2014: 23). Da jedoch auch nach der „Wende" die Situation im Land instabil blieb und die Opposition weiterhin Repressionen ausgesetzt war, sahen viele Menschen keine Lebensperspektive in Rumänien und nutzten die Möglichkeit zur Emigration. Flucht- und Wirtschaftsmigration hatten nach Heinz Faßmann denselben Hintergrund und waren – wie in vielen anderen Fällen[21] – nicht trennscharf zu unterscheiden (Faßmann 2000: 202). Nachdem die meisten westlichen Staaten bereits ab Anfang 1991 eine Visumspflicht[22] für rumänische Staatsbürger/innen eingeführt hatten, ging die Auswanderungswelle relativ rasch zurück beziehungsweise wurde aus der legalen eine ‚illegale' Einwanderung.

Ein Grund für die ablehnende Haltung gegenüber Flüchtlingen aus Rumänien lag sicherlich auch in der medialen Berichterstattung und der politischen Debatte. Um restriktive Maßnahmen wie die Visapflicht rechtfertigen zu können, wurden auf mehreren Ebenen Bedrohungsszenarien gezeichnet. Innenminister Franz Löschnak (SPÖ), der für eine Verschärfung in der Migrationspolitik stand, sprach in einer Parlamentsdebatte von einer dramatischen Situation, da „von den 20.000 Asylwerbern seit Jahresbeginn etwa 6.000 nach Österreich gekommen sind und weil von diesen 6.000 wieder rund 4.000 rumänische Staatsangehörige sind."[23] Verglichen mit früheren Fluchtbewegungen waren die erwähnten Zahlen vernachlässigbar klein. In seinen weiteren Ausführungen verwies Innenminister Löschnak darauf, dass

---

20 Glasnost und Perestroika (Offenheit und Umgestaltung) waren die zentralen Schlagworte.
21 Z. B. anlässlich des Volksaufstands in Ungarn 1956 und der Niederschlagung des ‚Prager Frühlings' in der ČSSR im August 1968.
22 Es bedurfte einer Einladung oder hoher Geldsummen, um eine Einreisebewilligung zu bekommen.
23 Franz Löschnak in der Debatte zu fremdenrechtlichen Novellierungen, XVII. GP, 133. Sitzung, März 1990 (zit. n. Horvath 2014: 231).

es sich bei den Flüchtlingen zum Großteil um junge Männer handle (Horvath 2014: 231). Junge alleinstehende Männer scheinen also per se eine Bedrohung darzustellen – sei es, weil ‚einheimische' Männer die ‚ausländische Konkurrenz' fürchten oder den Zugewanderten generell gewaltsame Übergriffe auf Frauen unterstellt werden.

Anders als es die medial inszenierte „Flüchtlingsflut aus Rumänien" suggerierte, war zu dieser Zeit die steigende Zuwanderung nicht in erster Linie auf die Fluchtmigration zurückzuführen. Nach August Gächter gründete die Zunahme der Migrantenzahlen vielmehr in der zwischen den Sozialpartnern vereinbarten Anwerbung ausländischer Arbeitskräfte. Die Anzahl der zusätzlich ausgestellten Beschäftigungsbewilligungen war viermal höher als jene der „sprunghaft angestiegenen" Asylanträge (Horvath 2014: 240).

Der Zerfall Jugoslawiens und die damit verbundenen Jugoslawienkriege ließen im Zeitraum von 1992 bis 1995 etwa 90.000 Menschen – insbesondere aus Bosnien – nach Österreich flüchten bzw. auswandern.[24] Sie erhielten einen befristeten, rechtlich und sozial schlecht abgesicherten Aufenthaltsstatus als „De-facto-Flüchtlinge". Die lange Zeit ungeklärten Rechtsverhältnisse bedeuteten für die meisten eine große Belastung. Viele von ihnen blieben dauerhaft in Österreich. Obwohl es sich um vergleichsweise hohe Flüchtlingszahlen handelte, war die Anteilnahme der österreichischen Bevölkerung hoch. Die Ankunft der Flüchtlinge aus dem ehemaligen Jugoslawien beförderte das zivilgesellschaftliche Engagement – Menschen begannen sich für die Flüchtlinge einzusetzen, sammelten Spenden und versuchten Unterkünfte zu organisieren. Es entstanden Hilfsorganisationen und Vereine, die sich später auch für andere Flüchtlinge und Asylwerber/innen als hilfreich erwiesen. Dass es sich dabei um ein Nachbarland handelte – „Nachbar in Not" hieß eine Initiative –, trug sicherlich zu der hohen Hilfsbereitschaft bei. Zudem kam ein Großteil der Flüchtlinge bei Verwandten und Freunden unter, sodass es weniger Flüchtlingsunterkünfte und staatliche Unterstützung brauchte.

Die Beispiele zeigen, dass hohe Flüchtlingszahlen alleine nicht zu einer ‚Flüchtlingskrise' führen. Es hat in Österreich nach 1945 mehrere Phasen gegeben, in denen der Anteil an Flüchtlingen und Migrant/innen relativ hoch war wie unmittelbar nach Zweiten Weltkrieg, in den 1960er-Jahren oder zur

---

24 vgl. Haris Kovačević (2017): Krieg und Flucht in Bosnien-Herzegowina. Hintergründe zur Fluchtbewegung in den 1990er Jahren nach Österreich: Vorgeschichte, Konflikt, Flucht und die Rückkehr nach dem Konflikt mit einem Vorschlag für die Aufbereitung des Themas im Geschichtsunterricht. Diplomarbeit Universität Innsbruck.

Zeit der Jugoslawienkriege, ohne dass dies eine besondere mediale Aufmerksamkeit oder öffentliche Debatte hervorgerufen hätte (Horvath 2014: 119). Die Herkunft der Zuwander/innen ist ein wesentlicher Faktor für die Aufnahmebereitschaft, allerdings wurden die „Volksdeutschen" ebenfalls kriminalisiert wie später die Osteuropäer/innen und Südosteuropäer/innen usw. Die Kategorisierung und Hierarchisierung von Kulturen und Ethnien ist jedenfalls eine seit dem 19. Jahrhundert gängige gesellschaftspolitische (rassistische) Praxis, die tief im kollektive Gedächtnis verankert ist und sich auf den Umgang mit ‚Fremden' auswirkt. Die Migrations- und Fluchtbewegungen allein erklären also nicht, warum es in den 1990er-Jahren zu einer Intensivierung der politischen Debatte und einer Fülle an Gesetzen zur Steuerung von Migrationsbewegungen kam.

Politisierung der Migration

Der Politisierungsprozess der Migration, der in den 1990er-Jahren einsetzte, manifestierte sich vor allem darin, dass arbeitsmarktpolitische Belange an Gewicht verloren und im Gegenzug Themen wie Schwarzarbeit, Schlepperwesen, Kriminalität, Scheinehen, ‚Parallelgesellschaften', die Gefährdung der ‚kulturellen Identität' Österreichs oder die Frage der Integration aufkamen. Ein markantes Zeichen der Politisierung des Themas Migration war das von der Freiheitlichen Partei Österreichs (FPÖ) 1992 initiierte Volksbegehren „Österreich zuerst"[25]. Es enthielt die Forderung nach einer restriktiveren Zuwanderungs- und Asylpolitik und wurde von etwa 400.000 Österreicher/innen (7,4 Prozent der Wahlberechtigten) unterzeichnet (Perchinig 2010: 147). Als Gegenreaktion wurde im Dezember 1992 die NGO „SOS Mitmensch"[26] gegründet, um dem „Anti-AusländerInnen-Volksbegehren" entsprechend entgegentreten zu können. Gemeinsam mit mehreren zivilgesellschaftlichen Einrichtungen organisierte SOS Mitmensch am 23. Jänner 1993 in Wien eine Kundgebung gegen Fremdenfeindlichkeit, an der 300.000 Menschen teilnahmen und die unter der Bezeichnung „Lichtermeer" in die Geschichte einging. Die Großkundgebung war für den Sänger Willi Resetarits (auch bekannt unter Kurt Ostbahn) und Sepp Stranig das auslösende Moment, das „Projekt Integrationshaus" in Angriff zu nehmen. Seit seiner Eröffnung 1995 beherbergt das Integrationshaus Menschen, die vor Krieg und Verfolgung geflüchtet sind und ein Leben in Sicherheit suchen. Neben dem Wohnheimbetrieb sind zahlreiche Betreuungs-, Beratungs- und Bildungsprojekte ent-

---

25 Das Volksbegehren lag im Februar 1993 zur Unterschrift auf.
26 Website von SOS Mitmensch https://www.sosmitmensch.at, zuletzt geprüft am 20.12.2018.

standen, die Flüchtlingen und Migrant/innen in ein selbstbestimmtes Leben begleiten sollen.[27]

Die Zuwanderung aus Osteuropa wurde als Bedrohung für den Arbeitsmarkt und das soziale System dargestellt, sodass nicht nur die FPÖ, sondern auch die Regierung die Reduktion der Zuwanderung als eine ihrer wichtigsten Aufgaben definierten (Perchinig 2010b: 10). Nicht zuletzt aufgrund der Wahlerfolge der FPÖ wurde nicht nur das Asylrecht neu geregelt, sondern auch ein neues Fremden- und Aufenthaltsrecht eingeführt, das die Zuwanderung deutlich erschwerte.

An die Stelle der Migrationsregelung durch Arbeitsmarktpolitik trat die direkte Einwanderungssteuerung durch die Beschränkung der zu vergebenden Aufenthaltstitel. Schon 1990 wurde aufgrund einer Reform des Ausländerbeschäftigungsgesetzes mit der Bundeshöchstzahl die Anzahl ausländischer Staatsbürger/innen auf 10 Prozent der Beschäftigten in Österreich beschränkt. Mit dem Fremdenrechtspaket (1993) wurde zudem eine Höchstzahl von jährlich zu vergebenden Aufenthaltsgenehmigungen eingeführt. Da die Einwanderungsanträge ab diesem Zeitpunkt aus dem Ausland gestellt werden mussten, wurde die gängige Praxis, erst nach Aufnahme einer Beschäftigung um eine Aufenthaltsbewilligung anzusuchen, unterbunden. Nachdem der Familiennachzug in die Quote einberechnet war, schränkte dies die Neuzuwanderung weiter ein. Durch den Nachweis einer ortsüblichen Unterkunft wurde allerdings auch die Familienzusammenführung erschwert, war doch adäquater und zugleich günstiger Wohnraum in einem Wiener Gemeindebau bis 2006 an die österreichische Staatsbürgerschaft gebunden. 1994 wurde die Bundeshöchstzahl von 10 auf 8 Prozent des Arbeitskräfteangebots gesenkt und damit der Zugang zum Arbeitsmarkt weiter erschwert (Perchinig 2010: 148).

Die restriktiven Arbeitsmarktbestimmungen trafen vor allem Frauen, die auf diese Weise in einem Abhängigkeitsverhältnis zu ihrem Ehepartner gehalten wurden. Gleichzeitig sahen (und sehen) sich Migrant/innen oftmals wegen ihrer traditionellen oder gar ‚rückständigen' Geschlechterverhältnisse heftiger Kritik ausgesetzt. Selbst wenn dieser Vorwurf in vielen Fällen seine Berechtigung haben mag, der Anteil an der Zementierung traditioneller Geschlechterverhältnisse durch die österreichische Gesetzgebung wird dabei meist außer Acht gelassen. Der 1994 von der Regierung geprägte Slogan „Integration vor Neuzuzug" umreißt die Politik der folgenden Jahre jedenfalls trefflich (Gächter & Recherche-Gruppe 2004: 41).

---

27 Website des Integrationshauses https://www.integrationshaus.at, zuletzt geprüft am 20.12.2018.

Integration bedeutete allerdings nicht mehr Gleichberechtigung – wie noch in den 1950er-Jahren als es um die Einbindung der „Volksdeutschen" ging. Die politische Antwort auf die Gefahr der ‚Desintegration' der Gesellschaft wurde zunehmend im Erwerb der deutschen Sprache gesehen. Dass im nationalstaatlichen Kontext die Sprache eine zentrale Rolle bei der Konstruktion kollektiver nationaler Identitäten einnimmt, wurde bereits 1918 sichtbar, als es bei der Neuordnung Europas um das „Selbstbestimmungsrecht der Völker" ging. Die Staatssprache wurde als kulturelles Symbol der Nation derart aufgeladen, dass vor allem über die jeweiligen Sprache(n) Abgrenzungen zu anderen Bevölkerungsgruppen – im In- und Ausland – hergestellt wurden.

Der EU-Beitritt Österreichs

Mit dem Beitritt Österreichs zur EU 1995 wurden auch wesentliche Akzente in der Migrations- und Asylpolitik gesetzt. Zum einen wurden nun aus Ausländer/innen vielfach EU-Bürger/innen mit entsprechenden Rechtsansprüchen, zum anderen musste die österreichische Gesetzgebung an die europäischen Richtlinien angepasst werden. So war das „Inländerprimat" am Arbeitsmarkt nicht konform mit der EU-Arbeitsmarktpolitik, die auf die Freizügigkeit des Personenverkehrs innerhalb des europäischen Wirtschaftsraums und marktwirtschaftliche Kriterien setzt. Die Verurteilung Österreichs durch den Europäischen Gerichtshof für Menschenrechte im Fall „Gaygusuz gegen Österreich" (1996)[28] erzwang die weitgehende Aufhebung der Diskriminierung von Nicht-EU-Bürger/innen beim Zugang zu den Leistungen der Arbeitslosenversicherung (Notstandshilfe) und führte damit zu einer Aufweichung des „Inländerprimats" in der Sozialpolitik (Perchinig 2010: 149).

Nachdem die Höchstgerichte wesentliche Bestimmungen des Fremden- und Ausländerbeschäftigungsgesetzes aufgehoben hatten und Österreich auch mehrfach vom Europäischen Menschenrechtsgerichtshof wegen seiner Fremdengesetze verurteilt worden war, musste die Regierung reagieren. Nach Neuwahlen im Jahr 1995 wurde Innenminister Franz Löschnak, SPÖ, der eine restriktive Migrationspolitik verfolgt hatte, von Caspar Einem abgelöst. Innenminister Einem hatte während seiner Tätigkeit in der Arbeiterkammer Wien ein internes Arbeitspapier zur Einwanderungspolitik verfasst, in dem er für eine schnelle rechtliche Gleichstellung der Migrant/innen plädierte (vgl. Einem 1990). In seiner Ministerzeit entstand eine Fremdenrechtsnovelle (1997), die Migrant/innen nach achtjährigem Aufenthalt im Land durch die Lösung des Aufent-

---

28 https://webapp.uibk.ac.at/ojs/index.php/OEZP/article/viewFile/1833/1480

haltsrechts vom ausreichenden Lebensunterhalt ein sicheres Aufenthaltsrecht gewährte und insbesondere Jugendliche der „zweiten Generation" vor Abschiebungen schützte. Die von Caspar Einem befürwortete Harmonisierung von Aufenthaltsrecht und Arbeitsmarktzugang wurde allerdings vom Sozialressort mit Unterstützung der Arbeitnehmervertretung blockiert, um den eigenen Einfluss aufrechtzuerhalten. An dem erschwerten Zugang zum Arbeitsmarkt für ausländische Familienangehörige änderte sich allerdings nichts (Perchinig 2010: 149).

Viele Frauen wurden dadurch in den Schwarzmarktsektor (Haushaltstätigkeiten und Reinigungsbereich) abgedrängt, wodurch die prekären Lebensbedingungen bis ins hohe Alter mit den sozialrechtlichen Folgeerscheinungen – niedrige Pensionen und Altersarmut – ihre Fortsetzung fanden. Die Abhängigkeit vom Aufenthaltsstatus der „Ankerperson" hatte bei deren Ableben den Verlust des Aufenthaltsrechts zur Folge und erschwerte auch die Scheidung etwa im Falle häuslicher Gewalt. Die fehlende Einbindung in einen geregelten Arbeitsprozess führte oftmals zur sozialen Isolierung (Kraler 2010: 78f). Diese Liberalisierungsphase währte allerdings nicht lange, nach dem Rücktritt von Bundeskanzler Franz Vranitzky (1997) wurde Karl Schlögl (SPÖ), der für eine restriktive Ausländerpolitik stand, neuer Innenminister.

Auch bei der Beseitigung einer weiteren Diskriminierung ausländischer Arbeitnehmer/innen, ihrem Ausschluss aus den Arbeitnehmervertretungen, bedurfte es der Unterstützung auf europäischer Ebene. 1994 wurde in Wien die Liste „Demokratie für Alle (DFA)" ins Leben gerufen, um bei den Arbeiterkammerwahlen das passive Wahlrecht für nicht-österreichische Staatsbürger/innen außerhalb des EWR-Raums durchzusetzen – ohne Erfolg. Auch die Nachfolgeorganisation „Bunte Demokratie für Alle" (BDFA) scheiterte mit ihren Bemühungen. Diese Initiative veranstaltete während der Wiener Gemeinderatswahl 2001 unter nicht-wahlberechtigten Migrant/innen „Parallelwahlen", um darauf aufmerksam zu machen, dass 18 Prozent der Bevölkerung Wiens[29] von der demokratischen Mitbestimmung ausgeschlossen sind (Waldrauch/Sohler 2002: 415). Doch letztlich half nur ein Urteil des Europäischen Gerichtshofes, wonach der Ausschluss nicht-österreichischer Staatsbürger/innen von den Arbeiterkammer- und Betriebsratswahlen als rechtswidrig gewertet wurden. Anfang 2006 kam es zu den entsprechenden Gesetzesänderungen[30], auf deren Basis Drittstaatsangehörige das passive

---

[29] 2017 waren es etwa 25 Prozent der Wiener Bevölkerung: https://derstandard.at/2000064028438/Ein-Viertel-der-Bewohner-Wiens-darf-nicht-waehlen, zuletzt geprüft am 18.12.2018.

[30] BGBl. I Nr. 4/2006

Wahlrecht bei Arbeiterkammer- und Betriebsratswahlen erhielten (Perchinig 2010: 150).

Mit dem Vertrag von Amsterdam (1998) war es zu einer Vergemeinschaftung der Integrationspolitik auf EU-Ebene gekommen. Die Vereinbarung zielte darauf ab, die Rechtsstellung von legal im Land lebenden Nicht-EU-Bürger/innen so weit als möglich der von Staatsbürger/innen anzugleichen. Wesentliche Aspekte dabei waren: Antidiskriminierung, Familienzusammenführung, die Rechte langfristig Aufenthaltsberechtigter, Zugang zum Arbeitsmarkt. Nach vielen Abstrichen erfolgte eine weitgehende, aber nicht vollständige Gleichstellung von Drittstaatsangehörigen mit Daueraufenthaltserlaubnis im arbeits- und sozialrechtlichen Bereich sowie im Zugang zum Bildungs- und Gesundheitssystem. Damit war die für die österreichische Migrationspolitik so prägende Spaltung des Arbeitsmarktes für langansässige Arbeitsmigrant/innen aufgehoben[31] – sieht man von den Übergangsfristen für den freien Arbeitsmarktzugang für Staatsangehörige der neuen EU-Mitgliedstaaten ab.[32] Doch die rechtliche Gleichstellung bedeutete nicht, dass damit auch dem latenten Rassismus in Österreich ein Ende gesetzt gewesen wäre. Das zeigte beispielsweise der „Fall Omofuma"[33], den einige NGOs zum Anlass nahmen, sich verstärkt mit Rassismus auseinanderzusetzen.

Wien ist anders?

Auf Bundesebene scheiterten die unter Bundeskanzler Franz Vranitzky (SPÖ) erarbeiteten Vorschläge, die Zuwanderung mittels Kontingentierung zu regeln und den Zugewanderten eine höhere Rechtssicherheit einzuräumen, am Widerstand der Gewerkschaften. Innerhalb der SPÖ gab es in den 1990er-Jahren aber auch führende Funktionäre, die eine liberalere Migrationspolitik vertraten. So wurden auf Wiener Landesebene vielfältige Maßnahmen gesetzt, um die Lebensbedingungen der Zugewanderten zumindest zu erleichtern. Eine davon war die Gründung des Wiener Integrationsfonds (1992), der ersten städtischen Integrationseinrichtung Öster-

---

31 Petra Bendel, Marianne Haase (2008): Integrationspolitik der EU https://www.bpb.de/gesellschaft/migration/dossier-migration-ALT/56571/integrationspolitik-der-eu?p=all, zuletzt geprüft am 18.12.2018.
32 EU-Erweiterung 2004: Polen, Ungarn, Slowakei, Tschechien, Lettland, Litauen, Estland, Slowenien, Malta, Zypern, Slowenien.
33 Marcus Omofuma war am 1. Mai 1999 im Zuge seiner Abschiebung von den begleitenden Polizisten so geknebelt und gefesselt worden, dass er während des Fluges erstickte. Die Polizisten wurden freigesprochen.

reichs. Ziel des Wiener Integrationsfonds (WIF) war es, die Migrant/innen im Alltagsleben zu unterstützen und zugleich deren Selbstorganisation zu fördern (Waldrauch/Sohler 2002: 12). Eine Initiative in diese Richtung war die 1999 ins Leben gerufene Wiener Integrationskonferenz, an der unterschiedliche Akteur/innen der Migration beteiligt waren. Im Unterschied etwa zu den Beiräten der autochthonen Minderheiten basierte die Vertretung in diesem Gremium nicht auf der Staatsbürgerschaft oder Herkunft, das entscheidende Kriterium war eine Tätigkeit im Integrationsbereich. Dass die Migrantenvertreter/innen bei der Konferenz allerdings nur eine beratende Funktion innehatten, stieß auf heftige Kritik. Die Forderung nach einem von der kommunalen Verwaltung unabhängigen Vernetzungsbüro konnten die Migrantenvertreter/innen allerdings nicht durchsetzen (Waldrauch/Sohler 2004: 409f).

Unter der Integrationsstadträtin Renate Brauner (SPÖ)[34] erfolgte eine weitere Öffnung der Migrationspolitik, indem die Zuwanderung – anders als im breiten öffentlichen Diskurs – nicht primär negativ, sondern als Potenzial für die Stadtentwicklung gesehen wurde (vgl. Antalovsky et. al. 2002). Im Jahr 2004 wurde der Wiener Integrationsfonds von der Magistratsabteilung 17 – Integration und Diversität abgelöst.[35] Diese Einrichtung verfolgte – nach eigenen Angaben – einen Integrationsansatz, der die Gesamtgesellschaft in den Blick nimmt und nicht zwischen „wir" und „sie" trennt. Im Mittelpunkt der Arbeit sollten demgemäß Chancengleichheit und Gleichberechtigung stehen.[36] „Wer in Wien lebt, soll auch arbeiten dürfen", war ein Slogan der Stadtpolitik – beziehungsweise auch mitbestimmen dürfen. Daher wurde für Drittstaatsangehörige, die fünf Jahre durchgehend in Wien gemeldet waren, 2002 das Wahlrecht auf kommunaler Ebene beschlossen.[37] Dass es sich dabei tatsächlich um eine gegenläufige Politik handelte, zeigte sich darin, dass die beiden Regierungsparteien ÖVP und FPÖ daraufhin eine Verfassungsklage gegen das Ausländerwahlrecht androhten.

---

34 Renate Brauner war von 1996 bis 2004 Stadträtin für Integration, Frauenfragen, Konsumentenschutz und Personal/Tierschutz, Präsidentin des Wiener Integrationsfonds.
35 MA 17 für Integration eröffnet: Den Integrationsfonds gibt es nicht mehr. In: Der Standard, 30.10.2004. http://derstandard.at/1842128/MA-17-fuer-Integration-eroeffnet-Den-Integrationsfonds-gibt-es-nicht-mehr, zuletzt geprüft am 18.12.2018.
36 https://www.wien.gv.at/menschen/integration/pdf/buntes-wien.pdf, zuletzt geprüft am 18.12.2018.
37 Veronika Gasser: Zuwanderer dürfen Bezirksvertreter wählen. In: Wiener Zeitung 11.12.2002, https://www.wienerzeitung.at/nachrichten/oesterreich/chronik/173096_Zuwanderer-duerfen-Bezirksvertreter-waehlen.html

Doch auch in anderen Bundesländern machte sich eine Liberalisierung der Migrationspolitik bemerkbar. So beauftragte das Land Vorarlberg 2001 den Verein „Okay-Zusammenleben" mit der Entwicklung einer regionalen Integrationsplattform und nahm damit eine Vorreiterrolle in der regionalen Integrationspolitik ein (vgl. Burtscher 2009). Mit der Ausarbeitung von Integrationsleitbildern[38] begann sich auf der Länderebene, insbesondere in den urbanen Räumen, ein pragmatischerer Umgang mit den Herausforderungen der Einwanderungsgesellschaft zu entwickeln. Während die Bundespolitik die sicherheitspolitische Aspekte der Migration in den Mittelpunkt stellte, orientierten sich vor allem die größeren Städte in dieser Phase mehr an der europäischen als an der österreichischen Diskussion: Migration wurde als Herausforderung, aber auch als Entwicklungschance wahrgenommen.

Diese Veränderungen in der Migrationspolitik müssen auch in Zusammenhang mit den neuen geopolitischen Rahmenbedingungen gesehen werden, die regionale Herkunft und die soziale Zusammensetzung der Migrant/innen hatten sich signifikant verändert. Die Migration aus den ehemaligen „Anwerbeländern", Ex-Jugoslawien und der Türkei, war massiv zurückgegangen, während die Zuwanderung aus dem EU-Raum[39] deutlich zugenommen hatte. Beinahe unbemerkt wurden die deutschen Staatsbürger/innen 2006 zur größten Migrationsgruppe in Österreich. Nicht nur die Zugewanderten aus dem EU-Raum, sondern auch viele der Drittstaatsangehörigen waren gut ausgebildet und entsprachen nicht mehr dem ‚Gastarbeiter'-Klischee.

Anders als im 20. Jahrhundert musste Migrationspolitik nun auf mehreren Ebenen, der Europäischen Union, den Mitgliedsstaaten, den Bundesländern und Gemeinden, den Sozialpartnern – auch wenn diese deutlich an Bedeutung verloren hatten – und mit zivilgesellschaftlichen Akteur/innen verhandelt werden. Die Einschätzung, dass dadurch Migration zu einem weniger umstrittenen Politikfeld werden würde, traf jedoch nicht ein (Perchinig 2010: 155f). Obwohl Migration geradezu einen „Katalysator" für die globale Öffnung der Gesellschaft darstellte und insbesondere im urbanen Alltag die Kosmopolitisierung vorantrieb, hob dies die alltägliche rassistische Diskriminierung migrantischer Bevölkerungsgruppen nicht auf (Yildiz 2014: 55).

---

38 Kenan Güngör (2002): Integrationsleitbild der Stadt Dornbirn, mit integriertem Maßnahmenplan. Dornbirn-Basel; Kenan Güngör (2006): Integrationskonzept des Landes Tirol mit Maßnahmenempfehlungen. Innsbruck; Kenan Güngör (2008): Einbeziehen statt einordnen. Zusammenleben in Oberösterreich, Integrationsleitbild des Landes Oberösterreich. Linz.
39 Im Jahr 2008 stammten knapp 60 Prozent der Neuzuwander/innen aus Ländern der Europäischen Union.

Integrationspolitik?

Als die Österreichische Volkspartei (ÖVP) mit der Freiheitlichen Partei Österreichs nach den Nationalratswahlen 2000 eine Regierungskoalition bildete, wurde international eine massive Verschärfung der Migrationspolitik erwartet. Doch zunächst trat das Gegenteil ein: Die EU-Richtlinie gegen ethnische Diskriminierung am Arbeitsmarkt und in anderen Bereichen (Antidiskriminierungs-Acquis) wurde ohne besondere Widerstände angenommen. Mehr noch: Wichtige Liberalisierungsschritte vor allem im Hinblick auf den Arbeitsmarktzugang für nicht-österreichische Staatsbürger/innen erfolgten unter der Regierung Schüssel I (2000–2002). Durch den Integrationserlass erhielten Migrant/innen mit mindestens fünfjährigem legalem Aufenthalt – auch Familienangehörige – einen freien Zugang zum Arbeitsmarkt. Mit der Einführung des Niederlassungsnachweises 2002 – einer Verknüpfung von Arbeits- und Aufenthaltserlaubnis – wurde diese Regelung schließlich auch gesetzlich festgeschrieben (Kraler 2010: 80).

Nachdem der Arbeitsmarkt auch für die Familienangehörigen von Zugewanderten geöffnet worden war, konnte das ‚Gastarbeitersystem' im Prinzip als beendet betrachtet werden. Untersuchungen zeigen allerdings, dass Personen mit ausländischen Abschlüssen am österreichischen Arbeitsmarkt nach wie vor große Schwierigkeiten haben, einer ihrem Ausbildungsgrad entsprechenden Beschäftigung nachzugehen. Viele Arbeitgeber/innen schätzen im Ausland erworbenes Können und Wissen – abgesehen von hochentwickelten Industriestaaten – als nicht gleichwertig und schon gar nicht als höherwertig ein. Es mangelt an der Anerkennung von formalen ebenso wie informellen Qualifikationen. Das bedeutet, dass Migration nach wie vor oftmals mit einem Prozess der Dequalifizierung verbunden ist.

Die Unternehmerseite war jedoch immer schon an einer Liberalisierung des Arbeitsmarkts interessiert. Die Gründe dafür liegen auf der Hand: Für die Betriebe ist die Staatszugehörigkeit der Arbeitnehmer/innen von untergeordneter Bedeutung, sie suchen billige und/oder gut ausgebildete Arbeitskräfte, egal welcher Herkunft, kultureller Prägung etc. Die marktwirtschaftliche Orientierung der Migrationspolitik unter der ÖVP-FPÖ-Regierung manifestierte sich auch darin, dass die arbeitsbezogene Immigration auf „Schlüsselkräfte" und deren Familie begrenzt wurde. Im Gegenzug erfolgte die Ausweitung der jährlichen Genehmigungen für die Saisonbeschäftigung von 5.500 auf 15.000 Personen (Perchinig 2010b: 12).

Aufgrund der Personenfreizügigkeit konnte die Zuwanderung aus den EU-Staaten nicht mehr nationalstaatlich gesteuert werden und EU-Regelungen, die auf eine weitgehende Gleichstellung von Drittstaatsangehörigen abzielten, versuchte Österreich auf möglichst niedrigem Niveau umzusetzen. So blieben das Asyl- und das Familiennachzugsrecht gleichsam als die letzten Felder der Migrationspolitik, die die Regierung noch beeinflussen konnte. War gegen Ende der 1990er-Jahre europaweit ein gewisser Liberalisierungstrend zu beobachten, so gewannen nach 2001 im gesamten EU-Raum restriktive Positionen gegenüber Zugewanderten an Gewicht. Damit rückte die bis dahin randständige österreichische Position, die eine möglichst weitgehende nationale Souveränität im Bereich der Migrations- und Integrationspolitik forderte, auch innerhalb der EU wieder stärker ins Zentrum (Perchinig 2010: 154).

Mit der Devise „Integration vor Neuzuzug" erfolgte eine Abschottung nach außen, aber auch die Frage der Integration war mit immer neuen Anrufungen an die Zugewanderten verbunden, wie der Begriff der „Integrationsvereinbarung" bereits zeigt. Trotz heftiger Kritik der Oppositionsparteien kam es mit der Reform des Fremdenrechts 2002 zur Einführung verpflichtender Deutsch- und Integrationskurse (zum Erwerb vertiefter Kenntnisse der demokratischen Ordnung und der daraus ableitbaren Grundprinzipien) als Voraussetzung für einen langfristigen Aufenthalt.[40] Bei Nichterfüllung der Integrationsvereinbarung drohten zwar strenge Sanktionen, allerdings gab es zunächst so viele Ausnahmeregelungen, dass die Einführung der Maßnahme praktisch wirkungslos blieb. In den ersten 18 Monaten besuchten etwa zehn Prozent der betroffenen Personengruppe die vorgeschriebenen Kurse. Die Integrationskurse – so wurde von Seiten der FPÖ immer wieder formuliert – sollten jedoch nicht zuletzt der „Feststellung der Integrationswilligkeit" der Migrant/innen dienen (Perchinig 2010: 151). Auch beim Spracherwerb schien es weniger um eine Qualifizierungsmaßnahme als um eine kulturelle Anpassungsleistung seitens der Zugewanderten an die Mehrheitsgesellschaft zu gehen. Mehr noch: Die Überprüfung der Deutschkenntnisse dienten für die Migrationspolitik in erster Linie dazu, den Zugang für Migrant/innen zu Sozialleistungen steuern zu können. Dass viele der Migrant/innen mehrere Sprachen beherrschten, wurde hingegen nicht als Kompetenz anerkannt (vgl. Marcher 2018: 1). „Die Rede über Migration" wurde, wie der Philosoph Hakan Gürses trefflich beschrieben, zu einer unaufhörlichen „Rede über Fremdheit, über kulturelle Differenzen, über notwendige, doch unmögliche Integration" (Gürses 2004: 25).

---

40 Zugewanderte mussten innerhalb von 4 Jahren einen positiv abgeschlossenen Kurs mit 100 Unterrichtseinheiten à 45 Minuten oder einen Nachweis über die Sprachkenntnis auf Niveau A1 vorweisen.

Die vom Kabinett Schüssel II (2003–2007) geplanten Reformen des Asyl- und Staatsbürgerschaftsrechts stießen auf heftige Kritik seitens der Oppositionsparteien und von Menschenrechtsorganisationen. Zentrale Kritikpunkte waren die im Entwurf vorgesehene Ermöglichung der Zwangsernährung für Hungerstreikende, die neu geschaffene Abschiebemöglichkeit für bestimmte Gruppen traumatisierter Asylwerber/innen und die Möglichkeit der Verlängerung der Schubhaft auf zehn Monate. Nachdem die Bestimmungen zur Zwangsernährung aus dem Gesetzesentwurf gestrichen worden waren, stimmte auch die in Opposition befindliche SPÖ dem Vorhaben zu (Perchinig 2010: 152).

Das umstrittene Asylgesetz 2005 war Teil des sogenannten „Fremdenrechtspaketes", das auch ein Fremdenpolizeigesetz, Niederlassungs- und Aufenthaltsgesetz beinhaltete. Der UNHCR und verschiedene NGOs kritisierten, dass das Gesetz in vielen Punkten nicht konform mit der Genfer Flüchtlingskonvention (GFK) sei. Dass es aufgrund des Fremdenrechtspakets für Drittstaatsangehörige noch schwieriger wurde, nach Österreich zu kommen, als zuvor, zeigte sich in einem deutlichen Rückgang der Einwanderungszahlen in den darauffolgenden Jahren (vgl. Schumacher 2008).

Eine weitere zentrale Reform betraf das Staatsbürgerschaftsrecht. Auslösendes Moment dafür war der Anstieg des Familiennachzugs aus der Türkei und Ex-Jugoslawien, sobald die in Österreich lebenden Familienangehörigen eingebürgert worden waren. Denn im Unterschied zu Nicht-EU-Bürger/innen unterlag der Familiennachzug für Österreicher/innen keiner Quotenregelung. Daher bekam die Verleihung der Staatsbürgerschaft einen zentralen Stellenwert für die Einwanderungspolitik. Nach Perchinig hatten im Jahr 2004 rund 23.300 Personen ihr Aufenthaltsrecht als Familienangehörige von Österreicher/innen erlangt. Diesem Zuzug sollte durch die Staatsbürgerschaftsrechtsnovelle 2005[41] und die Staatsbürgerschaftsprüfungsverordnung gewissermaßen Einhalt geboten werden. So musste nach dem neuen Staatsbürgerschaftsrecht nicht nur ein wesentlich höheres Einkommen, sondern auch Deutschkenntnisse sowie Grundkenntnisse der demokratischen Ordnung der Republik Österreich und (die) Geschichte Österreichs" nachgewiesen werden (Perchinig 2010: 153).

Im Unterschied dazu hatte der Migrationsforscher Rainer Bauböck bereits in den 1990er-Jahren in seiner Habilitation mit dem programmatischen Titel „Transnational Citizenship" für die Entkoppelung von Staatsbürgerrechten und Staatsangehörigkeit in der Migrationsgesellschaft argumentiert (vgl. Bauböck 1994). Bauböck schlug als Alternative zur Einbürgerung den Status der „Wohnbürgerschaft" – die Gleichberechtigung von Ausländer/in-

---

[41] BGBl. I Nr. 37/2006, 2.3.2006.

nen mit Staatsbürger/innen nach einem längeren Aufenthalt in einem Land vor. Da sich die Teilhabe an einer Gesellschaft durch die Präsenz vor Ort und die Interaktion mit anderen Bevölkerungsgruppen entwickle, sollte auch der langfristige Aufenthalt und nicht der formalrechtliche Staatsbürgerstatus für die gleichberechtigte Möglichkeit zur sozialen und politischen Teilhabe ausschlaggebend sein.[42]

Die neuen EU-Richtlinien, die vor allem im aufenthaltsrechtlichen Bereich und beim Arbeitsmarktzugang Verbesserungen für langansässige Migrant/innen brachten, wurden im Wesentlichen erfüllt. Ende der 1990er-Jahre eingeführte Erleichterungen wurden wieder rückgängig gemacht, wie z. B. der im Fremdenrecht 1997 eingeführte absolute Ausweisungsschutz für im Land geborene und aufgewachsene Kinder und Jugendliche mit einem Drittstaatenpass. Die Niederlassungsbewilligung erhielten de facto nur noch „Schlüsselkräfte" und deren Familienangehörige. Die Ausnahmeregelungen für die in der „Integrationsvereinbarung" vorgesehenen Deutsch- und Integrationskurse wurden aufgehoben und die Kursbesuchspflicht von hundert auf dreihundert Stunden erhöht, wobei die Kurskosten zu einem beträchtlichen Teil auf die Migrant/innen abgewälzt wurden.

Unter Innenminister Günther Platter (2007) wurde der restriktive Kurs in der Migrations- und Asylpolitik fortgesetzt. Im öffentlichen wie politischen Diskurs wurde Einwanderung vor allem in Zusammenhang mit dem Asylrecht diskutiert, was nicht zuletzt damit zusammenhängen mag, dass es in diesem Bereich noch einen größeren nationalen Gestaltungsspielraum gab. Die Debatte überlagerte sich oft mit einer ablehnenden Haltung gegenüber der Europäischen Union, der vor allem die Ost-Erweiterung (2004) und die damit zusammenhängenden Migrationsbewegungen von EU-Bürger/innen angekreidet wurde. Die Zugewanderten wurden generell als Belastung des Wohlfahrtsstaates, als Bedrohung des sozialen Zusammenhalts und potenzielle Gefährdung der inneren Sicherheit wahrgenommen. Doch insbesondere muslimische Einwander/innen sahen sich in zunehmendem Maße mit dem Vorwurf mangelnder Integrationsbereitschaft konfrontiert (Perchinig 2010b: 17f).

Gleichzeitig setzte Innenminister Platter mit der Gründung der „Integrationsplattform" einen neuen Akzent. In diesem Gremium waren neben Regierungs- und Landespolitikern auch Vertreter der Religionsgemeinschaften, Migranten- und Nicht-Regierungsorganisationen vertreten. Als auslösendes

---

42 Lena Karasz, Bernhard Perchinig (2013): Studie Staatsbürgerschaft. Konzepte, aktuelle Situation, Reformoptionen. Wien: Kammer für Arbeiter und Angestellte für Wien, S. 10. http://media.arbeiterkammer.at/wien/PDF/studien/Studie_Staatsbuergerschaft.pdf, zuletzt geprüft am 18.12.2018.

Moment für diese Initiative wurde die bessere Integration von Muslim/innen genannt. Waren in den 1990er-Jahren noch Drogenhandel und Kriminalität die negativen Stereotype, mit denen ‚Ausländer/innen' in Verbindung gebracht wurden, so erfolgte unter der ÖVP-FPÖ-Regierung eine Zuspitzung auf das Feindbild Islam. Dies manifestierte sich vor allem in der Wahlwerbung der FPÖ zu den Nationalratswahlen 2008 und der Wahl des Europaparlaments 2009 mit Slogans wie „Abendland in Christenhand" oder „Daham statt Islam" (Perchinig 2010b: 13). Zusätzlich wurde der „Österreichische Integrationsfonds"[43], der in den 1960er-Jahren gegründet worden war, als Kern einer neuen Integrationsbürokratie ausgebaut. Der Integrationsfonds war für die Integrationskurse verantwortlich und baute eine eigene wissenschaftliche Abteilung auf. Nachdem Innenminister Platter seine Funktion niedergelegt hatte und in die Landespolitik wechselte, wurden die Aktivitäten der Integrationsplattform weitgehend eingestellt. Seine Nachfolgerin, Maria Fekter, nahm die Arbeit am „Nationalen Aktionsplan Integration" 2009 zwar wieder auf, ohne jedoch die Migrantenorganisationen und NGOs entsprechend einzubinden. Das von ihr präsentierte Grundlagenpapier stellte Migration vor allem als Bedrohung dar und betonte vorrangig sicherheitspolitische Fragen (Perchinig 2010: 155).

Mit der Einrichtung des beim Innenministerium angesiedelten Staatssekretariats für Integration (2011) wurden neue Weichen in der staatlichen Migrationspolitik gestellt. Die neue Einrichtung stieß zunächst auf Ablehnung: „Es weiß ja ohnehin keiner so genau, wofür wir ein Integrationsstaatssekretariat wirklich brauchen, und was so ein Integrationsstaatssekretär denn überhaupt genau können und tun soll. Die Einrichtung eines Integrationsstaatssekretariats ist in erster Linie einmal ein Eingeständnis, dass es mit der derzeitigen Integrationspolitik nicht zum Besten steht."[44] Die Leitung übernahm Sebastian Kurz (ÖVP), der seinen Kompetenzbereich folgendermaßen umriss: „Integration ist nicht Einwanderungspolitik, man muss die Themen Integration, Asyl und Zuwanderung trennen. Bei meinem Thema, dem Thema Integration, geht es um ein positives Zusammenleben der ca. 1,5 Mio. Menschen in Österreich, die Migrationshintergrund haben, mit der Mehrheitsbevölkerung. Ich bin also zuständig, sobald jemand legal in Österreich ist und mittel- bis langfristig hier bleiben möchte."[45] Auf diese Weise wurde die

---

43 Vom Hohen Flüchtlingskommissar der Vereinten Nationen (UNHCR) und der Republik Österreich in den 1960er-Jahren gegründet und bis dahin in der Flüchtlingsintegration tätig.
44 Die Presse, 22.4.2011.
45 Der Standard, 24.5.2011 (zit. n. Gruber/Rosenberger 2015: 3).

organisatorische Trennung von Migration und Integration argumentiert, wonach die Integration nun in den Verantwortungsbereich des Staatssekretariats fiel, Migration und Asyl jedoch im Bundesministerium für Inneres (BMI) verblieb. Diese Abgrenzung trug dazu bei, innerhalb der Bundesregierung das Thema Integration aufzuwerten und es nach außen von dem negativ besetzten und konflikthaften Thema Asyl freizuspielen (Gruber/Rosenberger 2015: 1ff). Dass diese künstliche Trennung nicht der Realität entspricht, wurde vor allem im Asylbereich deutlich: angesichts der Verfahrensdauer stellen sich integrationsrelevante Herausforderungen noch bevor der Aufenthaltsstatus der geflüchteten Menschen geklärt ist. Zudem hielt sich die Bundesregierung selbst nicht an die Abgrenzung von Integration und Migration: So wurde die Reform der Zuwanderungskriterien im Jahr 2011 mit dem Ziel einer höheren Integrationsfähigkeit der Zugewanderten begründet, und auch das Prinzip „Deutsch vor Zuzug" (also der Erwerb von Sprachkenntnissen vor der Einwanderung) verknüpfte die Migrationspolitik mit Fragen der Integration. Die Öffnung des Staatssekretariats für Integration gegenüber Expert/innen sollte der propagierten Versachlichung Nachdruck verleihen und eine ‚De-Politisierung' des Themas Integration signalisieren. Die vermeintliche De-Politisierung implizierte jedoch, die inhaltliche Kritik von politischen Parteien und NGOs zu de-legitimieren (Gruber/Rosenberger 2015: 5).

Wenige Wochen nach Amtsübernahme präsentierte Sebastian Kurz den Slogan „Integration durch Leistung", wonach „nicht die Herkunft eines Menschen, sondern die Leistung, die jemand erbringt", zählen sollte[46]. Diese Verschiebung zeigte sich auch im Integrationsbericht 2011: „Wer sich einsetzt und aktiv am sozialen Leben Österreichs teilnimmt, ist integriert und akzeptiert. Nicht Herkunft, sondern Leistung ist maßgeblich, um in Österreich erfolgreich zu sein."[47]

Integration wurde bis dahin von den politisch Verantwortlichen vor allem als Teilhabe an einer wie auch immer definierten „Leitkultur" betrachtet. Auf dieser Vorstellung beruhen die Integrationsvereinbarungen, die Werte- und Sprachkurse etc. Demgegenüber steht die Vorstellung von Integration als sozialer Aufstieg, wobei der Staat insofern eine zentrale Rolle als Integrationsakteur einnimmt, als er die rechtliche Gleichstellung und die Chancengerechtigkeit sicherstellen müsste (Perchinig 2010b: 8f). Im Unterschied dazu ist bei dem Ansatz „Integration durch Leistung" das Individuum auf sich

---

[46] OTS des Staatssekretariats für Integration, 11.10.2011.
[47] Integrationsbericht 2011: 1. https://www.bmeia.gv.at/fileadmin/user_upload/Zentrale/Integration/Expertenrat/Vorschlaege_Langfassung.pdf, zuletzt geprüft am 22.12.2018.

selbst zurückgeworfen, liegt die ‚Bringschuld' erneut bei den Zugewanderten. Im Unterschied dazu beschreiben Migrationsforscher/innen Integration als gesamtgesellschaftlichen Prozess, bei dem die Integrationsbereitschaft der gesamten Gesellschaft gefordert ist. Oder – mit Thomas Schmidinger gesprochen: Wo Gesellschaft ist, findet Integration statt, und umgekehrt: Nur wo Integration stattfindet, ist auch Gesellschaft. Werden unterschiedliche Bevölkerungsgruppen zu einem neuen Ganzen, dann verändert sich die Gesellschaft, ist sie nicht mehr das, was sie zuvor war. Doch zu einem neuen Ganzen kann eine Gesellschaft nur auf Basis der Gleichheit ihrer Mitglieder werden, also wenn die Menschen- und Bürgerrechte für alle gleichermaßen garantiert sind (Schmidinger 2010: 38).

Ausblick

Die optimistische Einschätzung, dass sich die Migrations- und Integrationspolitik zu einem weniger umstrittenen Thema entwickeln würde, erfüllte sich nicht (Perchinig 2010: 156). Im Gegenteil, das Thema Migration blieb ein politischer und medialer „Dauerbrenner". Dass sich Asylwerber/innen nach wie vor als Feindbilder eignen – insbesondere wenn ihre Herkunftsländer permanent als unterentwickelt, rückständig, frauenfeindlich, homophob etc. abgewertet werden – zeigte die sogenannte ‚Flüchtlingskrise' 2015. Die medialen und politischen Diskurse scheinen sich immer wieder zu wiederholen. Im Herbst 2015 kamen nicht mehr Menschen über die österreichische Grenze als bei anderen Fluchtbewegungen, die weitaus weniger krisenhaft wahrgenommen wurden. Eine kurze Phase der „Willkommenskultur" schlug wie schon so oft rasch in Abwehr um. Solange die Flüchtlinge nach Deutschland durchgewinkt werden konnten – Österreich also erneut nur als Transitland fungieren musste –, war die Akzeptanz in weiten Teilen der Bevölkerung relativ hoch. Wie sehr mediale Ereignisse die Stimmung in der Bevölkerung beeinflussen können, zeigte sich anhand des Bildes eines toten Kindes am Mittelmeerstrand, eines Lieferwagens mit toten Flüchtlingen oder des Medienhypes rund um die Übergriffe auf Frauen während der Silvesternacht 2015 in Köln.

Zum Zeitpunkt des Entstehens dieser Arbeit stehen Österreich und Europa weiterhin vor großen Herausforderungen in der Migrationsfrage. Während rechtsnationale Kräfte wie der ungarische Regierungschef Viktor Orban, der italienische Innenminister Mateo Salvini, aber auch Bundeskanzler Sebastian Kurz für die Abschottung der EU und weitere Verschärfungen in der Migrationspolitik eintreten, versuchen nach wie vor Menschenrechtsaktivist/innen im Mittelmeer das Leben von Flüchtlingen zu retten. Mit der

Bildung der rechtskonservativen Regierung von ÖVP/FPÖ ist nicht nur die Stimmung in Österreich gegenüber Migrant/innen rauer geworden, es wurden auch weitere Schritte unternommen, um die Situation von Migrant/innen und anerkannten Flüchtlingen im Vergleich zu österreichischen Staatsbürger/innen ökonomisch und sozial, etwa durch die Kürzung der Mindestsicherung, zu verschlechtern. Selbst vor Einschnitten bei EU-Bürger/innen, die den österreichischen Staatsbürger/innen grundsätzlich gleichgestellt sind, schreckt die Regierung nicht zurück, wie die Indexierung der Familienbeihilfe zeigt. Die EU-Kommission hat aufgrund dieser Maßnahme ein Vertragsverletzungsverfahren gegen Österreich eingeleitet.[48] Nicht einmal so grundlegende Vereinbarungen wie die Menschenrechtskonvention scheinen derzeitigen Regierungsmitgliedern, wie dem derzeitigen Innenminister Herbert Kickl, unantastbar. Die Folgen einer Politik, die die europäische Wertegemeinschaft vor sich herträgt und zugleich die Menschenrechte missachtet, sind noch nicht absehbar.

Literatur

Albrich, Thomas (1995): Zwischenstation des Exodus. In: Gernot Heiss, Oliver Rathkolb (Hg.): Asylland wider Willen. Wien: J&V, S. 122–139.

Antalovsky, Eugen et. al. (2002): Migration, Integration, Diversitätspolitik. Wien: Europaforum Wien.

Bendel, Petra; Haase, Marianne (2008): Integrationspolitik der EU. Online verfügbar unter https://www.bpb.de/gesellschaft/migration/dossier-migration-ALT/56571/integrationspolitik-der-eu?p=all, zuletzt geprüft am 18.12.2018.

Bergkirchner, Christof (2013): Zur Genese des Ausländerbeschäftigungsgesetzes 1975. Diplomarbeit Universität Wien.

Bauböck, Rainer (1994): Transnational citizenship: membership and rights in international migration. Habil. Schrift Universität Innsbruck.

Bauböck, Rainer (1996): „Nach Rasse und Sprache verschieden." Migrationspolitik in Österreich von der Monarchie bis heute (= Reihe Politikwissenschaft / Political Science Series 31). Wien: Institut für Höhere Studien. Online verfügbar unter http://irihs.ihs.ac.at/899/1/pw_31.pdf, zuletzt geprüft am 22.12.2018.

---

[48] EU-Kommission leitet Vertragsverletzungsverfahren gegen Österreich ein. In: Die Presse, 24.1.2019. https://diepresse.com/home/innenpolitik/5567830/EUKommission-leitet-Vertragsverletzungsverfahren-gegen-Oesterreich-ein, zuletzt geprüft am 1.2.2019.

Bauböck, Rainer; Bernhard, Perchinig (2006): Migrations- und Integrationspolitik. In: Herbert Dachs (Hg.): Politik in Österreich. Das Handbuch. Wien: Manz, S. 726–742.

Burtscher, Simon (2009): Zuwandern - aufsteigen - dazugehören. Etablierungsprozesse von Eingewanderten (transblick 4). Wien-Innsbruck-Bozen: StudienVerlag.

Buggeln, Marc; Wildt, Michael (2014): Arbeit im Nationalsozialismus. Oldenburg: De Gruyter.

Čapková, Kateřina; Frankl, Michal (2012): Unsichere Zuflucht. Die Tschechoslowakei und ihre Flüchtlinge aus NS-Deutschland und Österreich 1933–1938. Köln-Weimar-Wien: Böhlau 2012.

Faßmann, Heinz; Münz, Rainer (2000): Ost-West-Wanderung in Europa. Wien-Köln-Weimar: Böhlau.

Einem, Caspar: Alternative Optionen der Zuwanderungspolitik. Manuskript. Wien 1990.

Gächter, August (2008): Migrationspolitik in Österreich seit 1945 (= Arbeitspapiere Migration und soziale Mobilität 12). Online verfügbar unter https://www.zsi.at/attach/p1208vukovic.pdf, zuletzt geprüft am 18.12.2018.

Gächter, August & Recherche-Gruppe (2004): Vom Inlandarbeiterschutzgesetz bis EURODAC-Abkommen. Eine Chronologie der Gesetze, Ereignisse und Statistiken bezüglich der Migration nach Österreich 1925–2004. In: Hakan Gürses, Cornelia Kogoj, Sylvia Mattl (Hg.): Gastarbajteri. 40 Jahre Arbeitsmigration. [Begleitpublikation zur 308. Sonderausstellung im Wien Museum 22.1.–11.4.2004] Wien: Mandelbaum, S. 31–45.

Gürses Hakan: Eine Geschichte zwischen Stille und Getöse. In: Hakan Gürses, Cornelia Kogoj, Sylvia Mattl (Hg.): Gastarbajteri. 40 Jahre Arbeitsmigration. [Begleitpublikation zur Sonderausstellung im Wien Museum 22.1.–11.4.2004] Wien: Mandelbaum, S. 24–27.

Gherghinescu, Gabriel-Renato (2014): Integration und Image rumänischer MigrantInnen in Wien. Masterarbeit Universität Wien.

Gruber Oliver, Rosenberger Sieglinde (2015): Ein Staatssekretariat für Integration: Integrationspolitik in Bewegung? Kurzfassung der Forschungsergebnisse September. Online verfügbar unter https://inex.univie.ac.at/fileadmin/user_upload/p_inex/Kurzbericht_-_Integrationspolitik_in_Bewegung.pdf

Heiss, Gernot (1995): Ausländer, Flüchtlinge, Bolschewiken: Aufenthalt und Asyl 1918–1933. In: Gernot Heiss, Oliver Rathkolb (Hg.): Asylland wider Willen. Flüchtlinge im europäischen Kontext seit 1914. Wien: J&V, S. 86–108.

Hoffmann-Holter, Beatrix (1995): Jüdische Kriegsflüchtlinge in Wien. In: Gernot Heiss, Oliver Rathkolb (Hg.): Asylland wider Willen. Flüchtlinge im europäischen Kontext seit 1914. Wien: J&V, S. 45–59.

Horvath, Kenneth (2014): Die Logik der Entrechtung. Sicherheits- und Nutzendiskurse im österreichischen Migrationsregime. Göttingen: V&R unipress.

Karasz, Lena; Perchinig, Bernhard (2013): Studie Staatsbürgerschaft. Konzepte, aktuelle Situation, Reformoptionen. Wien: Kammer für Arbeiter und Angestellte für Wien. http://media.arbeiterkammer.at/wien/PDF/studien/Studie_Staatsbuergerschaft.pdf, zuletzt geprüft am 18.12.2018.

Kraler, Albert (2010): Ein umkämpftes Terrain: Familienmigration und Familienmigrationspolitik. In: Herbert Langthaler: Integration in Österreich. Sozialwissenschaftliche Befunde. Innsbruck-Wien: StudienVerlag, S. 65–104.

Kovačević, Haris (2017): Krieg und Flucht in Bosnien-Herzegowina. Hintergründe zur Fluchtbewegung in den 1990er Jahren nach Österreich: Vorgeschichte, Konflikt, Flucht und die Rückkehr nach dem Konflikt mit einem Vorschlag für die Aufbereitung des Themas im Geschichtsunterricht. Diplomarbeit Universität Innsbruck.

Marcher, Daniel (2018): Ideologien in der österreichischen Sprach(en)politik im Migrations- und Fluchtkontext. Ideologiekritische Analyse narrativer Interviews zum Spracherleben migrierter Menschen beim Deutscherwerb in Österreich. Masterarbeit Universität Innsbruck.

Mentzel, Walter (1995): Weltkriegsflüchtlinge in Cisleithanien 1914–1918. In: Gernot Heiss, Oliver Rathkolb (Hg.): Asylland wider Willen. Flüchtlinge im europäischen Kontext seit 1914. Wien: J&V, S. 17–44.

Pelz, Sylvia (1994): Ausländerbeschränkungen Österreichs in der Zwischenkriegszeit. Diplomarbeit Universität Salzburg.

Perchinig, Bernhard (2010): Von der Fremdarbeit zur Integration? Migrations- und Integrationspolitik in Österreich nach 1945. In: Vida Bakondy et. al (Hg.): Viel Glück! Migration heute. Wien, Belgrad, Zagreb, Istanbul. Wien: Mandelbaum.

Perchinig, Bernhard (2010b): Immigration nach Österreich – Geschichte Demografie und Politik. Online verfügbar unter https://www.researchgate.net/publication/286190568_Immigration_nach_Osterreich_-_Geschichte_Demografie_und_Politik, zuletzt geprüft 20.12.2018.

Rathkolb, Oliver (1995): Asyl- und Transitland 1933–1938. In: Gernot Heiss, Oliver Rathkolb (Hg.): Asylland wider Willen. Flüchtlinge im europäischen Kontext seit 1914. Wien: J&V, S. 109–121.

Schmidinger, Thomas (2010): Migration und Integration. In: Herbert Langthaler (Hg.): Integration in Österreich. Sozialwissenschaftliche Befunde. Innsbruck-Wien: StudienVerlag, S. 33–41.

Schumacher, Sebastian (2008): Die Neuorganisation der Zuwanderung durch das Fremdenrechtspaket 2005 (= KMI Working Paper; Series Working Paper 12) Wien: Akademie der Wissenschaften. Online verfügbar unter https://www.oeaw.

ac.at/fileadmin/kommissionen/KMI/Dokumente/Working_Papers/kmi_WP12.pdf, zuletzt geprüft am 18.12.2018.

Spera, Danielle; Hanak-Lettner, Werner (Hg.) (2017): Displaced in Österreich. Jüdische Flüchtlinge seit 1945 (= Wiener Jahrbuch für Jüdische Geschichte, Kultur und Museumswesen 11). Innsbruck-Wien-Bozen: Studien Verlag.

Stieber, Gabriele (1995): Volksdeutsche und Displaced Persons. In: Gernot Heiss, Oliver Rathkolb (Hg.): Asylland wider Willen. Flüchtlinge im europäischen Kontext seit 1914. Wien: J&V, S. 140–156.

Valchars, Gerd (2006): Defizitäre Demokratie. Staatsbürgerschaft und Wahlrecht im Einwanderungsland Österreich. Wien: Braumüller.

Valeš, Vlasta (1995): Die tschechoslowakischen Flüchtlinge 1968–1989. In: Gernot Heiss, Oliver Rathkolb (Hg.): Asylland wider Willen. Flüchtlinge im europäischen Kontext seit 1914, Wien: J&V 1995, S. 172–181.

Volf, Patrik-Paul (1995): Der politische Flüchtling als Symbol der Zweiten Republik. Zur Asyl- und Flüchtlingspolitik seit 1945. In: Zeitgeschichte (11-12), S. 415–435. Online verfügbar unter http://www.demokratiezentrum.org/fileadmin/media/pdf/volf.pdf, zuletzt geprüft am 18.12.2018.

Waldrauch, Harald; Sohler, Karin (2002): Endbericht. MigrantInnenvereine in Wien. Wien: Europäisches Zentrum für Wohlfahrtspolitik und Sozialforschung. Online verfügbar unter https://www.wien.gv.at/meu/fdb/pdf/migrantinnenvereine-677-wif.pdf, zuletzt geprüft 18.12.2018.

Waldrauch, Harald; Sohler, Karin (2004): Migrantenorganisationen in der Großstadt. Entstehung, Strukturen und Aktivitäten am Beispiel Wiens. Frankfurt a. M.: Campus.

Yildiz, Erol (2014): Die weltoffene Stadt. Wie Migration Globalisierung zum urbanen Alltag macht. Bielefeld: Transcript.

Ziegler, Therese (2012): Migrant_innenvereine als Akteur_innen in der Aufnahmegesellschaft am Beispiel der politischen und soziokulturellen Partizipation des Vereins Zentrum der zeitgemäßen Initiativen Austria (ZZI). Diplomarbeit Universität Wien.

Zierer, Brigitta (1995): Willkommene Ungarnflüchtlinge 1956? In: Gernot Heiss, Oliver Rathkolb (Hg.): Asylland wider Willen. Flüchtlinge im europäischen Kontext seit 1914. Wien: J&V, S. 157–171.

Zukunft einer europäischen Flüchtlings- und Migrationspolitik

Anna-Valentina Walden

Millionen von Menschen sind aktuell weltweit auf der Flucht. Die meisten von ihnen suchen Schutz in den Nachbarländern oder leben als Binnenflüchtlinge innerhalb der Staatsgrenzen ihres Heimatlandes. Nur ein vergleichsweise geringer Anteil kommt in die Staaten der Europäischen Union (EU) und sucht um Asyl an. Die Migrations- und Asylpolitik hat in den letzten Jahren und Jahrzehnten nicht nur auf nationaler, sondern insbesondere auch auf europäischer Ebene zahlreiche Veränderungen durchgemacht. Es kam zu einer zunehmenden Vergemeinschaftung aufgrund von vorliegenden rechtlichen Grundlagen und Zuständigkeiten innerhalb der Union. So wurde mit Hilfe von vier Rechtsinstrumenten die Grundlage für eine Vereinheitlichung der europäischen Asyl- und Flüchtlingspolitik geschaffen: Die Dublin-Verordnung (Dublin-II) legte fest, dass Asylsuchende ihre Anträg ein jenem Mitgliedstaat, den sie zuerst betreten haben, stellen müssen. Bis heute dauern die innerstaatlichen und europäischen Diskussionen an, wie die Flüchtlings- und Migrationspolitik in Zukunft gestaltet werden kann. Allzu oft werden Divergenzen europäisch und nationalistisch ausgerichteter Regierungen deutlich – und Österreich, das sich gerne als „Brückenbauer" sieht, befindet sich in deren Mitte. Bedeutenden Harmonisierungsfortschritten stehen zunehmende nationalstaatliche und nationalistische Initiativen, die mitunter populistisch anmuten, gegenüber. Vor diesem Hintergrund wird sich eine genauere Analyse der Ratspräsidentschaft Österreichs im zweiten Halbjahr 2018 als besonders spannend erweisen. Sie steht unter dem Motto „Ein Europa, das schützt" und wird sich vor allem mit der Asyl- und Migrationspolitik auf europäischer Ebene auseinandersetzen. Dabei wird bei genauerem Hinsehen deutlich, dass es in erster Linie darum geht, den Kontinent Europa weiter abzuschotten und vor einer vermeintlichen Bedrohung durch ‚illegale' Migration zu schützen. Bereits im Vorfeld wurden von der aktuellen Regierung einige tiefgreifende Veränderungen auf nationaler Ebene durchgeführt. So wurde am 18. Mai 2018 ein Ministerialentwurf zur Novelle des Fremdenrechtsänderungsgesetzes (FrÄG) dem österreichischen Nationalrat vorgelegt, der aufgrund seines zukunftsweisenden Charakters nach einer genaueren Analyse verlangt.[1]

---

1 Republik Österreich – Parlament (2018): Fremdenrechtsänderungsgesetz https://www.parlament.gv.at/PAKT/VHG/XXVI/ME/ME_00038/index.shtml, zuletzt geprüft am 22.5.2018.

Eingangs möchte ich zunächst die historische Entwicklung der Asylpolitik der Europäischen Union in ihren unterschiedlichen Phasen skizzieren. Dabei werden gleichermaßen die Probleme und Herausforderungen für die einzelnen Staaten wie für das gesamte europäische Netzwerk deutlich. Ein besonderes Augenmerk soll dabei auf die Abgabe von Kompetenzen in traditionellen Kernbereichen staatlicher Souveränität – wie Migrationspolitik – an supranationale Institutionen der EU gelegt werden. Diese Fragestellung wurde auch in der Vorbereitungsphase für den Ratsvorsitz 2018 von der Bundesregierung zum Thema gemacht. Es ist unschwer an Verschärfungen beispielsweise im Strafrecht bzw. zunehmenden grenzpolizeilichen Aktivitäten, wie jener im Juni 2018 an der österreichisch-slowenischen Grenze bei Spielfeld durchgeführten Übung, zu erkennen, dass die Asyl- und Migrationspolitik der Union stark sicherheitspolitisch ausgerichtet und anzunehmen ist, dass sich der Diskurs dahingehend noch verstärken wird. Während Regelungen, die auf eine Verschärfung der Grenzsicherung zur Verhinderung ‚illegaler' Migration abzielen, auf einen breiten Konsens stoßen, werden Debatten um eine solidarische Verantwortungsteilung auf europäischer Ebene kontrovers geführt. Grundsätzlich muss festgehalten werden, dass eine rein auf nationalstaatlichen Initiativen basierende Flüchtlings- und Migrationspolitik in Europa keinerlei Zukunft haben kann, da die ohnehin bereits existierende Spaltung innerhalb der Europäischen Union dadurch nur zunehmen würde. Nur eine gesamteuropäische Lösung im Sinne des angestrebten „Gemeinsamen Europäischen Asylsystems" zur Steuerung legaler und ‚illegaler' Migration kann ein langfristiges Ziel zu Gunsten aller Mitgliedstaaten sein.

Vor dem Hintergrund der Forderung nach einer stärkeren Abschottung Europas wird diskutiert, der Grenzschutzagentur Frontex ein neues Mandat zu geben, welches den strukturellen und politischen Veränderungen inner- und außerhalb Europas Rechnung tragen soll. Der aktuelle politische Diskurs auf europäischer Ebene zielt darauf ab, die europäische Flüchtlings- und Migrationspolitik in Zukunft zunehmend in Richtung Exterritorialisierung der Asylverfahren zu entwickeln.

Europarechtliche Grundlagen

Auf europäischer Ebene werden die Themenbereiche Asyl und Migration durch zwei Rechtssysteme geregelt: Das Recht des Europarates, das sich hier vorrangig auf die Europäische Menschenrechtskonvention (EMRK) und die Rechtsprechung des Europäischen Gerichtshofs für Menschenrechte (EGMR) bezieht, und das Unionsrecht (Recht der EU), welches sich aus primärem und sekundärem EU-Recht zusammensetzt (Agentur der Europäischen Union für

Grundrechte 2014: 17).[2] Als primäres Unionsrecht werden die Verträge der EU, also der Vertrag über die Europäische Union und der Vertrag über die Arbeitsweise der Europäischen Union inklusiver aller Anhänge, Ergänzungen und Änderungen (insbesondere durch die Vertragsrevisionen von Maastricht 1992, Amsterdam 1997, Nizza 2001 und Lissabon 2007), sämtliche Beitrittsverträge, die Europäische Charta der Grundrechte sowie allgemeine Rechtsgrundsätze – wie das Rechtsstaatsprinzip und der Grundrechtsschutz – bezeichnet (Pollak/Slominski 2012: 108). Unter sekundärem EU-Recht sind Verordnungen, Richtlinien, Entscheidungen und Beschlüsse der EU zu verstehen, die von den EU-Organen verabschiedet werden (vgl. ebd.).

Europäische Menschenrechtskonvention (EMRK)
Die Menschenrechtskonvention (EMRK), die vom Europarat im Jahr 1950 und in Österreich 1958 mit dem Ziel, Rechtsstaatlichkeit, Demokratie und soziale Entwicklung in Europa zu fördern, verabschiedet wurde, kann als das zentralste Dokument, welches menschenrechtliche Aspekte in Europa regelt, verstanden werden. Der Europäische Gerichtshof für Menschenrechte (EGMR) wacht über die Einhaltung der Pflichten gemäß der EMRK durch die jeweiligen Staaten (Agentur 2014: 17). Die EMRK enthält einen Katalog von Grund- und Menschenrechten, der den „Schutz aller Personen, die sich im Hoheitsgebiet eines ihrer 47 Mitgliedstaaten aufhalten – unabhängig von deren Staatsangehörigkeit oder deren Aufenthaltsstatus" gewährleistet. Dieser Schutz umfasst somit auch Asylsuchende und Flüchtlinge (vgl. Österreichische Gesellschaft für Asylpolitik). Wenngleich die Grundrechte in der nationalen Gesetzgebung gewährleistet werden, war Österreich vor allem in den ersten Jahren nach der Ratifizierung der EMRK mit einer Vielzahl von Beschwerden konfrontiert. Der größte Anteil der Verfehlungen bezog sich auf die Häufigkeit und Dauer der Untersuchungshaft; zudem wurde Kritik an den Strafprozessen geäußert, insbesondere an einer Ungleichstellung von Staatsanwälten und Strafverteidigern in laufenden Prozessen (vgl. Matscher 2008). Viele der angeführten Versäumnisse wurden durch Gesetzesnovellen in den darauffolgenden Jahren behoben oder verbessert (vgl. ebd.).

Die Genfer Flüchtlingskonvention (GFK)
Als internationale Grundlage für die Regelung des Asylrechts wird die Genfer Flüchtlingskonvention (GFK), die 1951 verabschiedet und seit 1955 in Österreich in Kraft ist, herangezogen (vgl. Österreichische Gesellschaft für Asylpolitik). Die GFK bestimmt die Rechtsstellung von Flüchtlingen und

---

2 Im Folgenden mit „Agentur" abgekürzt

definiert sie wie folgt: „Flüchtling ist, wer sich aus der begründeten Furcht vor Verfolgung wegen seiner Rasse, Religion, Nationalität, Zugehörigkeit zu einer bestimmten sozialen Gruppe oder wegen seiner politischen Überzeugung außerhalb des Landes befindet, dessen Staatsangehörigkeit er besitzt und den Schutz dieses Landes nicht in Anspruch nehmen kann."[3] Im Hinblick auf zukünftige Entwicklungen – Stichwort Klimaflüchtlinge – wurde in den letzten Jahren zunehmend eine Debatte um mögliche Ergänzungen der anerkannten Fluchtgründe angeregt. Die Basis des Flüchtlingsschutzes bildet der Grundsatz der Nichtzurückweisung („non-refoulement-Prinzip"), welcher untersagt, Flüchtlinge in Gebiete zurückzuweisen bzw. abzuschieben, in denen ihr Leben oder ihre Freiheit bedroht ist (Agentur 2014: 70f). Außerdem ist die Zurückweisung von Personen, für die Verfolgungsgefahr besteht oder denen ernsthafter leiblicher Schaden droht, sowohl gemäß Unionsrecht als auch gemäß EMRK verboten. Die GFK definiert zwar präzise, was unter dem Begriff „Flüchtling" zu verstehen ist und welche Rechte im Asyl zum Tragen kommen, verpflichtet aber weder die Unterzeichnerstaaten zur Aufnahme jedes Flüchtlings, noch garantiert sie ein subjektives Recht auf Asyl (ebd. 29). Gleichwohl sind die Vertragsstaaten nach Art. 33 der GFK dazu verpflichtet, für Flüchtlinge, die sich auf den Flüchtlingsstatus nach der Konvention berufen, ein Überprüfungsverfahren durchzuführen und ihnen für dessen Dauer auch ein vorläufiges Aufenthaltsrecht zu gewähren (Schieffer 1998: 108). Aufgrund der fehlenden Aufnahmepflicht aus den genannten Konventionen interpretieren die Staaten diese oft unterschiedlich, weshalb sich die Praxis der Asylgewährung in den einzelnen Ländern erheblich unterscheidet (Angenendt et al. 2006: 49f). Zudem ist es den Mitgliedstaaten bei Massenfluchtbewegungen grundsätzlich völkerrechtlich erlaubt, bereits an der Grenze über eine individuelle Schutzgewährung zu entscheiden (Schieffer 1998: 109). Im Mai 2018 hat beispielsweise der österreichische Innenminister Herbert Kickl (FPÖ) angekündigt, „im Fall der Fälle", sollte ein Anstieg der Flüchtlingszahlen über die sogenannte „Balkanroute" (über Albanien) verzeichnet werden, die Grenze schließen zu wollen und sicherzustellen, dass es für Flüchtlinge auf diesem Weg „kein Durchkommen" mehr gibt.[4]

---

3 Demokratiezentrum Wien: Genfer Flüchtlingskonvention (GFK). http://www.demokratiezentrum.org/wissen/wissenslexikon/genfer-fluechtlingskonvention-gfk.html, zuletzt geprüft am 20.5.2018.
4 Regierung will neue Albanien-Route dichtmachen. In: Der Standard, 27.5.2018. https://derstandard.at/2000080488322/Mehr-Fluechtlinge-am-Balkan-Kickl-will-im-Fall-der-Faelle, zuletzt geprüft am 27.5.2018.

Die Vergemeinschaftung der europäischen Flüchtlings- und Migrationspolitik

Seit dem Abschluss des Vertrages von Amsterdam 1997 wurde eine kontinuierliche Vergemeinschaftung der europäischen Flüchtlings- und Migrationspolitik vorangetrieben. Mit dem Inkrafttreten des Vertrages von Amsterdam im Jahr 1999 wurden weitere Anstrengungen unternommen, ein Gemeinsames Europäisches Asylsystem (GEAS) zu etablieren.[5] Dies stellte eine Richtungsentscheidung dar: die Abkehr von rein nationalstaatlichen Interessen hin zu einer verstärkten innereuropäischen und grenzüberschreitenden Zusammenarbeit in der Union. Ausschlaggebend dafür war vor allem, dass die Institutionen der Europäischen Union für die Bereiche „Kontrolle der Außengrenzen, Asylrecht, Einwanderung und justizielle Zusammenarbeit in Zivilsachen" ab diesem Zeitpunkt zuständig waren (vgl. ebd.). Dass nicht alle Mitgliedstaaten diese gemeinsame, auf Solidarität basierende Linie mittragen, wird insbesondere seit der Fluchtbewegung 2015 deutlich. Während Staaten an der EU-Außengrenze, etwa Italien oder Griechenland, bzw. Länder, die eine große Anzahl an Schutzsuchenden aufgenommen haben, eine faire, gesamteuropäische Lösung zur Verteilung von Flüchtlingen fordern, pochen insbesondere osteuropäische Staaten, zunehmend jedoch auch Österreich, auf Abschottung und die Rückkehr zur nationalstaatlichen Souveränität in dieser Frage. Dies steht im krassen Widerspruch zu der seit den 1990er-Jahren verfolgten Politik, die auf eine schrittweise Übertragung der Kompetenzen im Bereich der Asyl- und Migrationspolitik von den Nationalstaaten auf die Europäische Union abzielte (Geddes 2003: 28ff). Die Wahrung der inneren Sicherheit eines Staates wurde seit jeher als Kernbereich nationaler Souveränität verstanden, unabhängig von laufenden europäischen Bestrebungen der Vereinheitlichung der Asyl-und Migrationspolitik. Um diese Entwicklung zu veranschaulichen, soll im Folgenden ein Überblick über die wichtigsten Meilensteine im Hinblick auf die Vergemeinschaftung der europäischen Asylpolitik nachgezeichnet und zur aktuellen Rechtslage in Bezug gesetzt werden.

Das Schengener Übereinkommen – damals und heute
Das zentrale Ziel in der Anfangsphase der Europäischen Gemeinschaft war es, die wirtschaftliche Entwicklung durch den freien Verkehr von Waren, Kapital, Personen und Dienstleistungen zu fördern (Agentur 2014: 19). Um

---

5 Demokratiezentrum (2016): Hintergrundwissen Europäische Migrationspolitik. http://www.demokratiezentrum.org/fileadmin/media/pdf/MoT/HW_europaeische_Migrationspolitik_2016_01.pdf, zuletzt geprüft am 11.12.2018.

den freien Personenverkehr innerhalb des gemeinsamen Binnenmarktes zu ermöglichen, wurden 1985 mit dem Schengener Abkommen der schrittweise Abbau der Kontrollen an den Binnengrenzen der teilnehmenden Staaten (Schengen I) und die Liberalisierung des grenzüberschreitenden Verkehrs innerhalb der Gemeinschaft zunächst auf intergouvernementaler Ebene beschlossen (Demel 2003: 5; Bendel 2011: 190). Für Österreich unterzeichnete am 28. April 1995, vier Monate nach dem EU-Beitritt, der damalige Innenminister Caspar Einem (SPÖ) in Brüssel das Schengener Abkommen.[6] Dabei rückte auch die nationalstaatliche Kernkompetenz der Wahrung der inneren Sicherheit, über die die Mitgliedstaaten bislang souverän entschieden hatten, in den Mittelpunkt der Diskussionen. Demnach werden Grenzsicherung und die Kontrolle von Zuwander/innen im eigenen Land als Voraussetzung für die Garantie der inneren Sicherheit und somit Aufgabe der Nationalstaaten wahrgenommen (Guiraudon 2000: 252). Durch das Schengener Übereinkommen wurden die Grenzkontrollen von den europäischen Binnengrenzen an die EU-Außengrenzen verlagert. Das sogenannte Schengener Durchführungsübereinkommen (SDÜ, auch Schengen II), das seit 1995 in Kraft ist, erweiterte das Vorgängermodell um Komponenten zur verstärkten polizeilichen und justiziellen Kooperation zwischen den Mitgliedstaaten (Haase/Jugl 2007: 1). Zusätzlich wurde in dem Modell vereinbart, dass im Zuge des Abbaus der innereuropäischen Grenzkontrollen Maßnahmen zur Wahrung der inneren Sicherheit von den Staaten zu ergreifen seien (vgl. Lavenex 2015). Der gesetzliche Rahmen des Schengener Übereinkommens ermächtigt die Mitgliedstaaten im Falle einer ernsthaften Bedrohung der öffentlichen Ordnung oder inneren Sicherheit, an den Binnengrenzen Grenzkontrollen wieder einzuführen (vgl. EUR-Lex 2014). Dabei ist festzuhalten, dass diese Maßnahme ursprünglich als letztes Mittel und nur von temporärer Dauer vorgesehen war. Mit einem kritischen Blick auf die derzeitigen Entwicklungen kann angemerkt werden, dass 43 Jahre nach der Verabschiedung des Abkommens – Österreich trat dem Schengen-Abkommen im Jahr 1997 bei – die europäische Staatengemeinschaft zunehmend von den vereinbarten Plänen abrückt: Grenzzäune an den Binnengrenzen und die „Festung Europa" dominieren den Diskurs im Jahr 2018. Eines der Kernprojekte Europas, das 26 Länder und eine Außengrenze von über 50.000 Kilometern umfasst, steht vor dem Scheitern. Der derzeitige Vizekanzler Heinz-Christian Strache (FPÖ) hat diesbezüglich festgehalten: „Schengen ist realpoli-

---

6 20 Jahre ohne Grenzkontrollen in Österreich. In: Kurier, 28.4.2015. https://kurier.at/politik/ausland/schengener-abkommen-20-jahre-ohne-grenzkontrollen-in-oesterreich/127.551.833, zuletzt geprüft am 30.5.2018.

tisch außer Kraft" (APA 9.5.2018ᵇ). Hierbei gilt es, nicht nur die enormen Einschränkungen der persönlichen Freiheiten durch die Wiedereinführung der Binnengrenzkontrollen hervorzuheben, sondern auch die exorbitanten wirtschaftlichen und finanziellen Einbußen – mittlerweile in Milliardenhöhe – für die Mitgliedstaaten, nachdem der grenzübergreifende Güter- und Transportverkehr, der Tourismus und Berufsverkehr verlangsamt und behindert werden. In einer aktuellen Resolution des EU-Parlamentes wird daher die Sorge der europäischen Institutionen zu dieser Entwicklung wie folgt ausgedrückt: „Die Wiedereinführung der Kontrollen an den Binnengrenzen darf kein dauerhafter Status quo werden" (APA 30.5.2018: 1). Der zuständige EU-Kommissar Dimitris Avramopoulos hat nachdrücklich verkündet: „Wenn Schengen stirbt, wird das der Anfang vom Ende Europas sein" (APA 16.5.2018: 2). Derzeit werden die Grenzkontrollen an Österreichs Grenzen noch bis November 2018 durchgeführt (vgl. ebd.).

Das Dublin-Übereinkommen

Als Ergänzung zum Schengener Abkommen trat 1997 das mittlerweile mehrmals überarbeitete Dubliner Übereinkommen (aktuell: Dublin III) als erster rechtsgültiger Text in Hinblick auf eine gemeinsame Asylpolitik in Kraft (Kraus-Vonjahr 2002: 169). Kernziel der Mitgliedstaaten war es, folgende Problemfelder durch das Übereinkommen zu bereinigen: Zum einen wurde als Grundprinzip festgelegt, dass der EU-Mitgliedstaat für die Prüfung eines Asylantrags zuständig ist, in dem sich der Flüchtling nachweislich zuerst aufgehalten hat (vgl. ebd.). Zudem gewährleistet das Dubliner Übereinkommen, dass jeder Antrag auf Asyl von einem der Mitgliedstaaten geprüft wird. So sollte verhindert werden, dass diejenigen Mitgliedstaaten, die aufgrund ihres Sozial- oder Asylsystems für den Antragsteller interessanter erscheinen, übermäßig belastet werden. Zweitens sollte durch diese Regelung der Zuständigkeit eines einzigen Mitgliedsstaats verhindert werden, dass Asylwerber/innen in verschiedenen Mitgliedstaaten gleichzeitig oder nacheinander mehrere Asylverfahren anstreben. Drittens sollte vermieden werden, dass einzelne Mitgliedstaaten sich die Verantwortung für Asylwerber/innen gegenseitig zuschieben können (Jahn et al. 2006: 7). Außerdem enthält das Dubliner Übereinkommen Bedingungen zur Aufnahme und Wiederaufnahme von Asylwerber/innen sowie den Austausch von allgemeinen Informationen (Personenangabe, Reiserouten etc.) (Kraus-Vonjahr 2002: 170). Eine der größten Schwächen des Dublin-Systems besteht darin, dass das Abkommen vorsieht, dass der erste EU-Mitgliedstaat, der von Drittstaatsangehörigen betreten wird, auch für die Bearbeitung ihrer Asylverfahren zuständig ist. Durch diese Praxis werden naturgemäß jene Staaten, die an den EU-Außengrenzen liegen, also insbesondere Italien und Griechenland, außerordentlich belastet. Eine wesentliche Voraussetzung für die effektive Anwendung des Dubliner Übereinkommens ist das nach Inkrafttreten des Vertrags von Amsterdam eingerichtete Datenbanksystem „EURODAC"[7], das zum Austausch und Vergleich von Fingerabdrücken von Asylwerber/innen und Personen, die ‚illegal' die Außengrenze der EU überschritten haben, dient (vgl. ebd.).

„Gemeinsames Europäisches Asylsystem" (GEAS)
Im Juni 2013 einigten sich die Europäische Kommission und der Europäische Rat auf ein „Gemeinsames Europäisches Asylsystem" (GEAS), das in den Mitgliedstaaten umgesetzt werden sollte, um Gesetzesstandards auf europäischer Ebene zu vereinheitlichen und ein auf Solidarität und Kooperation basierendes System in Asyl- und Migrationsfragen zu schaffen (Bendel 2013: 5). Außerdem wurden im Bereich der Einwanderungspolitik folgende Schwerpunkte identifiziert: Die Steuerung von Migrationsströmen, die gerechte Behandlung von Drittstaatsangehörigen und der Aufbau von Partnerschaften mit den Herkunftsländern (Jahn et al. 2006: 10). Als positive Entwicklung im Verhandlungsverlauf kann die Einrichtung eines Frühwarnsystems zur Vorbeugung von „Asylmissbrauch" hervorgehoben werden (vgl. ebd.). Bei dem Begriff „Missbrauch", der im Zusammenhang mit Asyl

vor allem von populistischen Medien oder Politiker/innen dazu verwendet wird, um Asylwerber/innen zu kriminalisieren, ist es wichtig festzuhalten, dass Asylanträge grundsätzlich berechtigt oder unberechtigt sein können. Als kritisch zu betrachten gilt nach wie vor die mangelnde Solidarität unter den EU-Mitgliedstaaten im Hinblick auf die Aufnahme und Versorgung Schutzsuchender und die Weigerung einiger europäischer Länder, Verantwortlichkeiten in diesem Bereich an die Europäische Union abzutreten. Im Jahr 2015 wurde das europäische Umverteilungsprogramm („Relocation") per Mehrheitsentscheid beschlossen, um besonders überlastete Länder an der EU-Außengrenze wie Italien, Griechenland oder Malta zu unterstützen. Die Umsetzung ist jedoch nach einem anfänglich positiven Impetus zunehmend ins Stocken geraten und mittlerweile fast zum Stillstand gekommen, vor allem durch (erfolglose) Klagen von Ungarn, Tschechien und Polen vor dem Europäischen Gerichtshof (EuGH) (APA 7.5.2018: 2). Eine essenzielle Rolle spielt dabei auch die EU-Grenzschutzagentur Frontex, deren Mandat im Folgenden vorgestellt werden soll.

Europäische Agentur für die Grenz- und Küstenwache (Frontex)
Frontex (aus dem Französischen *Front*ières *ext*érieures) wurde im Mai 2005 durch die Verordnung Nr. 2007/2004 der Europäischen Gemeinschaft gegründet (Baumann 2016: 1). Als Agentur ist Frontex eine eigenständige Einrichtung des europäischen öffentlichen Rechts, die von den Organen der Gemeinschaft (Rat, Parlament, Kommission usw.) unabhängig ist und große Autonomie besitzt (vgl. ebd.). Laut Bundesministerium für Inneres ist der Zweck der Agentur, „die operativen Aktivitäten der EU-Mitgliedstaaten sowie der Schengen-Assoziierten Staaten (SAS) an den Land-, See- und Flughafen-Außengrenzen des Schengen-Raums zu koordinieren und zu unterstützen. Damit soll ein hohes und einheitliches Grenzüberwachungs- und Personenkontrollniveau an den EU-Außengrenzen erreicht werden" (vgl. BMI 2018). Dabei ist festzuhalten, dass Frontex zwar oftmals als „Grenzpolizei" wahrgenommen wird und für seine Einsätze besonders im zentralen Mittelmeer nach Berichten über verweigerte Seenotrettung stark kritisiert wird, aber selbst über keine eigenen Beamten verfügt, sondern Personal aus den Mitgliedstaaten bezieht. Das Personal von Frontex umfasst derzeit 373 Personen, davon sieben Österreicher (vgl. ebd.). Die österreichische Bundesregierung hat ein neues Mandat für die Agentur, sowie eine schnellere und effektivere Aufstockung des Personals auf 10.000 Beamte gefordert (APA 7.5.2018: 1). Neue Pläne der EU-Kommission sehen außerdem vor, „dass die Agentur gemeinsame Einsätze mit benachbarten Drittländern, auch in deren Hoheitsgebiet, durchführen darf und darüber hinaus eine stärkere Rolle bei

der Rückführung von abgelehnten Asylwerber/innen spielen soll." (Baumann 2016: 2). Interessant ist außerdem, dass Österreich Flüge, die Abschiebungen durchführen und von Frontex organisiert und bezahlt werden, besonders intensiv nützt (Schaffer 2018: 1).

Flüchtlings- und Migrationspolitik in Österreich

Österreich ist seit Langem ein Einwanderungsland. In den 1960er- und 1970er-Jahren erfolgte die Zuwanderung jedoch vor allem unter wirtschafts- und beschäftigungspolitischen Aspekten, die in diesem Buch bereits ausführlich thematisiert wurden (Biffl/Faustmann 2013: 17). Mit dem Eintritt Österreichs in die Europäische Union im Jahr 1995 wurden gewisse Rahmenbedingungen für Migrationsbewegungen geändert, nicht zuletzt durch die bereits angesprochene Vergemeinschaftung der Themenbereiche Asyl und Migration innerhalb der EU-Mitgliedstaaten. Während der EU-Ratspräsidentschaft Österreichs im zweiten Halbjahr 2018 sollte unter dem Motto „Ein Europa, das schützt" die Bekämpfung ‚illegaler' Migration im Mittelpunkt stehen (APA 30.5.2018: 1) – zumindest stellte die Bundesregierung die beiden Themen in einen unmittelbaren Zusammenhang. Der derzeitige Bundeskanzler Sebastian Kurz (ÖVP) verkündete bei der Vorstellung der Schwerpunkte des österreichischen EU-Ratsvorsitzes Anfang März 2018: „Wenn es uns gelingt, die illegale Migration zu stoppen, wird das für mehr Sicherheit in der EU sorgen" (APA 7.5.2018: 1). Die bereits geplanten nationalstaatlichen „Vorsorgemaßnahmen" wurden von der Bundesregierung angesichts leicht steigender Ankunftszahlen von Flüchtlingen in den Balkanländern teilweise umgesetzt.

In den vergangenen Jahren wurden von den politischen Akteuren in Österreich, insbesondere unter der im Dezember 2017 angelobten ÖVP-FPÖ-Regierung, weitere Verschärfungen im Asylbereich beschlossen, von denen der aktuellste parlamentarische Entwurf dargelegt werden soll. Sie betreffen vor allem den Sozialbereich wie etwa die Kürzung der Mindestsicherung. Höhere Sozialleistungen sind an den Nachweis von entsprechenden Deutschkenntnissen geknüpft bei gleichzeitiger Verringerung der Förderungen für Sprachkurse und Integrationsmaßnahmen. All diese Maßnahmen werden eine zunehmende Prekarisierung der wirtschaftlichen und sozialen Lage von Asylsuchenden zur Folge haben.

Fremdenrechtsänderungsgesetz 2018 – FrÄG 2018

Am 18. Mai 2018 wurde dem österreichischen Nationalrat ein Ministerialentwurf vorgelegt, der eine massive Verschärfung des bestehenden Fremdenrechts vorsieht und dessen Ziele wie folgt definiert werden:
- „Effizienzsteigerung in asyl- und fremdenrechtlichen Verfahren;
- Stärkung der EU im weltweiten Talentwettbewerb als attraktiver Standort für Wissenschaft und Innovation sowie als Exzellenzstandort für Studium und berufliche Weiterbildung;
- Verhinderung der missbräuchlichen Verwendung der Aufenthaltsbewilligung „Studenten" nach § 64 Abs. 1 Niederlassungs- und Aufenthaltsgesetz (NAG)" (vgl. Republik Österreich – Parlament 2018).

Laut Innenminister Herbert Kickl (FPÖ) soll ein „vollziehbares und restriktives Fremdenrecht" verabschiedet werden, dessen Beschluss in den kommenden Monaten erwartet wird (vgl. ORF.at 2018). Weitere Eckpunkte des Gesetzes, dessen Grundpfeiler bereits im Regierungsprogramm von ÖVP und FPÖ festgeschrieben wurden, beinhalten die Abnahme von Mobiltelefonen von Asylwerber/innen sowie ein verpflichtender finanzieller Beitrag in der Höhe von bis zu 840 Euro, um die Kosten für das jeweilig laufende Verfahren zu decken. Obwohl die geplanten Verschärfungen des Fremdenrechts auf einem Konsens der Regierungsparteien ÖVP und FPÖ beruhen, wurde Kritik vom im Außenministerium angelagerten Völkerrechtsbüro laut. Denn laut diesem Gesetzesentwurf haben jugendliche Straftäter/innen mit denselben Konsequenzen wie erwachsene Asylsuchende zu rechnen, was im schlimmsten Fall die Abschiebung bedeutet. Und dies, obwohl das Jugendgerichtsgesetz vorschreibt, „dass Jugendlichen die Chance auf Resozialisierung nicht durch zusätzliche, zur Strafe hinzutretende Folgewirkungen erschwert oder unmöglich gemacht werden soll".⁸ Laut Völkerrechtsbüro würde eine solche Rechtslage mit Blick auf die Kinderrechtskonvention „im Widerspruch mit Österreichs internationalen Menschenrechtsverpflichtungen" stehen. In weiterer Konsequenz würde dies auch auf internationaler Ebene eine sehr fragwürdige Optik erzeugen, war doch Österreich eines jener Länder, welche die Kinderrechtskonvention als erste im Jahre 1990 unterzeichnet hatten (vgl. ebd.).

Zukunftstrends und Ausblick

Die Zuwanderung in die Europäische Union wird auch in Zukunft nicht aufzuhalten sein bzw. durch Globalisierung und Klimaveränderung womöglich noch verstärkt werden. So wird ein Anstieg der weltweiten Produktion und des Handels wahrscheinlich das soziale Gefüge in Niedriglohnländern weiter belasten. Die soziale, aber auch ökonomische Ungleichheit wird vielfach weiter steigen. Menschen, die vor Krieg und Zerstörung fliehen, muss auf völker- und menschenrechtlicher Basis geholfen werden. Zudem ist es schlichtweg unrealistisch, Migrationsbewegungen allein durch nationale Sicherheitsmaßnahmen wie Grenzbefestigungen eindämmen zu wollen. Seit der sogenannten Flüchtlingskrise 2015/2016 wird auf europäischer Ebene über eine möglichst gerechte Verteilung der Verantwortlichkeiten und Herausforderungen bei der Aufnahme von schutzsuchenden Menschen debattiert. Doch die Fronten sind verhärtet, und auch drei Jahre danach ist keine Einigung in Sicht. So gesehen scheint die Einführung eines verpflichtenden Quotensystems unter den EU-Mitgliedstaaten zunehmend illusorisch. Der damalige Außenminister und derzeitige Bundeskanzler Sebastian Kurz (ÖVP) hat sich gebrüstet, die sogenannte „Balkanroute", die über den inneren Balkan, von Griechenland über Mazedonien und Serbien bis nach Ungarn führte, geschlossen zu haben. Aktuell werden unter Innenminister Herbert Kickl (FPÖ) und südosteuropäischen Amtskollegen Maßnahmen diskutiert, um die Entstehung neuer Routen über den Balkan zu verhindern. Wenngleich eine verstärkte institutionelle Zusammenarbeit gerade mit EU-Mitgliedstaaten wünschenswert ist, hat es den Anschein, als würden die derzeitigen Bestrebungen dem europäischen Grundgedanken einer vergemeinschafteten Asylpolitik zuwiderlaufen. Eine Übereinkunft besteht vor allem im Hinblick auf den Schutz der EU-Außengrenze. Vor diesem Hintergrund werden in

---

8 Asylpolitik – Kickls Fremdenrechtsnovelle in der Kritik. In: Wiener Zeitung, 19.5.2018. https://www.wienerzeitung.at/nachrichten/oesterreich/politik/965903_Aussenministerium-kritisiert-Kickls-Entwurf.html, zuletzt geprüft am 22.5.2018.

Zukunft Rücknahmeabkommen mit den Herkunftsländern und bilaterale Verträge an Bedeutung gewinnen. Umso wichtiger wäre es jedoch, den Menschen in ihren Herkunftsregionen langfristige Perspektiven zu bieten. Dafür müsste der „Westen" allerdings ungeachtet seiner historisch bedingten Vormachtstellung mit südlichen Partnerländern auf Augenhöhe verhandeln. Um umweltpolitische Entwicklungen wie Klimakatastrophen und Hungersnöte besser einschätzen zu können, bräuchte es effektive und ganzheitliche Ansätze, die es der Europäischen Union ermöglichen würden, sich zeitgerecht auf verstärkte Migrations- und Fluchtbewegungen einzustellen. Nur so könnte etwa die Zahl der Todesopfer unter den Asylwerber/innen, die die Flucht über das Mittelmeer nach Europa antreten, minimiert werden. Es bedürfte also proaktiver wirtschafts- und entwicklungspolitischer Maßnahmen, um die Lebensbedingungen vor Ort zu verbessern: Handelsbeziehungen, die nicht auf Ausbeutung beruhen, und Hilfsmaßnahmen, die zur Selbsthilfe befähigen.

Der aktuelle Trend zeigt jedoch eine zunehmende Exterritorialisierung bzw. Verlagerung der Verantwortlichkeiten nach außerhalb der EU-Außengrenzen. In den letzten Jahren wurden auf europäischer Ebene vermehrt Anstrengungen unternommen, Abkommen mit Drittstaaten (z. B. Türkei, Libyen) zu schließen, um die Migration nach Europa zu verringern. Zudem gibt es Bestrebungen, Asylanträge generell vor Eintritt in die Europäische Union stellen und bearbeiten zu lassen, um noch vor der Einreise feststellen zu können, ob ein rechtlich anerkannter Fluchtgrund besteht. Damit wird auch in Zukunft der EU-Grenzschutzagentur Frontex eine besondere Rolle im Schutz der Außengrenze zukommen. Unter dieser Prämisse kommt man nicht umhin, die operationale Funktionalität sicherzustellen und das Mandat womöglich entsprechend aktueller Anforderungen auszuweiten. Der stellvertretende Chef der Agentur, Berndt Körner, hat dafür plädiert, Einstufungen von Ländern wie beispielsweise der Türkei als „sichere Drittstaaten" voranzutreiben, die es Frontex ermöglichen würden, Boote künftig in die Türkei zurückzustellen.[9] Doch in erster Linie müsste gewährleistet werden, dass die Seenotrettung unbehindert durchgeführt werden kann, um Menschenleben zu retten. Zudem müssten Staaten wie Griechenland und Italien mit allen Mitteln unterstützt werden, um die Lebensbedingungen von Asylwerber/innen vor Ort zu verbessern.

---

9 Grenzschutz: Ausweitung von Frontex-Mandat geplant. Online verfügbar unter https://derstandard.at/2000031267278/Grenzschutz-Ausweitung-von-Frontex-Mandat-geplant, zuletzt geprüft am 27.6.2018.

Der ursprünglich verfolgte Ansatz, sogenannte „Hotspots" und Registrierungszentren an den Außengrenzen einzurichten, ist im Laufe der letzten Jahre ins Stocken geraten, nachdem es bereits von Anbeginn aufgrund von Personal- und Materialmangel Anlaufschwierigkeiten gegeben hatte. Diese Zentren sollten verhindern, dass Menschen den oft lebensgefährlichen und kostspieligen Weg nach Europa auf sich nehmen, ohne jegliche Chance auf Asyl zu haben. Für die Etablierung eines sogenannten „Grenzschutz-Management-Fonds" hat die EU-Kommission für den Zeitraum von 2021–2027 fast 35 Milliarden Euro an Finanzmittel veranschlagt (vgl. ebd. 2). Zudem fordert der zuständige EU-Kommissar Dimitris Avramopoulos – mit Blick auf die Sicherheitsbedrohung Europas durch Terrorismus – die verstärkte Vernetzung von „Polizei-, Migrations- und Sicherheitsdaten" zwischen den Mitgliedstaaten (APA 16.5.2018: 1).

Schlussfolgerungen

Die gemeinsame europäische Flüchtlings- und Migrationspolitik ist im Spannungsfeld zwischen dem Bedürfnis der EU-Mitgliedstaaten nach innerer Sicherheit und Migrationskontrolle einerseits sowie der Wahrung von Menschenrechten andererseits anzusiedeln, wobei die Sicherheits- und Souveränitätsinteressen derzeit deutlich überwiegen. Der Begriff Sicherheit impliziert dabei nicht nur Sicherheit im Hinblick auf Grenzschutz. Er hat insofern eine Erweiterung erfahren, als mit dem Gefühl der Sicherheit auch ein stabiler Arbeitsmarkt oder ein Schutz vor „Missbrauch" assoziiert wird.

Die europäische Flüchtlings- und Migrationspolitik wird jedenfalls nicht durch nationalstaatliche Maßnahmen, wie sie in der Zeit nach der ‚Flüchtlingskrise' 2015 vielfach beschlossen wurden, gestärkt. Vielmehr bedarf es einer umfassenden Reform mit effizienten Instrumenten, die von allen Mitgliedstaaten akzeptiert und angewandt werden. Anstatt der nationalen Abschottung sollte gemeinschaftliche Politik auf allen Ebenen des täglichen Lebens (lokal, regional, national und international) vorangetrieben werden, denn die meisten tiefgreifenden Probleme lassen sich nur so lösen. Grundrechte und Freiheiten der Europäischen Union, wie jene der Personenfreizügigkeit, dürfen dabei allerdings nicht in Frage gestellt werden. Zivilstaatliche Strukturen, allen voran Nichtregierungsorganisationen, Think Tanks und Bürgerinitiativen, spielen in den komplexen Themenbereichen Migration und Asyl eine zentrale Rolle, die auch in Zukunft gewährleistet werden muss.

Eine kurzfristige Maßnahme wäre die grundlegende Überarbeitung der

Dublin-Verordnung[10], welche die Erstzuständigkeit für Asylverfahren in der Europäischen Union definiert.

Ebenso wichtig wäre es, den Aufbau einer Infrastruktur zur Versorgung von Asylsuchenden auf allen Ebenen – politisch, medizinisch, bildungstechnisch und sozial – voranzutreiben. Gleichzeitig gilt es, die weitere Integration von jenen Drittstaatsangehörigen, die sich legal in einem EU-Mitgliedstaat aufhalten, zu fördern. Allerdings brauchte es auch proaktive Strategien für eine legale, nachhaltige und transparente Migration nach Europa. Dies ist allerdings nicht nur ein Entgegenkommen an Drittstaatsangehörige – um der überalterten Bevölkerungsstruktur und dem Fachkräftemangel in gewissen Berufsparten entgegenzuwirken, braucht Europa diese Zuwanderung von ‚außen'. Vor diesem Hintergrund ist es unerlässlich, im Ausland erworbene Qualifikationen rasch anzuerkennen, um ausgebildeten und berufserfahrenen Personen den Zugang zum Arbeitsmarkt zu ermöglichen. Angesichts der zögerlichen Umverteilung der Flüchtlinge und den lauten Forderungen nach einem strengeren Migrationsregime – nicht nur auf EU-Ebene, sondern auch in Österreich – ist jedoch tendenziell eine andere Linie in der Asyl- und Migrationspolitik zu erwarten: eine weitere Abschottung gefolgt von der Verlagerung von Flüchtlingen in Partnerländer.

Will man langfristigen Trends der Zuwanderung tatsächlich entgegenwirken, wären beispielsweise Freihandelsabkommen, wie das 2016 in Kraft getretene Europäische Wirtschaftspartnerschaftsabkommen (EPA) mit den Ländern Namibia, Botswana, Swasiland, Südafrika und Lesotho, zu überdenken. Denn die Öffnung nationaler afrikanischer Märkte für EU-Waren und Landwirtschaftsprodukte schwächt die Produktion vor Ort und verstärkt damit das wirtschaftliche Ungleichgewicht (vgl. Barbière 2016). Nur eine gerechtere Verteilung von Ressourcen verhindert jene Migrationsbewegungen, die aus sozialen und ökonomischen Gründen erfolgen. Daher wäre eine Aufstockung der finanziellen Mittel für eine nachhaltige Entwicklungshilfe, die den Menschen ein Leben in sozialer Sicherheit ermöglicht, vonnöten.

Abschließend ist zu sagen, dass eine gemeinsame Asyl- und Migrationspolitik Europas ein Balanceakt bleiben wird: Einerseits müssen nationale Kompetenzen, wie die Schaffung von adäquaten Rahmenbedingungen für

---

10 Die Dublin-III-Verordnung ist eine Verordnung des Europäischen Parlaments und des Rates vom 26. Juni 2013; in Kraft getreten ist sie am 1. Januar 2014. Die Dublin-III-Verordnung hat die Dublin-II-Verordnung ersetzt. Die Grundidee der alten Verordnung wurde dabei erhalten, nur die Prinzipien des Verfahrens wurden geändert. https://www.saechsischer-fluechtlingsrat.de/de/dublin-iii-verordnung-verordnung-eg-nr-6042013/

die Unterbringung und Versorgung sowie die längerfristigen Integrationsmaßnahmen von Schutzsuchenden, gewahrt werden, weil die Politik nur auf diese Weise den großen nationalen, regionalen und lokalen Unterschieden in der EU gerecht werden kann. Andererseits müssen sich die EU-Staaten schon allein wegen des gemeinsamen Binnenmarktes auf einen verbindlichen rechtlichen Rahmen für die Zuwanderung und auf gemeinsame Konzepte und Instrumente einigen. Es wäre allerdings wünschenswert, wenn dringliche Maßnahmen wie die Reformierung des Dublin-Abkommens vor den nächsten EU-Wahlen im Mai 2019 in Angriff genommen werden würden, damit sich die Europäische Union in der nächsten Legislaturperiode auch wieder anderen Themen zuwenden kann. Eine realistische europäische Migrationspolitik müsste den zu erwartenden Migrations- und Fluchtbewegungen proaktiv begegnen, das humanitäre Völkerrecht und die Menschenrechte hochhalten sowie die Fluchtursachen in den Krisenregionen der Welt verstärkt bekämpfen, um das Friedensprojekt Europa nachhaltig zu sichern.

Literatur

Agentur der Europäischen Union für Grundrechte (Hg.) (2014): Handbuch zu den europarechtlichen Grundlagen im Bereich Asyl, Grenzen und Migration. Online verfügbar unter http://fra.europa.eu/sites/default/files/handbook-law-asylum-migration-borders-2nded_de.pdf, zuletzt geprüft am 18.5.2018.

Angenendt, Steffen; Engler, Marcus; Schneider, Jahn (2013): Europäische Flüchtlingspolitik. Wege zu einer fairen Entlastung. SWP-Aktuell (65). Online verfügbar unter http://www.swp-berlin.org/publikationen/swp-aktuell-de/swp-aktuell-detail/article/europaeische_fluechtlingspolitik.html, zuletzt geprüft am 23.5.2018.

APA (2018a). APA-Meldung APA0039 vom 7. Mai 2018. EU-Vorsitz - Migration als Schwerpunkt, Sicherheit im Fokus. Druck, S. 1–2.

APA (2018b). APA-Meldung APA0442 vom 9. Mai 2018. EU-Vorsitz - Kurz und Strache pochen auf Außengrenzschutz. Druck, S. 1.

APA (2018c). APA-Meldung APA0026 vom 16. Mai 2018. EU-Vorsitz - EU-Kommissar will mehr Grenzschutz und Daten-Austausch. Druck, S. 1–2.

APA (2018d). APA-Meldung APA0031 vom 30. Mai 2018. EU-Parlament gegen dauerhafte Wiedereinführung von Grenzkontrollen. Druck, S. 1–2.

APA (2018e). APA-Meldung APA0254 vom 30. Mai 2018. Migration – Kickl: „Eindeutige Signale" um neue Bewegung zu vermeiden. Druck, S. 1.

Barbière, Cécile (2016): Umstrittenes EU-Freihandelsabkommen mit Afrika in Kraft. Online verfügbar unter https://www.euractiv.de/section/entwicklungspolitik/news/umstrittenes-eu-freihandelsabkommen-mit-afrika-in-kraft/, zuletzt geprüft am 30.6.2018.

Baumann, Mechthild (2016): Frontex – Fragen und Antworten. Online verfügbar unter https://www.bpb.de/gesellschaft/migration/kurzdossiers/179679/frontex-fragen-und-antworten?p=all, zuletzt geprüft am 23.5.2018.

Bendel, Petra (2011): Wohin bewegt sich die europäische Einwanderungspolitik? Perspektiven nach dem Lissabon-Vertrag und dem Stockholm-Programm. In: Gudrun Hentges, Hans-Wolfgang Platzer (Hg.): Europa – quo vadis? Ausgewählte Problemfelder der europäischen Integrationspolitik. Wiesbaden: VS Verlag für Sozialwissenschaften, S. 189–204.

Bendel, Petra (2013): Nach Lampedusa: das neue Gemeinsame Europäische Asylsystem auf dem Prüfstand. Studie im Auftrag der Abteilung Wirtschafts- und Sozialpolitik der Friedrich-Ebert-Stiftung. Online verfügbar unter http://library.fes.de/pdf-files/wiso/10415.pdf, zuletzt geprüft am 12.12.2018.

Biffl, Gudrun; Faustmann, Anna (2013): Österreichische Integrationspolitik im EU-Vergleich. Zur Aussagekraft von MIPEX. Studie im Auftrag des Bundesministeriums für Inneres. Schriftenreihe Migration und Globalisierung. Krems: Edition Donau-Universität Krems.

Bundesministerium für Inneres (BMI) (2018): Das BMI-Engagement in der Europäischen Union. Das BMI und EU-Agenturen. Frontex. Online verfügbar unter https://www.bmi.gv.at/509/Agenturen/frontex.aspx, zuletzt geprüft am 26.5.2018.

Demel, Rainer (2003): Terminologie der Asyl- und Einwanderungspolitik der EU (Deutsch-Französisch). Diplomarbeit Universität Wien.

Demokratiezentrum (2016): Hintergrundwissen Europäische Migrationspolitik. Online verfügbar unter http://www.demokratiezentrum.org/fileadmin/media/pdf/MoT/HW_europaeische_Migrationspolitik_2016_01.pdf, zuletzt geprüft am 11.12.2018.

Demokratiezentrum Wien: Genfer Flüchtlingskonvention (GFK). Online verfügbar unter http://www.demokratiezentrum.org/wissen/wissenslexikon/genfer-fluechtlingskonvention-gfk.html, zuletzt geprüft am 20.5.2018.

EUR-Lex (2014): Schengener Grenzkodex. Online verfügbar unter http://eur-lex.europa.eu/legal-content/DE/TXT/HTML/?uri=URISERV:l14514&from=DE, zuletzt geprüft am 20.5.2018.

Geddes, Andrew (2003): The politics of migration and immigration in Europe. London, Thousand Oaks. New Delhi: SAGE Publications.

Guiraudon, Virginie (2000): European Integration and Migration Policy: Vertical Policymaking as Venue Shopping. In: Journal of Common Market Studies 38 (4), S. 251–271.

Haase, Marianne; Jugl C. Jan (2007): Asyl- und Flüchtlingspolitik der EU. Online verfügbar unter http://www.bpb.de/themen/7H6FAJ,1,0,Asyl_und_Fl%FDchtlingspolitik_der_EU.html, zuletzt geprüft am 27.5.2018.

Jahn, Daniela; Maurer, Andreas; Riesch, Andrea (2006): Asyl- und Migrationspolitik der EU. Ein Kräftespiel zwischen Freiheit, Recht und Sicherheit, Diskussionspapier der Forschungsgruppe EU-Integration, Stiftung Wissenschaft und Politik. Berlin: Deutsches Institut für Internationale Politik und Sicherheit. Online verfügbar unter http://www.swp-berlin.org/fileadmin/contents/products/arbeitspapiere/AsylpolitikKS1.pdf, zuletzt geprüft am 27.5.2018.

Kraus-Vonjahr, Martin (2002): Der Aufbau eines Raums der Freiheit, der Sicherheit und des Rechts in Europa. Die Innen- und Justizpolitik der Europäischen Union nach Amsterdam und Nizza. Frankfurt a. M.: Peter Lang.

Kurier (2015): 20 Jahre ohne Grenzkontrollen in Österreich. In: Kurier, 28.4.2015. Online verfügbar unter https://kurier.at/politik/ausland/schengener-abkommen-20-jahre-ohne-grenzkontrollen-in-oesterreich/127.551.833, zuletzt geprüft am 30.5.2018.

Lavenex, Sandra (2015): Institutionelle Grundlagen der europäischen Migrationspolitik. Online verfügbar unter http://www.bpb.de/gesellschaft/migration/laenderprofile/57570/institutionelle-grundlagen, zuletzt geprüft am 27.5.2018.

Matscher, Franz (2008): Was 50 Jahre EMRK in Österreich verändert haben. In: Die Presse, 8.9.2008. Online verfügbar unter https://diepresse.com/home/recht/rechtallgemein/412491/Was-50-Jahre-EMRK-in-Oesterreich-veraendert-haben, zuletzt geprüft am 28.5.2018.

ORF.at (2018): Regierung will Fremdenrecht weiter verschärfen. Online verfügbar unter http://orf.at/stories/2434315/, zuletzt geprüft am 18.5.2018.

Österreichische Gesellschaft für Asylpolitik (2015): Factsheet zu Menschenrechtlichen Grundlagen der europäischen Asylpolitik. Online verfügbar unter http://oegfe.at/wordpress/blog/2015/10/08/factsheet-zu-menschenrechtliche-grundlagen-der-europaeischen-asylpolitik/, zuletzt geprüft am 18.5.2018.

Pollak, Johannes; Slominiski, Peter (2012): Das politische System der EU. Wien: Facultas.

Republik Österreich – Parlament (2018): Fremdenrechtsänderungsgesetz 2018 – FrÄG 2018 (38/ME). Online verfügbar unter https://www.parlament.gv.at/PAKT/VHG/XXVI/ME/ME_00038/index.shtml, zuletzt geprüft am 22.5.2018.

Schaffer, Tom (2018): Asyl: Österreich schiebt über Frontex in mehr Länder ab. Online verfügbar unter https://kurier.at/politik/inland/asyl-oesterreich-schiebt-ueber-frontex-in-mehr-laender-ab/310.125.530, zuletzt geprüft am 30.5.2018.

Schieffer, Martin (1998): Die Zusammenarbeit der EU-Mitgliedsstaaten in den Bereichen Asyl und Einwanderung. Baden-Baden: Nomos Verlag.

Standard (2016): Grenzschutz: Ausweitung von Frontex-Mandat geplant. In: Der Standard, 17.2.2016. Online verfügbar unter https://derstandard.at/2000031267278/Grenzschutz-Ausweitung-von-Frontex-Mandat-geplant, zuletzt geprüft am 27.6.2018.

Standard (2018): Regierung will neue Albanien-Route dichtmachen. In: Der Standard, 27.5.2018. Online verfügbar unter https://derstandard.at/2000080488322/Mehr-Fluechtlinge-am-Balkan-Kickl-will-im-Fall-der-Faelle, zuletzt geprüft am 27.5.2018.

Wendekamm, Michaela (2015): Die Wahrnehmung von Migration als Bedrohung. Zur Verzahnung der Politikfelder Innere Sicherheit und Migrationspolitik. Wiesbaden: Springer.

Wiener Zeitung (2018): Asylpolitik – Kickls Fremdenrechtsnovelle in der Kritik. In: Wiener Zeitung, 19.5.2018. Online verfügbar unter https://www.wienerzeitung.at/nachrichten/oesterreich/politik/965903_Aussenministerium-kritisiert-Kickls-Entwurf.html, zuletzt geprüft am 22.5.2018.

Die Beiträger_innen

Zeynep ARSLAN ist Sozialwissenschaftlerin. Ihre Forschungsschwerpunkte sind Identitätspolitiken und Identitätsentwicklungsprozesse, Nationalismen, Gruppendynamiken, Minderheitenansätze, Hierarchiemechanismen, Hegemonie- und Subalternity-Politiken, Frauen- und Geschlechterforschung, Postmodernismen, Demokratisierungsprozesse und -dynamiken, religiöse Ethnizitäten und Glaubenssysteme, Alevismen, AlevitInnentümer, Zaza-Sprache und Ethnizitäten.

Stella ASIIMWE kommt aus Uganda und lebt seit 2006 in Österreich. Sie absolviert ein Magisterstudium am Institut für Publizistik und Kommunikationswissenschaft. Sie arbeitete im Radiokulturhaus für Radio Afrika International als Journalistin und Projektleiterin verschiedener Projekte auch mit Schulkindern an österreichischen Schulen. Neben unterschiedlichen journalistischen Tätigkeiten ist sie zurzeit Kulturvermittlerin im Weltmuseum Wien. Sie interessiert sich unter anderem für Erinnerungskultur und Migrationsthemen.

Ara BADRTARKHANIAN, geboren 1991, ist ein Asylberechtigter aus Syrien, der seit Oktober 2014 in Wien lebt. Er ist Masterstudent der internationalen Entwicklung an der Universität Wien. Zuvor hat er ein Bachelorstudium der Finanz- und Bankwirtschaft an der Universität Aleppo absolviert und diesen Abschluss in Österreich anerkennen lassen. Er arbeitet neben dem Studium als Integrationskoordinator beim Österreichischen Integrationsfonds (ÖIF).

Petra BAYR ist seit 2002 Nationalratsabgeordnete der SPÖ aus Wien-Favoriten und ist im Nationalrat Vorsitzende des Unterausschusses Entwicklungspolitik. Sie ist Vorsitzende der Wiener Bildungsakademie und hat neben Funktionen in der SPÖ auch einige gewählte Positionen in internationalen Gremien wie etwa der Interparlamentarischen Union, Parliamentarians for Global Action, International Planned Parenthood Federation - European Network und dem European Parliamentary Forum on Sexual and Reproductive Rights. Petra Bayr hat einen Master of Arts in Human Rights sowie einen Master of Legal Studies und schreibt gegenwärtig eine Dissertation zu Präventionsmechanismen von Völkermord und ethnischen Säuberungen an der Uni Wien.

Ljubomir BRATIC ist Philosoph, Sozialarbeiter und Ausstellungskurator. Er ist Initiator des Projekts „Archiv der Migration". Letzte Ausstellung: „Jugo, moja Jugo" zum Thema Gastarbeit aus Jugoslawien in Österreich und Deutschland

(2016/2017) im Museum Jugoslawiens in Belgrad. Letzte Publikation: „Schere Topf Papier - Objekte zur Migrationsgeschichte" (gemeinsam mit Arif Akkilic, Vida Bakondy und Regina Wonisch).

Gregor BREIER, geboren 1977, hat 10 Jahre nach Abschluss seines Studiums der Rechtswissenschaften berufsbegleitend das postgraduale Studium Interdisziplinäre Lateinamerikastudien in Wien absolviert, im Zuge dessen er seine Masterarbeit mit Bezug zu Kolumbien verfasst hat. Beruflich ist er für den Österreichischen Rechnungshof in Wien tätig. Privat verschlägt es ihn immer wieder nach Lateinamerika und Asien, wo er als Individualtourist versucht, Land und Leute näher kennenzulernen.

Evrim ERŞAN AKKILIÇ, geboren 1973, ist Soziologin und Universitätsassistentin am Institut für Islamisch-Theologische Studien. Ihr Forschungsgebiet umfasst Transgender-Studien, Migrations- und Religionssoziologie sowie qualitative Methoden und biographische Forschung.

Wladimir FISCHER-NEBMAIER ist Historiker an der Österreichischen Akademie der Wissenschaften, wo er die Edition der Österreichischen Ministerratsprotokolle im Ersten Weltkrieg besorgt, und lehrt Geschichte an der Universität Wien. Seine Forschungsschwerpunkte sind Identitätsmanagement von Migrant/innen in der Großstadt; Repräsentationen/Selbstrepräsentationen südosteuropäischer Eliten; Literaturen und Popularkulturen am Balkan. Forschungsaufenthalte in Skopje, İstanbul, Novi Sad, Zagreb, Potsdam/Berlin, Essen, Edmonton (Alberta), Leicester und Minneapolis.

Senol GRASL-AKKILIC studierte Politikwissenschaften an der Universität Wien. Er gehörte von 2010–2015 dem Wiener Gemeinderat an. Seit 2015 arbeitet er in der Wiener Bildungsakademie und ist Leiter des Lehrgangs „Migration&Zusammenleben",

Christine GRÜNER hat Arabistik & Islamwissenschaft studiert und ist zertifizierte Trainerin für Erwachsenenbildung. Sie unterrichtet Arabisch und Religion an der Volkshochschule und am Berufsförderungsinstitut (BFI) und hält Workshops über den arabischen Raum für den Verein Ceurabics ab. Beim Diakonie-Flüchtlingsdienst ist sie in der Rechtsberatung tätig, wo sie zu Afghanistan und Somalia recherchiert.

Michael JOHN hat an der Universität Wien studiert und ist in Wien und Linz als Historiker tätig. Zurzeit ist er ao. Univ. Prof. am Institut für Sozial- und Wirtschaftsgeschichte der Johannes Kepler Universität Linz. Seine Forschungsschwerpunkte sind Regionale Wirtschafts- und Sozialgeschichte, Jüdische Geschichte, Populärkultur, Oral History, soziale Fürsorge, Migrationsgeschichte. Er hat diverse Ausstellungen, darunter zu Einwanderung, Auswanderung und Urbanität, kuratiert. Forschungsaufenthalte in New York, Tel Aviv, Jerusalem, Budapest und Ljubljana.

Donata KREMSNER migrierte 2008 von Tirol nach Wien und studierte Nahost-Wissenschaften an der Universität Wien und der University of Exeter, UK. Sie bereiste den Nahen Osten bereits, bevor die Region durch den Arabischen Frühling in den Medien als instabil bezeichnet wurde. Seit 2014 ist sie Gründungsmitglied von Ceurabics, einem gemeinnützigen, interkulturellen Verein in Wien, und hält Workshops zu interkulturellen Kompetenzen und dem arabischen Raum ab.

Dirk RUPNOW ist Zeithistoriker und derzeit Dekan der Philosophisch-Historischen Fakultät an der Universität Innsbruck. Zahlreiche Forschungsaufenthalte in Deutschland, Frankreich, Israel und den USA. 2017 Distinguished Visiting Austrian Chair Professor an der Stanford University. Seine Forschungsschwerpunkte sind Europäische Geschichte im 20. und 21. Jahrhundert, Holocaust- und Jüdische Studien, Erinnerungskulturen und Geschichtspolitiken, Migrations- und Wissenschaftsgeschichte.

Thomas SCHMIDINGER, geboren 1974, ist Lektor am Institut für Politikwissenschaft der Universität Wien und im Bereich Soziale Arbeit an den Fachhochschulen Vorarlberg und Oberösterreich. Er ist Generalsekretär der Österreichischen Gesellschaft zur Förderung der Kurdologie und Mitherausgeber des Wiener Jahrbuchs für Kurdische Studien. Zuletzt veröffentlichte er bei Bahoe Books „Kampf um den Berg der Kurden. Geschichte und Gegenwart der Region Afrin".

Julia Anna SCHRANZ, geboren 1991, ist Historikerin und hat im Zuge ihres Studiums der Geschichte und Internationalen Entwicklung an der Universität Wien und der Macquarie University in Sydney einen Schwerpunkt auf zeit- und globalhistorische Fragestellungen gelegt. In ihrer Masterarbeit befasste sie sich mit der Flüchtlingsunterkunft in der ehemaligen Kaiserebersdorfer Landwehrartillerie Kaserne im Kontext der österreichischen Asylgeschichte seit 1945. Sie ist als Kulturvermittlerin in der Ausstellung „Das Rote Wien" und als politische Bildnerin beim Verein „Politikum" tätig.

Franziska STRASSER studierte Internationale Entwicklung und Deutsch als Fremd- und Zweitsprache an der Universität Wien. Ihre Masterarbeit schrieb sie zum Thema „Gastarbeiterinnen' im Spannungsverhältnis von kollektiver und individueller Erinnerung". Sie arbeitet als Deutschtrainerin und beschäftigt sich mit der

Frage nach verpflichtenden Wertckursen für Drittstaatsangehörige in der Gruppe IG DaZ_DaF_Basisbildung.

Sabine STRASSER ist Professorin am Institut für Sozialanthropologie der Universität Bern. Seit 2017 ist sie Mitglied des Executive Committees der European Association of Social Anthropologists (EASA). Ihre Forschungsprojekte und Publikationen konzentrieren sich auf Migration, Grenzregimeforschung und transnationale Studien sowie auf die Untersuchung von Intimitäten und Moralitäten im Kontext globaler Unsicherheiten.

Anna-Valentina WALDEN, geb. 1991, absolvierte Studien in Politikwissenschaft sowie Diplomatie und Völkerrecht in Österreich, Frankreich und Großbritannien. Sie arbeitet als Übersetzerin und Dolmetscherin in den Sprachen Deutsch, Englisch und Französisch. Ihre Forschungsschwerpunkte sind EU-Afrika-Beziehungen, Asylrecht und Menschenrechte, Konfliktmanagement im Kontext der Vereinten Nationen.

Eva WOHLFARTER hat Angewandte Kulturwissenschaft in Klagenfurt und Ljubljana sowie Sprachwissenschaft in Wien studiert. Ihr Forschungsinteresse liegt auf dem Spannungsverhältnis zwischen Individuum, Gesellschaft und Sprache. Sie ist Vorstandsmitglied der ARGE Volksgruppen, der Wiener Arbeitsgemeinschaft für Volksgruppenfragen. Auf ihrem Blog „Stadtstreunen.at - Blog für Urbanität und Alltagspoesie" geht sie buchstäblich dem Lebensraum Stadt nach. Derzeit arbeitet sie als Radioredakteurin in Wien.

Regina WONISCH ist Historikerin und Museologin. Sie ist Mitarbeiterin des Instituts für Wissenschaftskommunikation und Hochschulforschung der Alpen-Adria-Universität Klagenfurt (Standort Wien) und Leiterin des Forschungszentrums für historische Minderheiten in Wien. Ihre Forschungsschwerpunkte sind historische Migrations- und Minderheitenforschung sowie Museologie.

Michael ZINKANELL ist Research Fellow am Austrian Institut für Europa- und Sicherheitspolitik und forscht zu globalpolitischen Machtstrukturen und deren Auswirkungen auf regionale Konflikte. Außerdem ist er als Generalsekretär beim strategischen Think&Do-Tank Shabka tätig, einem zivilgesellschaftlichen Netzwerk zu außen-, entwicklungs- und sicherheitspolitischen Themen. Forschungs- und Studienaufenthalte in Schweden, Australien, Uganda, Irak und Japan.

Bildnachweise

S. 7: PID David Bohmann und Petra Spiola • **S. 156, 159, 161, 164:** © Eva Wohlfarter • **S. 188, 195, 203, 211:** http://www.arquitectos.at/projekt01/index.php?idcatside=64 • **S. 227, 236:** aus: „Gastarbajteri – 40 Jahre Arbeitsmigration" (Station „Fischfabrik", Vida Bakondy). Mit freundlicher Genehmigung der Initiative Minderheiten. **Zu** S. 227 siehe: http://gastarbajteri.at/im/107105950479/107459990277/106422691328/107452877315/111055429330.html, **zu** S. 236 siehe: http://gastarbajteri.at/im/107105950479/107459990277/106422691328/107452877315/111055406839.html • **S. 242:** ÖIF • **S. 254:** © privat E. E. Akkılıç • **S. 334:** Bildarchiv der ÖNB • **S. 365, S. 367:** Statista • **S. 369:** Fabian Melber /Sea-Watch • **S. 373:** iStock • **S. 376, S. 383:** Martin Juen • **S. 394:** iStock • **S. 398:** Ara Badrtarkhanian • **S. 404, 406:** Götz Schrage • **S. 477, 480:** Oliver Schopf / www.oliverschopf.com

Wir bedanken uns herzlich bei folgenden Institutionen und Personen für ihre Unterstützung:

Michael Ludwig, Cornelija Cogoj, Götz Schrage, Heidi Pretterhofer, Dieter Spath, Jürgen Czernohorzky, Andreas Höferl, Joe Taucher, Sabrina Halkic, Oliver Schopf, Fabian Melber, Initiative Minderheiten, Forschungszentrum für historische Minderheiten

1. Auflage
© Edition Atelier, Wien 2019
www.editionatelier.at
Cover & Satz: Jorghi Poll, unter Verwendung von Fotografien von Bildarchiv der ÖNB, Götz Schrage, Oliver Schöpf und der Intitative Minderheiten
Druck: Grafički zavod Hrvatske, Zagreb
ISBN 978-3-99065-015-8

Das Buch ist urheberrechtlich geschützt. Alle Rechte vorbehalten, insbesondere für Übersetzungen, Nachdrucke, Vorträge sowie jegliche mediale Nutzung (Funk, Fernsehen, Internet). Kein Teil des Werkes darf in irgendeiner Form ohne schriftliche Genehmigung des Verlags und der HerausgeberInnen reproduziert oder weiterverwendet werden.

Weitere Bücher finden Sie auf der Website des Verlags:
www.editionatelier.at